质量全面提升要求下的研究生教育管理创新

主　编　梁　斌

副主编　万学红　朱　天　赵红军
　　　　陈华明　刘　猛　杜　瑛

编　委　李　侠　许海青　黄　云
　　　　代振东　杜吉佩　李善越
　　　　潘洪富

四川大学出版社

项目策划：周　洁
责任编辑：周　洁
责任校对：余　芳
封面设计：墨创文化
责任印制：王　炜

图书在版编目（CIP）数据

质量全面提升要求下的研究生教育管理创新 / 梁斌主编． — 成都：四川大学出版社，2020.10
ISBN 978-7-5690-3920-7

Ⅰ．①质… Ⅱ．①梁… Ⅲ．①研究生教育—教育管理—研究—中国 Ⅳ．① G643

中国版本图书馆 CIP 数据核字（2020）第 205442 号

书名	质量全面提升要求下的研究生教育管理创新
	ZHILIANG QUANMIAN TISHENG YAOQIU XIA DE YANJIUSHENG JIAOYU GUANLI CHUANGXIN
主　编	梁　斌
出　版	四川大学出版社
地　址	成都市一环路南一段 24 号（610065）
发　行	四川大学出版社
书　号	ISBN 978-7-5690-3920-7
印前制作	四川胜翔数码印务设计有限公司
印　刷	郫县犀浦印刷厂
成品尺寸	210mm×285mm
插　页	1
印　张	23.5
字　数	766 千字
版　次	2020 年 11 月第 1 版
印　次	2020 年 11 月第 1 次印刷
定　价	98.00 元

◆ 读者邮购本书，请与本社发行科联系。
电话：(028)85408408/(028)85401670/(028)86408023　邮政编码：610065
◆ 本社图书如有印装质量问题，请寄回出版社调换。
◆ 网址：http://press.scu.edu.cn

四川大学出版社
微信公众号

目 录

立德树人

创新德智结合育人模式的实践探索
　　——西安交通大学"新港报告" ……………………… 程　洁　闫晨语　许　超（3）
以社会科学课程推进课程思政协同育人 …………………… 王　博　贾　婷　杨洲镕（7）
导师思政与导师优秀典型育人实效性探究
　　——以西安交通大学为例 ……………………………………………………… 徐　渭（12）
专业学位研究生全方位全过程协同育人机制构建方法探讨
　　……………………………………………… 蒋　明　宋立众　曾　颖　杨正义（16）
基于工科院校新时代德智体美劳五育并举研究生实践探索 … 齐晶瑶　王　晶　孙悸飞（20）
学术学位研究生培养过程中全方位协同育人机制构建的探索 …………… 黄　云　杜吉佩（23）

招生改革

四川大学研究生招生方式的发展与改革 ……………………………… 邱庆庆　李　洁（31）
军队院校无军籍研究生生源质量影响因素和对策探析 ………………… 唐　洪　杨　杰（37）
博士生招生"申请－考核"制的实践与优化探索
　　——以中国地质大学（武汉）为例 ………………………………… 贾启元　王　蕾（42）
博士研究生选拔机制中主体间关系探析 ……………………………………………… 王　劲（46）
中美交叉学科研究生招生模式比较 …………………………………… 吴娇蓉　王宁沁（51）
地质工程领域全日制工程硕士研究生生源的选择及培养改革研究 …… 彭国华　张淑平　于立江（57）
硕士研究生生源质量提升工程的设计与实践
　　——以太原理工大学为例 ……………………………… 姚晓红　李　钢　冯军鹏（64）
我国高校博士生招生模式回顾与重构 ………………………………………………… 梁传杰（69）
优秀生源靠"选"还是"育" …………………………………………………………… 于　航（75）
工科博士研究生分类选拔在申请－考核制招生中的实现路径研究 …… 李　洁　刘　猛　杨玉华（78）
信息技术在研究生复试录取中的探索与应用
　　——以四川大学为例 …………………………………… 易宗锐　刘　猛　杨玉华（82）

人才培养

论研究生教育中导学共同体的构建 …………………………………………………… 彭金玉（89）

"互联网+"下创新人才培养的探索
　　——以交通运输工程学科为例 …………………… 胡晓伟　王　健　于　航　王晓宁　曹　阳（92）
铸就金牌导师，构建研究生培养质量共同体 ……………………………… 刘晓胜　周　岩　李卫星（97）
新工科背景下高校研究生创新创业教育改革的理论与实践探索 ………………………… 张　迪（102）
"中国教育现代化2035+新工科"双引擎驱动的研究生"双优"培养模式的实践探索与质量评估
　　——以陕西师范大学工程硕士为例 ……………………………………………………… 马文飞（106）
重大疫情背景下研究生理想导学关系构建的研究 ………………………… 蔡苹杨　张启灿（111）
新形势下工科研究生创新人才培养机制探索与实践 ……………………………………… 李珍珍（114）
以赛促建、赛建融合，提升研究生数学建模的水平和能力 ……………………………… 廖振良（117）
研究生挂职锻炼全链条生态系统构建研究 ………………………… 牛茂贵　王　希　王　会（121）
中外研究生培养模式比较研究 …………………………………………………… 董霁红　吉　莉（125）
基于模糊层次分析的研究生可培养性评价方法研究 ……………………… 简小刚　蔡帅博（128）
科研赋能教学模式下研究生创新能力培养的探索与实践
　　——以西安工业大学光电类研究生培养为例 …… 苏俊宏　徐均琪　吴慎将　万文博　时　凯（134）
导学关系异化的原因及对策分析
　　——基于师生双方心理的角度 ……………………………………………………………… 王维军（139）
智慧教学在工科研究生双语课程的实践探索 …………………… 蒋　平　郭　波　刘天宇（143）
新形势下工科研究生教学模式探索
　　——以"数值分析"为例 ………………………………………… 吴开宁　马　强　丁效华（147）
设计学研究生科研创新能力培养模式研究 ………… 周　岩　刘晓胜　李建广　杨利芳（151）
和谐视角下研究生导学关系构建探析 …………………………………………………… 颜　雯（156）
"上海制造"品牌战略下机械类研究生培养的几点思考 …………………………………… 简小刚（159）
导学矛盾潜在风险点与和谐导学关系构建研究 …………………… 宋宏宇　陶轶欧　张博强（163）
新时代和谐导学关系构建路径研究
　　——以武汉理工大学为例 ………………………………………………………………… 张　琴（168）
新形势下新工科建设的思考与探索
　　——以四川大学为例 …………………………… 杨晓龙　李　侠　江虎维　赵　庆（173）
基于生命周期理论探索"双一流"建设下研究生课程的管理与发展
　　…………………………………… 纪　楠　于　航　李际鹏　刘冰峰　宋　平（176）
后疫情时代，共同体意识赋能工科研究生教育变革 ……………………… 闫广芬　尚宇菲（180）
国内院校研究生创新能力培养探讨
　　——基于研究生就业现状 ………………………… 陈占军　周　彬　黄小琼　蔡锐云（186）
"双一流"建设背景下联合培养研究生质量保障体系初探 ……………… 郭　云　胡　援（191）
化危为机　多措并举　牢抓质量　改革创新
　　——疫情下西安交通大学航天航空学院研究生培养的管理实践 …… 陈　妮　李　群（195）
基于用户画像技术的高校研究生协同育人机制研究
　　………………………………………… 李　超　苑　颖　徐建慧　李际鹏　赵　文（199）
高校学术学位研究生课程体系研究与探索 …………………… 黄　瑶　黄　云　刘　立（204）
创新人才培养视角下研究生实践育人体系研究 …… 徐建慧　苑　颖　李际鹏　李　超　赵　文（208）
和谐导学关系的构建及其对研究生成长的影响 …………………… 陈阳梅　任培培　韩纪锋（212）
新工科背景下研究生创新能力培养初探 …………………………… 梁　波　王海鉴　马晟坤（215）

专业学位教育

面向企业需求的工程博士培养模式改革探析 ………………… 张云霞　尹学锋　佘小燕（221）
基于高端技术人才能力特征的机械类专业学位研究生培养过程评价
　………………………………………………… 卜王辉　黄宏伟　关佶红　阎耀保（226）
新旧动能转换下交通运输工程硕士培养机制探索与创新
　………………………………………………… 唐新德　屈展　王文慧　刘瑾　黄雪（231）
全日制专业学位研究生培养方案优化设置研究
　——基于课程与实践的治理路径 …………… 张俊峰　程洁　龙建纲　吴宏春（235）
全过程管理的非全日制工程类专业学位研究生混合式教学模式探索
　——以同济大学为例 ………………………… 吴鹏凯　黄宏伟　关佶红（241）
"双一流"背景下基于"工作坊"的翻译硕士专业学位研究生实践教学模式的改革与实践
　…………………………………………………… 刘晓辉　孟勐　仲昭然（246）
工程博士培养研究与实践 …………………………………………… 宋平　高栋（250）
交通运输行业联合培养基地专业实践质量保障体系研究 ………………… 陆建（254）
全日制工程硕士实践能力培养体系研究与实践 ………… 宋平　于航　王健（260）
我国工程博士教育现状与培养模式研究 ………… 耿娇娇　金衍　詹亚力　李一鸣（264）
专业学位研究生实践能力培养体系建设的探索与实践
　——以四川大学为例 ………………………………………… 任良科　朱冀平（268）
电子信息专业研究生课程教学与专业实践体系建设与实践
　……………………………………………… 隋金雪　华臻　魏广芬　朱智林（272）
面向学科交叉及综合能力培养的专业实践教学改革研究 ……… 吴娇蓉　王宇沁（277）

国际化教育

国际化视野下机械工程学科研究生的创新能力培养研究 ………………… 吴健（285）
"一带一路"倡议下地方高校研究生教育国际化路径选择与探索
　——以昆明理工大学为例 …………………………………………… 王璇　宋晶（288）
基于CIPP—认知同化学习框架的经管类留学研究生培养质量提升路径研究
　……………………………………… 王健　于航　孟炎　徐蕾　郭文轩（294）
扩大研究生出国交流学习派出规模的一些思考和建议 ………………… 丛石（301）
全球治理背景下的"外语+"研究生高层次人才培养探析 ……… 庞东贺　王喆　王奕（304）
依托国际化教育提高研究生创新能力的培养模式探索 ……… 杜吉佩　黄云　杜瑛（308）

质量保障与评价

研究生课程教学评价体系的反思与重构 ……………………………………… 陈玲（315）
基于AHP的理工科博士生科研能力评价指标体系构建研究 ……… 张扬　肖敏　宁昕（319）
博士学位授予质量评价体系构建研究 …………………………… 李长波　杨加富（326）
学位授权点评估促进高校内涵式发展的思考与实践
　——以清华大学开展的定期评估为例 ………………………… 王任模　张欢（330）

"过程为本，产出导向"的研究生科学素养培养评价体系的构建 …… 王 诗 高明明 蓝 浩（334）
研究生教育数据监测的现状分析 …………………………………………… 谢 韬 周 彬（339）
"双一流"背景下博士学位授予质量保障与提升路径探析
——以中国矿业大学为例 ………………………………………………… 匡颖芝 瞿 望（343）

奖助体系

基于提升研究生创新能力的培养模式改革探索 ………… 牛梦虎 程 洁 许 超 张 薇（349）
基于高等教育成本分担理论的研究生资助制度的构建与实践 ……………………… 李 航（356）

管理服务

提升窗口效能 创新服务育人
——以同济大学嘉定校区研究生综合服务窗口为例 …………………… 陈新亮 张晓奥（363）
基于工作场所创造力理论的高校管理服务育人机制研究 …… 吴 琳 李秀兵 武 欣 马菊红（367）

立德树人

创新德智结合育人模式的实践探索
——西安交通大学"新港报告"

程 洁 闫晨语 许 超

(西安交通大学研究生院，西安 710049)

摘 要：研究型大学是培养高层次创新人才的摇篮，肩负着"为谁培养人，培养什么人，如何培养人"的教育使命。西安交通大学以立德树人为根本任务，通过推出高规格的全英文系列讲座——"新港报告"（Harbour Lectures），在传授学术前沿知识的同时，更注重传播从事科研活动所需的科学精神，培养学生从事科学探索的信念、勇气、意志以及人生态度、理性思维、人文关怀、爱国奋斗的精神等，将德育、智育紧密结合，创新育人模式。

关键词：研究生培养；德育；智育；模式创新

第一作者简介：程洁，1972年生，女，硕士，助理研究员，主要研究方向为教育管理，邮箱为chengyzb@xjtu.edu.cn。

研究型大学拥有强大的师资队伍，学科门类齐全，科研条件突出，对人才培养和社会经济发展起着重要的作用。西安交通大学作为我国创办最早的高等学府之一，始终肩负国家富强、民族振兴的历史使命，矢志引领高等教育发展，是我国研究生教育的先行者，为中国研究生培养以及学位与研究生教育制度的建立健全提供了宝贵经验。西安交通大学在高层次人才培养的模式创新上不断求索，以立德树人为根本任务，以学科系列讲座为表现形式，将德育智育紧密结合，打造新型育人模式。

一、一等学术 一等德育

高等院校为国家打造知识高地、人才渊薮，源源不断地输送有信仰、有能力的合格青年人才，故而必须坚持党对教育工作的全面领导，坚持把立德树人作为中心环节。在这个道路上，德育教育不应是有别于学术教育的"两张皮"，而应将思想观念、政治观点、道德规范、社会感悟融入课程学习，甚至是科研生活，因势利导，做到"授业"又"传道"，让青年学子在锤炼科研技能的同时自觉坚守社会主义核心价值观，坚定"四个自信"，增强使命担当，做社会主义合格建设者和可靠接班人。

正是基于德智双育的理念"新港报告"应运而生。"新港报告"遵循"科学性、开放性、前沿性、趣味性、普及性"的指导思想，选取理工医药、社会科学、人文艺术等领域的热点话题，邀请国内外一流学者以全英文系列讲座的方式展示学科领域的前沿研究成果。讲座内容侧重专业知识的延伸和相关专业领域的交叉，以讲座交流促进科技创新、激发学术创造力，致力发展成为世界一流的科研展示平台和学术交流空间。同时，"新港报告"坚持理论联系实际，学术连接生活，把前沿学术讲得通俗易懂，贴合生活，吸引多学科背景听众，引发广泛思考和共鸣。

截至2019年12月，"新港报告"已成功举办法学系列、社会学系列、医学与健康系列、语言文学系列讲座。包括"长江学者讲座教授"、澳大利亚社会科学院院士在内，共有来自海内外19所大学（机构）的43位嘉宾带来43场精彩报告，约11 000人次师生参与讲座。

"新港报告"既不是发散无边地讨论社会生活，也不是单一地传授学术知识。听众在法学、社会学、医学、语言学等专业知识的基础上，思考法律生活、社会变迁、社会责任、文化意义，感受学术发展和社会进步的双重使命。例如，"新港报告"语言文学系列讲座通过讲解中西方文学经典，展现中国经典在西方的传播之旅，开启东西方文学、文化经典的交流与碰撞，弘扬中国优秀文化。"新港报告"以此把一流学术成果交流和一流德育有机融合起来。

二、有力组织　新颖设计

为充分发挥一流学术的影响力和一流德育的感染力，促进国际文化交流，树立交大文化、学术品牌，提供多元思维碰撞的平台，营造良好的校园学术氛围，"新港报告"探索出德智结合的育人模式和成熟的举办模式。

首先，"新港报告"系列讲座融入学生学业计划，丰富第二课堂。"新港报告"与普通单次讲座不同之处在于，每个系列以紧密的逻辑性串联起来，科学计划，平均每个系列包括约十场讲座，时间跨度约一个月。其超越了一般讲座容纳的内容，又比常规授课更加灵活、精炼，思考交流集中而灵活。自2019年起，"新港报告"已纳入国际研究生培养方案，计入学分。对于中国学生来说，"新港报告"是高水平的"第二课堂"。

习近平总书记在全国高校思想政治工作会议上强调，要坚持把立德树人作为中心环节，将思想政治工作贯穿教育教学全过程，实现全员育人、全程育人、全方位育人。充分理解"课程思政"[①]的关键内涵，深入把握其中的价值意蕴，积极探索实施路径，有利于"课程思政"体现教育目标、发挥教师作用、聚焦学生目光。"课程思政"的落脚点是"课程"，课程离不开科学的设计、优秀的教师、有力的组织。"新港报告"以学科为基点，具有逻辑性、相互衔接的讲座为组成部分的第二课堂类课程化设计思想，同时整合全校资源，汇聚海内外名师大家，避免了课内与课外相隔离、智育与德育相隔离，在学术科研的自然延伸之中，传播先进文化，让学生不断增强文化自信，并将这种自信融入进一步学习与思考中，面向世界，追求卓越。

其次，学校为"新港报告"拟定了管理办法，明确"新港报告"的定位是：由学院发起，组织本校教师和校外专家、学者讲授，以本校学生为重点，面向全球高校学生、社会人士开放的全英文专题学术、知识类系列讲座。明确"新港报告"的内容和质量是：遵守国家法律，拥护中国共产党教育方针、政策和路线，维护国家、民族和社会的利益，充分考虑学科建设、校园文化建设和学生素质教育的要求，聚焦社会、学科热点话题；演讲强调互动性、参与性，应体现思维的理论性、科学的独创性、阐述的准确性、推理的严密性和语言的幽默性；要求校内主讲人一般应具有高级职称或博士学位，聘请的校外主讲人应是某一学科领域的知名专家或具有影响力的学者。

最后，学校为"新港报告"的举办探索出了较为成熟的模式化举办流程和协同工作机制。"新港报告"由学院承办，采取责任教授制。研究生院负责统筹、协调和评价，坚持"学院组织申报、教授负责、研究生院统筹协调、多部门密切配合"的原则。各学院提前申报下一年度的讲座策划方案，经研究生院组织论证后，制订总体策划方案，统筹年度新港报告的时间安排，定期召开协调会议；责任教授牵头负责本院系列讲座总体规划，确定系列讲座选题；负责团队整合多方资源，邀请海内外知名教授，承办学院落实讲座的具体执行工作；宣传部对讲座内容进行预审查，联络社会媒体进行宣传，吸引兄弟院校、社会人士的关注；网络与信息中心、网络教育学院保障讲座现场的直播和录制，及时更新专题网站的讲座信息和视频；外国语学院对各类英文材料进行把关审核，辅助翻译，转录视频字幕；国际教育学院、学生处负责对中外学生的宣传组织工作。

[①] 修订说明。原文为："所谓'课程思政'，是指思想政治教育施教主体在各类课程教学过程中有意识、有计划、有目的地设计教学环节，营造教育氛围，以间接、内隐的方式将施教主体所认可、倡导的道德规范、思想认识和政治观念有机融入教学过程，并最终传递给思想政治教育的受教主体，使后者成为符合国家发展要求的合格人才的教育教学理念。"

三、资源共享　辐射社会

科技因交流而富有动力，文明因互鉴而百花齐放。西安交大要走向世界、让交大精神成为世界之光，离不开交大与世界各个层面的交流。学校依托中国西部科技创新港的建设，以"交叉、共享、开放"的理念，打造"国家使命担当、全球科教高地、服务陕西引擎、创新驱动平台、智慧学镇示范"，探索高校、人才、知识、社会的良性互动。"新港报告"落户西安交大创新港以来，成为一面包容开放的旗帜。

立足中国，放眼世界，"新港报告"所有讲座的主讲人都是各领域的一流学者，其中一些是世界知名学者、外籍专家。他们分享科学研究前沿信息，探讨中外的联系与差异，讲座结束后学生常常与嘉宾持续交流。在西安交大"新港报告"的平台上，学术交流是海内外双向互通的，充分展现了交大师生的科学素养和文化自信，潜移默化地影响着广大青年学子。

立足交大，辐射社会，学校还肩负着社会责任。作为优质的学术和德育平台，"新港报告"采取多种形式向社会公众开放，让更多的受众共享这一"课程思政"创新实践成果。"新港报告"利用西安交大自主研发的网络直播系统全程直播，向全社会开放，截至目前共直播讲座13场，累计访问量两万余人次，每场讲座视频及时上传至西安交大"新港报告"专题网站http://xgbg.xjtu.edu.cn/。通过搭载"西安交通大学"公众号，以及学院、专业、行业自媒体平台，"新港报告"不仅满足了不同校区交大学子的观看需求，更将"一流学术一流德育"的资源共享给全社会。此外，"新港报告"还以书籍出版的形式凝练成果，充分展现了西交大创新港"共享、开放"的理念、使命担当科教高地的定位、文化自信的情怀。

四、注重反馈　学生为先

"新港报告"听众的主体是学生，学生是这个大型学术兼德育活动的核心受众，因此每期"新港报告"都采取线上问卷的形式进行调研，以及时了解听众的意见与建议。问卷调查从学生的学业背景、参加学术讲座的习惯、获知"新港报告"的方式、对讲座嘉宾及讲座内容的评价、对未来讲座的期待、讲座通识性等方面了解学生的感受。调查结果显示，"新港报告"吸引了本、硕、博不同教育层次的学生及部分教职工到场；文、理、医、工背景的学生均有参加，听众背景的多元化也充分体现了"新港报告"的通识性、跨学科交叉性。

70%以上的学生期待受邀嘉宾为国内外知名学者，这也正是"新港报告"邀请讲座嘉宾的准则，对讲座嘉宾约97%的满意率也再次肯定了讲座举办的质量。社会学本科生葛灵涵同学参加了"新港报告"社会学系列讲座后提道："这样一个国际化的交流平台让自己能够了解国内外多领域的最新研究进展，开阔眼界、丰富自我，使自己对社会工作这一专业有了更多的了解，为以后的升学和职业选择提供了更多的可能。"

即使是医学系列，也有约30%的学生认为讲座内容有通识性，适合跨专业学生课外了解，这一比例在文科性更强的系列中达到了66%。从问卷、采访来看，"新港报告"创办之初的立意——得到了实践检验，受到了学生的喜爱和好评。

五、立德树人　全面发展

牢记立德树人根本任务，"新港报告"对于大学应培养什么人、怎样培养人、为谁培养人等一系列根本问题交出了一份满意的答卷。

"新港报告"要求讲座专家摒弃晦涩的学术语言，通俗易懂地为跨学科背景听众进行演讲、促进讨论，使跨专业、跨年级的学生以及教职工、青年学者、社会人士都能参与其中，让听众在自己的学科之外接触到更多领域的知识，由此形成跨学科的融通视野，思考科学与社会的关系。大学除了要培养学生的专业技能，更要培养学生健全的人格，这就需要开展超越专业教育的通识教育。"新港报告"无论在选题领域还是演讲方式上，都契合德育和智育相结合的育人使命。

"新港报告"做到了课内教育和课外教育的结合。以某一主题为纲，成体系地组织一个系列的讲座，使"新港报告"既具有课内常规课程的学术性、知识性，又具有讲座的灵活性、开放性、创新性。"新港报告"每个系列的编排，都依托课内，延伸课外，实现全程、全方位育人。

"新港报告"做到了大学价值和社会价值的结合。对于一场报告来说，值得学习的不仅仅是报告人给出的结论，更重要的是报告人分析问题、解决问题的思路和方法，以及对学术的初心、对社会的关切。高水平的学术讲座，可以让学生近距离感受知名学者的风采，这对有志从事学术研究的学生来说，是一种直观的体验和直接的激励，这是大学教育的一种价值。"新港报告"把资源向全社会公开共享，拓展"课程思政"中"课程"的受众面，以现场演讲互动、现场公开直播、网站视频回看、文本书籍出版等多种形式，让对报告主题感兴趣的观众可以不囿于时间、空间、地域，共享盛宴。

中国西部科技创新港是西安交大第二次启航的港湾，交大人在征途上始终牢记立德树人的使命。顺应时代发展，创新教育模式，让"课程思政"的形式更加丰富，内容更加贴近学生，价值更加深远，让"新港报告"成为西安交大这艘巨轮上飘扬的旗帜，成为西安交大的一枚育人标签。

以社会科学课程推进课程思政协同育人

王 博 贾 婷 杨洲镕

（哈尔滨工业大学人文社科与法学学院，哈尔滨 150001）

摘 要：社会科学课程是高校课程的重要组成部分，推进"课程思政"协同育人需要社会科学课程教师积极主动的参与。当下社会科学课程教师在开展"课程思政"教学时主要采用讲授和互动这两种传统的形式，难以使学生深入理解和领会思想政治信息内涵。这就需要高校完善顶层设计，构建课程思政教育资源平台，以此促进专业课教师提升课程思政教学能力，打造"思政教育共同体"，进而利用大数据技术拓展教育思维，提升"课程思政"育人能效，确保"立德树人"根本任务的实现。

关键词：社科课程；课程思政；协同育人

第一作者简介：王博，男，1980年生，博士，教授，主要研究方向为经济社会学和大学生思想政治教育，邮箱为 wangbo@hit.edu.cn。

一、引言

我们的高校是党领导下的高校，是中国特色社会主义高校。扎根中国大地办大学，必须坚持社会主义办学方向，全面贯彻党的教育方针，坚持以马克思主义为指导，坚持党对高校的领导，而实现党对高校领导的基本途径是开展广泛、深刻、有效的思想政治教育。"课程思政"是在课程教学的各环节融入思想政治教育，以"隐性思政"协同"显性思政"——思想政治理论课，共同构建课程育人格局。

在2016年12月9日的全国高校思想政治工作会议上，习近平总书记指出：要用好课堂教学这个主渠道，思想政治理论课要坚持在改进中加强，提升思想政治教育亲和力和针对性，满足学生成长发展需求和期待，其他各门课都要守好一段渠、种好责任田，使各类课程与思想政治理论课同向同行，形成协同效应。习总书记所提出的"守渠"与"种田"任务、同向同行、协同育人的期许为高校课堂教学加强思想政治教育工作提供了基本遵循和行动指南。

"课程思政"指思想政治教育施教主体在各类课程教学过程中有意识、有计划、有目的地设计教学环节，营造教育氛围，以间接、内隐的方式将施教主体所认可、倡导的道德规范、思想认识和政治观念有机融入教学过程，并最终传递给思想政治教育的受教主体，使后者成为符合国家发展要求的合格人才的教育教学理念。[1]社会科学是以社会现象为研究对象的科学，社会科学课程（以下简称社科课程）旨在培养受教主体对社会现象的理解及解释能力，施教主体通过在社科课程中融入思想政治教育，能够在"传道"的同时为受教主体"解惑"，以充满现实性、具有针对性的讲解引导他们形成正确的思想道德体系，即社科课程是实现"思政课程"向"课程思政"转变的有力抓手。基于此，本文以社科课程为立足点，从受教主体和施教主体两方面入手分析"课程思政"的课程融合度现状，进而提出完善"课程思政"协同育人机制的对策建议。

二、文献综述

2014年起，国内学术界开始探索"课程思政"这一理念，其中关于"课程思政"协同育人的文献研究主要集中在以下两方面：一是分析课程思政与思政课程同向同行的逻辑融合，二是探索课程思政协同育人的实现路径。针对课程思政和思政课程的逻辑互构，学者认为"思政课程"确定了"课程思政"

的政治方向和价值内涵，而"课程思政"扩大了"思政课程"的施教主体、影响范围[2]，两者具有统一的育人方向和文化认同，相辅相成、互补互进[3]，协同实现对受教主体更广泛深刻的思想政治教育[4]。对于课程思政协同育人的实践路径研究，学者分别针对不同类型学校、不同施教主体展开分析。现有研究对于高职院校课程思政协同育人机制或平台的建设关注度较高，学者提出应在充分理解课程思政的价值内涵和重要意义的基础上，以理论依据为根本[5]，通过资源库建设完成系统性的课程思政顶层设计[6]，依据现代学徒制的培养模式，融合优化专业课、政治课、实践课"三堂课"，发挥学科知识功能与思政引领功能的协同教育效应[7]，构建"浸润育人"平台以实现对受教主体耳濡目染、润物无声的教育目标[8]。然而，现有的针对高等院校课程思政协同育人的研究较零散，并多从宏观角度谈论目标及策略[9-10]，缺少现状分析及实操可行的对策建议。针对不同施教主体，学者多分析高校辅导员和专业课教师的作用，认为两者在开展课程思政的过程中存在认识不足、意识不强、能力欠佳、协同乏力等问题，应当通过树立正确理念、科学化课程设计、融合理论实践等方式来解决[11-12]。可以看到，现有研究对专业课教师和高校辅导员的工作统一展开分析，然而专业课分属于自然科学类、人文科学类和社会科学类，不同类别专业课教师融入课程思政方式存在差异，想要有效调动受教主体自身的主观能动性，就需要具体研究、因类施策。

综上所述，在课程中融入思想教育，将两者有机融合，可以提升教学效果，创新思想教育模式。本文基于社会科学教学背景，通过对社科课程施教主体和受教主体的调查，分析当下社会科学课程教学与"课程思政"的融合现状，基于此探索完善"课程思政"协同育人机制的对策建议。

三、社会科学课程的"课程思政"课程融合度分析

本文以H大学R学院的研究生和教师为研究对象，通过问卷调查受教主体——研究生和访谈施教主体——教师，分析"课程思政"管理理念、改革措施、教学方法、体制制度、思想理念这五个方面在社科课程中的融合度，以此讨论当下"课程思政"协同育人过程中存在的问题。

本文设计的问卷包含14个问题，采取网上发放的形式，最终有效回收39份问卷，并利用SPSS软件完成统计分析，结果见表1。首先，问卷的1~4题调查学生对"课程思政"的认知程度，结果显示有84.62%的学生了解课程思政的具体内涵，92.31%的学生认为学院对"课程思政"工作是比较重视和非常重视的，82.05%的学生认为学校和院系制定的"课程思政"建设实施细则和相关文件合理。这说明大多数学生基本了解"课程思政"，并认同学校和学院开展的工作。其次，5~13题主要是学生对"课程思政"与教学融合程度及效果的反馈，有超过60%的学生认为80%的社科专业课程中融入了思政教育内容，且大部分课堂中课程思政时长超过15分钟，多数学生喜爱与国际形势相关的思政内容。但是，也有部分学生认为课程思政内容需要加强对行业职业道德、就业教育和职业发展等的关注。有些学生认为教师在课堂教学过程中主要选择讲授和互动两种方式，这让他们感觉当下的讲授方式存在灌输过多和学习被动、教法单一和灵活性不足等四个问题。综上，学生认可"课程思政"的价值作用，但希望教师可以开展更加多样化的"课程思政"教学。最后，结合开放式回答调查学生对"课程思政"教学方式和教学内容的建议。结果显示，超过46%的学生建议思政内容应当结合专业课程具体知识点或案例穿插性地讲授内容，这有助于学生理解教学内容并透过现象看到本质。与此同时，学生建议教师在讲授教学时多采用案例、活动、视频的方式组织，在融合教学时利用社会实践、实训、实习的方式补充完善。总体来说，学生对"课程思政"的认知度较高，主要体现在对"课程思政"内涵、学校工作等有较多了解；学生对课程中"课程思政"与教学的融合多倾向于教师采用形式灵活的方式组织，比较认同结合专业课程具体知识点或案例穿插性地讲授内容。

表1　问卷调查结果分析

问题	选项	百分比
"课程思政"内涵了解情况	知道	84.62%
	不知道	15.38%
学院"课程思政"工作态度	非常重视	17.95%
	比较重视	74.36%
	一般	7.69%
	不太重视	0
	很不重视	0
"课程思政"建设了解情况	合理	82.05%
	不合理	0
	不清楚	17.95%
主要教学方式	老师为主导的讲授式教学	46.15%
	讨论式教学	43.59%
	专题式教学	10.26%
	情景模拟式教学	0
"课程思政"融入比例	100%	12.82%
	80%	61.54%
	50%	15.38%
	20%	10.26%
思政内容与课程相关度	高度与课程融合	7.69%
	大量与课程融合	61.54%
	部分与课程融合	25.64%
	很少与课程融合	5.13%
思政内容时长	15分钟及以上	64.1%
	10分钟	35.9%
	5分钟	0
教学方式选择	按照复习、新授、巩固的环节组织融合教学	10.26%
	用案例、活动、视频的方式组织	30.77%
	融合教学用社会实践、实训、实习的方式组织	51.28%
	融合教学按照教材体系方式	7.69%
思政内容建议	每次课开始时先讲一些思政内容，然后再讲课程内容	17.95%
	结合专业课程具体知识点或案例穿插性地讲授内容	46.15%
	每次课讲授结束前，结合课程知识点总结性地讲授思政内容	7.69%
	以上均可	28.21%

基于R学院的专业设置，笔者采取一对一封闭式面谈的方式，对社会学系、经济学系、法律学系的5位教师进行访谈，访谈结果如下。各位教师均认同德育教育的重要性，认为教师要具有将"教书

与育人、立德与树人融为一体"的责任意识，全身心地投入对学生的各方面教育之中。社会学系教师在与学生的交流中强调社会科学的学习要置于时代背景下，因此了解国家时事、关注社会动态是要融入生活，注重引导学生思考问题深层的逻辑关系，在教学中润物细无声地融入思政教育，潜移默化地影响学生。教师认为这种将社会中的热点话题、时事紧密融入知识点的穿插式教学方式，不仅可以将社会学中枯燥的理论与实际相结合，而且能促进师生之间的互动，使师生在情感上产生强共鸣，进而在思想层面展开交流和探讨。经济系教师认为经济类学生需要把握大的时代发展方向，通过将"十九大报告"、社会时事融入教学、结合经济学相关知识点和实际案例，引导学生关注国家、社会的发展，培养学生对市场的认识和大局的把握，使其在保有全球视野的同时将理论更深层次融入中国环境，从中国大背景出发考虑经济现象背后的本质问题及发展趋势，成为多面复合型人才。法学系教师表示大学教育不仅要授予青年学生以知识，还要给予青年学生正确的思政教育和引领，这就需要在将思政内容融入课程的过程中关注一些个人发展的热点问题。这样教师通过利用新媒体，开展多种形态教学，从小处入手，关注学生群体的切身问题，使思政内容真正进入学生的头脑中。通过访谈教师，本文发现各社科课程教师均从专业视角出发，结合自身教学经历，努力将思政内容融入课程教学，激发学生更深入的理解领悟。

通过对受教主体和施教主体的调查，笔者发现学生对"课程思政"的了解较为充分，同时学生期望教师采取灵活多样、参与度高的教学形式以及不拘泥于某种样板的教学模式，更有效地激发自身的兴趣和积极性。教师虽然已经意识到应当采取多样化方式将思政内容融入课程教学，但是当下依旧是以讲授和互动的传统方式居多。因此，教师需要充分配置和利用身边资源，以创新性方式实现"课程思政"的协同育人目标。

四、完善"课程思政"协同育人机制构建的对策建议

基于前文分析，可以看到现有的"课程思政"育人机制在教学内容、形式和方法上还是以传统模式为主，与新技术、新方法、新理念的融合度不高。为进一步优化"课程思政"育人效果，本文认为高校管理者和专业课教师应当协同发力，加强对新一代信息与通信技术的应用，具体措施包括三点。

第一，完善社科课程"课程思政"顶层设计，共建共享社科课程思政教育资源平台。立足于社科课程以推动"课程思政"协同育人机制建设，重点是要完善该领域的顶层设计。因此，高校应当统筹规划，明确社科课程"课程思政"教育目标，推进相应的制度和组织建设，以此引导社科教师依据人才培养目标，从专业的角度对思政教育资源展开深度挖掘整合，采用"互联网＋"的形式打造社科课程思政教育资源平台，为提供优质的课程思政教学奠定良好的基础。

第二，着力提升社科教师课程思政能力，打造社科课程"思政教育共同体"。保证"课程思政"教学成功的前提是教师要不断加强政治理论学习，提高自身道德修养。社科教师思政能力提升，有助于他们在全过程全方位培养学生时与学生形成和谐稳定的关系，进而发展为志同道合的"思政教育共同体"，以此促进各位教师协同发力，实现"传道、授业、解惑"的教育目标。

第三，结合大数据技术精准发力，提升"课程思政"育人能效。开发设计社科课程中"课程思政"的教学模式，需要充分立足于大学生的现状与认知需求，遵循学生的心理成长规律，通过"大数据＋教育"的方式了解学生关注的思政热点，把握学生感兴趣的关键议题，结合专业课知识设计课程思政内容。这样能够充分考虑学生成长成才的规律和特点，使教师的课堂教学内容满足学生的思想需求，引导学生进行体验式思考，以达到理性认知与思想共鸣的统一。

综上所述，高校社科课程教师，即育人主体，应当在高校的统筹规划下，助力科学化的课程思政教育资源共享平台建设，提升自身政治思想道德水平，打造专业化的"思政教育共同体"，采用新技术新思维，为学生提供具有针对性的课程思政教育，真正实现"立德树人"的根本任务。

参考文献

[1] 田鸿芬，付洪. 课程思政：高校专业课教学融入思想政治教育的实践路径 [J]. 未来与发展，2018，42（4）：

99-103.
[2] 王景云. 论"思政课程"与"课程思政"的逻辑互构 [J]. 马克思主义与现实, 2019 (6): 186-191.
[3] 邱仁富. "课程思政"与"思政课程"同向同行的理论阐释 [J]. 思想教育研究, 2018 (4): 109-113.
[4] 万林艳, 姚音竹. "思政课程"与"课程思政"教学内容的同向同行 [J]. 中国大学教学, 2018 (12): 52-55.
[5] 王丽华. 高职院校"思政课程"与"课程思政"协同育人模式构建的逻辑理路探究 [J]. 中国职业技术教育, 2019 (18): 71-75.
[6] 顾润国, 刘艳艳. 基于资源库建设的高职医学院校课程思政体系构建与实践——以菏泽医学专科学校为例 [J]. 职业技术教育, 2020, 41 (11): 71-75.
[7] 平静, 徐飞跃, 王钢. 现代学徒制视域下的高职院校"三课堂"课程思政协同式育人机制 [J]. 教育与职业, 2019 (11): 88-93.
[8] 徐向飞. "课程思政"视域下高职院校建构协同育人平台的逻辑理路 [J]. 教育与职业, 2018 (22): 84-89.
[9] 石丽艳. 关于构建高校课程思政协同育人机制的思考 [J]. 学校党建与思想教育, 2018 (10): 41-43.
[10] 高锡文. 基于协同育人的高校课程思政工作模式研究——以上海高校改革实践为例 [J]. 学校党建与思想教育, 2017 (24): 16-18.
[11] 刘洋. 高校辅导员与专业教师协同育人机制构建 [J]. 学校党建与思想教育, 2019 (20): 63-65.
[12] 马亮, 顾晓英, 李伟. 协同育人视角下专业教师开展课程思政建设的实践与思考 [J]. 黑龙江高教研究, 2019, 37 (1): 125-128.

导师思政与导师优秀典型育人实效性探究
——以西安交通大学为例

徐 渭

(西安交通大学,西安710049)

摘 要:加强研究生指导教师在研究生思想政治教育中的首要责任,落实立德树人根本任务,积极树立研究生导师优秀典型具有非常重要的时代意义和现实意义。本文通过问题导向,深入思考,发挥思想政治教育工作效果,提出典型引路、精神引领、强化培训、做细宣传4项针对措施,通过优秀典型辐射带动,传递正能量,潜移默化,形成良性学习的氛围,挖掘西安交通大学研究生导师优秀典型的精神内涵,为坚持"立德树人"这一首要任务提供参考。

关键词:研究生导师;思政教育;优秀典型;实效性

作者简介:徐渭,1978年生,女,硕士,研究生院学位办副主任,主要从事导师队伍建设及思想政治教育研究,邮箱为xuwei@xjtu.edu.cn。

一、背景

研究生导师是我国研究生培养的关键力量,肩负着培养国家高层次创新人才的使命与重任。导学关系直接影响研究生的培养质量,"导学"双方在关系构建中具有共同责任。培养一支又红又专的高层次导师队伍,对于办好中国特色社会主义大学、加快建设"双一流"大学具有重要的现实意义。高校思想政治教育工作是做人的工作,瞄准一流大学共性问题"导师思政教育和师德构建",紧紧抓住"双一流"建设难得的历史契机,深入贯彻落实习近平总书记在十九大报告中提出的高校立德树人根本任务的要求,"努力造就一支有理想信念、道德情操、扎实学识、仁爱之心的研究生导师队伍"。习近平总书记指出:"善于抓典型,让典型引路和发挥示范作用,历来是我们党重要的工作方法。"[1]

(一) 研究生导师队伍思想现状

研究生培养的第一责任人是研究生导师。但部分研究生导师对立德树人认识还不到位,存在重科研、轻培养、轻思想建设的问题,对育人与育才等关系的认识还不到位,对研究生思想政治素质建设的意识还不强;部分导师对如何使学生在思想上、情感上有获得感,培养他们的家国情怀,存在一定程度的"本领恐慌"。研究生培养单位开展导师层面思想政治工作的针对性和吸引力不够。

(二) 国家相关政策

《教育部关于全面落实研究生导师立德树人职责的意见》指出:强化示范引领,对于立德树人成绩突出的研究生导师,研究生培养单位要给予表彰与奖励,推广复制优秀导师、优秀团队的成功经验。大力宣传导师立德树人先进典型,加强榜样示范教育。《教育部等八部门关于加快构建高校思想政治工作体系的意见》指出:提高研究生导师开展思想政治教育意识和能力。

以研究生导师优秀典型选树探索师德师风建设与提高导师思想政治素质的结合点。促进研究生导师思想政治教育与立德树人榜样示范有机结合,形成合力,能有效帮助研究生导师指导能力提升,对提高研究生培养质量、改善导学关系有着极为重要的现实意义。

二、提升导师队伍思政教育工作的实践与成效

西安交通大学作为西部高等教育排头兵，以立德树人为根本，以师德师风建设为核心，弘扬西安交大百年积淀的育人优良传统，全面推进"思想育人、道德育人、知识育人、感情育人"[2]。在《习近平在全国高校思想政治工作会议上的讲话》和中共中央、国务院《关于加强和改进新形势下高校思想政治工作的意见》文件精神指导下，以问题为导向，深入思考，发挥思想政治教育工作效果，提出典型引路、精神引领、强化培训、做细宣传4项针对措施，更好地服务"双一流"高校建设发展目标。

（一）典型引路

教育的真谛在于将知识转化为智慧，将文化积淀于人格。顶层设计、制度先行，组织开展评选活动。传承"胸怀大局、无私奉献、弘扬传统、艰苦创业"的西迁精神，按照"有理想信念、有道德情操、有扎实学识、有仁爱之心"[3]的好老师标准，开展了研究生教育优秀导师（团队）评选及风采展示特色活动的实践探索，树立了一批优秀导师（团队）典型。活动不仅强化了导师师德为范意识，更推动导师把立德树人的要求落实到研究生培养全过程。

正面发声打造优秀导师（团队）品牌，坚定"四个意识"和"四个自信"，凝练出旗帜鲜明的"德、能、勤、效"，以德为先，对优秀导师、优秀导师团队的理念和标准，做到好中选优。

德：坚持立德树人、探寻规律、教人求真的根本任务，拥护党的教育方针，清正廉洁，善于做学生的思想政治工作，重诚信、善合作、肯投入。注重自身修养，治学严谨，恪守学术道德，为人师表。关心学生身心健康，帮助学生解决思想、学业等方面的实际困难，受到学生的尊敬和爱戴，有指导学生的感人事迹。

能：锐意进取，勇于创新，有较高的学术造诣和教学才能，积极为学校争取研究生培养资源。重于教书育人，优于课堂授课，善于教学改革。具有国际化视野，积极开展研究生国际合作与交流。积极参与研究生教育的研究与改革工作，在教改研究、教材建设、精品课程建设等方面有突出成果。

勤：全心投入研究生培养，有高度的事业心和责任感，将教书育人、实践育人贯穿研究生培养全过程。善于与研究生沟通，勤于与研究生交流，定期组织开展研究生的学术研讨交流活动。

效：育人成效显著，在国内同行中获得公认的人才培养成就。所指导的研究生思想品质好、学术水平高、学位论文质量优秀、思维活跃、创新能力强、取得突出成果。主讲一门以上研究生课程，教学成效突出。已毕业研究生就业质量高，社会贡献大，认可度高。

特色成效：自2017年起西安交通大学组织两届研究生教育优秀导师（团队）评选、风采展示活动，遴选"有理想信念，有道德情操，有扎实学识，有仁爱之心"的优秀导师（团队）。活动历经基层学院与学生推荐、现场投票、网上点赞等多个环节，共评选出30个校级和31个院级研究生教育优秀导师（团队）。弘扬优秀典型师德师风，并对获评导师的经验做法整理结集成册进行总结归纳，面向全校导师推广，增强导师立德树人的内驱力，构建和谐的导学关系。

（二）精神引领

西迁精神在新时代征程中具有重要的示范意义和感召作用。以做好"西迁精神"在新时代的新传人为核心、为主线，熏陶、感染、激励导师扬长补短，将研究生导师立德树人职责内化于心、外化于行。增强导师引领学生准确把握"四个正确认识"的能力。不断深化对党的重要思想、重要观点、重大判断、重大举措的学习领悟，传承西安交通大学塑造出的"胸怀大局、无私奉献、弘扬传统、艰苦创业"的西迁精神，激励导师向"西迁人"爱国奋斗先进群体学习，争做最美奋斗者，爱国奉献，坚定立场，思想上与党同心同向。

特色成效：组织以"携手创业创新港　薪火相传留印记"为主题的导师立德树人研讨会，名师结

合西迁精神面对面宣讲，并对西迁精神主线在新时代的新内涵、新作用展开讨论。导师们深入学习了解校史与西迁人物爱国奋斗艰苦创业的事迹，争做创新港首批入驻者，凝心聚力，爱港创业。

（三）强化培训

既要注重加强导师的知识能力修养，又要注重提高其思想政治素质。规范导师培训、设计符合我校实际的导师培训课程，使导师思想政治素质教育和人才培养引导相得益彰、更趋完备。特别是开展导师理想信念教育，帮助导师深刻理解习近平总书记强调的"人才培养辩证法"，做到德才兼备。

完善导师培训体系，将导师培训分层为岗前培训和在岗培训。打造独具特色精神文化标识的导师立德树人培训精品课程。设置六大模块：研究生教育改革、思政教育与师德构建、导师指导能力提升、学术道德规范、心理危机干预、案例教学及基地实践。培训合格后发放培训证书，既增加参与感，又便于日后考核。

特色成效。（1）组织在岗导师专题培训，开展导师理想信念教育，组织在岗导师代表赴延川、梁家河延安走访学习，通过追寻党的根脉，弘扬坚定理想、百折不挠的奋斗精神，永葆赤子之心，不忘初心牢记使命，锻造导师红色之魂，打造独具特色精神文化标识的导师立德树人培训精品课程。邀请优秀学员现场学习交流汇报，起到以点带面作用。（2）组织新聘导师培训，全校近300名新任研究生导师参加，培训活动通过研究生教育相关政策解读、知名导师师德师风、指导经验专题报告、学术道德与规范专题讲座、研究生代表谈导师专题报告、问卷调查及基本制度测评（BRT）等多个环节，引导和帮助新任研究生导师熟悉研究生教育相关政策，明确导师职责，传承优秀师德师风。坚守师德红线，抵制立德树人失范行为。

（四）做细宣传

在宣传上下功夫，统一认识，帮助基层理解政策，帮助导师提高主观能动性，让每位导师在立德树人工作上不掉队。收集、整理、发放理论学习宣传资料，帮助导师夯实思想基础。广泛组稿、开展政策宣传和学院落实《西安交通大学落实研究生导师立德树人职责实施细则》的深入思考、预期举措与取得成效经验交流，传递正能量。多渠道拓宽宣传辐射范围，学校主页开设立德树人专栏，刊登立德树人举措、研究生导师先进事迹等文章。校外媒体发表文章，宣传我校师德好、有特色的导师。

特色成效。（1）交大特色的"网红"优秀导师陶文铨院士、卢秉恒院士先后参与《开讲》栏目讲述研究生培养优秀经验，展示风采，宣传学校优良的导学文化。宣传示范活动不仅深化了师生之间的真挚情感，让尊师重教的情怀传播到校园的每一个角落，也为我校营造"立德树人"文化氛围作出贡献。（2）大新闻网立德树人专栏持续深入推出立德树人经验、做法。建立优秀导师、优秀导师团队风采展示网站。（3）通过研究生教育公众号，面向导师持续推送优秀导师、优秀导师团队导学经验。（4）通过简报、短信、邮件面向导师开展政策宣传。

三、导学关系视野下优秀典型育人工作探析

导师立德树人就是要突出导学育人的中心地位，通过对优秀导师（团队）的自述文本和事迹文本分析发现，其育人工作有以下四个方面的共性特质，具有重要的现实指导意义。

（一）育人文化之家国情怀

培养科学的思维方法和浓郁的家国情怀，通过润物细无声的指导，为学生树立正确的人生观和价值观，引导学生永葆一颗赤子之心，争做"爱国、励志、求真、力行"的时代新人，做中国特色社会主义事业的建设者和接班人。传承西迁精神，秉承爱国、奋斗、奉献的精神内涵，与党同向同行，投入新时代洪流。将民族命运、国家使命和个人发展紧紧结合在一起，把论文写在祖国大地上，把项目洒在祖

国最需要的地方。培养有"气质"的交大人,实学培国本,民族得中兴,走青年学者科研报国路。

(二) 育人方法之因材施教

孔子曾提出"视其所以,观其所安,察其所由"的方法,尊重个性和共性进行因材施教。师为"导",生为"体",针对多元化的学生诉求,与学生良好地沟通,对待学生坦诚、宽容、平等,挖掘出学生的潜能和主观能动性[4],引领学生实现从导师的帮、带、扶到独立研究的转变。导师与学生"双向沟通",促使学生"自思""自学",激发创新性思维,鼓励学生根据兴趣导向选择科研方向及研究课题,针对学生的专业背景、个人能力进行科研潜力的挖掘,循循善诱,倾囊相授,一丝不苟。

(三) 育人方式之团队合作

评选活动中涌现出一批优秀导师团队,如陶文铨院士热流科学与工程传热学导师团队、卢秉恒院士增材制造之光团队、蒋庄德院士"微纳制造"团队、郑南宁院士人工智能团队、管晓宏院士网络空间安全团队、郭烈锦院士动力工程多相流国家重点实验室研究团队。这些团队多年来均形成了合作创新的团队育人文化,团队中导师们共同承担课题、共享研究平台、共有科研成果、共同完成研究生指导工作,具有良好的协同创新精神。团队具有明确的学术方向和规范的管理办法,师生共同携手,迎难而上,求真求知。团队中研究生具有较高的学术水平与科研创新能力。导师间及师生间通过合作不断聚集能量,形成可持续发展,体现追求真理,崇尚创新,尊重实践,弘扬理性的科学精神。

(四) 育人关系之良师益友

"学贵得师,亦贵得友。师也者,犹行路之有导也;友也者,犹涉险之有助也。得师得友,可以为学矣。"师生之间关系表现为:为师,严谨治学,兢兢业业,指导学生认真科研工作;为友,坦诚相待,关心生活,期望学生的未来。

优秀导师秉承西迁老校长彭康倡导的"三活跃"育人思想,立德树人,培养具有健全人格、人文情怀、社会责任感和扎实基础、科学素养、全球视野、求实创新精神的优秀人才。"三活跃"育人思想:(1) 思想活跃,敢立潮头,做领跑者才能引领学生一起奔跑;(2) 学习活跃,敬业精进,倡导自主学习,激发学生内在动力;(3) 生活活跃,健康向上,丰富学生课外活动,给予其课余生活积极指导。

四、结语

西安交通大学不断深化落实立德树人根本任务,通过改进导师队伍思政教育工作的实践,为促进高校思想政治教育的创新发展提供一些方法的启示与借鉴。以导师选优树典为有力抓手,学校全体研究生导师并肩拼搏,不忘初心牢记使命,以德立身、以德立学、以德施教,真正实现了师德师风内涵提升。未来已来,导师们将以新时代交大人"传承、创新、奋斗、攀登"的情怀,努力培养有严谨作风"精勤求学、敦笃励志",有使命担当"扎根西部、胸怀大局",有永恒追求"胸怀理想、为世界之光",有坚定意志"拼搏进取、奋斗攀登",能导师够担当民族复兴大任的西迁精神新传人。

参考文献

[1] 习近平. 之江新语 [M]. 杭州:浙江人民出版社,2013:212.
[2] 张边曾,王树国. 以"四个坚持"夯实一流大学建设新内涵 [J]. 中国高等教育,2016 (12):32-34.
[3] 人民网. 习近平同北京师范大学师生代表座谈时的讲话,2018-09-10.
[4] 吴宏春,徐渭,程洁. 浅谈新时期导师素质提升与导师队伍建设 [J]. 中国研究生,2017 (5):47-50.

专业学位研究生全方位全过程协同育人机制构建方法探讨

蒋 明[1] 宋立众[2] 曾 颖[2] 杨正义[2]

（1. 哈尔滨工业大学航天学院，哈尔滨 150001；
2. 哈尔滨工业大学，哈尔滨工业大学（威海），威海 264209）

摘 要：本文针对电磁场与微波技术学科的专业学位研究生培养和实践教学，探讨了全方位全进程协同育人机制的构建方法。在分析了电磁场与微波技术学科的专业学位研究生协同育人机制构建的意义及目标的基础上，从提高学术水平、提升工程实践能力和创新创业意识等方面，探索了具体的专业学位研究生培养的技术途径；在专业学位研究生培养的教学实践中，引入了项目驱动教学法和产学研合作的协同育人模式，结合电磁场与微波技术学科的专业学位研究生培养的具体要求，探讨面向工程应用的专业学位研究生教学方法，本文的研究可为培养高水平的专业学位研究生的教学实践提供参考。

关键词：专业学位研究生教学；协同育人；项目驱动教学法；产学研合作；创新创业

资助项目：哈尔滨工业大学研究生教育教学改革研究项目（项目编号：JGYJ-2019035），哈尔滨工业大学（威海）教育教学改革研究项目（BKJY201911）和航空科学基金项目（201901077005）。联系人：宋立众，邮箱为 songlizhong@hitwh.edu.cn。

一、引言

专业学位研究生是面向产业需求，以培养高层次、复合型工程技术人才而提出的，专业学位研究生教育侧重于研究生工程实践能力和创新能力的培养。专业学位研究生教育已获得广泛重视，进一步提升专业学位研究生的教学质量、培养高水平和精英型的专业学位研究生已成为目前研究生教育的重要任务之一。胡永辉等开展了基于案例引导和项目驱动的检测技术与自动化装置方向专业学位研究生工程实践课程建设的研究工作[1]；李婷婷等研究了"双一流"背景下创新型专业学位研究生优化培养工作[2]；郝新红等探讨了以实践能力为核心的专业学位研究生培养模式[3]；梁传杰介绍了专业学位研究生教育质量保障模式[4]。电磁场与微波技术学科是培养当前社会紧缺的射频与无线技术相关领域的高技术人才的学科，本专业领域的专业学位研究生可在雷达、通信、遥感等领域开展研究工作和工程设计等工作，就业面很广。本技术领域的人才需求量大，培养更多的专业学位研究生，进一步提升专业学位研究生的创新意识和创新能力以及工程实践能力已成为目前的重要课题之一。本文结合课题组培养电磁场与微波技术学科的专业学位硕士研究生的经验和体会，以提升本专业的专业学位硕士研究生综合能力为出发点，开展全方位全过程的专业学位研究生协同育人机制的构建方法研究，初步探索了专业学位研究生协同育人机制构建的具体途径，以期为本学科的专业学位研究生培养方式探索提供一定的参考和借鉴。

二、专业学位研究生全方位全过程协同育人机制构建的意义及研究目标分析

在专业学位研究生培养过程中，采用协同育人机制是一种有效的教学模式[5]。协同育人机制将科学研究、教学实践、人才培养等密切结合起来，提升专业研究生的综合素质和能力，达到显著提升研究生教学质量的目标[6-7]。协同育人机制有利于培养有创新能力和创新意识的精英型拔尖人才[8-9]。协

同育人机制可有效促进研究生专业知识的扩展和工程能力的提升，提高研究生适应未来实际工作的能力，具有重要的实际意义[10-11]。

电磁场与无线技术学科重点研究电磁学理论、射频辐射和接收设备、天线理论与技术以及电磁波传播等内容，其特点是理论性强，在工程上发挥着重要作用。随着电子信息技术的飞速发展，电磁场与微波学科面临着更多的任务和挑战；许多新型电子信息系统对射频设备提出了新的特设要求，力求在实现方案和工艺等方面做到创新；在工程上，许多新的电磁理论和技术正大量引入到实际应用中来，显著增加了解决问题的思路和方法，如超材料技术、涡旋电磁波技术、电磁波的极化特征利用等，这些相关的新理论和新技术为研制新型的电子信息系统奠定了重要基础；在电磁场与微波技术领域中，电磁仿真计算方法和工程软件越来越多，如 CST 软件、HFSS 软件、ADS 软件等，显著提升了本专业技术人员的设计效率，降低了设计成本；同时，作为工程性和理论性密切结合的学科，在设备研发过程中，测试仪表的使用必不可少，各种新型的测试仪器仪表不断出现，测试仪表的性能不断提升，自动化测试已成为重要的测试手段，测试仪表以及测试方式的改善为射频产品的调试和生产提供了良好的条件。由以上分析可知，在电磁场与微波技术学科的研究生培养过程中，有必要关注本技术领域的新概念、新理论、新技术、新算法和新仪表的介绍和学习，进一步提升研究生的综合素质和专业技能，为培养精英型、领军型的拔尖人才提供支撑。

在电磁场与微波技术的专业学位硕士研究生培养过程中，针对具体的实验条件、培养目标和课题组的项目情况，可开展协同育人的教学模式探索。电磁场与微波技术的专业学位硕士研究生协同育人机制构建的目标是提高硕士研究生的学术水平、提高工程能力、提高创新创业能力，以更好地适应未来在本技术领域的科研工作、工程设计与产品开发工作。为了开展电磁场与微波技术学科的专业学位硕士研究生的协同育人机制构建工作，可尝试引入项目驱动教学法、产学研合作、创新创业教学等方式，在理论教学、实践教学和课题研究等方面全过程开展协同育人教学模式实践，充分利用本技术领域的研究院所、生产企业等单位的设备和技术资源，开展专业学位研究生的联合培养，开阔研究生的科研视野和学术视野。

三、专业学位研究生全方位全过程协同育人机制构建的关键问题及技术途径探讨

针对电磁场与微波技术学科的专业学位硕士研究生协同育人机制的构建目标，本文尝试进行全方位和全过程的协同育人机制构建技术途径的探索。图 1 为全方位专业学位硕士研究生协同育人机制构建的技术途径示意图。专业学位硕士研究生还需要考虑研究生学术水平的培养，以适应未来的工作需要。在提升专业学位硕士研究生学术水平的工作中，需要在扎实掌握本专业知识的基础上，指导专业学位硕士研究生了解和掌握本专业的一些新概念和新技术，通过毕业设计或者参与课题组的科研项目的方式，总结科研成果，提炼科学问题，进而撰写学术论文，提高论文写作能力和水平，突出工程应用。例如，在超材料和涡旋电磁波等领域开展研究，探索新技术的工程应用，撰写相关的学术论文；鼓励专业学位硕士研究生参加学术会议，进行学术交流，开阔科研视野，了解本技术领域的研究动态。工程能力的提升是专业学位硕士研究生培养的重要目标之一，在电磁场与微波技术科学领域，专业学位硕士研究生需要掌握常用工程设计软件的使用，利用这些设计工具，高效完成射频电路设计或电磁仿真计算，为此，要求专业学位硕士研究生独立学习一门电磁仿真软件和电路设计软件，在项目研究中不断实践，提升软件设计的熟练程度；对于专业学位硕士研究生，各种典型仪器仪表的使用也已成为重要的技能，在电磁场与微波技术学科领域，常用的仪器仪表包括矢量网络分析仪、频谱分析仪、信号源、天线测试系统和目标散射特性测试系统等，专业学位硕士研究生可根据自己的科研课题方向，选择学习相应的仪器仪表，条件允许时，可邀请厂家进行仪器仪表的技术培训，帮助其深入掌握仪表测试的原理和操作方法。在创新能力提升方面，专业学位硕士研究生首先要很好地掌握本专业的基础知识，熟悉从事的研究课题的背景，全面掌握本技术领域的研究现

状和发展趋势，然后针对研究课题的进展和研究成果，提炼科学问题和创新点，既可以是原理性创新，也可以是应用创新，总结研究成果在工程上的应用可行性和前景，为产品开发做好技术储备，不断提升自身的创新创业能力。

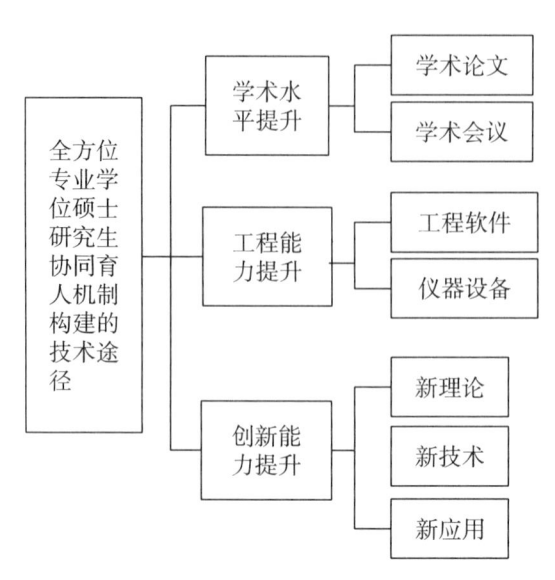

图 1　全方位专业学位硕士研究生协同育人机制构建的技术途径

专业学位硕士研究生培养环节包括预备知识学习和复习、课堂教学和实践教学以及毕业设计阶段。图 2 为全过程专业学位硕士研究生协同育人机制构建的技术途径示意图。在电磁场与微波技术学科的专业学位硕士研究生培养中，通常需要实验室具备微波矢量网络分析仪和天线测试系统等仪器仪表，以便于专业学位硕士研究生开展电路的测试与调试；也可以采用课题组和研究院所、企业合作，共享实验平台的方式进行实验研究工作；专业学位硕士研究生可尝试和实验室测试人员交流讨论，学习测试原理，增长测试经验，积累工程经验。在专业学位硕士研究生入学前，建议提前进入实验室的课题组，初步明确研究方向和确定研究课题，整理相关课题资料，学习预备知识。例如：了解微波电子线路、电磁场与电磁波和天线技术、电磁仿真软件的使用等，具备基本的项目研究能力。在课堂教学和实践教学阶段，专业学位硕士研究生要更加注重工程能力的培养和提升；在理论学习中，专业学位硕士研究生可从新理论和新技术在各种平台上的应用研究入手，在了解和掌握新理论和新技术的基础上，重点学习其在平台中的应用可行性和应用方式，为后续的学习和工作奠定良好的基础；在实践教学中，专业学位硕士研究生可开展项目驱动的教学模式，在课题组中，专业学位硕士研究生可参与某一个具体的实际项目的研究工作，如电路设计与仿真、电路测试与调试、撰写实验报告等，尽量熟悉项目研究的环节和模式，项目研究的成果可作为专业学位硕士研究生培养中的成绩考核的内容。在毕业设计阶段，专业学位硕士研究生在毕业论文选题时，应侧重选择具有实际应用背景的课题，研究内容尽量包含电路设计与调试、系统方案设计与仿真等方面；在论文中期检查和结题验收阶段重点考查专业学位硕士研究生研究课题的实际成果和成果达到的技术指标。在专业学位硕士研究生进行毕业设计过程中，可努力创造条件和研究院所以及生产企业开展产学研合作，共享实验设备等资源，使得专业学位硕士研究生有机会充分利用实验设备开展工程技术学习和进行工程经验的积累，也为后续的就业奠定基础和提供参考。在专业学位硕士研究生协同育人机制的构建方法探索中，课题组和山东大学（威海）、本领域相关的研究所和生产企业合作，采用项目驱动的教学模式，进行天线技术领域的技术攻关和科研工作，提高了本课题组的专业学位硕士研究生的培养质量，促进了专业学位硕士研究生的就业工作。

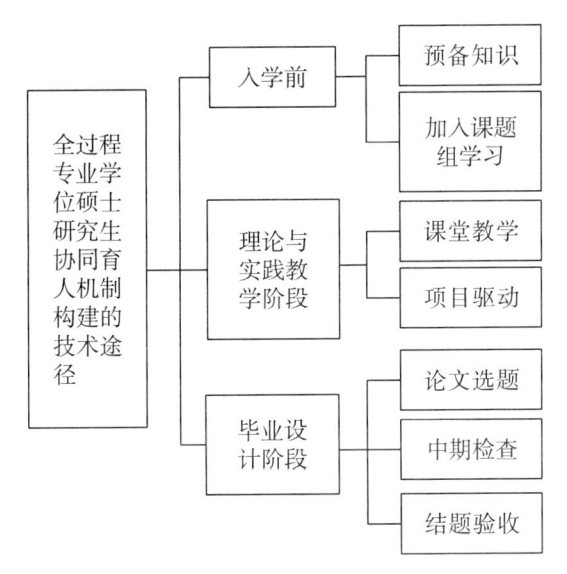

图2 全过程专业学位硕士研究生协同育人机制构建的技术途径

四、结论

本文探讨了电磁场与微波技术学科的专业学位硕士研究生协同育人机制的构建方法，分析了专业学位硕士研究生培养的目标和面临的任务，讨论了全方位和全进程的专业学位研究生协同育人的途径，以期为培养高水平的精英型专业人才的教学实践提供一定的参考和借鉴。

参考文献

[1] 胡永辉，闫勇，钱相臣，等．基于案例引导和项目驱动的检测技术与自动化装置方向专业学位研究生工程实践课程建设．高教学刊，2020（5）：74-76。

[2] 李婷婷，吴彩娥，范龚健．"双一流"背景下创新型专业学位研究生优化培养探索[J]．黑龙江教育（高教研究与评估），2020（5）：69-70.

[3] 郝新红，闫晓鹏，栗苹，王雪．全日制硕士专业学位研究生培养和实践基地建设[J]．教育教学论坛，2020（11）：179-180.

[4] 梁传杰．专业学位研究生教育质量保障模式：现实状态与未来走向[J]．研究生教育研究，2020（3）：23-28.

[5] 段雪峰，李春梅，覃永辉．科教协同育人背景下，研究生数学类课程的教学模式研究[J]．教育教学论坛，2018（7）：106-107.

[6] 岳静，刘忠慧．产学合作下的生产实习模式探索[J]．教育教学论坛，2020（25）：265-266.

[7] 匡翠林，戴吾蛟，张云生，等．测绘工程专业企业综合实习的组织与实施[J]．高教学刊，2020（19）：1-6.

[8] 陈超．关于现阶段国家示范性微电子学院建设的几点思考——以浙江大学微电子学院为例[J]．大学教育，2020（7）：1-4.

[9] 张丽娟，葛运旺，王新武．深化产教融合的本科人才培养研究与实践[J]．实验技术与管理，2020，37（7）：169-172.

[10] 陈超，谭毅，马文英，等．校外实习基地深度参与高校工程教育合作模式研究[J]．西南师范大学学报（自然科学版），2020，45（7）：163-167.

[11] 马乐诚，郑小洁，任增元．关于科教结合实践进展与优化路径研究[J]．高教研究与实践，2015，34（2）：24-28.

基于工科院校新时代德智体美劳五育并举研究生实践探索

齐晶瑶　王　晶　孙怿飞

(哈尔滨工业大学，哈尔滨 150001)

摘　要：教育工作，最紧要的就是立德树人。培养什么样的人、如何培养人、为谁培养人应该始终是一以贯之的主线，构建德智体美劳全面培养的教育体系是我国教育长期以来的努力方向。德为魂，智为骨，体为筋，美为气，劳为本，五位一体的人才才真正符合建设社会主义现代化强国要求，才能经受住历史的考验，肩负起国家建设的责任重担，对于始终服务于国家需要和经济建设的工科院校人才培养体系而言其重要性更是如此。因此，如何更好地将新时代德智体美劳五育并举的教育方针在工科研究生这个群体上加以应用推广并具备一定的指导意义，实现理论与实践相结合，做到知行合一的问题尤为关键。本文依托一线工作的实际情况，对这一问题进行了一定探索。

关键词：德智体美劳；工科院校；研究生教育；知行合一

第一作者简介：齐晶瑶，1960年生，女，博士，教授，主要研究方向为思政教育，邮箱为 wangjingshizheng@126.com。

培养什么人，是教育的首要问题。党的十八大以来，习近平总书记曾就这一问题多次发表重要论述。尤其是在2018年9月10日召开的全国教育大会上，习近平总书记代表党中央从党和国家事业发展全局的战略高度明确提出，坚持中国特色社会主义教育发展道路，我们的教育必须培养德智体美劳全面发展的社会主义建设者和接班人[1]。"国势之强由于人，人材之成出于学，社会主义建设者和接班人，既要有高尚品德，又要有真才实学。"[2]建设社会主义现代化强国，发展是第一要务，创新是第一动力，人才是第一资源[3]。教育既要引导学生珍惜学习时光，心无旁骛求知问学，增长见识，丰富学识，沿着求真理、悟道理、明事理的方向前进，也要帮助学生在体育锻炼中享受乐趣、增强体质、健全人格、锤炼意志，还要全面加强学校美育，弘扬劳动精神，提高综合素质，实现德智体美劳的全面发展，更要完成解读德智体美劳全面发展对于当前教育制度的重要指导意义的任务。

德为魂。习近平总书记指出："青年的价值取向决定了未来整个社会的价值取向，而青年又处在价值观形成和确立的时期，抓好这一时期的价值观养成十分重要。"[4]培养社会主义建设者和接班人，要在厚植爱国主义情怀上下功夫。依托学生党支部，组织形式多样、内涵丰富的活动，让学生看到榜样的力量，赞美、欣赏这些大爱大德大情怀的人；了解时事，更理性、更透彻地看到很多事件背后的含义；培养归属感，发自内心地认可党的领导，认真学习新时代中国特色社会主义思想。依托一系列德育教育，促进学生认可和培养爱国、敬业、诚信、友善等美好品德，并将之构建在自己的世界中。通过不断的模仿、强化，内化成为自己的价值观，树立高远志向，历练敢于担当、不懈奋斗的拼搏精神，具有勇于奋斗的精神状态、乐观向上的人生态度，做到刚健有为、自强不息。

智为骨。研究生阶段，学生的自主学习能力和创新能力出现飞跃，作为将研究方向学细、学专、学透的这样一个群体，智是他们更加擅长的技能，他们在智育培养的过程中，不能闭门造车，应该进行更多的拓展交流。跟相关领域的学者交流，时刻把握最新的前沿方向，拓展自己的认知领域；跟其他领域的学者交流，跨学科进行分享沟通，从而碰撞出更多的思维火花。创新是学术研究活动的根本目的和意义，是一切学术研究的生命所系。当下的学生，只有不断质疑、不断探索、不断验证边界上的一些知识点，发掘新的科研方向，才能为国家提供技术层面、理论层面的支撑。随着时代的发展，我们更要适应

"互联网+教育"的时代潮流，开展探究式、启发式、讨论式教学，探索体验式、定制式、情景化、沉浸式等新型教育模式[5]，以期将研究生培养成国家和社会需要的创新型、复合型人才。

体为筋。身体健康和心理健康是当下衡量一个学生健康与否的重要标准。为增强学生体质、锤炼学生意志，工科研究生教育者需要指导学生在当前这一生活比较规律的阶段，培养一个自己能够坚持终生、受益终身的运动爱好。以兴趣为导向，推动学生主动去体验更多的运动项目，从而找到一个适合自己的体育项目。清华大学提出的口号是为祖国健康工作五十年；蔡元培先生曾提出"完全人格，首在体育"的教育思想；张伯苓先生也曾说："教育里没有了体育，教育就不完全。"身体是革命的本钱。引导学生重新走进运动场，让"发展体育运动，增强人民体质"在工科研究生中顺利推进开展。而另一方面，拥有一个健康向上的心态同样尤为重要。目前各个高校，由心理问题带来的衍生问题越来越多，甚至有愈演愈烈的趋势。作为新时代的研究生，要在自己心情不美好的时候做以下几点。首先，理性评估。学生可以通过慕课、微课等方式汲取很多心理学相关的知识。简单涉猎一些初级的心理学知识，至少能够让自己意识到自身心理状况的异常，但一定不能擅自下诊断，专业的事情应该交给专业的人去做。其次，学会分享和求助。在出现问题之时，学生可以向身边的人吐露出自己的难过和不开心，如果有合适的途径，最好向专业的指导老师或在咨询时进行求助。通过不同视角、不同方式的交流，缓解自己的压力，找到更好的解决途径。第三，找到一个适合自己调整心情的方式。比如逛街、享受美食、"刷剧"、运动等，让自己的心情得以平复并促进身体分泌一定的多巴胺，从而带动自己的情绪往好的方向发展。心理健康也是个人健康的重要指标，有压力，我们就学会压力管理；有情绪，我们就学会情绪管理；有超出我们预计范围的事件，我们就用智慧判断解决方案的可行性。努力改变可以改变的，努力接纳可以接纳的，做一个快乐的自己。

美为气。马克思曾指出："人也按照美的规律来建造。"[6]我们每个人也是遵循着美的规律生活的。各美其美，美人之美；美美与共，天下大同。有了一双欣赏美的眼睛，才能有美的心灵，才能在生活中创造各种美。享受红色文化之美。走入烈士纪念馆，走进红色博物馆，革命文化是文化自信的重要源头[7]，红色文化见证了中国共产党因为一个坚定的信念，不断发展壮大，走到现在，有无数的先烈为之拼搏奋斗，那振聋发聩的呐喊、那舍己奉献的果决、那坚定不移的自信，可以让研究生们深刻感受到丰富的革命精神和厚重的历史文化内涵。享受中国传统文化之美：工科院校研究生的活动中，一定要有人文气息，古诗词的解读、民族音乐的表演、各种棋类的竞技、各种书法的感悟，甚至各种节气背后的故事、中国诸多先人的经典传记等，都可以传递美的知识。享受文艺之美：高雅艺术进学校、摇滚之夜、乐队PK大赛、校园十大歌手、古典乐器表演、校园短片站，让学生们在艺术的海洋中徜徉，陶冶情操，提升对美的认知和个人艺术素养。

劳为本。2015年4月28日，习近平总书记在庆祝"五一"国际劳动节暨表彰全国劳动模范和先进工作者大会上的讲话中就明确提出：劳动是人类的本质活动，劳动光荣、创造伟大是对人类文明进步规律的重要诠释。他还深情地说："民生在勤，勤则不匮。"[8]在全国教育大会上，习近平总书记进一步明确指出："要在学生中弘扬劳动精神，教育引导学生崇尚劳动、尊重劳动，懂得劳动最光荣、劳动最崇高、劳动最伟大、劳动最美丽的道理，长大后能够辛勤劳动、诚实劳动、创造性劳动。"[9]作为研究生，不仅科研要做得好，更应该成为高素质的劳动者。研究生可以以志愿者的身份走入社区、走入孤儿院、走入敬老所，为那些需要我们帮助的人尽一份能力；可以参加志愿类的社会实践，走进贫困户、贫困村、贫困县，用己所学、助人为乐；可以用自己的脑力劳动、体力劳动，做起而行之、攻坚克难，为人民解决真问题，将自己的论文书写在祖国大好河山之上。

习近平总书记指出："要努力构建德智体美劳全面培养的教育体系，形成更高水平的人才培养体系。"[10]高水平的人才培养体系是培养高素质人才的重要保障。以"双一流"建设为契机，将德智体美劳全面培养落到实处，这是新时代党和国家培养教育优秀人才的理念和方法。以习近平新时代中国特色社会主义思想为指导，德为魂，知道自己要成为什么样的人；智为骨，努力在学术上有所建树；体为筋，只有强健体魄、健康心态，才有底气走得更远；美为气，陶冶情操不断提升自身的素养；劳为本，只有用我们的劳动,才能创造更美好的未来。培养德智体美劳全面发展的社会主义建设者和接班人,开创教育工作新局面,为实现中国梦做出应有的贡献。

参考文献

[1] 吴晶,胡浩. 习近平在全国教育大会上强调 坚持中国特色社会主义教育发展道路 培养德智体美劳全面发展的社会主义建设者和接班人 [J]. 人民教育,2018(18):6-9.

[2] 人民网-人民日报. 习近平在北京大学师生座谈会上的讲话 [EB/OL]. (2018-05-02) [2018-05-03]. http://cpc.people.com.cn/n1/2018/0503/c64094-29961631.html.

[3] 新华网. 习近平:发展是第一要务,人才是第一资源,创新是第一动力 [EB/OL]. [2018-03-07]. http://www.xinhuanet.com/politics/2018-03/07/c_1122502719.htm.

[4] 中国青年报. 习近平2014年五四在北京大学师生座谈会上的讲话全文 [EB/OL]. (2014-05-04) [2014-10-11]. http://news.cyol.com/content/2014-10/11/content_10765449.htm.

[5] 雷朝滋. 发展"互联网+教育"推进教育深层次、系统性变革 [N]. 人民政协报,2020-01-08(10).

[6] 许韶平. 高校思想政治教育审美化解析 [J]. 山西高等学校社会科学学报,2013,25(11):83-86.

[7] 林雅华. 中国共产党的文化自信 [N]. 中国青年报,2020-07-01(T01).

[8] 新华网. 习近平在庆祝"五一"国际劳动节大会上的讲话 [EB/OL]. [2015-04-28]. http://www.xinhuanet.com/politics/2015-04/28/c_1115120734.htm.

[9] 新华社. 习近平在全国教育大会上发表重要讲话 [EB/OL]. [2018-09-10]. http://www.81.cn/sydbt/2018-09/10/content_9277553.htm.

[10] 新华网. 习近平:坚持中国特色社会主义教育发展道路培养德智体美劳全面发展的社会主义建设者和接班人 [EB/OL]. [2018-09-10]. http://www.xinhuanet.com/politics/leaders/2018-09/10/c_1123408400.htm?tdsourcetag=s_pcqq_aiomsg.

学术学位研究生培养过程中全方位协同育人机制构建的探索

黄 云 杜吉佩

（四川大学研究生院，成都 610065）

摘 要：高素质的学术学位研究生是国家创新驱动的重要力量。为了提升学术学位研究生的创新能力，四川大学构建了"一条主线，四个协同"的学术学位研究生培养过程全方位协同育人机制，即在"大思政"主线下，探索本（硕）博贯通式培养协同育人，促进科教融合协同育人，深化国际合作协同育人，构建区域合作协同育人，以期为研究生培养模式的深化改革提供新的研究视角和借鉴依据。

关键词：学术学位研究生；协同育人；大思政；贯通式培养；科教融合；国际合作；区域合作

基金项目：本文获四川省 2018—2020 年高等教育人才培养质量和教学改革项目资助，项目编号：JG2018-18。

在 2020 年席卷全球的新冠疫情中，作为全球最早走出疫情的主要经济体，中国战疫的阶段性成功得益于强有力的疫情防控，其中高素质的医学卫生专业人才和生物医药研发人才扮演了重要的角色，他们中的大多数是博士生，这充分证明了博士生作为国家科技创新的生力军，是实施创新驱动发展战略、抢占科技战略制高点的"战略资源"。研究生教育作为国民教育体系的顶端，是国家创新体系的重要组成部分，是科技第一生产力、人才第一资源、创新第一动力的最佳结合点，直接关系到国家竞争力水平，并对整个教育体系的质量和水平有着引领和标识作用（洪大用，2019）。新冠疫情改变了世界的政治经济格局，中美之间的矛盾从开始的经贸冲突迅速扩展到现在的科技、金融、教育等领域。在这种国际形势下，国家对重点领域的高层次人才更加急需，而外部环境加大了对我国的技术封锁，国内高校需要认真思考如何面向国家经济社会发展主战场和世界科技发展的最前沿，加快步伐培养国家需要的德才兼备的高质量研究生人才。

教育部原部长陈宝生提出的研究生教育内涵式发展的核心要义中，首要的是"聚焦立德树人根本任务"，同时"深化改革创新、开放搞活"。另外，教育部印发的针对本科教育的"新时代高教 40 条"中指出"构建全方位全过程深融合的协同育人新机制，完善协同育人机制，加强实践育人平台建设，强化科教协同育人，深化国际合作育人，深化协同育人重点领域改革"。在国家深入推进新一轮西部大开发的大战略背景下，四川大学贯彻研究生教育内涵式发展的核心要义，进行了一系列研究生教育领域综合改革尝试，本文深入思考了学术学位研究生教育的培养目标，借鉴本科教育"协同育人"的思路，对四川大学学术学位研究生培养过程中全方位协同育人机制构建进行了研究与总结，初步探索出一条学术学位研究生协同育人机制的框架路径，以期对研究生培养模式的深化改革提供新的研究视角和借鉴依据。

一、以"大思政"为主线，构建学术学位研究生培养过程中的全方位协同育人机制

研究生教育的首要任务是培养服务于中国特色社会主义伟大事业的德才兼备的高层次人才，所以我们的研究生培养模式改革必须牢牢把握"立德树人、服务需求、提高质量、追求卓越"的工作主线。立德树人是根本，狠抓思想政治教育工作"生命线"，树立"大思政"理念；在这条主线下，继续推进

学术学位研究生硕博贯通培养，打通本科教育和研究生教育的壁垒，探索本（硕）博贯通式培养协同育人；深挖研究生课程建设的内涵，促进科教融合协同育人；通过构建研究生国际化交流体系，深化国际合作协同育人；"资源共享，学科共建"构建区域合作协同育人。最终，我们构建了"一条主线，四个协同"的学术学位研究生培养过程全方位协同育人机制（见图1）。

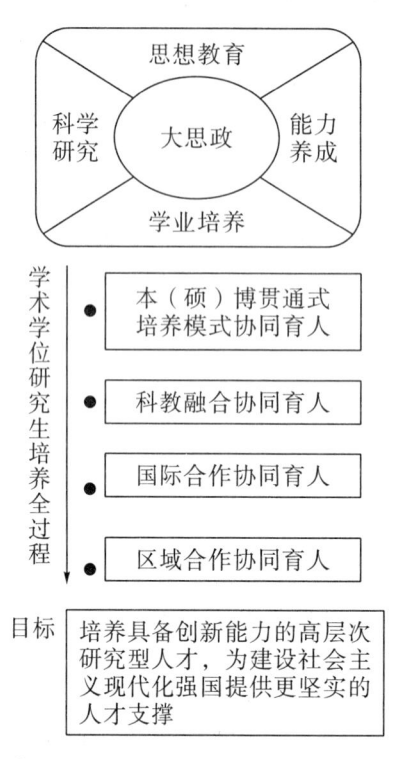

图1　学术学位研究生培养过程全方位协同育人机制的框架

二、"四位一体"的大思政贯穿式协同育人

将思政工作贯穿研究生培养全过程，构建思想教育、学业培养、科学研究、能力养成"四位一体"的大思政协同育人体系（张茜，2019）。

在思想教育方面，四川大学极为重视思想政治理论课，在研究生教育教学中不断强化思想政治引领导向的建设，从培养方案制订、课程体系建设、教改项目设立、教学平台优化四个维度搭建起了基本工作框架。一是在培养方案中要求将"学术规范与研究生论文写作指导"列为校级必修课，"工程伦理"列为工程类研究生必修课，借此培育研究生的科学精神、人文精神和社会担当精神。二是在课程体系建设上，学校于2017年制订出台《四川大学研究生课程建设及教学过程管理办法》，进一步完善课程内容、教师教学行为及教学监督管理；于2019年启动了"研究生课程思政示范课程建设项目"，全校有32门课程入选，充分发挥课堂教学在研究生思想政治教育中的主导作用，以项目促进学院仔细梳理本学科课程中的"思政元素"，挖掘课程内容中与社会主义核心价值观、家国情怀、法制意识、社会责任、文化自信、人文情怀、创新意识、科学素养、工匠精神等相关的德育元素；同时制订了《四川大学研究生教学领导干部听课评议办法》，加强了对课程内容、教师教学行为的监督管理。三是在校级教改项目设立上，学校全力支持马克思主义学院办好思想政治理论课，鼓励创新研究生思政课程体系，加强思政课教材建设，优化教学内容，创新教学方法，推进启发式、探究式、讨论式、专题式教学和实践教学。2019年立项的研究生教改项目中，马克思主义学院有8门思政课程教改项目立项。四是在教学平台优化上，我们重视把新媒体新技术引入高校思想政治理论课教学，通过在线开放课程建设切实推进信息技术与思政教育教学深度融合，于2019年启动了"自然辩证法概论"的慕课建设，并计划今后每年重点建设两门左右的重点思政慕课课程，持续优化这一体系。

在学业培养上，学校长期坚持把加强学术道德和学术诚信建设作为提高教育质量、培养一流人才的最根本保障，以学术道德与学术规范教育为主线，坚持不懈地培育优良校风和学风。除了前述的"学术规范与研究生论文写作指导"已列为研究生必修课，我们还严格对学位论文进行查重，防止论文抄袭，并出台了《四川大学研究生考试违纪作弊处分实施细则》，加强了考风考纪的宣传。临床医学院率先尝试了构建医学研究生学术道德课程与医学专业伦理、专业教学充分融合的新课程体系，在师生间取得了较好的效果，为全校推广奠定了基础。

在科学研究上，学校充分发挥了导师在研究生思想教育中首要责任人的作用，明确了研究生导师必须思想政治素质过硬，德才兼备，能够教育和引导学生自觉践行社会主义核心价值观。进一步落实研究生导师教书育人的"七导"（导思想、导学习、导人生、导科研、导心理、导就业、导生活）职责，教育引导广大研究生导师关心关爱学生。

在能力养成上，学校在强化课程育人、实践育人、科研育人的基础上，贯彻教育部等八部门《关于加快构建高校思想政治工作体系的意见》，分别针对文理工医学科提出了教学体系建设目标，目的是增强研究生学习创新的自觉性、使命感、责任感，为研究生教育铸魂强魄。

三、探索"本（硕）博"贯通式培养模式协同育人

推进全日制学术学位研究生硕博贯通培养是我国研究生培养的大趋势，随着我国研究生教育的内涵式发展，越来越多的本科生选择攻读研究生，但同时我们也意识到大量的优秀本科生流失到国外高校，"本（硕）博"贯通式培养无疑是留住我们优秀本科生的一个可行方案（曾空，2017）。

近年来，四川大学在硕博培养方案一体化设计、硕博研究生课程体系有效衔接、强化中期考核上都积累了一定的经验。在2017年，我们按照"硕博贯通＋一级学科"的原则，重新修订了学术学位研究生培养方案，该方案包含博士、硕士、硕博连读培养方案，以课程代码的递进来区分硕博士课程，覆盖了全校47个博士一级学科，最后总计修订培养方案77个；还开放了不同培养层次、不同一级和二级学科课程的互选模式，鼓励研究生跨学科、跨层次选修课程；2019年发布了新的《四川大学硕士研究生中期考核管理办法》，严格把控研究生培养的关键环节。

在下一步继续深化研究生培养模式改革中，依托四川大学一流本科生教育的优势，打通本科教育与研究生教育的壁垒，建立"本（硕）博"培养体系将是我们的工作重点。在这个改革计划中，教务处充分利用国家和学校的"强基计划""基础学科拔尖人才培养试验班""吴玉章学院"等项目，对有明确学习目标、有志于从事创造性研究的优秀本科生实施筛选和动态进出评估培养。研究生院将和教务处协同制定"本（硕）博"贯通式人才培养方案，打通"本（硕）博"选课系统，从本科四年级起开设专门的培养课程和科研训练，开展有针对性的科研方向专项训练和培养。"本（硕）博"贯通式培养的关键是严格评价考核与进退机制，特别是研究生阶段，采用"4＋5"特殊培养模式，本科与博士直接衔接，这部分学生研究生阶段的评价考核将纳入博士资格考核机制中，实行多段评价，建立择优和分流淘汰机制，分流淘汰的学生达到硕士培养标准可退回硕士培养。因此"本（硕）博"贯通式培养需要学校多部门的协同配合，从思维到政策都需要做到融会贯通，协同育人。

四、促进科教协同融合育人

研究生教育中，教育教学和科研实践相辅相成、缺一不可。对此四川大学努力做好"四个融合"，即"科研成果与课堂教学融合、科研成果与课程和教材融合、国际化素养与课堂教学融合、研究生教育与本科教育融合"，促进科教协同融合育人。

2016年四川大学申请成为教育部研究生课程建设试点单位，根据试点工作方案，开展了一系列研

究生课程建设项目：（1）"四川大学学术学位研究生示范课程建设项目"，鼓励教师积极进行教学改革和教学方法创新，使研究生课程教学由传统的注重知识传授向注重学生自主学习能力培养转变，建设一批具有先进教学理念，有利于激发研究生创新思维，促进课程学习与科学研究有机结合的课程；（2）"四川大学学术学位研究生教材建设项目"，鼓励教师进行教学研究，出版反映四川大学学术水平和特色的优秀研究生教材，大力提高四川大学研究生课程的质量，使研究生能更好地掌握学科基础理论知识和发展的前沿动态，从而激发创新意识，培养创新精神；（3）"学术学位研究生全英文课程及全英文专业建设项目"，旨在增强四川大学研究生进行国际学术交流的能力，加快研究生教育与国际接轨，培养具有国际视野和国际竞争力的创新人才；（4）在"后疫情时代"，国际交流合作环境受疫情影响在短期内难以恢复，我们深度挖掘研究生课程建设的内涵，以本土国际化教育的思维，推出了"四川大学研究生高水平国际化课程建设项目"，区别于全英文课程的语言强化目的，国际化课程是指在国际观念的指导下，把国际的、跨文化的观念与知识融合到课程中，采用案例教学、外语授课等多种形式，培养学生国际观念、视野和技能，授课教师需要及时优化和凝练课程内容，充分反映本学科领域的最新研究成果和发展动态，体现相关学科领域知识的交叉融合，并重视教学与科研的有机结合，强化科学方法训练和学术素养培养。下一步将建立一套科教协同工作机制，以保证科教协同"绿色通道"的通畅，加强新时代科教协同融合。

五、深化国际合作协同育人

加大研究生培养国际合作交流力度，进一步提高研究生教育国际合作水平，提升合作程度与高度，扩大合作范围与视野，增进合作层次与质量，一直是深化国际合作协同育人的重点（刘秀梅，2016）。

近年来，四川大学在研究生国际化教育中做了大量工作。我们充分利用国际资源，特别是已经建立的国际顶尖大学和研究机构的交流合作项目，建立和稳定一批海外研究生交流学习平台，推进研究生国际化培养与交流体系构建。进一步拓宽能提供研究生培养的海外培训平台。同时鼓励研究生去国际组织实习、见习、培训和交流。充分调动学院、导师和学生的积极性，逐步完善四川大学博士研究生参加国际会议的目录。构建研究生国际交流与培训的"经费共摊机制"，学校加大经费投入的同时，制定激励政策撬动培养单位与导师经费，积极争取企业捐赠、校友支持等经费投入研究生国际化培训。培养单位把博士生海外交流学习作为研究生培养的重要举措，学校把博士研究生海外交流培训情况作为各培养单位研究生教育工作评价指标之一。

在上述措施的保障下，四川大学自2018年起，加大了研究生国际交流的政策支持和经费资助，遵循"以学生为中心，科学布局，有机互补"的原则，建立了一个"时间—内容—空间"多维度的研究生国际交流项目体系，让学生有机会融入国际学术圈。从增加项目纵深的角度出发，在研究生国家公派计划之下构建了不同层级的项目体系：按照时间维度可以分为短期的"四川大学博士研究生国际学术会议交流项目"、中期的"四川大学大川视界项目"、中长期的"四川大学博士研究生国（境）外短期访学项目"；按照内容划分，学术会议交流项目和短期访学项目主要针对博士研究生，而"大川视界"的子项目主要面向硕士研究生。除上述鼓励本国研究生走出去的项目外，学校还通过"四川大学博士生高端国际学术论坛"把一流的学者"请"进来；部分专业与国际高水平大学建立研究生双向交流平台，双方互授联授学位，将不同国度的学生"引"进来，建立了良好的双向交流机制。

六、区域合作协同育人

2020年5月党中央、国务院从全局出发，发布《关于新时代推进西部大开发形成新格局的指导意见》，指出"推进西部大开发形成新格局，开展区域协调发展""打造重庆、四川为内陆开放高地和开发开放枢纽，建设为国际门户枢纽城市"，确立了成渝协同发展的大格局。四川大学位于四川省省会成都,地处"一带一路"经济带,随着成渝一体化的推进,加强区域内高校的合作,构建区域协同育人的机制,才能更好地服务国家的区域经济建设。

从学术学位研究生培养的角度出发,构建区域协同育人的核心是"资源共享,学科共建"。加强共建高校间优质资源的共享,首选国家最需要的专业共建学科,以强强联合、以强带弱的形式合作,携手共进,提高办学品质,并采取标志性成果评价,给予激励支持。采取名师互派、互聘的方式,顶尖名师定期到共建高校授课、讲座,实现师资共享;定期举办共建高校教师主题学习培训会等取长补短,互利共赢,切实提升教师团队水平。教学资源、科研平台共享共建,加强共建高校的协同合作,推进高层次人才的共同培养,利用双方的特色和优势,加快学科建设进程,促进学科优秀学术团队的成长,打造超一流的学科建设。

"成渝地区双城经济圈"内高校众多,且各具学科优势,成渝高校之间形成学科共建、优质资源共享的良好氛围势必会提升该区域高校的研究生教育质量,从而推动区域经济的发展,助力国家经济复苏和发展。

七、结论

国家经济社会发展需要创新驱动,而创新驱动发展需要大批高素质研究生,特别是学术学位研究生的支撑。为了提升学术学位研究生的创新能力,四川大学构建了"一条主线,四个协同"的学术学位研究生培养过程全方位协同育人机制,即在"四位一体"的"大思政"主线下,探索本(硕)博贯通式培养协同育人,促进科教融合协同育人,深化国际合作协同育人,构建区域合作协同育人。当今世界正经历百年未有之大变局,我国正处于实现中华民族伟大复兴的关键时期,研究生教育应当认真贯彻党中央、国务院决策部署,随时做好迎接挑战的准备,以满足国家经济社会发展对研究型创新性人才的需求。

参考文献

[1] 洪大用. 扎根中国大地加快建设研究生教育强国[J]. 学位与研究生教育, 2019(3): 1-7.

[2] 张茜. 大思政视域下高校"十大"育人体系整体建构研究[D]. 武汉:华中师范大学, 2019.

[3] 曾空. 教育转型下的"本硕博"贯通式创新人才培养模式调查研究[J]. 汉江师范学院学报, 2017(4): 123-129.

[4] 刘秀梅. 研究生培养国际化创新模式的对策及建议[J]. 教育教学论坛, 2016(20): 175-176.

招生改革

四川大学研究生招生方式的发展与改革

邱厌庆　李　洁

（四川大学研究生院，成都 610064）

摘　要：四川大学自建校以来经历了三次强强合并，是我国具有较大规模的研究生培养基地之一，其研究生招生经历了起步、稳步、快速和质量发展四个阶段，在我国具有很强的代表性。研究搜集整理了四川大学研究生招生的发展与改革历程，结合我国研究生教育相关制度，分析了四川大学研究生招生方式的改革方向，展示了高校研究生教育在国家教育政策指导下的实践效果。

关键词：研究生招生方式；招生方式改革；国家教育政策指导；四川大学

第一作者简介：邱厌庆，1985 年生，女，高级经济师，主要研究方向为高等教育管理，邮箱为 qyq_101@163.com。

拥有百年历史的四川大学，由原四川大学在 1994 年与成都科技大学[①]，以及在 2000 年与华西医科大学[②]进行"强强合并"而成，是中国西南地区第一所综合性的高等院校，也是整个西南地区最早招收研究生的大学。在长达一百多年的历史长河中，四川大学已成为我国具有较大规模的研究生培养基地，调研四川大学研究生招生方式的改革历程，既是总结四川大学研究生发展经验，也可以展示中国研究生教育政策的实践效果，为政策制定提供参考。

四川大学研究生教育发展经历了三次跨越：第一次是 1981 年我国正式实行学位制度到 1993 年原四川大学与成都科技大学合并前，这一时期是学校研究生招生的起步阶段，经历了从没有独立招生能力到纳入国家统一计划的过程，共招收 7 166 名研究生；第二次是 1994 年到 2000 年，学校共招收研究生 9 088 人；第三次是 2000 年四川大学与华西医科大学合并后，2001 年到 2018 年共招收研究生 110 877 人。

一、从联合培养到统一计划

《壬戌学制》以来，全国高等师范学校纷纷改制易名，原成都高等师范学校也改办为四川大学（为与合并后的四川大学区分，以下称"原四川大学"），强化了综合大学办理的势头，为研究生教育的施行提供了可能，1941 年底，原四川大学等 5 所高校相继设立研究院、所（教育部教育年鉴委员会，1948）。筹建于 1905 年的华西协和大学于 1922 年就开始与美国纽约州立大学联合培养博士研究生。原四川大学在 1939 年首次开始招收（农科）研究生一名，到 1948 年在校研究生人数达到 19 名，共培养了全国六分之一的研究生。

1950 年 8 月，教育部颁布了《高等学校暂行规程》，明确规定大学应当设立培养研究生教育的机构（周洪宇，2004），原四川大学、成都工学院和四川医学院的研究生招生工作开始进入新的阶段。原四川大学从 1949 年的在校研究生 19 人，达到了 1966 年在校人数 26 人，其中招生人数最多的一年为 1955 年的 43 人，到 1956 年在校人数达 56 人；成都工学院（于 1978 年更名为成都科技大学）从 1957 年开

[①] 成都科技大学：前身是以四川大学工学院为主体成立的"成都工学院"，是 1952 年院系调整时期诞生的全国几所主要工学院之一，1978 年更名为"成都科学技术大学"。

[②] 华西医科大学：筹建于 1905 年，原名"华西协和大学"，1933 年 9 月 23 日更名为"私立华西协合大学"，1951 年 10 月 6 日，中华人民共和国政府宣布接办后更名为"华西大学"。1953 年 10 月 6 日，中央卫生部决定，将华西大学更名为"四川医学院"，1985 年更名为"华西医科大学"。

始招收 5 名研究生，到 1966 年招收 26 名研究生；华西协合大学由接办时的研究生 5 人，到 1953 年招生工作纳入国家统一招生计划后，招生人数逐渐增加，1953 年至 1956 年，共招研究生 42 名（《四川大学史稿》编审委员会，2006）。1957 年受政策影响，招生数量锐减，1958 年降为 0，1959 年至 1966 年研究生的招生工作按照教育部统一规定进行。1963 年召开了高等学校研究生工作会议，会上讨论了高等学校研究生培养方面的政策，并对今后五年研究生招生规划等问题交换了意见，这次会议奠定了我国研究生培养的基本模式，四川大学的研究生招生工作经历了一年的过渡期后，于 1965 年开始增长。1966 年至 1976 年"文化大革命"期间，研究生教育工作暂停，直到 1978 年以后，研究生教育工作得到恢复。

总体来说，这一阶段处于研究生招生的起步阶段，招生工作时断时续（如图 1 所示）。虽然我国 1935 年公布的《学位授予法》中，学位包括学士、硕士、博士三级，1940 年还公布了《博士学位评定会组织法》和《博士学位考试细则》，但在此期间原四川大学招收的研究生均为硕士研究生，没有博士研究生。

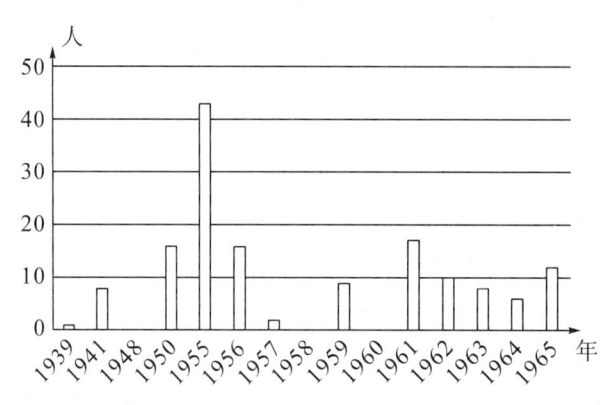

图 1　1978 年以前原四川大学研究生招生情况

二、从服务地方需求到响应国家战略

1977 年 10 月国务院批准了教育部《关于 1977 年高等学校招生工作的意见》及其附件《关于高等学校招收研究生的意见》，这标志着我国正式恢复高等学校招生。随着 1980 年《中华人民共和国学位条例》、1982 年《关于招收攻读博士学位研究生的暂行规定》等文件的颁布，原四川大学、成都科技大学、华西医科大学开始相继招收博士研究生。

（一）在职研究生的起步

根据国家关于建立学位制度的规定，原四川大学于 1981 年成立学位委员会，提出"要进一步扩大从具有两年以上实践经验的在职人员中招收研究生的比例，通过改革研究生招生分配制度，对于实践性强的哲学社会科学要逐步做到以招收在职人员和有实践经验的大学毕业生为主"的研究生人才选拔理念。1984 年，原四川大学将研究生科改为研究生处，并制定了《四川大学学位工作细则》（修订稿）和《四川大学接受校外非学位授予单位应届毕业研究生申请硕士学位的试行办法》，以确保研究生质量和水平。1985 年 4 月，研究生处改为研究生部（《四川大学史稿》编审委员会，2006）。1983 年，成都科技大学成立了研究生招生领导小组和招生办公室，1985 年将原研究生处改为研究生部，1986 年建立研究生院（《四川大学史稿》编审委员会，2006）。

1978 年至 1993 年，是四川大学研究生招生从恢复到稳步发展的时期，尤其在 1981 年至 1985 年呈现急速增长的态势（见图 2 至图 4）。1988 年，国家从整体上加强了宏观管理，提出了今后一段时期研究生教育工作的重点应当从发展数量和扩大规模，转到优化结构，深化改革，改善条件，努力提高教育质量和办学效益上来，因此 1986 年至 1989 年间研究生招生规模逐年缩减。

1978 年至 1993 年，原四川大学共招收硕士研究生 2537 人，1985 年开始举办研究生班，至 1993 年共招收了 116 名学生，他们大都是国内各高校的教师（《四川大学史稿》编审委员会，2006）。1982 年，原四川大学开始招收博士研究生，招收 1 人，至 1993 年，共招收博士研究生 115 人。

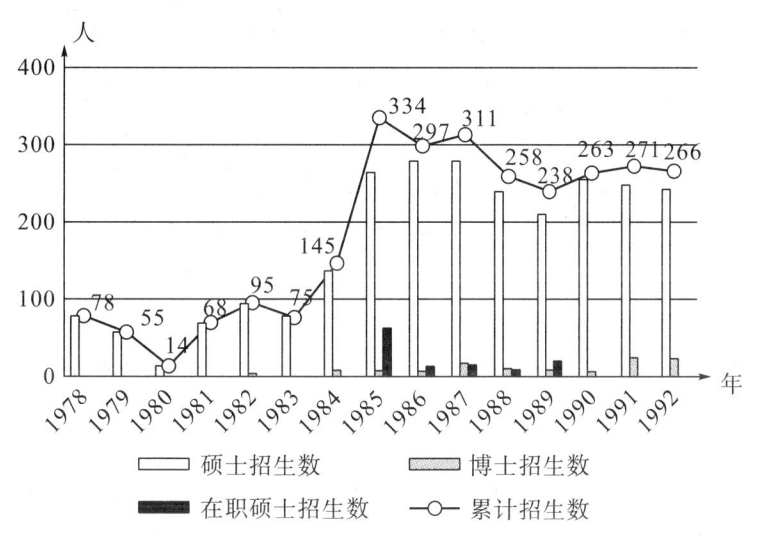

图 2　1978 年至 1992 年原四川大学研究生招生概况

成都科技大学在 1978 年计划招收研究生 18 人，最终录取 10 人。1979 年和 1980 年分别录取研究生 5 人、9 人。1983 年，响应国家"加强应用型研究生的培养"政策，开始招收在职研究生。到 1994 年，硕士研究生招生人数共计 2186 人，博士研究生 206 人。

图 3　1978 年至 1994 年成都科技大学研究生招生概况

四川医学院 1978 年招研究生 53 人，到 1985 年，研究生招生人数已经达到 150 人。华西医科大学（1985 年由"四川医学院"更名而来）从 1990 年开始，硕士研究生招收人数有所减少，博士研究生招生人数有所增长。1986 年至 1993 年期间，共招收硕士研究生 1286 人，博士研究生 266 人。

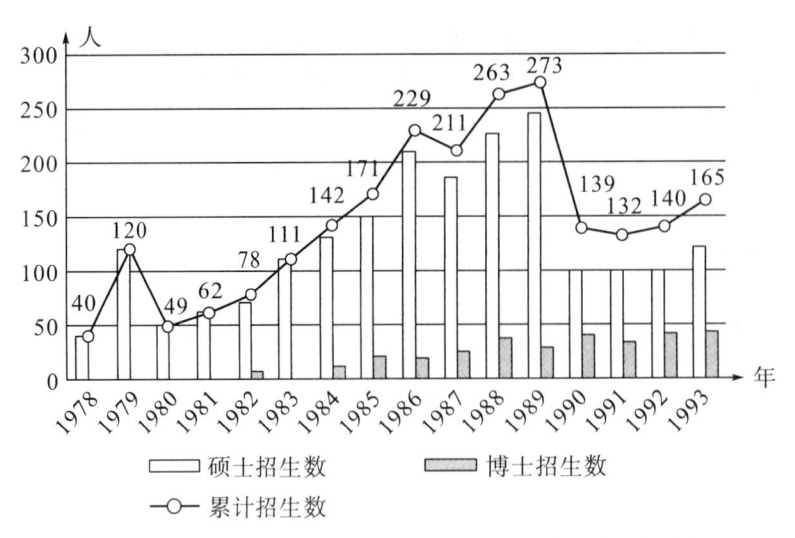

图 4 1978 年至 1993 年四川医学院/华西医科大学研究生招生概况

（二）研究生规模的扩大

1994 年 3 月 16 日，国家教委、四川省政府批复了《关于四川大学、成都科技大学合并为四川联合大学的批复》，两所学校的合并是深化教学体制改革的一项重大举措，两校的"强强合并"使研究生培养工作迈上了一个新的台阶。1999 年，四川大学研究生院被国务院学位委员会和教育部授予"学位与研究生教育先进集体"称号。

1992 年 10 月，中国共产党第十四次全国代表大会在人民大会堂召开。十四大报告提出，"必须把教育摆在优先发展的战略地位"，在此精神的鼓舞下，至第二次合校前，四川大学研究生招生规模稳步增长（梁亦菡，2007）。

1994 年，四川联合大学在校研究生为 1 734 人，其中博士研究生 206 人。到 2000 年，在校研究生为 4 279 人，博士研究生为 1 209 人。

三、从统一考试到多元招生

1995 年国家教育委员会发出《关于进一步改进和加强研究生工作的若干意见》，1999 年 1 月，国务院批准了教育部制定的《面向 21 世纪教育振兴行动计划》，2001 年 3 月，第九届全国人民代表大会第四次会议提出"加快教育发展，提高全民素质"的教育发展目标。《教育部国家发展改革委财政部关于深化研究生教育改革的意见》（教研〔2013〕1 号）和《国务院关于深化考试招生制度改革的实施意见》（国发〔2014〕35 号）对研究生考试招生制度提出了改革方向。自此，我国经济发展步入快车道，对于高层次复合型、创新型人才的需求大幅增加，因此也助推了研究生教育的快速发展（王战军，2018）。

2013 年，学校制定并实施了《专业学位研究生总体培养方案》《研究生导师招生资格动态管理实施办法（试行）》，进一步完善了专业学位研究生教育体系，资助了 148 名博士研究生参加高水平国际学术会议，36 名研究生赴台湾高校交流学习。2014 年硕士研究生招生 5 533 人，港澳台学生 6 人，博士研究生招生 1 215 人，较 2012 年增加 38 人，录取港澳台学生 3 人，2015 年接收校外"985"高校推免生人数较 2014 年增长了 24%。

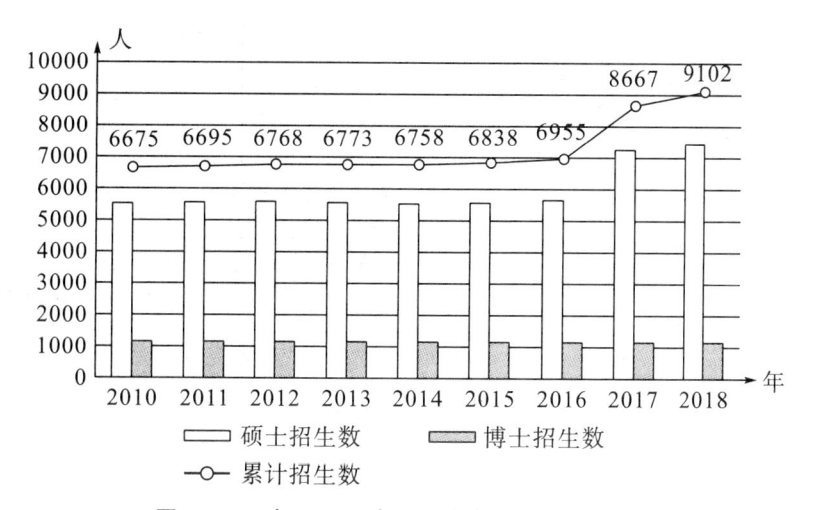

图 5 2010 年至 2018 年四川大学研究生招生概况

截至 2019 年，四川大学研究生采取多种形式进行招生：统一考试、免试、硕博连读、申请考核、同等学力等。许多导师反映，对于博士生来说，统一考试的选拔方式常导致被录取的学生高分低能者居多，具备研究潜力的学生却因差一两分而招不进来，而面试环节因为时间短，无法全面考察考生的综合素质与能力，导师们也担心因"错杀"而耽误了学生的前途，因此在面试环节不会轻易砍掉录取名额。降低考试所占分值、提高面试所占分值，扩大导师在博士研究生选拔方面的自主权，并制定相应的监督措施，将是博士研究生招生制度改革的一个重要方面。

为进一步落实国家关于深化考试招生制度改革的实施意见，四川大学不断对博士生招生方式进行改革，制定了《四川大学博士研究生招生工作实施办法（试行）》，规定"我校博士生招生采取'申请－考核'招生选拔机制，包括考生申请、学校考核两个组成部分"，"除国家专项计划和工程博士外，原则上不招收定向生。确需招收定向生的，由博士招生单位组织专家论证后向研究生院提出申请，研究生院批准后方可招收。招收人数须控制在博士招生单位年招生规模的 5% 以内"，"全日制定向生原则上要求在规定的培养年限内全脱产在校学习"，"为保证生源质量，各招生单位可提高同等学力报考条件，严格考核程序，严格控制录取人数"；并提高了免试、硕博连读生的录取比例，引导各研究生招生单位从招生环节起就严格控制生源质量。随着近年来硕博连读和申请－考核制招生方式的不断完善，博士研究生普通招考生占比从 2010 年的 72.9% 下降到 2019 年的 53.6%，下降了 19.3 个百分点（见图 6）。2019 年新招硕士研究生中，通过免试入学的学生占 22%；新招博士研究生中，通过硕博连读和申请－考核制入学的学生已经占到 38%（见图 7）。

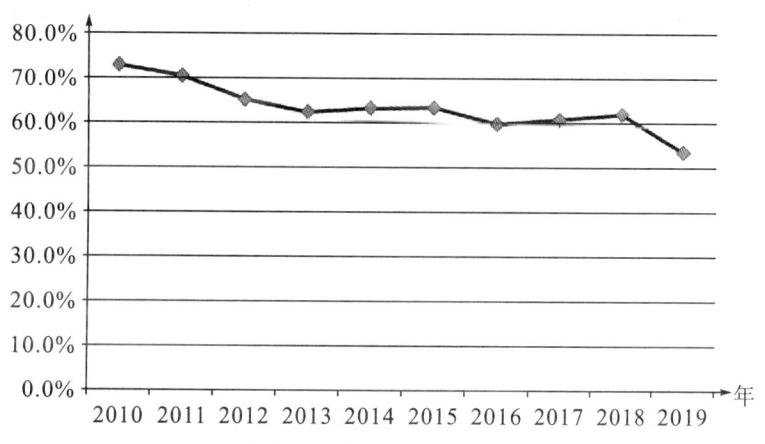

图 6 博士研究生普通招考生占比变化图

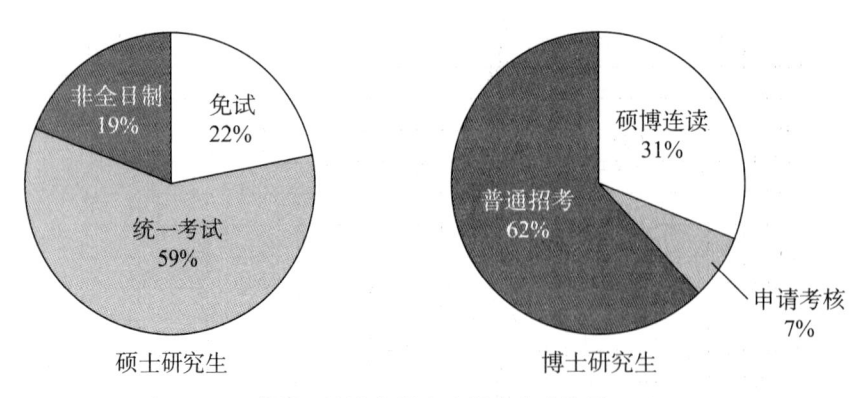

图7 2019年研究生招生方式比例

四、总结

改革开放以来，随着社会各方面翻天覆地的变化，我国研究生教育迅猛发展，四川大学研究生教育工作也在改革中不断前进。四川大学研究生招生工作在不断学习、摸索过程中积累了许多经验，近年来招生规模逐渐稳定，通过开展夏令营、扩大优秀学生的深造率等措施，不断提高生源质量；通过提高硕士研究生统一考试中自命题所占比例、规定博士研究生全部采取申请考核制招生等措施，扩大导师的自主选择权，从而逐步保障研究生教育质量的稳步提升，使四川大学研究生教育真正走上内涵式发展道路。

参考文献

[1] 教育部教育年鉴委员会. 第二次中国教育年鉴[M]. 北京：商务印书馆，1948：574-576.
[2] 周洪宇. 学位与研究生教育史[M]. 北京：高等教育出版社，2004.
[3] 《四川大学史稿》编审委员会. 四川大学史稿·第五卷（华西医科大学1950—2000）[M]. 成都：四川大学出版社，2006.
[4] 《四川大学史稿》编审委员会. 四川大学史稿·第二卷（四川大学1950—1993）[M]. 成都：四川大学出版社，2006.
[5] 《四川大学史稿》编审委员会. 四川大学史稿·第三卷（成都科技大学1952—1993）[M]. 成都：四川大学出版社，2006.
[6] 梁亦菡，韩映雄，朱公孟. 我国研究生招生规模历史沿革与政策演变[J]. 学位与研究生教育，2007（4）：14-18.
[7] 王战军，乔刚. 改革开放40年中国研究生教育的成就与展望[J]. 学位与研究生教育，2018（12）：7-13.

军队院校无军籍研究生生源质量影响因素和对策探析

唐 洪 杨 杰

（国防科技大学研究生院，长沙 410000）

摘　要：军队院校招收无军籍研究生，对军队院校的学科发展和人才培养发挥着重要作用，取得了良好的社会效益。但受军校办学实力、招生宣传、激励机制、招生计划、管理模式、就业形势等多方面因素的影响，部分院校完成招生计划仍需调剂，生源质量有待提高。本文分析了军队院校无军籍研究生生源质量影响因素，并结合实践研究提出相关对策。

关键词：军队院校；无军籍；研究生；生源质量

第一作者简介：唐洪，1985年出生，重庆永川人，男，研究生，工程师，国防科技大学研究生院招生培养处参谋，主要从事研究生招生、教育管理等工作及研究，邮箱为460099383@qq.com。

研究生教育是我国高等教育的重要组成部分，是人才强国的先头部队，是科教兴国的主力军[1]。研究生招生是研究生教育的源头和基础。在军民融合政策的推动下，2013年，部分军队院校开始招收无军籍研究生，先后为地方经济社会发展培养了很多高层次人才，也为学校的学科建设和全面发展注入了新的活力，但同时也带来了新的课题。

一、军队院校招收无军籍研究生的地位作用

随着军民融合战略布局的不断完善和军民融合政策的走深走实，军队院校发挥自身又红又专的特点招收无军籍研究生具有重要的社会意义。

（一）有利于高水平军队文职队伍建设

军队文职人员自公开招考录用以来，全军普遍存在部队建设急需的专业和社会就业前景好的专业高度重合、高素质专业人才招考难、公开招考对人才拉力不足等问题。2018年全军首次面向社会公开招考文职人员，计划招录7 100余人，有18 700人左右入围，实际只录用了5 700人左右，其中具有硕士及以上学历的仅占34%。军队院校培养无军籍研究生，能充分发挥军队院校又红又专的特点以及在军队急需专业方向实力雄厚、毕业生服务军队和国防事业意愿强烈等综合优势，能够为高层次、高水平军队专业技术文职人员岗位提供稳定可靠的人才补充。

（二）有利于军工集团高层次国防科技创新人才需求

当前，各军工集团企业为支撑新时期军队发展战略，面临新的产业布局和战略转型，迫切需要国防科技相关领域高层次专业技术人才。而军队院校的专业设置、学科布局与军工集团高层次人才需求契合度高，从历史经验来看，通过军队院校培养的研究生政治素质过硬、专业基础扎实、职业忠诚度高、发展潜力大，是各军工集团迫切需要的国防科技创新人才力量。

（三）有利于军队院校自身办学发展

国内外高等教育实践规律表明，合理的培养规模是高水平教学科研工作的必要基础，根据国内外一流大学办学实际和高等教育研究成果，通常用师生比作为衡量指标。一流大学较为理想的人才培养规模

其生师比在 6 到 16 之间。比如，美国排名前 10 的一流大学在校生平均规模为 2.2 万人，平均生师比 6.2；我国地方 41 所"双一流"建设高校在校生平均规模 3.8 万人，平均生师比 13.5。军队院校按新编制调整运行后平均生师比仅在 3 左右。招收无军籍研究生能有效增大学学员总体基数，提升学校生师比，提升团队科研能力和水平，取得高水平的教学研究成果，进而促进学科发展和学校全面建设，提升综合办学实力。

二、无军籍研究生生源质量的影响因素

影响生源质量的因素复杂多样并不断变化，但通过分析，笔者认为主要集中在办学实力、招生宣传、激励机制、招生计划、管理模式和就业形势六个方面。

（一）办学实力

高校办学实力全面反映了大学品牌、知名度、社会认可度，也一直是考生、家长和社会广泛关注的焦点。学科建设水平是最显性的标志，直接反映高校的办学实力。教育部学位与研究生教育发展中心按照国务院学位委员会和教育部颁布的《学位授予和人才培养学科目录》，对具有博士、硕士学位授予权的一级学科进行了整体水平评估[2]。评估以"师资队伍与资源""人才培养质量""科学研究水平""社会服务与学科声誉"四个一级指标为纲，注重成效和质量，对学科专业进行排名划级。自 2002 年以来，学科评估已经过四轮，完成七次评估，评估结果客观反映了学科建设水平和学校办学实力，也为考生报考提供了重要的参考指南。对比分析国防科技大学 2019 年各学科专业无军籍硕士研究生招生情况，我们发现，第四轮学科评估为 A＋的计算机科学与技术专业考录比为 9.18，录取考生中"双一流"高校占比 94%，而评估为 B 的力学专业考录比为 5.5，录取考生中"双一流"高校占比 75%。可以看出办学实力强、学科建设好、评估结果优的学科专业对优质生源的吸引力大。

（二）招生宣传

招生宣传是考生了解高校基本情况、办学实力、招生政策等信息的重要窗口，是高校提升自身影响力和知名度的重要举措，是获取社会、家长、考生认可和接受的重要途径。随着高校的扩招和招生市场化，优质生源争夺之战愈演愈烈，招生宣传作为招生工作的前沿阵地，已经成为高校之间新的竞争点。军队院校受其军事性和保密性等因素影响，相对地方高校而言信息渠道相对闭塞，很多考生认为军队院校具有一种神秘感，对其知之甚少。加之有些军队院校在招生宣传上重视程度不够，缺乏科学合理的规划，如宣传时机不佳、宣传资源没有整合、宣传路线繁杂重复、宣传手段招法不活等[3]，导致招生宣传效果差，生源质量难以得到保障。从国防科技大学 2018 年和 2019 年的无军籍硕士研究生的招生数据来看，2018 年以前我校未重视无军籍研究生的招生宣传，全校无军籍硕士研究生的报录比为 2.7，2018 年之后我们下大力多措并举投入招生宣传，2020 年全校无军籍硕士研究生的报录比提升到 5.2。

（三）激励机制

国家实行研究生教育投入机制改革后，为了解决困难学生就读问题和吸引优质生源，地方高校逐步建立和完善奖助体系，设置各类奖学金，举办各类赛事和评比活动等，如国家奖学金、新生奖学金、学业奖学金、助学金、"三助"岗位津贴、企业奖学金和各类校友奖学金等。完备的奖助体系，丰厚的激励政策，既在精神文化上发挥着激励引领作用，又在物质生活中发挥着保障功能，扩大了学校影响，提升了生源质量。受体制机制影响军队院校激励机制相对地方院校起步晚，机制不够成熟，体系不够完善，经费支持力度不够，未能发挥出很好的激励作用，一定程度上影响了无军籍研究生的生源质量。

（四）招生计划

招生计划规模是招生工作的基点，直接影响招生工作成效和生源质量高低。充裕稳定的招生计划有

利于产生规模效应，能有效增强生源吸引力，而频繁锐减的招生计划影响着生源报考数量，制约着生源质量。军队院校无军籍研究生招生受教育部和军委训管部双重领导，在军队改革调整背景下，军队院校对院校结构布局进行调整改革[4]，受政策影响，军队院校2015年至2017年无军籍招生计划走低，2017年谷底时只有平时计划的半数，招生计划的突然压缩导致生源报考数量锐减，生源质量滑坡严重。以国防科技大学为例，2016年无军籍硕士研究生招生计划数为170人，报考人数有536人（"211"高校生源占比65%），2017年无军籍硕士研究生招生计划数降为130人，报考人数降到249人（"211"高校生源占比53%）。

（五）管理模式

自2013年开始招收无军籍研究生以来，军队院校针对无军籍生的特点和培养规律，创新管理模式，积极营造活泼、轻松、自由的管理氛围，形成了一套独具特色的管理办法。然而，个别军队院校在学生进出校门、出入实验室、参与涉密科研项目以及一日生活制度管理等具体问题上尺度分寸把握不好，过于军事化。同时，个别军队院校在无军籍研究生管理模式上没有进行及时正确的宣传引导，也一定程度上造成诸多考生习惯性地误认为军校无军籍研究生管理过于军事化，并以讹传讹，吓退诸多有意向的考生，造成生源流失，生源质量降低。

（六）就业形势

就读军队院校的无军籍生，毕业后能否比地方高校毕业的研究生更有就业竞争力，能否有更好的发展机会，尤其是能否找到更好的工作，都是广大考生和家长们关注的重点。地方院校把就业率作为高校得以生存的生命线[5]，但军队院校因历史原因一定程度上存在重培养轻就业的情况，在就业问题上重视不够，有的甚至连就业管理专干都没有，就业管理和服务存在盲区，直接影响考生报考意愿和优质生源吸引效果，制约生源质量提升。

三、提升研究生生源质量的几点对策

提高生源质量是综合性的工程，需要多方联动、多处用力、多措并举。针对上文提到的影响生源质量的6大因素，下面结合实践提出如下对策建议。

（一）不断提升学校办学实力

办学实力是优质生源的"吸金石"，要统筹规划、内涵发展。一是调整学科布局，制订学科规划[6]。学校的办学实力落脚点在学科建设质量，坚持"有所为和有所不为"的原则，调整优化学科布局，加强学科内涵建设，提升学科建设质量，做到"有所大为和有所小为"。二是聚焦评价指标下功夫出成绩。着力在人才培养质量、科学研究水平、师资队伍与资源、社会服务与学科声誉等核心指标上做文章。在学科评估等级、学科专业考录比、分数线、优质生源占比等可比性指标上同地方院校接轨，力求在可比性指标上有突破。三是解放思想，改革创新。瞄准自身办学定位、职能使命，不断激发教务管理部门活力，积极调动服务保障动力，释放师生教学科研潜力，提高教育培养质量，培育高素质优秀人才。

（二）抓好招生宣传

招生宣传是招生工作的开篇文章，要布好局、开好头。一是树立好全员宣传意识。增强全校教职工招生宣传意识，在参观调研、对外交流、科研合作等不同时机和场合，多渠道、多途径、多方式加强对外宣传，在广为宣传学校招收无军籍研究生的过程中，同步促进学校知名度的提升。二是持续用力抓好宣传，保持热度和韧劲。充分抓好招收各环节的宣传投入，全年度、全过程、全环节持续用力，营造良好的宣传氛围。三是用好信息化手段和网络信息平台。通过微信公众号、微博、抖音等网络新媒体，以青年学生易于接受的方式，加大招生宣传覆盖的广度、力度和深度。

（三）完善奖助体系

奖助体系是学生的后勤补给线，要拓展渠道，加大力度。一是争取政策经费支持，积极对接教育部全国学生资助管理中心，用好无军籍研究生的生均拨款；积极向"双一流"建设、"十四五"重点建设等上级业务主管部门争取政策经费支持，例如争取"新生奖学金"，重点奖励来自"双一流"高校的优质新生，更高层次地解决优质生源的后顾之忧。二是不断丰富奖助项目，健全国家奖学金、助学金、学业奖学金、"三助岗位"、新生奖学金、社会企业奖学金等多类别、多渠道、多层次的奖学金项目，不断完善奖助体系，更多维度地解决无军籍生后顾之忧。三是加大奖励力度，积极争取社会资助、企业和个人捐助等奖学金，引导实验室导师从课题劳务费中支出经费资助学生，更大力度地解决好无军籍生后顾之忧，激发广大考生的报考热情。

（四）扩大招生计划

招生计划是招生工作的根基，要上下协调，抓稳用好。一是积极向上级主管部门协调沟通，在稳定招生计划的同时逐步扩大无军籍研究生招生计划，保持学校的生师比在合理有利范围，形成规模效应，吸引优质的无军籍研究生报考。二是优化招生计划分配机制，开展以学科人才培养能力为基础，突出学科特点优势，反映人才培养需求的招生计划供给侧改革，引导招生计划向高精尖缺领域倾斜，向高水平导师团队倾斜。

（五）营造良好管理氛围

无军籍研究生的管理不仅在"管"更在"理"，要化解矛盾、融为一体。一是区分管理，兼容并蓄。军队院校的管理是军事化的，但也可以是严肃、活泼的，针对无军籍生的军事训练、入学教育、一日生活制度、行为举止作风、男女婚恋、进出营门、出入实验室等教育培养环节中各类大大小小的管理要体现出区别，这方面既要多向地方高校的管理模式学习，更要找到平衡点，走出具有军校特色的无军籍生管理模式。二是公平教育，资源共享。无军籍研究生与军人研究生生活在同一个校园，在不违反军队保密等政策规定的情况下，要做到一视同仁，公平待遇，共享军队院校教学环境和科研平台等校园资源。三是营造氛围，增强融入。根据无军籍生教育培养特点，做到人性化管理，多一些关心关爱，及时响应他们的需求，解决好他们学习生活中的实际困难，努力营造良好的生活学习工作氛围，不断增强他们的主人翁意识，牢固树立"今天我以母校为荣，明天母校以我为荣"的思维模式，促进他们融入军校的学习生活和管理，并从中找到归属感。

（六）解决好就业问题

抓好学生就业率就是搞好高校生命线工程建设，要盘活存量，创造增量。一是建立健全就业相关职能部门，成立专门的就业指导办公室，开展无军籍研究生就业创业等相关服务工作。二是完善就业工作服务机制。建立校园招聘机制，邀请地方企业用人单位来校招聘；建立社会实践机制，安排学生赴知名企业和公司参观、实践和学习；完善双创机制，鼓励学生"创新创业"，合理加大科研成果转化力度，增强毕业生市场竞争力。三是发挥特色优势创造增量。充分发挥军队院校与国防工业部门科研合作优势，拓展人才领域合作，为工业部门输送优质毕业生；充分发挥"军民融合"政策优势，用足协同创新政策，创造无军籍学生就业机会；充分发挥网络信息平台优势，通过官媒及时发布用人单位招聘信息，形成良好的互动平台。

参考文献

[1] 吴启迪. 在国务院学位委员会学科评议组第十次会议上的讲话 [J]. 学位与研究生教育, 2006 (1)：1-9.

［2］中国学位与研究生教育信息网. 全国第四轮学科评估工作概览［EB/OL］. http://www.cdgdc.edu.cn/xwyyjsjyxx/xkpgjg/2834-98.shtml,2018-4-07.

［3］丁宁,耿艳栋. 项目管理在军队院校研究生招生中的应用探讨［J］. 项目管理技术,2019（10）：124-125.

［4］佚名. 调整改革后的军队院校［J］. 招生考试之友,2019（23）：15-17.

［5］杜环利. 地方性高校大学生就业率影响因素及对策［J］. 文学教育,2018（7）：152-153.

［6］张艺炜. 学科评估对高校学科建设的影响研究［J］. 现代教育科学,2019（4）：114-119.

博士生招生"申请-考核"制的实践与优化探索
——以中国地质大学（武汉）为例

贾启元 王蕾

（中国地质大学（武汉）研究生院，武汉 430074）

摘 要："申请-考核"制克服了传统招考制的弊端，因可以满足高校对选拔拔尖创新型人才的需求而受到青睐。2019年，学校在部分学院取消普通招考制，全面实施"申请-考核"制，生源结构和生源质量得到了显著改善。学校针对"申请-考核"制在规范性、科学性和公平性等方面存在的不足提出了优化措施，以期"申请-考核"制更加科学有效地实现对博士生拔尖创新型人才的选拔。

关键词：博士生招生；"申请-考核"制；优化探索

第一作者简介：贾启元，1991年生，男，硕士，主要研究方向为研究生招生制度改革，邮箱为 jqycug@163.com。

一、全面"申请-考核"制的实践

（一）实施背景

2014年，中国地质大学（武汉）博士生招生开始试行"申请-考核"制，当年共录取9人。2015—2018年，尽管"申请-考核"制招生比例有所提高，但始终不足20%（图1），学校博士生招生选拔仍以传统的普通招考方式为主。

	2014年	2015年	2016年	2017年	2018年
人数	9	20	31	62	60
比例	3%	6%	9%	18%	17%

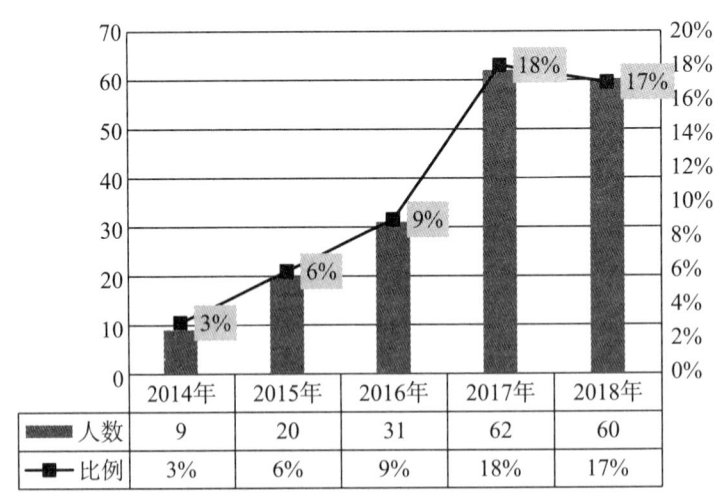

图1 2014—2019年"申请-考核"制博士生录取人数及比例

传统招考制度存在僵化死板、复试流于形式、缺乏对优秀生源的吸引力和拔尖创新人才选拔机制的诸多弊端[1]，超过80%的导师认为"申请-考核"制能够更加合理、科学、有效地考察评价考生各项能力[2]。鉴于日益增长的对拔尖创新型博士生的国家所需和社会所求，传统招考制度已不能有效选拔高素质拔尖创新型专业人才。

地球科学学院等十个学院是学校优势学科所在，也是学校博士生招生培养和科研创新的主阵地，其生源质量深刻影响着学校博士生教育事业的质量及发展。为进一步深化博士生招生机制改革，改善生源结构，提高招生培养质量，2019年学校在地球科学学院等学院取消普通招考制，全面试行"申请－考核"制。

（二）实施流程

2019年，学校全面试行的"申请－考核"制主要包括提交资料、资格审核和全面考核三个环节，其中全面考核包括背景评估、学科专业考核和综合面试考核三个方面，具体实施流程如图2所示。

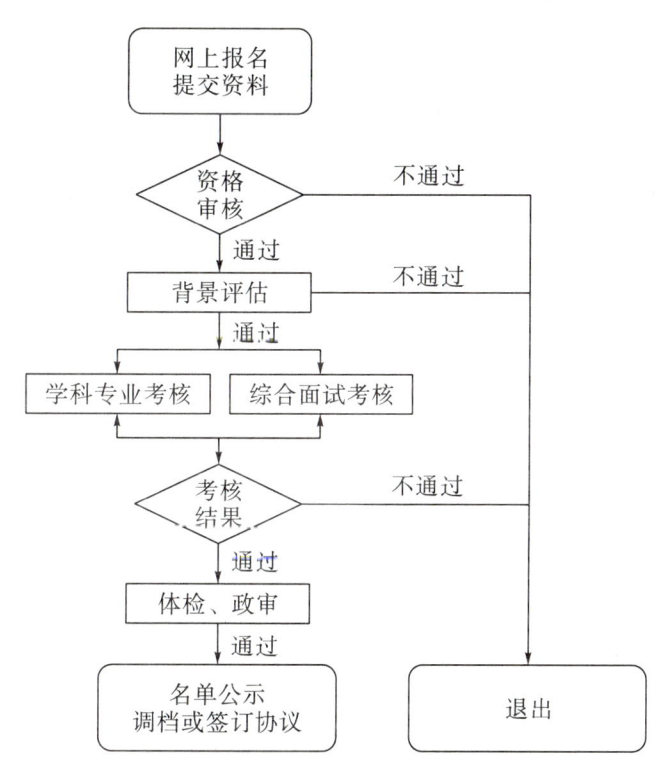

图2 全面"申请－考核"制实施流程

二、实施成效

（一）生源结构

2014—2018年"申请－考核"制招生规模一直很小，均作为普通招考的补充形式。2019年，在进一步完善申请条件和资格考核办法并在部分学院全面实施"申请－考核"制后，录取"申请－考核"生154人，占比37%，较2017年增幅达20%；录取普通招考生91人，占比21%，较2018年降幅达24%。传统招考方式已从主要选拔方式转变成一种补充方式，博士生生源结构发生根本转变。

（二）生源质量

2014—2018年，硕士阶段毕业于"双一流"高校生源比例平均为67%，本科阶段毕业于"双一流"高校生源比例平均为57%。2019年，实施全面"申请－考核"制后，录取硕士阶段毕业于"双一流"高校生源人数迅速增加达138人，录取硕士阶段所在学科第四轮学科评估结果B以上2人，优质生源占比达91%，增幅达24%；录取本科阶段毕业于"双一流"高校生源人数达106人，录取本科阶段毕业于其他高校但发表了高水平论文人数达27人，优质生源占比达86%，增幅达29%。全面"申请-考核"制的实施吸引了一大批优质生源报考我校博士生,规模和质量均大幅提升,成为学校优质生源的中坚力量。

三、优化探索

目前,"申请-考核"制实施过程中仍存在诸如申请材料存在形式主义倾向、导师自主权过大、缺乏监督机制、人情因素的影响等问题,国内学者已经提出了制度优化的若干途径[2][3][4][5]。本人在总结前人研究基础上,结合学校实际情况,提出如下制度优化措施。

(一) 提升导师评价能力,建立分类评价体系

鉴于导师拥有招生自主权,其对申请考生的评价过程必然会影响选拔录取结果,提升导师的人才评价能力是提高"申请-考核"制科学性和有效性的关键[4]。因此,高校应建立完善导师科学规范选才能力培训体系,管理职能部门做好服务工作的同时,组织导师开展人才测评技术专题性学习或人才选拔实例教学,提升导师的科学选才能力,增强导师规范选才的意识。

博士生培养目标的要求是在本门学科上掌握坚实宽广的基础理论和系统深入的专门知识,具有独立从事科学研究工作的能力,在科学或专门技术上做出创造性的成果。因此,博士生招生培养要以培养目标为导向,结合学科特色,针对博士生应具备的学习能力、科研创新能力和科研实践能力等各个要素,构建完善的学术型或专业型博士生选拔评价体系。

(二) 量化考核评价指标,规范考核评价机制

"申请-考核"制的考察评价结果决定申请考生的准入资格。目前,多数高校的评价形式是由导师或者导师组做出的宽泛评价,结果是不可避免出现不同申请者之间难以比较,潜意识的干扰致使评价过程难以把控等问题。因此,提升评价过程的科学性和有效性需要进一步细化考察内容,量化评价指标,建立完善的评分机制。调查发现[2],导师在选拔博士生时最看重的五项品质是科研能力、外语水平、专业基础知识、学术志趣、学术道德与品质。"申请-考核"制取消了初试环节,申请考生的资格准入主要取决于考生的申请材料。高校对申请考生的材料严格把关,专家推荐书、科研计划书和自我评价等材料必须能够真实有效地反映申请考生的情况,言辞含糊则材料无效。同时,明确导师的权责边界,结合学科特色成立考核评价小组,采用集体决策形式,建立有效约束机制,同时保障导师的招生自主权。申请材料匿名化处理后由考核评价小组统一评审,加强对申请材料审查和评价的要求,建立监督机制,对收而不审、审而不严、严而不实的学院或考核评价小组加大问责力度,从机制上避免申请材料的准备或审查变成"走过场"的形式主义。

(三) 建立评价监督机制,完善配套政策保障

目前,"申请-考核"制在实施过程中尚未建立有效的评价与监督机制。高校可成立独立于导师、学位点和学院的评价监督委员会,或探索建立第三方专业评价机构,对制度设计、材料审核、面试考核、选拔质量等全过程进行系统评价与实时诊断监督,发现问题及时修正。

此外,应着力完善申诉复审机制和质量保障体系等配套政策。申诉复审制度应详细规定提请申诉复审的要求或条件、组织实施程序、申诉的时限和渠道、回应形式等;质量保障体系建立在评价监督委员会或第三方专业评价结果基础之上,作为奖惩机制,将导师招生资格与"申请-考核"制实施过程中导师的"招生行为"相关联,将招生计划的分配与"申请-考核"制拔尖创新型人才选拔的成效相关联,以期建立长效、可持续的拔尖创新型人才选拔机制。

四、结语

作为国家选拔培养高层次人才的最高平台,博士生招生担负着选拔拔尖创新型人才、推进卓越研究生教育事业的重任。"申请-考核"制的实施将博士生人才选拔的权力回归到学术共同体,符合拔尖创新型人才的个性化选拔规律,是我国博士生教育机制改革的关键突破口。"申请-考核"制是一个复杂的系统工程,只有不断完善制度设计、优化组织实施、强化评价监督,提升规范性、科学性和公平性,才能真正实现拔尖创新型人才的脱颖而出,"申请-考核"制的优越性才能得以体现。

参考文献

[1] 李玮,杨郁茜,刘永坦. 博士生入学"申请-考核"制实施成效与路径优化——以哈尔滨工业大学为例[J]. 中国电子教育. 2016（4）：55-60.

[2] 陈聪,刘阳,林荣日. 博士生申请考核制的两类主体倾向与制度优化——基于上海四所高校的实证研究[J]. 现代教育科学. 2018（11）：52-60.

[3] 陈亮,陈恩伦. "申请-考核"博士招生改革制度优化路径探究[J]. 学位与研究生教育. 2015（4）：49-55.

[4] 陈谦. 博士招生"申请-考核"制发展路径优化研究[J]. 研究生教育研究. 2019（1）：27-32.

[5] 王顶明. 博士生招生"申请-考核"制的现状、问题与建议[J]. 中国研究生. 2019（4）：52-55.

[6] 宫新栋,杨平. 我国博士生招生制度系统特征与改革着力点[J]. 研究生教育研究. 2018（3）：50-54.

[7] 廖莎. 我国博士招生"申请-考核"制度探究[D]. 武汉：华中科技大学,2016.

[8] 刘玲. 我国博士生招生"申请-考核"制的研究[D]. 武汉：华东师范大学,2018.

[9] 吴迪. 博士招生"申请-考核"制的价值诉求及现实选择[J]. 研究生教育研究. 2015（4）：53-57.

[10] 周善宝,马广富,季景涛. 博士生招生"申请-考核"制的思考与实践[J]. 研究生教育研究. 2015（1）：44-47.

博士研究生选拔机制中主体间关系探析

王 劲

（西北工业大学研究生院，西安 710072）

摘　要：教育行政部门、招生单位、博士研究生导师和考生是博士研究生选拔机制中的重要主体。他们之间的关系影响着选拔机制的优劣。本文通过重点分析招生单位、博士研究生导师和考生之间的关系，提出应进一步增大博士研究生指导教师的招生自主权，加强导师和考生之间的双向选择，构建以研究生指导教师和考生为核心、招生单位为监督保障的核壳型选拔机制，为进一步深化博士研究生招生制度改革提供参考。

关键词：博士研究生；导师；选拔机制改革；主体间关系

第一作者简介：王劲，1981年生，男，博士，助理研究员，主要研究方向为研究生教育管理，邮箱为 wangjin@nwpu.edu.cn。

基金项目：本文获西北工业大学学位与研究生教育教育研究基金项目资助，项目编号：2018AG11。

研究生教育承担着为社会培养创新人才的重任，研究生群体的创新意识和创新能力直接影响着一个国家的创新水平。博士研究生教育则是拔尖创新人才来源的主要途径。在实施科教兴国、人才强国和创新驱动发展的战略中离不开高质量的博士研究生教育。博士研究生培养是一个系统工程，离不开各培养环节的整合优化，而招生选拔作为培养环节的开始，是培养高质量博士研究生的重要基础和前提。选拔方式的优劣直接关系到博士研究生的培养质量和效益。现有的博士研究生选拔方式分为四种：本科直博、公开招考、硕博连读和申请审核制。在选拔博士研究生的过程中离不开教育行政管理部门（以下简称行政部门）、招生单位、博士研究生导师（以下简称导师）和报考学生（以下简称考生）四个主体。厘清主体间相互关系，明确各主体的责任和权利，对于构建公平、科学、高效的博士研究生选拔机制具有重要意义。

一、主体间关系的定性分析

在现有的博士研究生选拔方式中，行政部门负责政策的制定、招生计划的下拨、录取结果的审核、接受考生的申诉以及对招生单位和导师进行监督。招生单位是招生和培养研究生的具体实施者，制定本单位招生选拔的具体实施办法，为导师和考生提供选拔和被选拔的平台。导师是指导研究生学习和科研的教师。考生是满足报考条件参加招生单位选拔，尚未取得录取资格的学生。按照两两组合原则，行政部门、招生单位、导师和考生四个主体间的相互关系有6种类型：导师与考生、考生与招生单位、导师与招生单位、行政部门与招生单位、行政部门与导师、行政部门与考生。

在选拔过程中，考生与导师之间是相互选择的关系，这也是师生关系建立的起点和基础。博士研究生是导师有力的科研助手[1]，考生也就是导师的准科研助手，两者之间的关系是最紧密的。考生依据个人的学业发展和职业需要选择导师，拥有了解导师科研水平、品行和研究经历的权利。导师根据自己的科研目标、录取标准和意愿来决定是否录取符合选拔条件的对象，且在录取过程中拥有一票否决权。

1981年国务院正式批准了首批具有博士学位授权的单位、学科（专业）及博士生指导教师。博士研究生招生采取考生自愿报名，招生单位审核考生报考条件，自行组织考试，择优录取的方式，实行考试与推荐相结合、笔试与口试相结合的选拔形式。考试的初试科目为政治理论、外国语和不少于2门的业务课。1984年国家发布了硕士研究生可以提前攻读博士的政策，1985年教育部下发通知，凡是考生在硕士阶段修完规定的马克思主义理论课并考核合格的，经招生单位同意可以免试政治理论课。至此，博士研究生由招生单位自主招生的形式基本稳定下来。招生单位是整个选拔工作的组织者和实施者。考生应按照招生单位公布的招生方案和选拔考核安排，提交相关申请材料，参加初试和复试。在考试科目的设置上，绝大部分招生单位都是按照国家规定的外国语加两门业务课的模式进行。近两年备受关注的"申请－审核制"也仅仅是在部分专业和部分单位试点。由于报考专业不同，考生业务课的成绩也就没有绝对的可比性，因此很多学校都将外语成绩作为初试的分数线，外语已经成为博士研究生选拔中真正的"门槛"。导致博士研究生选拔标准的异化，造成隐性的教育不公，使一些在学术方面很有潜力的学生失去了继续深造的机会。

导师是招生单位培养博士研究生的具体实施者，是一个博士研究生培养质量的决定性因素。"所谓大学者，非谓有大楼之谓也，有大师之谓也。"招生单位是导师开展科学研究和人才培养的平台，是招生计划的分配和选拔工作的具体实施者。两者互相依存。在博士研究生选拔中，导师按照招生单位的招生方案和具体工作要求，选拔考核并录取考生。导师拥有在招生单位提供的生源范围内选择录取考生的权利。导师还承担着本学科专业的招生计划和选拔标准的制定、命题和复试工作。

行政部门负责各类政策的制定、培养单位间招生计划分配以及接受导师、考生的申诉，对招生单位的招生进行监督等。招生政策的落实主要通过招生单位具体实施。

二、招生单位、导师和考生三主体之间关系的定量分析

从上述定性分析可以看出，在招生环节中招生单位、导师和考生是选拔机制中的重要主体，为对三者之间的关系进行深入分析，我们选择招生单位招生管理人员、导师和考生（为便于考察问卷，选择新入学的博士一年级学生及其导师进行问卷和访谈）开展了访谈和问卷调查。

为便于量化分析研究，招生单位、导师和考生分别用字母 A、B、C 表示。他们之间的相互关系用 R 表示：招生单位和导师的关系 Rab，招生单位与考生的关系 Rac，导师和考生之间的关系 Rbc，关系中处在主导地位的主体用 S 表示。三者中两两关系对选拔机制影响的强弱（简称关系强度）用 X 表示，采用数字"1~5"的5个数值来表示关系强弱，关系最强的数值为"5"，关系最弱的数值为"1"。问卷中分别对现行招生机制中的关系强度和期望改革后的招生机制中的关系强度进行了调查，现行招生机制中关系强度的算术平均值为 X，期望改革后的强度为 X*。

$$X_{ab} = \frac{1}{n}\sum_{i=1}^{n} X_{ab}^{i}$$

n 为调查问卷的数量，X_{ab} 为 A、B 主体关系的强弱，A、C 关系的强弱和 B、C 关系的计算参照该公式。

对现行的相互关系中处在主导地位的主体 S 和期望改革后处在主导地位的主体 S* 进行了二选一的选择，考察了选择的主导主体占比。

对三类主体分别进行调查和访谈，其中获得的有效数据的主体数量分别为：管理人员47人，导师138人，考生（主要是已经入学的研究生）173人。

表1 招生单位招生管理人员的调查结果

R	X	S	X*	S*
Rab	4.3	A	3.4	B
Rac	2.1	A	2.8	B
Rbc	3.0	B	4.2	B

表2 导师的调查结果

R	X	S	X*	S*
Rab	3.9	A	2.8	B
Rac	1.6	A	2.1	B
Rbc	3.4	B	4.1	C

表3 考生的调查结果

R	X	S	X*	S*
Rab	4.3	A~B①	3.1	B
Rac	2.9	A	2.1	C
Rbc	2.7	B	4.3	B~C②

注：①选择 A 的比例为 46%，选择 B 的比例 54%；②选择 B 的比例 49%，选择 C 的比例 51%，两者的比例比较接近。

从表1～表3数据可以得出以下3点结论。

第一，招生单位和导师的关系对选拔影响最大。招生单位和导师是招生选拔的具体实施者，招生单位的计划、考核内容、复试环节以及最后的录取都是由招生单位和导师确定和决策。导师和招生单位之间的相互配合直接影响招生工作的进展。而考生在选定招生单位和报考专业后只能被动地接受招生单位和导师的挑选。在现行的博士研究生选拔机制中，招生中的三个主体都一致认为，招生单位和导师之间的关系对考核选拔的影响最大，而考生始终处在被选拔的状态，如图1所示的垂直型主体关系。

第二，导师是选拔环节的关键主体。导师不仅是选拔工作的具体实施者，还是连接招生单位和考生的重要桥梁。无论在现行的还是在期望改革的选拔考核机制中，导师都被认为是处于主导地位的关键主体。在博士研究生招生机制改革中应不断增强导师的主体作用，扩大导师在招生过程中的自主权。

第三，导师和考生间的关系需要进一步加强。在期望改革的招生机制中，三个主体都希望加强导师和考生之间的关系，进一步发挥学生的主动性。在研究生培养过程中双主体理论被越来越多的人接受[4]。注重导师和研究生两个主体之间的作用有利于增强两者之间的关系。招生作为博士研究生培养的第一环节，是师生关系的起点和基础。三个主体中导师和考生之间的关系应该是整个选拔机制的核心，招生单位应做好监督和保证，构成如图2所示的核壳型主体关系。

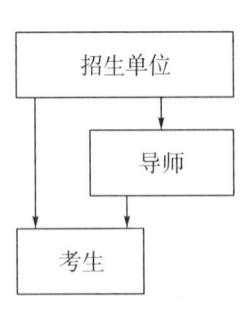

图1 三主体间的垂直关系　　　　图2 三主体间核壳型关系

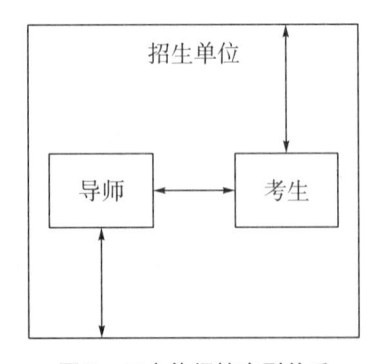

在核壳关系中，导师和考生是选拔环节的中心，招生单位的作用是保障和监督，三者之间的关系如下。

考生在进入选拔环节之前就应和导师进行充分的沟通，特别是科研志趣方面，如果彼此满意，导师应指导考生完成研究计划。然后再进入面试环节。在选拔考核中导师更应注重考核考生是否有取得博士学位的潜质，是否具有创新能力培养的潜质，而不应只考察已取得的客观成绩。

Rac：招生单位应建立权威的信息发布平台，及时公布招考信息，确保学生的知情权，保护学生的选择权，实现考生和导师之间的双向选择。科学设置招生方案，精选考核科目和内容，加强考务工作管理，确保考试公平。同时改革初试科目设置和复试面试的方式，降低外语在研究生录取考察因素中的比重。应依据专业特点设置合适的外语考察方式和标准，如用专业外语来代替现行的外语综合能力考察，在复试中增设外语科技报告环节等。为创造拔尖创新人才脱颖而出的制度环境，选择合理的初试和复试评价标准。招生单位在优化初试的基础上，可增加复试和面试成绩的招生权重，加大对考生潜质的考察。面试应发挥导师小组的作用，由导师小组负责，考查考生的技术能力、研究能力以及学术创新潜力，起到精选优秀生源的作用并加强复试和面试的监督，畅通考生咨询和申诉的通道，维护考生的合法权益，招生单位结合自身办学定位和学科发展方向，兼顾科学研究特色，面向不同考生的入学和发展需求，不断探索科学合理的选拔模式。

招生单位在制订博士研究生招生计划、选拔形式和考核内容上应充分征求导师意见，提高导师的参与度和话语权。招生单位应当配合、支持和监督导师的面试复试工作，赋予导师更大的自主权。招生单位应做好导师岗位管理，做好导师的上岗考核，做好奖优惩劣，激发导师参与招生工作的积极性[5]。同时，做好对录取结果的审核和备案，实行责任追究制度，严肃处理违规事件，维护研究生招生程序的公正，维护考生和导师的合法权益。导师应积极参与招生方案的制定，参与命题、复试等环节，以主人翁的姿态参与选拔优秀人才。

三、核壳型关系对博士研究生选拔机制改革的启示

进一步赋予导师选拔自主权。从学校统一选拔向导师自主选拔转变。根据自身人才培养需求制订和调整招生方案，导师应享有充分的招生权，从选拔时间、选拔标准到招生计划，进一步扩大申请审核制的范围[6]。

加强选拔过程中导师和考生的互动。一方面，招生单位要创造条件让师生考前充分了解彼此。选拔前的相互了解对考核录取结果关系重大，这也是招生单位硕博连读的学生受到导师欢迎的主要原因。在博士选拔机制中加强考生与导师在考前、考中和考后的沟通联系，能够发挥导师在招生环节的主导作用，也能够给予考生充分的展示自我的时间和空间。

改变选拔过程中生源质量评价标准。招生单位和导师应综合评价考生的质量，要改变目前仅仅以考试成绩作为选拔标准的模式，应从考生的发展质量去评价。考核是导师和考生的双向选择的过程，不能将招生割裂到整个培养环节之外，博士研究生选拔不能再是一考定终身，应加强培养环节的阶段考核和分流淘汰。

招生单位做好质量监督和保障。制订公平公正的选拔方案，在招生计划和考核内容的确定中增加导师的参与度。同时，招生单位通过教师主页、招生简章等为导师提供展示个人科研情况的平台，方便考生了解导师情况，创造师生交流途径。导师是选拔环节的关键主体，招生单位应加强导师队伍建设和岗位资格审核，严格导师的招生资格。

教育部门主要通过政策的导向、法律法规的制定、经费拨付、质量评估等手段，对研究生选拔发挥宏观层面的指导作用，营造良好的外部环境。招生单位应不断探索完善招生方式和考核内容，增加导师在招生计划分配、考核方式和内容上的参与度，制订注重考核考生科研潜质和创新能力的选拔方式。以导师和学生为核心，招生单位和行政部门提供监督和保障，不断深化博士研究生招生机制改革。

参考文献

[1] 张凌云. 德国与美国博士生培养模式研究[D]. 武汉：华中科技大学，2010.
[2] 郭丽君，胡何琼. 自主与控制：研究生导师制度剖析[J]. 学位与研究生教育，2015（9）：6-9.

［3］郭慧梅. 反思双主体理论在研究生导师负责制中的运用［J］. 学位与研究生教育，2015（8）：21-25.

［4］李海生. 我国研究生院高校导师队伍现状及思考［J］. 学位与研究生教育，2015（9）：14-19.

［5］王英双，刘志春，张立麒. 能源类博士研究生招生申请考核制改革的实践与思考——以华中科技大学为例［J］. 高等工程教育研究，2019（S1）：297-299.

中美交叉学科研究生招生模式比较

吴娇蓉　王宇沁

（同济大学城市交通研究院，同济大学道路与交通工程教育部重点实验室，上海200092）

摘　要：随着学科交叉优势得到广泛认识，跨学科培养理念深入高校，生源遴选是人才培养和学科建设的关键环节，亦是交叉学科团队构成及培养质量的决定性因素之一。目前对交叉学科研究生招生模式的研究缺乏一定的系统性。本文采用比较研究法与案例研究法，以交叉学科发展较为成熟的美国为对比分析对象，从中美交叉学科设置模式、招生生源保障、研究生院职责、研究生申报与审核办法等方面展开对比分析，在剖析不足与经验借鉴中，提出适合中国交叉学科发展的招生模式建议。

关键词：交叉学科；研究生招生；招生方法；审核办法；导师指导制度

第一作者简介：吴娇蓉，1973年生，女，博士，教授，主要研究方向为城市移动性规划，邮箱为wjrshtj@163.com。

当今科学发展呈现出高度分化基础上的高度综合趋势，知识的交叉融合在各学科的发展中日益突出，"交叉学科时代"已然来临。交叉学科研究生培养与单一学科及其他研究生培养模式相比，凸显出知识多元性、问题导向性、协同创新性要求，因此在招生阶段，选拔出能够适应交叉学科学习的学生显得尤为重要。国内目前对学科交叉研究生培养的模式、机制探讨得较多，但对学科交叉类研究生招生模式的研究缺乏一定的系统性，尤其是适应中国特色的交叉学科的招生规则、选拔标准以及培养质量的评估方法尚不明晰。本文采用比较研究法与案例研究法，比较中美交叉学科发展过程中，生源保障、研究生院在招生过程中的角色、研究生申报与审核办法的差别，结合我国实际情况和同济大学交叉学科类研究生项目特点，提出相应的借鉴与启示。

一、高校交叉学科设置方式比较

（一）中国

在应对学科问题交叉渗透的发展趋势及社会对复合型人才的需求背景下，国内高校积极尝试研究生的交叉学科建设。如北京大学成立北京大学交叉学科研究院，集中管理交叉学科相关的科研工作及人才培养，同时提供交叉学科发展平台，进行学科间的深层次交流与资源共通。清华大学成立了智能网联汽车与交通研究中心等三个跨学科交叉研究中心，三个中心分别挂靠某一既有院系，并由其他多个相关院系参与共建，共同完成交叉学科的相关科研及教育培养工作。同济大学同样采用了该种模式，成立了城市交通研究院，建立城市交通学科，与自然科学、工程科学、社会学等学科进行深度交叉。

（二）美国

各高校交叉学科的发展方式差异很大。因交叉学科需多学科共建，其定位的合理性和时代的需求、学校的发展目标及拥有的资源、各学院及学科的配合乃至教授个人的努力都紧密相关。美国许多公立研究型大学十分重视科研工作，在其教职人员的考核标准中，研究成果的数量质量、学界影响力、获取联邦研究经费占较大比重，通常教学、科研、经费各30%，行政服务占10%。而学科之间研究经费分配的不均衡是常态，许多经费少的学科可通过积极参与学科交叉获得交叉科研项目经费。知名私立大学因学费高昂，且有诸多知名校友的捐赠，常设有研究基金，教职人员可以较自由地选择交叉型研究课题。

科研压力和知识创新的动机，促使公立研究型大学和知名私立大学的交叉学科平台搭建得更加完备。如麻省理工学院和斯坦福大学，都打造了强大的交叉学科平台。麻省理工学院成立了专门的交叉学科管理办公室[1]，本科和研究生阶段都有诸多交叉学科。其中有7个本科主修学位，17个本科辅修学位，17个研究生主修学位，2个研究生资格证书。5个学院、33个系提供交叉学科的课程。斯坦福大学也成立了专门的交叉学科管理办公室[2]，有33个交叉学科的项目。

二、交叉学科的研究生生源对比分析

（一）中国

中国高校近年来通过本科招生学科目录的改革、本科培养模式变革，积极尝试培养具有学科交叉背景生源的工作。

1. 本科培养模式变革保障跨学科生源

在进行本科生培养时，除了通过大类招生，多所高校通过试验班（如复旦大学"2+X"培养体系）、新生学堂（如同济大学八大学堂）、复合试点班（如南开大学经管法试点班）等形式，在新生入学时弱化院系界限，适应"宽口径、厚基础"拔尖人才培养需求，进一步构建"大类招生、大类培养和大类管理联动"人才培养新体系，实现多学科学生在本科初期阶段统一培养，具备一定的跨学科视野，待完成通识教育和核心专业课程教育后，以夯实基础和专业引导为主，学生可以根据自身对专业的兴趣在校内二次选择转换专业。

2. 双向需求引导的跨学科研究生生源

一方面，高校前沿性、综合性的科研发展需求，促使部分科研团队亟需跨学科人才的输入；另一方面，学生经过本科学习阶段之后，可能产生新的学科兴趣点，或随着对社会及行业的了解，出于就业或进一步深造方向的考虑希望跨专业深造。双向需求共同推动了研究生跨学科招生工作。同时，越来越多的高校采用暑期学校等新兴吸引生源的方式，通过优惠政策提前进行优质生源的"争夺"，这一形式对学生的本科专业限制相较于传统招生模式更为弱化，同时通过暑期学校的平台，为跨学科报考研究生提供了对交叉学科及导师的提前认知机会，在正式推免或全国统考之前，考生可以更全面地考虑自己是否适合或喜欢该学科。

（二）美国

美国较为宽松自由的文化环境以及较小的社会就业压力，更有利于兴趣导向的跨学科生源的汇聚。

1. 大类专业/相关专业为基础的跨学科生源

美国研究生招生甚少对学生的本科专业进行限定，跨专业申请研究生现象非常普遍。许多学科不进行小专业区分，仅进行大类培养。例如，美国土木工程的本科教育提供城建类工程专业的通识教育，学生初步接触土木工程、岩土工程、水利工程、结构工程、交通工程等专业；若想进一步发展本专业能力，可申请土木工程的硕士。另外，许多专业仅在研究生阶段开设，如法律和医学。医学的生源主要来自生物和化学的相关专业，法律的生源则主要来自文学、历史、哲学等相关专业。还有部分专业因就业市场小，取消了本科项目，在本科阶段仅设置辅修专业，如城市规划。商科和管理等专业的一些硕士项目特别规定，专门录取跨专业的申请人。

2. 就业导向与自主选择保障的跨学科生源

对多数学生而言，研究生的学习以就业为导向，其专业的选择与就业前景紧密相关。因此，许多学生会在研究生申请阶段，紧紧把握转到感兴趣专业的机会。此外，本科毕业若干年后，因工作需要和转行需求，攻读另一个专业领域研究生谋求新发展的情况也较为常见。

3. 文化传统下兴趣导向的跨学科生源

在招生传统上，美国大学较尊重个人选择。许多学生在本科阶段并不明确自己的喜好，而在本科毕业前夕，乃至毕业工作一定周期以后逐步明确自己的兴趣。除法商医、计算机等高收入行业外，其他行业的收入都较为平均。高收入专业竞争激烈，入学门槛较高，其他专业的入学门槛则较为平均。收入整体的平均化也促使学生在选择专业时更遵从自己的兴趣。在申请研究生项目时，学生只要能证明充分的学习兴趣和相关的学习能力，被理想院校和专业录取就有了较大可能性，整个过程不受限于本科专业。因此，兴趣导向下很多跨学科学习变得水到渠成。当然，许多学生高估了自己的学习能力和热忱，导致研究生（尤其博士生）肄业情况甚为普遍。这种文化传统保障学生自主选择的同时，也将自主选择所对应的风险交由学生本人承担。

三、招生方法比较

（一）研究生招生流程及申请材料对比

1. 中国

国内交叉学科与传统学科招生通常同步进行，招生时间和流程并无区别，招生时交叉学科按二级学科管理，截至 2019 年 5 月 31 日，国务院学位委员会办公室公布的交叉学科名单中共有 508 个交叉学科[3]。博士研究生与硕士研究生招生方式及时间节点差别较大。

硕士研究生招生考试分初试和复试两个阶段进行。初试由国家统一组织，复试由招生单位自行组织。初试方式分为全国统一考试、联合考试、单独考试以及推荐免试[4]。其中，全国统一考试及推荐免试两种初试形式占较大比例，因而着重介绍这两种方式对应的招生流程及申请材料。全国统一考试的部分或全部考试科目由教育部考试中心负责统一命题，其他考试科目由招生单位自行命题。推荐免试是指依据国家有关政策，对部分高等学校按规定推荐的本校优秀应届本科毕业生及其他符合相关规定的考生，经确认其免初试资格，由招生单位直接进行复试考核的选拔方式。

全国统一考试包含报考、初试、复试、调剂四步[5]。首先网上填报个人报考信息、凭网上报名号现场确认信息、打印准考证、初试、依据初试成绩筛选入围学生并组织复试、调剂及录取、学生正式入学。推免生（全称为推荐优秀应届本科毕业生免试攻读硕士学位研究生）招收通常包括四个阶段[6]：①考生查看招生单位接收推免生章程，按要求准备申请材料；②推免生可进行注册、查询本人推免生资格及相关政策，填报个人资料信息，网上支付；③推免生可填报志愿，接收并确认招生单位的复试及待录取通知；④当年推免生可在开放时间内查看相关录取信息。

博士研究生招生以申请-考核制为主，且招生工作主要由各招生单位自主组织。考生应根据各高校对应专业的博士招生简章进行报名。大多数高校每年会组织不止一次博士招生（通常分春季及秋季招生），且不同学校的申请时间节点差别亦较大。报名流程通常为：登录高校官方网站网上报名、纸质材料提交、材料审查、确定参加综合考核的申请人并发送考核通知、综合考核。综合考核阶段通常与硕士研究生相似，大多包含笔试、专业面试、英语面试等环节。

硕士研究生招生材料，初试阶段以信息填报为主，主要包括考生信息（学籍学历、基本信息、户籍档案、家庭主要成员、学习与工作经历、奖惩情况、联系方式）和报考信息（招生单位、考试方式、专项计划、报考专业、研究方向及报考科目）。复试阶段，学生需提供的材料通常包括外语水平证书、获奖证书、成绩单、政治审查表等，部分院校对直博生要求提供专家推荐信。博士研究生的申请材料通常包括报名表、成绩单、学位证书、专家推荐信、成果集及获奖证书等，由于博士研究生以申请-考核制为主，因而在申请材料方面对于体现个人科研能力的成果集、获奖证书、专家推荐信等材料更为重视。

2. 美国

美国大学交叉学科招生时间、流程与单一学科并没有显著区别。美国研究生招生流程通常包括：学生提交申请材料、教授审核材料并向研究生院提交选拔名单（通常博士生会电话面试，硕士生不面试）、研究生院发放入学许可（极少数硕士生有奖学金，博士生一般有奖学金）、学生接受或拒绝许可及奖学金、学生正式入学。

申请材料通常包括学生简历、申请陈述、研究生综合考试（GRE：Graduate Record Examinations）、商科学生考核管理学科研究生综合考试（GMAT：Graduate Management Admission Test）、博士项目申请人一般还需提供写作样本。写作样本可以是学生过往的发表论文、较满意的研究工作、研究计划书等。硕士项目申请人通常只提交申请材料，不与导师展开频繁邮件沟通。博士项目申请人通常先与导师沟通，确认对方有招生意愿，且认同自己是一个不错的申请人，才提交申请。博士项目直接申请即获得奖学金的概率较低。

（二）中美招生工作中研究生院角色比较

中国高校的研究生院根据国家的有关规定和下达的招生规模，结合社会需求、办学条件和招生指标制订本单位的分学科（类别）、专业（领域）的招生方案，并负责编制公布招生章程和招生专业目录，对所属各招生单位的考试招生工作承担组织、监督管理、审核职责。研究生院在前期招生计划制订及方案编制、公布阶段起主导作用，下辖各学院在硕士、博士复试与录取过程中均具备较高的自主权，研究生院通过材料审核、纪律委员会监察、考核过程录像等方式对招生全程进行监督，确保招生的公平透明。

美国高校的研究生院在硕士博士招生过程中权力有限，通常只审核学生基本能力，如 GRE 成绩、写作成绩，针对非英文母语国家学生需审核 ETS 考试中心命题的托福（IBT）考试（测试基本语言能力）成绩。相对应而言，美国的导师指导制度决定了院系和导师在硕士、博士招生过程中有较大的自主权。

四、研究生申报与审核办法比较

研究生申报审核办法与各所高校执行的导师指导制度有密切关联，下文将首先比较中美研究生导师指导制度，再比较中美硕士和博士研究生的申请审核办法。

（一）导师指导制度比较

中国导师指导制度以单个导师指导为主，研究生在读阶段通常以一位指导老师为主要负责人，部分研究生存在校内或校外副导师。研究生的助学经费（学费补贴及日常补贴）由国家补贴和导师经费共同组成，因而学生通常跟随入学时的录取导师进行研究工作。

美国导师指导制度较为灵活。通常，学生跟随自己的答辩导师小组的主席进行研究工作，即主导师负责制。有的学生在前两年博士奖学金用完之后选择自费，独立选题，导师则只指导学生的论文，但学生没有责任义务参与导师的研究课题。

（二）中国研究生申报、审核与录取办法

中国研究生报考及申请通常会通过网上填报和现场信息确认两个环节，均需由招生单位根据相关规定对考生报考信息及材料进行全面审查。报考全国统考的硕士，只需符合基本报考条件即可。推免硕士、博士研究生报名时，各招生单位的要求有一定差异。通常各招生单位根据学生提交的材料进行审核打分，成绩由高至低排序，按录取名额的一定比例确定参加复试的学生名单。材料审核环节自主权通常下放至各学科委员会，不同学科委员会制定有明确的评分标准，打分项通常包含教育背景（学校、学科级别）、课程成绩（本科或研究生成绩）、外语水平（四六级、雅思、托福等）、科研成果（论文、专利、获奖等）等。审核材料时由招生工作小组多个老师打分并核对，而后提交研究生院审核。

推免研究生的初试环节及博士研究生的材料审核环节均以申请者提供的客观材料为主，复试环节则给予学科导师更灵活的空间对学生各项能力进行进一步考察，除了考察学生的学科基本功，还采用导师组专业面试的形式，对学生的专业视野、表达及应变能力、科研潜力等多个能力项进行考察。研究生录取类型及录取导师，均以学生填报意愿为主，遵循其接受导师调剂的意愿反馈，而后确定最终录取结果。

（三）美国硕士申请审核办法和录取办法

美国硕士申请审核通常邀请所有老师参与，院系秘书通常做第一轮的初选，参照审核标准把明确不符合要求的学生剔除。然后将每位学生随机分配给两位老师打分，如打分分差在允许范围内，根据两个老师的一致结果决定是否发出录取许可；如两位老师打分分差超出允许范围，则邀请第三位老师进行复核，取三位老师的多数意见；个别争议较大的学生交由老师例会讨论后决策。在录取学生名单确定以后，再判定奖学金的发放对象。此外，由于入学录取是双向选择，不代表好学生就一定被录取，差学生一定不被录取，老师通常根据经验和自己的科研项目情况，综合选择最可能入学和最适宜入学的学生。

美国博士申请审核、录取与奖学金经费来源高度相关。理工科专业的博士奖学金主要依赖于导师的研究经费，奖学金高低直接影响到招生数量和招生生源。因此，导师在录取博士研究生过程中有较高的自由度。导师通常以研究项目需求去评估学生的能力，选择最合适的学生。若学生助研奖学金完全由导师研究项目开支，则导师具有对学生选择的绝对主导权，而研究生院和院系对学生录取仅限于给出基本项的考核结果。为防止导师随意招生、乱发学位，学校通过后续的博士生资格考试、综合考试、开题报告、答辩、课程成绩等环节进行严格把控。文科专业导师因研究经费较匮乏，通常需要得到研究生院和院系给予帮助，院系有较大权力参与学生审核、录取工作。

五、借鉴与启示

本文着力比较了中美交叉学科发展过程中招生模式的差别，结合我国实际情况和同济大学交叉学科类研究生项目特点，笔者认为，美国的研究生招生模式对我们有以下三点启示。

研究生招生生源保障方面，中美两国的本科生大类招生、大类培养和大类管理联动的人才培养，有助于学生具备一定的跨学科视野。美国在招生过程中，开放一些专门录取跨专业申请人的硕士项目做法值得国内交叉学科借鉴。

招生方法方面，中美两国的大学交叉学科招生时间、流程与单一学科并没有显著区别。中国的推免生、暑期学校等吸引优秀人才的招生政策对于交叉学科吸引跨专业申请者十分有效，暑期学校通常能吸引到较多全国各高校推免生，而交叉学科需要综合能力强、具有跨学科研究能力的学生，推免生无疑是最适合的录取对象，我们建议提高交叉学科推免生招生比例至80%以上，突破教育部规定的各专业硕士推免生占总招生比例不超过50%的参考值。

申报材料审核方面，中美两国导师指导制度、研究生奖学金与招生名额确定方法有较大差别。美国的导师指导制度决定了院系和导师在硕士、博士招生过程中有较大的自主权。美国的招生模式以材料审核为主，中国则以全国统考和推免为主。建议选择性吸收美国的材料审核做法，在我国交叉学科研究生招生材料审核时，增加对研究计划等能表达申请者主观研究意愿及科研潜力的材料要求，并在招生时适当放宽研究生生源的学科、专业背景等限制，在一定程度上为交叉学科研究生的报考提供保障，从而确保生源的多学科背景，促进学科间交流与互补[7]。同时在每个环节建立配套的管理制度、责任制度和考核制度[8]，保障交叉学科招生及培养质量。

参考文献

[1] http://catalog.mit.edu/interdisciplinary/.
[2] https://www.stanford.edu/list/interdisc/.
[3] 《普通高等学校自设交叉学科名单（截至2019年5月31日）》，国务院学位委员会办公室.
[4] 《2020年全国硕士研究生招生工作管理规定》，教育部.
[5] https://yz.chsi.com.cn/yzzt/kybk.
[6] https://yz.chsi.com.cn/yzzt/tmzn/.
[7] 杨楠. 交叉学科研究生培养改革与探索[J]. 教育教学论坛，2019（24）：78-79.
[8] 仝娜，马红霞，王建明，等. 研究生学科交叉联合培养的研究[J]. 2018（11）：131-132.

地质工程领域全日制工程硕士研究生生源的选择及培养改革研究

彭国华　张淑平　于立江

（中国地质大学（北京）研究生院，北京 100083）

摘　要：本文对地质工程领域全日制工程硕士研究生生源不足进行了探究，认为应从加大宣传、提高社会认同度、改革选拔方式、完善培养模式几方面进行改革，从而优化生源，提高培养质量。

关键词：地质工程领域；全日制工程硕士；生源；改革

作者简介：彭国华，1977年生，女，博士，副研究员，中国地质大学（北京）研究生院副院长，主要研究方向为学位与研究生教育、高等教育管理，pgh@ cugb. edu. cn,13661165872。

项目来源：中国学位与研究生教育学会研究课题（C1 - 2013Y13 - 203）"激励机制对研究生培养质量影响的研究"。

2009年初，教育部部署了增加全日制专业学位研究生招生以调整研究生教育结构工作，扩大招收以应届本科毕业生为主的全日制专业硕士，其目的是加大研究生教育结构调整。地质工程领域全日制工程硕士研究生从2009年开始招生录取，其目标是为地质调查、工程勘察、矿产资源的普查勘探与开发等相关的工矿企业和工程建设部门培养应用型、复合型高层次工程技术人才。从这几年的招生录取情况看，大部分学校地质工程领域全日制工程硕士生生源数量不足，质量不高，第一志愿报考数较少，报考吸引力偏低。究其原因，主要是艰苦行业的吸引力低、对学术型和专业型硕士生培养目标的误解、选拔方式不够合理和有效性偏低、培养模式不够合理等。为此，随着招生比例不断增加，把握好新生入学质量关，选拔优秀的新生是提高生源质量、提高培养质量的前提。而加大宣传，提高社会认同度，改革现有选拔方式和培养模式成为目前亟待解决的问题。

一、加大宣传，提高社会认同度

专业学位（professional degree），是相对于学术型学位（academic degree）而言的学位类型，其目的是培养具有扎实理论基础，并适应特定行业或职业实际工作需要的应用型高层次专门人才。专业学位研究生教育和学术型研究生教育作为培养高层次人才的两个方面具有同等重要的地位。

（一）进一步厘清培养模式

我们对有关高校的研究生、导师和管理人员进行了访谈，对结果进行统计后发现，有些在读全日制工程硕士普遍是主观上不认同、客观上被动选择攻读全日制工程硕士的。比如有些学生第一志愿报的是学术型硕士，由于第一志愿没录取才调剂到全日制工程硕士，或者有些学生觉得自己实力不够，全日制工程硕士容易录取，才选择报考的。即使他们已经是全日制工程硕士，但大部分也不了解全日制工程硕士和学术型硕士的区别，在很多学生眼里，全日制工程硕士就是不如学术型硕士。对于研究生导师来说，他们也觉得很被动，由于各方面条件还没准备好就开始招收学生，在培养中很容易按照惯性思维，只能按照学术型硕士的方式进行。对于高校管理人员来说，很多人都没真正理解这个新生事物，因此在理解上存在一些片面性。因此在这些因素的综合作用下，全日制工程硕士培养很难保证有较高的质量，也很难有好的生源。

全日制工程硕士研究生是相对于学术型学位而言的一种学位类型，其与学术型学位在培养目标、培养特点、课程设置以及论文写作等方面都有很多不同，而造成二者差异的根本原因在于它们有着不同的培养目标：学术型学位的培养目标在于培养从事学术研究的教学和科研人员，而专业学位的培养目标在于培养高层次、应用型的专业人才。二者的具体差异如表1所示：

表1 学术型地质工程与专业型地质工程的差异比较

	学术型学位	全日制工程硕士研究生
培养目标	培养从事学术研究的教学、科研人员	培养高层次、应用型人才
培养特点	研究性、学术性	专业性/职业性
课程设置	强调系统性、理论性	强调实用性、职业性
导师来源	本专业或相关专业理论基础深厚的导师	校内外双导师制
论文选题	强调理论创新	强调实践探索

地质工程领域是以自然科学和地球科学为理论基础，以地质调查、矿产资源普查与勘探、能源资源勘查与评价、重大工程地质结构与地质背景涉及的工程问题为主要对象，以地质学、地球物理和地球化学技术、数学地质方法、遥感技术、岩土钻掘技术方法、工程勘察与工程施工技术、测试技术、计算机技术等为手段，为国民经济建设服务的先导性工程领域。地质工程领域为适应国民经济建设和社会发展的需要，为地质调查、工程勘察以及矿产资源、能源资源、土地资源、地下水资源的勘查评价与开发相关的工矿企业和工程建设部门培养应用型、复合型高层次工程技术人才和工程管理人才。

（二）加大艰苦专业的宣传力度

在"当今部分大学生报考硕士研究生时选择就业环境好的专业，而不愿报考艰苦专业，从事艰苦行业工作"的大环境下，应加大艰苦专业的宣传力度。

学校层面，应加强政策导向作用，通过报刊、网络等媒介加强对全日制工程硕士的宣传，还应该对重点地区、相关院校和企事业单位开展咨询会和考生动员会，使学校和专业学位的特色和优点更加突出明确，加深各界以及学生对专业学位的理解和认同度。学校应在招生宣传中注重宣传学校地矿类的学科优势和特色，注重宣传学校的办学历史、科研成果、学科优势、雄厚师资等情况。让学生充分了解学校地矿类专业的特色和优势，以及办学层次方面所取得的成就。通过介绍以上情况，使学生对学校的地矿类专业产生浓厚的兴趣和由衷的向往，从而愿意报考。在招生宣传中注重教育和引导广大考生要正确地选择硕士研究生专业，让学生了解地质工程的就业方向和就业前景，激发考生从事地质工程应用和研究的兴趣，提醒考生要选择适合自己并且在以后工作中能利用自己专业解决实际问题的专业，比如在西部大开发的进程中，地质工程建设有很多技术要革新，有许多科研要攻关，选择地矿类专业必将有所作为。同时在每年推荐优秀应届本科毕业生免试时做好地质工程优秀生源的选拔工作，积极引导优秀学生报考地质工程专业硕士学位。

导师层面，导师是研究生培养的第一责任人，导师的为人、为学都影响着学生，因此导师的宣传工作更直接有效。导师应该在课堂上、在宣传和动员会上利用一切机会动员、鼓励本院系的应届本科毕业生继续深造，报考本专业的硕士研究生。同时，导师应向学生全面介绍本学科优势及研究方向和科研成果，增强学生对本专业的学习兴趣，减少学生选择报考硕士研究生专业的盲目性，提高本校应届生报考本专业的比例。

二、改革选拔方式

目前全日制工程硕士研究生选拔方式存在不合理之处，选拔有效性较低。如何提高地质工程研究生选拔的有效性，使真正有潜力的学生获得进一步深造的机会，确保有限的教育资源应用于最适合的群体，提高其使用效率，成为当前地质工程硕士生招生改革的一个紧迫任务。

（一）改革公共课考试科目的设置

全日制工程硕士考试科目中公共课设置为思想政治、英语二、数学二，这几个考试科目都为统考。而学术型考试科目中，第三门为高校自设科目，比如可以是专业课，也可以是自命题数学或统考数学，这些科目的难度相对来说没有统考数学二难度大。好多考生为了逃避考数学，干脆报名学术型，学术型录取不了再转专业型，录取的把握更大。这在一定程度上降低了报考专业型的比率。因此，要改革公共课的设置，比如在公共课设置上是否应该一致，重点突出专业课设置的不同，以突出二者培养目标的区别。

（二）改革专业课考试科目的设置

全国统考中的科目设置一直以来都对考生选择招生单位和招生专业具有很大影响。如今，多数招生单位全日制专业硕士设置的考试科目与相同学科门类学术型硕士设置的考试科目存在一定程度的趋同。比如，多数院校地质工程领域全日制工程硕士和学术型地质工程专业硕士初试一般都设有思想政治理论、外国语、数学和业务课，而大部分高校专业型和学术型专业课考试科目是一样的。这样的全日制专业硕士选拔方式与同学科门类学术型硕士的选拔方式十分接近，有利于学术理论扎实的考生脱颖而出，但很难选拔出"专业性"人才。因此专业课考试科目的设置要突出专业型特点，要能够选拔出通过培养达到"掌握所从事领域的基础理论、先进技术方法和手段，在领域的某一方向具有独立从事工程设计、工程实施、工程研究、工程开发、工程管理等能力"的应用型、复合式高层次工程技术和工程管理人才。

（三）加大推免生的比例

近几年全日制专业学位推免生比例逐年增加，这对培养单位全日制工程硕士生源选择来说是一个很好的导向和途径。通常来说，只有学生学习成绩较好、综合素质较高、具备研究生培养的潜力，才有机会成为推荐免试生，如果全日制工程硕士推免生比例逐年增加，说明生源质量越来越好，也会在学生中形成良好的效应。为了扩大接收专业学位推免生的比例，各高校可以提高各种推免生奖励制度和保障机制，在此基础上吸引多地区、多学科的优秀本科生源申请推荐免试攻读专业学科硕士研究生。通过这些办法，既可以保证生源的数量，又可以提高生源的素质，改善学校专业学位生源的组成结构，进而提高专业学位研究生的培养质量。

（四）招生单位和企业导师共同参与复试

工程硕士培养更重视实践性和职业性，需要的是既有相当的理论水准，又有实践经验的高水平教师，因此发挥招生单位和企业双导师作用是其必然的选择。在复试阶段，要增加学生实践环节的考核，以便能公正有效地测试考生是否具备攻读地质工程全日制硕士专业学位应具备的能力、知识和素养要求。这个实践环节的考核，让企业导师参与更为实际与有效。因此，在复试阶段，可以聘请企业导师到学校共同参与复试工作。复试形式可以多样化，可以是问答式、设计实验方案式、解决实际问题式等。复试内容更丰富，企业导师可以根据他们的实践经验，增加前沿性、创新性、实践性的复试内容，比如可以是他们科研工作中碰到的理论问题，也可以是工作中碰到的实践问题，这样可以避免原来单一的复试形式，真正选拔专业型人才。

三、完善培养模式

（一）完善培养模式

创建"多样性、针对性、实用性、实践性"的需求导向型的培养模式。根据地质工程领域全日制工程硕士培养目标，创建"多样性、针对性、实用性、实践性"的需求导向型的培养模式，如图1所示，从水平、意识与品格、能力、知识和素养等方面，培养学生的综合分析、工程实践、创新集成能力等，从而成为创新性工程型专业人才。构建"以校内平台及校外培养基地为基础，协作构建双导师制，以高校模块化课程设置为载体，企业技能教育培训为途径，以高校自身优势为依托，企业资源为支撑"的培养方式。通过培养模式创新，从"培养方案制订→教学模式组织→创新平台建设→科研生产合作→学位论文指导→培养质量评价"全过程，充分发挥校企之间的联动作用，有效解决地质工程领域工程硕士专业学位教育面临的系列问题，确保培养质量，也大力提升了学校对高层次创新人才培养的保障度。

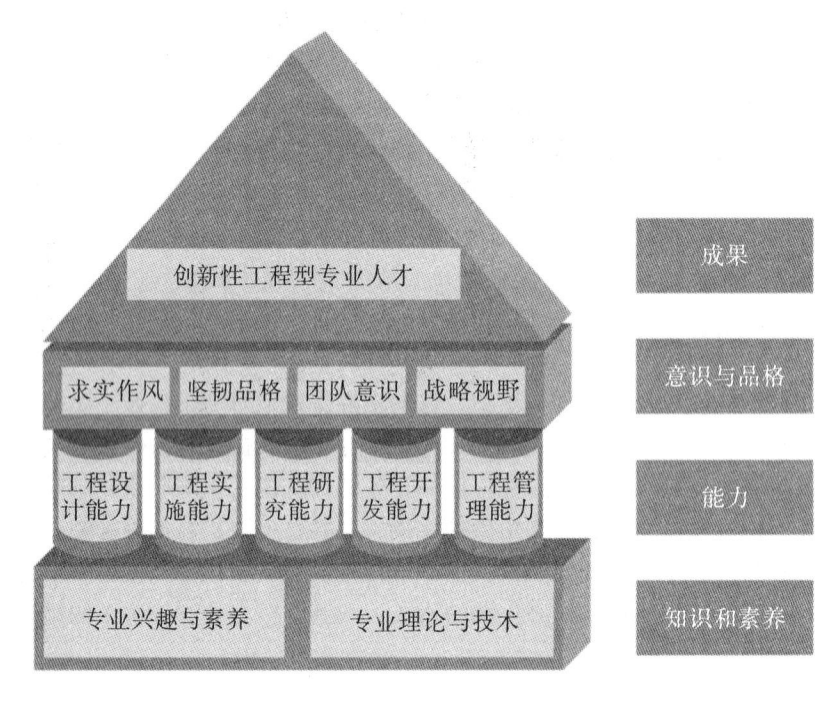

图1 地质工程领域全日制工程硕士研究生培养模式结构示意图

如何突出全日制工程硕士学位研究生培养特色，保证其质量是培养单位面临的最大困难。从目前大部分培养单位的情况来看，培养准备不足，无法提供培养高层次应用型人才的沃土。对其招收的全日制工程硕士采用与学术型硕士相同或相似的培养方式，在教学内容、课程设置、管理制度和评价体系等方面均未体现出培养特色，因而不能吸引广大考生报考。为此，在培养模式方式上要做到如下三点：构建"多元化"课程体系与培养方案；推行"订单式"培养和师生"双向"选择，强化培养模式个性化；创建"地学研究生联合培养示范基地"，产学研结合，校企"双方"教学、"双师"指导，确保理论创新与工程实践能力培养。在培养导向上，校内、企业导师共同制订学生的培养方案，共同探讨培养方案的实施；在知识传授上，以校内导师学术结构为基础，传授给学生系统、完整的学科知识，拓宽学生专业知识面；在实践指导上，以企业导师实践结构为发展，在工作经验和社会影响上给学生提供支持，同时进行规范管理，督促学生认真工作，如图2所示。

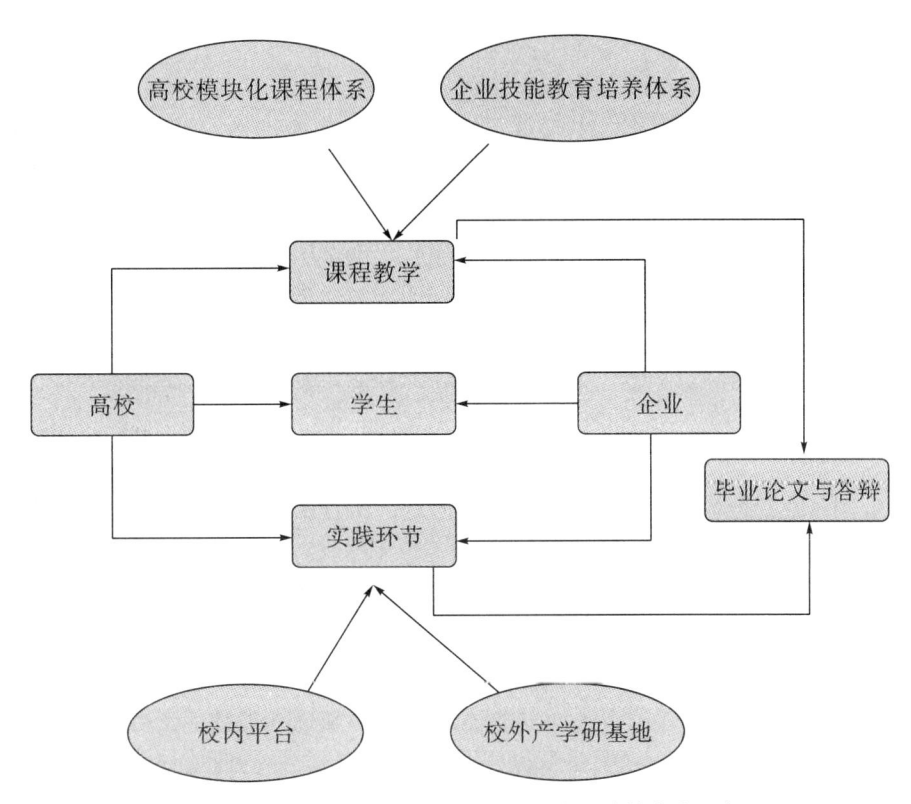

图 2 地质工程领域全日制工程硕士研究生培养方式示意图

（二）完善课程设置

课程设置要突出实践性和职业性特点。课程学习是一切教育形式的重要培养环节。针对地质工程领域全日制工程硕士生培养目标的要求，实践能力培养始终是该类型研究生培养的核心内容。依据培养目标，课程设置应体现实践性，以解决实际问题为主，通过培养要求提高研究生解决问题和实际操作的能力。因此课程设置和传统的学术型地质工程专业要有很大的不同。课程内容上，要突出实践性特点，要更多地开发实践课。实践课程的开发首先来源于实践问题，而实践问题来源于企业和企业导师，因此开发和建设实践课程首先要求高校加大与企业的交流与沟通，得到企业的支持，让企业导师参与到课程设置中来，要结合企业生产中的实践经验，并对这些丰富的实践知识进行总结提炼。企业参与课程的设置，针对专业与行业的特点，在理论模块，可以派专家以专题讲座方式讲授产品研发、企业营运管理等课程；在实践模块，结合自身教育培训功能，安排课时让学生进入企业接受培训，由企业专家就实际问题对学生进行指导，提高学生的从业理论和技能水平，引导学生顺利从学习领域向工作领域过渡，实现在实践中培养人才，特别是具有较高应用能力、创新能力人才的目标。开发出一套以因材施教和差异化案例为主、体现学科前沿性、实践性的产学研联合培养研究生的课程体系，并组织校内导师和学生深入企业实践基地考察调研实践课题，围绕企业实践性课题和问题从事专业型研究生课堂教学，导师和学生共同探讨实践性课题中的设计、研究和问题等，针对不同生源及不同单位特定工程实际需要，双方共同确定选修的课程内容，不断提高研究生解决实际技术问题的科研攻关能力。

在教学方法上，要以案例教学为主，依托企业实践基地或以实践基地为主组织研究生课程教学，让学生身临其境地学习、感受。全日制工程硕士生的任课教师要强化与企业生产一线人员的联系与合作，把生产中应用的最新知识吸收到教学内容中，把教室搬到企业的生产车间，把企业的生产线搬到教室，从根本上改变传统的教学内容组织形式。

对目前已有相关专业学位职业资格认证的领域，充分研究相关职业资格认证课程，在课程模块中设立与职业资格考试科目相关的课程，使专业学位研究生具备参加国际相关职业资格考试的条件，有针对性地进行研究生培养。

(三) 完善实践环节和导师制

以校内平台及校外培养基地为依托，构建多层次全方位的实践环节，大力推广"双导师制"。地质工程领域全日制专业学位硕士研究生生源大部分是应届本科毕业生，他们没有工作经历和实践经验，因此充分的、高质量的专业工程实践是培养质量的重要保证。工程实践既要依托高校，也要发挥企业基地的作用。校内主要发挥各类实验室、实验中心、工程中心、测试中心和图书馆等的优势，加强教学与科研的相互渗透，建立既可以从事高水平科研又可以开展实践教学活动的校内实践基地，并通过开设实验课程，或通过承接企业横向课题，让学生尽早进入实验室开展研究，接受实践训练，培养工程实践能力和创新能力，为进入企业实践做好准备。在校外，构建多种实习基地，以区域特色产业、优势产业为依托，结合自身学科特点和优势，与企业合作，建立以市场为导向、以企业为主体的全日制专业学位研究生实践基地、创新平台等，让学生有机会进入企业，参与面向市场需求的技术研发工作，将在校内学到的技术知识和掌握的研究技能应用于解决企业的实际问题，实现由校内学习到校外实践的衔接。多种形式的实践基地建设将为学生提供更多的科研创新及社会实践机会，也为校企双方在科学研究、科技创新、人才培养方面搭建良好的合作平台。全日制工程硕士研究生在企业导师的指导下，亲身参与工程实践项目，学到了高校课堂上很难学到的属于企业和企业员工的隐性知识，不断提高工程实践能力。同时，研究生通过在培养基地的学习，加深了对社会和企业的了解，增强了团队合作意识，锻炼了人际交往能力，提升了职业素养和能力，为研究生个人职业生涯设计和选择提供了支持和帮助。

培养基地的建设对于高校和企业来说是双赢，通过基地建设，一方面企业通过与学校优秀的科研、管理人才合作，进行科技攻关，提升企业的技术创新能力，促进企业核心技术的发展；另一方面企业通过企业导师，在实际工作中了解研究生，发现并留下适合本单位的人才，在一定程度上避免了人才招聘工作的盲目性。如中国地质大学（北京）已和西安地质矿产研究所、中国石油华北油田公司、河南省地质调查院、成都地质矿产研究所、天津地质调查中心、天津市地质矿产勘查开发局、沈阳地质调查中心、云南省有色地质局、云南省地质矿产勘查开发局、云南省地质调查局等单位建立了10个工程硕士联合培养基地，这为地质工程领域工程硕士研究生的培养奠定了坚实的基础。

调查发现，大部分高校全日制工程硕士的导师还是依靠学术型研究生导师队伍，培养方式和学术型基本相同，没有走出学术化研究生培养模式。因此，首先，应建立健全"双导师制"和"导师指导小组制"，高校要和企业及联合培养基地建立紧密联系，让更多的企业导师参与进来。发挥校内导师与企业专家由于工作领域不同或学术背景不同形成的在学科结构、知识结构、能力特长等方面各自的特点和优势，协作构建"双导师制"培养模式，这样利于学科之间、校企之间协作，更有利于全日制专业学位研究生在参加企业研发的实践过程中扩展知识面，培养和提高实践创新能力。其次，试行校外导师作为第一导师，充分利用校外导师资源，聘请有丰富实践经验的专家作为导师，采取产学合作培养，一方面提高培养质量，另一方面增加学生的就业机会。

(四) 健全管理机制

全日制工程硕士研究生教育要进一步密切与社会的联系，主动为经济发展和社会进步服务，适应以多变性和多样化为特征的人才市场的需求，就必须进行从封闭的校园培养转向面向社会和企业的开放式教育创新。

开放式的办学模式，使高校能够及时对人才市场的多变性和多样性需求做出反应。面对社会需求、高层次应用型人才培养的需求、企业自主创新需求，进一步创新人才培养模式，构建与企业合作培养专业学位研究生的教育管理模式。

实施全日制工程硕士研究生教育的目的是直接为企业培养急需的专业人才，招生、教学、工程实践、论文等环节都是在学校和企业的紧密合作下完成的。因此需要探索建立高校负责企业参与的质量管理体系，保障各项教育活动的有序进行。

中国地质大学（北京）构建了研究生院→教学院系→企业人事部门→院系、企业联系人的分层教育管理机制；明确管理岗位，落实岗位职责；加强招生－培养－学位－综合管理等制度建设，促进规范管理。

参考文献

［1］周仁来，等．对硕士研究生招生初试科目改革效果的分析研究［J］．学位与研究生教育，2012（3）：52-55.

［2］陈睿．硕士研究生入学考试中设置一般能力测试的调查研究［J］．学位与研究生教育，2011（7）．

［3］郑世良，等．抵及核心：全日制工程硕士研究生实践能力培养体系研究．学位与研究生教育，2017（12）：17-21.

［4］纪承，高井祥．全日制工程硕士研究生工程实践能力调查［J］．学位与研究生教育，2014（10）：13-16.

［5］吴小林，齐昌政，文永红，等．全日制工程硕士研究生实践能力培养之省思［J］．学位与研究生教育，2016（2）：12-17.

硕士研究生生源质量提升工程的设计与实践
——以太原理工大学为例

姚晓红　李　钢　冯军鹏

（太原理工大学研究生院，太原 030024）

摘　要：地方高校普遍存在招生政策和激励机制的僵化和缺失问题，随着研究生招生规模的不断扩大，生源质量无法满足学科发展需求的矛盾日益突出，已对高层次人才的教育质量产生了较大的不利影响。为解决这些问题，我校不断推进招生体制机制改革，在实践中形成了"以生源质量为主线，科研能力为导向"的招生机制，主要在推免生选拔培养制度、招生计划分配制度、分数线划定办法、复试录取环节和廉政风险防控等方面进行了全面改革，多措并举，大胆创新，实现了生源质量的稳步提升。

作者简介：姚晓红，1966年生，教授，研究方向为研究生教育管理；李钢，1980年生，副教授，研究方向为数据挖掘，教育信息化；冯军鹏，1990年生，讲师，研究方向为研究生教育管理。

基金项目：山西省研究生教育改革课题（20142004，20142006，2015JG024，2016JG042，2018JG11，2018JG33）

一、引言

研究生教育是高等学校培养拔尖创新型人才的重要途径，研究生是推动科技创新和科技进步的生力军，是促进学科发展的重要力量。人才培养质量直接反映了高校的办学层次和教育水平，而若要培养一流的人才，就必须要有优质的生源[1]。稳定的生源质量与规模是高校发展的基础，是高等教育的生命线[2]，而生源质量是影响培养质量的重要因素[3]，提高生源质量是推动研究生教育改革的基础[4]，实施研究生生源质量提升工程、改革现有的研究生招生模式是提高研究生培养质量的内在需求，也是完善高层次人才质量评价体系的重要保障。因此，切实提高硕士研究生生源质量，选拔出具有培养潜力、高素质的创新型人才，成为现阶段各高校硕士研究生招生过程中亟待解决的问题[5]。

近几年，我校在研究生招生工作中全面对接学校综改任务和"双一流"建设要求，以提高生源质量为目标，以"按需招生、全面衡量、择优录取、宁缺毋滥"为原则，以"向高培养质量倾斜，向优质生源倾斜，向高培养能力导师倾斜，向优势学科倾斜"为工作主线，在规章制度制定、招生计划分配、专业分数线划定、复试录取环节设计和廉政风险防控等五个方面进行了全面改革，构建了以生源质量为主线、科研需求为导向的硕士生招生制度体系；以"分类选拔、择优选拔、创新选拔、服务选拔"为工作理念和工作思路，构建了推免生留校读研、推免生直博升学的人才选拔机制。在工作中不断思考与探索，与时俱进，创新发展，有序推进并实施了研究生招生工作机制体制改革，实现了生源质量稳步提升。

二、存在的问题

2012年之前，我校研究生招生方面存在的问题主要表现在：一志愿报考和达线人数少、录取生源质量层次低、录取分数低和本校优质生源流失严重等四个方面，其原因主要是招生政策和激励机制的僵化和缺失，无法适应学科建设的发展需求，具体体现在以下几个方面。

一是管理思路落后，激励制度缺失。学校的招生思路停留在"注重生源数量、满足基本需求"上，没有从"一流大学建设"的战略高度认识到人才质量是高水平大学的重要标志,原有的管理制度和激励机制不能适应学校研究生教育的快速发展和"一流大学"的建设目标。

二是计划分配不合理。招生计划没有按照学校的发展定位和学科发展需求合理地进行动态调整和分配,不同学科的生源数量不均衡、质量分布失衡。

三是复试环节形式化。复试环节设计简单,无法科学合理地考查学生的综合素质、未能发挥出导师在复试中的主体作用。

四是培养质量无保障。未对导师招生人数进行有效约束,导师的培养能力和招生数量之间关系失衡,使得研究生培养质量无法得到有效保障。

五是研究生创新能力不足。缺乏鼓励和约束交叉学科招生的机制体制,造成部分专业工科特色缺失,研究生创新能力明显不足,难以适应新专业对基础知识和理论的要求。

三、招生录取改革措施

围绕生源质量提升这一核心目标,针对我校硕士研究生招生过程中存在的问题,通过不断探索和实践,本文设计了科学有效的生源质量提升工程改革体系,改革的体系结构如图 1 所示:

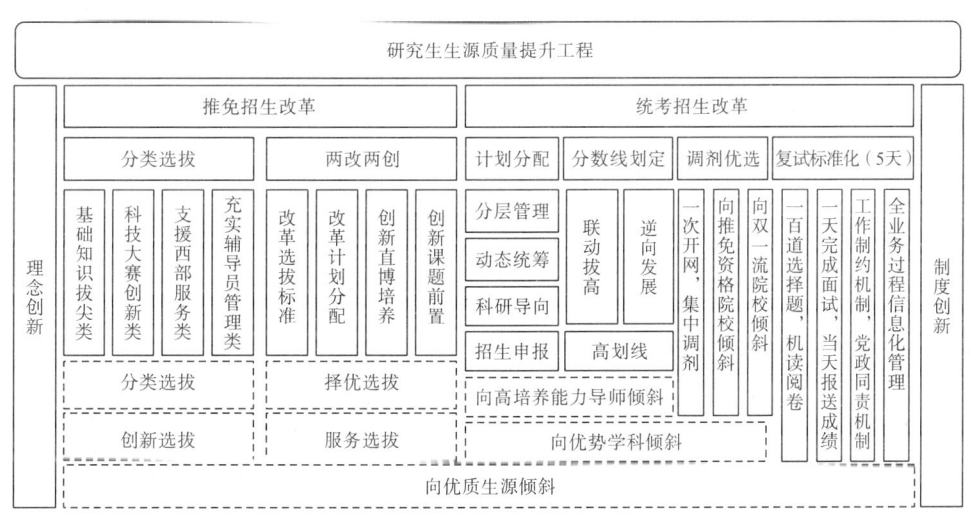

图 1 改革体系结构图

(一)构建"分类选拔,综合评价,推免直博"的推免制度

推免生是研究生优质生源的重要来源,我校在推免生选拔工作中构建了科学的分类选拔机制,设计了"基础知识拔尖类、科技大赛创新类、支援西部服务类和充实辅导员管理类"四种推荐类别,形成了有机统一的选拔工作体系,体现了以学生为本的选拔理念。提出了"两改两创"的改革思路,一是改革选拔标准,将原来以三年平均成绩作为单一选拔标准的模式改革为学习成绩和科技创新能力进行综合评价标准的选拔模式,建立了激发大学生参与科技活动的积极性的有效评价体系;二是改革计划分配方式,将以往依据毕业人数比例分配计划的方式改革为综合考虑学科优势和导师培养能力进行计划分配的模式,为优势学科发展储备了优质生源;三是创新性地提出"直博生"学习方式和硕博连读录取方式相结合的本硕博培养模式,打通了本科生到博士生的培养通道,夯实了研究生教育的科研基础;四是创新性地提出推免生在本科阶段进入实验室开展研究工作的课题前置培养模式,为激发推免生科研兴趣并潜心进行科学研究创建了制度基础。

(二)构建"分层管理,动态统筹,科研导向"的计划分配体系

招生计划是研究生招生制度改革的重要有形资源,用好招生计划有利于提高生源质量,提升研究生

教育水平。在改革中，我校提出了"向高培养能力导师倾斜，向优质生源倾斜，向优势学科倾斜"的计划分配指导思想和"客观科学、需求导向、校内统筹、动态管理"的分配原则。将招生计划分为基础计划、奖励计划和惩罚计划，基础计划用于满足学科和导师的基本需求，为学科发展提供基本保障；奖励计划依据学科发展的需求进行分配，用于接收优质的调剂生源；惩罚计划根据学科评估、论文抽检等结果对当年招生计划进行核减，预警培养单位严守质量红线。计划分配按照"学校计划、学院计划、专业计划和团队及导师计划"五个层次进行分类实施，以导师依据个人科研能力申报招生计划为切入口，形成专业及学院的最大培养能力；以全校招生规模、学科建设情况、导师科研能力、生源质量分布等为依据，合理分配学院、专业和导师的实际招生计划。这种以导师的培养能力为基础、科研能力为导向，立足学科发展需求和生源质量提升的计划分配模式明确了导师的科研责任，满足了导师的招生需求，保障了优势学科发展的人才需求，为学科建设与发展奠定了人才基础，招生计划分配体系和分配流程如图 2 和图 3 所示。

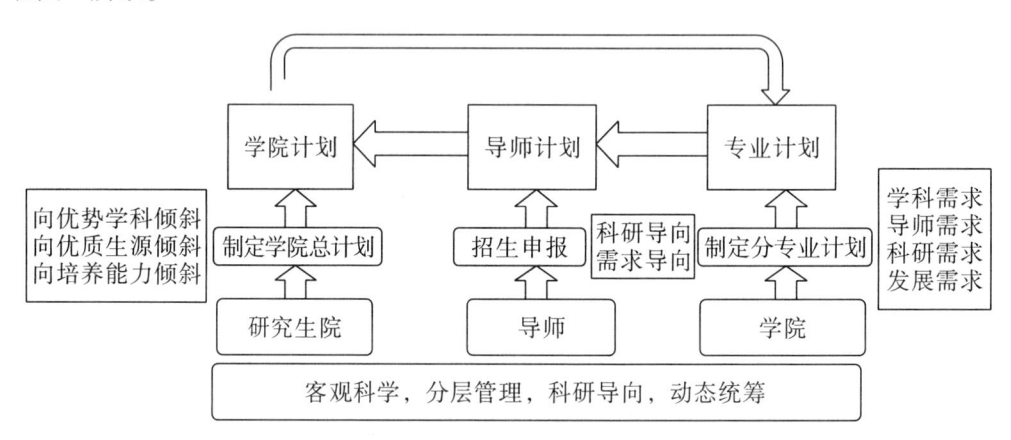

图 2　招生计划分配改革结构图

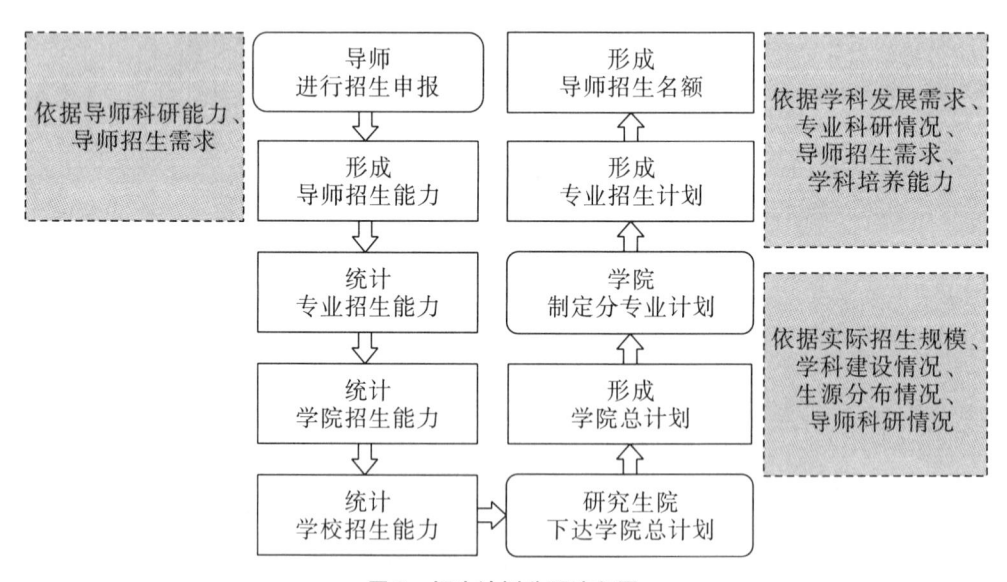

图 3　招生计划分配流程图

（三）构建"联动拔高，逆向发展"的分数线划定方法

我校在统考复试录取环节中充分利用研究生复试工作的调剂特性，提出"两个保障"的指导思想。无论一志愿达国家线人数是否满足招生计划，学校为各专业划定高于国家初试线的一志愿考生复试线和高于一志愿复试线的调剂分数线，要求各专业均接收高质量调剂生，从分数源头保障了生源质量；设立奖励计划用于调剂优质生源，同时在调剂和录取中对毕业院校为"双一流"建设高校的考生进行一定

政策倾斜，从考生来源保障了生源质量。这种环环相扣、好中选优的措施，既提高了专业对优质生源的吸引力，增加了优质生源在复试学生中的比例，又保障了录取生源质量的稳定性，提升了学校的声誉影响力。

（四）构建"标准规范，廉政制约"的复试环节

为突出复试环节在优秀生源选拔过程中的全面考察作用，我校对研究生招生复试办法进行了全面创新：笔试过程采取统一的标准化测试程序，采用包含5门以上的本科生基础课程内容构成的100道客观题进行专业基础知识测试，以考查考生对基础理论知识的掌握程度；面试环节中通过提高面试成绩在复试成绩中的比重充分发挥学科专家组在复试中的作用；学校将标准化管理流程和信息化管理手段全方位应用于调剂、笔试、面试和录取等全部业务过程，以提高环节运行效率，国家线公布2天内公布复试和调剂分数线，复试工作结束后3天内，公布拟录取名单。这种高效的复试录取模式，为未录取考生及时提供了二次调剂的机会，确保录取过程安全有序，公平公正，相关复试环节如图4所示。

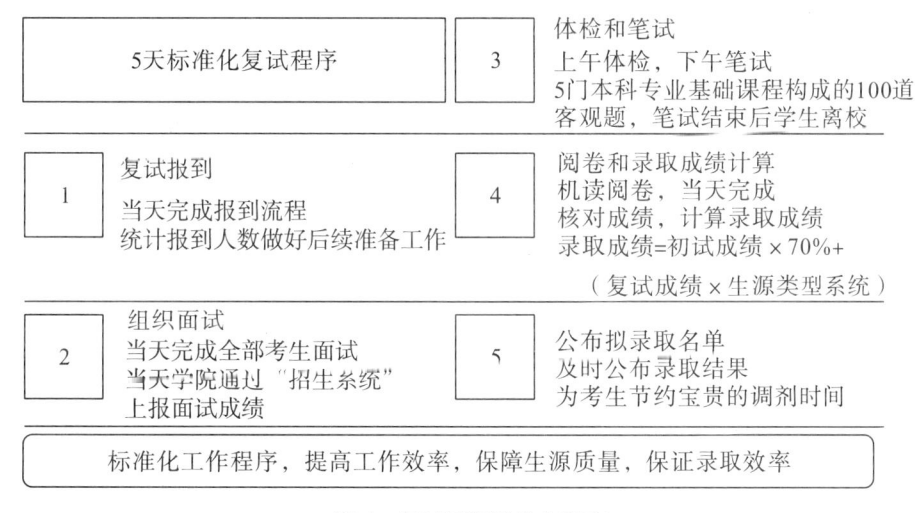

	5天标准化复试程序	3	体检和笔试 上午体检，下午笔试 5门本科专业基础课程构成的100道客观题，笔试结束后学生离校
1	复试报到 当天完成报到流程 统计报到人数做好后续准备工作	4	阅卷和录取成绩计算 机读阅卷，当天完成 核对成绩，计算录取成绩 录取成绩=初试成绩×70%+ （复试成绩×生源类型系数）
2	组织面试 当天完成全部考生面试 当天学院通过"招生系统"上报面试成绩	5	公布拟录取名单 及时公布录取结果 为考生节约宝贵的调剂时间

标准化工作程序，提高工作效率，保障生源质量，保证录取效率

图4 复试录取标准化程序

因研究生招生录取工作的复杂性、多样性和特殊性，我校建立健全了监督约束机制，构建了从上到下的全方位立体式廉政风险防控责任机制：研究生院和学院分工明确，职责清晰，相互配合，相互制约；学院在复试过程中实行党政同责制，在强化院长第一责任人的同时，加强党委书记的监督责任和廉政风险防控责任。院校两级联动制约机制的实施，既能充分发挥学院导师在复试中的主体作用，又体现了学校的监管职能，确保了招生工作全过程公平公正公开。

四、取得的成效

从2012年开始，围绕生源质量提升这一核心目标，我校推出了一系列规章制度和改革措施，取得了良好、持续的改革效果，相关成果获得"2019年山西省教学改革成果特等奖"。

（一）推免生选拔和培养成效

推免研究生录取人数从2016年的74人增长到2020年的241人，增长了2.3倍，推免生本科阶段毕业答辩成绩显著高于全校平均水平，并且呈现出逐年递增趋势。以2017级为例，80%以上的推免生在研究生学习期间取得了二等以上国家学业奖学金，推免生生均成果较统考考生高出14%；部分推免生在短短2年时间发表5篇论文和申请3个以上专利，一些优秀推免生发表了一、二区SCI检索的高水平论文。这些成果表明，我校采取的一系列推免改革制度对本校学生留校比例提高和科研产出的促进作

用明显。

(二)统招生选拔和培养成效

在报考方面,一志愿报考人数呈线性增长趋势,增长了近1倍;应届生报考人数逐年增长,占比稳定在70%左右。在录取方面,录取"211"以上院校和推免资格院校毕业的考生显著增长;工学和理学录取初试平均总分与国家线的差值一直保持在50分左右。在培养方面,近三年,硕士生发表SCI论文数量增长了29%,EI论文增长了1.1倍;改革以来,我校获批的研究生创新项目数量增长了3.7倍,获批的省级优秀学位论文数量增长了2.2倍,位居全省第一;调剂生的课程学习平均成绩较一志愿录取考生高出10%,调剂生的论文评阅成绩平均分和发表的SCI论文数量显著高于一志愿考生。以上取得的成绩表明我校以科研需求为导向的招生计划分配制度和执行的"联动拔高"分数线划定机制,有效激励了导师和研究生的科研积极性,对研究生教育科研产出的促进作用和对培养质量的保障作用日趋明显。

五、改革总结

围绕生源质量提升这一核心目标,针对在硕士研究生招生过程中存在的问题,通过不断探索和实践,我校实施了一系列改革措施:在实施生源质量工程中提出了"以生源质量为主线、科研能力为导向"的指导思想;在推免生选拔制度改革中提出"分类选拔、择优选拔、创新选拔、服务选拔"的工作理念;在招生计划分配改革中提出"向高培养能力导师倾斜,向优质生源倾斜,向优势学科倾斜"的指导思想和"客观科学,需求导向,分层管理,动态统筹"的分配原则;在分数线划定方法改革中提出"联动拔高,逆向发展"的创新模式;在复试录取过程中提出"科学设计,标准管理,效率优先,公平公正"的服务理念。这些改革措施规范了招生过程,确保了招生考试安全,取得了良好的持续的改革效果,生源结构得到明显改善,生源质量得到显著提升。

参考文献

[1] 吴文珊,肖瑶,付四清,等. 新形势下提高硕士研究生生源质量的几项措施——以华中科技大学基础医学院为例[J]. 大学教育,2020 (7):171-173.

[2] 齐西婷,张琼琼. "双一流"背景下研究生优质生源基地建设及长效发展思考[J]. 现代职业教育,2020 (1):200-201.

[3] 李科浪,胡胜全. 地方高校研究生培养全过程全方位质量体系的构建——以深圳大学为例[J]. 当代教育理论与实践,2019,11 (5):120-123.

[4] 张云霞,尹学锋,余小燕,等. 适应信息产业发展需求的硕士研究生生源质量保障措施研究[J]. 当代教育理论与实践,2020,12 (3):126-133.

[5] 郭巍. 硕士研究生生源质量现状及提升措施研究[J]. 沈阳建筑大学学报(社会科学版),2020,22 (2):201-206.

我国高校博士生招生模式回顾与重构

梁传杰

(武汉理工大学法学与人文社会学院，武汉 430070)

摘　要：我国高校博士生招生制度呈现治理结构由单一政府管理向多元主体共治转型、价值取向由公平优先向质量优先转换、招生方式由单一模式向多元模式并存转移、招生对象由无差异化大众向少数优异群体或特殊群体转变的演变轨迹。我国高校博士生招生模式的改革方向在于确立以认识论为基础、追求知识创新的价值取向，建立以申请审核模式为主、多元模式并存的改革目标，构建以指导教师为主导、多元主体共治的治理体系；具体路径在于调整申请审核模式、服务国家特殊需求模式的内涵，形成两种模式的有机融合。

关键词：招生模式；演变轨迹；冲突矛盾；改革方向；改革路径

作者简介：梁传杰，男，湖北天门人，研究员，博士生导师，主要从事学位与研究生教育研究，先后主持国家和省部级课题30余项，发表论文100余篇，邮箱为cjiang@whut.edu.cn。

自改革开放、恢复研究生招生以来，我国高校博士生招生先后出现了普通招考、推荐免试、申请－审核和服务国家特殊需求等四种主导力量多元、价值取向各异、招生对象各不相同、考察内容各有侧重、招生程序独立互异的模式，目前这四种模式共存于我国高校博士生招生制度之中。如何看待当下我国高校博士生招生多种模式并存的现象？高校博士生招生多元模式并存是否合理，存在怎样的矛盾和突出问题？高校博士生招生制度的改革方向是什么？如何有序推进高校博士生招生制度改革？这些都是当前深化研究生教育改革、推进研究生教育治理体系建设过程中需要正视并予以解决的理论和现实问题。

一、我国高校博士生招生制度的演变轨迹

回溯我国高校博士生招生制度的发展历程，尤其是改革开放以来，我国高校博士生招生可划分为单一政府主导阶段、政府主导高校协同阶段和政府高校导师多元主体共治阶段。

(一) 单一政府主导阶段 (1981—1983年)

以1977年教育部颁布《关于高等学校招收研究生意见》为标志，我国中断多年的研究生教育招生得以恢复。1981年，教育部发布《关于做好1981年攻读博士学位研究生招生工作的通知》，决定从1981年开始招收博士研究生，开启了我国改革开放后博士研究生招生的序幕。在先后启动硕士和博士研究生招生的基础上，为规范各高校博士生招生具体工作，教育部于1982年又颁布了《关于招生攻读博士学位研究生的暂行规定》，对招生单位资格、培养目标、报考条件、考试办法、录取标准等方面作了统一、详实的明确规定和要求[1]。这些招生制度规范基本没有发生变化且一直沿用至今，并催生了高校博士生招生普通招考模式，这是我国高校博士生招生的首个模式，也是长期占主导地位的模式。

(二) 政府主导高校协同阶段 (1984—2006年)

这一阶段以"提前攻博""硕博连读""直攻博"三种招生制度相继实施为标志，产生了我国高校博士生招生推荐免试新模式。1984年，教育部发布的《关于硕士生提前攻读博士学位问题的通知》指出，"在博士研究生培养单位中，有权授予博士学位的学科、专业内对少数优秀硕士生试行提前攻读博

士学位的办法"，博士培养单位可开展少数优秀硕士生提前申请攻读博士学位工作[2]。1995年，原国家教委发布《关于进一步改进加强研究生工作的若干意见》，明确提出，"有条件的单位经过批准可以试行将硕士、博士两个培养阶段连通，实行'硕、博连读'的培养方式"，对具备条件的招生单位经批准实行"硕博连读"的招生培养方式[3]。2001年，教育部颁布《关于做好2002年招收攻读博士生学位研究生工作的通知》，允许部分招生单位以"直攻博"方式招收博士生。至此，我国高校博士生招生推荐免试模式的三种具体形态均已出现。中央教育管理部门对开展推荐免试模式的高校一直实行授权审批管理，只是对部分高校整体实力较强或整体实力居全国领先水平的少数学科专业进行授权。从推荐免试生源的时间节点来看，推荐免试生源的学习起点不断前移，从在读硕士生到本科毕业生，再到本科新生。总体而言，该招生模式是在政府授权下对高校的逐步扩大放权，既体现为推荐免试模式具体形态的不断多元化，也体现为推荐免试模式具体形态生源范围的不断拓展。

（三）政府、高校、导师多元主体共治阶段（2007年至今）

2007年，复旦大学开始在全国范围内率先尝试博士生招生申请审核制，首开博士生招生申请审核模式之先河，翌年同城的上海交通大学拿出100个指标试行博士生招生申请审核模式。2013年，教育部、国家发展改革委、财政部联合颁布的《关于深化研究生教育改革的意见》明确提出："建立博士研究生选拔'申请－审核'机制，发挥专家组审核作用，强化对科研创新能力和专业学术潜质的考察。"[4]此意见一出，全国范围内各高校纷纷按照要求开展博士生招生申请审核模式试点改革，先后出现了"申请－审核"制和"申请－考核"制两种具体形态。申请审核模式中的两种具体形态的共性在于均不参加入学考试，差异性在于"申请－考核"制在审核环节有笔试和面试，而"申请－审核"制仅有面试而无笔试，因而两者差异不大。在这一新的博士生招生模式中，导师作为学术主体和指导博士生的关键主体在人才选拔中的作用得到加强。

我国高校博士生招生制度在历时性演进中呈现如下特点：治理结构由单一政府管理向多元主体共治转型，价值取向由公平优先、兼顾质量向质量优先、兼顾公平转换，招生方式由单一模式向多元模式并存转移，招生对象由无差异化大众向少数优异群体或特殊群体转变。

1. 单一政府管理向多元主体共治转型

伴随着我国研究生教育改革的不断深化，我国高校博士生招生制度的治理结构逐步由单一政府管理向政府、高校、导师多元主体共同治理转变。在以普通招考模式为唯一博士生招生方式的第一阶段，博士生招生制度的主导力量只有政府，这既受我国当时教育管理体制的制约影响，也与我国博士研究生教育刚刚恢复招生紧密关联，是当时外部条件和制度环境使然。在政府主导高校协同的第二阶段，出现了推荐免试这一新的博士生招生模式。这一阶段虽然还是以普通招考为主流模式（博士生招生主要途径还是普通招考模式，推荐免试模式所占比例相对较少），但推荐免试模式体现了高校主导的治理特征，呈现出政府简政放权、进一步扩大高校办学自主权的改革方向。及至政府高校导师多元共治阶段，又产生了博士生招生申请审核这一新模式。申请审核模式强调导师主导、高校监督、政府指导，高校博士生招生制度改革进一步向学术组织主导转型，回归人才选拔作为学术评价和决策活动的本质性质；治理方式方法由单向度、科层式管理向多向度、互动协商式治理转变，进一步调动多元主体的积极性和主动性，呈现出主导力量由单一政府管理向政府、高校、导师多元主体共同参与、协同配合的治理结构转型。

2. 价值取向由公平优先、兼顾质量向质量优先、兼顾公平转换

我国高校博士生招生制度在改革发展过程中，治理结构不断转型，三个阶段的主导力量不断变化，不同阶段的价值取向因主导力量不同、利益诉求差异而不断转换。在单一政府主导阶段，政府作为社会公共管理类组织，必然将提供公共产品、维护社会有序运行、达成社会公平公正作为其目标追求，在博士生招生制度中反映为通过提供政策供给，追求博士生招生的程序公平和实体公平。在政府主导高校协同阶段，高校作为新的主体力量必然在新的制度设计中反映其利益诉求。高校作为研究生教育的办学主体，其利益诉求在于保证并不断提高博士生生源质量，以本单位研究生教育整体质量提升作为其价值追

求。在政府、高校、导师多元主体共治阶段，博士生导师作为学术类主体的作用得以彰显，为有效开展科研创新、建立学术共同体，以招录良好博士生重视个体质量为其利益诉求。因此，我国高校博士生招生制度在演变过程中，其价值取向由公平优先、兼顾质量向质量优先、兼顾公平逐步转换。

3. 招生方式由单一模式向多元模式并存转移

我国高校博士生招生制度在演进发展过程中，其招生方式由第一阶段的普通招考模式的单一模式逐步向第三阶段的普通招考模式、推荐免试模式、申请审核模式、服务国家特殊需求等多元模式并存的方向转移。在单一政府主导阶段，我国高校博士生招生制度由政府一元主导，政府从制度层面对招生单位、招生对象、招生条件、招生程序等方面予以系统规范，在全国范围内形成大一统的招生制度体系，高校在博士生招生制度设计上基本没有空间，在博士生招生方式上均采用单一的普通招考模式。在政府主导高校协同阶段，我国高校博士生招生传承了第一阶段的普通招考模式，同时在推进管理体制改革过程中，产生了推荐免试模式，形成了以普通招考模式为主、以推荐免试模式为辅的二元模式并存局面。在政府高校导师多元共治阶段，除保持了第二阶段的普通招考模式和推荐免试模式外，又出现了申请审核模式、服务国家特殊需求模式，形成了当下高校博士生招生的普通招考模式、推荐免试模式、申请审核模式、服务国家特殊需求模式等多元模式并存的现象。

4. 招生对象由无差异化大众向少数优秀群体或特殊群体转变

我国高校博士生招生制度在历史嬗变进程中，博士生招生对象由无差异化大众向少数优秀群体成特殊群体转变。在单一政府主导阶段，其普通招考模式以公平公正为主要价值追求，其招生对象为获硕士学位者、应届硕士毕业生或同等学力者，具有一定意义上的普遍性，在招生对象上没有差异化的制度设计，在招生对象上体现其公平性。发展到政府主导高校协同阶段，新出现的推荐免试模式的招生对象为本单位优异的本科新生或本科毕业生或本单位在读硕士生，以某一群体中的优异者作为录取对象，在招生对象上体现其对生源质量的追求。及至政府高校导师多元共治阶段，新近出现了申请审核模式和服务国家特殊需求模式，其中申请审核模式以博士生导师对个体博士生生源质量要求为主要价值追求，其招生对象为具备一定科研创新条件的硕士毕业生或同等学力者，服务国家特殊需求模式以少数民族地区或军队技术骨干等特殊群体为其招收对象。因此，第二阶段、第三阶段新出现的推荐免试模式、申请审核模式、服务国家特殊需求模式均以少数优秀群体或特殊群体为招收对象，三阶段呈现出由无差异化大众向少数优秀群体或特殊群体转变的演变轨迹。

二、我国高校博士生招生模式重构的发展方向

我国高校博士生招生模式中多元模式并存，出现了政府越位错位、高校错位、导师缺位等问题，普通招考、推荐免试、申请审核、服务国家特殊需求等四种模式的主导力量、价值取向、招生对象、考察内容和招生程序等方面均存在较大差异。

（一）价值取向：以认识论为基础，追求知识创新

布鲁贝克认为，大学存在着两种主要的高等教育哲学，一种哲学主要以认识论为基础，另一种哲学则以政治论为基础，两种哲学相互对立且价值追求迥异，两者之间存在冲突和矛盾[5]。从我国高校博士生招生现行四种模式的具体内涵看，不难发现，四种不同模式正好对应了政治论哲学和认识论哲学两种不同的哲学观念，其中普通招考模式和服务国家特殊需求模式呈现出政治论哲学的倾向，而推荐免试模式和申请审核模式表现出认识论哲学的偏好。毫无疑问，我们不可能无视或忽视当下以至未来一段时期内高校博士生招生制度改革所秉持的基本价值立场。如果我们只是就具体高校博士生招生模式改革进行探讨，这样的理性思辨也好，改革探索也罢，失却了明确的价值取向判断，只能是舍本求末、缘木求鱼。那么，我们应该如何调适当下这两种相互对立、价值追求差异显著的矛盾共同体呢？当前我国研究生教育提出以"立德树人，服务需求，提高质量，追求卓越"为主线，反映出十分鲜明的政治论哲学

观，这在研究生教育学科整体结构与布局、研究生教育与经济社会发展的关联支撑等宏观层面得到充分体现，宏观层面的政治论哲学观在一定时期内将会长期存在。在当前政治论哲学占主导的现实条件下，在研究生教育整体宏观层面必须坚持政治论哲学，研究生教育必须服务经济社会发展需求，而研究生教育微观层面可以以认识论哲学为基础，这也是两种高等教育哲学一直长期共存的重要原因所在。按照伯顿·克拉克的观点，研究生教育是一个紧密的科研－教学－学习连结体[6]，笔者认为，对于博士生招生模式这一博士生招生具体制度，应以组建学术共同体、追求知识创新作为其价值追求。

（二）改革目标：以申请审核模式为主，多元模式并存

我国高校博士生招生模式改革到底走向何处？笔者认为，未来我国高校博士生招生模式的改革目标将是以申请审核模式为主、其他模式为辅的多元模式并存，反映政府、高校、导师多元主体协同的治理结构改革发展方向，这主要是基于如下两方面的原因：一是基于纵向时间维度的历时性考察。基于本文第一部分的历史演变轨迹分析可以清晰看到，新中国成立以降，我国高校博士生招生模式不断涌现，在单一政府主导、政府主导高校协同、政府高校导师多元主体共治等阶段先后出现了普通招考模式、推荐免试模式和申请审核模式。在高校博士生招生制度的演化过程中，从高校博士生招生模式类型和数量外部表现形式来看，高校博士生招生模式变革呈现出日益多元化的发展趋势；从高校博士生招生模式的治理结构治理体系内在管理体制来看，呈现出由单一政府主导向政府、高校、导师三类主体共治方向转型的发展演变轨迹，这既顺应了当前我国治理体系和治理能力现代化建设改革的宏观要求，也反映了我国研究生教育领域博士生招生制度的改革演变方向。二是基于横向空间维度的共时性考察。从世界范围来看，当下美国、英国、德国、法国等研究生教育发达国家，导师在高校的博士生招生活动中，作为学术类主体拥有高度的学术权力和遴选博士生的自主权，在博士生招生活动中发挥主导作用。除日本等个别国家外，其他国家普遍采用了申请审核模式，成为当今世界范围内带有普遍性的博士生招生模式。因此，我国要由研究生教育大国向强国迈进，在进入新时代、加快与国际接轨的背景下，有必要将申请审核模式作为我国高校博士生招生的主导模式。当然，我国有自身的国情和研究生教育实际，不能简单照搬国外的申请审核模式，我国高校博士生招生模式改革的重点和关键在于，将具有中国特色的普通招考模式、推荐免试模式、服务国家特殊需求模式整合并有机融入申请审核模式，形成以申请审核模式为主、其他模式为辅的多元混合式招生模式。

（三）治理体系：以指导教师为主导，多元主体共治

在明确改革方向、改革目标后，我国高校博士生招生模式改革还面临一个难题——治理体系改革，即解决政府、高校和导师三类主体在博士生招生中的责权界分与协作关系问题。改革开放以来，我国一直积极推进行政管理体制改革，而改革的关键和重点就在于转变政府职能、实行简政放权，将原本属于市场的、属于下级管理部门的权力下放，将政府的职能回归宏观管理、服务、监督等。对于高校博士生招生这一微观层面的具体事宜，政府只适合进行宏观指导与监督，不应过多干预。简而言之，在高校博士生招生模式改革这一具体事务上，政府要由"主角"转为"配角"，逐步在高校博士生招生模式中实现由主导地位向协助地位的转变以及在招生制度设计中的指导性、服务性作用，更多发挥政府在招生管理活动中的监督作用。在推进治理体系和治理能力建设的背景下，尤其是政府实行负面清单制度后，减少了许多管理职能和审批事项，高校要转化原有被动作为管理理念，积极承担原本属于自身的管理职能，同时要在高校博士生招生这一微观层面的具体管理事务上发挥更多作用。对于导师而言，博士生招生制度在本质上毕竟具有比较明显的学术属性，且秉持高等教育的认识论哲学、以知识创新为其价值追求，因而高校要实现主导权力逐步并最终向研究生导师的移交，达成研究生导师主导、高校监督、政府指导的多元共治状态。

三、我国高校博士生招生模式重构的具体路径

在明确了高校博士生招生模式的改革方向、改革目标和治理体系整体设计的基础上，如何才能在具体路径层面予以实现或达成呢？笔者认为，至少要解决如下几方面的问题。

（一）多元模式的组成：逐步优化，申请审核与服务国家特殊需求模式二元并存

在高校博士生招生模式的重构过程中，首先要分析现行的普通招考模式、推荐免试模式、申请审核模式和服务国家特殊需求模式到底哪些应纳入其中，哪些应逐步淘汰，探讨高校博士生招生模式的组成。在我国高校博士生招生四种现行模式中，笔者认为，普通招考模式和推荐免试模式应逐步退出，申请审核模式和服务国家特殊需求模式应予以保留。普通招考模式是特定环境和条件下的产物。在我国恢复研究生招生之初，各高校均缺乏必要的博士生招生基本规范和实践经验，亟需一套规范化、操作性强、安全稳妥的博士生招生制度，以实现尽快恢复博士生招生的目的。在迈入新时代、以追求研究生教育强国为目标的当下，我国研究生教育现有环境、条件已发生根本性变化，普通招考模式所呈现出的弊端日益显现，在当前推进治理体系和治理能力现代化的背景下，需要改革乃至取消这一博士生招生模式，以顺应我国研究生教育改革的历史潮流。推荐免试模式在治理结构上较普通招考模式有其进步之处，但只是一种过渡式的转化，仍然需要向导师主导进一步转变。推荐免试模式的不足主要体现在如下两方面。一是造成高校间的不平等竞争。推荐免试模式的直攻博、硕博连读、提前攻博等三种具体形态中，直攻博、硕博连读的高校和学科均由政府审批授权。无论是直攻博还是硕博连读的高校和学科，数量都极为有限（硕博连读2019年下半年才刚刚放开），使得有权开展直攻博和硕博连读的高校拥有吸引优质生源的特殊资质，可以提前招收一批优质生源，这一制度设计使得原本就处于弱势地位的其他高校在吸引并招收优质学生上处境更为艰难。二是对人才培养质量的影响。推荐免试模式中的直攻博、硕博连读的生源分别为本单位大学本科入学新生和本科毕业生，对能够提前取得攻读博士学位资格的学生而言，既是好事，同时又对其个体学术发展造成不利影响。这种不利影响主要来源于学业经历高校的单一性，缺乏多所高校不同学术文化的影响，造成学生学术发展上的"近亲繁殖"，从整体上而言，学缘结构单一化会影响学生的创新思维锻炼和创新能力培养。服务国家特殊需求模式反映了政府意志，结合不同时期国民经济建设和社会发展的重大需求，设立相应的博士生招生具体形态，以特定的博士生生源来源或特殊的博士生培养对象、招生单位遴选、招生条件、招生程序等进行系统制度设计，进而服务于国家整体发展需要。这一博士生招生制度具有鲜明的中国特色，与我国社会主义制度相适应，具有制度层面的特有优势，这也是其他资本主义国家在博士生招生制度层面难以实行的，因而应予以保留。

（二）多元模式的关系：申请审核制为主、服务国家特殊需求模式为辅

以申请审核制为主的制度设计，既是我国博士生招生制度演变的历史发展趋势，也是当下世界研究生教育博士生招生制度的现实潮流，更为重要的是源于申请审核制与服务国家特殊需求模式两种制度的固有属性差异。在价值取向上，申请审核制以导师对个体博士生生源质量要求为主要价值追求，即坚持个体质量优先、兼顾公平的价值理念；服务国家特殊需求模式则以国家利益为价值追求，具有鲜明的政治论哲学导向。在招生对象上，申请审核模式招生对象为具备一定条件的硕士毕业生或同等学力者，部分高校为保证生源质量设置了包括发表高层次学术论文、参与过科研项目、具有一定科研能力等前置性条件，总体而言，具有一定的普遍性；服务国家特殊需求模式在招生对象上不具普遍性，其招生对象为少数民族地区考生、军队技术人员等国家特殊对象，但在以上群体内招收时，与普通招生模式有相似之处，实现特殊支持对象群体内的无差异化招生政策，以择优录取方式选拔优秀人才，在招生对象上体现政府对少数民族地区、参与国防建设军人等特殊地区、特殊群体的政策性倾斜和政策性扶持。在考察内容上，申请审核模式与国际研究生教育博士生招生制度接轨，通过对申请者的学业成绩、创新能力和非

认知能力的综合考量[7],更为全面系统地考察申请者的学术发展潜质和学术发展能力,进而择优遴选合适人才;服务国家特殊需求模式一般都融入普通招考模式,以博士生招生单位组织的统一考试成绩和统一组织的复试成绩作为考察考生专业水平、知识结构和创新潜质的主要依据,基本不考虑报考考生获得硕士学位或硕士学位同等学力的学业成绩。基于对以上两种模式的比较分析,可以看出,申请审核模式较服务国家特殊需求模式而言,在价值取向、招生对象、考察内容上更具有作为主导模式的比较优势,服务国家特殊需求模式可以作为申请审核模式的一种补充,从而形成具有我国博士生招生制度特色的以申请审核模式为主、服务国家特殊需求为辅的二元协同模式。

(三) 多元模式的融合：改革与稳定并重,调整二元模式制度内涵

我国要实现高校博士生招生制度的四元模式并存向二元模式融合的改革转化,需要渐进式地稳妥有序推进。具体来说,主要包括如下几方面内容：一是要坚持改革与稳定并重。在当前推进研究生教育综合改革的背景下,结合现有高校博士生招生模式所存在的突出问题,积极推进改革,促进当前四种招生模式有机融合,顺应改革形势,符合研究生教育改革的要求,因而首先是要改。在推进改革的过程中,还要把握稳定,不能因为改革而在社会上产生较大的负面影响,产生不稳定的因素,最终影响到博士生招生制度改革的持续推进。二是要调整现有申请审核模式的相关制度内容。普通招考模式和推荐免试模式的取消,必然会影响学生和学生家庭、高校两类主体的利益,这需要在申请审核模式制度中予以考虑。比如,为减少学生和学生家庭对博士生招生制度改革的质疑,在申请审核模式中适当降低前置性条件的门槛,弱化因取消普通招考模式而带来的影响。又比如,为尽量避免因取消推荐免试模式对高校优质生源的影响,可考虑在申请审核模式的"申请-审核"制具体形态中,将现有具备推荐免试条件的学生纳入其中,在审核录取过程中尽量实行"零淘汰"。当然,从根本上讲,这只是权宜之计,推荐免试模式最终还得建立分步退出机制,包括全面放开直攻博和硕博连读的政府对高校资质审核,实现所有高校的同等"国民待遇";实行推荐免试模式中的直攻博、硕博连读、提前攻博三种具体形态的分步退出机制,先实行高校并不太关注的直攻博退出机制,进而再实行规模较小的硕博连读退出机制,最后将提前攻博也从现有博士生招生模式中予以取消。三是将服务国家特殊需求模式与申请审核模式有机融合。服务国家特殊需求模式结合国家人才培养的特殊需要,在招生对象上按照培养需要选定某一类特殊群体,比如少数民族地区的考生、军队专业技术人才等,但在考察内容、招生录取环节、程序等其他制度设计上,可以完全采用申请审核模式的制度内容,保证同一所高校在博士生招生制度中申请审核模式与服务国家特殊需求模式在制度层面尽量统一,形成有机统一体,进而打造具有中国特色和中国优势的高校博士生招生制度。

参考文献

[1] 国务院学位委员会办公室,教育部研究生工作办公室. 学位与研究生教育文件选编 [M]. 北京：高等教育出版社, 1999：157-158.

[2] 国务院学位委员会办公室,教育部研究生工作办公室. 学位与研究生教育文件选编 [M]. 北京：高等教育出版社, 1999：194-195.

[3] 国务院学位委员会办公室,教育部研究生工作办公室. 学位与研究生教育文件选编 [M]. 北京：高等教育出版社, 1999：43-47.

[4] 教育部 国家发展改革委 财政部. 关于深化研究生教育改革的意见 [EB/OL]. http://old.moe.gov.cn/publicfiles/business/htmlfiles/moe/A22_zcwj/201307/154118.html

[5] 约翰·S. 布鲁贝克. 高等教育哲学 [M]. 王承绪,等,译. 杭州：浙江教育出版社,2002：13-18.

[6] 伯顿·克拉克. 探究的场所——现代大学的科研和研究生教育 [M]. 王承绪,译. 杭州：浙江教育出版社, 2001：1.

[7] Oswald F L, Schmitt N, Kim B H, et al. Developing a biodata measure and situational judgment inventory as predictors of college student performance [J]. Journal of applied psychology, 2004, 89 (2): 187.

优秀生源靠"选"还是"育"

于 航

（哈尔滨工业大学，哈尔滨 150001）

摘 要：研究生教育肩负着高层次人才培养和创新创造的重要使命，是国家发展、社会进步的重要基石。优秀的博士生源就是高层次人才的基石，为了留住优秀的博士生源往往靠政策吸引，但更应该靠学生自身的能力和兴趣驱使，而增强学生科研能力与兴趣靠的是有目的、有体系、有计划的培养训练。因此"育人"应在"选人"之前，从研究生培养的角度思考招生问题，首先应建立有效的创新人才培养体系，训练学生创新型思维，培养科研技能，再从中发掘具有科学家潜能的人才，育人在先，选人在后，育为选之基，选为育之菁。

关键词：生源选拔；创新人才培养；一贯式教育

作者简介：于航，1982 年生，女，博士，主要研究方向为研究生教育研究，邮箱为 yuhang1101@hit.edu.cn。

基金项目：本文获黑龙江省教育厅高等教育教学改革研究项目资助，项目编号：SJGY20190237。

一、研究生教育的发展

我国从招收第一批 242 名研究生开始，进入了研究生教育的新时期，70 年间经历了困境、停滞到新发展几个阶段。1978 年重新恢复招生时，研究生学制采用二、三、四年制并行的模式，二年制的研究生主要完成课程学习任务，同时进行一定的科学研究能力训练；三年制的研究生，既要完成课程学习任务，又要完成毕业论文；四年制的研究生，根据国家需要和学校条件，从二年制毕业的研究生中择优选拔，再配以两年，着重进行科学研究和写论文的工作，当时硕士生与博士生的分层培养概念尚未成形[1]。1980 年《中华人民共和国学位条例》正式颁布，明确规定了我国学士、硕士、博士的三级学位制度及其学术标准，正式开始了硕士、博士的学位授予工作，1981 年授予了第一个硕士学位。当时研究生教育的主要目的是为高等学校或科研机构培养高水平的教职人员与科研人员，在很长一段时间我国的硕士研究生充当了科学研究的主力军。我国的研究生教育从不区分学位教育，到确定三级的学位制度，其目的和内涵随着社会的发展和需要，已经发生了重大的变化。从 1991 年招收第一批工商管理硕士开始，我国正式开始了专业学位研究生教育，1992 年国务院学位委员会通过了《关于按专业授予专业学位证书的建议》，学位授予被正式划分为按照学科门类授予学位的学术学位和按照专业类别授予学位的专业学位[2]。研究生培养开始实施分类培养，是适应我国经济、社会发展需要的重大举措。

2020 年 7 月 29 日，习近平总书记对研究生教育工作作出重要指示，习近平强调，研究生教育在培养创新人才、提高创新能力、服务经济社会发展、推进国家治理体系和治理能力现代化方面具有重要作用。李克强总理指出，研究生教育肩负着高层次人才培养和创新创造的重要使命，是国家发展、社会进步的重要基石。深化研究生培养模式改革，进一步优化考试招生制度、学科课程设置，促进科教融合和产教融合，加强国际合作，着力增强研究生实践能力、创新能力，为建设社会主义现代化强国提供更坚实的人才支撑[3]。研究生教育必须承担起国家重托，高校的研究生教育应站在为国家培养高端人才的角度去思考如何"选人""育人"。现阶段研究生招生选拔的思路是如何从硕士研究生中选拔出适合的博士研究生，如果从研究生培养的角度去思考招生问题，该问题就转化为"如何将硕士研究生培养成为合适的博士候选人"。笔者认为，应首先建立有效的创新人才培养体系，训练学生创新型思维，培养科研技能，再从中发掘具有科学家潜能的人才，育人在先，选人在后，育为选之基，选为育之菁。

二、政策吸引生源的弊端

我国的三级学位制度决定了硕士学位不是一个完结学位，而是在学士和博士学位之间进阶的过渡性学位，它的非完结性决定了硕士研究生教育包含2个目标：升学和就业。据统计，硕士毕业生选择继续攻读博士学位的不足10%[4]。也就是说，博士生源来自硕士研究生的仅有10%，因此博士生招生通常围绕着如何选出、留下这10%做努力，通过本科直博、硕博连读、提前攻博等政策优势，将博士生招生的节点前移，希望能选出并留下优质的生源。是否继续攻读博士，应该靠能力与兴趣，如果单纯靠政策吸引，会形成"夹生饭"。

（一）硕博连读方式

针对2年制培养的硕士生来说，在硕士生入学约2个月后即开始进行硕博连读的申请，学生在最初约2个月的时间里，一边要熟悉学校，熟悉研究生的学习和科研工作，一边要思考到底要不要申请硕博连读。由于开始硕士基础课程和专业课程的学习，大多数学生还没有深入到导师的课题研究过程中，硕博连读生的选拔也仅能依靠学生本科时的成绩和相关的科研或竞赛经历来判断。然而本科教育与研究生教育在培养目标、培养方式等方面的差异，决定了单纯由本科课程成绩所反映出的学生的能力过于单一，与博士生所需要的多元能力并不能十分适配。硕博连读方式的博士生选拔除了具有缩短学制的政策性优势外，对学生培养并没有起到明显的有益作用。

（二）直接攻博方式

直接攻博方式面向本科推免生，以此种方式攻读博士学位的主要有两种类型的学生：一类学生本科课程学习成绩非常优秀，学习能力非常强，可以直接选拔上来攻读博士学位，对学生来说是一条非常理想的学术之路。其优势是，对于其中一部分非常有创新研究潜力的学生，本博连读的方式给了他们连贯的教学与科研培养，可以从本科期间跟着导师进入课题组进行科研实验，尽早掌握科研技能，进入创新研究的领域，他们中成绩卓著者不在少数，这些学生是真正具有科学能力的科研工作者。其劣势是，其中一部分学生，虽然学习成绩好，但并不适合进行创造性的科学研究工作，加之本科期间并没有接受过科学研究训练，在论文撰写、实验设计等方面没有接受相应的培训，导致攻读博士的过程非常艰难，而这些一贯学习非常出色的学生很容易在心理上产生对自己的否定，一部分学生及早意识到自己的兴趣、能力不在攻读博士学位上，及早改变方向，转为攻读硕士学位，也算是非常理智的做法，但还是有少数学生在读博的路上艰难地坚持着，长时间没有成果，导致读博的机会成本越来越大，如果最终不能获得博士学位则只有学士学位，而且年龄早已高过了同届的毕业生，这对学生来说是非常大的损失。

三、创新研究生教育机制

（一）创新人才培养模式，细化分类培养

高校作为教育的"供给侧"，应遵循研究生成长成才规律，"以学生为中心"，以培养学生能力、助力学生未来发展、发掘有潜力的科研力量为目标。因此，研究生教育应兼容并包，专门知识、行业经历、创新意识、发现问题、解决问题、了解科研项目申报的基本流程等。在课程体系设置、实验技能培训、科研思维培养等方面，形成系统的、可移植的培养模块，满足学生所需的教育内容。以机制创新为驱动，突破学院、学科界限，构筑创新人才的培养特区，通过优中选优、个性化订制、高端课程、科研实训、社会实践、国际交流等方式，培养一专多能、功夫独到、素质全面的新时代创新人才。

建立面向培养"学术领袖、工程大师、社会精英"的分类培养体系。将研究生教育资源从导师队伍、学术平台、课程资源、实践渠道等进行多维度优化组合，打造成科学理论创新、工程实践创新、人文思维创新等人才培养板块。为研究生培养提供模块化的培训项目，包括高端课堂、科研实训、行业企业实习、国际交流项目及其他与龙头企业、事业单位、国内外著名大学等联合开设的特色项目。

针对学生未来发展的不同需求，定制个性化培训模块：学术导向，进入创新研究流程，针对科研能力的培养，提供学生参与大项目的机会，从申请书的撰写，查阅参考资料的指导，数据库、分析工具的应用等，到科研报告的写作，包括预算的制订等。职业导向，进入职业打造流程，要思考用2~3年的时间给学生怎样的培训，怎样让他们比本科毕业即工作2~3年的同辈们更有优势。这2~3年，不能让他们落下从业经验，同时在专门知识上更先进、更扎实、更专、更深。这2~3年是学生在能力上的提高和职业发展上的差别形成的关键时期，所以课程中应强化专业实践所需的高级知识与技能，培养对实践领域的理解能力，重视知识和技能的运用，通过独立研究、实践训练进行结构化的学习[5]。

在育人阶段，提供给学生充分的选择空间，配备资源，挖掘潜能，为选人培养足够的优质生源。

（二）创新人才选拔模式，不区分学位层次

改变招生录取方式，以人才培养驱动人才选拔，在录取阶段不区分硕士或博士，本科毕业为起点，通过一段时间学校的教学、科研、实践的训练，由学生根据自身的兴趣和能力，选择以硕士学位或以博士学位结束学生生涯。当然，为了获得不同层次的学位，需要完成的课程学习、达到的实验能力、论文撰写的高度和深度等均有着比较显著的差异，这些要求可以在培养阶段通过不同的结构组合来实现，力求达到宽口径招收、培养过程中分流的形态，避免学生盲目地选择未来发展方向。

四、总结

研究生教育的核心是选人育人。而第一步"选人"过程应从对学生学习能力和科研潜力的考察入手，以培养学生成长成才为目标，从"育人"的角度思考如何"选人"，以研究生培养驱动研究生招生则更为有的放矢。高校作为教育的"供给侧"，应充分思考所能提供的教育质量及其与经济社会发展、学生个人发展的适应性，以教育培养人、塑造人，以学生能力和兴趣驱动其未来发展。育人在先，选人在后，育为选之基，选为育之菁。

参考文献

[1] 王战军，周文辉，李明磊，等. 中国研究生教育70年［M］. 北京：中国科学技术出版社，2019：37.
[2] 王战军，周文辉，李明磊，等. 中国研究生教育70年［M］. 北京：中国科学技术出版社，2019：75-76.
[3] http://news.china.com.cn/2020-07/29/content_76326219.htm
[4] 高耀，刘晓，易艳霞. 中国硕士毕业生就业状况——基于2014届75所教育部直属高校的量化分析［J］. 研究生教育研究，2016（3）：12-19.
[5] 汪霞. 研究生课程层次性的改革：分性、分层、分类［J］. 苏州大学学报，2019（4）：55-63.

工科博士研究生分类选拔在申请-考核制招生中的实现路径研究

李 洁　刘　猛　杨玉华

（四川大学研究生院，成都 610065）

摘　要：申请-考核制招生是我国近年来研究生招生改革的重要举措之一。针对我国申请-考核制招生的现状和问题，结合工科学术型和应用型人才的特点，提出了按培养目标和学习方式进行工科博士研究生分类选拔的方式，以及在申请-考核制招生模式下的具体实施方法。

关键词：博士研究生；工科；申请-考核制；分类选拔

第一作者简介：李洁，1984年生，女，助理研究员，主要从事研究生招生工作管理研究，邮箱为305425600@qq.com。

基金项目：四川大学研究生教育教学改革研究项目（YJSJG022）；四川省2018—2020年高等教育人才培养质量和教学改革项目（JG2018-79）。

我国博士研究生招生实行的是各个高校和科研机构自主招生的方式，主要有"考试招生"和"申请-考核制招生"两种模式。传统的考试招生为选拔高层次人才发挥了重要作用，但无法充分体现考生的培养潜质和能力（赵红军，2015），随着经济社会的发展，逐渐不适应和无法满足高层次创新人才选拔的需求（王任模，2017）。近年来申请-考核制招生已成为各高校博士研究生招生改革的共同方向。

申请-考核制招生是指在一定的条件和程序下，按本人申请、专家推荐、材料审查、招生单位和专家组考核、择优录取的人才选拔与评价方式（王顶明，2019）。一方面，申请-考核制采用综合考核的形式，更加全面地考察申请者的个人经历、学术能力和培养潜力等综合素质，将博士研究生的选拔标准从考试分数本位转变为能力本位。另一方面，招生单位可根据学科需求设计多样的综合考核办法，充分发挥专家的学术判断作用，提高人才选拔的科学性和有效性，同时保证社会公平。

一、我国博士研究生申请-考核制招生的现状

我国博士研究生申请-考核制萌芽于2003年北京大学的探索，始于2007年北京大学和复旦大学的试点[1]。2013年，教育部、国家发改委和财政部联合发布的《关于深化研究生教育改革的意见》推动了申请-考核制从个别探索快速扩散到"双一流"高校，成为博士研究生考试招生的改革方向。随着申请-考核制的不断扩散，部分高校开始全面实施该政策，完全取代考试招生。重庆大学和大连理工大学是最早全面实施申请-考核制的"双一流"高校[2]。截至2020年，137所"双一流"建设高校中全面实行申请-考核制招生的有53所，占该类院校的38.7%；实行申请-考核制招生和学校统一考试招生双轨并行的有75所，占该类院校的54.7%；其余9所"双一流"高校仍采用学校统一考试招生，占该类院校的6.6%。

申请-考核制招生在各高校的具体实施情况中呈现出复杂多样的形式，主要集中在面向的目标群体限定不一、选拔标准和程序的多样性、录取成绩组成不一等方面。申请-考核制的实施，提高了各高校招收的博士研究生与培养目标的匹配度，有利于发挥学科特色和优势，提高了选拔质量和效率，也更好

地发挥了研究生导师在招生中的自主权[3]。但各高校申请－考核制改革试点中也暴露出具体实践中存在的一些问题：申请资格与条件要求存在不良导向，有些院校过于看重申请者的毕业院校级别、学科排名或科研成果，而已有的研究证实研究生入学前的科研经历、考试成绩、毕业院校等与其日后的科研生产力的关联并不显著[4]；在评价程序上，有些仅仅将初试和复试放在一起进行，评价方式并未改变；在评价规范性上，有些仅对报考资格进行形式审查，而对专家推荐信和博士研修计划很少顾及[5]。

关于申请－考核制产生以上弊端的原因，我们认为，一是我国博士研究生招生的对象是复杂多元的：按学习方式分为全日制和非全日制，按学位类型分为学术学位和专业学位，按学历层次分为硕士毕业研究生和硕士同等学力研究生，按学位取得归属地分为国内和国外（境外），按考生来源分为应届生和往届生，按就业形式分为定向就业和非定向就业，按计划类型分为专项计划和非专项计划。以上7种类型不是单一存在的，而是以复杂的形式交叉组合的。招生对象的复杂多样性，对各高校申请－考核制制度设计带来了巨大的挑战。二是学科的多样性，各学科博士研究生培养目标和定位在很大程度上影响了博士研究生选拔的标准。

综上，目前我国申请－考核制仍处于高校自主探索阶段，具体申请流程和考核方式还需政府指导性的意见。如何保证申请－考核制的科学性、公平性、有效性是各高校亟待解决的重要问题。以下针对博士研究生招生对象的多样性，我们运用分类选拔的方式，就如何做好工科博士研究生申请－考核制招生进行探索。

二、工科博士研究生的分类选拔方式

工科区别于其他学科的最大特点是有学术型和应用型两种人才培养模式。当前，工科博士培养模式已由以学术型人才培养为主向以应用型为导向变迁，进入了以政府、企业、高校多主体参与培养的发展阶段[6]。工科博士研究生培养应主动迎接经济社会快速发展对"新工科"的需求转变，服务于国家重大需求、面向未来的核心技术、面向地方经济社会转型发展需要。新时代工科博士研究生的选拔也应随着工科博士研究生培养模式和培养目标的转变做相应调整。

（一）按培养目标分类选拔

工科博士研究生按培养目标分为学术型和专业型（工程博士）。两者不仅是学位类型的不同，最主要是培养目标的差异。学术型博士研究生是在现有的理论研究和应用研究的基础上，侧重不断创新，主要培养面向科技前沿和工科学科发展的研究型人才；专业型博士研究生是在现有的理论研究和应用研究的基础上，侧重不断实践突破出新的研究方法，主要培养面向工业重大需求的应用型人才。两类博士研究生选拔在考察知识面上应有所不同：学术型应主要考察是否掌握本学科坚实的基础理论和系统的专业知识，创新精神、创新能力和从事科学研究、教学、管理等工作能力；专业型应主要考察解决实际问题的能力、承担专业技术或管理工作的能力和职业素养等。但两种类型都是建立在共同的学科基础上的，在对基本理论和基础知识的要求上，两者应该是相同的，故在选拔过程中应保留共性的评价标准。

（二）按学习形式分类选拔

工科博士研究生按学习形式分为全日制和非全日制。两者是指学习时间上的分类，前者是指学生在国家规定的修业年限内，全天候在学校学习或大部分时间从事学习的一种形式。后者是指在学习期间仍在原工作岗位承担一定工作任务，以在职不脱产方式学习。全日制和非全日制学习形式不同，个别专业甚至学制也不同，因此培养方式也有所差异。在校学习时间的长短、能不能脱产学习成为多数高校选拔博士研究生的条件之一，部分高校全日制只面向非定向就业的人员，而定向就业的考生不管是否脱产只能选择报考非全日制。

三、通过申请－考核制如何实现工科博士研究生的分类招生

（一）从报名条件上按类型进行区分

清华大学工程博士招生简章规定，报考工程博士者必须具有五年以上工作经历，并主持或者作为主要骨干参与过重要工程项目。浙江大学工程博士只招收来自企业的全职人员，除需担任高级技术管理职务外，还需来自承担国家科技重大专项的单位或本人目前正参与的国家重大科技项目。上海交通大学规定报考全日制工程博士者外语水平需达到全国大学英语考试六级或新 TOEFL、IELTS 规定分数或参加全英文授课学位项目并获得学位，报考非全日制工程博士需有主持承担过重大工程技术研究项目的经历和工作 3 年以上。

在一项影响博士研究生毕业因素的研究中，在职考生专注于博士研究的程度较低，由于年龄及来自家庭、经济、自身学习节奏等方面的压力较大，造成多数在职博士超期毕业[7]。在教育部学位论文抽查不合格论文中，在职考生占不小的比重。因此，为保证培养质量，高校在选拔博士研究生的时候将考生能否保证学习和科研时间作为基本条件，部分高校全日制不招定向生，部分高校则要求全日制定向生必须考生本人和单位确保能全脱产学习。

（二）在选拔程序上弱化考试环节

虽然有部分研究建议申请－考核制招生，尤其针对非硕博连读和直博考生，仍保留并加强笔试环节的考察[8]，但这并不适用于工科博士研究生的选拔。工科学生在应试能力上的表现相对较弱，这点不难从近五年全国研究生入学考试国家最高分数线（图1）中看出。因此，我们建议在工科博士研究生申请－考核制招生中弱化考试环节，或降低考试成绩所占录取总成绩的权重，加大对科研能力和培养潜质的考察。

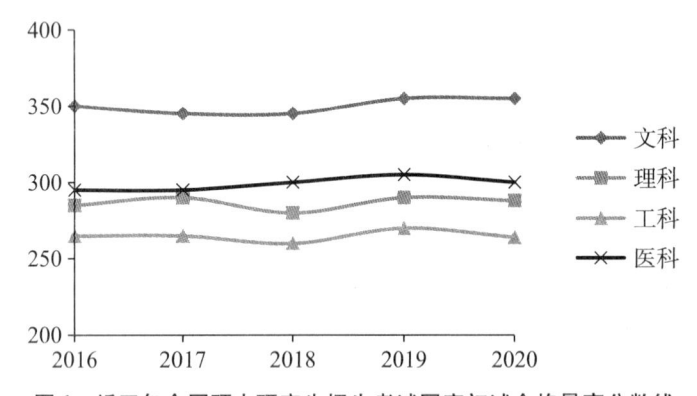

图 1　近五年全国硕士研究生招生考试国家初试合格最高分数线

同时，也可借鉴国外研究生申请－考核制招生中的考试方式（如美国的 GRE 考试），结合国内 GCT 考试的经验，由国家或社会第三方权威机构统一组织博士入学综合能力考试，考试成绩设置合理的有效期。招生单位根据综合能力考试成绩和专家考核成绩进行录取，不另行组织考试。

（三）在考核标准上设置不同的指标体系

根据学术型和专业型博士培养目标的不同，在考核标准上除对基本素养的要求外，还应设置不同的指标体系（见表1）。学术型博士培养以课程学习和科学研究为主，选拔应突出申请者的学习背景和科研能力；专业型博士培养强调产学研结合、侧重职业实践能力，选拔应突出申请者的工程背景和解决工程问题的实践能力。比如在材料评议环节加大学术型博士研究生的硕士学习成绩、论文、专利和获奖等

科研成果的权重，而针对专业型博士研究生则应侧重承担或参与科研项目经历以及成果转化情况。外语水平考核在分类选拔中也应各有侧重，学术型面临着将来的研究成果公布问题，除已取得的外语考试成绩外，应加强对语法、阅读、翻译和写作能力的考察，而专业型对口语、阅读能力要求高一些。在培养潜质上，学术型主要考察解决科学问题的能力，专业型主要考察解决工程问题的能力。在评审专家选择上，建议聘请企业专家和校内专家共同参与专业型博士研究生的选拔。

表1 申请－考核制综合考核指标体系

	学术型	专业型
学习成绩	权重大	权重小
外语能力	语法、阅读、翻译和写作	口语、阅读
科研能力	论文、专利、科研获奖	承担或参与的科研项目、成果转化情况
培养潜质	解决科学问题的能力	解决工程问题的能力，引入企业专家参与选拔

四、完善工科博士研究生申请－考核制招生配套保障制度

为做好工科博士研究生分类招生，推动工科转型成功，还需优化和完善内部和外部环境，建立相关配套制度。比如建立分类招生、分类培养、分类授位的贯通式工科博士研究生培养体系，以满足高端人才的多元化需求；明确招收工程博士的导师条件；建立高校与企业相结合的"双导师"制度，明确校内外导师的权责；拓宽市场参与工科博士研究生培养渠道，推进高校和企业的联合培养等。

另一方面，工科招生单位应合理利用自身优势，鼓励招收跨学科博士研究生。各招生单位在做强传统工科博士研究生教育的同时，鼓励招收具有跨学科或多学科背景的博士研究生，通过培养"互联网＋""信息＋""医学＋""智能＋"等交叉复合型博士研究生，不断突破工科学科边界，形成新兴工程学科或领域。

参考文献

[1] 郑若玲，万圆. 我国博士生招生制度的改革与完善 [J]. 中国高等教育，2014 (18)：20－22.
[2] 周文辉，贺随波. 博士生招生"申请－考核"制在我国"双一流"建设高校中扩散的制度分析 [J]. 中国高教研究，2019 (1)：72－85.
[3] 宋朝阳. 博士生招生实施"申请－考核"制的几点思考——以武汉大学为例 [J]. 学位与研究生教育，2017 (3)：10－14.
[4] 王海迪. 院校出身、科研能力与学术激情——申请考核生与普通招考生的比较研究 [J]. 教育发展研究，2018，38 (9)：43－49.
[5] 王顶明. 博士生招生"申请－考核"制的现状、问题与建议 [J]. 中国研究生，2019 (4)：52－55.
[6] 扬阮，王苟他. 我国工学博士培养模式的变迁——基于历史制度主义的分析 [J]. 研究生教育研究，2020 (3)：8－13.
[7] 高明生，黄天凤，周天，等. 影响博士研究生毕业因素及对策 [J]. 中国冶金教育，2020 (3)：105－108.
[8] 姚彩云，张宇，刘洪韬. 探索选拔具有培养潜质的博士考生方法的实证研究 [J]. 学位与研究生教育，2018 (10)：48－52.

信息技术在研究生复试录取中的探索与应用
——以四川大学为例

易宗锐　刘　猛　杨玉华

（四川大学研究生院，成都 610065）

摘　要：研究生教育是国之大计，研究生复试是国家高水平人才选拔中极为重要的一环，社会关注度多年来有增无减，关系无数家庭和个人切身利益。在互联网新时代，在保证公平公正公开的基础上，如能充分利用新技术新理念，规范工作流程，统一操作标准，丰富研究生选拔方式，增加复试工作灵活度，将会大幅节约社会资源，提高工作效率[1]。同时，四川大学结合往年经验及其他要求，探索出一套社会认可度高，可执行度好的网络远程复试方案，并进行相关应用。

关键词：网络远程面试；研究生复试；信息安全；智能应答

第一作者简介：易宗锐，1986年生，男，主要从事研究招生、高教管理，数据库系统与信息化等相关工作与研究，邮箱为 yizongrui@scu.edu.cn。

基金项目：四川大学社科研究项目（skbm201905）；四川省2018—2020年高等教育人才培养质量和教学改革项目（JG2018-79）。

近年来，研究生报考人数伴随着社会高速发展而急剧增长，社会关注度逐年升高，人们对研究生考试招生的安全性、公平性、科学性等尤为关心。在最近几年研究生考试招生中，少数事件因涉及考生利益而广受关注。这也体现出社会对研究生考试招生寄予极高期望，对各项工作失误容忍度极低。通过对相关案例深入分析，可知多数情况均可通过一定手段有效规避，切实做到维护考生利益，保证招考公平。信息技术融入研究生考试招生，可显著强化过程管理与监督作用，规范管理流程，统一标准，引入交叉校验，提高工作效率，改善服务质量。

2020年新冠疫情突如其来，在信息技术高度发达的今天，网络远程复试成为研究生复试的首选方案。四川大学在尚无参考方案的条件下，探索新型研究生复试方案，为今后人才选拔增加了一种可执行性强的新方案。

一、搭上人工智能，提供精准高效咨询服务

随着信息技术飞速发展，为满足日益增长的咨询服务，国内外先后出现诸多在线咨询相关系统。在人工智能技术日益成熟的同时，在线咨询服务由最初的人工值守平台逐步转变为半自动或者自动的智能系统。同时，在移动互联网基础上，又诞生出苹果 SIRI、微软 CORTANA、华为语音助手、百度语音助手等一系列机器人，通过学习大量日常生活用语，用来回答一些日常问题或协助完成一些简单任务。但在专业性极强的一些领域，上述产品尚无法提供相关服务[2]。

研究生考生数量巨大，咨询业务具有专业性强、周期性强、峰值高等特性，传统人工服务远远不能满足社会需求。以四川大学为例，研究生招生咨询服务设有专门咨询台、邮箱、微信、各学科分管专人、学院研究生秘书等众多咨询服务人员或方式，但在报考阶段、成绩公布前后、分数线发布前后、复试前后、公示阶段，上述咨询服务相较于考生真实需求仍是杯水车薪。特别是在新冠疫情下，各种不确定性促使考生产生大量焦虑情绪，一些考生心声不能得到有效反馈，产生了更多的负面情绪，严重影响考生备考。同时，学校在探索制订具体实施方案时，往往需要满足绝大多数人员需求，方可得到公众

认可。

在迫切需求之下，四川大学研究生院率先利用人工智能新技术，搭建研究生招生智能应答系统，有机整合到四川大学研究生招生信息网及微信公众号。其核心包括问题采集与分析、知识训练、知识库管理、自动应答、应答评估、结果修正、未识别或不满意应答反馈等部分，上述部分有机衔接，成为一个闭环系统。经统计，四川大学2020年研究生复试期间，智能应答机器人共为9.43万名各类考生及家长提供17.28万次咨询服务，平均响应时间31秒，人均咨询时长1分36秒，回复满意率超过85%。在大幅度提高服务质量与社会满意度的同时，还利用大量数据分析，获取考生关切问题并加以整理，通过网站及微信公众号发布热门问题集中解答专题，进一步减少考生疑虑，使之全身心投入到备考中。更为重要的是，智能应答平台提供的分析，为复试录取工作实施方案提供了宝贵参考意见。

二、依靠互联网，探索远程复试技术方案

网络远程面试本身已经较为成熟，但研究生复试属于国家法律规定的国家级考试，整个过程必须符合国家级考试相关要求，首先要做到保密、安全，其次必须符合国家相关规定，保证公平公正，并具有较高的可接受程度。为满足各项要求，四川大学经过充分论证，考虑实际情况，采用不同型号设施设备，模拟演练，设计出一套可行性较好的网络远程复试方案，拓扑结构如图1所示：

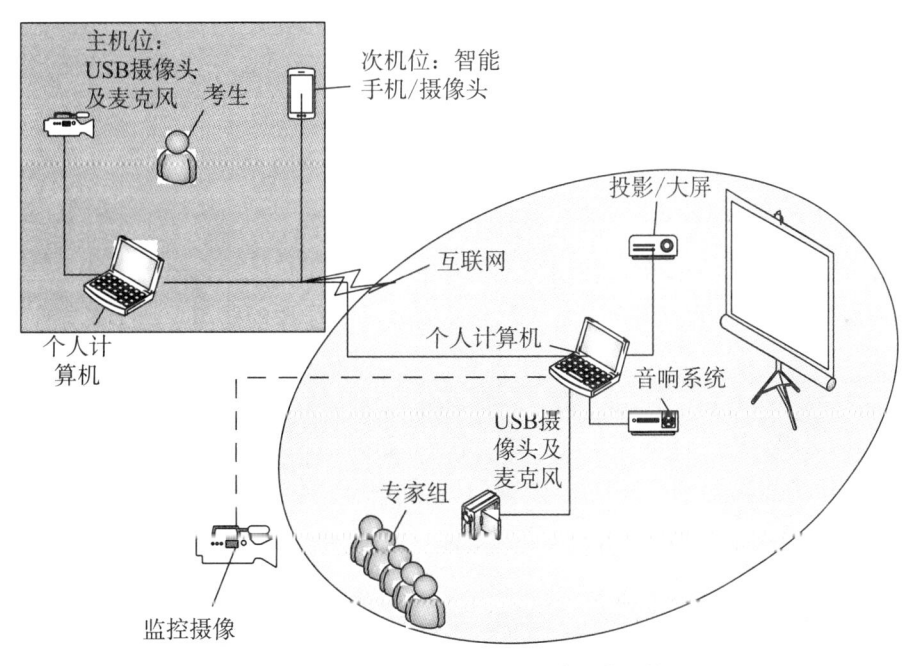

图1 四川大学网络远程复试方案拓扑结构图

考生端，考生端需在固定答辩场所正前方设置主机位摄像头及麦克风，用于复试专家采集视频、音频信号，通过计算机特定程序查看专家头像音视频信号；同时在后方45度角位置摆放次机位摄像装置，并要求具有拾音功能，实现答辩场所无死角。主机位、次机位信号同步上传至答辩现场。

专家端，为避免专家分布于各地，造成保密难、声像传播不稳定、突发情况难把握以及考生的其他担心，要求答辩专家组必须在同一指定场所进行复试工作。为达到亲临现场的答辩效果，减少噪音干扰、串音、网络带宽占用量大等不良影响，不断反复测试后，最终确定专家端使用独立全向麦克风采集声音信号、考生视频信号投影至大屏供专家实时查看、音频信号经独立音响设备输出的统一技术方案。

监控端，为保证全程可追溯，在专家端后方摆放全方位录音录像设备，可对专家、大屏中考生、现场交流情况等全部录音录像留存备查。同时答辩秘书还可接入考生次机位摄像头，专门监督考生行为举止。

经过内部大量研讨、演练和不断完善后，于四川大学研究生院搭建数种不同规格的样板间供全校参考，并选出稳定性高、经济性好、大众品牌的软硬件推荐方案，发布详细技术手册，供考生提前准备。

三、多措并举，坚守安全，力保公平科学选才

认真贯彻国家相关政策，落实各项文件相关规定，是保障安全、公平、科学选拔高水平人才的第一步。

（一）信息技术全渗透，多维度保安全

得益于网络远程复试平台，避免了9000余名分布于国内外的四川大学考生人员流动，有力保障了考生及学校师生生命安全，同时减轻了国家抗疫工作压力。

规范题库建设，压实责任，确保试题安全。按规定，复试考试内容与初试自命题按相同标准管理。四川大学发布了自命题管理相应工作管理办法，并建设符合保密规定的集中命题场所。在考察项目中，明确要求采用结构化考核[3]，并对相关模块进行反复核验。通过各项规范及软硬件体系，保障试题安全。

智能防范，保障信息安全。考生信息安全以及相关信息系统安全对整个复试至关重要，四川大学研究生院通过数字证书、分角色授权等方式，尽可能缩小信息知悉范围，减少信息泄露风险。在信息系统端，除对敏感数据差异化多重加密、定期备份、定期检查以外，还安装第三方专业安防软件，同时自主研发相关安防模块，动态监测危险行为并加以阻拦，研究生复试期间，日均拦截危险行为达922次。面对各类不确定危险行为，在多重防护手段下，实现了研究生招生信息安全零事故。

（二）抓好细节，严防违纪、作弊

考试过程中违纪、作弊情况多发生在考试对人影响大、竞争强且威慑力度不够或有漏洞可钻的考试中[4]。根据这一特点，四川大学在研究生复试中，采用如下手段提前防范：一方面严明纪律，强调复试属于国考，作弊可入刑；另一方面通过人脸识别技术，实现实时人脸、考前确认照片、公安部户籍图像三比对；此外，在复试过程中，采用双机位无死角录音录像，并在开始前用摄像头环绕复试场所进行检查。同时结合提问表现、网上巡查等方式，对复试过程进行监督。通过上述举措，对有侥幸心理的组织或个人形成了有力的威慑，在首次全面网络远程复试过程中，未发生任何违纪案例。

（三）多重随机，人机互查，力保公平公开

针对复试环节，四川大学研究生院结合各学科多种复杂需求，自主研发随机抽签分组程序以及随机答题选取程序。在考前，根据需要实现多样化考生随机分组；复试当天开始前，复试专家根据结构化面试规则等，实现随机分组；在候场规则宣读完毕即将启动前，各组考生复试次序随机生成；在复试过程中，在考生口令下秘书随机抽选考题，并确保随机数不重复出现。通过上述相关随机举措，保证了每位考生均享有同等机会，每个环节录音录像并向考生实时展示，操作日志留存备查，得到考生及社会的认可，有力保证公平公正。

对复试结果，四川大学研究生院开发复试管理系统，对复试成绩、计算规则、计算结果、考生信息等多重交叉校验，有效避免成绩张冠李戴或错算漏算等。通过系统校验的复试结果由系统产生规范化公示信息，精准公开，主动接受社会监督。

（四）洞察舆情，科学引导

复试录取期间，通过计算机爬虫监控主流媒体舆情信息，设置合理预警机制，及时掌握与复试相关各种声音。结合相关工作预案，做好随时解释疑问的准备，并针对热点关切问题，采用主动推送相关信

息等方式，发挥积极正面引导的作用。

四、跟随技术潮流，探寻研招信息化新方向

为适应国家战略需求，研究生人才选拔要求在不断变化。同时，信息技术伴随科技进步飞速发展，其发展目标始终为提供更优质服务和优化用户体验。因此，研究生招生作为国家最尖端人才的选拔环节，也需不断吸收新技术，跟随新潮流，以期实现一流的服务与高效科学的管理。

紧跟潮流，深化信息化，是社会最基本预期。因考生人数急剧增加，在数字化智能化的时代，传统服务模式已经无法满足基本需求。在日常管理工作中，通过数字化在线系统提供各项服务，已成为广泛共识。随着移动互联网、网络新媒体的应用深入人心，四川大学研究生招生相关工作不断探寻新思路，不停利用新技术新媒体，创新实干，为考生提供大量便捷服务。通过不断自主研发，完成一体化研究生招生信息平台建设，日均访问量达5万余次，"四川大学研招办"微信公众号关注人数超过11万，已成为广大考生了解相关动态的重要窗口。

研究生教育是国之大计，也是民生基本，信息化既是高效管理利器，也是瑕疵管控良药，更是科学招生之根本。研究生招生过程繁杂，周期长，保密性强，标准高，要求严，社会对一般错误零容忍。四川大学研究生院通过不断总结工作经验，自主打造数字化招生办公平台，持续优化服务流程，在保障全方位安全平稳的基础上，大幅提高各项工作效率；同时对潜在风险或瑕疵进行预警，切实做到了精细化管理。为更好地服务国家高水平人才队伍建设，服务学校"双一流"发展战略，四川大学研究生院着眼国家需求，结合校情，通过大数据分析，为学校优化学科建设、调整招生结构、核算动态指标等提供了重要数据支撑。拥抱新技术，紧跟新潮流，也为研究生招生信息化建设探寻了一个新的方向。

五、结论

为做好研究生复试录取工作，四川大学研究生院充分发挥主观能动性，立足考生，广泛调研，利用信息技术专长，积极探索，自主创新，先后推出了智能应答系统以及网络远程复试系统。因其规范性、标准性、高效性、统一性等特点，在研究生网络远程复试中发挥重要作用，大幅节约社会资源，得到社会广泛认可，也为今后高水平人才选拔提供了一种新的参考。

全国研究生教育工作会上，习总书记对研究生教育作出重要指示，明确党和国家的事业发展迫切需要培养造就大批德才兼备的高层次人才，党和国家对研究生教育的重视程度提到全新的高度[5]。在决胜全面建成小康社会、决战脱贫攻坚的关键时期，研究生教育事关重大，唯有瞄准方向，坚定不移，融入发展，方可实现宏伟目标。信息技术已悄然引领社会发展，其本身也是国家未来重点发展战略之一，充分利用信息技术，服务于国家高水平人才培养必然是长久之计。

参考文献

[1] 武照云，张映霞，吴立辉，刘楠皤. 基于Web的网络视频面试系统关键技术研究[J]. 机械管理开发，2013（1）：8-9.
[2] 刘宸，毛琦，李彦，朱晓芒，董文欣. 智能应答系统在高校信息化服务中的应用研究[J]. 中国教育信息化，2019（3）：43-45.
[3] 孙晓敏，薛刚. 国外研究生选拔方式对我国研究生复试的启示[J]. 北京大学教育评论，2012（10）：165-186.
[4] 鲁娟，周琳，崔乔礼. 医科大学生考试作弊心理分析[J]. 临床医学杂志，2011（39）：745-747.
[5] 洪大用. 扎根中国大地加快建设研究生教育强国[J]. 学位与研究生教育，2019（3）：1-7.

人才培养

论研究生教育中导学共同体的构建

彭金玉

（东南大学学习科学中心，南京 210096）

摘 要：导学关系是研究生教育中重要的伦理关系，而导学共同体以民主平等、尊师重教的导学关系为主要特征。本文认为，可以通过合理安排师生比例、完善师生双向互选制度、健全导师管理机制、营造尊师重教的社会氛围以形成和谐的导学关系，构建导学共同体，推动研究生教育更好地"学习和创造知识"。

关键词：研究生；导师；导学关系；导学共同体

作者简介：彭金玉，1997年生，女，硕士研究生，主要从事研究生教育研究，邮箱为220191882@seu.edu.cn。

基金项目：本文系2019年度江苏省研究生教育教学改革重大课题"江苏省域外地高水平大学研究院建设研究"（编号：JGZD_014）的阶段性成果之一。

研究生教育是本科后以研究为主的高层次的专业教育，以学习和创造知识为逻辑起点，专业和研究为重要特征。[1]研究生教育注重培养研究生的研究思维、问题意识，导师通过一种无形的知识对学生思维、态度等产生潜移默化的影响。随着研究生扩招，导师与研究生之间的关系逐渐成为研究热点。导学关系的基本定位是研究生培养过程中以研究生为主体、导师为主导的师生关系，导学共同体的构建对于研究生和导师之间形成和谐的导学关系具有极为重要的意义。[2]

一、研究生教育中导学共同体的特征

共同体是指由社会联系起来的人们的总和。[3]人处于伦理世界的相互关系之中，我们的格局就像把一块石头丢在水面上所发生的一圈圈推出去的波纹，每个人都是他社会影响所推出去的圈子的中心，被圈子的波纹所推及的就发生联系。[4]共同体的本质就是一种联系，每一个人与社会中其他人共同形成单纯的、纯粹的社会联系。在研究生教育中，以研究生自身为主体，与导师、同学、教学管理人员等形成一个伦理共同体。由于高校逐步实行导师负责制，在这个伦理共同体之中，研究生导师不仅是研究生学习、科研上的导师，也是生活、心理上的导师，研究生与导师之间形成的导学关系在研究生的科研生涯中全关重要。简而言之，导学共同体就是研究生导师与研究生联系的综合。理想的导学共同体是导师与研究生之间形成民主平等、教学相长的和谐的导学关系。

（一）民主平等的导学关系

导师和学生之间本质上仍是师生关系，师生关系的一个重要特征便是民主平等。导师和学生都是民主社会中的个体，拥有独立和平等的人格，应当相互尊重和理解。从知的角度而言，"问道有先后，术业有专攻"，导师是先知者，研究生是后知者，导师和学生在知识的世界中是平等的。导师和研究生都是平等的学习者、探究者、发现者，都作为独特的学习客体存在，在相互对话与理解中接纳对方。[5]更何况每一位导师都经历过学生时代，对研究生的所思所想、所感所悟十分清楚。学生的接触面和志向追求可能会因时代而有所不同，但导师和研究生之间民主平等关系的本质不会改变。

（二）教学相长的导学关系

教学相长是导学关系最重要的内涵之一。"学然后知不足，教然后知困。知不足然后能自反也，知困然后能自强也。故曰教学相长也。"教学相长意为教师和学生在教学的过程中互相促进，共同提高，由于导学关系是研究生教育中特殊的师生关系，研究生教育的重要特征之一是研究，所以教学相长发生的主要空间由教学过程转变为科研过程，教学相长也就转变为"导学相长"。导师拥有深厚的科研经验和丰富的研究方法，研究生拥有浓厚的研究兴趣以及充足的时间和精力，并且处于创造力高峰时期，二者以彼之长补己之短，相互促进共同提高。在科研过程中，导师起到统领指挥的作用，研究生在导师的指导下调动主观能动性以及研究兴趣，师生各自发挥优势，为做好科研项目、创造新知识而团结互助、齐心协力。

二、形成和谐的导学关系，构建导学共同体

和谐的导学关系对于导师和研究生都是至关重要的，不仅影响学生学习科研情况，而且对导师的职业效能感也有一定程度的影响。[9]导师和研究生形成良好的师生关系是研究生教育的重要环节，可以通过合理安排研究生师生比例、完善师生双向互选制度、健全研究生导师管理机制以及营造尊师重教的社会氛围等措施实现。

（一）合理安排师生比例

当前研究生教育处于大发展阶段，从 2015 年到 2019 年，我国研究生报考人数从 165 万人增至 290 万人，2020 年报考人数达 341 万人，2020 年研究生招生规模同比去年增加 18.9 万。[10]研究生教育规模的迅速扩张会导致导师与研究生的比例失调、一位导师指导很多位研究生的局面，从而增加导师的育人负担，降低导师与研究生的交流频率，削弱研究生培养效果，对于导师和研究生都有害而无益。因此合理安排师生比例是研究生教育中形成和谐的导学关系、构建导学共同体的首要任务。一项调查研究显示，目前导师所带研究生人数为 7~10 人的所占比例最高为 43.6%，51.3% 的导师希望自己能够带 7~10 人，但 52.1% 的研究生希望导师只带 1~3 人，31.7% 的研究生希望导师带 4~6 人。[11]被导师充分指导的研究生会感到自己是所选学科研究事业的一部分，会更加积极地参与研究，注重研究的进展程度以及成果质量，并对他们在职业生活中形成这种态度起到正向影响作用。[12]所以综合考虑导师和研究生的期望，一位导师带 5 名左右研究生是较为合理的师生比例。

（二）完善师生双向互选制度

研究生和导师双向互选制度体现了两种角色民主平等的观念。研究生与导师在入学前几乎仅有面试考察时的"一面之缘"，仅通过短短二十分钟左右的时间就让导师与研究生进行双向互选较为仓促。研究生在选择导师时更看重个性特征而不是学术水平，导师的个性特征和人格魅力要在长期接触后方能逐步发现。[13]研究生第一学期多以课程学习为主，导师并不会将较多科研任务交给刚入学的学生，因此在研究生入学前或入学时确定导师是没有必要的，可以将师生双向互选推迟至第一学期期末。在第一学期内，导师与研究生可以定期举办学术交流会，加强研究生与导师的沟通、理解，帮助研究生发现感兴趣的研究方向。

（三）健全研究生导师管理机制

健全的研究生导师管理机制是对导师外在的约束，为构建导学共同体提供了制度保障。调查研究显示，导学关系为"良师益友"型的研究生比其他研究生具有更高的学术志趣水平，研究生的学术志趣水平与对导师的满意程度呈正相关。[14]因此，应建立健全研究生导师管理机制，加强研究生导师师德师

风建设，组织导师定期培训活动，提高导师综合素质水平，构建民主平等的导学关系，建立和谐的导学共同体，督促导师和研究生为创造新知识、发现未知研究领域共同努力。如宁夏市明确提出研究生导师具有提升研究生思想政治素质、培养研究生学术创新能力、教导研究生恪守学术道德、保障研究生培养条件、注重对研究生人文关怀、增强研究生社会责任感六个方面的职责。[15]从制度层面规范研究生导师的指导方法及培养模式，形成健全的研究生导师管理机制，构建和谐的导学共同体。

（四）营造尊师重教的社会氛围

"德高为师，学高为范"，当研究生导师的科研水平、学术道德达到一定高度时，社会呈现出尊师重教的整体氛围，更有利于形成和谐的导学关系、构建导学共同体。尊师重教的社会氛围有助于研究生导师负责地培养学生，学生对导师的良好评价有助于创建和谐氛围，二者相互影响相互促进，形成良性循环。因此营造尊师重教的社会氛围利于形成民主平等、教学相长的导学关系，从而构建学术领域中的导学共同体，培养综合素质水平较高的复合型人才。

参考文献

[1] 薛天祥. 研究生教育学 [M]. 桂林：广西师范大学出版社，2001：17，63-64.
[2] 楼成礼，郑庆岚，林玲. 以人为本，重构研究生教育的"导学关系"[J]. 教育发展研究，2004（06）：28-29.
[3] 朱贻庭. 伦理学大辞典 [M]. 上海：上海辞书出版社，2002：263.
[4] 费孝通. 乡土中国 [M]. 北京：生活·读书·新知三联书店，1985：23.
[5] 何作井，李林，周震. 论研究生教育中师生关系的异化与重构 [J]. 外国教育研究，2007（06）：40-43.
[6] 薛二勇. 研究生扩招乃顺势而为的必要之举 [N]. 中国教育报，2020-03-03（2）.
[7] 王海林，卢小慧. 高校导师与研究生导学关系调查研究——以南京地区为例 [J]. 扬州大学学报（高教研究版），2015，19（04）：60-64.
[8] Lyons W, Scroggins D, Rule P B. The mentor in graduate education [J]. Studies in Higher Education, 1990, 15 (3): 277-285.
[9] Cronan-Hillix T, Gensheimer L K, Cronan Hillix W A, Davidson W S. Students' views of mentors in psychology graduate training [J]. Teaching of Psychology, 1986, 13 (3): 123-127.
[10] 刘博涵，赵璞，石智丹，等. 学术型研究生学术志趣的影响因素探讨 [J]. 研究生教育研究，2019（6）：35-41.
[11] 中华人民共和国教育部. 宁夏：健全研究生导师管理机制. [EB/OL]. (2019-03-26) [2020-05-06]. http://www.moe.gov.cn/jyb_xwfb/s5147/201903/t20190326_375259.html.
[12] 王国莱，何工艺，胡卓加，等. 华南地区研究生培养工作的调查报告 [J]. 华南理工大学学报（社会科学版），2000（01）：146-152.
[13] 亚伯拉罕·弗莱克斯纳. 现代大学论——美英德大学研究 [M]. 徐辉，陈晓菲，译. 杭州：浙江教育出版社，2001：241页.

"互联网+"下创新人才培养的探索
——以交通运输工程学科为例

胡晓伟[1]　王　健[1,2]　于　航[2]　王晓宁[1]　曹　阳[3]

(1 哈尔滨工业大学交通科学与工程学院，哈尔滨 150090
2 哈尔滨工业大学研究生院，哈尔滨 150001
3 哈尔滨工业大学图书馆，哈尔滨 150001)

摘　要："互联网+"教育使传统的教学与人才培养模式出现了颠覆式的变革，研究"互联网+"时代创新人才培养的新模式，成为当前教育界发展的重要议题。本文对哈尔滨工业大学交通运输工程学科创新人才培养的探索实践进行经验总结，探索信息化、网络化的方法推进招生选拔、课程方案、科研实验、互动沟通、就业指导等，推进信息技术与交通运输工程研究生教育的融合创新发展，提升研究生的实践创新能力，实现"互联网+"时代交通运输工程学科创新人才教育的可持续发展。

关键词："互联网+"；创新人才；交通运输工程；信息化

第一作者简介：胡晓伟，1984年生，男，工学博士，管理学博士后，副教授，博士生导师，交通工程系主任，主要研究方向为交通运输工程，邮箱为 xiaowei_hu@hit.edu.cn。

资助项目：国家自然科学基金项目（项目编号：71603063）；黑龙江省教育厅高等教育教学改革研究项目（项目编号：SJGY20190230）；中国学位与研究生学会面上课题（项目编号：2017Y0602-095）；哈尔滨工业大学教学发展基金项目（研究生课程思政A类），哈尔滨工业大学教育教学改革专题项目（项目编号：XYZ2020046）。

一、引言

互联网对教育领域产生了极大的影响，"互联网+"教育通过互联网思维，以互联网平台和网络信息技术为支撑，使传统的教学模式出现了颠覆式的变革。不论是对教学方式还是教学理念都产生了巨大的影响，更为重要的是能极大地促进学生的个性发展，这无疑为创新人才的培养提供了有利条件。

2015年5月，习近平总书记致信祝贺国际教育信息化大会开幕，他强调"因应信息技术的发展，推动教育变革和创新，构建网络化、数字化、个性化、终身化的教育体系"，并指出要"积极推动信息技术与教育融合创新发展，共同探索教育可持续发展之路"。2017年10月，党的十九大报告提出建设"交通强国、数字中国、智慧社会"，要"加快一流大学和一流学科建设，实现高等教育内涵式发展"[1]。"互联网+"时代下探索创新人才培养的新模式，成为当前教育界发展的重要议题。

在我国推动创新驱动发展模式下，"互联网+"教育对交通运输工程人才提出了更高要求，特别是大数据、物联网、人工智能的快速发展与应用，迫切需要加快教育融合创新。哈尔滨工业大学交通运输工程学科以信息化、网络化的方法推进招生选拔、课程方案、科研实验、互动沟通、就业指导等，更好地服务于交通运输工程研究生成长和创新发展，提高了研究生的实践创新能力，实现了交通运输工程研究生教育的可持续发展。

二、"互联网+"下交通运输工程学科创新人才培养的实践

2012年以来,哈尔滨工业大学交通运输工程学科依托黑龙江省教育厅课题"交通运输类复合型创新人才培养的探索与实践"、中国学位与研究生学会面上课题"'新工科'下交通运输工程学科大数据管理与分析课程建设"、哈工大研究生教改项目"交通学院硕士研究生招生平台建设方案""交通学科研究生国际化培养的实践与探索""借鉴华盛顿大学研究生培养经验构建工科创新人才培养体系",重点解决了"互联网+"时代下交通运输工程学科研究生招生信息不对称、人才培养与社会需求不适应、创新实践能力与国际一流学科相脱节、研究生个性化学习和发展不足以及教学质量保障制度有待完善的问题,推动了信息技术与交通运输工程研究生教育的融合创新发展,实现了交通运输工程研究生教育的可持续发展。

下面对哈尔滨工业大学交通运输工程学科以信息化、网络化的方法推进招生选拔、课程方案、科研实验、互动沟通、就业指导等的探索和实践进行逐一说明。

(一) 招生选拔

构建"互联网+"下的工科研究生招生宣传共享平台[2],解决了招生信息不对称问题。针对推免生和统考生构建跨校招生选拔宣传平台,通过网络、微信、优秀生源夏令营、现场宣讲和咨询等,把招生现场宣讲传统优势与现代信息技术相结合,减少信息不对称环节,为推免生和统考生提供多种信息获取渠道,为更好地选拔生源提供质量保障。目前我校已连续成功举办4期暑期优秀生源夏令营。

(二) 课程方案

通过互联网技术将研究生培养从现实世界扩展到网络空间,改革交通运输工程学科研究生培养体系,解决了人才培养和社会需求不适应问题。通过采用量化分析、智能分析为特征的大数据、云计算等技术,创新了交通运输工程学科研究生培养的理念、方式、机制。参考国际一流大学交通运输工程学科研究生课程体系的设置,由美国工程院院士、普渡大学教授等组成的国际专家组进行学科评估,进一步完善了交通运输工程学科课程体系。通过大数据和人工智能分析在校和毕业研究生对课程体系的反馈和建议,增设了《交通大数据管理与分析》等课程[3]。

(三) 科研实验

深入多源国际合作交流、高校资源共享,解决了创新实践能力与国际一流学科脱节问题。已与美国华盛顿大学、伊利诺伊大学等39所世界名校建立了学术交流关系,重点建设了HIT-UW国际先进交通技术联合实验室、HIT-UIUC海外学术基地,实现了研究生培养方向与国际一流学科的最新研究同步[4]。已举办了6届"哈尔滨工业大学交通学院国际博士生论坛"[5],促进了哈尔滨工业大学与UIUC、瑞典皇家理工学院等世界名校的交流与合作。促进与国际一流大学华盛顿大学Star-lab实验室的数据共享,开设与国际高水平学者共建研究生课程6门,使研究生的教学、科研、实验、数据共享、国际交流从现实世界扩展到网络空间。

(四) 互动沟通

组织和实施研究生科技创新大赛,积极参加中国(小谷围)"互联网+"交通运输创新创业大赛、哈尔滨工业大学"丁香杯"研究生创业大赛、"北四达设计之星科技大赛"等,促进研究生的个性化发展。通过将实验平台整合、数据共享、前沿跟踪等,促进研究生自我学习意识的培养和创新研究能力的提高。

利用互联网平台和资源共享技术,促进与美国华盛顿大学Star-lab实验室的数据共享、与澳大利亚

昆士兰大学的数据共享和合作研究[6]。如曾获哈尔滨工业大学第一届研究生十佳团队的"交通运输系统管理学科交叉研究生团队",基于从哈尔滨市交通信息中心获取的出租车 GPS 数据,与澳大利亚昆士兰大学通过数据共享和合作研究,探索了城市道路网络交通拥堵的时空分布与演化特征,成果发表在 Information Science(SCI 影响因子 4.038)。

（五）就业指导

建立完善的教学和科研质量保障制度,建成教学团队,出台一系列奖惩规定。通过实施助力青年教师成长系列活动、教育理念与教学方法研究项目(赴明尼苏达大学学习)、博士后国际交流计划派出项目等,保证了研究生教学和科研的可持续性发展。

三、"互联网+"下交通运输工程学科创新人才培养的经验

"互联网+"下交通运输工程学科创新人才培养体系,实现了研究生招生信息多源共享、人才培养与社会需求相适应、研究生个性化发展提升,使研究生的招生、教学、科研、实验、创新比赛、数据共享、国际交流、就业指导从现实世界扩展到网络空间。经过多年的实践,主要取得了以下经验:

（一）深化了"互联网+"下交通运输工程学科创新人才培养体系

在"互联网+"背景下,根据交通运输工程学科的特点,构建了"互联网+"下的工科研究生招生宣传共享平台,使研究生培养从课堂扩展到网络课堂,深化"互联网+"下交通运输工程学科创新人才培养,实现了人才培养与社会需求、学科建设的协调发展。

（二）把信息网络技术融入交通运输工程研究生培养

线下与线上、"面对面"与"键对键"相结合,打造"全天候、开放化、定制式"的研究生培养平台。使研究生的招生、教学、科研、实验、创新比赛、数据资源共享、国际交流从现实世界扩展到网络虚拟空间,极大地拓展了交通运输工程学科研究生培养的工作覆盖面。

（三）建立了与国际名校联合的培养基地,促进资源共享和学术前沿的持续跟进

建成了 HIT-UW 国际先进交通技术联合实验室、HIT-UIUC 海外学术基地,实现了研究生培养方向与国际一流学科的最新研究同步。开设与国际高水平学者共建研究生课程 6 门,利用互联网的平台和技术实现了教师与研究生的教学、答疑、评价反馈等互动。

（四）利用互联网平台和资源共享技术,实现了研究生导师团队和研究生互动和交流的无障碍化,提升了研究生的个性化发展

通过组织和实施研究生科技创新大赛、鼓励研究生从事学科交叉类课题研究[7]和实践创新活动、交通行业重点实验室平台的开放[8]、国际性交通相关课程的网上学习、多源数据共享和视频沟通等途径,既解决了研究生学习基础理论知识与创新实践相脱离的问题,又充分实现了研究生的个性化与创新发展。

（五）建立了科学合理的学生课程评价体系、科技创新激励机制

实施助力青年教师成长系列活动、教育理念与教学方法研究项目(交通运输工程学科先后有 5 名青年教师赴明尼苏达大学学习)、博士后国际交流计划派出项目、交通工程系学科教学组,建立科学合理的学生课程评价体系、科技创新激励机制。

四、"互联网+"下交通运输工程学科创新人才培养的效果

(一) 研究生生源质量明显提升

以2016年为例,研究生生源来自985高校及211高校的占94%,在哈尔滨工业大学全校25个院系中排名第二。具体见表1统计。

表1　研究生生源质量表

年　级	985高校	211高校	其他高校
2017级	74%	20%	6%
2016级	72%	22%	6%
2015级	74%	18%	8%
2014级	67%	25%	8%
2013级	74%	16%	10%
2012级	81%	6%	13%

(二) 创新人才培养质量显著提高

该成果自应用以来,创新人才培养质量显著提升,学生中有3人获国家级创新性实验资助,17人获校级创新性实验资助,2012—2018年共有28名博士生获得国家留学基金委资助出国学习,获评哈尔滨工业大学优秀博士论文2篇。在国际交流和学习中,复合型创新人才的培养层次和培养质量进一步提升,在国际顶级期刊发表SCI文章的数量明显增多,博士生发表SCI论文由2011年0.83篇/人提升到2016年2.54篇/人,研究生申请发明专利150余人次。在2017年中国(小谷围)"互联网+"交通运输创新创业大赛、"挑战杯"黑龙江省大学生课外学术科技作品竞赛等比赛中取得奖项。

(三) 交通运输工程学科的创新研究能力明显增强

通过实施"互联网+"下交通运输工程学科创新人才培养体系,我校交通运输工程学科的科研创新研究能力进一步增强,2014年获国家自然科学基金11项,创历史新高。2010—2017年,交通科学与工程学院共主持863项目3项、国家科技支撑计划3项、国家重点研发计划4项、国家自然科学基金56项,实现了交通运输工程学科的可持续发展;主持校级以上研究生教改项目5项,发表研究生教学研究论文7篇,其中CSSCI检索1篇。

(四) 学科排名逐年上升,吸引了国内外优秀生源

教学质量明显提高,学生创新能力显著增强,专业综合排名逐步上升,吸引了东南大学、同济大学、中南大学、华南理工大学的优秀生源来校深造,积极接收来自俄罗斯、贝宁、德国的20余位留学生开展研究生学习和进修。2012年以来连续举行的"国际博士生论坛"吸引了来自美国伊利诺伊大学香槟分校、德州农机大学、瑞典皇家理工学院,我国交通运输部公路科学研究院、香港理工大学、东南大学在内的交通运输领域的专家、学者及博士研究生前来交流。在第4次学科评估中,交通运输工程一级学科位列全国第六(并列),实现了新的跨越。

(五) 毕业学生逐渐成为交通行业内的领军人物

一方面,交通运输工程学科的毕业生保持了在传统的交通规划院、设计院、研究所、高校等单位就

业的优势，成为交通运输部、各省市规划设计研究院、公路建设管理部门的骨干，在国内双一流高校教职人数不断增多，如北京航空航天大学、中南大学、大连理工大学、华南理工大学、东北林业大学、西南交通大学等。另一方面，逐步拓展了在信息技术单位的就业，近年来在北京易华录信息技术股份有限公司、青岛海信网络科技股份有限公司、深圳市城市交通规划设计研究中心、海康威视数字技术股份有限公司等的就业比例已达20%。

（六）加强成果的交流与示范

第八届和第九届全国工科研究生教育工作研讨会、第28届全国研究生院工科研究生教育工作研讨会、教育部交通运输学科教学指导委员会交通工程分委员会年度工作会议、教育部交通工程分委会、国际学术会议等活动，对其中的教改思想和实践进行了交流。来自北京航空航天大学、同济大学、华南理工大学、中南大学、西南交通大学、郑州大学、中国人民公安大学等十余所大学的教师来校考察交流，对全国交通运输工程学科的研究生培养起到了示范和引领作用。

五、结语

针对"互联网+"时代交通运输工程创新人才培养，结合哈尔滨工业大学的实践进行了探索和经验总结，以信息化、网络化的方法推进招生选拔、课程方案、科研实验、互动沟通、就业指导等，更好地服务于交通运输工程研究生成长和创新发展，实现互联网与教育的融合创新，提高了研究生的实践创新能力，体现了以学生为中心的理念，实现了哈尔滨工业大学交通运输工程研究生教育的可持续发展。

参考文献

[1] 习近平：决胜全面建成小康社会　夺取新时代中国特色社会主义伟大胜利——在中国共产党第十九次全国代表大会上的报告［EB/OL］. 2017-10-18. http://www.xinhuanet.com/politics/19cpcnc/2017-10/27/c_1121867529.htm.

[2] 王健，胡晓伟，李淑静. 工科研究生招生共享平台的探索与实践［J］. 高等建筑教育，2018，27（2）：37-40.

[3] 胡晓伟，要甲，王雷. 交通运输工程学科研究生课程改革的探讨//第28届全国研究生院工科研究生教育工作研讨会论文集［C］. 哈尔滨：哈尔滨工程大学出版社，2016：496-500.

[4] 安实，胡晓伟，王健. 美国华盛顿大学研究生培养对交通运输工程学科的借鉴［J］. 研究生教育研究，2014，（2）：88-90.

[5] 王晓宁，胡晓伟，王健，等. 关于举办国际博士生论坛的几点思考与建议//第28届全国研究生院工科研究生教育工作研讨会论文集［C］. 哈尔滨：哈尔滨工程大学出版社，2016：29-32.

[6] 王健，胡晓伟，于航. 借鉴国际经验构建工科研究生创新人才培养体系的实践——以哈尔滨工业大学交通运输工程学科为例//工科研究生教育创新与改革探索——第八届全国工科研究生教育工作研讨会论文集［C］. 哈尔滨：哈尔滨工业大学出版社，2015：345-348.

[7] Lattuca, L. R., Knight, D. B., Ro, H. K., Novoselich, B. J. Supporting the Development of Engineers' Interdisciplinary Competence［J］. Journal of Engineering Education, 2017, 106（1）：71-97.

[8] 张星臣，董俊，魏旺强. 轨道交通行业特色大学拔尖创新人才的培养［J］. 中国大学教学，2015，（1）：23-26.

铸就金牌导师，构建研究生培养质量共同体

刘晓胜　周　岩　李卫星

（哈尔滨工业大学，哈尔滨 150001）

摘　要：研究生导师和研究生是研究生培养过程的质量共同体。构建优良的研究生培养质量共同体首先是建立优质金牌导师的内涵与标准，新时代导师的核心特质在于立德树人与师德高尚，核心标准在于成为研究生的信仰之师、学问之师和品行之师；其次，铸就好新导师的金牌导师成长之路，发挥好金牌导师在高端人才培养中的引领作用；再次，建设好研究生培养的优良学术生态，提升研究生培养过程的规范化程度和水平，提升课程及课程体系含金量，提升选题水平；最后要激发研究生主体内生动力，形成充满活力的优质研究生培养质量共同体。

关键词：研究生教育；质量共同体；成长生态；金牌导师；内生动力

作者简介：刘晓胜，1966 年生，男，博士，三级教授，哈尔滨工业大学，主要研究方向为研究生培养，邮箱为 liuxsh@hit.edu.cn；周岩，1968 年生，女，博士，副教授，哈尔滨工业大学，主要研究方向为研究生教育，邮箱为 zhouyan@hit.edu.cn；李卫星，1977 年生，男，博士，副教授，哈尔滨工业大学，主要研究方向为研究生教育，邮箱为 wxli@hit.edu.cn。

基金项目：黑龙江省高等教育教学改革资助一般项目"优秀研究生教师队伍建设方法研究"（项目编号：SJGY20180121）。

改革开放 40 余年，中国进入了一个新的历史交汇期。中国高等教育已经从精英教育进入普及教育阶段，中国社会已经迈入了学习型社会，正在开启创新型国家建设。作为学历教育的顶端，研究生教育是培养大批高层次、创新型专门人才的主要途径。导师和研究生作为研究生教育的主体，构成大学知识传承、理论创新和科技发展的重要支柱。研究生教育如何更好地满足新时代下的创新型国家建设对高端人才需求，如何通过建设以导师和研究生为核心的研究生培养质量共同体，建设良好的学术研究与人才成长生态，不断促进和提升导师教书育人与科学研究水平，保证研究生高质量培养和持续改进，是目前研究生教育的关键问题之一。

一、研究生教育"质量革命"与研究生培养质量共同体

习近平总书记在十九大报告中指出：中国要加快建设创新型国家，要瞄准世界科技前沿，强化基础研究，实现前瞻性基础研究和引领原创性成果的重大突破[1]。作为创新型国家建设的文化根基是满足新兴产业结构需求的大批高质量、创新型的高端人才培养。在高等教育已实现普及化教育的中国，研究生教育必须责无旁贷地承担起加强立德树人教育，推进我国科技进步贡献率、自主创新能力以及创新产出率等创新性国家特征建设这一历史使命与任务。研究生教育在强调教育者培养被教育者在德智体美劳全面发展基础上，是使其准确理解科学、树立科研自信心、夯实创新意识、培养科研敏锐性的过程[2]，是使其具备独立研究能力、创新能力、国际视野、团队协作和工程管理能力等培养的过程。强调主体"启发"客体，使其掌握一般性方法特征。

研究生教育体系核心主体是导师和研究生，导师同研究生一起探索科学领域内的客观事物或外部世界，科学领域研究对象是导师和研究生的共同自然客体；导师要"授业"于研究生，研究生是导师的社会客体——教育对象。因此，研究生具有主体和客体的双重属性。研究生培养过程虽然强调以学生为

中心，但认识上习惯性强调导师的主体地位，经常性忽视研究生在认识世界过程中具有的同等主体地位，忽视或简化了导生关系的复杂性[3]，造成研究生在学习或学术研究中主体地位的缺失，表现为学习或研究过程中缺乏主动性，缺失内生动力。因此，导师要激发和引领研究生有目的性地学习和研究，研究生要主动参与研究；科学研究过程需要导师与研究生的密切合作，实现导师、研究生的共同成长与进步，形成良好的科学研究与研究生培养的师生质量共同体。

二、新时代金师的核心内涵、标准与铸就途径

（一）金师的核心内涵

师者，所以传道授业解惑也。高校中导师是指导学生完成学业、研究或论文的教师，其核心职责是专业研究领域或工程实践领域的"传道授业解惑"。

所谓金牌导师（即金师）就是政治素质过硬、业务能力精湛、育人水平高超和方法技术娴熟的优秀研究生导师。铸就和拥有大批金师是实现高质量研究生培养的强有力保障。新时代下金师的核心特质在于立德树人与师德高尚。2018年1月教育部下发的教研〔2018〕1号文件《教育部关于全面落实研究生导师立德树人职责的意见》[4]，强调研究生导师要"政治素质过硬、师德师风高尚、业务素质精湛"，同时还要具有"仁爱之心"。习近平总书记在最近的学校思想政治理论课教师座谈会上对新时期教师综合素质提出了"六要"新要求，即政治要强、情怀要深、思维要新、视野要广、自律要严和人格要正[5]。对于研究生导师来说，就是"政治"素质要好、"育人"能力要强和"品格"素养要高。

（二）金师的核心标准

新时代的金师仅仅以能"传道授业解惑"为标准是不够的，还必须拥有坚定的信念、扎实的学识素养和高尚的道德修养，才能安身立命、行为示范和培育人才，才能成为研究生的信仰之师、学问之师和品行之师[6]。

一是立德树人的品德与政治过硬的觉悟。立德树人不仅是对学生的立德树人培养，而且首先应是对导师的立德树人锤炼，才能使其成为学生品德的楷模与典范。师德师风直接影响育人环境，是品行之师的基础。而金师队伍的政治素质过硬是培养新时代合格研究生人才的政治基础，高校必须不断加强导师队伍的素质建设。只有政治素质过硬的导师，才能成为金师，培养出政治素质过硬的学生，成为研究生的信仰之师。

二是引领未来的能力。金师不仅要具有过硬的专业学术水平和工程技术能力，而且要具有宽广的国际视野、敏锐的学术洞察力和勇于判断的创新精神，能够准确把握科学技术发展动态和发展方向，在一定程度上要具备引领本领域未来科技发展潮流的能力。只有引领未来的导师，才能始终走在世界理论和技术前沿，才能满足建设创新型国家当下和将来的高端人才需求，才能成为研究生的学问之师。

三是全面育人的才华。人才培养是一个复杂的系统工程，导师不仅要授之以知识体系、学术水平和工程能力，还要言传身教，以自身的品行，通过多种形式，教育和帮助研究生不断树立和强化正确的世界观、价值观和人生观，提升人生品味和价值，培养高层次人才崇高的历史责任感、社会责任感和时代担当精神，成为研究生的品行之师。

（三）铸就金牌导师之路

导师要成为研究生学业生涯中的高尚品行、顶尖学术和成为行业专家的传导人、训导人和引导人，成为研究生成长过程的难得金师，需要经历一个艰苦奋斗并持续不懈努力的过程。

1. 金师的成长之路

不同于国外高校，我国高校教师来源多为"学府派"，很少来自著名企业的技术高层。青年教师要

成长为一名合格导师，尤其是成为金师，必须过"五关"，即职位转型关、教学质量关、科研实践关、专业方向关和指导艺术关。所谓职位转型关就是青年教师要在思想、行为、能力几方面从研究生教育的客体主动转变为研究生教育的主体，履行好教育主体的责任，完成好教育主体的任务；所谓教学质量关就是青年教师要积极参加课程教学实践活动，运用好线上、线下、混合式教学等多种教学手段，结合科研实践和工程实例，做好研究生的知识传导人；所谓科研实践关就是青年教师要通过多种途径和渠道，快速积累科研或工程实践经验，弥补"学府派"实践经验不足的缺点，尽快担当起研究生的学术训导人；所谓指导艺术关就是青年导师要不断提升自身修养，积累指导学生经验，改进指导学生的方法，提高学生的水平，与研究生形成亦师亦友的关系；所谓专业方向关就是青年教师要把握好本领域及相关领域学术动态，发现学术热点，不断凝练学术方向，形成稳定、先进的具有自己特色的学术方向与高地，做好研究生的学术引导人。

2. 金帅的引领之路

金师作为"讲政治"（做好立德树人）、"能讲课"（讲授好课程）、"能攻关"（做好科学研究）、"善指导"（指导好研究生）、"善协作"（具备团队精神）和"敢担当"（具备领导者素养）的全能型导师，不仅要完成好研究生培养工作，担当好研究生的引路人，而且还要做好青年导师的培养工作，做好青年导师成长的引领人。

金师分两个层次，即核心金师和普通金师。核心金师属于大师级导师，主要职责在于在不同领域、方向上积极组建结构合理的学术、科研与教学一体化团队，鼓励普通金师、青年导师学科交叉、方向交叉，搭建高水平、高层次科研、教学一体化平台，引进国内外领域专家，合理配置研究生资源，建立本领域先进的学术、科研国际、国内高地。普通金师的主要职责在于建设好特定领域学术与科研高地，带好青年导师和研究生，使青年导师和研究生一同快速成长。进而建立起由核心金师、普通金师和青年导师以及研究生群体组成的科学研究学术共同体、道德共同体和创新共同体。

三、基于质量共同体的研究生培养质量提升途径

（一）研究生培养质量共同体生态建设

社会中"五唯"和缺乏科学家精神是影响高校研究生培养质量的两大重要因素。为改善高校学术和人才培养的总体生态，消除"五唯"负面影响，教育部、国务院已经启动了相关工作[7,8]。为建立优良的研究生培养质量共同体生态环境，需从主体、客体和社会环境三个方面入手。

首先，优化导师发展空间，改善导师主体生态。从主体层面上，导师不仅面临着教学任务、研究生指导、科研任务、高水平论文发表和申报奖项等一系列考核压力，而且"五唯"导致教师收入差异巨大，客观上"抑制"了导师主体能动性，"压缩"或限制了导师的个人发展空间，主观上促使导师忽视或弱化研究生培养环节；从国家层面上，各类评估体系引导学校把更多的精力投入到各种以"奖项""帽子"等为代表的获取当中，在更高的层面上弱化了学校育人主业，劣化了主体育人生态。因此，面向导师发展，需要以"反五唯"为核心，以育人目标为导向，健全充分体现人才培养重要地位和德育教化重要价值的教育教学考核机制，强化"四个自信"，提高政治站位，扩大导师发展空间，优化和改善导师主体教育生态，为研究生成长提供优良育人环境。

其次，激发研究生主体认知，优化研究生客体生态。研究生课堂上睡觉，或埋头于学业无关事宜；研究过程中或避重就轻，或不知所为，或敷衍，或抄袭；这些现象的主观原因在于缺少正确的学习、研究动机，即缺少内生动力；客观原因在于因"学情"等因素对学校、导师放宽要求，即缺少外生压力，进而造成研究生对科学、学术、学位甚至导师缺少应有的敬畏之心。因此，面向研究生，必须以"立德树人"为核心，以"创新"研究为导向，以"标准"为准绳，确定合理的培养目标与要求，激发研究生的研究潜质，优化研究生主客体生态，全面提高研究生培养质量。

最后，科学化研究生培养过程，法制化育人社会生态。一方面，目前研究生普遍存在缺少内生研究动力，缺失挫折教育，抗压能力弱，与导师沟通能力不足，对于学习或研究过程中出现的困难常出现消极应对现象，进而导致各类极端学情问题的情况；另一方面，一些研究生家长不能正确看待学生在成长过程中存在的问题，缺少必要的理智和社会公共责任，法律意识淡薄或缺失，常以多种形式严重干扰学校和导师的正常工作；加之全媒体时代，很容易将"学情"演变成"舆情"，迫使高校、导师面对学情、舆情只能降低或变相降低培养标准，造成社会规则的破坏或缺失，从而使得学校和导师对于存在问题的学生，既不愿意，也不敢进行正常的批评教育。因此，从高校角度，应落实以"学生发展"为中心，以"学生差异"为依据，突出个性化与定制化研究生培养，完善分流与退出机制，细化研究生培养层次，优化研究生培养过程，同时也要运用好法律武器，维护社会正常秩序与规则，构建既有规矩、规则，又和谐、宽松的科学研究与人才培养环境。

（二）研究生规范化培养

建立和完善研究生培养质量保障体系是人才培养根本，落实导师立德树人职责要求，建立健全重心向下、学术为重的内部管理机制[9]，规范化研究生培养内涵、环节和改进方法，是保证研究生培养体系高质量运行的重要途径。

一是研究生培养内涵的规范化。所谓研究生培养内涵的规范化，就是要从培养目标、培养路线、培养过程、培养主体和培养对象等5个角度实现规范化，即：①规范培养目标、标准和要求；②规范培养方案、过程和环节；③规范授课教师和导师的教学与指导行为；④规范培养过程管理与监督；⑤规范研究生全程参与培养内容等。通过培养内涵的不断明晰与规范，形成既有良好的师生学术研究自由又不失一定约束的人才培养良性生态，保证研究生培养总体目标的全面达成。

二是研究生培养环节的规范化。研究生培养环节的规范化主要从导师、学生和管理与服务角度，从研究生培养环节内容、要求、质量评价、达成度以及社会反馈等几个方面，建立一整套研究生培养、指导、考核、评价的方法与体系。导师必须按照学校研究生培养的规定，在指定环节或节点，确定培养目标与要求，提供满足培养目标与要求的条件，给予及时的指导与帮助，并检查与督导研究生的培养目标达成。而研究生必须按照上述要求完成相关动作，接受导师的指导和监督；作为管理与服务者，要定期组织优化研究生培养方案、培养环节和培养过程，定期优化研究生培养体系和培养方法，评价与评估研究生培养各环节的目标达成度及效果。

三是研究生培养质量改进方法的规范化。研究生培养质量提高是一个持续的动态过程。改进方法的规范化主要包括通过研究生院（处）组织学科专家和教育学专家，定期持续改善研究生培养体系和管理办法，建立和持续完善有效的培养体系监督机制和运行方法，建立科学合理的教学效果和科学研究培养成果评价方法、体系，及时反馈人才培养各环节中存在或潜在的问题，进而保证持续高质量人才培养。

（三）课程提升与选题定位

面向科学研究与工程实践的研究生金课建设。研究生教育是专门教育，是面向科学研究和工程实践的创新性学习与训练过程。研究生课程体系及课程重点为解决具体科学研究和工程实践问题所需补充储备必要的公共数理基础、专业基础性理论或本领域最新理论、技术成果。因此把有限的研究生课程建设成金课，要避免课程的低阶性、陈旧性和重复性，要突出针对性、创新性和高阶性；同时，要注重专业课程的理论性、前沿性和公共性，要注重选修课的时效性、交叉性和实用性；及时反映本领域技术的最新研究成果。

面向科学研究与工程实践前沿的研究生选题。研究生选题一般应直面科技领域理论或技术前沿、国家各类重大需求、重要工程技术实践以及地方经济领域重要的实际问题需求，应避免虚假课题、重复性课题以及验证性课题等，应注重选题的理论先进性，技术前沿性，学科交叉性及理论、技术、方法的创新性等。一般来说，研究生的选题直接决定了研究生未来研究的工作难度、先进性、工作量及成果价值，也直接决定了未来研究工作可能取得成果的水平。

（四）研究生主体意识教育：内生动力与创新能力的源泉

在研究生培养质量共同体中，研究生主体意识的激发至关重要。一方面，导师的核心作用在于引导学生发现学习需要、引导学生明确学习目标、帮助学生学会学习[10]，提高研究生主体意识，激发学生自我意识，并通过研究生培养的多层次、全过程教育（包括党团活动、思政课程和课程思政等），培养立德树人的理念，培养崇尚科学的信念和勇于担当的精神，激发内在求是动力；另一方面，在良好的研究生育人生态环境中，研究生应在科学研究领域工作中主动思考，积极探索，勇于实践，敢于创新。在导师引领下，建立研究生开展好研究工作，取得良好研究成果的良好育人生态。

四、结束语

在高等教育发生革命性进展的历史条件下，构建优质的研究生导师与研究生培养质量共同体理念与环境，对实现顶端研究生人才培养目标、提高研究生教育质量以满足国家对高端人才的迫切需求越发重要。研究生培养过程质量共同体，是解决为谁培养人、培养什么人、怎么培养人等一系列问题的关键。优质金牌导师在研究生培养过程质量共同体中起着至关重要的作用，是激发研究生自身活力、达成培养目标的关键。

参考文献

[1] 习近平在中国共产党第十九次全国代表大会上的报告 [EB/OL]. (2017-10-18) [2019-7-25]. http://cpc.people.com.cn/n1/2017/1028/c64094-29613660.html.

[2] 张睿，张伟. 如何培养研究生的学术思维？[J]. 学位与研究生教育，2019 (5): 41-44.

[3] 程华东，曹媛媛. 研究生教育导生关系反思与构建 [J]. 学位与研究生教育. 2019 (6): 13-18.

[4] 教育部关于全面落实研究生导师立德树人职责的意见 [EB/OL]. (2018-01-18) [2019-7-20]. http://www.moe.gov.cn/srcsite/A22/s7065/201802/t20180209_327164.html.

[5] 思政课教师政治要强、情怀要深、思维要新、视野要广、自律要严、人格要正——着力提升思想政治理论课实效 [EB/OL]. (2019-4-1) [2019-7-25]. http://www.moe.gov.cn/s78/A13/moe_773/201904/t20190404_376649.html.

[6] 郑忠梅. 立德树人：研究生导师职责的学术逻辑及其实现 [J]. 学位与研究生教育，2019 (6): 1-5.

[7] 教育部办公厅关于开展清理"唯论文、唯帽子、唯职称、唯学历、唯奖项"专项行动的通知 [EB/OL]. (2019-11-08) [2019-7-25]. http://www.moe.gov.cn/srcsite/A16/s7062/201811/t20181113_354444.html.

[8] 中共中央办公厅 国务院办公厅印发《关于进一步弘扬科学家精神加强作风和学风建设的意见》. (2019-06-11) [2019-7-25]. http://www.gov.cn/zhengce/2019-06/11/content_5399239.html.

[9] 刘晓喆. 研究生导师立德树人职责何以"全面落实"[J]. 学位与研究生教育，2019 (6): 6-12.

[10] 刘献君. 新时代院校研究的规范发展 [J]. 高等工程教育研究，2019 (1): 93-98.

新工科背景下高校研究生创新创业教育改革的理论与实践探索

张 迪

(哈尔滨工业大学计算学部,哈尔滨 150001)

摘 要: 在当前"互联网+"、中国创造等战略实施的社会背景下,高校作为中国社会经济发展人才培养实践的重要支持平台,需强化对社会实际人才需求的分析,坚定为社会主义发展提供人才培养的目标,不断创新人才培养模式,在市场经济发展过程中,始终将新工科发展创新教育作为重中之重。在新工科发展背景下,构建全新工科人才培养模式,不断优化和贯彻实行工科人才创新创业实践教育模式,应有效结合新理念、新技术、新设备、新经济、新产业发展,为创新创业教育水平的提高发挥重要作用。

关键词: 新工科;研究生;创新创业;教育改革

作者简介: 张迪,1981年生,女,硕士,讲师,主要研究方向为高校教育,邮箱为 zhangdi@ hit. edu. cn。

基金项目: 本文系校级研究生教改结题项目,项目编号:JGYJ-2019027。

新工科背景下研究生人才培养模式转变的重要实践基础依托于高校研究生创新创业教育体系的构建。目前来看,我国对新工科人才培养需求十分迫切,迫切需要具有较高的网络智能技术应用水平、信息技术能力和较高的科研创新能力的人才。在我国当前创新技术发展的背景下,促进实体经济的振兴繁荣在一带一路的战略构建和推进中,以及在虚拟经济繁荣发展中意义重大,创新创业教育能为未来的社会主义市场经济奠定坚实的发展基础。

一、新工科背景下我国高校研究生创新创业教育改革的意义和发展前景

虽然我国经济技术发展迅速,但受到国内外形势的影响,就业形势越来越严峻,研究生就业已成为高校学生面临的一个难题。为了加强高等教育改革,促进研究生创新创业理论实践能力的培养,高校积极推进研究生创新创业教育创新体系的建设,培养研究生创新实践能力,促进教育模式创新,提高人才培训质量,加速实施创新驱动,明确创业目标要求,通过专业培训将创新创业教育纳入职业教育。设计特色鲜明的人才培养方案,正确把握创业教育与创业实践的关系,实行"翻转课堂"教学方法,引导学生进行创新思考,以实践为基础,以成就为目标,开展创业活动以项目培训为契机,实现创业教育与创业实践的完美融合。培养学生的创新精神,激发创业意识,增强成功的创业能力,展示创业教育在促进高等教育发展和改革中的重要作用,具有十分重要的意义。

高校不仅要培养学术和研究人才,还要重视培养实践创新人才。培养具有创新意识和创业实践能力的企业家人才是人才培养的重要标志,高校在满足社会对创新人才的需求中发挥着重要作用。在自由贸易区建设、"一带一路"倡议下,高校在培养创新型和企业家型人才方面面临着重大机遇和挑战。尽管创新型和企业家型人才培训模式的不断改革取得了一定成果,但在教育和企业家精神相结合方面仍存在许多实际问题需要解决。例如,专职和兼职的企业家教职团队的建设是不完善的,课程模块设计不是专业的,缺乏精英企业家人才的创造,企业家实践教学基地缺乏配套设施,这是难以转化的创业项目的成果。

2015年，国务院办公厅发布了《国务院办公厅关于深化高校创新创业教育改革的意见》，进一步说明了创新创业教育改革的重要性。作为创新创业体系建设的关键发展内容，高校肩负着培养高素质创新创业人才的重要使命。在这种背景下，如何促进高校创新创业教育模式的发展已成为当前的关键问题。为了积极应对新一轮科技革命和产业变革，支持服务创新驱动型发展"中国制造2025"等一系列国家战略，自2017年2月起，教育部积极推进新工程建设，形成了"复旦共识""天大行动""北京指南"，并发布了《关于发展新工程研究与实践的通知》《关于促进新工程研究的通知》，探索形成引领全球工程教育的中国模式。中国的经验有助于建设一个高等教育强国。实施"新工程"建设是促进我国创新创业的重要措施。发展新的工程专业，将为国民经济建设提供更多的人才储备。传统的应用工程学院在为区域经济和社会发展提供创新和企业家人才方面存在问题。因此，工科院校在创新创业人才培养上需要作相应的调整。通过积极适应，超前判断和充分发挥一线教学的主动性，我们探索和实践了新的工程教育理念，建立新的学科结构，并建立新的人才培养体系。在模式等方面，积极满足产业转型升级对新工程发展的需求，为应用工程大学培养创新型企业家人才提供了新的模式。

二、国内外研究现状分析

当前教育界的热议话题是创新创业教育，创新创业教育源自美国，慢慢地在其他国家得到了广泛的推广。最早将创新创业教育纳入20世纪三大教育是在1989年召开的国际教育会议上，为了促进创新创业教育模式的发展，2010年，教育部办公厅和科技部办公厅联合颁布了《大学生技术创业实践基地认定办法（试行）》。从那时起，创新创业教育已成为大学的重要教学内容。以"大众创业和创新"为理念，进一步强调了创新和创业教育的重要性。高校作为创新体系建设的重要主体，对培养高素质的创新创业人才至关重要。在这种背景下，当前重点关注的问题应该是如何促进高校创新创业教育模式的开展。

继蒸汽技术革命、电力技术革命和信息技术革命之后，第四次工业革命是一场崭新的技术革命，以互联网的工业化、工业智能和工业集成为代表。为了应对金融危机的挑战，振兴实体经济，抓住新兴产业发展和技术创新的机遇，并在全球新一轮工程教育改革中发挥全球影响力，我国正在实施"大规模创业与创新""中国制造""2025""互联网＋"等主要策略。为了满足国家战略需求，高校在未来的全球创新生态系统中占据着战略制高点，迫切需要培养大批新的工程人才。为增强学生创新创业意识以达到我国新经济、新产业发展对研究生的素质能力要求，我国高校应以新经济、新产业为背景，加快新工程学科的建设和发展，构建适合新兴产业、新经济、传统工程学科和新兴工程学科相结合的新学科结构，探索工程教育人才培养新模式，这样才能真正体现出教育的价值和意义。

近年来，许多高校在培养创新型和企业家型人才方面进行了各种实践，建立了专门的创新型和创业型教育机构，搭建了创新创业实践教学和孵化平台，开设了创新创业课程教育，取得了一定的成效。但是，从总体上来看，还是存在一些问题，例如缺乏科学的理解、完整的系统，缺乏实际的操作和缺乏针对性等。尤其是在课程方面，有些高校既没有结合自身的优势发展创新型和创业特色课程，也没有形成完善的课程体系。一些学者对全省数十所高校的创业教育课程体系的建设进行了调查和分析，发现专门从事创业教育课程的大学和将创业教育课程纳入必修课程的大学比例较低，不超过50%，而且普遍没有覆盖到所有学生。可见，相关文件没有得到很好的贯彻和落实，在我国高校创新创业教育课程体系的构建和完善上还将有很长的路要走。

美国、英国、日本、新加坡和其他发达国家等在建立创新型企业家课程体系方面拥有成功的经验和做法。科学合理的课程设计，使这些国家的创新创业教育成为实现渐进有序联系的好方法，也取得了良好的效果。具体表现在五个方面：①课程对象，从低龄到高龄；②课程性质，先必修后选修；③课程模块，先基础后高端；④课程类型，从理论到实践；⑤课程内容，从综合到特色。

三、新工科背景下高校研究生创新创业教育改革的措施

（一）创新创业教育与专业课程相融合

培养具备创新创业素质的应用型人才是工科院校的创新创业教育应承担的责任，培育研究生的创新创业精神、创新创业意识、创新创业能力显得尤为重要。掌握某一领域的基本原理和基本技能是工科院校专业课程教育的目标。专业课程教育通常需要研究生用常规基本原理解决实际问题，而创新创业教育则需要教育方培养研究生的创新创业思路和方法。专业课程教育是工程专业人才培养计划的基础，而培养应用创新型人才的重要环节是创新创业教育，两者是密不可分的。研究生应运用创新思维找到解决实际问题的方法，并以专业课程教育所提供的一般知识和技能为理论基础，通过这些经历可以获得创新创业能力、专业知识、创新思维。

（二）选聘专业的高素质创业教育教师

高校在创新创业教育方面需要引入大量具备丰富的创造性思维、扎实的基础知识、创新创业能力的高素质创新创业教师。为了符合工科院校培养高素质人才的需求，高校需要不断优化教师队伍结构，构建起多元化教师队伍的需求梯队。还要选聘富有多年实践经验的高能力高素质的创新创业教师，由科研人员担当专业教师或兼职教师。另外，吸收经验丰富且负责任的企业家担任兼职老师或校外老师。这些教师不仅具有创新和创业经验，而且可以为研究生带来更多实践机会。除此之外，还要在校外指导教师所在的地方开拓校外实践的学习基地。

（三）在工程实践中检验创新创业理念

工科院校的创新创业教育重点在于培养研究生的独立创业能力、创新思维和工程实践能力。创新创业实践课程要求学生走出课堂，并使用知识和技能以及创新型和创业思维来解决工程运营和实践中的问题。在实践课程中，将对学生进行交流、协作、实际操作和分析性问题解决方面的培训。为了验证创新创业理念能否提升研究生的工程实践能力，鉴于创新创业教学具有很强的实践性，因此可以通过多模块多层次的实践教学体系设计，在研究生阶段逐步完成工程实践、专业实践和创新创业实践等环节。

（四）校企产学研合作协同培养

当今世界教育、科技和生产综合发展的成果是高校和企业的产学研协同培养创新创业人才。这些成果共同构建了科研、设计、生产和市场紧密衔接的技术创新链条，最优的实践教学平台是由高校研究生创新创业教育提供的。企业成为培养创新创业人才的联合培养单位是通过高校与企业的紧密合作得来的。高校不仅能使研究生掌握工程领域的前沿技术，还可以为企业提供人才和技术服务，校企双方相互配合发挥各自的优势，实现共同发展目标。

（五）创新创业学分认定与教学评估

为了调动研究生学习的积极性，可以对创新创业课程进行学分认定。学分认定不仅可以保证双创教育有序、顺利的发展，而且可以推动实现培养研究生的创业意识，提高创业能力的教学目标。例如，可以为实践课、理论课、参加讲座和双重创新竞赛设置合理的学分。在确定实践课程的学分时，研究生需要提交证明文件，例如项目书、报告或图片。研究生通过辩护、审查和鉴定完成学分认定。研究生可以在学习方法、内容和时间上有一定的灵活性，只有获得所需的双创学分后才能毕业。高校为了提高研究生的教学质量和强化学习效果，可以对创新创业教育进行系统的评估，对教师教学技能和学生学习状态进行监控。评估对象包括学生、行业、专家、社会等，设立理论课程和实践课程，评估机制包括短期评

估和长期评估的结合。不仅要评估创新和创业课程，而且还要评估创新和创业项目；同时开展面向教师和学生的双向课程评估和反馈。借助评估和反馈链接，我们弥补了创新和创业教育中理论和实践教学的不足。

"中国教育现代化2035+新工科"双引擎驱动的研究生"双优"培养模式的实践探索与质量评估
——以陕西师范大学工程硕士为例

马文飞

(陕西师范大学,西安 719000)

摘 要:"中国教育现代化2035"战略与"新工科"理念对培养单位培育专业学位工程硕士研究生提出了新挑战与新要求。就工程硕士研究生培养模式中存在的人文伦理道德修养薄弱、校外合作指导教师发挥作用有限、实习实践性培养的质量亟待提高等问题,我们在"中国教育现代化2035+新工科"双引擎战略驱动下进行"优质课程"+"优质基地"为特色的"双优"培养模式的实践探索并做质量评估,以期为社会"培养应用型、复合式高层次工程技术和工程管理人才"。

关键词:中国教育现代化2035;新工科;工程硕士;课程;基地

作者简介:马文飞,1984年生,男,研究生学历,八级科员,主要研究方向为高等教育管理,邮箱为 mawf@snnu.edu.cn。

基金项目:本文获陕西省学位与研究生教育学会课题(课题项目号 C2019001)、陕西师范大学研究生教育教学改革研究项目(课题项目号 GERP-19-69)、教育部陕西师范大学基础教育课程研究中心(陕西师范大学教师教育办公室)项目(课题项目号 JCJY027)、"中国学位与研究生教育学会研究课题经费"以及陕西师范大学研究生创新团队项目(课题项目号 TD2020002Z)资助。

一、"中国教育现代化2035+新工科"双引擎驱动为工程硕士培养带来机遇

全球工业革命4.0的快速发展与"中国制造2025""互联网+"的战略实施亟需数量可观的应用型、复合式人才。从2009年开始,教育部决定扩大招收全日制专业学位硕士研究生的规模。历经十年耕耘,专业学位研究生教育规模取得了"跨越式"增长。从EPS数据平台的数据分析看,2009年,专业学位硕士招生只占招生总数的16%,到2017年,专业学位硕士研究生所占比例达到56%,该类硕士的教育培养已成为研究生培养机制中的一个重要方面(见图1)。国务院学位委员会办公室在《关于转发全日制硕士专业学位研究生指导性培养方案的通知》中规定全日制工程硕士专业学位研究生的培养目标是"培养应用型、复合式高层次工程技术和工程管理人才"[1],要能够"掌握所从事领域的基础理论、先进技术方法和手段,在领域的某一方向具有独立从事工程设计、工程实施、工程研究、工程开发、工程管理等能力"。

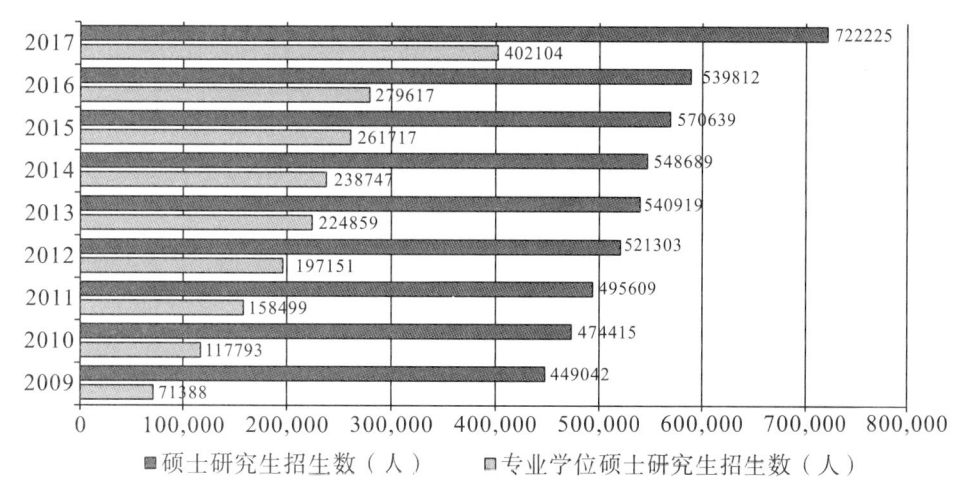

图1 2009—2017年专业学位硕士研究生招生数据表（数据来源：EPS数据平台）

2017年，教育部组织各个领域的专家和学者多次开会研讨并确定了"复旦共识""天大行动""北京指南"等三个不断深化理工科教育教学改革的里程碑式的文件。"复旦共识"指出了"新工科"的内涵与建设路径[2]，"天大行动"明确了"新工科"建设的阶段目标，提出"新工科"建设的具体行动计划[3]，"北京指南"明确了新工科建设的指导性意见。这三个文件是全面奏响新型工程教育发展的三部曲，对"新工科"教育教学与实习实践做了深入推进。

2019年，中共中央国务院发布《中国教育现代化2035》，要求"提升一流人才培养与创新能力"，特别是要"加强创新人才特别是拔尖创新人才的培养，加大应用型、复合型、技术技能型人才培养比重。加强高等学校创新体系建设，建设一批国际一流的国家科技创新基地，加强应用基础研究，全面提升高等学校原始创新能力。探索构建产学研用深度融合的全链条、网络化、开放式协同创新联盟。……健全有利于激发创新活力和促进科技成果转化的科研体制"。

"中国教育现代化2035＋新工科"的双引擎驱动，给高校工程硕士的培养与发展提出了新要求和新挑战。

（一）双引擎驱动催生了工程硕士人才继续培养的需求

国家做出"中国教育现代化2035＋新工科"的双引擎驱动的战略部署，为高校培育工程领域人才铺平了发展之路，从顶层设计的角度提出了新的要求、新的使命和新的目的。双引擎驱动的发展与实现的重要因素就是工科类人才，跨越式提高专业学位工程硕士研究生的人文道德修养、实习实践能力恰是高校内涵式办学可以做的，也是应该做的。

（二）双引擎驱动促使了高校工程硕士办学向纵深发展

国家提出"中国教育现代化2035＋新工科"的双引擎驱动战略，这是对传统工程硕士的教育质量单纯要求工科习得质量而忽视人文道德修养，仅仅强调研究生的实际操作技能而轻视实习实践基地的培育性和孵化性等现状提出了新的挑战。"中国教育现代化2035＋新工科"的双引擎驱动战略的实施，推动工程硕士专业学位不断向学科交叉延伸，推进工程硕士专业人才教育的纵深发展和内涵发展，拓宽工程硕士专业人才服务市场经济的领域，提升工程硕士复合型人才教育培养水平。

二、"中国教育现代化2035＋新工科"双引擎驱动中工程硕士专业学位培养的"双优"模式

面对"中国教育现代化2035＋新工科"的双引擎驱动战略部署的新形式及新要求，专业学位工程

硕士研究生教育的基本目标应为满足职业需求，基础应是行业及职业所需具备的交叉学科知识，同步培育工程实践与伦理素养，尤其是工程领域内创新禀赋的提高，应是近年来基于国家战略发展新需求、国际竞争新形势、立德树人新要求而提出的中国工程教育改革新方向[4]，其特征是立足信息科学技术，学科交叉深度融汇，研究并解决工程领域内的切实问题。在研究生教育的实践中，即使工程硕士理论知识牢固，导师指导有力，职责到位，依然存在学生工程伦理素养薄弱、校外导师作用有限、实践性培养质量难以保证等情况，从现象与根本上造成了工程硕士培养模式创新改革的梗阻问题。

基于这样的研究生教育现实，我们在工程硕士培养实践中探索出以"优质课程" + "优质基地"为特色的"双优"培养模式，以期对专业学位工程硕士的培养模式创新改革起到一定的参考作用。

（一）优质课程

目前工程教育的基本要求是工业责任意识和工程伦理素养的培育。工程硕士的培养过度强化理论知识的学习及专业实习实践的训练，但过程性地忽视了人文伦理素养的提高与知识补给。基于此，在工程硕士培养实践中，我们更加侧重把现代科学技术应用到研究生教育的完整过程。利用我校对融媒体、实习实践类课程群以及"互联网+"等课程群的理解与探析，灵活把握MOOC（慕课）思想，充分利用教育部在线教育研究中心的研究交流和成果应用平台——学堂在线[5]的优质课程来实现专业学位工程硕士的人文伦理素养提升与知识补充。我们在工程硕士培养过程中，筛选"工程伦理""知识产权"等优质课程群，利用视频资料、flash、音像等材料，最大化体现融媒体的教学特点，即知识性、互动性、视觉化、游戏化等，将枯燥、抽象、空洞化的人文伦理道德理念的填鸭式教学过程，转换为有趣、形象、生动的探索研究式的纵深递进过程。以线上MOOC与线下主题分组探讨相结合的模式来积极促进和保障工程硕士培养质量和水平的提升。首先，这样的模式，让学生的主观能动性得以施展、理论知识传授的乐趣性增强、思维架构的逻辑性得以检验，同时，团队的协同性得到锻炼；其次，这样的模式从一个侧面解决了工程硕士的人文伦理以及知识产权等课程方面师资紧缺、教学思想陈旧等问题。该模式从思想方式、老师与学生互动、文化环境等层面，比较系统地把握了工程伦理和知识产权的思想架构，并按教学计划，让学生进行研讨班式的讨论，有益于改变旧模式中的知识碎片化、思维模式单一化等情况，让学生能积极主动、自觉探索并合理解决复杂的工程问题。[6]

（二）优质基地

教育部建议专业学位的培养过程中要落实"双导师制"，充分实现校内导师和校外导师共同指导。但在研究生教育和培养实践中，专业学位研究生培养中存在校外指导教师作用有限、实践性培养质量不高的现象。毋庸置疑，稳步建设与发展实习实践基地，既能提供稳定的校外导师资源，又可提高实习实践的质量，与专业学位工程硕士的培养质量息息相关。基于此，我们重视实习实践基地的稳步建设，参考"产、学、研、用"型的协作式研究生教育模式，大力发展一批不同层次的实习实践基地，明晰校外导师职责，增强专业学位工程硕士实习实践力度。

具体做法是，扩大专业学位工程硕士研究生实习实践基地范围，遴选一批满足人才培养需求的规范化校级基地；对于运行规范、培养效果良好的实习基地，重点扶植、建设一批专业学位工程硕士研究生联合培养示范基地；推动改革产学研联合培养建立产学有机融合的协同育人模式；针对工程硕士专业学位不同领域，建立多样化的基地评价体系，定期开展自我评估，重点考核基地人才培养实效。近年来，我们遴选出20个校级实习实践基地，其中专业学位工程硕士实习实践基地有5个，覆盖了大部分的工程硕士专业学位领域。特别是，其中1个工程硕士实习实践基地被评为陕西省"研究生联合培养示范工作站"，起到了良好的社会示范作用和推广作用。

对于专业学位工程硕士实习实践环节来说，校内导师与校外导师的职责不明晰，极易产生职能方面的混乱与冲突，情况严重的话，会影响到实习实践基地的运行。所以，我们在遴选与分配指导教师时，利用设置增量指标的方法，对校级实习实践基地的校外导师适当增加研究生指导名额或数量；并对校外导师优先给予鼓励和奖赏，如校级以上优秀校外指导教师的评选与申报，同时利用国拨经费等专款，向优秀校外指导教师发放一定额度的指导费，不断强化其责任意识。[7]

三、评估与建议

（一）工程硕士人文伦理素养的拓展

目前的现实情况是，工程硕士的工程伦理素养亟待提升。高校针对工程硕士设置课程体系和改革教学内容时，应围绕"中国教育现代化2035＋新工科"的双引擎驱动理念来进行调整，注重把科技教育与人文教育进行有机结合，在具体的教学与授课过程中，加强社会责任意识、职业道德规范、工程伦理修养等层面的教学与教育。课程设置方面，可以考虑创建"工程伦理"与"知识产权"交叉融合的通识类课程，也可建设工程伦理与工程核心素养结合的课程群，可设置跨学科跨领域的交叉学科工程伦理课程，这种"中国教育现代化2035＋新工科"的双引擎驱动思维对于中国由工程教育大国向工程教育强国的转变，有着极其重要的现实意义。正是因为工程技术的两面性或曰"双刃剑"效应，我们需要把工程伦理教育和工程技术教育进行融通，方能促进市场经济的有序发展。[8]

（二）工程硕士的精准就业

专业学位工程硕士的实习实践与择业就业之间存在非常大的相关性，但部分专业学位工程硕士的实习实践呈现出流于表面的情况，比如"假实习"、非相关实习、实习潦草等现象。由此，我们认为专业学位工程硕士的实习实践时间应保证在6个月以上，工作岗位机动，让实习生尽可能地熟悉和掌握生产程序中的各个环节与知识点，基本完成实习实践任务，不断丰富专业知识，锤炼岗位协同能力，培育专业创新能力。接地气的实习实践，可以让专业学位工程硕士尽可能接触社会，知晓工程领域的实际需求，强化其提高专业技能的意识，使其在毕业进入工作岗位后很快熟悉业务，提高其独立解决问题的能力，增强其就业竞争力，尽早成长为适合工业发展和企业需要的应用性、实用型人才。[9]实习期间，专业学位工程硕士可以理解企业概况，企业亦可检验与考察学生的动手能力与知识结构，通过互相了解，可以达成双向选择的意向，解决工程硕士的择业就业，达到学生、企业和学校多赢的良好效果。[10]

在"中国教育现代化2035＋新工科"的双引擎驱动理念下实践和探索专业学位工程硕士培养模式改革创新路径，可以让工程硕士将理论知识与实践技能融会贯通，将人文素养与工程技术有机结合，可以让工程硕士对专业知识的理解更透彻，也能让其在实践中遇到难题后获得启迪，逐渐学会分析问题，并最终解决问题，以此提高工程硕士实践创新能力和个人综合素养，为社会的发展培养"用得上、用得住、素质高、能力强"[11]的高层次工程技术及管理人才。

参考文献

[1] "新工科"建设复旦共识[J]. 复旦教育论坛, 2017（2）: 27-28.

[2] "新工科"建设行动路线（"天大行动"）[J]. 高等工程教育研究, 2017（2）: 24-25.

[3] 艾训儒. 新时期高校校外实习基地建设问题及思考[J]. 中国林业教育, 2012, 30（1）: 17-19.

[4] 蔡敬民, 董强, 余国江. 高等院校校外实习基地建设新思考[J]. 中国大学教学, 2009（2）: 77-78.

[5] 陈国铁. "新工科"教育研究[J]. 中国建设教育, 2018（5）: 54-56+49.

[6] 邓红, 贺小化, 王玉珠, 史乐伟, 孟永宏. 校内外实习基地建设在食品工程硕士培养中的作用[J]. 农业工程, 2013, 3（5）: 125-127.

[7] 焦磊, 张乐平, 陈小平. 研究型大学全日制工程硕士实践基地发展的困境与策略研究——基于案例大学的实证调研[J]. 研究生教育研究, 2016（4）: 74-79.

[8] 刘长宏, 王刚, 戚向阳, 等. 基于企业实践基地人才培养模式的实践[J]. 实验室研究与探索, 2009, 28（12）:

179-181+199.
- [9] 卢国胜，杜林. 交通工程专业校外实习基地建设探讨［J］. 高教研究（西南科技大学），2007（2）：73-75.
- [10] 马明星，王志新，席艳君. "新工科"背景下研究生双语课程教学模式改革与实践［J］. 疯狂英语（理论版），2018（3）：91-92.
- [11] 新工科建设形成"北京指南"［J］. 教育发展研究，2017，37（Z1）：82.
- [12] 杨军. 对高校工程伦理教育的再思考［J］. 学校党建与思想教育，2018（24）：57-58.
- [13] 杨洋，韦小英，白先放，等. 校外实习基地的建设与实习模式探索［J］. 广西大学学报（自然科学版），2008，33（S1）：301-304.
- [14] 袁文霞，王其东，李军鹏. 基于"产、学、研、用"的工程硕士培养模式探索与实践［J］. 研究生教育研究，2011（5）：77-80.
- [15] 钟登华. 新工科建设的内涵与行动［J］. 高等工程教育研究，2017（3）：1-6.
- [16] 朱艺锋，王科平，张伟. 工科类专业学生创新能力的培养［J］. 实验室研究与探索，2009，28（4）：188-189+208.

重大疫情背景下研究生理想导学关系构建的研究

蔡苹杨　张启灿

（四川大学电子信息学院，成都 610065）

摘　要：研究生教育是国家高层次人才培养的重要组成部分，对国家的建设和中国民族的伟大复兴极其重要，而导学关系对于研究生教育十分重要。2020 年伊始，重大疫情暴发，特殊时期下构建理想的导学关系显得更为重要。通过构建合理的沟通平台和沟通模式；在导学关系中融入尊重、自由、平等等观念；坚持真理求真的学术精神，培养符合新时代的复合型人才，建立师生学术共同体等途径在疫情特殊时期构建理想导学关系，这将很好地应对特殊时期导学关系面临的问题，并且为重大疫情情况下社会的稳定，以及国家对高层次创新、应用、专业人才的需求做出贡献。

关键词：重大疫情；研究生教育；导学关系

第一作者简介：蔡苹杨，1987 年生，男，理学博士，助理研究员，主要研究方向为研究生导学关系，邮箱为 pingyangcai@scu.edu.cn。

随着社会和经济的发展，我国研究生招生规模逐年扩大，这是国家战略的需求，同时也符合历史发展的规律。导学关系有师生指导关系，也有共同研究志向和领域决定的合作关系；加上研究生培养过程中学术产出的权责分割（有成果的产权，也有结果的责任风险）等关系，变得有些特殊。作为一种特殊的师生关系，研究生导学关系具有一定的复杂性和密切性，加之教育资源的稀缺性，研究生导学关系得到很多研究者以及社会的重大关注[1]。然而现在研究生导学关系仍然不完善，存在一些亟待解决的问题，如师生的学术志趣不同、师生关系出现异化、师生关系淡薄冷漠等[2]。特别是在重大突发事件的情况下，导学关系面临更加严峻和未知的挑战，因此重大疫情下研究并建立理想的导学关系显得十分重要。

一、重大疫情背景下产生的导学问题

2020 新年伊始，全球暴发了新冠肺炎疫情，这是新中国成立以来传播速度最快、感染范围最广、防控难度最大、社会影响极大的一次重大突发公共卫生事件。面对不可预料的、犹如猛虎之势的疫情，在以习近平同志为核心的党中央坚强领导下，我国采取了最全面、最严格、最彻底的防控措施。这些措施涉及普通高校的招生、培养、毕业等方面，这也是防控措施中极其重要的、不可或缺的一环。研究生的导学关系贯穿研究生的招生、培养、毕业坏节，严格的防控措施产生了一些新的问题，也激化了现存的矛盾。

一是 2018 年以来我国经济下行，压力显著增大，国内生产总值增速持续放缓。加之受疫情影响，诸多企业，特别是中小民营企业陷入现金流短缺、抗风险能力显著降低等困境，面临着生存风险，而这将直接影响到应届毕业生的就业以及社会稳定。因此，为了缓解重大疫情下出现的就业压力，保证社会稳定，合理增加硕士研究生计划外招生数量、适度扩大博士研究生招生规模，成为必然的趋势[3]。但研究生扩招也给现有的导学关系带来了压力。研究生数量的增加让本来疲于应对学校的各种考核的导师分配在每个学生上的时间和精力更少了，学生和导师沟通的积极性也会因此减弱，这将使原本脆弱的导学关系雪上加霜。

二是导师和研究生之间的沟通交流，对培养过程中的导学关系十分重要。然而疫情暴发正值寒假，全国交通不同程度减运甚至停运，全国人民基本上都处于居家隔离状态。在隔离的过程中，导师和学生只能通过有限的网络或者电话方式进行沟通，这不但增加了沟通成本，也难以达到预期的沟通效果，甚至部分家在偏远地区的学生几乎与导师没有沟通。极小部分师生关系淡漠，甚至异质化，疫情暴发使得少数学生的心理发生特殊变化甚至心理病发，这些情况得不到及时的沟通和化解，在某种程度上加剧了部分导学关系的矛盾和冲突。

三是疫情的暴发和隔离措施的实施，加之师生学术旨趣不同，导致课题进度延迟、导学关系弱化，导师和学生在导和学的过程中很难保证教学质量、坚持学术精神，影响了师生双方的预期目标，给导学关系增加了负面的内容。这加大了实现新时期人才培养和形成比较良好师生学术共同体的难度。

二、构建理想的导学关系

第一，师生在交往和沟通中应当构建合理的沟通平台和沟通模式，坚持互惠相长、沟通共情的原则。但是，目前的教育方面存在一些功利主义和工具主义的现象，疫情特殊时期，部分学生的精神、情感容易变得脆弱而产生波动，因此，导师在指导过程中，除了知识和技能方面的交流，还应该加强在情感交流和疫情期间生活方面的精力投入，和学生相互了解、相互认同；学生在学习过程中，除了学术成果的汇报，也应当主动和导师进行情感沟通，倾诉内心想法、思想变化；研究生教务工作者作为导师和学生之间的一种特殊的沟通桥梁，也应当在导师和学生的沟通当中提供一些必要的帮助和行政支持，形成良好的缓冲区域。在特殊时期导师、学生、教务工作者应当加强沟通，共同携手建立良好的导学情感关系。

第二，师生关系是一种双向的关系，是一种研究层面上的合作关系。导师和学生之间的关系应该融入尊重、自由、平等的观念。师生交往中应该坚持人格平等，在平等的沟通和理解过程中，不断完善原先的知识体系、认知能力和情感认同，德才兼育，在疫情期间更加注重人文关怀，构建理想的导学关系。

第三，导师和学生在特殊时期更应当克服困难，坚持真理求真务实的学术精神，培养符合新时代需求的复合型人才，建立导学学术共同体。部分导师对于专业型和科学型研究生培养模式的区别并不清晰，这导致不同类型的研究生不能体现各自的特点，形成了人才的单一性。少数学生接受"填鸭式"的教学后，缺乏批判性思维和创新思维，加之外部环境复杂、物质的诱惑等使得少数学生产生了浮躁心理。而在疫情暴发的时候，人们逐渐意识到部分学科的重要性以及培养创新型、应用型、专业型、复合型人才的必要性。导师在研究生培养过程中应当克服单一的人才培养模式，加强应用型人才的培养，将科研与社会实践相结合，培养出适合实际技术难题攻克、社会服务、经济管理等应用型复合人才[4]；学生在学习过程中也应当积极参与到导师的课题，提升自己的创新能力。导师不但要重视系统的科研训练，更应该加强学生的社会实践和交叉学科培养，融合统一导师和学生的学术志趣，完善校企协同创新和联合培养的机制，建立良好的师生学术共同体。

三、总结

研究生教育关乎创新性国家的建设和中华民族的伟大复兴，导学关系作为研究生教育中不可或缺的一部分，在疫情期间更是亟待完善，培养过程中客观存在的一些问题有可能会转化、被放大或者扭曲，变得更为复杂。因此，导师、学生和教务工作者应协同努力，通过构建合理的沟通平台和沟通模式；在导学关系中融入尊重、自由、平等的观念；坚持真理求真务实的学术精神；培养符合新时代的复合型人才以及建立师生学术共同体等途径在疫情特殊时期构建理想导学关系。这将有助于解决师生学术志趣不同、师生关系本质出现异化、师生关系淡薄冷漠等问题，继而为重大疫情下社会的稳定以及国家对高层次创新、应用、专业人才培养的需求做出贡献。

参考文献

[1] 郑文力,张翠.基于心理契约视角的"导师-研究生"关系构建研究[J].研究生教育研究,2019(5):16-20.

[2] 张驰,刘海骅,练宸希,等.人本主义视角下和谐导学关系的重构[J].现代教育管理,2019(7):107-111.

[3] 祁占勇,陈鹏.重大疫情背景下我国研究生规模扩张的迫切需求与路径选择[J].河北师范大学学报(教育科学版),2020(3):19-24.

[4] 赵士发,李春晓.新时代语境下理想研究生师生关系的构建[J].研究生教育研究,2020(1):27-32.

新形势下工科研究生创新人才培养机制探索与实践

李珍珍

（四川大学化学工程学院，成都 610065）

摘 要：工科研究生创新人才培养，是落实习总书记人才思想、建设人才强国的必然选择，是培养担当民族复兴大任时代新人的必要途径，是新工科建设发展的必备要素。"360"模式全周期培养机制，是以三大目标、六大部门、零距离服务，建立健全"入口、过程、出口、追踪"的全周期培养机制。以落实立德树人培养任务、完善研究生思政工作队伍、发挥课堂教学主渠道作用、加强研究生党建工作为四大抓手强化思想引领；以优化研究生导师队伍结构、增强活力和竞争力为目标来提升导师队伍；以创新教育理念、加强学科建设、深化校企合作、搭好交流平台、服务国家战略为五大举措实现创新人才培养。

关键词：工科研究生；创新人才；培养机制；实践路径

作者简介：李珍珍，1987年生，女，博士，讲师，主要研究方向为思想政治教育，邮箱为853117253@qq.com。

一、前言

我国研究生教育正处于从规模化发展向内涵式发展转变的关键阶段，加快培养具有前瞻交叉思维的创新型研究生，是作为国民教育体系顶端的研究生教育必须承担的历史使命和责任。尤其是在新科技革命和产业革命背景下，培养又红又专、全面发展的新工科创新人才，是国家发展战略的重要人才支撑和智力支持，是高等教育现代化创新化的核心要素，是高校"双一流"建设的重要标志。如何推动创新人才脱颖而出，使优秀研究生站在学科发展前沿，服务国家重大战略需求，是现阶段研究生培养的重要任务和主要问题之一。因此，探索与实践新形势下工科研究生创新人才培养机制，对于研究生教育的高质量发展具有非常重要的意义。

二、工科研究生创新人才培养的必要性

（一）是落实习总书记人才思想、建设人才强国的必然选择

中国特色社会主义进入新时代，以习近平同志为核心的党中央在进行伟大斗争、建设伟大工程、推进伟大事业、实现伟大梦想的过程中，对人才工作做出了一系列重要指示[1-2]。尤其是作为创新人才培养的研究生教育，承担了培养高质量人才的重要任务，是加快建设人才强国的必然选择。

（二）是培养担当民族复兴大任时代新人的必要途径

加强工科研究生创新人才的培养，落实立德树人的根本任务，提升工科研究生的学术创新能力、工程实践能力和国际竞争能力，以服务需求为导向，成为创新突破的探索者、创业创新的践行者和创新潮流的弄潮者，将研究生的深厚知识基础和探索创新能力转化为担当民族复兴大任的源动力。

（三）是新工科建设发展的必备要素

当前，处于科技革命和产业革命的新时代、高等教育发展的新阶段，培养多样化、创新型卓越工程科技人才迫在眉睫。新工科的"新"主要体现为"应对变化、塑造未来"的新理念、"培养多元化、创新型卓越工程人才"的新要求以及"通过继承与创新、交叉与融合以及协调与共享进行新工科人才培养"的新途径[3]。创新工科研究生人才培养，是顺应解决急需和未来新工科发展的主要路径，能为建设工程教育强国做出贡献，为创新型国家建设提供充足的人才资源。

三、工科研究生创新人才培养机制探索与实践

党和国家一直以来高度重视工科研究生的培养工作，持续加大工科研究生教育的工作力度。习近平总书记强调，要按照人才成长规律改进人才培养机制，"顺木之天，以致其性"。各大高校和科研院所，都在高度关注工科研究生人才培养机制，积极提高工科研究生人才培养质量，努力推动研究生教育内涵发展再上新台阶。四川大学化学工程学院，作为国家布局在西部的化工高等教育基地，为我国化工科技创新人才培养、化工科技进步和新工科建设发展做出了重大贡献。那么研究和探索四川大学化学工程学院的工科研究生创新人才培养机制——"360"模式全周期培养机制，有利于其他高校和科研院所进一步深化改革研究生教育。

（一）主要内涵

"360"模式，"3"即三大目标，聚焦立德树人、对接学术前沿、服务国家战略；"6"即六大部门，学校党委统一领导、党委研究生工作部、研究生院、科研院、化学工程学院、心理健康中心六大部门协力共抓、协同共管，对研究生实行全员、全方位、全过程育人；"0"即零距离无缝隙管理与服务。此外，对"360"模式，也可以理解为，360度是一个圆，在这个轨道上行进没有终点，寓意工科研究生创新人才的培养教育永远在路上，不停歇，不止步。

全周期培养，建立健全"入口、过程、出口、追踪"全周期培养机制，让严进、严出、重过程、紧追踪成为研究生培养的常态。严把研究生教育的"入口关"，深化研究生招生改革，聚焦优质生源，促进工科研究生生源提质增量；重视全员全方位全过程管理育人，创新人才培养模式，加大国际化培养力度，增强工科研究生培养过程的深度广度；严把研究生教育的"出口关"，加大柔性的监控、指导、分流和淘汰力度，狠抓学位论文和学位授予管理，健全和完善工科研究生培养的考核评价。此外还需继续精确紧密追踪工科毕业研究生的就业去向和后续成长，做到"扶上马送一程"，真正实现学有所成和学有所用。

（二）实践路径

1. 强化思想引领

落实立德树人培养任务。根据工科研究生教育特点和培养规律，对工科研究生广泛开展爱国主义、理想信念、红色基因教育，发扬治学报国优良传统，营造"敬业、精益、专注、创新"的工匠精神，引导工科研究生创新人才立足新时代、服务新发展、建立新功勋。

完善研究生思政工作队伍。建立一支以研究生导师和研究生辅导员为主体的研究生思想政治教育工作队伍，主要负责思想政治教育、学术诚信教育、心理健康教育、校园文化建设、日常奖助管理、创新创业教育等方面。

发挥课堂教学主渠道作用。第一，强化课程教育环节，以马克思主义理论统领研究生学科建设，打破学科界限，挖掘专业课的思想政治教育资源，在理工科背景下深化对马克思主义特别是习近平新时代中国特色社会主义思想的教育教学和研究宣传。第二，强化实践教育环节。在研究生培养方案中设立实

践学分，将参与社会实践作为研究生培养的必要环节。

加强研究生党建工作。优化研究生党支部设置，在实验室、课题组等学术团队上建设党支部，深抓研究生党建与思想教育、专业教育、科研创新、导师育人、过程育人相结合，提升党性修养和政治素养。

2. 提升导师队伍

认真贯彻教育部《关于全面落实研究生导师立德树人职责的意见》精神，落实导师是研究生培养第一责任人的要求，以培养工科研究生创新人才为目标，以打造高素质、高水平导师队伍为抓手，优化研究生导师队伍结构，增强导师队伍活力和竞争力，不断提升研究生人才培养质量，实施师德"一票否决制"。例如疫情防控期间，为进一步做好学院研究生教育工作，保证研究生教育质量，要求导师必须继续切实履行"七导"职责，关注研究生的思想状态、心理状态和生活状况，提醒研究生保持身心健康；指导研究生积极就业，做好人生规划；加强指导研究生日常学习、科研训练与论文撰写，指导学生认真准备毕业答辩；理解学生、关爱学生，密切关注学生遇到的任何困难，妥善处理偶发事件。

3. 创新人才培养

创新教育理念。要想实现工科研究生创新人才的培养，必须以理念创新为先导。对于承担研究生教育的课题组，要改变传统教育理念，更应该注重培养学生的科学精神和科学道德，激发研究生对科学的好奇心、训练学生对科研的审美能力，在培养学生提出问题、分析问题和解决问题能力的同时，也要注重帮助其树立正确的世界观、人生观、价值观和培养团队合作人际交往能力。

加强学科建设。对标"双一流"建设，以学科建设为核心，实现从学科导向转向以产业需求为导向，从专业分割转向交叉融合，孕育形成新兴交叉学科专业或者课题组研究方向。

深化校企合作。强化产教协同落地生根，"校内导师＋企业导师"有机互补形成合力，开发实践课程和实践环节联合培养工程硕士和博士，着力提高工科研究生培养质量和实践能力。

搭好交流平台。整合学校、政府和国际资源，为创新人才成长提供机会构筑平台。鼓励工科研究生参加高端国际会议或国际联合培养项目、赴国内外一流大学短期访学，多样化、多渠道、多层次拓展研究生国际学术交流途径。

服务国家战略。立足学科优势和特色，积极参与"一带一路"倡议，服务国家，在推进重大攻关任务和开放办学实践中提升各方面素质能力，培育具有国际视野的"一带一路"工科背景创新研究人才。结合中国特色社会主义的国情，鼓励工科研究生将论文研究和就业创业覆盖在祖国大地上，将个人梦想融入时代潮流中，让青春出彩与家国情怀同频共振同向聚合，努力成为政治上可靠、学术上精通的卓越创新人才。

四、结束语

在新工科背景下，探索与实践工科研究生创新人才培养机制，对于研究生教育的内涵式高质量发展具有非常重要的意义。特别是"双一流"建设中，在高校内采用"360"模式全周期培养机制，通过强化思想引领、提升教师队伍和创新人才培养的具体实践路径，培养创新型工科研究生，在一定程度上有着更广泛的理论价值和应用价值。

参考文献

[1] 习近平. 决胜全面建成小康社会 夺取新时代中国特色社会主义伟大胜利——在中国共产党第十九次全国代表大会上的报告 [EB/OL]. http://www.gov.cn/zhuanti/2017－10/27/content_ 5234876.htm,2017－10－18/2017－10－27.

[2] 本书编写组. 聚天下英才而用之——学习习近平关于人才工作重要论述的体会 [M]. 北京：中国社会科学出版社，2019.

[3] 钟登华. 新工科建设的内涵与行动 [J]. 高等工程教育研究，2017（3）：1－6.

以赛促建、赛建融合，提升研究生数学建模的水平和能力

廖振良

（同济大学研究生院，上海 200092）

摘　要：参加数学建模竞赛深受广大研究生欢迎，有利于研究生提升数学水平和能力。然而，研究生有着比较繁重的课程学习和科研工作任务，参加数学建模竞赛又需要花费大量的时间精力，两者之间似乎存在着矛盾，这成为摆在很多高校面前的一道难题。通过边研究、边总结、边改革、边实施、边试点、边推广，同济大学走出了一条"以赛促建、赛建融合，提升研究生数学建模能力"的道路，包括构建了与培养方案深度融合的研究生数学能力提升模式，推动了从以"知识传授为中心"向以"能力提高为中心"转变的学校教学改革进展，形成了一套成功的研究生参加数学建模竞赛的组织、保障与宣传体系。

关键词：数学建模；竞赛；能力；提升

作者简介：廖振良，1970年生，男，工学博士，教授，主要研究方向为环境工程、研究生管理，邮箱为04150@tongji.edu.cn。

资助项目：同济大学研究生教育改革与研究项目（编号：2018ZD014）。

一、背景

理工科研究生的科研工作离不开数学模拟、分析和表达；同时，相对于本科生而言，研究生的学历层次较高，其将来的工作也会更多地涉及运用数学思维和工具来分析和解决实际问题。所以，如何提升研究生的数学水平和能力，一直是理工科院校研究生培养部门的关注点。

为了有效提升研究生的数学能力，2004年，由东南大学、同济大学等高校发起，创立了"全国研究生数学建模竞赛"，2007年，在教育部原副部长吴启迪的支持下，这一赛事改由教育部学位与研究生教育发展中心主办。2013年，该赛事成为中国研究生创新实践系列赛事之一，并于2017年更名为"中国研究生数学建模竞赛"[1]。

同济大学自2004年该赛事创办之初就积极参与。总结15年的参赛历程，我们体会到：参加数学建模竞赛有利于促进研究生提升数学水平和能力。

然而，研究生有着比较繁重的课程学习和科研工作任务，参加数学建模竞赛需要花费大量的时间精力，两者之间似乎存在着矛盾，这成为摆在很多高校面前的一道难题。如何从研究生培养模式上探索这一难题的破解方法，使得研究生参加数学建模竞赛与专业学习研究之间相互促进、协同发展，是需要研究和解决的问题。

为此，同济大学立项开展研究，并不断对研究生数学建模学习与参赛等工作进行改进。通过边研究、边总结、边改革、边实施、边试点、边推广，走出了一条"以赛促建、赛建融合，提升研究生数学建模能力"的道路。

二、主要做法

同济大学的主要做法包括构建赛建融合机制、促进创新实践人才培养体系创建、加强参赛的组织、

宣传、保障措施等。

（一）构建赛建融合的研究生数学能力提升长效机制

修订培养方案。数学能力的提升，不能与研究生的学习和研究相隔离，这两者应该是相互促进、协同发展的关系。培养方案是研究生培养的纲领性和规范性文件。我们从修订研究生培养方案入手，从培养目标、课程体系、实践环节、学位论文等方面强化数学能力的培养，使数学能力的提升不再是"课外活动"，而成为学校规定要完成的学习计划的一部分，保障了时间，并且能够得到自己学科专业导师的支持和指导，这就进一步激发了研究生的学习兴趣和热情，从而达到更好的提升效果。

将数模思想融入课程。鼓励数学类课程与专业课程融合的教学改革，尤其是"数值分析""矩阵论""应用统计""回归分析""应用数学方法"和"微分方程数值解"等课程；开设了研究生通识教育课程"数学建模"，配备热心和教学经验丰富的老师参与教学和教改，深受广大研究生的欢迎；举办形式多样的数学建模讲座；开发新课件、教学工具和网络资源，搭建功能齐全的网络教学平台，开发数学建模课程网站。

将提升数学能力与竞赛相融合。数学能力的提升不仅依靠课程，更通过竞赛活动来促进。由于数模竞赛采取了头脑风暴式的相互启发、分工合作方式，形式新颖，氛围轻松活泼，有利于激发学习热情与创新灵感，有利于培养锻炼团队合作精神。通过与竞赛相融合，将被动的学习转变为主动的研究和探索，能更好地提升研究生的数学能力。我们制订了竞赛管理办法，对于成功参赛的研究生，可以予以实践环节学分认定；对于竞赛获奖的研究生，学校再予以奖励，并且在评定奖学金、毕业要求等方面做出规定（如部分学科规定可以替代论文发表）；鼓励导师介入，不支持盲目参赛。

加强师资队伍建设。构建了年龄和学科结构合理的教学团队，目前教学团队共有20人，老中青比例3∶3∶4，中青年教学骨干都具有博士学历和较专业的学科背景。

（二）以数学建模为抓手，助力创新实践人才培养体系的创建

树立正确的价值观。通过数学建模"实践-理论-实践"的过程，引导研究生理解抽象的数学和科学问题背后所蕴含的社会意义、社会价值和社会责任，从而树立正确的价值观，契合同济大学"社会栋梁"与"专业精英"相统一的人才培养目标[2]。

从"以知识传授为中心"向"以能力提高为中心"转变。发挥数学建模课程及竞赛实践性、主动式、小规模、团队型、个性化学习研究的特点，以新颖的形式激发研究生的学习热情与灵感，将自己在专业实践及科研上的问题转化为数学建模问题来求解。通过带着自己要研究的问题去学习和参赛，解决研究生科研与数模竞赛两张皮的问题。由此，促进了从传统课堂教学以"知识传授为中心"向以"能力提高为中心"的转变，数学建模类课程及竞赛与传统课堂教学既互相形成鲜明的对比，又互相成为重要的补充。

促进创新。利用数模竞赛跨学科、跨专业、跨层级的知识和团队合作的特色，以及这一赛事国际化带来的跨文化的思维，促进研究生创新和创造力的迸发，并向下带动本科生数模竞赛及相关的创新创业活动。

推动成果转化。学校创新创业学院、研究生院、本科生院等部门联手，通过加大政策和资金扶持，实现竞赛成果与创新创业项目的一体化和贯通，对数学建模竞赛成果进行转化和推广应用，由此促进了学校本研学生创新创业平台的形成。

（三）加强参赛的组织、宣传及保障

高度重视。学校成立了以校领导为组长的竞赛工作领导小组，各部门分工明晰，通力合作。研究生院负责组织实施与保障；数学科学学院教师负责对团队进行指导；研究生会负责动员参赛；团委、宣传部负责宣传报道；创新创业学院负责竞赛成果的转化应用。学校提供竞赛经费，设立教研课题。

认真实施。每年正式比赛前,先组织校内赛,培养和选拔选手;竞赛期间,悉心为参赛研究生做好包括报名、文印、提供教室等各项服务与保障工作。

营造氛围。成立了校研究生数学建模协会,并创立了协会会刊《数学建模与研究》,中国研究生数学建模竞赛专家委员会主任朱道元教授题写发刊词;建立了网站和微信平台等多种宣传渠道;多年来,通过不同方式充分发挥研究生的积极性,努力培育科研与数模竞赛相融合的校园文化。

三、推广应用成效

同济大学在研究生数学建模方面所做的工作取得了突出的成果,有力支持了学校的教育教学改革和双一流建设,并在全国高校中产生了影响,得到推广应用。

(一)提升了研究生的数学建模水平

充实了数学建模方面的师资,开了10余门数学建模相关课程,参加中国研究生数学建模竞赛的人数逐年增加,2019年达1 700人。历年来参赛选手都取得了优异的成绩,特别是近五年竞赛成绩均位列全国高校第一(例如2019年获一等奖3项、二等奖157项、三等奖137项[3])。基于竞赛成果,研究生们发表相关学术论文11篇,出版竞赛论文集4部(共含论文100余篇),申请专利1项,形成案例库1个。广大研究生的专业能力和数学建模能力同步提升,得到导师们的普遍认可。这方面的成果也为学校的学科评估、专业认证、"双一流"建设等提供了支撑。

(二)形成了数学建模校园文化氛围

通过融合式的培养、周密的组织、广泛的宣传与有力的保障,同济大学已经培育出浓厚的研究生提升数学建模能力和参加竞赛的校园文化和氛围。

(三)推动了由以"知识传授为中心"向以"能力提高为中心"的转变

数学建模类课程及竞赛的"以能力提高为中心"与传统课堂教学以"知识传授为中心"既形成鲜明的对比,又相互成为重要的补充。通过对数学建模竞赛成果进行转化和推广应用,实现与创新创业项目的一体化和贯通,助力学生创新创业平台的形成。研究生数模竞赛还为本校参与其他竞赛提供了成熟经验,例如在研究生智慧城市大赛中,同济大学也取得了好成绩。

(四)促进了赛事本身的发展

自2003年赛事创办起,同济大学就积极参与,获得了历年的竞赛优秀组织奖。利用自身在工科数学方面的优势(如出版的《高等数学》教材被全国高校工科专业普遍采用[4])和对这一赛事的影响力,同济大学与其他高校一道,将赛事发展为由教育部学位与研究生教育发展中心主办、有近500家研究生培养单位和40 000多名研究生参与、规模和影响最大的全国性研究生创新实践竞赛。

(五)引领了全国研究生数学建模竞赛及教学改革的潮流

围绕研究生数学能力的提升,共开展了各级各类教学改革研究项目10余项,形成研究报告30余份,发表相关教学改革研究论文10余篇,出版教材6本。通过中国研究生数学建模竞赛等途径,同济大学在研究生数学建模能力培养方面的好经验、好做法得以向全国各高校推广。而经过同济大学等上海市高校的努力,上海市也出台了对这一竞赛获奖者给予毕业留沪加分的政策。

四、总结

同济大学从构建赛建融合机制、促进创新实践人才培养体系创建、加强参赛的组织、保障、宣传措施等方面入手，提出了以赛促建、赛建融合，提升研究生数学能力的模式，解决了研究生学习科研与参加数模竞赛之间的矛盾。历经多年的探索和实践，同济大学取得了研究生数学建模方面大量的创新性成果以及优异的竞赛成绩，有关成果有力地支持了学校的教育教学改革和"双一流"建设，并在全国高校中产生了影响，得到推广应用。

参考文献

［1］中国研究生数学建模竞赛简介. 学位与研究生教育［J］. 2018（8）：2.
［2］赵睿，史万兵. 我国"一流大学"人才培养目标优化研究［J］. 东北大学学报（社会科学版），2018，20（1）：88－93.
［3］中国研究生数学建模竞赛. "华为杯"第十六届中国研究生数学建模竞赛获奖名单公布. https://cpipc. chinadegrees.cn//cw/detail/4/2c9088a56e1b7bf9016e8b33830300bf.
［4］同济大学数学系. 高等数学（上、下册）［M］. 7版. 北京：高等教育出版社，2014.

研究生挂职锻炼全链条生态系统构建研究

牛茂贵 王 希 王 会

（西北工业大学研究生院，西安 710072）

摘 要：研究生挂职锻炼作为拔尖创新人才培养的有效方法，近年来被很多高校广泛采用。然而，研究生挂职锻炼受应用型人才培养理念、校外挂职单位配合度等因素影响，大部分高校还未建立常态化体制机制，影响了研究生挂职锻炼的人才培养效果。本文探讨高校研究生挂职锻炼的开展现状、存在的问题和人才培养效果，针对研究生挂职锻炼体制机制的系统性、制度性等方面进行研究，尝试构建研究生挂职锻炼的全链条生态系统。

关键词：研究生挂职锻炼；人才培养；全链条生态系统

第一作者简介：牛茂贵，1990年生，男，工学硕士，助理研究员，主要研究方向为研究生思想政治教育和教育管理，邮箱为 niumaogui@nwpu.edu.cn。

基金项目：陕西省高校辅导员工作精品项目（编号 2017FXM07）

习近平总书记指出，我国的高等教育肩负着培养什么样的人、如何培养人、为谁培养人的责任。研究生教育是高等教育金字塔中的最顶尖部分，研究生是国家创新驱动发展战略实施的关键人才，他们的意识、能力和水平直接关系到国家战略的实施和中国特色社会主义建设的水平。研究生挂职锻炼，是应用型拔尖创新研究生培养的一种十分有效的方式，通过在校理论教育、校外实践教育、再回校强化理论和实践，能加强学生的理想信念，弥补学生的能力短板。

一、研究生挂职锻炼存在的问题

近年来，研究生挂职锻炼作为校内外联合育人的手段已被越来越多的高校采用，然而，大部分高校主要将这种方式作为常规性大学生社会实践来对待，没有针对其培养拔尖创新人才的高阶属性进行规范化、制度化、常态化建设，存在对研究生挂职锻炼培养什么人的深入意义研究不够、研究生和企业对挂职锻炼的认识不清晰等问题。

（一）部分高校对挂职锻炼培养研究生的定位不准确

研究生挂职锻炼从育人层面讲是实践育人的一种形式，也是社会实践的一种，但研究生挂职锻炼与普通大学生社会实践的定位不同，普通社会实践面向的是大部分学生，具有普适性，给他们提供了解社会、开阔视野的机会。而研究生挂职锻炼对应群体是优秀学生，高校通过研究生挂职锻炼培养的是精英人才和应用型拔尖创新人才，设岗单位培养的是后备业务骨干、领导苗子，这一点在以往的研究中并未予以特别明确，这也导致了高校对研究生挂职锻炼培养机制存在定位不准确的问题。

（二）学生对挂职锻炼的认识不足

通过对开展研究生挂职锻炼的高校随机抽取的100名研究生进行问卷调查并分析，我们发现：54%的学生参加挂职锻炼是为了找一份好工作，让自己心仪已久的企业通过这种途径提前认识和了解自己，从而在后面的招聘中占得先机；22%的学生认为参加挂职锻炼是为了获得一份实习实践经历，充实自己的人生阅历；仅有24%的学生认为参加挂职锻炼是为了全面提高自身综合素质和能力，与就业关系不大以上数据说明大部分学生对挂职锻炼的认识还不到位,对参加挂职锻炼的目的不明确。

学生对挂职锻炼的认识存在局限性,缺乏全局性、长远性的认识[1],这与很多因素有关,包括国家、社会、高校、挂职单位对挂职锻炼工作的宣传,同时也说明研究生挂职锻炼的机制还不完善,没有形成一个闭环的管理。

(三) 挂职单位对挂职锻炼重视不足

从企业反馈的信息来看,挂职单位作为买方市场对挂职锻炼重视度不够、认识不全面,大部分企业认为挂职人员并不能有效地为企业带来收益,所以没有投入大量的精力和保障条件。通过对已参加挂职锻炼的学生进行反馈信息调查发现,45%的学生认为自己并不能为企业带来实质性的帮助,在企业存在感弱,认为企业并不重视挂职锻炼,30%的学生认为企业较重视,仅有25%的学生认为企业非常重视。

(四) 缺失制度化规范性建设

研究生挂职锻炼制度化构建设计需要多层次、多方位的针对性规划,需要从一个具有融贯性模式的构建中寻找其制度化的合理性与共识性,只有形成规范化的制度建设,才能使得高校、挂职单位、学生三方面形成无缝对接,从而有效推动挂职锻炼常态化进行[2]。然而,目前在企业层面,学生挂职制度建设缺位;在高校层面,学生挂职锻炼存在制度建设错位等情形。

二、研究生挂职锻炼机制构建对策

完善的机制可以促进研究生挂职锻炼的常态化建设,构建刚性的环境。从研究生挂职锻炼整体过程的各个环节入手,针对人员选拔、培训开发、挂职匹配、保障激励、基地建设、总结考核,建立一整套系统、科学、行之有效的研究生挂职制度,解决研究生挂职锻炼过程中所出现的变形走样问题。

(一) 完善制度规范化、机制化、常态化建设

具有融贯性的制度是建设研究生挂职锻炼常态化机制的有力因素,一方面它可以链接各个层面的需求与期望,另一方面针对研究生挂职锻炼实践过程中的问题形成一个融贯性的制度,可以从统领全局的角度出发打破由单层面出发而产生局限性的消极因素的局面[3]。然而,高校、企业以及学生层面的链接性较差导致融贯性的共识性基础较为脆弱,进而使得研究生挂职不能形成有效的常态化机制。

1. 完善挂职锻炼人员选拔制度

建立公开、透明的选拔制度。在人员选拔的制度化、规范化层面上,从选拔人才制度入手,一方面公开化、公平化,拟定公正制度,确保公平、公正的程序主义模式;另一方面也是从高校、研究生、导师本身出发,保证每个有实践需求的研究生都有机会参加,享受平等的选拔机会,同时尊重学生志趣、导师意见。具有共识性基础的选拔机制能够获得认同,能够达成多方的一致,各方能够服从组织的管理安排,这必将提升研究生挂职锻炼的最终效果。

高校在选拔挂职锻炼研究生时应重点考察研究生的思想认识、学业基础和综合能力,应选拔全面发展的优秀研究生,助力他们未来在实践应用领域成为领军人物。

2. 建立派出前的培训制度

形成完整的素质素养、能力提升课程体系。一方面,学生要完成从学校到职场的思想转变,需要了解职场优秀员工的基本素质,同时具备公文写作、遵守文明礼仪等基本能力;另一方面,对照领军人才的基本素质,需要系统地从文化素养、励志修身、团队合作等领导力方面进行学习。所以,培训中需要搭建"文化素养、励志修身、团队建设、职场意识、技能特长"等"五大"课程体系。

建立一支专业化、稳定的指导教师队伍。研究生挂职锻炼作为领军人物培养的重要手段,首先要有一批领军人物或者即将成为领军人物的知名人士担任指导教师,帮助培训班搭建培训体系、制订培训计

划，从而使挂职锻炼的前期准备工作更为具体和专业。指导教师做报告、座谈，以及与研究生密切交流，可以指导研究生在理想信念、价值追求、能力素养等方面不断提高自己，同时极大地提高培训团队研究生的参与度与积极性。另外，在职业技能、能力锻炼方面，需要聘请长期的专业指导教师，使他们能够针对挂职锻炼的特点，不断改进教学内容，形成针对性强的课程[4]。

3. 健全双向选择的挂职锻炼匹配制度

双向选择是研究生和设岗单位进行挂职锻炼匹配的核心。研究生完成系统的培训，从思想认识到素质能力都符合基本的职场要求时，就可以到企事业单位进行挂职。

坚持两个主体的双向选择。在公开、公平的选拔制度保证下，研究生和设岗单位这两个主体相互深入了解，设岗单位选择适合自己的企业文化、具备基本专业素养和综合能力的研究生，研究生选择与自己职业发展道路契合、可以全方位锻炼能力的岗位，达到"双赢"。

坚持合理化引导。高校应从国家发展需要出发，针对每个研究生的性格特点、素质能力进行合理引导，培训指导老师应从职业发展前景、与个人职业规划的契合度方面给予合理化建议，但最终需尊重研究生的意见。

4. 健全保障激励制度

要使研究生挂职锻炼长久开展，保证研究生人身财产安全，保障挂职锻炼期间的研究生基本生活是重中之重，这就需要形成制度保障。

健全条件保障制度。研究生在外工作，住宿、饮食、交通、通信等支出大幅度增加，给研究生的生活工作带来较大的压力。为使研究生安心工作，潜心学习，需要设岗单位和高校提供一定的条件和经济保障。设岗单位可根据实际情况解决研究生的住宿问题，提供一定的伙食和交通、通信补贴，高校适当提供一定的生活补贴，解决研究生的后顾之忧。

建立岗位激励制度。研究生在设岗单位工作，设岗单位主要考察研究生的综合素质和能力，所以挂职锻炼岗位的工作职责一般不能等同于其他岗位，应按照创新性、开创性、综合性的原则来设定，切忌仅安排临时性、事务性的工作。在岗位职责明确后，应明确工作的激励和惩罚机制，调动研究生工作的积极性。

（二）完善挂职锻炼基地建设

适当建立一批对口、稳定的挂职锻炼基地。只有长期合作，高校和基地不断探索，才能逐步完善双方的人才培养理念，细化各自的任务和分工，保证研究生挂职锻炼的质量和效果。高校在基地的选择上要坚持专业对口、倡导一致的原则，将高校的行业背景、研究生的专业特长与单位的主要业务良好结合，保持谨慎的态度，成熟一个建设一个，形成规模适当、相对稳定、专业对口的研究生挂职锻炼基地群。

完善基地制度建设。研究生挂职锻炼涉及基地的组织、人事、后勤、业务等多个部门，组织部门负责人员的选拔、任用，人事部门负责制订工作职责，实施考核激励，后勤部门负责保障工作、生活，业务部门负责指导工作开展，他们分工协作、密切配合，才能完成研究生挂职工作。为保证这些单位的顺利合作，需要制定完整的工作制度，明确各自的责任。

构建基地导师制度。研究生挂职锻炼设岗单位提供挂职岗位是前提条件，安排基地指导老师对研究生进行全方位指导是成败的重要因素之一。在指导教师的挑选上，一般应为已经成为行业领军人物的领导或者在某一方面有特殊优势的专家，从培养后备干部和接班人的角度，在树立坚定的理想信念，正确看待国内外行业发展趋势，审时度势制定发展战略，掌控全局的能力等前瞻性、全局性、领导力方面进行指导，让研究生在具体的工作中认真体会并加以实践。基地需与高校一起，从指导教师挑选、指导形式、指导频次等方面形成制度，保证研究生在高层次的平台上得到锻炼。

（三）建立总结考核制度

制度化的总结考核，既可以促使研究生自身对挂职锻炼的认识度提高，也使得研究生挂职锻炼机制常态化运行，形成稳定的预期性效益。

全面总结，规划职业生涯。研究生挂职锻炼区别于其他挂职锻炼的优势是挂职时间长、实践平台高，相关情况掌握得比较充分，研究生结束挂职返校后可以根据自己的目标、针对自己的不足进行全面的总结，反思自己的职业和生涯规划，并加以调整，制订更加适合自己和实际的长远目标。通过研究生实践锻炼，研究生可以详细了解所从事行业的国际、国内发展现状和趋势，进一步明确自己所肩负的责任，清楚自己的努力方向，带着问题有目的地扎实学习。

传承挂职锻炼，推动常态化建设。当研究生挂职结束回校后，高校应从行业研究、思想认识、挂职总结等方面形成制度化要求，并通过举行总结会、汇报会、研讨会使研究生的认识进一步提升，同时扩大挂职锻炼受益面，强化教育效果。

三、总结

研究生挂职锻炼作为一项理论与实践相结合、校内与校外相结合、学业与事业相结合的教育平台，受到了广大研究生和部分企事业单位的欢迎，有很强的生命力[5]。开展研究生挂职锻炼全生态的制度体系建设，是保证研究生挂职锻炼规范化开展的先决条件。在体系制度建设中，充分考虑高校、挂职单位、学生的利益诉求，是研究生挂职锻炼长期有效进行下去的关键。

参考文献

[1] 王伟明，张鹏. 大学生社会实践科学化组织模式探索［J］. 中国青年研究，2012（12）.

[2] 雷世平，姜群英. 职业院校学生企业实习制度研究［J］. 职教论坛，2012（25）.

[3] 李木柳. 新时期大学生政治社会化的思考［J］. 山西青年管理干部学院学报，2008（1）.

[4] 劳俊华，沈满洪，吕淼华. 研究生挂职锻炼模式的探索与思考［J］. 学位与研究生教育，2007（2）.

[5] 赵妩，葛亚宇. 研究生实践育人新模式［J］. 学位与研究生教育，2014（2）.

中外研究生培养模式比较研究

董霁红 吉莉

（中国矿业大学环境与测绘学院，徐州 221116）

摘　要：为明确中外研究生培养模式与发展趋势，提出适宜全球化人才发展的研究生培养模式，本研究选取北美、欧洲、大洋洲和亚洲顶尖高校为研究对象，从教育理念、招生与学制、培养模式、质量评价体系4个方面来对比分析各高校的研究生培养过程，提出构建独立、创新的教育理念，健全研究生招考体制与学制，加快课程体系和导师制度改革，探索多元主体研究生教育质量评价体系等建议，为我国研究生教育培养模式和课程体系建设与改革提供借鉴。

关键词：研究生教育；培养模式；比较研究；评价体系；改革借鉴

第一作者简介：董霁红，1967年生，女，博士生导师，教授，研究方向为土地复垦与生态重建、矿区土壤检测、矿区生态修复与景观规划，邮箱为 dongjihong@cumt.edu.cn。

研究生教育作为高等教育的顶层设计，是促进国家和民族长足发展的重要源动力。而研究生培养方式的优化选择，是保障和促进教育质量得以提升的关键[1]。自19世纪以来，世界研究生教育快速发展，教学理念超前的国家和地区已形成了较为成熟的教育模式，如美国以竞争淘汰机制为主导的创新型培养模式，英国多样化、开放式的精英教育模式，德国"科研-教学相统一"的教育模式以及日本的实用型培养模式等[2-4]。这些独具特色的培养模式，在促进本国研究生教育发展的同时，也对其他国家研究生的培养产生了重要影响，各国都在寻求更适宜本国的研究生培养模式。

目前，我国研究生教育已经进入了由规模向质量、由外延向内涵、由知识本位向能力本位的战略转型期。如何加快我国从教育大国向教育强国转变，适应全球化的人才发展战略需求是我国高等教育亟待解决的问题之一[5]。基于此，本文选取国内外顶尖高校作为研究对象，从教育理念与目标、招生与学制、培养模式及质量评价体系4个方面对各高校研究生教育进行研究，通过对比分析总结出国内外研究生教育发展的特点和经验，以期为我国研究生培养模式的改革与创新提供借鉴。

一、教育目标与理念

各高校树立的教育理念与其所在地区的传统文化及发展历史密切相关，综合来看，各高校具体教育目标与理念虽各有不同，但殊途同归。

（一）注重独立、创新，发掘学生潜能

西方研究生教育理念强调让学生在提问讨论中学习与成长，擅长利用身边的各种资源进行创新[6]，如多伦多大学、不列颠哥伦比亚大学等。近年来，我国实施了"优势学科创新平台""双一流建设"等创新驱动发展战略以推动高校不断创新。目前，除部分顶尖高校，国内高校综合创新实力与美国、英国等仍存在一定差距。

（二）因材施教，追求卓越，突出对社会的贡献

国内外高校均遵循因材施教的教学方法。相比之下，国外高校更加注重培养学生解决实际问题的能力，重视复合型人才培养，如墨尔本大学、新加坡国立大学等；而国内高校更侧重学术型人才培养，专

业型研究生培养相对欠缺,且在研究方向、培养模式方面多遵循常规。

二、招生与学制

(一) 招生数额

国外高校每年的录取数额有差距,但为了确保研究与教学质量,录取人数调整幅度不会太大。公立大学研究生录取率相对较高,但不同地区略有差异。相比而言,中国私立高校除极少数外通常不具备研究生招生资格,主要为公立高校招生。基于教育部统计数据,我国研究生报名考试人数近20年呈波动上升趋势,报考竞争度、录取难度整体呈下降趋势。

(二) 学制设置

国外大学硕士研究生学制较短,一般在2年左右,而博士研究生学制根据不同专业特性而定。国内研究生教育一般为3年制,博士研究生一般多在4~6年。此外,国内研究生大多不可以提前毕业,实行的不是完全的学分制。而国外的大学主要以学分作为衡量研究生是否有毕业资格的标准,在学校学习时间达到最低时限,修满学分且毕业论文与答辩通过后,即可毕业。

三、教学与培养模式

(一) 课程结构

美国研究生课程设置灵活,内容涵盖领域广泛,学生可根据个人计划选择课程。英国的研究生课程内容设置注重与生产实践相结合。日本研究生培养模式强调对基础理论的学习,但近几年开始重视跨学科、跨专业课程学习。中国目前研究生课程按专业性质划分为三类:公共课程、专业基础课程和专业方向课程。其中公共课学分约占总学分的四分之一,占比较大,相比于国外大学开设的交叉学科课程较少[7],不利于系统学习及拓展知识面。

(二) 导师制度

国外高校为保证培养质量,研究生阶段的师生比较大。美国、加拿大等北美高校通常成立5~7人的导师指导委员会或导师指导小组;英国、澳大利亚及部分欧洲国家多为双导师制或联合导师制,包括一位主导师和一位或多位副导师;德国、法国、日本、新加坡和中国主要为单导师制。在中国,导师通常为学生入学时选定,对学生全权负责。但是,随着研究生教育规模的不断扩大,单一导师制的某些弊端逐渐显现。

(三) 考核及淘汰制度

1. 毕业要求

欧美国家研究生毕业要求趋同。在英国,两年内完成课程学习和学术研究,通过毕业论文答辩即可毕业。日本等亚洲国家,硕士生必须修满30学分才能毕业,博士必须修完至少3年以上的课程并通过考试以及毕业论文审核方可毕业。国内大多数学校要求学生思想端正、品德良好,同时已经学习完所有课程并通过相关课程的学习,在核心期刊或EI、SCI上发表过文章可申请论文答辩,提交学位论文并通过答辩方可毕业。

2. 淘汰机制

高校人才培养的质量保障是建立相应的淘汰机制。英国和澳大利亚大部分高校采取宽进严出的研究生培养模式；美国主要是采取严格的研究生入学选拔制度；日本研究生除了要通过最终的学位论文审查以外，还要参加每个学期的期末考试以及毕业时的最终考核才可以毕业。对比研究案例国家，共同的特点就是这些大学均建立了较为完善的研究生培养质量监督机制，实现了全方位质量监测体系，确保了研究生的培养质量。

四、国外高校研究生培养对中国的启示

本研究通过分析，比较北美、欧洲、大洋洲和亚洲顶尖高校研究生培养过程，针对我国研究生教育培养模式问题，学习和借鉴国外顶尖高校研究生培养模式，以促进未来研究生教育事业的发展和教育质量的提升。

（一）构建独立、创新的教育体制，培养多元化卓越人才

我国高校研究生规模的外延式发展迅速，而内涵式质量提升较为缓慢。构建以独立、创新为核心的教育体制，培养高层次创新人才是我国研究生教育发展的必然选择。在培养模式上，合理控制研究生规模，实施质量优先，严格把关培养模式。在培养方案上，构建多样化的研究生教育体系，对研究生实行分层次、分类型、分学科管理。在培养方式上，采取科教结合，加强专业型和复合型研究生培养。

（二）健全研究生招考体制，加快多元化学制改革

一方面，我国应健全多样化的招考体制，在统一考试的基础上，完善现有的研究生推荐免试制度和博士研究生申请—审核制度，综合考核学生多方面能力，提高研究生的选拔质量。另一方面，应建立权责明晰的招生管理机制，采取法律规范、政府监督、高校自主的方式按需招生；在学制方面，高校应有针对性地制订和适当缩短学制，减缓研究生外延式发展速度。其次是学制的弹性化，尤其是针对博士研究生，以均衡学生科研能力的差异，满足学生学习、科研、工作的选择性和兼顾性。

（三）加快课程体系和导师制度改革，推进国际化特色培养模式

目前我国研究生课程普遍存在教学考核形式单一等问题。加快研究生课程体系改革应明确课程目标，有针对性地开设课程和调整课程比例，整合课程资源推陈出新；细化学分制度和多元考核制度，分层分类增设基础课程和交叉课程解决课程连贯性和系统性问题。在教学形式方面，开展多元化开放式教学，改进传统传授型教学方法，提高研究生实践创新能力。在导师制度改革方面，可借鉴国外高校推行双导师、导师小组或导师指导委员会制度，改变我国导师一对一和一对多的培养现状。

参考文献

[1] 马林刚，唐建国. 优化培养模式　提高研究生培养质量［J］. 中国高等教育评估，2007，(3)：41-43.
[2] Brown L, Holloway I. The adjustment journey of international postgraduate students at an English University: An Ethnographic Study [J]. Journal of Research in International Education, 2008, 7 (2): 232-249.
[3] Melles G, Wölfel C. Postgraduate design education in Germany: Motivations, understandings and experiences of graduates and enrolled students in master's and doctoral programmes [J]. Design Journal, 2014, 17 (1): 115-135.
[4] 杨院，丁楠. 我国研究生教育研究的范式转换与选择［J］. 学位与研究生教育，2017 (8)：50-53.
[5] 李海生，范国睿. 硕士研究生课程设置存在的问题及思考［J］. 学位与研究生教育，2010 (7)：59-63.

基于模糊层次分析的研究生可培养性评价方法研究

简小刚　蔡帅博

（同济大学机械与能源工程学院，上海201804）

摘　要：对研究生可培养性进行科学评价，是优化研究生招生选拔体系、提高研究生培养质量的重要手段。本文结合学科建设与研究生培养实践，提出了研究生可培养度的概念及内涵，基于研究生全过程培养理念，建立了研究生可培养度综合评价指标体系及其计算模型，并用案例验证了模型的正确性和有效性，为研究生培养过程及质量优化提供依据。

关键词：可培养度；研究生全过程培养；指标框架；评价模型

第一作者简介：简小刚，1975年生，男，博士学位，副教授，研究方向为机械设计与创新，邮箱为jianxgg@tongji.edu.cn。

一、引言

研究生可培养性评价是通过对研究生培养过程的难易程度进行定性和定量的分析，以确定保证达到研究生培养所需达到的规定水平的概率，是一个涉及多因素、多目标的决策过程[1-2]。对研究生进行可培养性评价，优化研究生培养体系，提升研究生培养质量。

目前关于研究生可培养性的评价研究尚处于空白，相关理论与研究鲜有报道，对于研究生可培养性评价方法还处于摸索总结改进中，缺乏规范化的评价流程，评估结果准确性有待验证。本文结合本学科几十年的研究生培养实践，提出了研究生可培养度的概念及内涵，基于研究生全过程培养理念，建立了研究生可培养度综合评价指标体系及其计算模型，并用案例验证了模型的正确性和有效性，以期为研究生培养过程及质量优化提供依据。

二、可培养度定义、评价体系及模型

（一）可培养度定义

目前可查的文献中[3-6]，针对研究生可培养性评价，国内外研究学者还未给出一个统一公认的定义，本文结合本学科研究生培养实践及实际需求，尝试用可培养度来定义：研究生在规定时间及规定条件下，通过全过程培养，最终达到研究生培养所需达到的规定水平的难易程度（概率）。该提法采用"三规定一概率"的定义方式，包含与可培养度密切相关的五个要素：研究生、规定条件、规定时间、规定水平、难易程度（概率）。

可培养度这一概念的提出，旨在通过前期的评估评价措施，修正研究生培养各环节中存在的问题及短板，优化研究生招生培养体系，符合研究生全过程培养理念。根据研究生可培养度概念，其内涵可分为两个层面：一是研究生培养各环节在研究生培养过程中达到规定要求的相对难易程度；二是研究生招生培养体系中的所有组成部分有关可培养性的综合度量。

（二）基于可培养度的研究生可培养性评价体系建立

相对于从单一角度考虑研究生可培养性评价而言，基于研究生全过程培养理念，综合考虑全过程培养中的研究生招生、课程教学、课题研究、人格培养、导师配备、学位论文等对研究生可培养性的影响，构建研究生可培养性指标体系，更加侧重培养的全过程性，可以有效提升指标框架的科学性。

研究生全过程培养是指研究生从招生、导师配置、课程学习、课题研究直到完成学位论文的全部培养过程。

研究生招生环节：研究生入学时的知识结构、能力水平、人格力量等，这在很大程度上已经决定了研究生培养的难易程度。

导师配置环节：导师素质与资格审查、招生名额分配、招生数量约束、培养质量的统计与反馈等，这部分对研究生可培养度影响较大。

课程学习环节：涉及专业课程知识体系建构、课程师资配置、课程开展条件以及课程管理人员水平等。

课题研究环节：考察研究生在参与课题研究过程中信息搜索、概括归纳、解决问题及表达交流等能力的培养，以便考察其培养过程达标的难易程度。

学位论文环节：考察研究生学位论文专业背景、学术素养、能力水平及规范诚信等方面的内容，是研究生可培养度的体现。

另一方面，根据可培养度概念及其内涵，可将上述评价指标分为两个方面：内在因素与外部因素。内在因素是指研究生招生、课程学习、学位论文等，这在很大程度上已经决定培养时的难易程度；外部因素是指研究生在培养过程中表现出的一种可适应性的特性，需要考虑导师配置与课题研究等方面因素的影响，而这些因素的变化同样会影响研究生可培养的难易程度。

（三）可培养度评价模型

根据可培养度的定义及其内涵，研究生可培养性综合评价模型包括各组成部分的评价模型和研究生可培养度的综合评价模型两部分。各组成部分主要依据优先关系矩阵和相关矩阵进行计算。首先，根据模糊层次法计算在各自指标体系中从上至下各级指标的权重；其次，专家对各指标的等级（三个等级：良好、一般、差）予以评价；最后，自下而上对指标进行融合计算，得到各组成部分的可培养度评价值。研究生可培养度计算可按图1所示步骤进行：

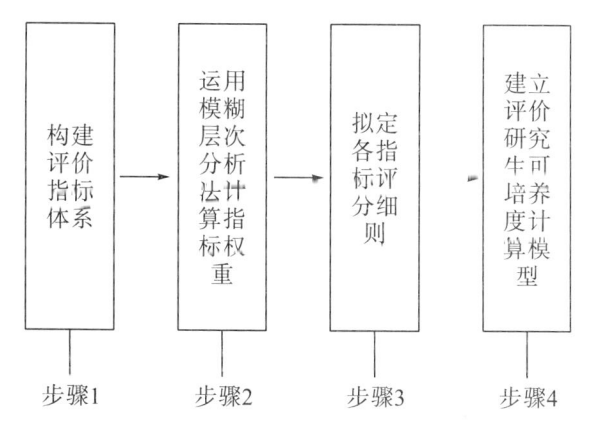

构建评价指标体系 → 运用模糊层次分析法计算指标权重 → 拟定各指标评分细则 → 建立评价研究生可培养度计算模型

步骤1　步骤2　步骤3　步骤4

图1　研究生可培养度计算流程图

步骤1：确定可培养度内涵及其评价指标，根据特性将评价指标分为一级、二级和三级3个级别，之后根据评价指标建立评价指标集；所述特性为内在因素和外部因素的组合。

步骤2：根据步骤1建立的评价指标集，采用模糊层次分析法[10]确定各指标的权重系数。

（1）构建优先关系矩阵Q，使用优先关系矩阵数量标度方法把$q_{i,j}$的取值分为3个标度，具体为：

$$q_{i,j} = \begin{cases} 1 & I_i > I_j \\ 0.5 & I_i = I_j \\ 0 & I_i < I_j \end{cases} \tag{1}$$

其中：$q_{i,j}$ 为优先关系矩阵第 i 行第 j 列的元素，I_i 为第 i 行对应影响因素的重要程度，I_j 为第 j 行对应影响因素的重要程度。

（2）变换优先关系矩阵中的优先关系值为模糊关系值，进而分别得到与优先关系矩阵对应且与其同阶的模糊关系矩阵，具体变换式如下：

$$r_{i,j} = \frac{q_i - q_j}{2n} + 0.5 \tag{2}$$

其中：$r_{i,j}$ 为 $q_{i,j}$ 变换后的模糊关系值，q_i 为对应优先关系矩阵中第 i 行各元素之和，q_j 为对应优先关系矩阵中第 j 行各元素之和。

（3）将模糊关系矩阵按行求积，得到各模糊关系矩阵所涉及各影响因素的原始权重：

$$g_i = R_i \frac{1}{n} \tag{3}$$

其中：g_i 为模糊关系矩阵涉及的第 i 个影响因素的原始权重，R_i 为对应模糊关系矩阵中第 i 行元素之积。

（4）根据得到的原始权重，建立与模糊关系矩阵对应的原始权向量 N：

$$N = (g_1, g_2, \cdots g_n)^T \tag{4}$$

（5）归一化各原始权向量，并计算得到各影响因素的归一化权重。

步骤 3：建立三级评价指标的评价规范，分析影响因素，确定评价细则。

步骤 4：建立评价模型，设定总分 A = 1 000 分，根据所对应权重，各项指标分数 = 权重 × A。各培养环节对应有不同的评价指标，检查所得分数相加计算总得分，最后进行无量纲化处理，得出可培养度。

三、实例分析

以本学科近 5 年研究生培养过程为例，提出具体实施步骤，基于可培养度这一定量指标评价研究生的可培养性及其培养质量。

研究生全过程培养环节包括研究生招生、导师配置、课程学习、课题研究、学位论文。具体信息如表 1 所示：

表 1 研究生培养全过程所涉及的主要环节

评价项目	评价指标	描述
研究生招生	2000S	● 知识结构 ● 能力水平 ● 人格力量
导师配置	1500J	● 导师素质 ● 导师资格 ● 名额分配 ● 数量约束 ● 培养质量
课程学习	1000C	● 专业课程知识体系建构 ● 课程师资配置 ● 课程开展条件 ● 课程管理人员水平
课题研究	1000R	● 信息检索 ● 概括归纳 ● 解决问题 ● 表达交流

续表1

评价项目	评价指标	描述
学位论文	1000h	• 专业背景 • 学术素养 • 学术水平 • 规范诚信

(1) 根据上述步骤，将各评价指标用因素集的形式表示，即可得到评价因素集 U。

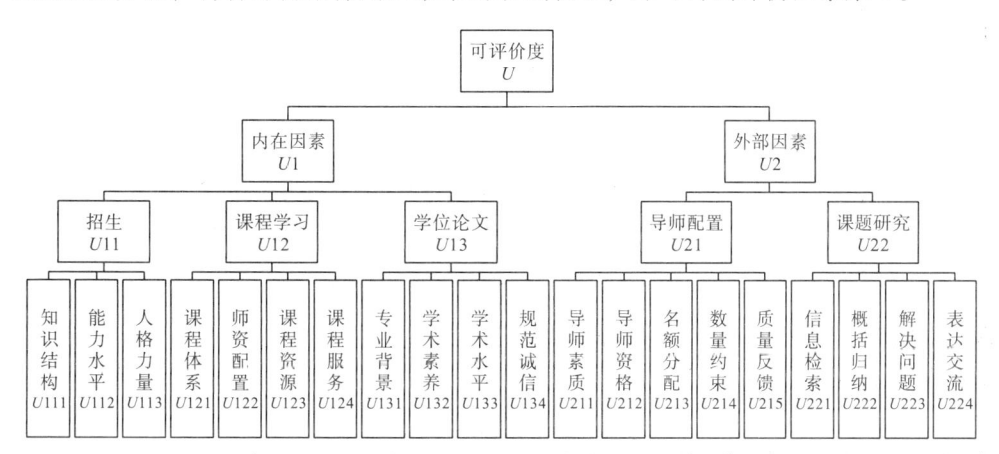

图2 面向全过程培养的研究生可培养度评价体系框架图

U = {U1, U2}，其中，U1 = {U11, U12, U13}，U2 = {U21, U22}，U11 = {U111, U112, U113}，U12 = {U121, U122, U123, U124}，U13 = {U131, U132, U133, U134}，U21 = {U211, U212, U213, U214, U215}，U22 = {U221, U222, U223, U224}。

(2) 确定各项评价指标的权重。

采用模糊层次分析法，建立优先关系矩阵 Q_1, Q_2, Q_3, Q_4, Q_5，经过计算可得各项指标权重值，如表2所示。

表2 各项指标权重值

权向量	R_1	$(0.6729, 0.5445, 0.4137, 0.2767)^T$
归一化权重向量	W_1	$(0.353, 0.285, 0.217, 0.145)^T$
权向量	R_2	$(0.1356, 0.3463, 0.2312, 0.5659, 0.5659, 0.6942)^T$
归一化权重向量	W_2	$(0.152, 0.121, 0.088, 0.198, 0.198, 0.243)^T$
权向量	R_3	$(0.6525, 0.4807, 0.3029)^T$
归一化权重向量	W_3	$(0.454, 0.335, 0.211)^T$
权向量	R_4	$(0.6525, 0.3029, 0.4807)^T$
归一化权重向量	W_4	$(0.454, 0.211, 0.335)^T$
权向量	R_5	$(0.7042, 0.6403, 0.5111, 0.5759, 0.4456, 0.3447, 0.3447, 0.2354)^T$
归一化权重向量	W_5	$(0.185, 0.168, 0.134, 0.151, 0.117, 0.091, 0.091, 0.063)^T$

(3) 分析各项三级评价指标的影响因素，建立评价规范，拟定评价细则。

分析各项三级评价指标的影响因素，然后运用模糊层次分析法确定各影响因素权重；最后每项因素以语言定性地表述各项评价指标及其等级划分标准，指标的评语设为三个等级，即良好、一般、差[12]。

表3 评价细则

三级评价指标	影响因素	评价细则
能力水平（43）	能力（15）	良好：研究生按照正常培养模式即能满足毕业要求（10~15） 一般：导师及相关人员通过加强指导，能满足毕业要求（6~10） 差：导师及相关人员穷尽现有培养体系下一切方式，仍不能满足毕业要求（0~5）
	素质（12）	良好：不需额外培训即可进入课题研究（9~12） 一般：需要借助一定的特定培训，才可进入课题研究（5~8） 差：完全依赖手把手培训才可进入课题研究；（0~4）
	表达（10）	良好：培养过程师生交流顺畅，可充分表达（8~10） 一般：能大致完成交流，有一定困难需要克服（4~7） 差：言不达意，难以有效交流（0~3）
	适应性（6）	良好：研究生不需额外帮助，即可适应培养过程要求（5~6） 一般：研究生需要一定外部力量介入，方可适应培养过程要求（3~4） 差：研究生完全依赖外部介入，才可适应培养过程要求（0~2）

（4）根据不同的维护项目，考察指标各有不同。

（5）专家根据不同维护项目，参照评价细则进行打分，计算可培养度，具体如表4所示。

表4 各评价指标打分分数

三级评价指标	研究生招生	导师配置	课程学习	课题研究	学位论文
知识结构	27		27	27	27
能力水平	43		43	43	43
人格力量	30		30	30	30
导师素质		70		70	70
导师资格		50		50	50
名额分配		70		70	70
数量约束		65		65	65
培养质量		85		85	85
专业课程知识体系建构	40	40	40	40	40
课程师资配置	70	70	70	70	70
课程开展条件	40	40	40	40	40
课程管理人员水平	73	73	73	73	73
信息检索	9	27	27	27	27
概括归纳	24	18	16	16	14
解决问题	20	15	18	16	16
表达交流	22	15	15	15	14
专业背景	15	15	15	15	15
学术素养	13	13	13	13	13
学术水平	13	13	13	13	13
规范诚信	7	7	7	7	7

（6）计算可培养度 $M = \dfrac{\text{各培养环节实际得分}}{\text{各培养环节标准得分}} = \dfrac{462+751+438+429+295}{503+1000+512+503+331} = 0.832$

该学科研究生可培养度为0.832，属于良好状况，符合实际定性评价结果。

四、结语

本文结合研究生培养实际需求与研究生培养实践经验，提出了研究生可培养度的概念及内涵，基于研究生全过程培养理念，建立了研究生可培养度综合评价指标体系及其计算模型，并用案例验证了模型的正确性和有效性，以期为研究生培养过程及质量优化提供依据。

参考文献

[1] V. N. Ajukumar, O. P. Gandhi. Evaluation of green maintenance initiatives in design and development of mechanical systems using an integrated approach [J]. Journal of Cleaner Production, 2013 (51): 34-46.

[2] Xiaogang Jian, Shuaibo Cai, Qianfeng Chen. A study on the evaluation of product maintainability based on the life cycle theory [J]. Journal of Cleaner Production, 2017, 141: 481-491.

[3] 罗玉萍, 马立国, 刘丽娜. 建筑与土木工程专业硕士研究生培养改革研究与实践 [J]. 大学教育, 2020 (03): 173-176.

[4] 张会文. 交叉学科视角下研究生培养模式创新机制改革研究 [J]. 当代教育实践与教学研究, 2020 (04): 125-126.

[5] 邵永健, 毛小勇, 赵宝成, 等. 土木工程研究生实践创新能力培养模式的探索 [J]. 大学教育, 2020 (03): 161-164.

[6] 叶玉玲, 刘佳林, 袁锟. 国外研究生培养质量保障体系分析及启示 [J]. 教育教学论坛, 2020 (06): 48-49.

科研赋能教学模式下研究生创新能力培养的探索与实践
——以西安工业大学光电类研究生培养为例

苏俊宏　徐均琪　吴慎将　万文博　时　凯

（西安工业大学光电工程学院，西安 710021）

摘　要：新时代经济社会发展更加需要创新能力强、工程实践能力强、在高精尖工程领域拥有竞争力的综合型高素质创新人才。本文以光电类研究生为对象，分析了传统研究生培养存在的问题，通过项目牵引、科研赋能、课程改革，探索形成了以学生为中心的"三位一体"培养理念，实现了科研反哺教学、科研教学相长，促进了研究生创新能力的培养。

关键词：研究生；创新能力；科研赋能；培养理念；教学改革；教材

第一作者简介：苏俊宏，1963年生，男，博士，教授二级，博士生导师，主要从事光学工程与仪器科学与技术学科的教学与科研工作，研究方向为现代光学测试技术，邮箱为 sujhong@126.com。

研究生教育是高等教育人才培养的提高阶段，在这个阶段，不仅要完善研究生的知识结构，更要注重研究生的能力培养[1]。研究生需要培养与提升的能力通常包括智力能力、交流能力、执行能力等[2]，特别是问题意识的培养，提出问题并解决问题的能力是创新性人才的显性特征[3][4]，使学生的头脑不仅成为知识的仓库，更是各种功能的科学技术"生产厂"。创新能力是衡量个体之间差异的硬核标志，是取之不尽用之不竭的一种储能，已成为研究生培养单位追求的永恒目标[5]。

一、研究生培养存在的问题

随着研究生招生规模的扩大，我们发现，硕士研究生培养本科化现象日趋严重[6][7]，部分在读研究生的问题意识欠缺、科研素养不强、创新能力不足，这种现象在非"双一流"高校及地方高校中尤为突出；研究生教学陈规现象依旧严重，培养体系中的诸多课程，普遍存在课堂教学内容过时、选用的教材陈旧，远滞后于同领域的科技发展速度，等等[8]。研究生培养存在的诸多问题，主要有以下三个方面。

第一，个别高校研究生培养理念不能与时俱进，现有培养体系与创新能力培养不匹配传统研究生培养模式过度强调知识传授，忽视科研素养培养，学生参与科研活动少[9]，实践动手能力和创新能力普遍不强。传统的教学模式使学生习惯于接受知识灌输，缺少参与科研团队研究的过程[10]，导致质疑精神普遍缺失，批判性思维匮乏，提出问题进而解决问题的能力得不到历练与培养。

第二，传统课程教学内容及传授的知识与创新性人才培养目标要求不匹配，不能实现同频共振。受教材编写出版更新速度缓慢的现实制约，课程教学所选用的教材内容普遍陈旧，教学内容相对滞后于学科领域的发展，导致学生无法涉猎追踪到学科的最新发展动态，不能汲取到最新知识，学科视野不够宽广，知识结构不尽合理，科研反哺教学成效差，教学科研相长作用不突出。

第三，传统课程教学方法及过程已不适应创新性人才培养模式，学生的自主学习、主动学习动力不足[11]。传统教学方法太过单一，考核方式略显死板，课程教学质量评价结果，对新一轮课程教学过程的反馈指导作用不足。

二、改革培养模式，构建三位一体的人才培养理念

针对研究生教育中的上述问题，光电工程学院光电类研究生教学团队，构建了"项目牵引、成果转化、课程改革"三位一体的人才培养理念，围绕光电类研究生创新能力培养、科研素养培育、课程教学改革，以学生为中心，以科研活动为着力点，以课程教学改革为手段开展探索与实践，通过科研赋能教学，有效解决了研究生培养方面存在的突出问题，实现了研究生在科研工作中科研素养的培育与创新能力的提升。图1为人才培养理念及培养模式示意图。

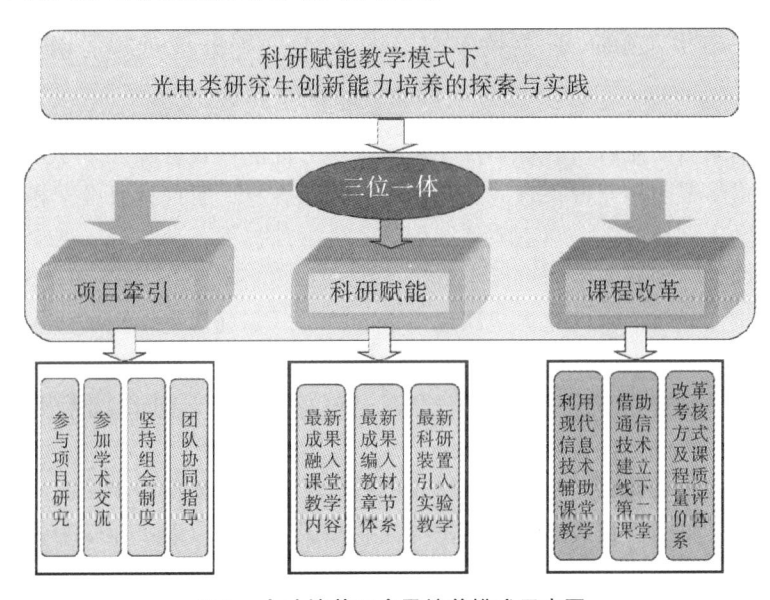

图1 人才培养理念及培养模式示意图

（一）以项目研究为牵引，着力问题意识和质疑精神培育，突出原始创新能力培养

研究生学习阶段是高等教育的提高阶段，这个阶段的培养教育甚为重要，必须不断地改革研究生教育教学，注意在扩充研究生知识的同时，更要着重培养其独立工作能力、自学能力[12]、思维能力、创新能力、运用外语能力、掌握现代信息化手段能力、科学实验能力、书写能力、讲解表达能力、学术社交和组织能力。

吸纳研究生参与项目研究工作。在科研过程中实现学生的培养，不是简单的学术研究，也不是被动接受知识的问题，而是能够让学生在科研中学会学习。所以，在校期间教师能否教会学生学习就显得尤为重要。我校光电类每位研究生都有机会参与课题组承担的国家重大科研项目的机会。新生进入团队后，导师会有意识地安排一些科研素养的训练，让其参与配合高年级研究生的部分研究工作，在有一定基础后再安排协同开展项目研究工作。这种递进式的培养方式，实现了研究生原始创新能力的全方位培养。

鼓励参与学术交流活动。交流即沟通，是一种提取信息的能力，也是通过互相交谈接收信息实现学习的能力。研究生与他人交流的能力只能在交流活动中培养。导师带领研究生参加外地科研、课题调查、新产品鉴定和全国性学术会议，利用项目需求调研、申报、验收、鉴定、试验研究、设备安装调试等机会，安排研究生作为会务成员和参与者，广泛接触同行专家，增加学术交流的机会，开阔学术视野，培养学生学术社交活动的能力。

长期坚持不间断的组会与周报告制度。研究生培养阶段的学术交流能力至关重要。在组会中汇报自己的工作，不仅能遏制学生科研工作的懒惰现象，而且能增强学生的学术交流能力，提高学生的求知欲望，拓展学生的探究兴趣，促进学生能力的培养，锻炼学生的科技写作能力。课题组每两周开一次组

会，要求每个学生汇报两周以来的主要工作，要求每个学生汇报时开门见山，用几张简单 PPT 给出两周以来所做的研究、实验、试验等工作，取得了什么结果，发现了什么现象，为什么是这样的现象，给出对现象的解释，以及两周工作中还存在什么问题。导师或组内其他教师点评时，只对学生汇报的工作内容进行点评，不涉及汇报内容以外的工作。

充分发挥学术团队的协同作用。导师借助其主持的科研项目任务的分工，在完成项目研究的同时，有意识地在项目组内培养和锻炼每位学生，树立团队精神，发挥团队合力，使他们在科学研究与人才培养中实现双赢。倡导同事之间要精诚团结，在项目研究与人才培养上分工不分责，既要做好自己分内的事，又要展现团结协作精神，发挥团队合力。

（二）将最新科研成果融入课堂教学、编入教材，突出科研赋能教学、科研教学相长、同频共振

教学团队成员均为来自学院科研、教学及实验室管理方面的一线教师。多年来的科研项目研究和教学实践使团队更加注重将最新科研成果融入课堂教学、编入教材，实现科研教学相长。

将最新科研成果融入课程教学。在不突破课程教学大纲前提下，动态分析课程特点，将最新学术研究成果引入课程教学内容。使研究生通过课堂就可了解学科发展动态、热点研究问题、前沿发展现状，丰富了学生的知识结构。教学内容的完善是课程建设的核心。如现代光学测试技术课程教学内容的完善秉持了科学性、先进性、新颖性。在确定课程教学内容时，既吸纳了反映现代光学测试领域的最新科研成果，又讲授了基本光学原理、基本测试方法与测试过程的基础知识，同时兼顾到学生的学习特点，使教学内容的丰富与教学大纲的完善实现同频共振。

将最新科研成果编入教材体系。在课程教材建设过程中，通过整合最新研究成果、吸收学科前沿发展动态，结合专业培养计划，以提高大学生的基本专业知识为前提，以培养学生的创新能力和实践能力为主导，对所选教材的教学重点、难点进行有效整合。合理调配教材基础知识内容和现代性内容的比例，切实彰显课程教学内容的科学性、先进性和创新性，兼顾学科领域前沿的发展状况、最新科研成果，充分体现科技发展与经济社会对专业型人才培养的新要求，为大学生知识、能力、素质的协调发展创造必备条件[13]。由团队主编、科学出版社于 2013 年出版的《现代光学测试技术》教材，已在校内研究生学位课程中使用了十多届；在兄弟院校也推广使用了多届。在修订出版课程教材期间，引入了课题组多年来的研究成果，不仅优化了教材体系结构，也为研究生知识更新、开阔视野提供支撑。

（三）改革课程教学模式，践行"课堂教学"是人才培养第一阵地理念

教学团队始终秉持"课堂教学"是人才培养第一阵地，坚持将课程教学效果作为溯源人才培养第一手段。团队成员先后对几所同类高校相同学科人才培养要求和目标进行了调研，充分吸纳了兄弟高校的教学经验，多次召开会议研讨，形成课程体系和教学大纲修改稿，确定了课程体系和教学大纲，使得教学过程有规范可循，形成了课程的人才培养标准。

以现代信息化手段辅助课堂教学。教学团队编制了与教材内容相匹配的多媒体电子课件，采用动画效果等表现方式，解决学生对复杂原理方法、重大测试设备工作流程及科学问题难于理解的问题。围绕课程建设的核心内容，完成了所有教学内容的电子课件制作，形成网络版电子课件。

构建"互联网+课程"网页。创建了课程 QQ 群，实现线上线下的及时交流，形成对第一课堂教学形式的有效补充；建立了互联网模式下的课程网站，实现了一切教学资料的在线浏览与阅读。

引入结课质量评价体系与考核方式改革。课程结课后，向每位研究生发放质量评价表，采集对教学内容、教学方法、教学效果等要素的建议与意见，为完善和改进教学提供方向。

三、研究生创新能力培养的实证效果

（一）人才培养理念的探索与实践成效

构建了"项目牵引、成果转化、课程改革"三位一体人才培养理念。以项目研究为引领，对进入研究团队的研究生有意识有针对性地加强科研素养培育：政治上关心、生活上帮助，践行了以学生为本的宗旨；加强专业理论教育，提高了学生的适应能力和应变能力；长期坚持组会与周报告制度，提升了学生的自学能力、研究总结能力、撰写能力与自律能力；鼓励研究生踊跃参加学术交流活动，拓展了学生的学科知识面与国际化视野；重视写作能力培养，学生的学位论文及科技论文质量明显提高；把科学实验贯穿在教学和科研中，提高了学生知识应用能力和动手能力。

坚持科研赋能教学模式，秉持将最新科技成果融入课堂教学、编入教材，实现了科研教学相长，同频共振。坚持将学科最新研究成果融入教学内容、编入教材，不仅展现了科研转化为教学，也使学生掌握了学科最新发展动态，展现了科研对教学的促进作用；课程教材与教辅书互为补充与支撑。由科学出版社出版的课程教材，被全国40多所高校选为教科书，第三方评价材料表明：该教材"是国内目前较好的一本光学测试技术方面的教科书"，获2018年度陕西省普通高等学校优秀教材二等奖。

创新课堂教学方式。将以教授知识体系为主的传统教学方式，变为课堂教学重点教授学生应用理论知识解决实际问题的能力，实验教学聚焦于开设综合性实验、自制实验，提高研究生的科研动手能力，以实验教学巩固课堂效果；以现代信息化技术辅助教学过程，建立线上（课堂电子教学）与线下（QQ课程群）辅导答疑相结合的方式，形成对第一课堂教学的有力支撑。重视结课质量评价信息对新一轮教学过程的反馈指导作用。

（二）人才培养理念的应用效果

1. 切实提高了光电类研究生创新能力

谢松林是仪器科学与技术2008届硕士生，该生自入学以来，从课堂中汲取了扎实的专业基本理论知识，加入科研团队后，参与了国家重大科技计划项目的研究工作，在导师的精心培养下，在研究工作中展现出了较高的科学素养和较强的研究能力及解决问题的能力，尤其是解决问题的能力得到了充分彰显，其参与的项目成果获省级科学技术三等奖；本学科培养的万文博、时凯、葛锦蔓、汪桂霞、吕宁、赵丹、侯妮妮等研究生，在读期间多次参加国际国内学术会议，撰写的学术论文在大会上交流并被评为优秀论文，3位学生的学位论文被评为校级优秀论文，8位学生获得国家奖学金。

2. 成果得到国内专家与学生广泛积极评价

作为研究成果之一的系列课程教材得到多位专家与使用单位的高度评价。中国工程院院士、苏州大学潘君骅教授评价：《现代光学测试技术》一书，面向研究生层次、以光学测试的基本原理和基本方法为基础，以"实用"为宗旨，突出以教材内容的传授实现对学生专业能力的培养，体现了将最近研究成果融入教学内容、带进课堂，是国内目前较好的一本光学测试技术方面的教科书。学生普遍认为：教材的可阅读性强，在内容上既罗列了经典的传统测试方法，又展现了现代测试技术原理与方法，是传统与现代的有机结合。

3. 成果的示范与辐射作用社会影响广泛

第三方提供的评价材料表明：由科学出版社出版的《现代光学测试技术》一书，已被北京理工大学、南京理工大学等40多所国内高校选为教科书，并受到多家教材使用单位教师及学生的好评，获2018年陕西省普通高等学校优秀教材二等奖；编制的教学电子课件已在多所高校推广使用，产生了积极的社会效应和示范作用。

四、结语

人才培养是大学教育的核心。西安工业大学光学工程学科以学生为中心,以主干学位课程为切入点,以科研活动为着力点,以课程教学改革为手段,通过长期的探索与实践,形成了"项目牵引、科研赋能、课程改革"三位一体的人才培养理念,在这一理念驱使下,逐步实现了光电类研究生创新意识和能力的培养,科研素养不断提升,面向研究工作提出问题并解决问题的能力不断增强。实践检验结果表明:通过科研赋能教学,不仅完善了学生的知识结构,而且使其创新能力得到提高,实现了科研反哺教学、科研教学相长的目的,成果的推广与应用,也将为深化光电类研究生人才培养提供借鉴和经验。

参考文献

[1] 黄宏伟,王玮. "双一流"建设背景下同济大学创建一流研究生教育的理念与举措 [J]. 学位与研究生教育, 2019 (5): 10-15.

[2] 苏俊宏,李建超,时凯,等. 在教学和科研中助力理工科研究生能力的培养 [J]. 渭南师范学院学报, 2017, 32 (22): 5-9.

[3] 姚建涛. 人才培养就是创新思维培养 [N]. 中国科学报, 2018-06-05.

[4] 赵蒙成. 研究生核心素养的框架与培养路径 [J]. 江苏高教, 2018 (2): 50-55.

[5] 周光礼,周详,秦惠民,等. 科教融合学术育人——以高水平科研支撑高质量本科教学的行动框架 [J]. 中国高教研究, 2018 (8): 11-16.

[6] 米也纳. 浅论硕士研究生"本科化"倾向及改进策略 [J]. 高教学刊, 2016 (15): 170-171.

[7] 李安萍,陈若愚,胡秀英. 研究生教育"本科化"认识的形成与思考 [J]. 研究生教育研究, 2018 (1): 26-32.

[8] 陈龙翔. 透视当前高校的研究生教育:困境与出路 [J]. 教育现代化, 2019 (55): 148-149.

[9] 林健. 新工科专业课程体系改革和课程建设 [J]. 高等工程教育研究, 2020 (1): 1-13, 24.

[10] 鲁世林,曾剑雄,邱雅. 研究生科研水平的质量保障、评价机制与奖励政策 [J]. 教学研究, 2019, 42 (4): 26-32.

[11] 朱志勇,刘婷. "挣扎的尘埃":研究生学术热情变化的个案研究 [J]. 教育学术月刊, 2019 (2): 68-76, 111.

[12] 张睿,张伟. 如何培养研究生的学术思维? [J]. 学位与研究生教育, 2019 (5): 41-44.

[13] 苏俊宏,时凯,杨利红,等. 以高质量教材支撑精品课程建设 [J]. 河南科技学院学报, 2015 (8): 81-84.

导学关系异化的原因及对策分析
——基于师生双方心理的角度

王维军

(华东理工大学高等教育研究所，上海 200237)

摘　要：研究生教育作为高等教育的最高层次，是培养高层次创新人才的主要途径。我国实行导师负责制，导师是研究生培养的主体。导师与研究生之间的关系简称为"导学"关系，这种导学关系作为社会群体交往过程中范围小、程度密的一种形式，对交往主体心理与行为活动的影响力更大。个体行为与个体心理是相互对应和相互影响的关系，良好的心理境况能带来正向的行为，而不健康的心理状态，可能会触发极端的行为。本文基于导学关系互动过程中的心理历程，研究导学关系出现异样的原因，并在此基础上提出相关建议。

关键词：研究生；导师；导学关系；心理活动

作者简介：王维军，1994年生，女，华东理工大学高等教育研究所硕士研究生，研究方向为高等工程教育，邮箱为wj1994921@163.com。

我国高等教育已成功迈入普及化阶段，由大众化阶段转向普及化阶段，既标志着我国高等教育所取得的成就，也昭示着我国高等教育面临新的挑战。在研究生数量方面，截至2019年，我国的研究生招生数达到91.6503万人，研究生毕业数达到63.9666万人，研究生在学数达到286.3712万人，均呈增长趋势。研究生规模的扩大，给高校研究生培养工作提出了更高的要求。我国目前实行导师制，导师是研究生培养过程的主体，导师的教学指导是影响研究生培养质量的重要因素。约翰·霍普金斯大学第一任校长丹尼尔·吉尔曼曾指出教授指导的重要作用，他认为"最高的教学质量只有在浓厚的研究环境中才能进行。最佳的训练只有在积极从事研究的教授们指导下才有可能"[1]。导师对研究生的指导影响贯穿研究生培养的全过程，"传道、授业、解惑"依然是导师的基本任务。导师与研究生之间的关系作为社会交往中范围小、程度密的一种形式，对交往双方的影响力更大。导学关系对研究生培养的质量有着潜移默化的影响。

一、引言

研究生导师是我国研究生培养的关键力量，肩负着培养国家高层次创新人才的使命与重任[2]。为充分发挥高校在自主创新中的作用，提高研究生培养质量，2006年教育部推行研究生培养机制改革，确立了研究生导师负责制。导师负责制的实施拉近了导师与研究生之间的距离，跨越了传统的师生关系。导师负责制的提出在给予导师更大权利的同时使导师对研究生担负更多的责任。但由于市场经济利益的驱动，学术资本主义市场化等多种因素的加持，导师与研究生之间的关系发生了新变化，产生了新矛盾，引起更多人对导师与研究生之间关系的关注。

通过文献收集整理，笔者将已有研究做以下总结。对研究生与导师关系本质内涵的研究，多数学者认为研究生在导师的指导下进行科研学习，研究生与导师的关系是一种导学关系[3]。随着"后喻文化"的发展，有学者提出导师与研究生的关系在应然上将从传统的师徒关系转变为平等的、共同合作的科研伙伴关系[4]。关于导师与研究生之间关系的类型，翁铁慧、于海将研究生师生关系的类型分为四种类型：纯粹师生型；亦师亦友型，兼有师生与朋友关系，除学习上的联系外，还有思想、生活等其他方面；老板雇员型，接近于公司雇佣的金钱交换关系；松散疏离型，导师与学生联系不紧密，关系松散[5]。田建军将导生关系分为师徒式、合作式、冷漠式、对立式。以上两种划分方式虽称呼不同，但所包含的内容大体一致。前两种类型属于良性的导生关系，而后两种被视为异化的导生关系，基于这种关系在现实中愈发常见，多数研究者开始研究异化关系的存在形式、成因以及相关对策。目前，我国导生关系异化形式在于导师与研究生关系出现经济性、功利化、冷漠化、简单化等特征[6]，大部分学者将师生关系的异化归因为以下几个方面：研究生扩招人数增加，师生比的失衡使导师不能照顾到每一位学生；导师负责制演化成导师对学生的前途"一人说了算"的制度，师生关系不对等，阻碍师生正常交流；导师遴选制度不完善，导师评价制度单一以及导师师德出现滑坡[7]。而对于解决问题的方案，研究者认为导师与学生要共同建构和谐的导生关系，从转变传统思想观念，加强导师自身师德修养，改革完善导师体制，发挥导师组、双导师制在研究生培养中的作用等多方面着手。研究方法上，多数研究者采用问卷调查法研究师生关系，对成因进行深入的分析，从导师个人、宏观制度方面提出解决方案。本文从导师与学生两个个体的不同立场进行研究，并从师生心理健康发展的微观角度提出相关建议。

二、导学关系异化的原因分析

（一）导师权威至上，"师者为大"思想占主导

"弟子事师，敬同如父""天地君亲师"等体现了古代以来尊师重道的传统美德，即尊重教师尊重知识，但是在当代这种心理容易异化，成为师生之间构建平等和谐关系的藩篱。有些学生认为自己的学历、能力、水平都比导师低，各方面不如导师，在与导师相处的过程中易产生卑微的心理，认为导师交代的任何事情都应全盘接受，并竭尽全力完成。这种不对等的师生相处观念使得学生与导师沟通信息不畅通，师生之间的交流更像是一种公司里上下级之间的指令传达与被动接受的交往方式。他们更多的是去揣测导师的意思，在这一过程中可能会因为个别学生个体性格因素的影响，过度臆测导师话语，为自己增加不必要的负担。

（二）面对问题师生采取消极的应对形式

应激理论的代表人物拉扎勒斯提出的压力与应对模式，认为应对压力的方式包括采取积极行动、回避、顺其自然、寻求信息及帮助、应用心理防御机制等，个体采取不同的应对方式，使得同样的事件对于个体的心理健康造成不同的影响。应对的功能有两种：解决问题或缓解情绪。因此，应对方式在导师与研究生关系之间起着一定的中介作用。通过对一些事件的剖析，我们发现在导学关系出现问题时，存在师生双方均采取这种消极应对方式的情况，进而对他们各自的心理健康造成影响。

（三）对导生双方心理疏导的疏忽

研究生由于学业、就业、经济、情感等多方面压力，心理健康问题日益突出，当个别研究生心理长期处于亚健康状态时，易产生抑郁情绪，从而衍生一系列不良后果。一方面，当前研究生心理健康教育没有与本科心理健康教育很好地区分[8]，研究生心理健康问题没有得到足够的重视。另一方面，在以科研成果为导向的考评体系下，导师在教学与科研并重的工作中，比一般的教师承受着更大的心理压力，在处理与学生关系方面也面临着困难。

三、抑制导学关系异化的对策

（一）以生为本，给予学生更多的人文关怀

以罗杰斯、马斯洛为代表的人本主义心理学派认为教育成功的关键在于良好的师生关系，而良好的

师生关系又取决于教师良好的态度品质。罗杰斯在师生关系中提出"真诚一致、无条件的关注、同理心"三种品质[9]。导师在与学生相处的过程中应坦诚相待,转变导师权威至上的观念,以平等的态度与学生交流沟通。导师应把学生当作一个独立的有价值的人去对待,与学生形成科研伙伴关系,构建导师与研究生之间平等的关系[10],导师要设身处地地站在学生的角度思考问题。尤其是工科的导师应给予学生更多的人文关怀和心理疏导,掌握他们的生活状况、成长经历、性格倾向等情况,关注他们的学业、生活、思想心理状态,既做学生科研的伙伴,又做学生人生的引路人。已有的研究显示,"导师对研究生生活和心理上的关注不仅可以强化指导功效,还有助于提高研究生对导师的心理依赖感,有效提升导师与研究生的关系和谐度"[11]。

（二）优化导师制,配备思想导师

随着高等教育普及化发展,研究生的规模也日益扩大,世界各国发现单一导师制在研究生培养中的弊端后,纷纷探索新的培养方式。双导师制成为发达国家的首选。德国一些高校采用导师小组制,美国采用导师与指导委员会相结合的制度,通过学科领域集体教师的力量为研究生提供辅助。随着我国研究生培养数量的增加、生师比的扩大,许多学校采取导师组制即研究生导师联合起来组成导师组,共同为研究生提供学业指导。现在研究生培养大部分都采取导师负责、集体培养（即导师组）相结合的培养方式,这种方式虽然可以扩展研究生的知识面,提高其科研水平,但却容易忽视个别学生心理发展问题。鉴于此,有必要配备思想导师与学业导师一同指导研究生。思想导师重点围绕研究生思想波动、道德困惑、心理健康开展工作[12]。每个班级配备一名思想导师,思想导师最好具有教育学、哲学、心理学相关背景,或从辅导员、党政工作以及人文社科类教师中挑选,针对研究生的思想、心理问题进行疏导沟通。

（三）畅通师生的心理咨询渠道

导师与学生之间关系异化,其中一个容易被忽视的原因是师生双方因各种原因不同程度地面临着压力,并产生一些心理问题,而这些心理问题无法通过有效的途径加以解决。当遇到外在不良环境的刺激时,这种心理压力会演化为极端的行为,其最终的爆发力足以打破原有的稳定的人际关系。目前我国高校尽管成立了心理咨询和教育机构,但其中大部分机构主要是为本科生提供服务。因此有必要在考虑研究生个体和专业差异因素的基础上,建立为研究生服务的心理咨询机构,并为研究生建立心理健康档案。充分发挥研究生辅导员在心理健康教育方面的作用,畅通研究生心理咨询渠道,为研究生提供更加全面的心理健康教育服务体系。此外,导师在工作中教学与科研并重,担负着培养精英人才的重任,较一般的教师存在更大的心理压力,学校应针对导师实施心理福利[13],也应多关注研究生导师的心理健康,建立导师心理工作坊,为教师开通心理咨询服务,全方位、多层次为导师与学生建构良性的关系提供心理保障机制。

参考文献

[1] 杨福家. 当代教育家文存·杨福家卷[M]. 上海：华东师范大学出版社,2006：48.
[2] 教育部. 关于全面落实研究生导师立德树人职责的意见[EB/OL]. http://www.moe.gov.cn/srcsite/A22/s7065/201802/t20180209_327164.html(2020-6-21)
[3] 王文文,郭宁,王扬. 硕士研究生导学关系现状及影响因素研究[J]. 研究生教育研究,2018（6）：76-82.
[4] 周文辉,张爱秀,刘俊起,等. 我国高校研究生与导师关系现状调查[J]. 学位与研究生教育,2010（9）：7-14.
[5] 楚永全,陈文婷,陈姗姗. 研究生与导师关系的比较分析与改进对策[J]. 教育与教学研究,2011,25（12）：65-68.
[6] 何作井,李林,周震. 论研究生教育中师生关系的异化与重构[J]. 外国教育研究,2007（6）：40-43.
[7] 翟高远,王彦. 我国研究生师生关系的现实异化与规范重塑[J]. 边缘法学论坛,2018（2）：107-110.

[8] 华凌志,朱婷. 研究生心理健康教育体系建构研究[J]. 人力资源管理,2018(7):65-66.
[9] 车文博. 人本主义心理学元理论[M]. 北京:首都师范大学出版社,2010.
[10] 王艳霞,李波. 国外导师与研究生关系对我国的启示[J]. 重庆科技学院学报:社会科学版,2011(9):161-165.
[11] 张婷,赵超. 导师与研究生指导关系的和谐度分析[J]. 西北工业大学学报:社会科学版,2009,4(29):91-94.
[12] 田建军. 导师与研究生关系的基本类型及科学构建探析[J]. 研究生教育研究,2018(3):55-58.
[13] 黄鸿,李雪平. 研究生导师心理福利实施的必要性及其构想[J]. 湖州师范学院学报,2014,36(10):97-100.

智慧教学在工科研究生双语课程的实践探索

蒋 平　郭 波　刘天宇

（国防科技大学系统工程学院，长沙410073）

摘　要：教育部对"金课"提出了"两性一度"的要求，我校在工科研究生双语课程"系统可靠性原理"的设计与实践中引入基于雨课堂的智慧教学和BOPPPS教学模式，开展了初步的探索。结合双语课程特点，开展了教学设计和应用实践，分析了教学效果和学生线上线下的反馈，总结了雨课堂的应用体会。通过实践探索，为推进工科研究生双语课程的教学改革与智慧教学的推广提供实践参考。

关键词：智慧教学；雨课堂；BOPPPS；双语课；系统可靠性原理

第一作者简介：蒋平，1976年生，男，博士，国防科技大学系统工程学院副教授，硕士生导师，研究方向为复杂系统可靠性评估与试验鉴定，邮箱为jiangping@nudt.edu.cn，电话13387491357。

基金项目：本文获2019年湖南省学位与研究生教育改革研究项目资助。

2018年，教育部首次提出"金课"的要求[1]。高教司吴岩司长对"金课"的解读是"两性一度"的标准，即"高阶性""创新性""挑战度"。因此，作为创新性要求较高的工科研究生专业课，在开展课程建设时，应该以"两性一度"的金课标准作为指导，在教学方式上大胆改变传统的"讲授+PPT+板书"课堂教学方式，充分利用智慧教学来推进实现"创新性"要求。

高等教育要迈向国际化，一个重要的环节就是培养学生用英语学习和交流的能力。特别是对理工科研究生来讲，只有熟练掌握英语这个工具，才能够获得第一手的研究资料，及时了解并掌握本专业的先进技术尤其是最新的自然科学成果，全方位、深层次地把握国外动态。因此，在工科研究生专业课中开展双语教学是加强研究生培养国际化的一项重要措施[2]。

为了以"金课"标准来建设研究生双语课"系统可靠性原理"，我们将基于雨课堂的智慧教学与双语教学结合起来，首先开展课程设计。经过设计和实践，研究生双语课"系统可靠性原理"应用雨课堂，取得了预期的效果。因此，我们希望将课程设计与实践中的一些心得体会与广大教育工作者分享交流。

一、雨课堂的发展背景

2016年4月，清华大学"学堂在线"推出智慧教学工具——雨课堂，将微信和PPT课件无缝衔接，一方面能帮助教师随时了解学生的学习效果、把握学生的学习轨迹，从而在课堂上能够及时调整授课进度与侧重点，更好地实现教与学的高效融合；另一方面，也有利于学生通过微信端来了解和把握自己的学习状态，提高学习效率[4]。雨课堂有三方面的功能：一是课后功能，教师通过电脑的雨课堂客户端制作预习课件、习题等上传到雨课堂，学生通过微信端来自主学习，教师可以实时查看学生学习情况；二是课堂功能，教师把教学课件和随堂测试题目推送到学生手机的微信端，这样学生在上课过程中能随时回顾教学内容，老师也能查看学生课堂学习情况、签到的情况，通过随机答题等，实现了课堂互动；三是课后的学习数据分析功能，雨课堂能够收集学生日常学习情况，根据老师的需要生成统计记录，从而方便教师对学习数据进行分析，进行教学反思、把握学生的学习情况[5]。

二、根据课程特点开展课程设计

研究生双语课程"系统可靠性原理"是我校 A+学科"管理科学与工程"的研究生专业课,已开设近 20 年。该课程通过系统介绍可靠性的概念、模型、试验与分析方法,将可靠性的理念传授给学生,培养理工科学生在工作中的可靠性意识。

(一)研究生双语课程特点

第一,数学基础要求高,定性与定量相结合。由于课程涉及很多定量的内容,例如可靠性设计、分析和评估都需要对系统的数据进行分析,特别是可靠性评估部分,要求学生具备较好的概率统计知识,否则会很难掌握课程的很多关键知识点如寿命分布的特点、Bayes 小样本评估等方法。

课程内容除了需要掌握数据的定量分析、评估方法外,还有一些定性方法和内容需要掌握,例如故障模式影响分析方法,在可靠性加速试验部分既有定量的加速模型,也有仅能开展定性评估的高加速寿命试验。因此,课程的教学内容既有定量的理论方法,也有定性分析的内容。

第二,教学难度大,锻炼学生的英语能力。为了培养学生用英语来学习专业知识的能力,课程采用我们自编的英文教材[6],课件也是英文,作业和考试题目都是英文命题;课堂讲授采用中文为主、英文为辅的方式。因此,在授课过程中,双语课教学难度较大,体现了"挑战度",同时也给我们教学提出了更高的要求。

(二)结合雨课堂和 BOPPPS 教学模式开展课程设计

开展课程设计首先需要根据教学大纲对教学内容的要求,确定每项教学内容的课时分配。在此基础上,改革原有中文课件,根据双语课教学难度大、课堂比较费时的特点,适当调整教学内容。特别是我们双语课程的练习、作业和考试都是英文命题,充分锻炼学生用英语来学习专业知识的能力。

为了按照"金课"标准来建设课程,我们针对双语课特点,结合雨课堂的特点和 BOPPPS 教学模式开展了课程设计。

第一,结合雨课堂特色的课程设计。在内容设计上,针对雨课堂的特点,将每次课的课程教学分为:课前、课堂和课后三个阶段。在课前阶段,专门制作了推送课件,通过雨课堂推送到学生的手机微信客户端,方便学生在课前提前预习,针对学生在预习中标识的难点,课堂上可以重点讲解。在课堂阶段,利用雨课堂提供的互动功能,对课堂授课的课件也进行了改革,在适当的知识点处通过雨课堂的问答来辨析谬误、加深印象。例如,在第一部分绪论中,介绍完"可靠性"与"安全性"的概念后,通过雨课堂提问这两个概念的关系,辨识这两个容易混淆的概念。在课后阶段,通过雨课堂推送复习的课件,针对重点内容布置练习作业,也可以在雨课堂的讨论区提出一些思考题,让学生课下去思考和讨论。

第二,BOPPPS 教学模式的设计。在课程开始后,课堂教学主要采用 BOPPPS 教学模式,结合雨课堂互动。每次课都采用 BOPPPS 模式。例如,在第一部分绪论,首先列举三星 Note7 手机电池的起火爆炸、美国福特号航母迟迟不能形成战斗力的案例,通过提问导入可靠性的重要作用(Bridge-in)以及第一节的学习目标(Objectives),再通过雨课堂的提问或投票功能,了解同学对可靠性的理解(Pre-assessment),通过对前测结果的反馈,开展课堂教学;在课堂教学设计中,有一些理论推导的地方,如可靠性指标 MTTF 的计算,可以请同学到黑板上来推导公式,针对概念问题,采用雨课堂的单选或多选功能,设计一些问题,了解同学对所讲概念的认识以及个人的见解(Participatory learning);在课堂教学结束的时候,通过雨课堂的选择题功能,了解学生对本堂课知识的掌握情况(Post-assessment),如可靠性定义中的"三要素"是什么;最后在下课前,对课堂教学内容进行小结(Summary),以帮助学生把握要点。

在课程设计中通过雨课堂与 BOPPPS 模式的结合，确定了课程的教学内容和教学模式，为课程教学实践打好了基础。

四、基于雨课堂的应用实践

（一）课前准备

根据课程设计，我们将"系统可靠性原理"课程的教学内容进行框架重构，将每次课堂教学按照雨课堂的特点分为"课前—课堂—课后"三个环节，理清三个环节的内容安排和衔接关系，按照确定的思路去设计每次课三个环节的内容，完成了基于雨课堂的课件和教案。针对双语课程中部分专业词汇比较难理解的问题，需要有针对性地通过举例、对比等方式来详细讲解。

（二）教学过程

我们从 2019 年秋季学期开始在"系统可靠性原理"双语课的教学中开展应用实践。

在教学过程中，我们将每次课堂教学分为"课前—课堂—课后"三个环节来开展：在课前，利用雨课堂推送需要学生预习的内容。这样，在上课前，教师可以通过自己的手机端，了解学生预习时间长短、浏览课件页数、标记"不懂"的页面等学习数据，从而调整该次课程需要讲的课程重点。在课堂上，学生通过手机微信扫描二维码登陆课程，手机上即可同步显示该堂课上老师播放的课件，学生可以根据自己的学习进度浏览课件，并及时反馈听课效果。课件中出现设计好的雨课堂选择题，学生在手机上作答并提交，答题结束后，老师可以选择让学生们看到自己的答题结果以及全班学生的答题情况和正确答案。老师可以根据重难点的设计，通过"随机点名"功能来了解学生的掌握情况，加强互动；课后，学生可以通过手机查看课上的所有课件，方便复习，并可以在讨论区留言，与教师或其他同学探讨。教师在课后会继续推送一些复习课件和布置作业，还可以根据雨课堂收集本次上课的数据，了解每个学生对知识点的掌握情况，例如有些 PPT 上显示"不懂"的学生数较多，则这些 PPT 上的内容在下次课上需要重新讲解。教师课下也可通过与学生的交流，帮助一些掌握知识比较慢的学生。

在课程结束后，通过考试和雨课堂提供的教学过程的教学数据分析，来总结课程的教学效果，重新梳理教学内容。通过总结，也促成我们的教学反思。例如，我们课程结课采用的是开卷考试，学生可以带任何资料到考场，但是学生普遍反映考试较难，原因主要集中在考试的题目有些没有在作业中出现过，比较生疏，而且由于是英文命题，理解上有一定困难。因此，我们需要在教学过程中介绍相关内容，特别是对英语专业词汇的讲解，需要在课堂小结时再予以回顾；同时需要布置适当的课后作业，让学生通过练习熟悉相关的知识；此外，双语教学采用的英文教材和课件，学生反映阅读有一定困难，特别是在课堂上，我们采用传统方式播放时，学生有时候来不及看完课件，不能完全掌握授课内容。因此，在课堂讲授时，不能像传统的中文课程一样讲课，需要给学生一定的时间来看完课件，理解相关的内容。

五、结束语

在研究生"系统可靠性原理"双语课的教学设计中，我们按照教育部对金课"两性一度"的要求，基于双语专业课的特点，将雨课堂和 BOPPPS 教学模式相结合，并开展了教学实践，根据对教学效果的分析，不断改进教学内容和方式。通过我们的实践，可以为理工科研究生双语课程的信息化改革探索一条可行的途径，对于推进研究生课程教学的改革与创新具有重要的理论意义和实践价值。

参考文献

[1] 教育部. 关于狠抓新时代全国高等学校本科教育工作会议精神落实的通知, 教高函〔2018〕8号, 2018-8-22
[2] 何春燕. 高校双语教学相关问题的探讨[J]. 常熟理工学院学报（哲学社会科学），2008（12）：102-103.
[3] 张婧. 浅谈信息化手段在课堂教学中的应用[J]. 职教通讯，2017（33）：30-31.
[4] 袁博，赵海媚，张成萍，李向明. 基于雨课堂的研究生英语学习行为可视化分析[J]. 现代教育技术，2018（5）：68-74.
[5] 杨光莹. "雨课堂"支持下的智慧课堂教学模式探究[J]. 西部素质教育，2019（8）：138.
[6] 蒋平，程文科，邢云燕，郭波. An Introduction to Reliability Engineering[M]. 北京：国防工业出版社，2015.

新形势下工科研究生教学模式探索
——以"数值分析"为例

吴开宁　马　强　丁效华
（哈尔滨工业大学（威海）理学院数学系，威海264209）

摘　要：新形势下的研究生培养目标发生了变化，为适应这些变化，需要对课程目标及其相关的教学模式做出相应的调整。教学模式主要包括教学组织形式、教学手段以及考核方式等方面。在教学组织形式方面，尝试采用教学实践共同体的方式，在"科教融合"理念下，分阶段采用不同方式授课。在教学手段方面，积极引入优质网络在线资源并采用现代信息技术手段。在考核方式方面，采用终结性评价和形成性评价相结合的方式，既能考核学生的基本理论，又可以考查学生的科研创新能力。

关键词：教学模式；科教融合；教学实践共同体；在线资源；形成性评价

第一作者简介：吴开宁，1979年生，男，博士，副教授，博士生导师，研究方向为微分方程数值方法，邮箱为wkn@hit.edu.cn。

基金项目：本文获山东省研究生教育创新计划项目资助，项目编号：SDYC16001；哈尔滨工业大学研究生教育教学改革重点项目资助（无项目编号）；哈尔滨工业大学（威海）教育教学研究面上项目，项目编号：BKJY201918。

一、引言

教育部与国务院印发的《学位与研究生发展"十三五"规划》中指出，当前的国际环境错综复杂，知识创新和科技变革速度加快，高端人才的作用进一步凸显，当前的研究生教育仍然不能满足党中央和人民的期盼，与国际高水平研究生教育相比，仍然有明显差距，研究生的培养模式不能满足高水平创新能力的要求。为适应新形势，满足新要求，研究生培养目标需要适当调整。尽管不同专业的研究生培养目标不尽相同，但"坚实的理论基础"和"具备创新能力"被写进了绝大多数工科研究生的培养目标。在研究生培养目标达成的过程中，课堂教学活动作为重要的手段之一，具有不可替代的作用。为适应培养目标的转变，教学模式的转变势在必行。

教学模式是在一定的教学思想或者教学理论指导下建立起来的较为稳定的教学活动框架和活动程序，具有一定的操作性，是具体化、操作化的教学思想或理论[1-2]。教学模式自然要服务于教学目标。新形势下的工科研究生培养产生了新的教学目标，如何调整教学模式以适应新的教学目标值得我们思考与探索。

数值仿真作为理论分析、试验研究之后的第三科研范式，具有极为重要的意义。"数值分析"课程作为数值仿真的理论基础，是多数工科研究生的学位基础课程。以往的"数值分析"教学模式，在教学组织形式方面，大多由单一教师任课，采用理论讲授加上机实验的方式。在教学手段方面，虽然也采用了现代化教学手段，但基于线上资源的应用较少。在考核方式上，也大多采用终结性评价方式，"一张试卷"定成绩。

以上教学模式，不能将与"数值分析"相关的最新研究成果及时带入课堂，因此不能有效地激发学生的科研热情，也不能满足当下"科教融合"的新要求[3-5]。大量的优秀网络资源没有得到充分利用，考核方式也不能全面反映学生的知识探索能力，因此不能有效地实现教学目标，从而影响工科类研究生培养质量。由此，非常有必要开展该课程的教学模式探索，为工科研究生课堂教学提供新的有意义的范例。以下我们将从"数值分析"这门课程的教学组织形式、教学手段以及考核方式等几个方面，探讨新形势下的教学模式改革。

二、课程教学组织形式探索

"数值分析"涉及的知识面较为广泛，一般教学内容包括：数值计算原理与计算精确度、数值逼近与数值积分、线性方程组的数值解法、非线性方程组数值方法、矩阵特征值问题的计算方法、常微分方程数值方法等。每一块内容都包含很多研究热点问题。以往单一任课教师方式，很难保证授课教师对于所有的授课内容都非常精通，特别是相关内容的最新科研进展，单一教师几乎不可能都了然于心，因此不能及时将最新的科研进展引入课堂，实现"科教融合"。

我校的计算数学专业是省级重点学科，具备较强的学科优势，相关研究方向的师资力量较为雄厚。基于我校的实际情况，针对工科研究生的"数值分析"课程，我们统一协调数值分析相关的多个研究方向教师，组成教学实践共同体[6-7]，共同完成该课程的授课任务，具体做法如下。

首先，我们召集教学实践共同体的所有教师，共同商定教学大纲。课程目标服务于研究生的培养目标。我们的课程目标是让学生掌握扎实的数值分析基础理论知识，了解相关研究领域的最新进展，培养学生的数值仿真能力和科研探索能力。课程目标决定了教学内容。为达成我们的课程目标，我们将课程分成两阶段：第一阶段是基础理论学习，第二阶段是科研进展研讨。

在第一阶段，由授课经验丰富的教师讲解"数值分析"的基础理论。这部分是固定内容。着重讲解其中的数学思想和方法，目的是使学生掌握基本理论、基本方法和基本思想。例如，在讲解多项式逼近的内容时，着重强调正交函数系的思想，对于具体的正交多项式，只针对一种做具体分析，其他只做简单介绍，不罗列过多的重复内容。因为基础知识仍是学习的根本，此部分学时仍占较大比重。

第二阶段是科研进展研讨。这部分是动态变化部分，每个开课学期研讨内容可能不尽相同。我们会在每次开课前，由教学实践共同体规划好讲解内容，尽量做到及时引入最新科研进展，并努力贴近学生所在专业相关方向。在此部分，我们针对数值分析的多个科研方向，由教学实践共同体中的不同教师授课。每位教师针对自身擅长方向的最新科研进展，提供相关科研论文。学生课前阅读，把握主要的论文框架，给出与"数值分析"课程讲解内容相关的知识点。任课教师在课堂上分析文章的研究框架，归纳知识点，探讨可能的改进方案，最后给出可能的研究方向，激发学生的科研热情。例如在微分方程数值解相关科研进展方面，学生们在第一阶段的学习中，掌握了基本的数值差分方法。在第二阶段，我们提供当前较为热门的分数阶微分方程的数值方法论文进行探讨，让学生了解积分数值方法和微分方程差分方法的具体应用，并建议采用不同的数值积分方法与微分方程差分方法结合，鼓励学生进行积极尝试，思考不同方法的优劣，培养学生的科研素养。

三、课堂教学手段的变化

教学手段是运用教学工具进行课堂教学的方法。在课程教学内容确定后，选择合适的教学手段，将有利于课程目标的达成。随着科学技术的发展，教学手段也在不断地发展进步。

绝大多数高校研究生"数值分析"课程都已经采用了多媒体技术。针对课程特点，采用多媒体手段，不但能节省大量板书时间，方便学生课后复习，也可以给出很多动态演示，方便学生的直观理解，提升了学生的学习效率[8]。

现代信息技术的发展，使得在线资源不断丰富，大量优质的教学资源可以通过网络获取。为适应当下学生的生活学习习惯，有必要及时改进传统的多媒体教学手段。

MOOC是大规模网络开放课程，提供了大量优质网络教学资源[9-10]。与"数值分析"课程基础知识相关的视频资源也较为丰富。这些资源为学生们提供了不受时间和空间限制的学习机会。

此外，近年来热门的"雨课堂"技术，丰富了课堂教学手段[11-12]。"雨课堂"技术将PPT与微信相结合，通过即时发布客观题测试，及时了解学生掌握知识情况。此外，也方便教师课后及时掌握学生难以理解的知识点所在，调整今后的授课策略。"雨课堂"技术还提供了网络直播功能，这一功能在此次疫情期间发挥了重要作用。

采用何种教学手段，依赖于教学内容和教师授课风格。"数值分析"课程的教学手段可能在不同的学校有所不同，但相同的是，服务于教学内容、有效达成教学目标，是选择教学手段的根本准则。

四、课程考核方式实践

课程考核是教师检验教学效果的一种有效方式，也是反映教学目标达成度的重要方法。以往的"数值分析"课程教学，在组织方式上以一名教师讲授理论知识为主。这种教学组织方式，决定了考核方式大多采用终结性评价方式，"一张试卷"定成绩。虽然在基础知识方面，能够较好地体现学生掌握情况，但学生的创新能力得不到有效考查。

我们采用教学实践共同体的授课方式，将教学分为基本理论授课加科研进展研讨。基于此种教学组织，我们的考核方式也包含两部分内容：基础理论考查和创新实践能力考核。采用终结性评价与形成性评价[13]相结合的方式，具体做法如下。

在基础理论方面，我们依然采用终结性评价方式，通过试卷考试以及数值实验程序的撰写方式，考察学生对于基础知识和基本算法的掌握情况。

在科研进展研讨方面，将研讨科研论文的基础知识总结表现纳入平时成绩，以此反映学生灵活运用知识的能力。我们还设置论文检索、讨论汇报等模块，考察学生的基本科研素养。最后，通过课堂布置探索性问题，让学生就自己喜欢的单一课题进行研究，提供一个研究报告。此部分考核学生的创新研究能力，也培养了学生的科技论文撰写能力。

以上考核方式，可以对学生从基础知识、基本算法、知识运用、科研创新等多个方面进行综合考核。教学实践的效果显示，这种综合考核方式能够有效促进课程目标的达成。

五、总结

人才培养目标决定了课程目标，课程目标决定了教学模式。只有积极调整我们的教学模式，才能适应新形势下人才培养目标的变化。针对工科研究生"数值分析"的课程特点，采用教学实践共同体的授课组织方式，积极将现代化信息手段和网络在线资源引入课堂，调整课程的考核方式以反映教学目标的达成度，这是我们对工科研究生《数值分析》教学模式的探索。我们希望通过一门具体课程的教学模式探索，提供一个有意义的案例，为新形势下的研究生培养模式提供参考。

参考文献

[1] 张岩. "互联网+教育"理念及模式探析 [J]. 中国高教研究，2016（2）：70-73.

[2] 邵光华. 全日制教育硕士专业学位研究生实践教学模式研究 [J]. 教师教育研究，2012，24（2）：87-91+47.

[3] 邹晓东，韩旭，姚威. 科教融合：高校办学新常态 [J]. 高等工程教育研究，2016（1）：43-50.

[4] 林彦红. 科教融合理念的创新与实践——以中国科学院大学为例 [J]. 研究生教育研究，2015（4）：27-32.

[5] 成洪波. 论科教融合与应用型创新人才培养 [J]. 高等工程教育研究，2017（4）：141-145.

[6] 孙惠利. 构建教学实践共同体 促进幼儿教师专业发展 [J]. 中国校外教育，2013（21）：152-153.

[7] 郭平，蒋秀兰，郭宏凯. 教师协作教学的可行性及策略探讨 [J]. 中国成人教育，2015（7）：119-121.

[8] 盛跃东，黄建滨. 研究生英语多媒体教学中存在的问题及其对策 [J]. 学位与研究生教育，2003（12）：30-32.

[9] 康叶钦. 在线教育的"后MOOC时代"——SPOC解析[J]. 清华大学教育研究, 2014, 35(1): 85-93.

[10] 王文礼. MOOC的发展及其对高等教育的影响[J]. 江苏高教, 2013(2): 53-57.

[11] 杨芳, 张欢瑞, 张文霞. 基于MOOC与雨课堂的混合式教学初探——以"生活英语听说"MOOC与雨课堂的教学实践为例[J]. 现代教育技术, 2017, 27(5): 33-39.

[12] 袁博, 宋晓光, 李琼, 彭媛媛, 宋思雨. 直播模式下研究生在线教学探究[J]. 现代教育技术, 2020, 30(6): 114-119.

[13] 姚兰芝. 试论形成性评价在高校教学中的应用[J]. 江苏高教, 2012(2): 95-96.

设计学研究生科研创新能力培养模式研究

周 岩 刘晓胜 李建广 杨利芳

(哈尔滨工业大学，哈尔滨 150001)

摘 要：本文通过分析工学设计学研究生的特点，对研究生科研创新模式进行了研究，具体包括多元化教学融合法、国际合作与交流新模式、三明治式校企合作新模式、科研实践创新交流平台构建四个方面；以哈尔滨工业大学设计学工业设计系研究生为例，构建了研究生科研实践创新能力培养平台，在具体实施方面进行了详细介绍。通过该平台的培养实践，工业设计系研究生的基础理论学习与科学实践活动融为一体，为培养符合社会需求的、具有创新意识和创新能力的高层次设计学人才奠定了基础。

关键词：科研创新能力；多元教学融合法；研究生工作站；交流平台

第一作者简介：周岩，1968年生，女，博士，副教授，工业设计系副主任，主要研究方向为用户体验、感性工学及数字化设计，邮箱为 zhouyan@hit.edu.cn。

通讯作者：刘晓胜，邮箱为 liuxsh@hit.edu.cn。

项目来源：全国学位与研究生教育资助重点项目"研究生成长规律与标准化培养方法研究"，编号：A2-2017Y0601-011。

一、引言

进入21世纪，信息和知识革命带来全新认知力量，造就了设计与科技、商业一起成为经济社会发展的三种推动力量。国家十三五规划秉承"创新、协调、绿色、开放、共享"的发展理念描述社会经济发展纲领，近年来，工业设计取得了快速发展，已成为国家创新发展战略，工业设计三次写入国民经济五年规划，在这种大背景下，提高设计学研究生培养质量，为地方经济建设和社会发展提供更多的高素质人才就愈发重要。研究生教育是我国高端人才教育重中之重，研究生科研创新能力的培养是高层次人才培养质量的关键要素。近年来，我国研究生教育不断尝试教改，众多学者对研究生人才培养模式进行研究，研究生创新能力培养更是当今研究热点。

屠曙光[1]针对我国设计艺术学研究生领域中存在的问题进行了分析，并提出了相应的对策；蒋智丽[2]通过探索设计学学科校企联合培养研究生工作站的运行管理，梳理一系列依托于实践的基础理论，丰富了校企联合培养研究生工作站模式的理论体系；陈绘[3]提出了设计学专业研究生培养创新意识、提高导师指导能力、加强学术交流的改善对策，对有利于提高设计学专业研究生创新能力的有效方法进行了探索，并应用于教学实践；于喜彬[4]从设计学研究生培养教育模式入手，用开放的视角对适合市场需求的创新型设计学研究生培养进行探究。

由此可以看出，对于研究生创新能力的培养已得到众多学者的广泛关注，本文将通过国际交流、校企合作、科研项目及创新实验四位一体模式对设计学研究生的科研创新能力培养模式进行探索。

二、科研创新培养模式研究

（一）多元化教学融合法研究

在优化课程体系的基础上，如图1所示，以提升研究生信息素养为突破口，通过构建微课平台、应用型实践课程、菜单式专题讲座等多元化教学方法,将研究型教学模式及团队合作教学方法引入研究生课堂,营造自主学习与创新能力培养氛围,通过主动学习、探索式学习,强化创新意识、培养创新素养、活跃创新思维、拓展创新技能,从而达到提高研究生整体创新能力的目的。

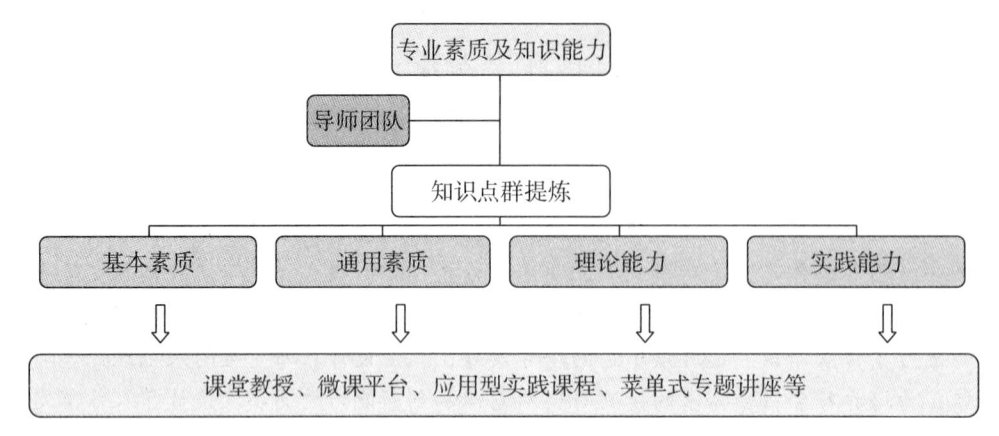

图 1　多元化教学方法融合模式

(二) 国际合作新模式研究

通过与国际知名大学开展高水平的合作交流,建立双轨制。一方面,聘请海外知名学者担任研究生兼职导师,在双语教学、国际会议、联合培养研究生等方面进行国际合作;另一方面,积极为研究生提供出国深造的机会,通过选派优秀学生到国外学习,进一步争取资金立项开展国际化课题研究,开展国际化双边合作研究,使研究生的研究视野更加开阔,进一步挖掘其创新潜能。

对于国际合作模式采用走出去和请进来的双模式,一方面,在当前学生仅出国交流学习的基础上,进一步开展国际化课题研究,将各国的文化、科研融为一体,使学生不仅了解国外研究生学习情况,也能参与国外大学的科学研究工作,拓阔学生思维;另一方面,除聘请海外知名学者开设共建课程外,还将请知名学者担任研究生兼职导师共同指导研究生,如图 2 所示。

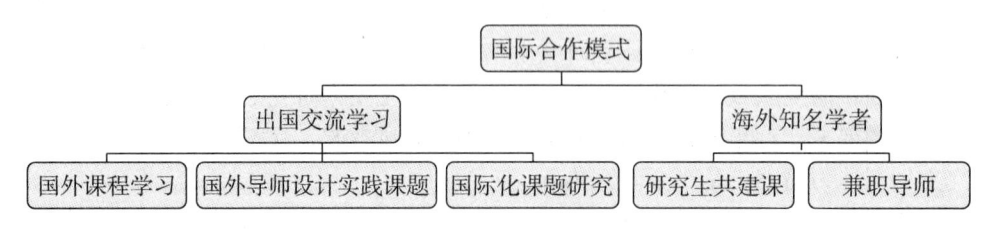

图 2　国际合作新模式构架

(三) 校企联合培养研究生工作站运行模式研究

一方面,通过凝练工作站的教学模式,组建产学研合作平台,联合开发产品等,丰富校企联合培养研究生工作站模式;另一方面,建设与完善工作站管理制度,包括导师队伍建设、进站研究生的选拔与考核、研究成果的共享与推广、运行的综合保障等,梳理一系列依托于实践的基础理论,以保障校企联合培养工作站模式在设计学学科的顺利推行,实现高层次创新型人才培养的目标并保证质量。校企联合培养研究生采用"三明治"模式,培育学术与应用并重的开放式设计学研究生教育模式,如图 3 所示。

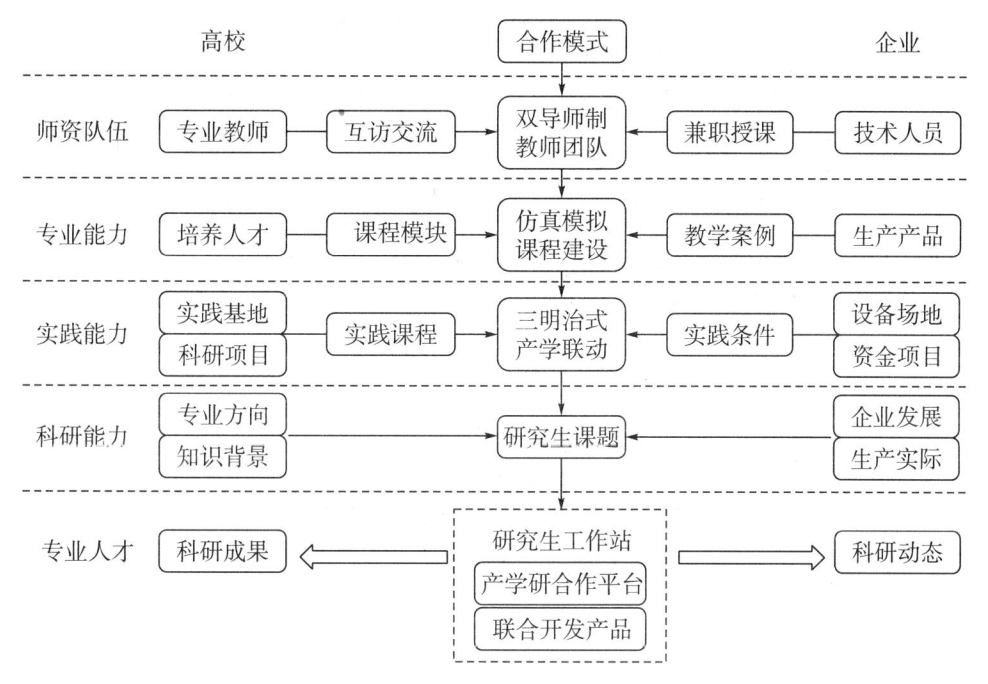

图3 依托实践的高层次创新型人才培养

（四）科研实践创新交流平台构建

提供专供研究生使用的科研基础设施及高水平的仪器设备，搭建研究生科研实践创新平台；建立研究生科研创新支持计划，导师引导研究生根据以往研究基础与研究经验，确立创新性强并富有挑战性的基础研究和应用研究；定期聘请国内外知名学者、企业精英、校内同行专家等举办讲座和研讨会，研讨会中可对近期成果进行阐述，导师有针对性地分析，研究生之间进行辩论，在宽松愉悦的学术氛围中达到相关学科知识相互渗入，进一步激发研究生创新意识和培养创新素养。依托哈尔滨工业大学强大的科研基础，高水平的导师团队，结合导师实际科研项目进行构建。

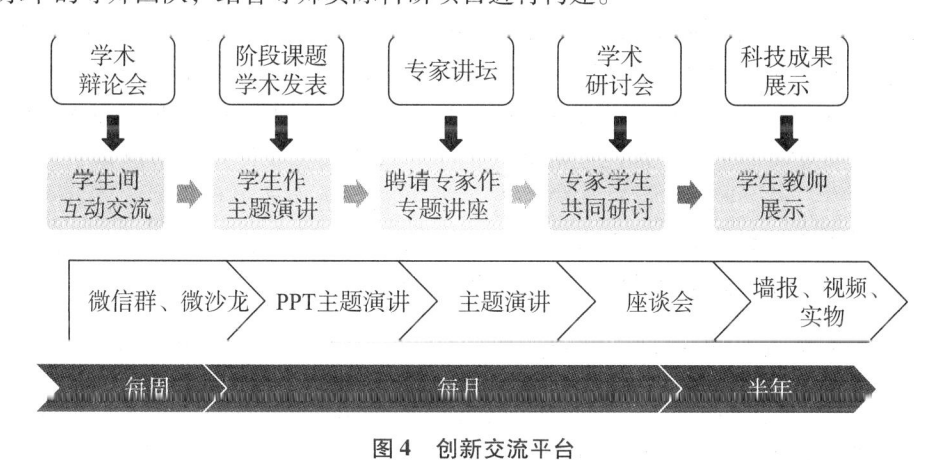

图4 创新交流平台

三、研究生科研创新能力培养平台构建

本教学改革采用以点带面的方式进行，以设计学学科工业设计方向研究生为试点，设计学研究生科研创新能力平台构建，如图5所示，具体实施计划分为三个阶段：

质量全面提升要求下的研究生教育管理创新

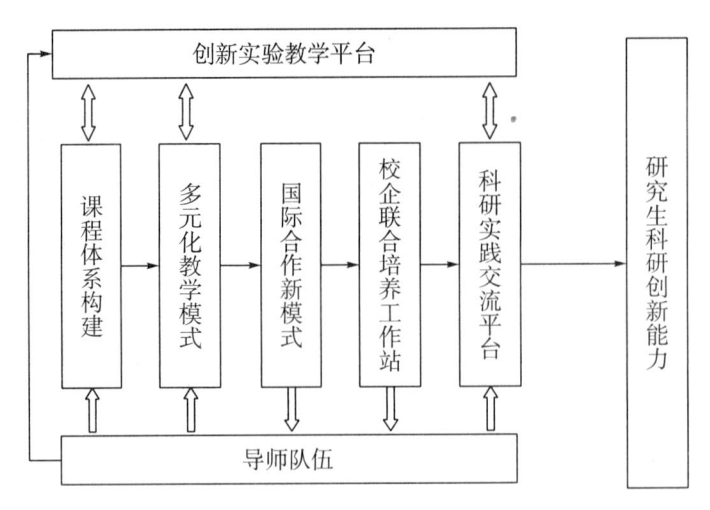

图5 研究生科研创新能力培养平台

(一) 实施多元教学模式

依据设计学学生应具备的专业素质及知识能力，提炼和构建知识点群，并将其分为基本素质、通用能力、理论能力、实践能力四大模块，根据不同模块特点采用不同的教学方法，进而达到多元融合教学的目的。

充分利用我校已建立的"研究生联合培养实践基地"和"中英、中日研究生联合培养及交换学习协议"，组成校内、校外、海外多元多层次导师队伍，完善了工业设计方向研究生课程体系，完成了新版培养方案；结合国外先进教学方法以及通过研究多元化教学模式及教学方法，在研究生教学过程中，重实践、重能力。

在教学方法上，以教师为中心的传统教学模式，可以使学生系统全面地掌握课程主要内容，而微课、菜单式教学、研究型教学模式及团队合作等教学方法引入研究生课堂必将缩减传统教学学时。提出了以学生为中心的体验式教学模式。融合多元教学模式，以学生提出的问题为导向，教学与科学研究相结合，极大地提升了学生解决实际问题的能力和知识运用能力，使学生在掌握课程知识体系的同时，增强自己的创新意识和提升创新能力，对于培养学生科研创新能力起了关键作用。通过课程改革实现多元化教学模式及教学方法的研究，主要集中在3门研究生课程。在"需求调查方法研究"课程中，依据学生实际选题，结合教学内容进行实际问题的研究；在"人机交互设计方法"课程中，参考国外教师的教学方法和教学PPT，外语授课、设计实验等对于学生能力培养效果优良；在"设计师实践专题"课程中，采用体验式教学，教师给定研究题目，学生提出研究思路、设计实验方案，对学生科研能力的提升起到了积极的促进作用；同时建设两门国外高水平研究生共建课。

(二) 设立"三明治"式研究生工作站

在研究生协同培养、互动交流方面进行深层次的研究。国际合作及校企联合培养模式研究与实施两方面将同步展开。为配合国际合作研究生新模式，聘请千叶工业大学工业设计系教授、英国诺丁汉特伦特大学教授进行了多方位的讲学并对国际合作模式进行了共同探讨，确定了研究生交流计划，每年选派研究生到国外进行为期半年到一年的交流学习，每年由研究生导师带领研究生团队进行为期一周的交流活动，制定完善的选拔章程，同时开展国际化课题研究。

针对校企联合培养，尽快完善联合培养体系的规章制度，选派设计学研究生进入校企联合培养研究生工作站，由企业和学校共同指导新产品开发工作。在培养模式上，建立了校企、海内外联合培养的"三明治"式研究工作站。

这种校企、海内外联合培养的"三明治"模式，通过国际交流，开阔了学生视野；通过校企联合，使学生完整了解了企业的需求，提高了解决实际问题的能力；工业设计研究生通过科研实践创新交流平台构建对国际交流、校企联合中遇到的问题进行探讨，一方面为学生进行科学研究提供很好的平台，形成了较好的探讨研究氛围，另一方面拓展了学生的思维，提升了学生的科研积极性。

（三）搭建科研实践交流平台

在科研实践训练中应遵循研究生个体成长规律，最大限度地发挥其能力和水平，激发工科研究生自身的发散性思维、敏锐的观察力和丰富的想象力，使其构建出新的理论假设、理论模型，或提出新的理论观点，为大量新颖的、独创的成果涌现奠定坚实的基础；丰富学术交流机制，定期举办高质量的学术交流活动，为研究生之间新的理论观点、新颖独特的成果研讨提供交流平台，进而提高其自主学习、主动探求的积极性。

现已建立QQ交流平台、微信交流平台及钉钉交流平台，定期举办学术会议，在2020春季学期，充分利用企业微信、腾讯会议，线上交流、线上实验，优势互补，营造了良好的学术交流氛围，研究生在此平台进行科研工作初步交流，定期举办研究生科研实践交流微沙龙，学生PPT主题演讲、聘请专家讲座、座谈会等工作都已在开展。

四、结语

通过对工学设计学研究生科研创新能力的研究，有效解决传统教学中学生缺少创新能力培养的问题，配合多元化教学模式，结合科研能力导向型研究生课程教学理念，在实验教学中，使学生在深入了解大型仪器的功能和应用的基础上，以综合性、设计性和创新性为出发点，结合三明治式研究生工作站、多方国际合作等，通过解决科研项目和企业实际问题设计研究项目，培养学生的科研创新实践能力，学生的能力得到极大提升。以工业设计系研究生与机器人研究所学生联合完成的"自主变形机器人"荣获2018中国优秀工业设计奖金奖。该课题的研究，可以促进设计学研究生的教学改革和发展，优化人才培养模式，其教学方法将渗透到学生科学素质、创新精神和创业实践能力等方面，增强社会竞争力，力图为我国高校有效地培养研究生创造精神并提高实践能力提供思路和范例。其研究成果，可以向我校其他学科扩展，进而辐射到东三省乃至全国的高校研究生教育。

参考文献

[1] 屠曙光. 当前我国设计艺术学研究生教育中的问题及对策 [J]. 南京艺术学院学报（美术与设计版），2006（3）：99-103+162.
[2] 蒋智丽. 艺术院校设计学科研究生导师团队培养模式的探索 [J]. 美术教育研究，2014（21）：153-154.
[3] 陈绘，汪媛媛. 研究生创新能力培养理论与实践研究 [J]. 黑龙江高教研究，2015（3）：155-157.
[4] 于喜彬. 以创新为导向 培育学术与应用并重的开放式设计学研究生教育模式 [J]. 辽宁经济，2016（6）：94-96.

和谐视角下研究生导学关系构建探析

颜 雯

(同济大学研究生院,上海 200092)

摘 要:研究生教育成功的关键在于研究生的培养质量,师生关系是影响研究生培养质量的重要因素,研究生扩招以来,导师与研究生之间的导学关系日益呈现出一种不协调状态。导学关系不仅是导师制维系与发展的重要基础,同时也是影响研究生个体发展最直接的因素。采取有效措施构建研究生教育和谐的导学关系,既有助于促进研究生全面发展,也有助于提升研究生教育质量。

关键词:研究生教育;导学关系;和谐

作者简介:颜雯,1985年生,女,硕士研究生,研究方向为高等教育管理,邮箱为 yanwen@tongji.edu.cn。

研究生教育经过近四十年的发展,招生数量迅速增加,如何在师生比日益增长的同时,满足研究生的培养需求,不断提升研究生培养质量,成为研究生教育的关注重点。导师作为研究生培养的第一责任人,对学生的言传身教、学术指导、成长引领贯穿研究生培养的全过程,对于研究生教育的质量发挥着至关重要的作用,这些都建立在和谐导学关系的基础上。导学关系作为研究生培养过程中一种教与学的基本教育关系,导师和学生在课程学习、课题研究、撰写论文的培养过程中的双向互动,不仅密切关乎研究生培养全过程,更是一种师承关系的延续发展,构建和谐导学关系,对于提升研究生培养质量具有重要意义。

一、构建和谐研究生导学关系的重要意义

在中国高等教育向世界一流水平迈进的进程中,导师和研究生始终是一支高凝聚力的学术主力军。研究生培养的导师责任制是世界各国普遍采用的研究生培养方式,导师与研究生的"导学关系"成为导师制维系与发展的重要基础。导学关系是在学术逻辑基础上建立起来的一种教育关系,其本质也是一种社会关系,它不仅体现为教师与学生之间基于知识传授的学术交往关系,而且涵盖精神交往和道德教化关系[1],在研究生教育中,导师与研究生的关系是影响研究生教育质量的关键。

(一)导师层面——实现立德树人的教育目标

高校的根本任务是立德树人,在新时代教育背景下,导师既是研究生培养的第一责任人,也是立德树人的第一责任人。[2] 导师既要做显性知识的传播者,更承担着通过与学生之间的多维互动,积极传递包括个人生活、事业选择、价值引领等各个方面的隐性知识的责任。具体实践中体现为通过构建创新多元的导学互动场景,实现对学生和导师双向的思想塑造、行为引导和价值引领的效果,展现出"三位一体"的育人理念。

和谐的导学关系不仅有助于导师在对研究生科研、成长、就业的全方位指导中,将自己的科研精神、治学态度、优良作风潜移默化地传授给学生,将立德树人的培养目标贯彻到对研究生培养的全过程、全方位引导,提升研究生综合素质和培养质量;和谐的导学关系也有助于研究生与导师的多方面沟通,通过导师的言传身教、楷模影响,起到正向引导作用,强化立德树人的有效性。

（二）学生层面——促进学生自由全面发展

导师是研究生培养的第一责任人，和谐的导学关系可以充分发挥导师自身学术水平和学术道德对研究生示范性指导作用，促进研究生科研能力提升；和谐、良性的有效沟通，更有助于促进学生个体的主动性、积极性作用发挥，促使学生突破自我、发挥潜能，提高创新能力；和谐的导学关系还可以减少师生双方心理负担，在轻松、和谐、合作的氛围中实现师生教学相长，促进研究生在科研、学术、身心多方面的和谐共生，全面发展。

二、构建和谐研究生导学关系的现实困境

导学关系是研究生在导师指导下完成课程学习、参与课题研究、撰写学位论义，并在此过程中学会做学问、学会做人所形成的一种教学关系[3]。伴随着研究生招生规模的不断扩张，研究生导师与学生的矛盾逐步突出，个别研究生与导师间关系淡化，出现各种异化的导学关系，学生个体的多样化需求与导师指导的千差万别，激化了两者之间的矛盾冲突，主要表现在以下三点。

第一，学生个体的被动性与导师指导的单一性。研究生培养过程中，一些研究生忙于课程修读、科研实验和论文撰写，或因传统的观念影响，缺乏与导师的主动交流。导师在科研、学术晋升、行政等多重压力下，多集中关注研究生的科研训练，却疏于对学生生活、情感方面的关心，导师在指导研究生的过程当中不仅扮演着学术指导的角色，还应承担起师德引领者以及管理服务者等角色，在与学生的交流中应多注重对其思想素质以及人文关怀的培养。

第二，主体特性的差异性与培养模式的统一性。在多元化发展的新时代，社会的多样性与开放性发展日益增强，研究生群体在生源类型、专业背景、思维方式等方面存在差异，个体差异鲜明；导师群体的学术能力、治学态度、研究资源等方面存在差异性。目前的培养体制、培养模式更多统一于导师对学生培养计划的指导制订，传统的学术理念、学术指导方式和风格单一，难以满足价值多元化、个性鲜明化的研究生主体多样化的培养需求。

第三，导学关系的传统性与导学现状的多样性。"传道""授业""解惑"的儒家传统导学观念，明确了导师在培养过程中学术指导、师德引领、管理服务、人文关怀的角色定位，而在激烈的市场环境中形成的知识经济对传统的学术价值造成一定的冲击，导致研究生培养过程中导学关系出现了极个别的经济雇佣型、社会伦理型、自由放任型等类型的导学关系失范。

三、推进研究生导学关系和谐发展的路径探析

高校的师生关系一直被社会关注，在研究生教育阶段，构建良性和谐的导学关系，不仅可以防止矛盾冲突产生，也会对研究生成长以及研究生培养发挥至关重要的作用。研究生教育中导学关系的异化不仅影响研究生的培养，而且阻碍了国家科技创新发展战略的实施。本文试图从以下三点入手，探索推进研究生导学关系和谐发展（见图1），提出一些具体的构建策略。

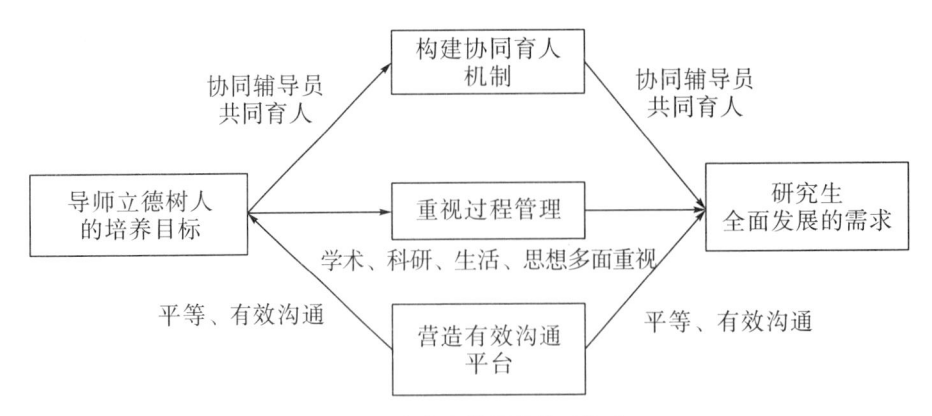

图 1 研究生和谐导学关系构建

(一) 建立协同育人机制，促进研究生全面发展

研究生导师和辅导员作为研究生教育工作中的重要力量，肩负着共同的育人目标，研究生导师对研究生的科研水平、学术能力、创新发展起着至关重要的作用，辅导员在研究生培养的过程中更多负责政治教育、思想发展、日常事务管理、心理疏导等方面的工作。导师与辅导员应加强合作沟通，相互融合，导师融入辅导员的学生管理工作，辅导员融入导师的科研教学环节，可以全方位、多角度地了解研究生的思想行为动态，在加强交流的同时，获得不同角度的育人思维，促进育人方式互补，充分发挥二者合力，形成协同育人、联动运行的良好机制，共同促进研究生的全面发展。

(二) 完善过程管理体系，构建合理制度环境

和谐的导学关系涵盖研究生培养全过程，包括研究生的招生选拔、课程修读、选题报告、出国交流、论文撰写、学位答辩的各个环节。材料申请的招生制度以及硕博连读、直博生比例的逐步增加，为研究生和导师提供了更多的交流和选择机会。研究生进入培养过程后，导师对研究生的科研指导、学术引领、心理关怀、生活关心都需要建立在良性、和谐的导学关系基础上。尤其是研究生论文发表、更换导师、论文答辩等学业环节，导师占据绝对性影响地位。高校应以学生权益、诉求为出发点，建立导师与研究生定期沟通机制，明确研究生培养的导师责任制，对于导学关系中导师的定位与职责要求，加强在培养过程中的管理与考核，确保导学关系的良性、和谐，从而为研究生培养质量的提高提供基础保障。

(三) 重视双向多维交流，营造良好沟通平台

研究生与导师沟通主要集中于学术指导、科研项目等方面，导师角色主要定位于传道、授业、解惑的师者形象。研究生作为独立个体以平等身份与导师进行多维度的沟通交流，对于良好的导学关系建立尤为重要。

定期的导师、研究生见面会，导师吸纳研究生参与科研项目，师生共同申报科研奖项、参加学术会议、参与社会调查等，都是值得鼓励和支持的营造对话氛围、促进交往的有效途径。对于学校管理者来说，要让师生合理的诉求能够得到合理、合法和及时的解决，在符合学术规范和共同的话语伦理前提下，消除沟通和交流障碍，促进和谐有效的交往。

参考文献

[1] 王燕华. 从工具理性走向交往理性——研究生"导学关系"探析 [J]. 研究生教育研究, 2018 (1): 60-66.
[2] 林伟连, 吴科象. 研究生教育中师生关系建设要突出"导学关系" [J]. 学位与研究生教育, 2003 (5): 26-28.
[3] 吴玥乐, 韩霞. 高校导学关系的协同共建——基于导师深度访谈的质性研究 [J]. 教育科学, 2020, 36 (3): 64-69.

"上海制造"品牌战略下机械类研究生培养的几点思考

简小刚

(同济大学机械与能源工程学院,上海 201804)

摘 要:上海立足于新时代新使命新要求,提出"上海制造"品牌战略,欲打造上海科创中心,创建全球卓越城市。这既为上海高校相关学科大发展提供了历史性机遇,又为相关学科人才培养尤其是一流研究生培养提出了迫切要求。这就必然要求相关学科要正确认识并准确把握"上海制造"品牌战略下对一流人才尤其是研究生人才培养的内涵需求及其发展趋势,探索确立新形势下研究生创新人才培养体系,形成具有"工匠精神"的高端、品质、智能、绿色的智能制造高端人才培养方案,以实现产学研广度与深度融合,合力打造"上海品牌",破解"上海制造"品牌战略高端人才短缺的难题。

关键词:"上海制造"品牌战略;研究生培养体系;产学研融合

作者简介:简小刚,1975年生,男,博士,副教授,研究方向为机械设计与创新,邮箱为 jianxgg@tongji.edu.cn。

资助项目:本文获上海一流研究生教育建设项目(NO. ZD19040301)。

一、背景

2018年4月24日,上海市委市政府联合下发《关于全力打响上海"四大品牌"率先推动高质量发展的若干意见》,正式提出"上海服务、上海制造、上海购物、上海文化"四大品牌三年行动计划。方案一出,引起广泛关注。上海作为一个肩负特殊战略使命的中心城市,为响应中央号召,立足新时代新使命新要求,加快建设全球卓越城市和具有世界影响力的社会主义现代化国际大都市,提出了自己的行动方案。"四大品牌"战略是上海推动高质量发展的重要抓手和路径,也为上海高校相关学科发展提供了新的挑战和机遇,尤其是对一流研究生培养提出了新的要求。上海高校相关学科,应乘势而为,正确认识并准确把握这一战略下上海对一流研究生人才培养的新要求[1-3],通过研究生培养机制的创新与完善,培养研究生"敬业、精益、专注、创新"的工匠精神,满足"上海制造"品牌战略对行业高端人才培养需求,全方位、深层次、宽领域实现产学研相结合,合力打造"上海品牌",在推动上海科创中心建设与经济社会发展的同时,促进自身学科建设与发展。

二、"上海制造"品牌战略与一流人才需求

自1803年拿破仑颁布《备案商标保护法令》后,世界上第一次明确了商标权与其他财产权一样受到保护。随后,社会商品生产规模进一步扩大,作为识别商品提供者的"品牌"及品牌印记使用迅速普及,带有无形价值的品牌及品牌意识由此诞生。在经历了两个多世纪的发展后,随着科技进步和生产力水平的进一步提高,市场机制得以广泛建立,商品生产与资源配置逐步实现了全球化合作与分工,"品牌"已日益成为市场营销的重要推手,在商品生产与销售全球化合作与竞争中扮演着非常重要的角色,成为企业提升核心竞争力,在市场经济中取胜的重要法宝。因此,上海适时提出"上海制造"等品牌战略,抓住了上海科创中心建设的"牛鼻子",成为上海推动高质量发展的重要抓手和路径之一。党的十八大报告中也明确提出,坚持出口和进口并重,强化贸易政策的协调,形成以技术、品牌、质量、服务为核心的出口竞争新优势,促进加工贸易升级,发展服务贸易,推动对外贸易平衡发展。因

而，对于处在积极推动国家科创中心建设关键期的上海而言，亟须能够彰显上海形象与水平的品牌力量助推上海创新驱动、转型发展；对于地处中国最为开放前沿地区的上海企业而言，也亟须以铸造企业品牌来提高自身软实力，扩大企业全球影响力和核心竞争力。

然而，上海的品牌建设现状却与其经济地位不甚相称。"世界品牌实验室"（World Brand Lab）2019年6月26日在北京发布的2019（第十六届）"中国500最具价值品牌"排行榜显示，上海有40个品牌入选，占总数的8%，在全国排名第四，远落后于北京的19.2%、广东的18%，略低于山东的8.2%。从品牌价值而言，2019年"中国500最具价值品牌"的总价值为218 710.33亿元，平均每个品牌价值为437.42亿元，入选品牌最低价值也已从2004年的5亿元上升到2019年的25.16亿元。而上海入选的40个品牌的合计价值为4 566.56亿元人民币，平均每个品牌价值为114.16亿元，仅为500个品牌平均值437.42亿元的26%。与世界品牌相比，上海更是落后。在2019年《世界品牌500强》中，美国入选208家，占榜单总数的41.6%，英国有44个品牌入选位居第二，法国则有43个品牌排列第三，日本则以42个品牌位居第四，而中国有40个品牌入选排位第5，比美国足足少了168家，仅占比8%，而同年中国GDP产值在世界GDP产值中占比已超过16%，中国企业的品牌建设明显与自身经济地位不匹配，而上海情况更为严峻，没有一家企业入选。所幸，上海正是看到了这种严峻形势，适时提出"上海制造"等四大品牌战略，以期破解困局，借助品牌战略这一有力抓手，夯实世界科创中心基础，最终实现创新驱动、转型发展，建成具有世界影响力的全球卓越城市。

追溯历史可以发现，其实中国长期以来是世界品牌的发祥地，古代"中国制造"品牌地位远超当今"美国制造""欧洲制造""日本制造"，中国的陶瓷、丝绸和茶叶享誉世界长达上千年。近代的上海也先后出现过风靡全国的上海牌手表、永久牌自行车、蝴蝶牌缝纫机、英雄牌金笔等著名品牌，上海品牌曾寄托着无数中国人的期待和向往，既是时尚的代名词，又是质量和荣誉的保证。然而，随着改革开放尤其是浦东大开放后，在外资和民资冲击下，上海品牌日渐式微。究其原因，一方面可能跟上海企业和企业家的品牌意识薄弱有关，许多制造企业并没有认识到品牌所蕴含的无形价值；另一方面，随着国门打开，国内消费者盲目追捧国外品牌，一些制造商为迎合这种需求，纷纷采取注册"洋商标"或是通过合资贴上外国商标等短视经营策略，追求短期盈利而放弃自主品牌建设，导致大量品牌纷纷没落。而在国际市场上，由于企业的创新意识和技术水平与西方先进企业还存在一定差距，在美国的创新制造、英国的高端制造、法国的精艺制造、日本的精益制造、德国的精密制造的冲击下，西方消费者还无法有效识别出中国品牌，加上过去三十年高速发展过程中不可避免会出现一些"制造"的可靠性、安全性和工艺性等方面的问题，包括"上海制造"在内的"中国制造"品牌曾一度在西方消费者眼里成了低端制造的代名词。

这些问题的根源在于品牌缔造者的理念、技术和文化的差异：其一，理念上要认识到品牌才是企业最为珍贵的资产，拥有市场比拥有工厂更为重要，而拥有市场最为有效的途径则是先拥有市场认可的品牌；其二，技术上要不断创新，要通过自主创新和原始创新引领旧市场、开创新市场，用新科技、高品质、超时尚来充实品牌的内涵以塑造品牌的市场形象；其三，文化上要讲好自己的故事，探索市场新需求，做好文化新传承，发挥求新求变内核基因，使得品牌既有深厚人文历史积淀，又有时尚流行新内涵。

要做到以上三点，必须要有一流人才，尤其是一流高端技术人才和运营人才来支撑。目前，许多高校研究生教改中已明确提出将研究生培养定位在为社会提供一流的行业卓越人才，结合国家需要，在"人才培养、科学研究、社会服务、文化传承"等方面实现深度融合。因而，"上海制造"战略的实施必然需要大批高水平创新性复合型人才，也必将使上海高校相关学科一流研究生培养面临新的发展机遇和严峻挑战。有关学科必须要正确认识并准确把握这一战略下上海对一流研究生人才培养的新要求新内涵，通过研究生培养机制的创新与完善，着重培养研究生"敬业、精益、专注、创新"的工匠精神，满足"上海制造"品牌战略对行业高端人才培养需求，实现全社会产学研全方位、深层次、宽领域融合，合力打造"上海制造"品牌，以推动上海科创中心建设与经济社会发展。

三、"上海制造"品牌战略下一流研究生人才培养的几点思考

作为对标全球卓越城市的上海,加强品牌建设,已是时不我待。而塑造品牌成功的关键则是品牌缔造者的先进理念、高端技术和时尚文化,由品牌生产者、运营者的知识结构、专业能力以及高尚人格所共同决定。因而,作为"上海制造"品牌战略推行所亟需的高端人才培养任务的践行者,上海高校如何对照国务院学位办对制造行业大机械类学位点的要求,对照"中国制造2025"国家战略、上海科创中心建设战略、"上海制造"品牌战略,总结并分析好制造行业大机械类研究生教育的校企和校地合作平台建设现状,建立并完善新形势下"上海制造"品牌发展亟需的机械类高层次人才培养体系变得尤为关键。本文结合同济大学近年来机械类学科研究生培养实践,进行总结和思考。其实,高校一流研究生人才培养与"上海制造"等品牌战略实施实有异曲同工之妙,有其内在逻辑联系,具体分析如下。

(一)一流研究生培养要加强"卓越"意识培养

"卓越"意识培养是一流研究生培养的一个显著标识。具体到品牌领域,是指要确立品牌的识别系统,通过一种确认的方式将"品牌"的理念、定位、策略等形象模糊、难以琢磨的东西加以明确,使得品牌的架构更鲜活、形象更鲜明。将种种有关品牌有形或无形的理念、外观、个性、人文历史等复杂的信息单纯符号化以供市场和消费者辨识,将这种符号化的标志赋予品牌所包含的丰富内涵,并加以传播、推广,最终形成品牌识别,使这种品牌识别标志超越单纯的审美层次,承载起品牌内在价值的重任。随着这种标识进一步延伸到品牌战略实施所亟需的一流人才尤其是研究生培养领域,"卓越"意识则已日益成为一流研究生培养品牌的重要标识,培养学生"卓越"意识、注入学生"工匠"精神,不仅有利于学生在校时更好地掌握基础知识与专业技能,还有利于学生毕业后从事品牌塑造与营运时打造一些品牌标识更明显、品牌架构更鲜活、品牌形象更鲜明的"独角兽"式的品牌与行业龙头企业,有利于"上海制造"等品牌战略的实施与开展。

(二)一流研究生培养要加强人才培养体系的内涵建设

经过百年沉淀与洗礼,同济大学机械学科人才培养坚持面向国家重大需求,立足自身特色,面向未来发展,在"建设以可持续发展为导向的世界一流学科"的使命和愿景指引下,确立了人才培养的目标是"引领可持续发展的专业精英与社会栋梁"。其内在含义具体包括以下几点:要求所培养的学生具备一流的学术水平、专业能力和科学素养,是故"精英";培养过程要求产学研深度融合,谓之"专业精英";所培养学生具有"家国天下"的人文情怀、社会责任感和历史使命感,称之为"社会栋梁"。具体而言,"引领可持续发展的专业精英与社会栋梁"应具备以下五方面的鲜明特征:①学术基础扎实:应当具有厚重的科学基础和人文素养;②专业技能高超:能够针对行业实际所需,凭借过硬的专业技能解决实际问题;③创新思维活跃:具有敏锐创新思维、超前创业意识和强大创新能力;④国际视野开阔:通晓国际规则、能跨文化族群交流、具有全球视野、熟悉国际合作与竞争;⑤勇担社会责任:具有高度社会责任感和历史使命感,能与祖国同行,使自己的命运与国家、人类命运休戚相关。通过建立和完善涵盖培养方案、课程建设、教学组织、考核淘汰、管理制度等构成要素的培养体系,构建分类指导、各有侧重、各具特色的学术型学位和专业型学位研究生培养体系,切实提高研究生培养质量,形成具有"工匠精神"的高端、品质、智能、绿色的智能制造高端人才培养方案,实现产学研广度与深度结合,合力打造"上海制造"品牌,破解"上海制造"品牌战略实施面临高端人才短缺的难题,为"上海制造"等品牌战略提供一流人才,助推上海科创中心建设与经济社会发展。

(三)一流研究生培养要优化导师选拔与任用制度

导师是研究生培养过程中最为关键的一员,导师队伍的建设则是一流研究生培养体系的关键环节。

因此，如何选拔与聘任研究生导师，使研究生导师安心地全面参与研究生的课程教学、专业实践、论文开题、过程指导、中期检查以及论文撰写与答辩指导，是培养出一流研究生的基础与保障。此外，还应该通过导师队伍建设，吸纳企业一线富有经验的行业导师全程参与研究生的培养，加强与行业骨干企业的联系与合作，积极推动行业组织参与从授权点设置到学位论文答辩的研究生培养全过程，以增强研究生人才培养的社会适应性；积极吸纳一定比例的行业专家加入研究生学位教育指导委员会，为研究生学位教育提供咨询和指导；积极吸纳具有丰富实践经验的行业专家作为校外兼职导师，构建"双师型"导师队伍，与校内导师共同开展研究生项目实践、科学研究、课程教学与学位论文等全过程指导。

（四）一流研究生培养要积极探索多学科交叉联合培养新模式

要为"上海制造"等品牌战略提供一流创新人才，就必须加强具有创新意识的复合型卓越人才培养。近年来，同济大学机械类学科群正在构建一个以机械工程一级学科为主干学科，以设计学一级学科、管理科学与工程一级学科两个一级学科为支撑学科的研究生多学科交叉联合培养新模式。这种新模式是基于社会需求以及学科之间的紧密联合和优势互补相结合，以构建从一个机械类各专业学位入口、复合专业出口的新型人才联合培养模式，切实推进研究生优质课程资源的交叉与共享，拓展学生知识结构，增强学生职业竞争力。通过这一新模式，可以充分发挥同济大学机械类学科特色鲜明、互补性强的优势，整合各学科方向教学科研资源，构建机械类大学科平台，培养适应"上海制造"等品牌战略所亟需的复合型高端创新人才。

（五）一流研究生培养要积极走出去，探索国际化联合培养新模式

要打造"上海制造"品牌，建设上海科创中心，将上海建设成一座有着全球影响力的卓越城市，就必须与全球建立紧密联系。在一流人才培养上，就必须要充分利用国内和国际两种资源，尤其是要充分利用上海地缘优势和在沪高校国际化办学经验，与国际高水平大学建立联合培养研究生的新模式：实施研究生国际课程合作计划，通过优势互补、平等互利，与西方一流高校合作共建一批国际共享优质课程，实现学分互认、学生互换、师资共享；积极拓展海外研究生实训渠道；积极推动研究生学位的国际评估与认证；积极参与国际权威认证机构和行业协会的资质认证以及国际职业资格证书的考评，培养出具有国际视野的高端创新人才。借助现有国际合作渠道，积极构建研究生联合培养新模式，为"上海制造"品牌战略实施培养具有国际视野和开拓能力的高端国际人才。

四、结论

当前，上海积极提出"上海制造"品牌战略，欲打造上海科创中心，立足新时代、履行新使命、落实新要求，积极参与全球合作与竞争，将上海建设成为全球卓越城市。这就要求上海高校相关学科的人才培养尤其是一流研究生培养必须要正确认识并准确把握"上海制造"等品牌战略对一流人才尤其是研究生人才培养需求的内涵与趋势，探索确立新形势下研究生创新人才培养体系关键因素及其内在逻辑联系，以实现产学研的广度与深度融合，合力打造"上海品牌"，破解"上海制造"品牌塑造与营运高端人才短缺的难题，助推上海科创中心建设与国家社会经济发展。

参考文献

[1] 刘凌娥. 我国外贸出口品牌战略的实施与研究 [J]. 中国市场，2020 (20)：68-69.

[2] 毕浩然，曾智. "双一流"战略下地方行业特色高校品牌建设路径分析 [J]. 价值工程，2020，39 (19)：105-106.

[3] Melissa F R, Alexia K, Amy O. Navigating a brand "bounce back" after a near closure: A case study on Sweet Briar College's "fierce" brand refresh. 2020, 5 (1): 41-51.

导学矛盾潜在风险点与和谐导学关系构建研究

宋宏宇　陶轶欧　张博强

（哈尔滨工业大学电气学院，哈尔滨 150001）

摘　要：导学关系作为研究生教育全过程中最为重要的师生关系，近些年受到社会各界和学者们的广泛关注与重视。为真实了解目前研究生的学习生活与导学关系现状，发掘导学关系不和谐的起始原因，研究面向东北地区"双一流"高校工科专业的在校一年级研究生，对其学习生活和导学关系等方面进行问卷调查，针对回收的1 175份有效问卷进行数据统计和详细分析，阐述一年级研究生导学关系的现状和潜在的导学矛盾风险点，并结合教育部要求与研究生培养目标，提出基于立德树人和谐导学关系构建的建议和途径，从而有效处理当前导学关系中存在的问题与矛盾，进一步提升研究生培养质量。

关键词：研究生；导学关系；潜在风险点；立德树人

第一作者简介：宋宏宇，1994年生，男，硕士，助教，研究方向为学生思想政治教育，邮箱为 songhongyuhit@163.com。

高校研究生作为国家创新人才主力军，其教育问题一直受到广泛关注。而构建良好和谐的导学关系又是影响研究生教育质量的关键因素，这不只体现在科研学术层面，还对研究生的理想信念、身心健康、道德品质等综合素质有很大影响。在思政工作贯穿教育教学的大背景下，新时期导学关系应当以立德树人为本，争取为研究生营造积极向上、关系融洽的学习与科研氛围，保证其身心健康，为祖国培养和输送优质的创新型人才。

一、导学关系的含义与重要性

目前国内学者广泛认为导学关系是一种"教学关系"，即"研究生在导师指导下完成课程学习、参与课题研究、撰写学位论文，并在此过程中学会做学问、学会做人"[1]。与本科生相比，研究生自主学习能力更强，且一般肩负科研任务，因此导师的职责从教学转变为指导，在课题实践中传授知识与技能。实际上，在国内对研究生导学关系有多种理解，其中包括以导师为主导、研究生为主体的主导主体关系，还有导学相互依存和促进关系，以及二者均为主体的互动关系等。导学关系作为师生关系中的重要一环，被总结为涵盖教育、合作、心理、经济等多种关系的组合[2]。2018年，教育部印发《关于全面落实研究生导师立德树人职责的意见》，要求落实导师是研究生培养第一责任人，明确研究生导师立德树人职责。因此，构建健康和谐的导学关系具有十分重要的意义。

二、导学关系调研结果与潜在风险点分析

为从源头了解导学关系现状，探寻导学关系起始状态和导学矛盾的潜在风险点，本文针对东北地区"双一流"高校工科专业1 175名一年级研究生的学习、科研、日常生活以及和导师交流情况进行了问卷调研分析。调查表明，有83.23%的研究生在一年级时就承担了课题或项目工作，其在科研工作中会与导师进行较多的接触和交流。因此，导学关系和睦与否将在比较大的程度上影响研究生的整个学习生涯，本文选取典型问题进行分析，调研结果如下。

(一) 学习生活现状分析

本文首先对一年级研究生在校学习和生活状态整体情况进行调研。针对研究生在校生活满意度进行调研分析，结果显示研究生对于当前学习状态、生活状态、科研状态及心理状态满意度均较高，满意度为一般及以上的比例均在93%以上，满意及以上的比例均在61%以上。但也有少数研究生表示不满意甚至很不满意，尤其是对科研状态不满意的比例达到了其他几项的3倍，这可能与实验室研究方向、文化氛围和导学关系等相关。

表1 一年级研究生在校学习和生活状态

题目\选项	很不满意	不满意	一般	满意	很满意
当前的学习状态	0.60%	1.11%	32.60%	39.40%	26.30%
当前的生活状态	1.11%	2.30%	28.60%	39.40%	28.60%
当前的科研状态	1.11%	5.11%	32.60%	35.40%	25.79%
当前的心理状态	0.60%	1.70%	29.70%	39.40%	28.60%

针对研究生在校日常焦虑源进行调研分析，结果显示研究生对课程学习、科研进展以及自身能力的担心与焦虑是普遍存在的，相比于课程学习和自身能力，研究生普遍对科研进展感到焦虑。科研压力对研究生在校生活的影响较大，这可能和导师的日常指导、密切交流相关。

表2 研究生在校日常焦虑源

题目\选项	非常焦虑	焦虑	一般	不焦虑
当前的课程学习	1.70%	19.40%	56.00%	22.89%
当前的科研进展	4.51%	35.23%	38.04%	22.21%
当前的自身能力	2.89%	25.11%	48.00%	24.00%

(二) 导学关系现状分析

科研状态的不满意和对科研进展的焦虑产生的原因可能是多方面的，其中导学关系可能是一个重要因素。为了研究导学关系和上述状态产生原因的内在联系，本文对导学关系现状做了进一步调研。调查结果显示，74.47%的研究生对导师研究方向和内容满意或者比较满意，11.23%的研究生对所选导师的研究方向和内容不感兴趣，7.14%的研究生有过换导师和实验室的想法，这存在一定导学冲突的隐患。

相比于研究方向的满意度，对导师的学术指导满意度整体稍高一些，但是仍存在不满意的现象。作为导学关系中较为核心的组成部分，学术指导满意度极大地影响着导学关系。在更直接的与导师关系紧张程度的调查中，92.76%的研究生表示与导师不存在关系紧张的问题，而其余7.24%的研究生则认为与导师有较轻的紧张关系，这表明不和谐的导学关系在研究生的开始阶段就是存在的，但通常表现轻微。

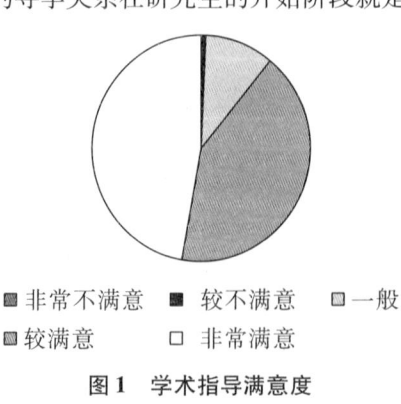

图1 学术指导满意度

为进一步探究导师学术指导的情况，选择指导频率进行调研（本调查以每次指导时间20分钟及以上为一次），结果显示有接近60%的研究生接受指导频率为每周一次及以下，且达到三次及以上的比例仅有不到20%，指导力度明显不足，这在一定程度上说明研究生接受指导频率或时长不足可能是导致研究生对导师满意度不高的原因。

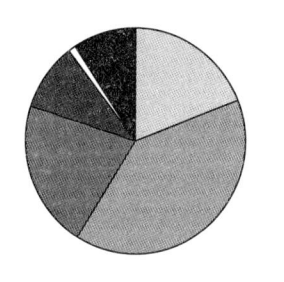

图2 每周接受导师指导的次数

以上现象可能是导师放养式管理或研究生不积极主动导致的，或由于研究生可能更倾向于和师兄师姐或同届生等同龄人进行请教探讨来解决科研问题。因此新型导学关系的构建应当充分考虑实验室、课题组或项目团队的科研氛围，使每个研究生都能求学有道，求助有门，减少由于指导不足而带来的导学矛盾。

除了学术指导，本文针对导师给予的关怀指导进行调研，结果显示90%以上的同学表示导师能够给予自身关怀与指导。在受关怀与指导的领域方面，大多数研究生表示在科研领域受到关怀最多，之后依次分别为思想方面、生活方面、职业规划方面以及心理方面。这表明相比于学术方面，导师在思想、生活、职业规划等方面的影响相对较小，还不能完全达到立德树人、三全育人的目标。除此之外，还有7.23%的研究生表示导师给予的各方面关怀指导都很少。

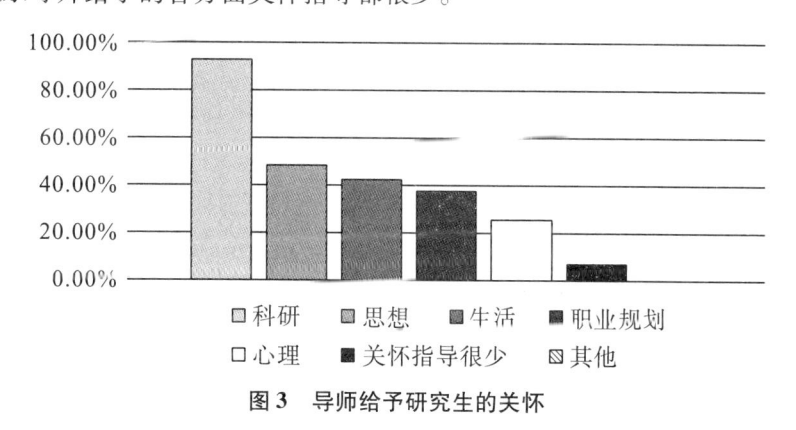

图3 导师给予研究生的关怀

导师对研究生的关怀不足或者过度关注学术，可能会影响研究生对导师的认可和满意度。关注学术可以满足研究生的学业需求，但是无法实现思想和价值认同，在一些非学术类事情上可能会存在双方想法和价值观不一致的问题，从而出现导学关系的不和谐。

三、和谐导学关系构建途径

调查结果表明，整体而言，一年级研究生对当前生活满意度较高，导学关系较为和谐，但是存在研究方向不满意、学术指导力度不足、缺少思想教育和价值引领等问题，如果不及时发现和解决，就会有导学关系出现不和谐的风险。

针对上述调查所发现的问题和潜在风险点，结合2018年教育部颁布的《关于全面落实研究生导师立德树人职责的意见》，为进一步完善研究生教育体制，构建和谐的导学关系，实现立德树人的根本任务，本研究提出导学关系构建思路如下：

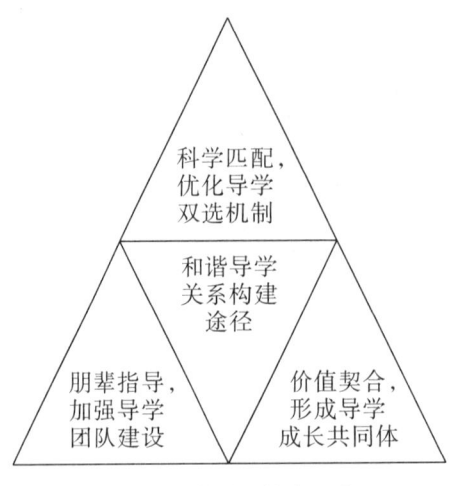

图4 导学关系构建思路

（一）优化导学双选机制，实现科学匹配

研究生招生过程中，应在科学合理的选拔前提下实现导师与研究生的双向选择，以避免或减少双方因互不认同所引起的矛盾与冲突[3]。本文的调查中存在部分研究生不喜欢所选实验室和研究方向、对研究内容兴趣不足的问题，其起因很可能在于研究生最初选择研究方向的失误，为导学冲突埋下了风险点。

从导师角度看，招生面试时除了考察专业水平外，应当着重注意研究生的综合素质，为以后长时间共事打下良好基础。从研究生角度看，选择导师时应放宽时间限制，使研究生发现兴趣并确定研究方向，透明化往年评价结果，让其横、纵向比较后再选择合适的导师。除此之外，经历一段磨合期后，应给予双方更换研究生（导师）的机会，双方协商后提出申请，以免互相耽误，造成导学矛盾。

（二）加强导学团队建设，做好朋辈指导

营造良好的实验室团队氛围是辅助研究生健康成长成才的有力途径。调查发现存在研究生接受导师指导频率低、时长短的问题，这可能是由于导师将指导任务分散到整个实验室团队，导致研究生存在问题时难以得到及时指导，从而导致毕业课题进展不顺利、无法完成导师的科研任务等问题，引发导学之间的矛盾和冲突。

一个导师对应的导学团队中一般同时存在本科生、硕士研究生、博士研究生、毕业校友等，他们形成了学历和学龄不同的朋辈关系，十分有利于开展优质的朋辈教育[4]。通过导师的积极引导，自上而下传承健康向上的团队文化，包括学习经验、科研技能、学风品格等，形成研究生一级带一级的教育模式，这对各级研究生均有很大益处。导师在营造实验室良好的文化氛围时，应充分考虑每个研究生的性格特点，不能一刀切。作为研究生身后的坚实依靠，定期组织团队学术研讨会，对每个研究生给出明确的指导建议，并安排合适的团队负责人全程指导与帮助，使研究生在和谐的团队氛围中自发成长。

（三）形成导学成长共同体，追求价值契合

提升新时代研究生思想政治教育成效的关键是落实研究生导师思想政治教育首要责任。调查结果表明，导师对研究生的关怀与指导大都停留在科研学术层面，对其他方面影响较小，导致研究生对导师的了解大多停留在学术层面，缺少价值和思想认同。

高校应当强化导师的责任意识，提高其对价值引领等工作重要性的认识，使其自觉肩负起思政育人的工作。除此之外要组织系统培训课增强导师立德树人等相关工作本领，从而收获一批能兼顾专业教育和德育教育的新时期优秀导师[5]。在具体实践过程中应坚持身教大于言传的教育理念，导师自身首先要有正确的政治信仰、良好的学术风范与人格魅力，再凭此来感染研究生。作为良师益友，导师要兼顾培养研究生的政治素养并关注其身心健康，引导研究生自觉提高思想道德修养，教给研究生做人、做事的道理，从而拉近师生距离，构建成长共同体，改善导学关系。

四、结语

新时代和谐良好的导学关系的构建不仅需要在知识传授上下功夫，更要在立德树人上锤炼品格。高校要构建和谐的研究生导学关系，首先要优化导师与研究生双选机制，实现科学匹配，且尽可能有一小段时间的磨合期，让研究生与导师之间可以进一步深入了解接触；其次要加强导学团队建设，做好朋辈指导，形成自上而下传帮带的良好文化氛围，实现文化氛围育人；最后要形成导学成长共同体，追求价值契合，增强理想信念教育，加强导学间的心理交流，不断强化导师立德树人的育人使命，切实做好研究生教育与培养工作。

参考文献

[1] 林伟连，吴克象. 研究生教育中师生关系建设要突出"导学关系"[J]. 学位与研究生教育，2003（5）：26-28.

[2] 吴玥乐，韩霞. 高校导学关系的协同共建——基于导师深度访谈的质性研究[J]. 教育科学，2020，36（3）：64-69.

[3] 李娜，杨海宁，王强，等. "导学关系"下研究生培养制度的探究[J]. 当代教育实践与教学研究，2020（7）：132-133.

[4] 王一，刘宏伟，王新影. 论研究生导师立德树人职责的四重逻辑[J]. 学位与研究生教育，2020（5）：44-49.

[5] 王霁. 新时期导学关系现状分析与和谐导学关系构建研究[J]. 教育现代化，2020，7（12）：92-94.

新时代和谐导学关系构建路径研究
——以武汉理工大学为例

张 琴

(武汉理工大学研究生院,武汉430070)

摘 要:研究生导师作为我国研究生培养的关键力量,肩负着培养国家高层次创新人才的使命和重任。良好的导学关系是提高研究生培养质量的重要因素,对提升研究生创新能力和未来职业发展素质也有着重要的影响。本文从构建和谐导学关系入手,营造良好的育人环境,将"立德树人"的教育理念落到实处,落到细处,探索研究生和谐导学关系构建路径。

关键词:新时代;和谐导学;构建

第一作者简介:张琴,1979年生,女,硕士,讲师,研究方向为思想政治教育,邮箱为zeqi@whut.edu.cn。

武汉理工大学紧紧坚围绕立德树人根本任务,立足研究生特质,立足研究生培养模式,立足研究生教育目标,坚持和谐发展,引导研究生导师"用大爱关心研究生、用大智引导研究生",构建新时代研究生和谐导学关系。以营造和谐导学氛围为目标,以增进师生互动为方式,以服务师生为宗旨,促进研究生教育管理事业高质量发展。

一、新时代和谐导学关系的内涵

"和谐"一词在现代汉语词典里的解释为:和谐相处,和睦相处。和谐导学关系指的是师生之间能够有效地沟通交流,在学术研究方面能够协同合作,形成教与学的良性互动关系。师生关系是一种特殊的行为关系,主要发生在教育教学活动中,但不限于学习阶段,师生关系延续性强,会持续终生,影响面广,涉及学习、生活、价值观等方面。

在研究生教育阶段,研究生个体差异性大,研究生培养个性化强,国内外也没有较为统一的标准,即使同一专业方向,不同地方的导师、学生,其课程体系及培养目标也会有较大差异。研究生评价标准多元化,不同学科、专业、研究领域、课题方向的学生很难用统一的标准来衡量,每位学生都有自己独特的研究课题,同一课题组内的学生各自的分工和任务也不尽相同。这就要求充分调动研究生个体的积极性和主动性,和谐导学关系是达成这一目标的根本动力。

在和谐导学关系中,教学不是大水漫灌式的单向输出,而是因人而异、因材施教、因时而进的互动式过程,导师循循善诱,发挥好引导作用,学生独立思考,激活自身主动性。学生在导师的引领下,对学术探究产生浓厚的兴趣,老师在与学生的活动中受到启发,产生新的思考或思路。

二、新时代和谐导学关系构建路径

在习近平新时代中国特色社会主义思想的引领下,高校要肩负起"立德树人"的历史使命和时代责任,导师要坚守研究生培养第一责任人的任务。抓住和谐导学关系的制约因素,构建新时代和谐导学关系。

（一）发掘师生点滴温情故事，激发导学关系互动

导学关系是人际关系的一种类型，主体要素是人，是人与人之间沟通、交流、互动的模式。人际关系的形成包含着认知、情感和行为三种心理因素的作用，其中，情感成分是核心成分。人际关系反映了交往双方需要的满足程度，若交往双方能互相满足对方的需要时，就容易结成亲密的人际关系；反之，则容易造成人际排斥[5]。促进人际关系密切友好的因素是缩短空间的距离，提高交往的频率，增加相似的东西，实现需要的互补。

紧紧抓住导学关系中人这个重要因素，围绕"立德树人"根本任务，凝练"大爱·大智"和谐导学文化内涵。从认知入手，增进师生之间的了解程度和认识广度，打通导学关系中的情感链接，激发导学互动主动行为，营造和谐导学氛围。

以"研途点滴·感恩通行"为主题，举办研究生"我和导师的点滴故事"主题征文活动，进一步构建和谐导学关系，营造"导师立德树人、学生尊师重教"的校园氛围。对标"四有好老师"要求，导师要成为"四有好导师"，即做一名有理想信念、有道德情操、有扎实学识、有仁爱之心的良师。落实"四有好导师的目标"，导师要做好学生锤炼品格的引路人，做好学生学习知识的引路人，做好学生创新思维的引路人，做好学生爱国敬业的引路人。主题征文活动从研究生导师"思想育人""道德育人""学识育人"和"仁爱育人"四个方面，深入挖掘广大研究生导师爱岗敬业、德高业精、以身立教、为人师表的精神品格，展现师生风貌，发扬导学正能量。

疫情期间，许多学生由于学业压力和防疫隔离，产生了不同程度的焦虑情绪，亲子关系也因此受到影响。以"师徒携手·共克时艰"为主题开展谈心谈话活动，旨在贯彻教育部《关于全面落实研究生导师立德树人职责的意见》文件精神，提高研究生思想政治工作的亲和力和针对性，切实了解疫情防控下未返校期间研究生的思想动态、家庭情况和实际困难。谈心谈话对象按照"四必谈"分类原则，一是院领导与导师代表和研究生骨干必谈，二是导师和每位研究生必谈，三是副书记和导师必谈，四是辅导员和重点关注研究生必谈。谈话内容坚持以"问题导向，服务学生""线上面对面，师生全覆盖""主题突出，分类开展"为原则，结合疫情防控实际要求，切实找准研究生因疫情导致的问题和困难，通过谈心谈话了解学生、关心学生、关爱学生、关照学生、引导学生，确保每位研究生至少参与 1 次谈心谈话，加大对重点关注研究生谈心谈话频次和深度，扎扎实实做好困难研究生的帮扶工作。

（二）创建十佳百优导学团队，发挥示范引领作用

在社会交换理论视域下，导师在研究生培养阶段开展的工作"不仅是一种导学行为，也是一种复杂的社会互动行为"[6]。在导学团队情景中，从导师与研究生开始建立互动与交换关系时，师生的互动深度与频次是伴随着科研活动的变化而变化的，不同导师与研究生之间的导学关系质量存在不同，相同导师与不同研究生之间的导学关系质量也存在差异[7]。导学关系这一复杂的社会行为背后，有丰富的管理思维蕴含其中，而导学团队的建设就是关键的一环。

对标"四有好老师"要求，细化导师第一责任人制度。深入学习领会全国高校思想政治工作会议精神和《高校思想政治工作质量提升工程实施纲要》精神，全面落实立德树人根本任务，推进研究生教育管理改革创新，引领和谐校园导学新风尚。探索示范性研究生导学团队立项建设模式，从师德学风、育人模式、团队文化、成果业绩四个方面进行建设，从导师和团队两个维度考量建设效果，夯实"四好"导学团队建设内涵。

第一，师德学风优。导师关爱学生，重视学生成长，在学生人格品质的培养和人生方向的规划上有积极、重要的影响，以高尚的师德、言行示范，引领团队发展。团队恪守学术诚信，重视研究生科研道德教育，定期开展学术道德、学术规范主题教育活动。

第二，育人模式佳。导师立足育人为本，遵循学生成长规律，建立良性的师生交流互动模式，关注学生全面发展。团队形成特色育人模式，精准施策，将团队目标与个人发展有机结合，发挥团队优势和

创造性。

第三，团队文化浓。导师重视团队文化建设，加强团队成员间的交流，培养学生积极向上的人生观、世界观、价值观。团队建立绩效评估激励制度，鼓励学生多样化发展，培养团结协作精神，有良好的团队文化传承方式。

第四，成果业绩丰。导师重视产学研结合，着力培养学生学术研究和创新实践能力，为学生全面发展提供学习平台和成长空间。团队学术氛围浓厚，引导学生潜心科研，培养学生学术创新能力，在提升研究生培养质量和促进研究生全面发展方面的育人成效好。

（三）倡导和谐导学氛围构建，形成良好育人环境

导学关系受社会因素的影响，反映社会现状，体现时代特性。社会不断向前发展，导学关系也将随着社会的进步而发展[8]。新时代，在社会主义核心价值观的引领下，自由、民主、平等的观念深入人心，这些要素也应当成为衡量新时代导学关系的主要因素，和谐导学关系构建模式也应当涵盖这些要素。

传承型和谐导学关系。老师与学生之间的主要行为类型是教学行为，老师传道授业解惑，学生学习思考创新。研究生导师与研究生之间也存在着教与学的关系，与传统师生关系不同的是，研究生导师向研究生传授知识的深度和精度更高，这对导师的学术水平和自身素养要求很高，这在一些工科学院里，特别是高新技术专业领域里表现得更为突出。以学术魅力吸引学生，以学术能力巩固关系，是这类研究生导师和研究生之间关系构建的有力模式。以浓郁的学术氛围，营造和谐的导学关系，是传承型和谐导学氛围的突出特点。武汉理工大学材料、交通、汽车三大学科，行业背景深厚，学科综合实力强，导学关系多依赖于项目式和团队式构建，在充实的学术研究中构建扎实的导学关系。

互动型和谐导学关系。研究生导师和研究生之间的师生关系不是传统意义上的单纯的师生关系，除了教与学的关系外，还涉及生活、经济、合作等方面的多种关系。在当今高校研究生培养制度下，导师会给学生发放一定的生活补贴、科研补助、劳动报酬等，师生之间也就存在着一定的经济关系。研究生培养阶段，研究生除了学习，最重要的活动就是科学研究。研究生导师和研究生的科研能力的强弱，对彼此都有影响，双方之间要建立良性的沟通，才能达成有效的合作行为，从而形成较好的合作关系。研究生导师和研究生朝夕相处，导师是研究生培养的第一责任人，研究生对于导师的依恋程度很高，遇到学业之外的问题，研究生也大多会选择求助于导师。研究生导师与研究生之间关系的多重性决定了导学关系的多样性，研究生导师和研究生之间的互动较为频繁，有效沟通至关重要，因此，构建互动型导学关系是和谐导学关系模式的一种选择。武汉理工大学一些办学历史较为悠久的学院，有不少好的做法和活动。比如，师生趣味运动会，每年都会吸引不少学生和导师参与；还有各类师生体育联赛，促进了师生的多元互动。

朋辈型和谐导学关系。在研究生培养阶段，研究生导师和研究生接触的频率和程度都较之本科师生和其他阶段的师生要高，良好的导学关系，不应该是有差距的上下级关系，而应该是平等的朋友关系。研究生导师对研究生付出情感上的关怀和指导，才会收获研究生对导师的信赖和支持，从而减少导师与研究生之间的距离感，减少双方的分歧，提高学习科研效率。特别是在一些文科专业里，这样的导学关系更受师生们的欢迎。

（四）建立和谐导学评价体系，促进可持续化发展

在研究生教育过程中，导学关系对研究生的创新能力以及未来职业发展都会产生重要影响。研究生导师作为我国研究生培养的关键力量，肩负着培养国家高层次创新人才的使命和重任，导师的道德情操、人生态度、思想方法和学术作风时刻影响着研究生的成长。良好的导学关系既是研究生成长的保障，又是研究生实现潜能成为卓越人才的基础[9]。

围绕导学关系这一研究对象，国内外学者从不同角度开展了一系列研究，主要可分为理想导师特质

研究、导学关系的影响因素研究以及导学关系改进对策研究三个方面。结合我国教育实际，探索构建"四好"导学关系评估指标体系，即以师德师风、育人模式、团队文化、成果业绩为4项一级指标，建立9个二级指标，若干个考察点的研究生和谐导学关系标准化考核指标体系和研究生和谐导学关系实施办法。从主体到客体、从个人到团队、从措施到效果、从个例到规律，全方位立体化地构建评价体系，贯彻落实全员、全方位、全过程的"三全育人"理念。明晰导师权责，明确学生任务，厘清导学关系边界，引导研究生导师和研究生把握好理性的尺度，处理好情感的温度，形成和谐共赢的导学关系。

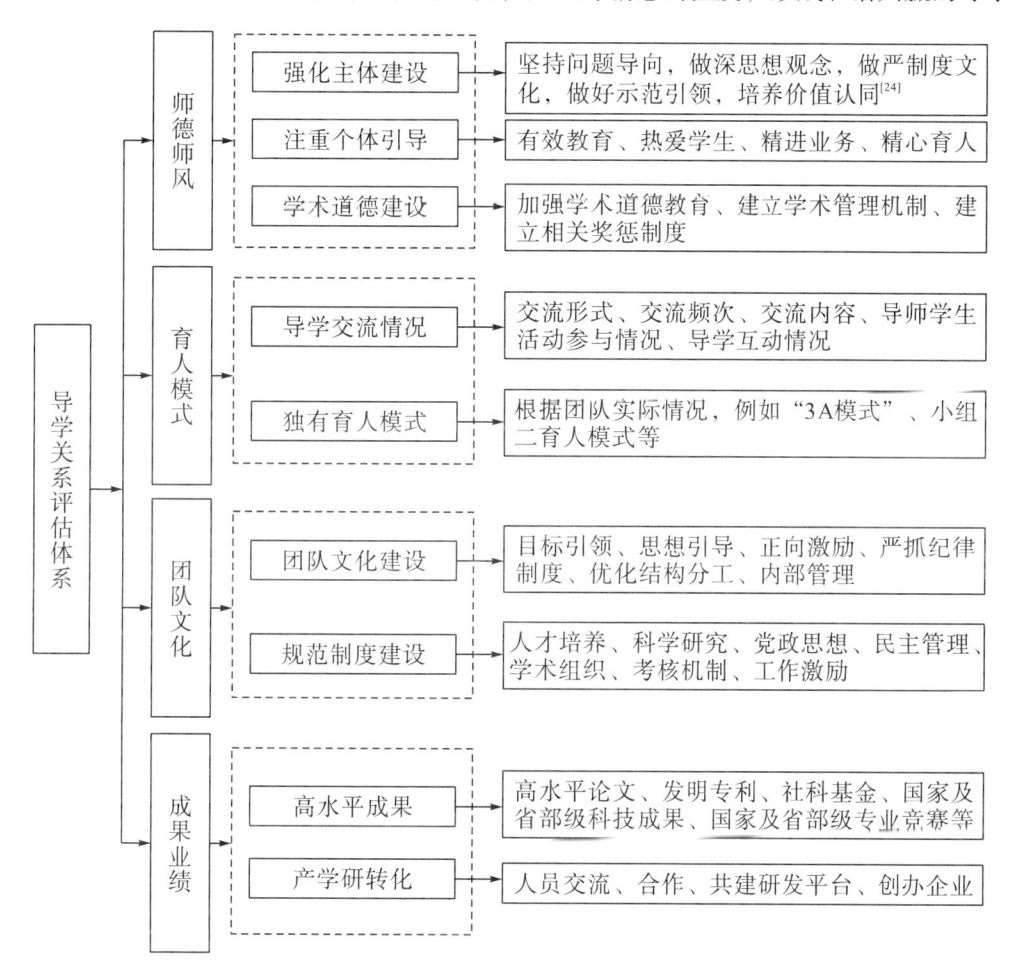

导学关系评估体系	师德师风	强化主体建设	坚持问题导向，做深思想观念，做严制度文化，做好示范引领，培养价值认同[24]
		注重个体引导	有效教育、热爱学生、精进业务、精心育人
		学术道德建设	加强学术道德教育、建立学术管理机制、建立相关奖惩制度
	育人模式	导学交流情况	交流形式、交流频次、交流内容、导师学生活动参与情况、导学互动情况
		独有育人模式	根据团队实际情况，例如"3A模式"、小组二育人模式等
	团队文化	团队文化建设	目标引领、思想引导、正向激励、严抓纪律制度、优化结构分工、内部管理
		规范制度建设	人才培养、科学研究、党政思想、民主管理、学术组织、考核机制、工作激励
	成果业绩	高水平成果	高水平论文、发明专利、社科基金、国家及省部级科技成果、国家及省部级专业竞赛等
		产学研转化	人员交流、合作、共建研发平台、创办企业

图1 导学关系评估体系图

三、结语

研究生导师和研究生之间的导学关系是高校教育中最重要、最基础的人际关系和行为关系，理应紧跟时代的步伐，顺应时代的要求，赋予导学关系新时代的内涵和意义。摒弃专制思想和等级观念，打破导师的绝对权威，努力创建自由、民主、平等、和谐的新时代导学关系。

参考文献

[1] 冀晓萍. 师生关系怎么了? [J]. 人民教育, 2016 (2): 14-16.

[2] 翟文艳, 赵海琳. 我国高校研究生师生关系问题 [J]. 徐州师范大学学报: 哲学社会科学版, 2010 (11): 130-133.

[3] 高源蔚. 新时代研究生教育阶段师生关系异化的探讨 [J]. 传承, 2012 (2): 40-41.

[4] 范志慧, 马洁. 对当今研究生师生关系异化的再思考 [J]. 教育与职业, 2010 (21): 33-36.

[5] 时蓉华. 社会心理学词典 [M]. 成都：四川人民出版社，1988.

[6] 张静. 导师与研究生之间的和谐关系研究 [J]. 中国高教研究，2007 (9)：19-22.

[7] 马力，曲庆. 可能的阴暗面：领导—成员交换和关系对组织公平的影响 [J]. 管理世界，2007 (11)：87-95.

[8] 邵晓枫. 百年来中国师生关系思想史研究 [D]. 重庆：西南大学，2008.

[9] 吴霁乐. 导师与研究生之间的导学关系探究 [J]. 新西部：理论版，2013 (9)：1.

新形势下新工科建设的思考与探索
——以四川大学为例

杨晓龙[1]　李侠[2]　江虎维[1]　赵庆[1]

[1 四川大学发展规划处（"双一流"建设与质量评估办公室）
2 四川大学研究生院，成都 610065]

摘　要：在中国建设创新型国家的任务迫在眉睫的新形势下，作为引领国家自主创新的源泉的新工科建设，成为中国高等教育工作者最为关注的热点话题之一。如何开辟新形势下符合国家重大战略需求的新工科建设的道路是首先需要解决的问题。本文将尝试阐述新工科建设的内涵以及新工科建设面临的问题难点与对策思考，并以四川大学新工科建设为例进行探索，为开辟新工科建设道路提供参考。

关键词：自主创新；新工科建设；交叉融合；人才培养

在全球范围内，以第五代移动通信技术（简称"5G"）为代表的新科技引领了新一轮科技革命与产业变革的到来，自主创新主导经济发展的态势愈加显现。而以华为公司的5G技术为代表的中国科技在新一轮的科技变革中占得了先机。在此基础上，为遏制中国的发展特别是遏制中国在科学技术上继续取得突破，美国悍然实施贸易战，使得中国科技发展面临着前所未有的挑战。在中美对抗日渐加剧的形势下，全面提升自主创新能力是中国科技发展的唯一出路，中国实施创新驱动发展战略、建设创新型国家的任务迫在眉睫。新工科建设，是引领国家自主创新的源泉，如何开辟新形势下符合国家重大战略需求的新工科建设的道路是摆在中国高等教育工作者面前的首要问题。本文将尝试阐述新工科建设的内涵以及新工科建设面临的问题难点与对策思考，并以四川大学新工科建设为例进行探索，为开辟新工科建设道路提供参考。

一、新工科建设的内涵

新工科是工科学科概念的延伸。学科是人类用某种标准对具有相对独立性的知识体系的一种划分，是一个分类学的概念，它为人类在某个知识体系的探索提供了方向与范围上的指导（罗云，2005）。而工科，一般是指计算机、材料科学、机械工程、建筑水利等以应用技术研究、制造工艺研究为目的的知识体系的集合。新工科则是在传统工科基础上强调"突破"——因为传统意义上的学科划分为人类在某个固定领域快速积累知识提供了便利，但在创新经济飞速发展、产业变革永不停息的今天，"固定的方向与范围"成为一种桎梏。因此新工科首先就是突破传统工科学科的原有界定。新工科，可能是从现有的工科孕育的，如对现有传统工科土木、材料等学科的升级转型；也有可能是建立在全新理论基础上的新技术和新产业发展的学科；还有可能是从理科医科甚至是人文学科等非工科学科通过与工科之间深度学科交叉延伸而来，如新工科代表学科之一的人工智能学科可以涵盖数学、计算机、电子信息、电气工程等学科，网络空间安全学科则可以涉及计算机、安全学、传播学、哲学伦理学等学科的知识。

新工科建设则是新工科学科人才队伍的建设、新工科学科领域科学研究的发展和新工科学科专业的人才培养等新工科发展各项事业的集合（林健，2017）。以支撑国家自主创新能力提升、引领国家产业变革与经济社会发展为目标，结合目前国家高等教育建设愈发聚焦立德树人根本任务的形势，新工科建设的核心使命是培养造就具有极强自主创新能力、能够服务国家战略、满足新时代产业变革需求的高端复合型工程人才。

因此，新工科建设有别于传统学科建设的核心点有四：一是要随时站在面向未来科技发展、面向国民经济主战场、面向国家重大需求的高度认识新工科建设，要即时把握产业变革方向和国家重大关键技术问题需求；二是要狠抓深度学科交叉融合，破除传统学科之间的界限，破除学院之间的行政壁垒，建设行之有效的学科交叉融合新机制新模式；三是要建立新工科建设的学科和专业动态调整机制，以灵活应对国家战略需求和行业产业发展方向的变化；四是要聚焦立德树人根本任务，探索建立培养高端复合型工程人才的培养模式和与之相适应的条件保障。

二、新工科建设面临的难点问题与对策思考

国内高校在探索新工科建设中面临诸多难点问题。从宏观层面讲，主要体现在以下四个方面。

一是把握国家战略需求和产业变革的能力不足。新工科建设必须要从服务国家战略和未来产业需求的角度出发，要主动服务于"一带一路"国家战略、服务于创新驱动发展战略，为加快建成创新型国家贡献力量。然而部分国内高校与行业产业发展脱节，其教师们缺乏国际视野，不关心国家发展，不关心行业变革，人才培养缺乏创新，缺乏对接国家战略需求的意识而习惯于"按部就班"，科学研究不以解决问题为导向而是"闭门造车"等，都难以满足新工科建设的要求。建议高校首先要着力引进高端工程人才，特别是可以考虑引入行业人才到学校引领新工科建设；另外可以通过设立研究院、设立专项基金等形式，组织专门力量准确把握国家战略需求、深入研究国家产业需求和发展方向，为学校新工科建设提供智力支持（钟登华，2017）。

二是难以打破学科壁垒，学科交叉融合不够。对大部分高校而言，新工科往往在学科交叉中孕育，因此打破学科壁垒，深度学科交叉融合是新工科建设的必经之路。建议高校要做好顶层设计，由学校牵头协调相关院系学科，建立全新的组织架构和机制体制，破除传统学科界限和学院行政壁垒，立足学校优势与基础发展学科交叉。

三是高校要如何立足自身定位与优势特色进行新工科建设。不同高校在办学类型、区域条件等诸多方面存在差异，因此不同高校新工科建设的路径也必然不同。从高校类型来讲，综合性大学学科门类丰富，适合通过学科交叉融合孕育新工科，如浙江大学、华中科技大学、四川大学等；行业性大学则应该凸显行业特色，围绕相关领域，力求开展更加聚焦、更有深度的新工科建设，如西安电子科技大学、北京邮电大学、中国石油大学等。从区域条件来讲，地处不同区域的高校应该积极参与区域经济发展战略推进新工科建设，如京津冀、长三角、粤港澳、成渝等地区的高校要充分对接国家四大区域发展战略，充分结合当地产业布局进行新工科建设。

四是现行的学科设置不利于新工科人才的培养。现有的一级学科目录较为稳定，并对学科划分较细，有利于传统学科的课程设置与招生授位等的管理，但是新工科的特点在于创新，在于交叉，在于不断变革，因此现有的稳定的一级学科设置是不利于新工科的孕育与发展的。建议获得自主审核权的高校积极利用设置新兴交叉学科学位授权点的权力设置新工科学科学位授权点（按一级学科管理），同时建立行之有效的新工科学科学位授权点动态调整机制，保证新工科人才培养的先进性；其他部分高校则可以在工科一级学科下自设新工科相关的目录外二级学科、自设新工科相关的交叉学科学位授权点（按二级学科管理），支撑新工科人才培养。

三、四川大学新工科建设

四川大学作为国家布局在西部的综合性研究型大学，具有悠久的历史。四川大学的特点是学科门类齐全，学科发展较为均衡，文理工医学科门类均有较强的实力，在新工科建设中具备学科深度交叉融合的先天优势；同时，深度参与成渝地区双城经济圈建设是四川大学新工科建设的新契机。但是四川大学历史悠久，各个学科院系之间经过长期的发展形成了较为明显的界限，对学校实施学科深度交叉融合造

成了一定困难；同时，四川大学工科学科规模大但优势学科少，并且以传统工科学科居多，向新工科转型面临挑战。

根据新工科建设的内涵与要求，充分结合学校的优势特色，四川大学提出了"文优、理进、工改、医强"的学科建设总体思路，其中，"工改"即是推动四川大学工科改革转型向新工科发展。

四川大学坚持"三个面向"，结合自身学科发展优势与特色，重点在关键共性技术等领域开展集成攻关。四川大学以"医学+""信息+"为双引擎推动新工科建设。"信息+"方面，首先以"互联网+"为突破口，首批启动建设"泛在电力物联网研究中心""互联化工研究中心""智慧水利研究中心""工程科学计算与数据分析中心"等"工业互联网研究中心"，同时将进一步扩大，在充分论证的基础上继续支持新建"工业互联网+平台"；"医学+"方面，四川大学充分立足华西医疗优势，结合学校工科基础进行学科交叉，开展5G医学转化应用平台、"医学+信息"中心、"医学+制造"中心、"医学+材料"中心的"1平台3中心"建设，深入推进"医工融合"，推进新工科建设。

四川大学进一步发挥学校学科门类齐全的优势，加强包括安全科学与减灾在内的自设交叉学科学位授权点的建设，同时增设了"人工智能"交叉学科学位授权点，为培养新工科人才奠定了基础。未来四川大学将充分对接国家战略需求，结合自身学科发展优势特色，以解决关键性技术问题为导向，利用自主审核单位权力，增设相关新工科学位授权点，为培养复合型工程人才提供支撑。

另外，四川大学充分融入成渝双城经济圈战略，紧扣成都市"5+5+1"产业发展需求，将在电子信息、装备制造、医药健康、新型材料、绿色食品产业等产业集群中发挥自身优势，充分和产业对接，通过省市校共建，与知名企业联合培养新工科人才、联合开展新工科研究等，进一步释放四川大学新工科建设潜力。

四川大学积极探索新工科建设的路径，利用多方面举措共同推进新工科建设，对其他高校特别是综合型大学推进新工科建设具有一定的参考价值。

参考文献

[1] 罗云. 论大学学科建设 [J]. 高等教育研究，2005 (7)：45-50.
[2] 林健. 面向未来的中国新工科建设 [J]. 清华大学教育研究，2017，38 (2)：26-35.
[3] 钟登华. 新工科建设的内涵与行动 [J]. 高等工程教育研究，2017 (3)：1-6.

基于生命周期理论探索"双一流"建设下研究生课程的管理与发展

纪 楠 于 航 李际鹏 刘冰峰 宋 平

（哈尔滨工业大学研究生院，哈尔滨 150001）

摘 要：本文从生命周期理论的角度来分析研究生课程的全过程，将研究生课程从设计、授课到反馈的各级状态与产品的生命周期各个形态进行比拟，具体包括课程的设计与建立、专家审核与教师试讲、课程授课与传播知识、课程评价的反馈、课程的改革与删除。通过对高水平共建课的完整性管理，留学生英文课程的严格化管理，企业专家授课课程的标准化管理，在线课程的常规化管理等四方面来实现研究生特色课程的有效管理，以进一步提高研究生教育的水平。

关键词：生命周期；研究生课程；有效管理

第一作者简介：纪楠，1986年生，女，硕士研究生，研究方向为研究生教育管理，邮箱为 jinan@hit.edu.cn。

一、引言

2018年9月10日习近平总书记在北京召开全国教育大会，会上指出"培养什么人，是教育的首要问题"。习近平总书记指出评价学校好与坏的根本标准是立德树人的成效，而课程正是落实"立德树人"根本任务的具体化、操作化和目标化因素。"大学提供的最基本的服务是课程。"[1]2014年12月教育部发布了《关于改进和加强研究生课程建设的意见》，从课程建设、培养体系设置、审查机制到选课管理、课程监督等方面提出了要求。2018年8月教育部印发了《关于高等学校加快"双一流"建设的指导意见》的通知，明确提出"推进课程改革，加强不同培养阶段课程和教学的一体化设计，坚持因材施教、循序渐进、教学相长，将创新创业能力和实践能力培养融入课程体系"。自2018年起，针对高等教育，教育部提出高校要淘汰"水课"，打造"金课"。各高校多聚焦于本科生课程教学，而忽略了研究生课程教学的重要性。作为培养高层次复合型人才的重要环节，研究生课程在学生培养过程中起到了至关重要的作用。

为进一步贯彻教育部相关文件精神，各高校开展了大量的探索与实践，但多数集中在研究生培养模式的探讨[2]、拔尖创新人才的培养[3]、课程体系的构建[4]及针对专门课程的探索研究。从宏观角度来剖析研究生课程管理的规范化、系统化及完整性就显得尤为必要，本文从研究生培养的管理者角度，针对研究生课程管理提出针对性的改进措施，实现对研究生课程的有效管理。

二、运用生命周期理论解析研究生课程的管理与发展

产品生命周期理论是由美国经济学家雷蒙德·弗农于1966年在《产品生命周期中的国际投资与国际贸易》中提出的。生命周期（Life Cycle）的概念应用很广泛，特别是在政治、经济、环境、技术、社会等诸多领域经常出现，其基本涵义可以通俗地理解为从摇篮到坟墓的整个过程。

基于生命周期理论，将研究生课程从设计、使用到反馈的各级状态与产品的生命周期各个形态进行比拟，力求从课程起源进行分析，探讨课程发展的全过程，探索出更细致、更明确的适合我校"双一流"建设的研究生课程管理办法。生命周期理论下的产品和研究生课程的全过程比拟如图1所示。

设计 → 生产 → 产品 → 使用 → 消亡

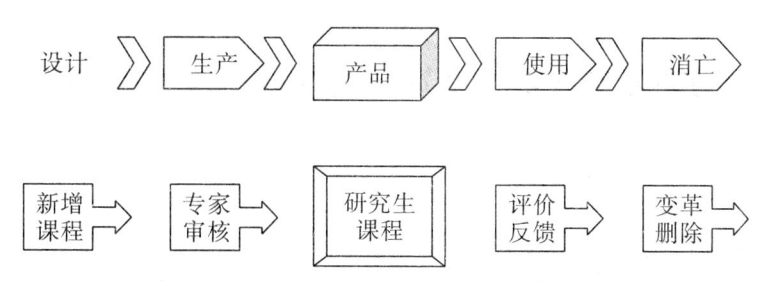

新增课程 → 专家审核 → 研究生课程 → 评价反馈 → 变革删除

图 1　生命周期理论下的产品与研究生课程全过程比拟

类比于产品设计初期的设计目的及应用对象，课程为传播输送知识、理论应用于实践而设立，这就要求每位课程负责人明确课程的培养目标、教学大纲、内容简介等信息，只有完整的课程设计才具有申请参加课程准入的教学资格。只有简单的课程题目，没有详实而具体的课程章节信息等内容是无法让人相信这个老师已经做好开设一门新课的准备的。

产品在投放市场之前需要进行检测查验，课程在加入培养方案之前也应经过专家的审核判定，审核通过后方可具备开课资格，学生不是教师的试验田，只有经过专家审核的课程才能纳入培养方案课程体系。目前我校课程按照课堂准入原则进行考核，主要分为院级、校级两级进行考核，包括首次授课教师和开新课教师两大类。

产品在投入使用过程中，必然要考虑其他环境要素，譬如市场需求、产品推广模式、产品营销方式等。同样，一门课程在实际讲授过程中受多种因素的影响，如教学条件是否能满足师生的共同需求将直接影响课程的授课效果。今年来各高校越来越关注智慧型教室的建设，学生对网络条件的需求也越来越多，传统的授课式课桌教室已无法满足小班授课讨论的要求。再比如，受到今年新冠肺炎疫情的影响，各高校利用网络授课模式开展在线教学，这对传统课堂模式教学造成了一定冲击，线上与线下的混合式教学模式必然会成为趋势。

产品在投入一段时间后，会收到用户的大量反馈，而一门研究生课程的授课效果主要通过学生评教和专家评价两种方式体现。国外高校会在课程中间设置学生评教，任课教师根据学生反馈适时调整课堂教学方式与内容；专家评价会从课程深度、课堂教学效果、学生反馈等方面评价课程。

产品最终将进入衰退期，该衰退期同样包含产品升级换代取代旧模式产品的结果，同样一门课在经过若干年的沉淀后也必然走向课程的改革更新或因不适应社会需求而消失。基于生命周期评价探索研究生课程的全过程管理如图 2 所示。

课程设计与建立
明确课程的培养目标、教学大纲、内容简介等信息

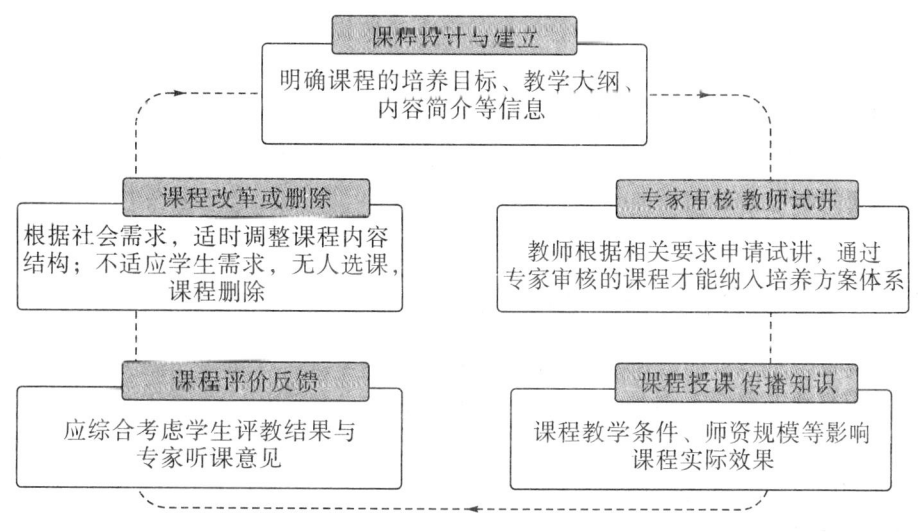

课程改革或删除
根据社会需求，适时调整课程内容结构；不适应学生需求，无人选课，课程删除

专家审核教师试讲
教师根据相关要求申请试讲，通过专家审核的课程才能纳入培养方案体系

课程评价反馈
应综合考虑学生评教结果与专家听课意见

课程授课传播知识
课程教学条件、师资规模等影响课程实际效果

图 2　基于生命周期评价探索研究生课程的全过程管理

三、基于生命周期评价方法，实现研究生特色课程的有效管理

（一）高水平共建课的完整性管理

设立高水平共建课项目的目的主要包括：促进研究生课程教学内容及教学方式的改革、进一步完善我校研究生课程体系、建设一批高水平的研究生课程、提高研究生教学的师资水平等。

每门共建课程由1~2位我校优秀青年教师（副教授以上职称或硕士生导师）与共建合作者共同组成共建小组。共建小组提出申请，经过学院主管院长及党委书记的审核，由研究生院汇总申请材料并组织相关专家进行评审。最后经过研究生院审批和教师工作部审批。审核通过后方可加入学生培养方案。

由于共建课课程多数为小班授课模式，研究生院也会尽力满足教师的需求安排研讨型教室供师生使用。另外，关于共建课授课通知，研究生院将会在研究生院主页"高水平课程和学术交流"专栏进行定期更新，以便跨学院跨学科的学生及时查询课程信息。在课程授课结束阶段，学生需要填写问卷，以帮助学院更好地掌握学生对于该类共建课的反馈效果。

基于生命周期评价方法来分析我校高水平共建课的管理可以看出，其目标明确、流程清晰，在评价阶段还应加强信息流通，目前学生填写的问卷调查结果尚未及时反馈到共建小组，同时学生的反馈意见也应纳入来年评审参考指标。另外，在共建课的发展阶段，还没有完全实现其课程有效性的最大化，我校共建小组课程成员能否承接该门共建课还需进一步考虑。

（二）留学生英文课程的严格化管理

为更好地实现国际化学生的特色培养，通过构建具有留学生特色的多学科融合式英文课程体系，避免因授课语言不通而影响其培养质量，自2010年我校启动建设留学研究生英文授课体系项目以来，先后建成六个学科群的留学研究生全英文授课体系，建设英文系列课程150余门。其中3门课程成为教育部来华留学品牌课程。

该英文授课体系下的课程，原则上应从学科方案中选取成熟度高、核心性强、前沿性广的课程，一般建议优先考虑在已建立的中文课程基础上，再开展英文授课课程。此外，还要求任课教师英文授课水平高，具有海外学习或交流经历，将更有助于课堂上与国际化学生的交流。

根据现有英文授课课程招生的规模，授课多数为小班模式，也便于国际化学生课上和任课教师的及时沟通，对于实时提高课程授课质量有很好的促进作用。此外，多学科融合式英文课程体系，可以减少学科承担过多研究生课程的压力，也可以满足学生对于多学科知识交叉融合的学习。

基于生命周期评价方法来分析我校留学生英文课程的管理可以看出，培养效果明显，很多中文授课国际化学生也会选择学习英文授课体系下的课程。但是由于国际化学生招生录取工作的开展晚于教学安排的时间，其英文课程无法完全按照正常研究生课程进度提前进行教学安排。如何实现英文授课的严格化管理，还需要进一步思考。

（三）企业专家授课课程的标准化管理

邀请企业专家进课堂，为学生讲授来自社会和企业最关注的焦点问题与创新技术。在我校2016年研究生培养方案修订时，建议全日制专业学位硕士研究生培养方案中要设置1门企业专家授课的课程，为学生搭建一个和企业专家面对面交流的平台。目前该类课程多以专题类授课为主，邀请每位企业专家来学校讲授一个主题，学生进行探讨学习。该类课程主要建立在学校教师和企业单位有长期合作的基础上，企业单位愿意选派有能力、工作经验丰富的工程师定期到学校与师生进行沟通。

该类企业专家授课课程的不确定性、其授课专家的资格审核、课程内容教案的把关、学生评价机制的差异、授课时间的不固定性等等，使得该类特殊性课程无法完全按照正常课程的规章制度去约束执

行。基于生命周期评价方法来分析我校企业专家授课课程的管理，还需要从课程管理政策的进一步细化、企业专家授课的聘任标准、聘任办法的制定等方面进行加强。

（四）在线课程的常规化管理

2020年春季学期，在这个抗击新冠肺炎疫情的特殊时期，为了响应国家"停课不停学"的号召，为了给学生呈现一个饱满充实的课堂，任课教师们积极调研学习，探索适合自己课程的在线播放形式，手写板、直播话筒、三脚架、激光笔等成为教师们在线授课的必备工具。

线上授课的教师在经过关于使用直播平台的各种培训后，针对网络授课课程还需提供完整可行的网络授课方案供各学科审核小组进行把关控制，只有审核通过的课程才有资格针对学生开放在线授课模式。为了更好地与学生进行沟通交流，每门线上授课课程均需建立单独的QQ群或微信群等课程交流群，以便信息的实时沟通。学校和学院安排相应的听课专家进行不定期的督导听课，及时帮助任课教师解决线上授课的各种问题，严格控制网络授课的质量。学生的评教结果及各类问卷调查结果无疑是对课程全过程监督效果的最好反馈。

特殊时期的任务是难关，也是挑战。本次在线课程促使任课教师们对课程进行了一次全面梳理，同时也增加了任课教师对于网络授课的自信心，线上与线下混合模式课程必将成为一种趋势。课前准备、过程监督、后期激励，环环相扣。对于在线课程的常规化管理，就显得尤为重要。

四、总结

本文将生命周期评价方法应用到研究生课程管理中，从设计、使用到反馈的各级状态与产品的生命周期各个形态进行比拟。具体来说，课程设计与建立时应明确课程的培养目标、教学大纲、内容简介等信息；课程还应经过专家审核，根据相关要求申请试讲，通过专家审核的课程才能纳入培养方案体系；课程授课过程中的教学条件、师资规模等将直接影响课程讲授的效果；课程的评价与反馈应综合考虑学生评教的结果及专家听课的意见；课程的改革或删除主要取决于课程是否能够根据社会需求适时调整课程内容结构。

从研究生教育管理者的角度，针对四类特色研究生课程进行生命周期评价，通过完善高水平共建课的后续反馈及课程发展来实现其完整性管理，通过规整留学生英文授课课程的教学安排来实现其严格化管理，通过加强企业专家授课课程的制度完善与梳理来实现其标准化管理，通过规范在线课程的全过程来实现其常规化管理，以实现"双一流"建设下研究生特色课程的有效管理，为党和国家事业发展的需要培养德才兼备的高层次人才。

参考文献

[1] 周光礼．"双一流"建设中的学术突破——论大学学科、专业、课程一体化建设[J]．教育研究，2016（5）：72-76.
[2] 英爽，康君，甄良，等．我国研究生培养模式改革的探索与实践[J]．研究生教育研究，2014（1）：1-5.
[3] 杜玉波．探索拔尖创新人才培养新机制[J]．中国高等教育，2014（2）：4-6.
[4] 仇鹏飞，吴俊，卞清，等．"双一流"背景下的研究生课程体系建设——南京大学学术学位硕士研究生课程改革的探索与实践[J]．学位与研究生教育，2018（9）：16-22.

后疫情时代，共同体意识赋能工科研究生教育变革

闫广芬　尚宇菲

（天津大学教育学院，天津 300350）

摘　要：后疫情时代，共同体意识是赋能研究生教育的关键因素。马克思主义哲学视域下的共同体意识包括跨界融通的实践共同体意识，天人合一的生态共同体意识，知中国、服务中国的民族共同体意识与共生共享的人类命运共同体意识。这对工科研究生提出以共同体意识为核心的类思维、公民意识与责任观念、多科性知识与融合性技能的素质要求。培养具有共同体意识的人，应以共同体意识为核心进行教育治理、优化教育生态，转变关系的认知与处理方式，形成对话式合作的中西关系、深度耦合的高校与社会关系、协同联动的高校内部权责关系，并佐以激励与保障机制。

关键词：工科研究生；共同体意识；后疫情时代；人才培养

第一作者简介：闫广芬，1964年生，女，教育学博士，天津大学教育学院院长、教授，研究方向为研究生教育学、教育史、职业技术教育学，邮箱为 tjygf99@163.com。

项目来源：教育部委托课题《新工科可持续发展机制研究（项目标号：20200302）》。

新冠疫情暴发后，党中央以"全国一盘棋"为思路精准施策，实时公开疫情防控信息以稳民心；全国人民积极响应国家号召建设疫情阻击线、多学科研究团队协同建设疫情防治体系。我国以科学防治、全民战"疫"有力扭转局势之余，共享防控经验、支援国际联防联控，以中国经验印证共同体意识的重要性。疫情以乘数威胁与黏性影响催生结构性变革，将人类社会推入后疫情时代。

战胜疫情离不开科技支撑，科技发展的关键在于人才，习近平总书记曾提出：加大前沿技术攻关和尖端人才培养力度。药物研发、检测技术与产品等综合多学科力量的科研攻关项目涉及工科专业知识技能及跨领域合作，有赖共同体意识的存续与实践。包括博士生与硕士生在内的工科研究生，既是科技人才队伍的后备军，又是在疫情中积极参与科研攻关的生力军，更需厚植共同体意识。然而，工程的科学主义与人类中心意蕴赋予工学技术理性与实用主义的底色、工程教育的"专业"属性在人才培养实践中异化为知识分割与专业取向，且现行协同育人模式多针对已知问题、注重实效及功能性能力训练，协作沟通等社会性能力则因次生、隐性未列入目标与评价体系，致使学生成为现实的、占有性个人主体[1][2]。时代需要与实际困境要求以共同体意识为导向变革工科研究生教育。

一、马克思主义哲学视域下共同体意识的内涵

马克思主义哲学蕴含的类思维视人为"在与他人内在统一的社会化的、一体性关系中生存发展的开放性和包容性存在"[3]，是关系认知与处理的思想基础与价值向导，通过对人存在方式的论述，从人与人、人与自然、人与社会三个层面出发，赋予共同体意识四种内涵。

（一）人与人之间：跨界融通的实践共同体意识

马克思主义哲学认为实践是人的根本存在方式，人经由实践改造无机界、创造对象世界[4]。需要是实践的动因，实践是需要递增的基础，二者的交织将人本质力量从潜在推向现实，使人具有不断超越当下存在的未完成性。需要的多样性与实践的复杂性意味着单视角或个人效用有限，决定人必须跨越个体边界、通过实践向他者开放并与之结成内在统一关系，通过主体间性的交往实践互通有无、优势互

补，以克服自身局限、实现自我发展与自我超越。

（二）人与自然之间：天人合一的生态共同体意识

实践着的人是能动而又受动的自然存在物[5]；一方面，自然是人赖以生长的"无机身体"[6]，人通过积极主动地认识与借力自然等对象性活动确证、表征自身并满足生存与发展需求，应对自然的馈赠心怀感恩。另一方面，"外部自然界的优先地位仍然保存"[7]，人受制于自然及其规律。尽管人类可依托知识技术广泛而深入地认识或取材自然，但这些相较未知的自然存在仍是沧海一粟；而气候异常、物种消亡等危机则是对人类征服性思想行为的警示，人的有限性提示人类以敬畏的态度遵循自然规律。

（三）人与社会（民族国家）之间：知中国，服务中国的民族共同体意识

实践的直接现实性表征了人存在的社会性。人就是人的世界，就是国家，社会[8]，作为一切社会关系的总和[9]，人受益并受制于一定的社会历史条件，只有作为国家、社会中的一员才能实现其现实性。每一位中国人因血缘或地缘等先赋因素被纳入中华民族共同体，享有生存发展权利保障的同时应具备民族自觉意识，在对民族国家及其历史与文化、社会价值取向与发展道路的高度认同中建立归属感与自信心、厚植家国情怀。

（四）人与社会（人类社会）之间：共生共享的人类命运共同体意识

在自由的自觉的实践活动中，人因追求自身的普遍性和自由而成为类存在物[10]。人类社会已进入世界历史时代，共同体是连结民族国家与世界各国的纽带。开放、联系以及应对风险社会、解决秩序危机的现实需要，要求超越"种的尺度"及"资本逻辑"支配下的狭隘民族国家主义、确立主体间平等与共生的关系以实现合作共赢。

二、共同体意识对工科研究生的素质要求

素质是个体有效胜任工作的内在稳定特征与外显行为表达。马克思主义哲学视域下的共同体意识在思维、价值观、知识与技能四个方面对工科研究生提出类思维、公民意识、多科性知识与融合性技能的素质要求（如图1）。以上内容并非对工科研究生素质的全新要求，而是重大突发性公共卫生事件凸显并强化了它们在研究生教育中的必要性，使之以举足轻重的地位再次出现在公众视野。

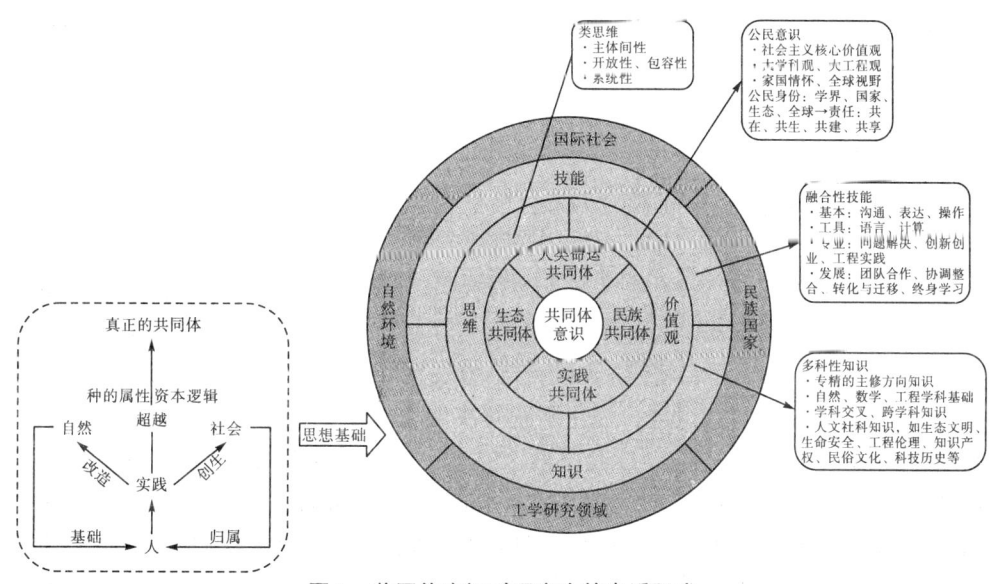

图 1　共同体意识对研究生的素质要求

（一）类思维

类思维的核心是主体间性，强调全方位和灵活模糊的主体性取向，即交往主体具有无差别的普遍性与对象性特征，生命价值与尊严没有等级之分，力图实现不同主体之间的平等交往与和谐共在。主体之间蕴含的相似性是结成共同体的基础，应以求同、尊重、和谐的理念淡化主体边界的开放性以及尊重异质存在的包容性。结成共同体后，在认知与实践中整体把握、统筹规划，以关照个性的整体性利益为致思趋向与目标追求。一方面从"合"视点出发注重整体涌现性，即只有在各部分统合为整体时才表现出来的独特性质，阐明协作的必要性并为寻求效益最大化做铺垫；另一方面，基于"分"的观点进行微粒化认知，即充分认识各部分特性，以期资源置换与优势互补，为整体性协作与公平正义的效益分配提供基础。

（二）公民意识

"所有的人类活动都依赖于人们共同生活的事实"[11]，每一个人都是共同体的"公民"，因此，工科研究生应具备包含公民意识与责任的价值观。作为学界公民，应树立大科学观与大工程观，融汇多科知识、视角，以高度的责任感兼顾学科发展与现实需要，遵守学术规范，共享研究成果。作为生态公民，应掌握生态文明与工程伦理知识，检视研究课题的生态影响，提升合规律、保护性认识或开发自然的实践能力。作为国家公民，应树立、内化并践行社会主义核心价值观，在中国经验与中国体验中获得对国情、社情、民情的深刻认知，主动发掘中国社会现实性或预见性问题，使学术语言转化为生产要素或咨政建言。作为世界公民，应具备全球视野，站位于世界未来和人类发展的高度，基于国际理解意识关注国际形势、发掘人类共同利益；主动对接国际前沿，以开阔的胸襟学习或分享研究成果，成为跨文化交流与传播的能动载体。

（三）多科性知识

科研是工科研究生的主要实践形式，无论是对未知自然的好奇还是对社会现实的关切，科研的需要总是指向问题，复杂工程问题的解决不仅有赖扎实精深的专业基础，也需要多学科知识与视角交织渗透，在多科性知识融汇、整合的过程中发掘科学知识的社会意义并涵育科学与人文兼具的素养。工科研究生应具备扎实而精深的主修专业方向知识，包括专业基本理论知识、专业基础，如技术、专业前沿发展动态，并以此为知识体系的主干部分。同时，掌握宽厚的自然科学、数学、计算机技术与工程科学大类知识基础，以及对本领域知识学习或复杂工程问题的解决有直接影响与借鉴的其他学科知识，如工学门类下其他学科交叉知识，"工学门类 + X"跨学科知识，生态文明、生命安全、工程管理、知识产权、民俗文化、科技历史等人文社科类知识。

（四）融合性技能

工科研究生应具备均衡发展、交汇整合的融合性技能。基本性技能主要指流畅沟通、文字表达与实际操作能力。工具性技能主要包括语言与计算，工科研究生应掌握语言表达技巧，熟悉以英语为主的国际通用语言，了解地区文化艺术、风俗礼仪等外显型语言；保持数字敏感度与数据处理的精确度，熟练掌握专业相关算法并涉猎数字制造、人工智能等新兴内容。专业性技能指掌握精深的专业积累与宽厚的多科性知识，在实地调研中以求新、超越、融通的思维发现及分析问题，形成"发现－分析－解决－变异－发现新问题"的开放问题意识链，强化问题解决能力、创新创业能力与工程实践能力。发展性技能主要包括协作共事、协调整合、转化与迁移、终身学习。工科研究生应拓宽自我边界，主动融入团队、服从分工安排，善于倾听交流、归档统合信息，高质量履行团队成员角色赋予自身的责任、协调处理各方关系；打破学科边界，以研究式态度留心理论与实践、衔接科研与生活并实现整合、转化与相融；树立终身学习的观念，关注工程领域与社会发展动态，及时优化思维、更新知识与技能以提升可持续发展能力。

三、以共同体意识为导向优化工科研究生教育

培养具有共同体意识的人，应以共同体意识为核心优化教育生态。教育生态的优化是一项系统工程，涉及教育系统内外诸要素，需要多元主体共同参与管理教育公共事务。

（一）先导：转变主体间关系认知与处理方式

1. 中外关系：从对标式比较到对话式合作

在全球化与现代化进程中，教育是知识生产、技术升级、对外合作的纽带，接轨国际成为研究生教育的重要指导思想之一，需审慎认知与处理中外关系。以往采取的对标式比较将国外教育作为范式标准进行单向比对，这种主客式对立比较从生产力、经济体量等硬实力层面延伸至文化领域，导致"无我式追逐"即全盘吸收他者经验、"无谓式放逐"即坚守民族本位的误区，历史经验证明对标式比较及随之而来的自卑或自傲心态、互斥与隔阂无益于中国甚至整个人类社会的和谐发展。人类文明进入世界历史阶段，共同合作将比整体比较走得更深更远[12]。因此，在处理中外关系时应坚持对话式合作，即以主体间平等互认为原则，基于差异进行自我审思并寻求异质互通的合作路径。我国工科研究生教育应以共享发展为理念核心，既要进行"转化式借鉴"，在吸收积极要素、接轨国际时凸显中国立场与主体意识，如专业认证制度在融入国际主流的同时兼顾我国高校层次结构、适用环境与学制衔接；也要基于文化自信实现"共享式交流"，输出优质研究成果及人力资源并分享中国经验，从全球工程教育规则的被动接受者转变为主动践行者与参与制定者。

2. 高校与社会关系：从有限交互到深度耦合

工学门类以产学研合作的办学模式实现教育与社会互动，然而现行模式多以解决产业或区域经济发展的现实问题为目标，优势置换、专业对口的项目化合作，具有合作对象及形式、成果输出、价值关涉与长效发展等方面的局限，呈现出有限交互的合作关系。教育的人本内核要求高校以公共利益为取向，转变科研活动实用主义的定位及文化[13]，将协作创生与公共利益紧密相连。高校应以联合、互助、扶助等多样化形式扩大交往范围，与政府部门、市场行业、公民群体、自然环境建立良性互动；主动介入外部环境，立足学科融合视角，延长问题链，发现及解决问题后进一步做衍生式与预见性研究，实现成果转化之余生成咨政报告、科普成果以丰富成果输出形式；依托教育要素创生人力、信息、能量、物质的循环交互生态链，通过履行科学研究、人才培养、服务社会、文化传承职能，实现教育与社会系统间资源有效流转及要素耦合，通过问题深化与价值共识建立内聚性可持续合作，主动服务创新驱动发展、可持续发展、美丽中国等国家战略，为满足人民对美好生活的向往贡献教育力量（如图2所示）。

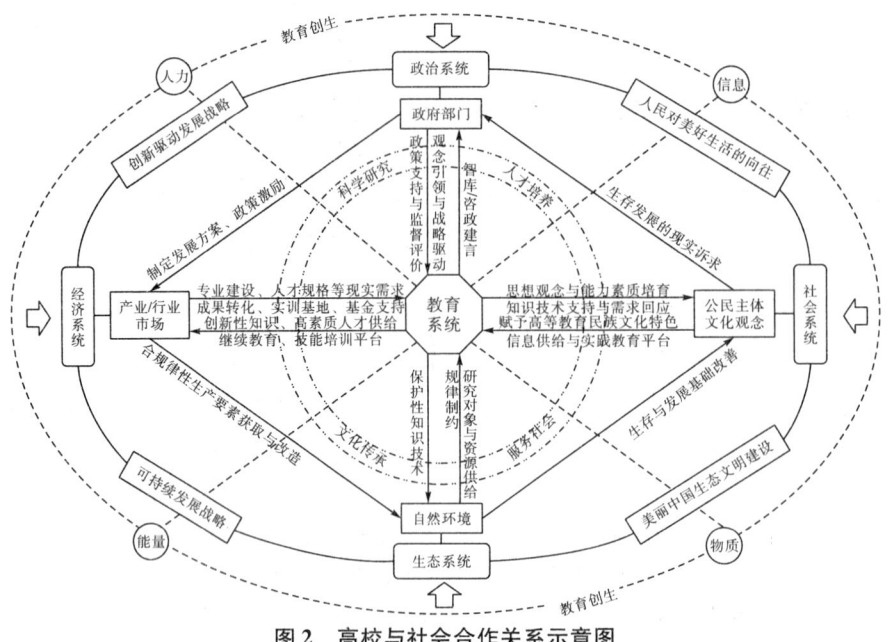

图 2 高校与社会合作关系示意图

3. 高校内部权责关系：从单位一体式到协同联动式

高校院系多是学科中心的人才培养、学科发展与行政权责一体化单位，从教育、资源、组织管理上固化了学科壁垒，有碍复合型人才培养与共同体意识生成。应打破系科制度下学科单位的经验主义思维，以育人为中心并理顺权责关系。增设学科融合研究共同体机构作为中介管理部门联动校内外机构，机构由党政机关领导，下设指导委员会与职能部门：战略发展规划部门根据实践调研、咨询顾问以及教育研究结果制定组织规章及教育大纲；协调管理部门负责对接校内外机构、搭建交流平台、建档整合资源并统筹管理分配；督导评价部门负责立项审核与监督评价。机构负责促成并管理学科融合研究的运行载体，如独立建制的研究中心、科创/实训基地等结构化训练平台，使研究育人融合需求，坚持问题导向与学科导向。在研究生教育阶段应始终以"理想信念教育"为主线，学生所在院系负责日常事务管理，辅导员密切关注学生心理与思想动态；以导师为核心的指导小组坚持立德树人，做好导学思政工作，学生自我管理组织负责开展合作式探究学习及主题教育，形成师生主体间交往的研究与思想共同体；各院系负责教学管理，根据培养方案与教育大纲开发"工学+X"课程体系并做好课程思政工作；合作企业或机构负责学生调研、实训及成果转化工作（如图3所示）。

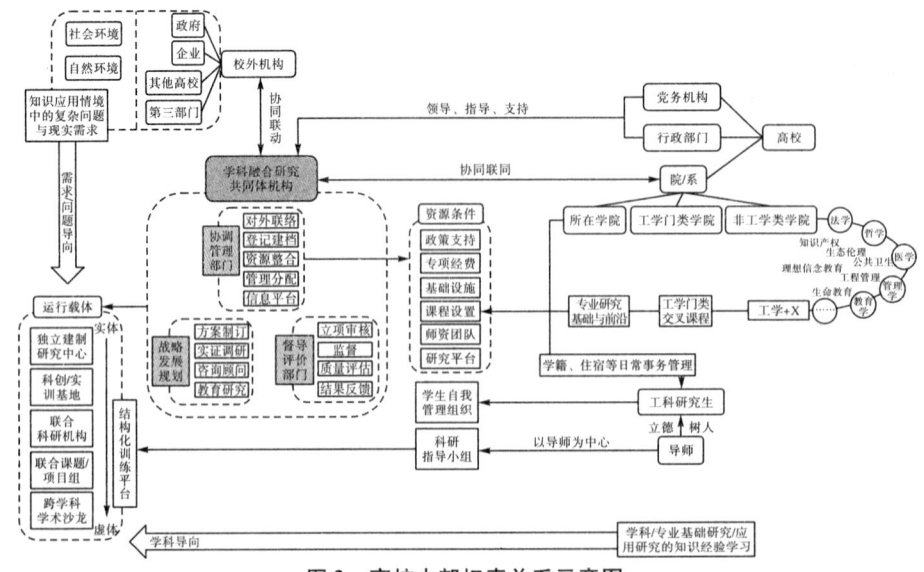

图 3 高校内部权责关系示意图

（二）机制：激励与保障双管齐下

首先，以激励机制提升主体参与感、效能感。通过氛围创设、物质报偿、成就承认、身份赋予肯定从事学科融合研究的劳动价值。政府从主流话语层面阐明共同体意识的要义，通过多渠道概念传播与价值引导强化观念共识；立足于人类社会发展的经验现实，引导公众正视社会生存与发展压力、显化安全与归属需要，激发主体间联合动机；支持研究立项并给予物质奖励与表彰，奠定环境基调以提升学科融合研究战略地位、调动各界联合积极性。相关研究单位与组织建立学科融合研究的社会网络，集聚组织力量成立学术联盟，吸纳研究者参与并给予身份认定；加强与国内外学会合作，开辟学科融合研究专栏，召开交流会议，搭建资讯与成果共享平台；募集专项基金，为研究者开展研究立项提供资金支持；利用专业优势与实践经验制定学理性与社会性兼具的成果认定标准大纲，作为评聘考核、学位论文评价参照，使能力鉴定权从"期刊"转向"共同体"。高校根据政策文本与社会组织方案、因校制宜完善工科研究生教育。

其次，配套保障机制使共同体存续。以价值性承诺保障合作关系：学科融合研究共同体基于高层次卓越工程人才培养的目标、合作共赢的价值导向、可持续发展的使命，建构符合参与主体共同利益的组织愿景并履行承诺，强化观念共识与合作关系。以制度化章程保障主体权利：出台相关政策，规范学科融合研究共同体行为并赋予其合法性认证；学术研究共同体制定机构管理章程规范参与主体责任与义务、保障其合法权益；参与主体在达成共识的基础上签署合作协议并履行契约规则。以合理性规则保障交往秩序：根据规章与参与主体比较优势厘清权责分工，有序开展工作；以平等互信、民主协商、理解共情为原则，及时反馈意见、疏解矛盾，实现主体间有效沟通；制定科学公正的利益协调规则，明确利益分配与补偿方法，推进投入报偿对等化。以开放式平台保障资源共享：依托智能技术整合多方资源，搭建信息交互平台；建立资源数据库并配以管理、服务系统，实现资源有效对接；根据协作需求成立实体性集成转化基地，促进产教要素双向转化与资源置换。以整合性评价保障协作质量：在研究生教育阶段以多元指标进行全面质量管理与过程管理，综合专业评价、行政评价、社会评价与反馈评价，获取全面多样的结果作为质量提升依据。

参考文献

[1] 姜晓坤，朱泓，夏远景，李志义. 我国高等工程教育发展的理性视角：从失衡走向回归 [J]. 高等工程教育研究，2015（04）：45-48.

[2] 王迎军，李正，项聪. 基于"4I"的工程人才培养模式改革 [J]. 高等工程教育研究，2018（02）：15-19+29.

[3] 贺来. 马克思哲学的"类"概念与"人类命运共同体" [J]. 哲学研究，2016（08）：3-9+128.

[4][5][6][7][8][9][10] 马克思恩格斯文集（第1卷）[M]. 北京：人民出版社，2009：162，209，161，529，3，501，161.

[11] 汉娜·阿伦特. 人的境况 [M]. 王寅丽，译. 上海：上海世纪出版集团，2009：14.

[12] 桑德尔，章含舟，万思艳，刘梁剑. 从"比较式对话"到"合作式对话"——对陈来等教授的回应与评论 [J]. 华东师范大学学报（哲学社会科学版），2016，48（03）：171-173+184.

[13] 饶毅：中国未来与科学的隐患 [EB/OL]. (2019-12-06) [2020-06-01]. https://www.thepaper.cn/newsDetail_forward_5179488.

国内院校研究生创新能力培养探讨
——基于研究生就业现状

陈占军　周　彬　黄小琼　蔡锐云

(哈尔滨工业大学（深圳），深圳518055)

摘　要：研究生创新能力培养是衡量研究生教育质量的重要因素。国内研究生就业形势越来越严峻，而研究生的创新能力培养还存在招生制度不健全、生源质量参差不齐、缺乏科研创新实践机会、研究生教学方式和考核评价单一等问题。本文以研究生就业现状及就业数据为基础，分析了创新能力对于研究生就业的重要性，提出了研究生创新能力培养对策，为促进创新型研究生科学培养及高质量就业提供思路。

关键词：创新能力；研究生培养；研究生就业

第一作者简介：陈占军，1983年生，女，哈尔滨工业大学（深圳）建筑学院，实验师，中级职称，研究方向为研究生教育教学、计算机应用，flc712@126.com，邮箱为flc712@126.com。

创新能力培养是研究生教育的重要目标。在国内院校中，研究生的创新能力培养不仅关系到其日后深造求学的科研能力，还影响到高校创新型和实践型人才培养的优劣，更直接影响绝大部分研究生在就业求职过程中的应聘能力和核心竞争力。因此，构建科学的创新能力培养体系对于培养研究生的综合能力、提高研究生教育质量以及就业质量尤为重要[1]。

一、国内研究生就业现状

2017年，教育部积极推进"新工科"建设[2]，应对新一轮科技革命和产业变革，支撑服务创新驱动发展。研究生是潜在的未来高端技术人才，研究生教育是高水平大学建设中至关重要的环节，研究生就业问题一直以来也都受到了社会各界广泛关注。以研究生就业现状为着手点，以提高研究生就业质量为目标，通过探索研究生创新能力培养方法，为研究生培养质量的提高、推进研究生教育改革提供有效的路径[3]。

随着高等教育大众化速度加快，我国从2003年开始研究生扩招。近五年来，研究生包括硕士生和博士生的毕业人数都在逐年增加、不断创造新高。2019届全国高校毕业生834万（其中研究生毕业人数63.97万，本科生及以下毕业人数770.03万）；根据教育部发布的2015年至2019年全国教育事业发展统计公报数据进行统计，如图1所示，研究生毕业总数从2015年的55.15万人增长到了2019年的63.97万人，增长了16%；其中，硕士毕业生增长了15.95%，博士毕业生增长了16.36%。研究生就业竞争压力逐年增加，就业困难、就业质量无法提高、核心竞争力不足、就业岗位与培养专业不匹配等问题凸显，这些都成为研究生教育和培养的热门关注问题。新冠肺炎疫情对各城市、各地区、各产业造成了不同程度的影响，一些企业经营困难倒闭、企业职工面临失业和再就业，无疑对今年应届毕业研究生的求职造成了更大影响。

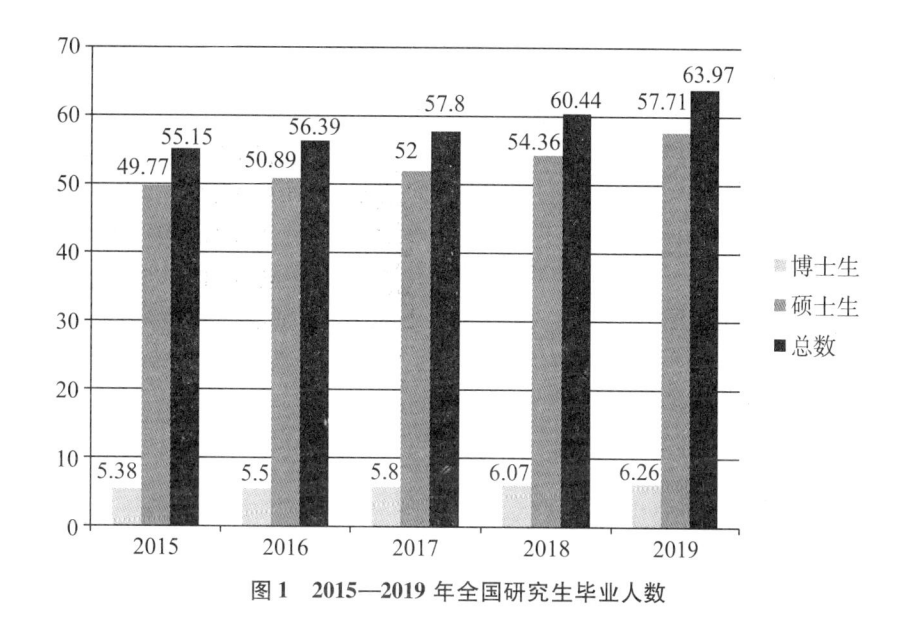

图 1 2015—2019 年全国研究生毕业人数

二、研究生创新能力培养对就业的影响

在当前就业形势下，受疫情和行业不景气影响，研究生求职也越来越困难。当前，很多用人单位特别是高校、研究所、央企、国企、外企等在招聘时，不仅仅看重研究生毕业院校的品牌、专业要求、专业知识，更注重毕业生的综合能力和综合素质；而研究生的综合能力中非常重要的一项就是创新能力。既有扎实的专业知识和文化成绩，又富有创新精神的研究生在应聘时才会因具有核心竞争力而受到各招聘单位的争抢，在求职中脱颖而出。

从一定程度上来说，研究生教育是培养多层次专业人才的高等教育，而培养具有创新能力的科学技术研究人员是其中重要的一方面[4]。创新的概念包括知识创新和技术创新，涉及新理论和新知识的探索、新技术的攻克、新原理的论证、新外观和新发明的提出等。因此，用人单位在招聘研究生时考量的因素就包括以上方面，这就要求应聘的研究生不仅要有扎实的专业知识，更需要具备很强的创新意识和创新素质。这样的创新性人才进入用人单位，才能推动产品创新、技术创新，创造更多科研成果，推动科研实力的提高和企业长足发展。

研究生创新素质培养是研究生教育的根本任务和内在要求[5]，研究生的创新素质是其就业竞争力的重要因素。从哈尔滨工业大学（深圳）2019 届研究生毕业生的调查问卷中发现，在实际的工作中通用能力排名前五名包括：知识储备与理解应用能力、可转移技能、工程/项目分析设计能力、工程/项目组织管理能力、创新能力；其中创新能力培养占 40%，如图 2 所示（数据来源于哈尔滨工业大学（深圳）招生就业处官网）。通过调查结果发现，学校对研究生培养的通用能力与毕业生在工作中需要的通用能力基本一致。创新能力作为通用能力重要培养目标之一，对研究生的就业质量和工作能力培养的重要性不言而喻。

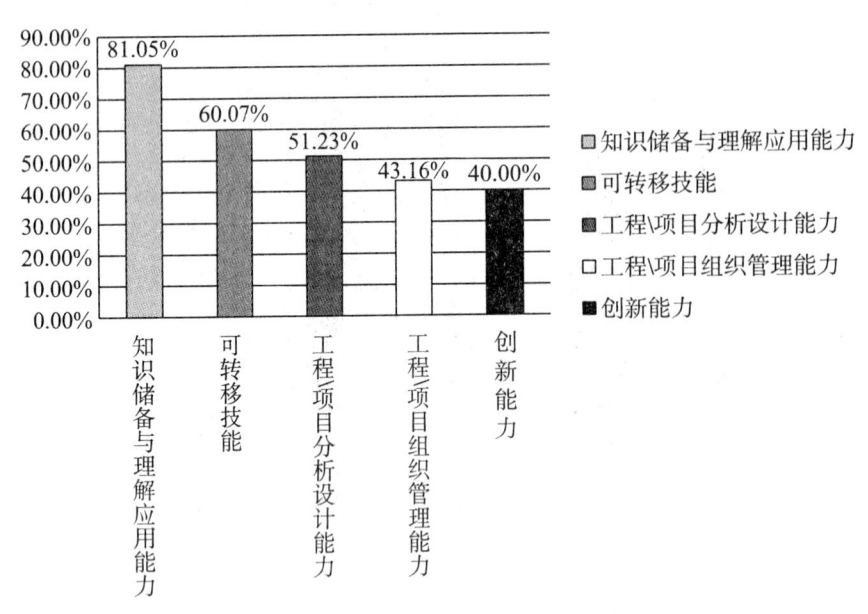

图 2　毕业研究生认为实际工作中最重要的通用能力

三、当前研究生创新能力培养问题

通过文献调研并结合当前研究生就业实际情况进行分析，可以发现当前国内院校研究生创新培养存在一些显著问题，需要培养单位重点审视，主要包括如下几方面。

（一）研究生生源质量参差不齐，招生制度有待完善

目前，除了推免生之外，国内大多数高校的硕士研究生录取都是以"考研初试成绩＋复试成绩"的模式进行招生选拔；由于考研各科目都有统一的或可遵循历届的考试大纲，很多本科生为了能通过初试、达到初试分数线，本科期间或备考期间会把绝大部分时间都用来复习各项考研科目；而这种应试型考试科目大部分都偏重基础理论知识，缺乏对考生的创新实践能力和实际问题解决能力方面的考查，受生源因素和地域因素等影响，研究生生源质量参差不齐，甚至出现一些整体综合素质和学术能力基础薄弱的研究生。另一方面，研究生招生的复试工作有待规范，大多数专业的招生针对学生的创新能力考评缺乏有效、科学、可操作性强的测试方法，不容易挖掘拥有创新潜力的研究生。

（二）课程设置和教学方式过于单一，科研创新实践严重不足

当前，国内大多数高校的研究生课程设置往往注重专业课，很多专业都缺乏跨学科课程的学习，使得大部分研究生知识储备不足，缺乏创新精神，无法适应交叉学科的课题研究，也无法适应复合型工作职位要求。此外，一些研究生专业注重理论课，开设的创新实践课极少，必然会造成理论知识与创新实践环节脱节。另外，不少高校的研究生课程教学内容更新较慢，学生不能及时掌握本学科领域的学术前沿成果、学科发展热点和动态，不利于其创新知识结构的形成。在教学方面，绝大多数仍然以课堂讲课为主，缺乏探讨式和启发式的有效教学方法。

此外，大多数高校特别是一些教育资源薄弱地区的高校缺乏校外联合培养基地、产学研基地及创新基地，研究生缺少科学研究、社会实践的机会，创新潜能和探索精神无法得到发挥。一些高校的研究生项目科研经费不足，科研设备和工程实践场地基础设施落后，也不利于研究生创新能力的培养。

（三）研究生培养考核评价规则须健全

国内大多数高校尚未建立起一整套针对研究生创新能力的科学、合理的综合评价体系。从目前研究

生的培养过程来看，有些高校对研究生创新能力的考核评价都注重学业成绩、学术论文、毕业论文等，往往忽视了对实际问题解决能力、工程实践能力方面的考查，这样就很难客观有效地评价他们的创新能力水平，更无法评估其就业能力和实际工作能力。

四、提高研究生创新能力的对策

（一）构建创新创业教育体系，完善创新创业生态

在研究生各学科专业培养计划中设置创新创业环节，面向全校学生实施"基于项目的学习计划"，保持创新创业教育每年不断线；开展创新实验课和创新研修课的课程立项，鼓励教师将最新优秀的科研成果及时凝练，固化为课程教学内容，鼓励全校学生选修创新实验课和创新研修课，持续培养学生的创新能力和工程实践能力；开设双创学术研讨会和专题讲座，联合地区公共就业服务中心邀请就业专家进校开展创业政策宣传，邀请知名企业家、创业先锋与有创业意向的研究生进行交流，并进行有针对性的专业指导，形成以创意实践平台、创新技术指导、创业孵化帮扶、创投资源整合为特色的联动创新教育模式。

（二）增加创新学术活动相关课程，优化实践教学体系

国内院校在坚持大类招生和大类培养的模式下，在提高研究生生源质量的基础上，应增加选修课和必修课的种类和数量，提高创新学术活动相关课程的比重，培养研究生拥有扎实基础、宽大口径、创新思维的能力，为用人单位输送具有核心竞争力的复合型人才。要优化实践教学体系，注重课堂理论课学习和实习实践活动的融合，达到学习、研究、实践一体化的训练目的，使研究生在实践中进步，提高创新实践能力。

（三）积极搭建创新创业服务平台，组织开展创新创业实践活动

通过积极获取政府的创客专项资金支持，搭建青年创客空间，为广大创客提供相关培训服务，并鼓励研究生积极参加创新创业竞赛，在竞赛中培养创新精神和团队合作能力。组织开展研究生创新创业实践活动，如青年创客大赛、科技学术节、创意实践工作坊、创投大讲堂、创客实验室培训认证等双创活动；大力鼓励和引导研究生到企业实习，零距离接触创新团队或创业团队，积累创业和创新实践经验；与知名校友企业孵化器建立战略合作关系，对优秀创新项目提供产品工程转化和投资融资孵化服务。

五、结束语

创新能力培养是研究生教育质量评估和考核的重要指标，研究生的创新实践能力是其就业能力和核心竞争力的重要考核因素。本文探讨了研究生创新能力培养的主要问题，并以就业为导向提出了提高研究生创新能力的对策。研究生创新能力培养模式是否科学，关系到国家创新型人才培养的优劣，因此，构建健全的研究生创新能力培养体系对于提升研究生培养质量具有重要意义。

参考文献

［1］廖和平，高文华，王克喜，等．高校研究生创新能力培养的审视与思考［J］．学位与研究生教育，2011（9）：33－37．

［2］教育部高等教育司关于开展新工科研究与实践的通知．http://www.moe.gov.cn/s78/A08/tongzhi/201702/t20170223_297158.html.

［3］李怡霏，居占杰．研究生创新能力培养中的问题及对策［J］．重庆第二师范学院学报，2018（5）：100－104．

[4] 曹付义,郭广林. 工科研究生创新能力培养存在的问题及解决对策 [J]. 中国现代教育装备,2015:125-127.

[5] 宋志勇,付强. 科研与工程实践在工科研究生培养中的重要性 [J]. 科技经济导刊,2016:13-14.

[6] 王贤敏,吴柯. 硕士研究生创新能力培养机制研究 [J]. 教育教学论坛,2018(50):220-221.

"双一流"建设背景下联合培养
研究生质量保障体系初探

郭 云 胡 援

（同济大学研究生院，上海200092）

摘 要：在高校"双一流"建设背景下，以同济大学为例，介绍了联合培养研究生的情况，总结了研究生教育质量保障体系的内容，吸收了国内外一流高校联合培养研究生教育中质量保障的有效经验，并提出了今后可持续改进、完善的思路。

关键词："双一流"；联合培养；质量保障体系

第一作者简介：郭云，1987年生，女，硕士研究生，研究生院管理处科员，邮箱为 guoyun@tongji.edu.cn。

项目来源：2018年度同济大学研究生教育研究与改革项目"新形势下联合培养博士研究生管理办法探索与实践"（2018GL033）

我国目前研究生教育中的联合培养模式是指由两个以上的研究生招生单位共同培养研究生，联合培养的单位既可以是两个高等学校，也可以是高等学校与科研机构。该种培养方式能够充分发挥双方单位在学科、师资和培养条件等方面的优势，保证研究生掌握必要的基础理论和专业知识，又能接受较全面的科学研究的训练，有利于提高研究生的培养质量。随着21世纪世界经济的高速发展以及"双一流"建设工程的大力推进，不少高校也开始与国外高校开展联合培养项目，以加强国内外学术沟通、文化交流，对提升研究生培养质量和加快高校教育国际化起到了推动作用。高等学校和科研机构联合培养博士研究生（以下简称联合培养）工作促进了高校与科研院所发挥各自优势，是创新研究生培养机制和培养模式、推进博士研究生教育改革发展的重要手段，是促进科教结合，加强高层次拔尖创新人才培养、服务国家创新驱动战略的重要途径，是经济发展、科技进步以及协同创新的需要，符合国际大环境中研究生教育发展的潮流与趋势，是贯彻以习近平同志为核心的党中央关于教育工作总体部署的重要举措。

教育部、国务院学位委员会一直对科研院所培养博士、硕士研究生予以高度重视，目前，具有博士、硕士学位授予权的科研院所共219所，均安排了独立的研究生招生计划。这些科研院所为我国高层次人才培养做出了重要贡献。2003年，教育部印发了《教育部关于开展联合培养研究生工作的通知》（教研〔2003〕3号）。2009年以来，为充分发挥科研机构在科研实践上的优势，探索拔尖创新人才培养途径，教育部先后印发了《教育部关于印发〈高等学校和科研机构开展联合培养博士研究生工作暂行办法〉的通知》（教研〔2009〕5号）和《教育部关于开展高等学校和工程研究院所联合培养博士研究生试点工作的通知》（教发〔2010〕4号），支持具有较强科研实力和研究生培养需求的科研机构根据自身学科特色，与高校联合培养研究生，招生计划单列。2013年，教育部、国家发展改革委、财政部联合印发了《关于深化研究生教育改革的意见》，推动研究生教育综合改革，推进科教结合、校所合作是综合改革的一项重要内容[1]。研究生的招生计划由国家发展改革委和教育部共同研究确定，近年来，联合培养研究生的招生计划不断增加，参与的科研机构也有所扩展，其中包含部分地方科研单位。"十二五"期间，已累计联合培养博士生6 000余人，为拔尖创新人才培养和研究生教育体制改革做了有益尝试。今后，教育部将继续大力支持有关科研院所根据自身科研优势和发展方向，与高校开展研究生联合培养，为我国高层次人才培养做出更大贡献。

一、我校联合培养博士研究生情况

同济大学与科研院所联合培养博士研究生工作自 2010 年启动，每年招录计划在 20 人左右，截至目前，联合培养工作开展学院分布及情况如表 1 所示。研究生学籍归属当年招生单位，同济大学作为第一导师或者第二导师所在单位，制订相应的培养计划，与合作院所共同承担研究生的培养任务。联合培养工作管理模式包含招生、学籍、培养、思政、后勤、奖助、学位、知识产权、双方协作机制等多方面内容，不仅需要高校内部各相关部门的协调，还需要与合作的科研院所进行深入的沟通与探讨，在国家政策允许的范围内，各自取长补短，共同学习进步。

表 1 联合培养工作开展学院分布及情况

开展联合培养学院	合作科研院所	开展联培工作起始年份	联合培养人数（含已毕业）
土木工程学院	中国建筑科学研究院	2011	28
环境科学与工程学院	中国环境科学研究院	2018	8
材料科学与工程学院	中国科学院大学（上海硅酸盐研究所）	2015	8
物理科学与工程学院	中国科学院大学（上海光学精密机械研究所）	2011	34
生命科学与技术学院	中国科学院大学（生物物理研究所） 中国科学院大学（上海生命科学研究院） 上海生科院植物生理生态研究所研究生部	2011	43
汽车学院	上海船用柴油机研究所	2012	15

二、联合培养研究生质量保障体系的构建内容

同济大学坚持"本科教育是立校之本，研究生教育是强校之路"的办学理念，于 2004 年建立了"同济大学本科教学质量保证体系"，使本科教学质量保障工作形成了系统化的体系。而针对近些年来研究生教育规模的迅速扩大以及培养类别不断多样化发展，国家、社会和高校都高度关注研究生教育质量，我校于 2009 年全面实施"同济大学研究生教育质量保障体系"，把抓好研究生教育作为提高高层次人才培养质量、提高科研水平的重点和关键，对促进广大研究生导师、任课教师和教学管理人员树立教育质量意识，保障和提高研究生教育质量起到了积极的推动作用[2]1。

联合培养研究生质量保障体系包含在整个研究生教育质量保障体系之内，但又有其独特之处。

（一）质量目标

我校博士研究生培养的质量目标是应掌握本学科领域内的基础理论、系统知识和相应技能，对国内外该学科领域的现状、发展趋势和最新进展有全面透彻的理解，具有较强的钻研和创新能力，又有国际视野和开展学术研究和交流的能力，对所研究的课题在理论或技术上能够做出创新性的成果，最终成为能独立从事科学研究工作或有效解决重大实际问题的创新型高层次人才[2]。联合培养博士研究生在此质量目标的基础之上，以国家和行业发展的重大需求为导向，将高校的基础研究技术优势、教学资源和科研院所承担的重大科研专项、行业前沿进行整合优化，为博士研究生的科技创新培养和实践研究能力提升提供更为有利的支撑。

（二）教育资源

教育资源主要包括人力资源（包括导师和任课教师）、教育经费、学科和专业、课程和教材、教学

设施、科研平台、国际交流平台、学术和文化氛围等内容。对联合培养博士生来说，因实行"导师组集体指导，主管导师负责制"，即高校与科研院所分别确定第一主管导师和第二主管导师，第一导师对博士研究生培养全过程负主要责任，导师组其他成员负协助指导责任，故实际上在各类资源上享有成倍的优势，通过不同学术文化的融合和交叉，有利于碰撞出创新思维的火花，开拓了博士研究生的学科视野，为其提供了丰富多元而有弹性的科研空间。

（三）培养过程

研究生在入学报到后正式开始其培养过程。以全面修订的博士生培养方案为基础，研究生与双方导师共同商定个人培养计划，课程设置中包括公共学位课、专业基础课、专业课、专业拓展课，以及高水平的学术交流活动、开题报告、中期综合考核等必修环节，以高校为主，科研院所为辅，充分挖掘双方优质课程资源，既突出系统性，又强调交叉性，在培养过程中通过多途径不断加强双方交流，使联合培养研究生充分融入高校和科研院所的人文环境和学术氛围中，利用双方的国家重点实验室等硬件资源及强大的学术团队和行业技术团队等软件资源，进行深度的学术实践训练，以期提高联合培养博士生的综合素质。

（四）质量监控措施

成立研究生教育质量检查与评估专家组（按学科分设文、理、医、工4组），行使研究生培养过程中的调查、研究、检查、监督、指导和咨询等一系列质量监控职能。各组专家参与研究生各个培养环节的检查与评估，检查各学院对有关研究生教育各项规章制度的贯彻落实情况，配合监督质量保障体系的执行过程，掌握各学科开展教学工作、教学改革和教学管理的情况，听取教师及学生对教学过程的意见和建议，及时反馈教学信息并对研究生教育管理工作提出合理化建议。因联合培养各合作科研院所具有各自不同的培养特点，目前仅能对此部分校内培养环节实施质量监控措施，如何对不同院所的相关科研教学活动进行量化分析，是今后需用心钻研的一个难点。

三、国内外一流高校质量保障体系工作的启示

（一）资源整合

英国是现代高等教育发源地之一，在国际上至今都享有崇高声誉和地位，其代表性大学有牛津大学和剑桥大学。在不断改革和发展中，英国逐渐构建了以政府为主导、多元化合作、以市场为导向、以学生为本、以培养世界一流大学和优势学科专业为目标的教育体系[3]。而英国大学的治理理念特别注重资源整合，通过大学与城市互动实现资源整合，通过实行学院制、联盟制和独立制模式整合大学内部治理，建立统一的科研理事会与政府紧密合作，从而实现高校做大做强、做出特色和有影响力的发展目标。

（二）突出"以学生为本"，注重持续改进

学生的学习体验和成效一直是当前高等教育质量评估中的重点考察项目。而质量保障的根本目的，始终在于促进学校提升办学水平、改进教育质量。在我们的邻国日本，"以评估促进高校持续改进"是其大学认证协会（JIHEE）组织的院校认证评估核心理念之一。

（三）重视大数据和信息技术应用

现代信息技术在高等教育评估工作中的重要地位日益突显，应用于构建一站式数据整合和分析系统。例如我国台湾地区和香港地区近年来大力推动构建了高校数据统计平台或者整合资料库，将高校学

生信息、师资情况、财政资助、科研情况、就业情况等内容整合到一起，并设置横向及纵向对比功能，旨在为研究分析人员提供较为全面的数据分析平台。

（四）加强高等教育质量保障的立法工作

欧洲、北美洲、澳洲等引领世界高等教育发展的主要国家均对高等教育保障的立法工作十分重视，通过法规形式发布高等教育质量标准框架，并对质量评估的类型、原则作出具体规定，明确规定所有高校均需对自身的教学、科研等工作进行自我评估，并接受外部监督和定期评估。例如《英国高等教育质量规范》（2018年修订版）明确了质量保障的核心原则和具体规范，并提出判断教育风险的基本依据[4]；德国的《高等学校框架法》规定：高校须在教学和科研、师资培养以及促进性别平等等方面接受定期的评估，学生应参与评估工作，评估结果应向社会公布[5]。

四、结论及展望

高校和科研院所联合培养博士研究生，旨在利用高校优质的教育平台和科研院所强大的科研实践实力，为"一流大学与一流学科建设"添砖加瓦，为科教融合发挥巨大作用，为支持国家创新发展做出重大贡献。实践是检验真理的唯一标准，教育改革创新的效果需要五年、十年甚至更长的时间才能逐渐显现。通过对联合培养的招生、培养、管理、监督模式进行不断摸索和反思，在现有经验积累的基础上，继续完善研究生培养和管理体制，建立健全联合培养博士研究生的体制机制，在国家政策允许的前提下，积极探讨多种形式的培养模式，推动产学研和学科建设纵深发展，使联合培养工作能有更多令人满意的成果产出。

参考文献

[1] 教育部 国家发展改革委 财政部关于深化研究生教育改革的意见. 教研 [2013] 1号. [A/OL]. (2013-03-29). http://old.moe.gov.cn//publicfiles/business/htmlfiles/moe/A22_zcwj/201307/154118.html.

[2] 同济大学研究生教育质量保障体系研究项目组. 大学研究生教育质量保证体系研究 [M]. 北京：高等教育出版社，2010.

[3] 周凌. 英国现代高等教育发展对我国"双一流"建设的启示 [J]. 中国高教研究，2017 (11)：86-90.

[4] QAA. The revised UK Quality Code [EB/OL]. (2019-5-3). http://www.qaa.ac.uk/quality-code/the-revised-uk-quality-code.

[5] Bundesministerium der Justiz und für Verbraucherschutz. Hochschulrahmengesetz [EB/OL]. (2019-5-3). https://www.gesetze-im-internet.de/hrg/.

化危为机 多措并举 牢抓质量 改革创新
——疫情下西安交通大学航天航空学院研究生培养的管理实践

陈 妮 李 群

(西安交通大学航天航空学院，西安 710049)

摘 要：2019 年底突发的新冠肺炎疫情，给研究生培养管理带来了巨大危机和挑战。在做好疫情防控的基础上，为保证研究生招生、培养、学位与毕业等管理工作有序有效开展，学院采取发挥网络优势分类培养、改革招生方式、转变教学方式、创新学位授予方式等一系列应对措施，保证了研究生培养工作的连续性，并取得了较好成效，也为今后研究生培养管理提供了参考经验。

关键字：新冠肺炎疫情；研究生；培养质量

第一作者简介：陈妮，1981 年出生，女，硕士学位，助教，行政管理，邮箱为 zmma@xjtu.edu.cn。

一、疫情下研究生培养的危机与挑战

新冠疫情在 2019 年底暴发并席卷全球，在党中央领导下，全国人民齐战疫情。为有效遏制疫情在教育系统扩散，为保证师生的安全，各高校全面延迟开学，突如其来的疫情打乱了原有的教学计划。如何确保疫情期间研究生的招生、教学、学位授予、科研活动等工作顺序开展？

2020 年 1 月 22 日，教育部发出通知要求教育系统做好新冠肺炎疫情防控工作，并启动教育系统公共卫生类突发事件应急预案，坚决防止疫情扩散蔓延。[2] 2020 年 2 月，西安交通大学发布《关于做好疫情防控等相关工作的通知》(西交校发〔2020〕4 号)，要求全校师生员工团结一致，切实把思想和行动统一，打赢疫情防控阻击战。面对疫情带来的研究生培养各方面的困难甚至危机，如何转危为安、化危为机，坚守研究生培养质量这个底线，成为研究生培养一线管理者必须面对的重大课题与任务。

二、以培养过程为主线，多措并举，切实提升研究生培养质量

(一) 统一思想，全员参与，充分发挥网络优势分类培养研究生

西安交通大学航天航空学院成立于 2005 年，目前已拥有"力学"和"航空宇航科学与技术"两个一级硕士、博士学位授权点，以及"机械"专业学位硕士、博士学位授权点。现有教师 90 余人，博士生导师 60 余人，硕士生导师 80 余人，所有导师均具有博士学位，且有 90% 以上具有国外留学经历。拥有机械结构强度与振动国家重点实验室、力学国家级实验教学示范中心、多功能材料与结构教育部重点实验室、教育部新型飞行器联合研究中心服役环境预示分中心、陕西省先进飞行器服役环境与控制重点实验室、陕西省航天结构振动控制工程实验室、陕西省无损检测与结构完整性评价工程技术研究中心、陕西省核结构安全与力学国际联合研究中心，建有国际工程教育中心、国际应用力学中心、丝绸之路空天技术创新中心三个国际基地。发展至今，学院每年招收各类研究生规模已达 250 余人，研究生类型包含学术型硕士生、博士生，专业学位硕士生、博士生，同等学力研究生，以及硕士、博士留学生。目前，学院在读各类研究生已超 500 余人。经过 15 年的发展，学院研究生培养已呈现学科构架完整、

师资力量雄厚、科研平台国际水准、学生层次和种类完备的特点。

疫情防控是当前或将长期摆在我们面前的一张"考卷",人人都是"答卷人"。[3]面对疫情,学院研究生培养如何发挥自身优势主动作为?学院党政领导班子多次召开专题视频会议,在教育部、学校的政策下讨论制订学院研究生培养工作推进的一系列措施,并动员研究生导师、研究生教务员、辅导员、相关管理辅助人员等统一思想、相互协作,在特殊时期更加全身心投入研究生培养工作。同时强调,导师是研究生首要负责人,要针对不同学科、不同层次、不同年级研究生的特点和要求,充分利用网络平台,制订不同的指导方案。例如,三年级硕士生以及高年级博士生面临毕业和就业,导师应加强其学位论文撰写、因疫情而造成的实验方案修改等方面的指导和敦促,同时做好对他们的就业压力心理疏导工作,利用导师的人脉资源帮助未就业的学生寻找更多机会。针对二年级的研究生,由于疫情原因他们耽误了大量实验,导师应及时调整实验内容和方案,指导学生利用在家闲暇多读文献,并定期召开视频会议探讨科研进展。对于一年级的研究生,导师应督促其上好在线课程的同时,指导学生正确对待此次新冠肺炎疫情,了解其传染机理和途径,坚决做好个人及家人的预防措施,积极为开学做准备。

同时,学院研工部门定期组织召开线上学术讲座、支部组织生活,丰富学生在家的学习生活,对其因疫情造成的心理不适进行正面积极干预和引导,并发放网络流量补贴,让学生感受到学院的关怀和温暖。

(二) 审时度势,改革研究生招生方式

按照正常计划,硕士、博士研究生招生复试工作在每年3月开展。然而,受疫情影响,直到2020年4月13日,教育部下发《教育部办公厅关于做好2020年全国硕士研究生复试工作的通知》,明确指出各招生单位要深入贯彻落实习总书记关于疫情防控的重要讲话、指示批示精神,稳妥做好2020年全国硕士研究生复试工作。[4]在各高校未开学、全国疫情形势尚未稳定的情况下,研究生招生复试工作是否开展?以什么形式开展?特殊时期,在确保招生工作的公平、公正、公开的前提下,如何使招生选拔更加科学、合理?

经过前期调研、全校范围内讨论,4月29日,学校召开硕士生招生工作专题会,下发《西安交通大学硕士研究生招生复试录取工作管理规定》文件,正式确定了硕士研究生招生复试工作以线下为主线上为辅的形式开展。根据学校部署,学院高度重视,成立工作领导小组,针对全国疫情情况,认真分析了生源特点以及可能遇到的困难和紧急情况,制定了周密的复试工作方案、疫情防控方案、突发事件应急预案等,创新复试工作模式和流程,主要表现在以下三个方面。第一,复试形式以线下为主线上为辅相结合,所有考生在复试前均进行健康状况摸排,凡是来自中高风险地区,或健康码非绿色的,均以线上形式进行复试,其他考生均进行现场复试。所有线下考场在复试前均进行消杀,每名考生、复试专家、工作人员在复试时均采用必要防疫措施,保持规定距离、不聚集。所有线上考场均配备了稳定的网络设备,由专人负责专家、考生培训和设备调试,确保复试顺利进行。所有线下和线上复试同时进行。第二,取消笔试环节,复试分为专业考核、综合面试和思想政治考核三个环节,均采取面试的形式进行。专业考核内容按报考学科的复试科目分类进行,由考生现场抽题、现场口头作答、专家现场评分;综合面试分为综合能力考查和专业能力考查,由考生现场抽题、现场口头作答、与专家交流、专家现场评分;每个考场配备1名思想政治专员,通过与考生交流对学生思想政治水平进行考查,不合格者不予录取。第三,为保证公平、公正、公开,所有考核环节均使用随机系统由学生进行抽题,每位考生复试时间保证不少于30分钟,无论线下还是线上考场,均安装摄像头,对复试过程进行全程录像。此外,要求所有参与复试的工作人员、考核专家等均签署承诺书,承诺遵守相关规定,公正对待每一位考生。硕士生招生复试工作结束后,博士生招生工作迅速展开。6月初,经过对当时全国疫情的全面分析和研究,经学校部署,学院决定博士生招生坚持"申请-考核"制,采取线下为主、线上为辅的形式相结合进行。专业考核、综合能力、思想政治等考核环节均与硕士生招生复试的要求一致。

经过全院上下共同努力,我院硕士、博士研究生招生工作取得圆满成功。硕士生招生总数同比增长

39%，博士生招生总数同比增长 19%，整个招生过程中未出现一例疫情病例，未出现一例投诉。此次招生工作不仅取得圆满成功，其方式的创新还为疫情防控常态化下研究生招生工作科学合理、规范易行提供了新的借鉴意义。

（三）通过网络线上教学，推动教学方式转变

疫情防控期间，按照教育部"停课不停学"的要求，根据学校工作部署，学院所有春季课程利用网络展开线上教学。首先，学院对所有春季课程进行调研，根据课程内容和特点以及授课教师意愿，确定授课方式为线上或线下，并对外发布线上课程表。其次，对于线上授课的教师和学生，进行"思源空间"或"腾讯会议"等网络授课平台专题培训，发放相关培训资料，确保师生能够熟练使用相关平台。同时，每门课程建立微信或 QQ 群，方便授课教师和学生沟通。再次，在线上授课开课前两周，学院成立线上授课教学工作组，由学院党政一把手、主管研究生教学副院长、各系所负责人、教学委员会主任以及具有丰富授课经验的老教师组成，对每一门线上开课的课程进行试讲试听，并提出改进意见。最后，在授课过程中，指派督导专家进行听课并就教学态度、教学方法、教学内容、学生课堂反馈进行评价，评价意见会及时反馈给授课教师，对授课质量进行提升。2 月 17 日，我院 34 门研究生课程线上授课正式开始，讲授教师共计 45 人次，听课学生总计 551 人次，所有线上授课教学效果良好，未出现 1 例教学事故，得到学生的一致好评。

5 月下旬，我校研究生陆续返校。为提升教学效果，学院及时调整教学计划，采取线上+线下的混合授课模式，即所有在开的研究生课程改为在教室授课，教室内的师生保持一定的安全距离，同时，考虑到还有一部分未返校或被隔离的同学的需要，所有教室内安装摄像录音设备，对授课进行录像录音，课后在"思源空间"进行回放，学生如有问题可在微信或 QQ 群里进行互动。通过多方不懈努力，在疫情防控期间，本学期我院研究生教学计划顺利完成。同时，所有研究生课程实现线上教学，建立了一批线上教学资源库，通过网络教学平台使学生能够线上全程学习，线下随时复习，实现了多年来一致呼吁而举步维艰的教学方式转变。

（四）创新学位授予方式，促进研究生就业

衡量研究生培养质量的一个重要指标，就是学位论文质量。疫情防控期间，研究生学位论文质量如何监控？学位申请的审查和授予工作如何开展？特殊时期，在严把质量关的基础上如何创新学位授予方式，以此推进毕业生就业工作？经过深入调研毕业生学位论文撰写情况，全面分析可能存在的问题和困难以及疫情发展趋势，经学院党政领导班子研究决定、学院学位委员会讨论通过，所有学位申请、答辩、学位委员会讨论等均采用线上方式进行。所有学位申请材料、送审审批、答辩审批、答辩结论等均通过学位管理系统操作，学位答辩通过腾讯会议等网络平台，以直播的形式进行，每位研究生在视频答辩前均要向学院报备，学院会指派 1 名经验丰富的督导专家全程参与答辩并填写记录表，所有答辩影音资料均由答辩秘书留存并上报学院备案。在召开学位委员会前三天，所有学位申请人的材料均以电子形式发给每一位学位委员审查，提出意见和建议；学位委员会通过网络平台线上组织召开，讨论学位授予并进行电子投票。

由于每位研究生学位论文内容和撰写进度等有所不同，特别增加了学位委员会讨论学位授予的次数，从原来的一个季度一次，改为每两个月一次，增加学位授予机会。同时，为保证学位论文质量，学院对所有硕士学位论文按比例进行抽查盲审，而每篇博士学位论文至少要进行 1 次盲审，每次召开学位会前一个月，所有学位申请人的学位论文均通过学位管理系统发送到校外相关高水平学科所在单位进行盲评。盲评结果若为"修改后答辩"，则敦促学位申请人认真修改一个月，并由学院学位会至少 3 名专家组成审查组，对修改内容进行审查，决定是否同意答辩；盲评结果若为"不同意答辩"，则终止学位申请程序，学位申请人认真修改学位论文，三个月后可再次启动学位申请程序。通过不懈努力，截至目前，学院所有应届硕士毕业生除 3 人外均顺利完成答辩，获得学位，所有博士学位申请者未有一例因为

疫情而耽误学位授予程序，学院研究生就业率在全校排名第四。

三、多措并举成效初现，研究生培养质量常抓不懈

质量是研究生培养的生命线，没有高质量的内涵发展，研究生培养也就无从谈起。疫情的出现既是"危机"，也是"契机"。通过多项举措的实施与不懈努力，学院研究生培养不仅没有因为疫情中断，反而在很多方面提升了质量。

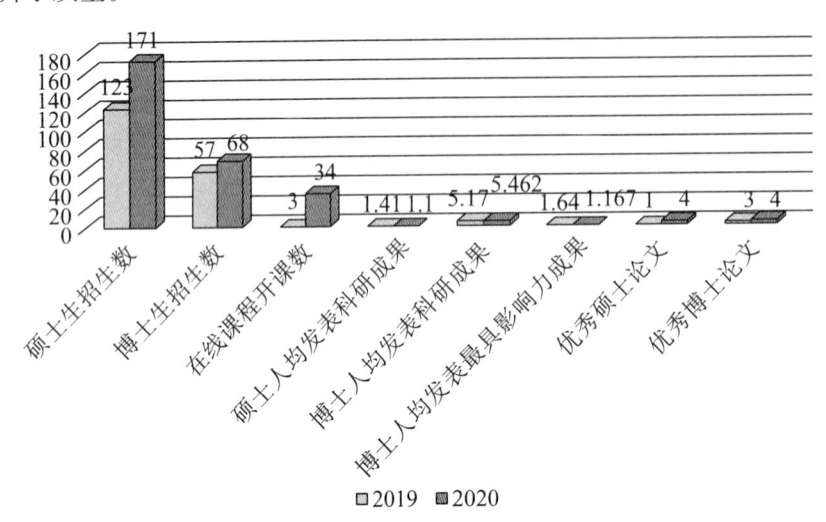

图1 研究生培养质量相关指标比对

如图1所示，在招生方式的创新下，学院研究生招生数量有了大幅增加；研究生在线课程开课率达到100%，实现了质的突破；硕士生、博士生人均发表各项科研成果（含获奖）数与往年持平，而优秀硕士、博士学位论文获得数更是有了显著增加。这些成效不仅说明了学院采取各项措施的正确性和有效性，更为今后研究生培养管理工作提供了参考经验。

参考文献

[1] 黄素雅，龚倍杰. 新冠疫情背景下应届毕业生就业政策分析 [J]. 2020 (17)：209.
[2] 中华人民共和国教育部. 教育部部署教育系统做好新型冠状病毒感染的肺炎疫情防控工作 [EB/OL]. (2020-01-22) [2020-02-10]. http://www.moe.gov.cn/jyb_xwfb/gzdt/s5987/202001/t20200122_416316.html.
[3] 胡亚民. 多措并举，有序推进，"云端"育人出实招 [J]. 中国研究生，2020 (4)：42.
[4] 中华人民共和国教育部. 教育部办公厅关于做好2020年全国硕士研究生复试工作的通知 [EB/OL]. (2020-04-13) [2020-04-13]. http://www.moe.gov.cn/srcsite/A15/moe_778/s3261/202004/t20200414_443281.html.

人才培养

基于用户画像技术的高校研究生协同育人机制研究

李　超　苑　颖　徐建慧　李际鹏　赵　文

（哈尔滨工业大学，哈尔滨 150001）

摘　要：当今世界科技进步日新月异，新一轮科技革命以及由之驱动的产业革命蓬勃发展。大数据、人工智能等新兴技术得到了广泛开发，在不断地以其独有的方式对大家的行为习惯、学习生活、思维方式进行潜移默化的影响改变。将大数据"用户画像"技术应用于研究生协同育人，从破解制约质量提升的瓶颈出发，探索教育教学规律和个人成长成才规律的"数字密码"，以提升研究生教育信息化质量为核心，激发研究生个人潜力，精准引导研究生能力提升，构建高校研究生拔尖创新人才培养协同育人体系，引导研究生教育高质量发展。

关键词：用户画像；大数据；研究生教育；协同育人

第一作者简介：李超，1992年生，男，硕士，助教，主要研究方向为研究生党建与思政教育，邮箱为 hitsuperli@hit.edu.cn。

"用户画像"是指通过构建一种数字化体系，以用户为中心收集产生的各个模块数据，利用统计学、概率学等思维建模分析，有效沟通用户需求与设计方向，在产品运营、增长过程中找到雪球效应的撬动点，最终建立起交互的生态系统闭环。在大数据时代背景下，"用户画像"技术在高校研究生教育中也可以得到广泛应用[1]。研究生个体用户的所有行为信息都隐藏在网络数据矩阵中，对每一名研究生所关联数据的可视化展现，可以简单理解成根据研究生个体用户基本信息、发展目标、日常行为和态度观点的差异，以大量的数据标签将研究生个体标签化，形成一个研究生个体全方位可视化的"用户画像"，通过对比分析不同研究生群体的典型特征，探索其差异点和优化点，推进形成精准供给体系构建，做到建模预测分析、精准引导个性服务[2]。

一、"用户画像"技术对研究生协同育人的现实意义

（一）探究成长规律，精"准"掌握研究生"多元化"生活方式

互联网和人工智能技术使研究生的生活习惯和学习方式不断地迭代变化，从结构单一的线下"物理空间"到多元复杂的线上"数据空间"，微信、知乎、抖音等新时代网络社交媒体和平台，成为高校研究生进行日常沟通交流、互相分享信息、发表意见观点的重要渠道，线下面对面的沟通交流形式逐渐弱化，大数据时代模式以其特殊的传播方式潜移默化地改变着高校研究生的生活学习方式和价值观念塑造，在基本价值观上研究生个体差异大，生活方式和人际交往基本已经形成个性化的模式，通过研究生个体"用户画像"可以掌握新时代研究生在学习科研、心理思想、日常交际、网络行为等各个发展阶段的规律。

（二）激发个体潜能，精"准"探索研究生"订单式"培养模式

目前我国研究生在办学类型、教育类别、学位层次、学位类别、学习形式、招生考试等教育方式上类别繁多，不同类别的研究生在个人年龄、生活阅历、生源地域上有很大跨度，研究生在校园的群体划分也有明显不同，以学科方向、年级班级、党支部、实验室、社团等形式存在，每个人的职业发展方向不同，需要的能力不同，培养方式也不同，研究生教育不可能通过一个模子去打造培养各方面人才。通

过研究生个体"用户画像"可以对研究生进行全方位深度分析,精准探索每一名研究生的个性特点和发展潜力,让学生多维度认识自己,激发自我意识,为学生定制个性化服务,多方面认识自己,得出个性化发展趋势和动态,深入分析研究生发展途径,结合其需求的针对性和实效性,因材施教构建高校研究生拔尖创新人才培养机制[3]。

(三)强化人文关怀,精"准"干预研究生"隐蔽性"心理危机

研究生相对于本科生面临着更重的学业压力,同时还有来自家庭、婚姻、恋爱、社会等多方面的影响因素,他们扮演着多重社会角色,承担着多重社会责任,这种叠加性压力容易带来很多潜在的心理问题,导致研究生个体心理状态紊乱,无法自我调整和排解。而这其中女研究生的压力问题相较于男研究生显得更为突出,不同年级的影响因素也会导致差异化,年级越高压力越大。通过研究生个体"用户画像",全方位采集其生活学习、人际交往、情绪态度、网络行为、日常消费等各类数据,形成个人动态矩阵,建立心理危机预警模型,能够及时了解其困难需求,做到精准识别研究生个人状态变化,从庞大复杂且低价值密度的数据中,筛选出有价值的信息,从而提高危机干预的预见性和准确性。

二、研究生协同育人的"用户画像"系统构建策略

(一)"用户画像"系统的个体数据采集方式

用户画像技术的基本点是全方位收集研究生个体的各个模块的数据,数据主要分为研究生主体数据和客体数据两部分。学生主体数据包括基本信息及调查数据、线下活动轨迹数据以及线上行为数据四部分,客体数据则指的是辅导员及导师等对某一学生客观评定的数据。在这些数据中,基本信息包含性别、年龄、体重、身高、生源、家庭背景等,调研数据是通过对研究生直接的各类调研所得到,线上行为数据和线下活动轨迹数据的收集主要依赖于智慧校园的网络平台建设、校园一卡通、全覆盖无线网络、智慧课堂、摄像头和打卡机等物联网设备的大量布设[4]。整体数据库的收集设计业务系统庞大,需要学校各个职能部门与教职工协同配合。

(二)"用户画像"系统的精准模型构建

精准模型构建需要将数据库矩阵传输进入综合服务云平台进行用户的精准识别,这也是整个系统的技术关键点。平台在规则引擎的驱动下,通过对数据矩阵进行整合分析筛选的预处理,对用户的主客体数据进行降噪和结构处理,之后利用人工智能、无监督学习等方式对结构化的数据进行深度挖掘,并将挖掘结果进行输出和存储。输出的结果得到综合量化指标和可视化模型,即为某个研究生个体的"用户画像",得出研究生静态和动态特征发展趋势,建立系统化的标签,实现了该个体的需求分析。

(三)"用户画像"系统的精准供给应用

根据综合服务云平台输出的结果,对不同需求的个体进行精准服务,包括思想引领、学业支持、就业辅导等。供给工作结束后,要进行服务评估与反馈,并将反馈数据再次回传给综合服务云平台,对构建的个体模型进行修正。基于此研究生个体"用户画像",全方位分析研究生个体特征,充分结合国家重大战略需求和世界科技发展前沿要求,深入探寻教育规律的理论研究,精准对接个体成长成才需求,做好目标与需求的供给侧改革,科学论证制定个体培养方案,提高教育教学信息化科技水平,进一步完善一流的培养体系,全面推进研究生教育高质量发展[5]。

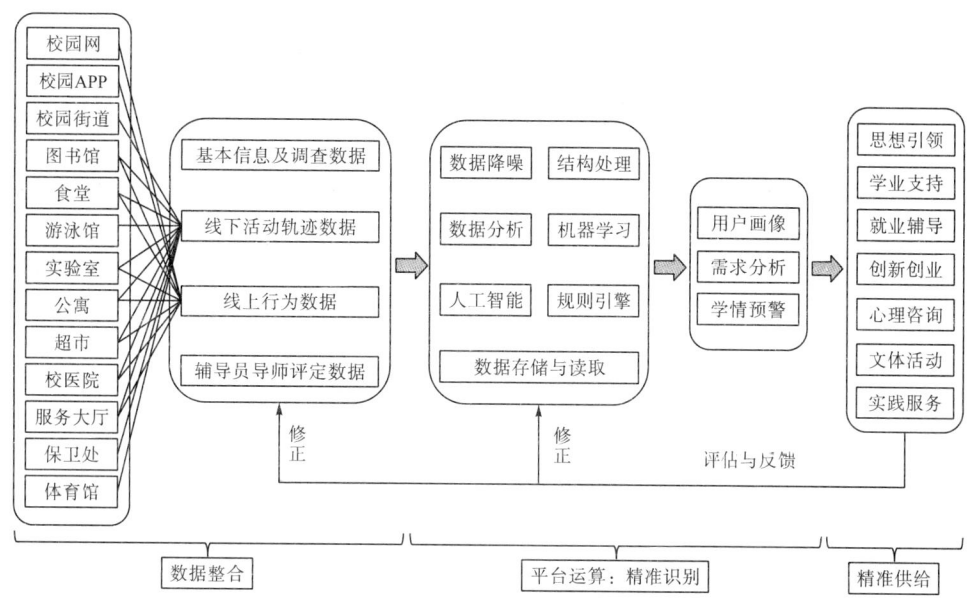

图 1 研究生协同育人的"用户画像"系统构建策略

三、研究生协同育人重点实施方案

（一）点面结合，凝聚关键队伍，构建全员育人"强大合力"

新时代研究生育人机制需要根据时代和技术变化不断实践发展，推进构建"三全育人"体制机制，其核心是"人"、根本是"育"、关键是"全"、基本是"合"。结合"用户画像"系统，建立学生、导师、辅导员、学校和社会共同积极参与的研究生协同培养新机制，全面加强研究生导师队伍建设，打造一流的导师队伍，通过信息化系统建立以研究生导师和辅导员为主体，学生骨干、学生兼职辅导员、专业教师兼职辅导员、学科带头人为辅的育人团队，通过"大师＋团队"的模式，鼓励科教融合，积极推动优秀科研教师和科研实验室团队在研究生教育中发挥更大作用。从沟通联络机制、评价监督机制、培训提升机制、荣誉激励机制以及新途径等方面入手，充分剖析研究生各个育人队伍的各自特点，实现优势互补机制，达成育人理念的共识，实现育人资源共享，进而促进育人新格局发挥最大合力。

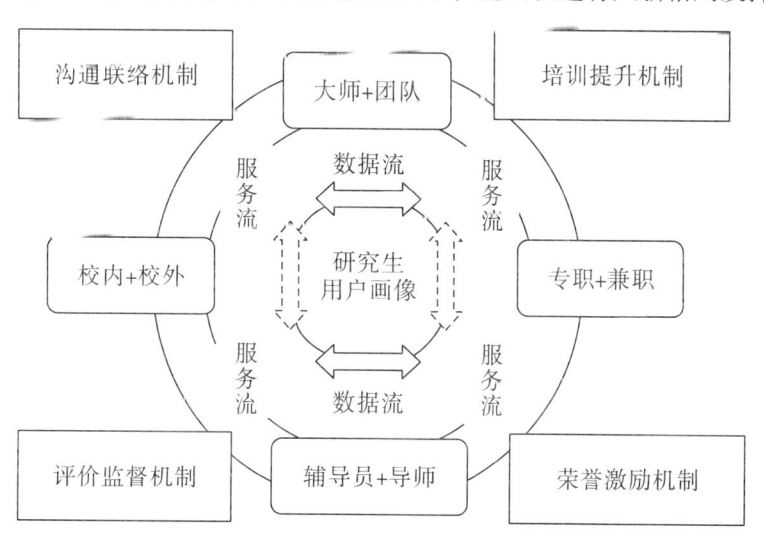

图 2 基于"用户画像"的全员育人机制

（二）始终贯穿，抓住关键环节，构建全过程育人"完整链条"

从研究生个体"用户画像"的数据视角，依靠客观分析的数据证据对研究生实行现代化管理模式，在研究生入学、选课、考试、开题、中期、答辩等各个关键环节方向选择上，综合分析影响发展的因素、预测研究生发展方向趋势，持续提供更加科学有理、全面客观、智能分析的管理与决策服务。深入推进"本研一体化"教育教学改革，构建领先的本硕博贯穿的人才培养模式，完善"订单式"教育模式，实现"个性化"管理方式，做好"针对性"服务形式，构建"多元化"评价体系，以全过程数据分析为基础，形成研究生的综合评价策略，最大限度地激发和释放各类人才活力，让人才放开手脚创新创造，把学生教育管理和学习生活纳入教育教学、行政管理、学生服务全过程，实现本硕博一体化衔接贯穿，建立荣誉体系、分类培养体系，通过优中选优、个性定制、高端课程、科研实训等，在各个成长成才的关键环节因人施策精准助力，畅通学生成长发展通道。

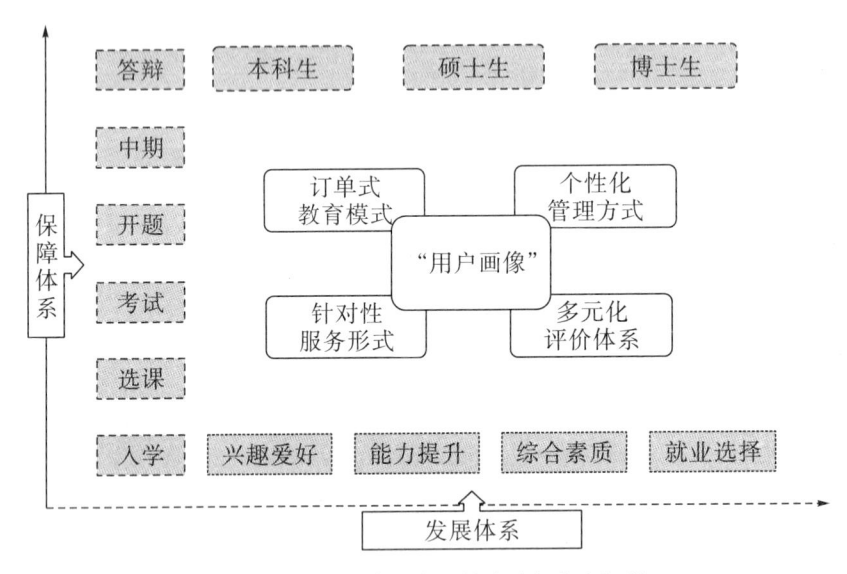

图3 基于"用户画像"的全过程育人机制

（三）内外兼修，搭建关键平台，形成全方位育人"良好局面"

通过研究生"用户画像"系统将新时代人才需求、服务国家战略需求和研究生成长成才需求对标对表，精准搭建多层次、多渠道、全方位人才培养的教育平台。打破学科壁垒，实施科教深度融合，积极打造学术微沙龙、博士生学生论坛等特色鲜明、学科交叉的高层次人才培养平台，促进研究生学科交叉交流；搭建多元立体化双创平台，激发创新创业热情，提升创新能力；拓宽合作交流合作新机制，完善国际化课程体系，不断提升研究生国际竞争力；打造协同育人示范基地，与重点企业和科研机构合作，按照订单式培养模式，加快校企深度合作，建立校企命运共同体，对接社会需求。通过智慧数字校园系统、网络学习空间、智能管理服务模式，为研究生提供丰富的教育资源与发展途径，为研究生分类培养和内涵式发展提供有力的软硬件环境保障，进而调动研究生科学研究和能力提升的自主性与主动性，打造一流人才培养新范式，致力于培养学术大师、工程巨匠、业界领袖和治国栋梁，培养一专多能、功夫独到、素质全面、引领未来发展的高层次人才。

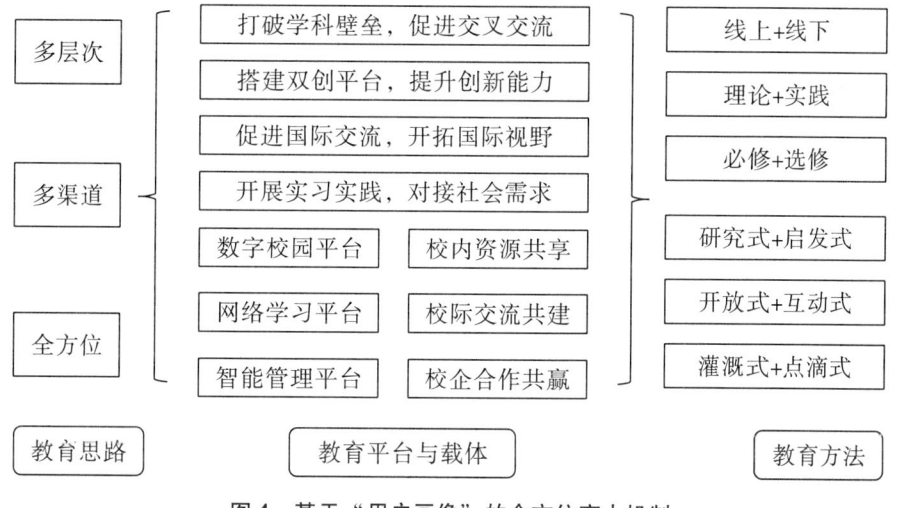

图 4　基于"用户画像"的全方位育人机制

四、结语

实现高校研究生教育的治理体系和治理能力现代化是新形势下推进研究生教育内涵式发展、提升研究生综合实力的内在需求，通过研究生个体"用户画像"技术，将大数据、人工智能与研究生教育教学深度交叉融合，逐步完善改进传统研究生教育教学的策略模式和内容方法，推动研究生教育教学体系的结构重组、流程再造和文化重构，激发实质性深层次系统性变革的内生力量，大幅度加强对教育改革发展的推动作用，进而开启智能时代教育新起点，为建设社会主义现代化强国提供更坚实的人才支撑。

参考文献

[1] 于方，刘延申. 大数据画像——实现高等教育"依数治理"的有效路径[J]. 江苏高教，2019（3）：50-57.
[2] 陈锦辉. 基于数据挖掘技术的高校学生用户画像系统设计与实现[D]. 广州：华南理工大学，2019.
[3] 舒永久，李林玲. 高等教育治理体系现代化：逻辑、困境及路径[J]. 现代教育管理，2020（6）：1-6.
[4] 杨浩. 高校学生画像系统的设计与实现[D]. 北京：北京邮电大学，2019.
[5] 张枝实. 教育信息化2.0：大数据驱动教育现代化的实践研究[J]. 成人教育，2020，40（6）：17-20.

高校学术学位研究生课程体系研究与探索

黄 瑶 黄 云 刘 立

(四川大学研究生院，成都 610065)

摘 要：课程体系作为研究生培养方案的主要载体，一直都是研究生教育综合改革的关键点。科学先进的课程体系能够促进研究生培养质量的提升。因此，各高校都极为重视课程体系中课程内容、课程结构和课程管理的建设。为探索构建科学、合理的研究生课程体系，我们借鉴了几所高校的先进改革经验，同时也根据我校研究生教育现状及学科特点，分别从强化制度建设、优化课程结构、淘汰"僵尸"课程和丰富课程类型、打造一批研究生公共选修课程、设立严格的课程审查机制、开展一系列研究生培养教育创新改革项目等方面，对研究生课程体系改革进行了探索实践。

关键词：课程体系；研究生教育；课程建设；教学改革

基金项目：本文获四川省2018—2020年高等教育人才培养质量和教学改革项目资助，项目编号：JG2018-18。

课程体系是研究生培养的主要载体，是学术学位研究生培养方案的灵魂。课程体系中的课程相互关联，为研究生夯实专业基础、递进课程内容、提升综合素质、开阔国际视野起到了关键作用。但是长期以来，有些高校存在"重科研轻教学，重学科轻育人，不注重课程体系的过程性监督管理"的问题，忽略了研究生课程建设的重要性。另外，封闭滞后的课程体系设置，制约了研究生科研创新能力的提高和国际视野的开阔，在建设世界一流大学的背景下，我们迫切需要改变这种现状。2013年3月，教育部、国家发展改革委、财政部联合出台了《关于深化研究生教育改革的意见》；2014年12月，教育部出台了《关于改进和加强研究生课程建设的意见》，指明了研究生教育内涵式发展的方向。

为了构建更科学、合理的研究生课程体系，我们对一些国内高校的先进改革经验进行了归纳和总结。浙江大学深入剖析了研究生课程的基本特征，全面重塑和优化了研究生课程体系，以示范性课程、核心课程、全英文课程为三个体系，建设了一批体现研究生教学特色的研究型、国际化课程[1]；清华大学的经验说明，完整的课程体系对研究生学术能力的持续成长具有重要意义，他们从关注人才培养全过程的角度，不仅重视资格考试、开题报告、学位论文等环节，还以检验课程设置与学习成效是否符合各类研究生的不同培养目标为出发点，通过跨学科开展工作，围绕公共课、专业课、国际化课程、课程体系和教学模式等五个专题深入研究，建设了一套高质量、有挑战性的研究生课程体系；南京大学的课程体系建设工作围绕更新课程理念、加强课程开发、优化课程结构、改革课程内容和强化课程管理展开，确立了研究生课程的重要地位，健全课程开发机制，实现硕-博课程一体化，促进了研究生的自主、合作和研究性学习[2]。吉林大学以"明确目标定位、优化课程结构、丰富课程类型、凝练课程内容、强化课程实施、健全评价机制"等手段，通盘考虑了课程体系构成要素之间的关联和作用，借鉴同类优秀学科的成功经验，建设了一套具有其自身特色的高水平学术学位研究生课程体系[3]。

各高校都非常重视课程体系中课程内容、课程结构和课程管理的建设，在借鉴其他高校的先进改革经验，并保留了四川大学的研究生教育现状及固有学科特点的基础上，我校于2015年启动了学术学位研究生培养方案的课程体系建设优化工作，并于2017年正式启用优化后的培养方案和课程体系。本次建设的基本原则是遵循研究生教育规律，创新人才培养模式，改革研究生培养机制，按照"高水平、前瞻性、国际化"的总体要求，建立学术学位和专业学位研究生分类培养体系和质量保障体系，分别从强化制度建设、优化课程结构、淘汰"僵尸"课程和丰富课程类型、打造一批研究生公共选修课程、设立严格的课程审查机制、开展一系列研究生培养教育创新改革项目等方面进行了改革。

一、强化制度建设，调动二级培养单位的主动性和积极性

我校对研究生课程体系建设高度重视，始终把优化课程体系作为重要工作内容，由研究生院牵头，制定课程体系建设基本要求。各研究生培养单位主管领导和分管研究生教学的领导负责，组织相关学科点进行建设；鼓励各二级单位对国内外本学科或相近学科的培养体系进行调研，与国际和国内一流学科（国外不少于二个，国内不少于三个）的研究生培养方案进行比较和分析，并撰写对比分析报告，以此对学科点课程体系建设提供借鉴和引导。学校提供相应的调研经费支持各研究生培养单位与外单位交流学习。

二、优化课程结构，提倡跨学科、跨层次选修课程

按照一级学科原则设计研究生课程体系，打通硕、博阶段课程，通过课程代码的递进性来体现课程的层次性，构建硕博贯通的学术学位研究生一级学科课程体系。研究生课程分为必修课、选修课和必修环节三类。其中必修课包含公共必修课，一级学科平台课；选修课包含公共选修课和各二级学科选修课；必修环节包含学术交流活动，研究生综合素质系列课程。对于一级学科平台课程，部分一级学科进行了学分选修限定（这些一级学科下包含的二级学科较多，难以提炼出公共平台课程），而对于专业选修课，除了少部分学科有学分选修限定外，大部分学科对专业选修课没有学分选修限定，为研究生跨专业、跨学科选修课程提供了便利。通过对美英日德研究生教育体系的学习和研究，我们发现这些国家都极为重视研究生的基础课程建设，且授课形式多样，授课内容国际化，课程设置灵活[4]。为了适应当今时代学科间相互交叉、渗透的大环境，我校大力推进不同培养层次、不同一级和二级学科的互选模式（原则上其他层次和学科的课程可作为本学科的选修课程并计入总学分），为研究生跨学科、跨层次选修课程扫清了障碍。

三、淘汰"僵尸"课程，优化课程内容，丰富课程类型

多年以来，我校的研究生课程体系都是按照二级学科来设置，各二级学科为了丰富本学科的课程内容和种类，设置了大量的课程，有些课程因为相关教师调动或退休以后，长期无法开课，导致出现了不少"僵尸"课程；此外，有些学科因为开课的教师少，不同学科的课程往往整合到一起上课，这就导致研究生课程的授课形式不规范。本着按需设课的原则，我们淘汰了多年未开课的"僵尸课程"，整合内容相近的课程，尽量避免不同课程内容或名称相近，不同层次的课程内容重叠。按一级学科设置课程体系，可以淡化二级学科的界限，整合一级学科范围的课程内容，按照本学科的发展趋势，科学准确地提炼出研究生应掌握的一级学科范围内的基础理论课，以及二级学科范围内的专业课。同时，鼓励增加学科前沿类、研究方法类、交叉学科类课程和全英文课程的设置，创新研究生课程的授课方式，丰富研究生的课程内容。

四、打造一批研究生公共选修课程

根据2020年教育部《高等学校课程思政建设指导纲要》文件精神，我校积极宣传，利用学科门类齐全的优势，目前已新增一批提高研究生思想道德修养、人文素质、科学精神和认知能力的研究生公共选修课程，包括传染病突发公共卫生事件的预防与控制、灾难医学救援、实验室安全与应急技能、文学研究、文献检索、工程管理概论、工程技术前沿等内容，同时打造了一批有特色的体育和美育类课程，包括网球、散打、太极、篮球和美育学等课程。这批研究生公共选修课程将在2020年秋季学期陆续开

课，极大丰富了研究生课程类型，有助于提升研究生综合素质。

五、建立严格的课程审查机制，加强课程学习的过程管理

建立新开设课程申报、审批机制，每年审查已开设课程。科学制定课程开设标准，从开课意义、课程目标、适用对象、教学内容、选用教材及主要参考资料、任课教师水平等方面进行全面审核，严格按标准和各学科专业人才培养的需要审查课程，杜绝"因人设课现象"。对已开设课程的开设情况和教学效果进行追踪，对无法适应教学需要的课程进行淘汰，对教学质量不达标的课程进行整改或停开。连续三年未开设的课程将被停开，2020年首轮"三年未开设课程"审核中，全校停开课程上百门。通过严格的课程审查机制，及时清理课程设置中存在的"僵尸课程"，有效遏制"因人设课现象"，从而保证了培养方案高效执行。

重视和加强课程学习的过程考核，将课程考核成绩分散设置到课程学习的各个阶段，增加平时考核的成绩比重，减少期末考试成绩所占比重。改革原有的"单一考核"方式，代以笔试、口试、撰写课程论文、调查报告、实践报告等多样化的考核方式。将课程教学过程中的讨论发言、实验、作业进行记录等，作为衡量研究生课程学习效果的重要指标，使研究生能够在课程学习过程中一直保持高度的参与性和积极性，对每一门课程都要足够专注才能通过并取得好成绩。

六、开展一系列研究生培养教育创新改革项目

（一）开展研究生课程建设工作，建设了一批研究生精品课程

为了充分调动教师从事研究生教学的积极性，更好地发挥课程学习在研究生培养中的作用，切实转变只重科研忽视课程的实际倾向，提高研究生培养质量，我校已申请成为教育部研究生课程建设试点单位。我校分五批开展了研究生课程建设工作，按照学术学位研究生教材、学术学位研究生全英文课程、全英文专业、学术学位研究生示范课程和高水平国际化课程五类分别进行了建设。五年来共计支持研究生教材建设92项，研究生示范课程40项，全英文课程35项，建设全英文专业3个，高水平国际化课程33项；同时，考虑到研究生培养管理质量和水平直接影响着研究生课程教学质量，为鼓励我校研究生管理人员更好地开展研究生课程管理工作相关研究，提升研究生管理服务水平，我校于2017年设立了研究生课程管理研究项目，目前共批准建立49项。通过这些举措，大大丰富了研究生的授课课程类型和授课形式。

（二）推动研究生教育教学改革项目和课程思政项目建设工作

为了将研究生教学成果与下一届"高等教育教学成果奖"项目孵化培育相结合，2018年和2019年我校开展了两批次研究生教育教学改革项目的建设工作：2018年立项40项（其中4项省级重点项目，11项省级一般项目，25项校级项目），2019年立项69项校级项目。为深入贯彻落实习近平总书记关于教育的重要论述和全国教育大会精神，把思想政治教育贯穿人才培养体系，全面推进高校课程思政建设，充分发挥课堂教学在研究生思想政治教育中的主导作用，健全"全员全过程全方位"育人机制，2019年开始我校开展了"研究生课程思政建设"项目，目前共立项56项。通过项目以点带面，带动了我校研究生指导教师、任课教师和管理人员积极探索研究生教育发展规律，旨在促进高等教育内涵式发展，提高我校研究生培养质量。

（三）建设一批精品示范在线课程

在线开放课程主要包括大规模在线开放课程（Massive Open Online Courses，即MOOC）、小规模限

制性在线课程（Small Private Online Courses，即 SPOC）以及其他形式的在线开放课程。2019 年末，我校着手打造一批精品示范在线课程，目前已立项 22 项。通过在线开放课程建设切实推进信息技术与教育教学深度融合，推动教学模式与方法改革，加快优质教育教学资源的应用与共享，不断提升课堂教学质量。

我校新课程体系已实行三年，新体系的科学性和系统性得到了师生们的普遍认可，完善的研究生管理信息系统和智慧服务平台也为研究生教育管理提供了便利。但是，研究生教育管理任重而道远，最终目标是实现研究生教育的内涵式发展。路漫漫其修远兮，在今后的工作中，我校将会持续优化研究生课程体系，严格审查新开课程，注重课程体系的过程性监督管理以及形成并完善符合我校校情的多元化、多渠道的课程评价体系，为研究生培养质量提升保驾护航。

参考文献

[1] 章丽萍，赵张耀，徐敏娜，叶恭银. 研究生课程体系的重塑与优化——浙江大学研究生课程建设的思考与实践[J]. 学位与研究生教育，2013（6），39-41.

[2] 汪霞，卞清，孙俊华. 论学术学位研究生课程体系建设[J]. 学位与研究生教育，2015（10），30-34.

[3] 胡春平，刘一心，郝永亮，马淑艳. 学术学位研究生课程体系建设的思考与实践——以吉林大学为例[J]. 学位与研究生教育，2016（9），56-60.

[4] 粟莉，郎爽. 研究生课程体系建设——美英日德研究生教育经验的启示[J]. 长治学院学报，2014，83-86.

创新人才培养视角下研究生实践育人体系研究

徐建慧 苑 颖 李际鹏 李 超 赵 文

（哈尔滨工业大学研究生工作部，哈尔滨 150001）

摘 要：实践育人在高校研究生培养中的地位日益突显，随着研究生教育综合改革的不断推进，研究生创新实践能力的培养对提升研究生教育质量起着至关重要的作用。本文从研究生实践育人的内涵出发，对国内各高校研究生实践育人情况进行调研，发现各高校实践育人工作取得一定成效，但仍有不足之处。本文从加强顶层设计、推进"教学联动"、构建育人共同体、强化组织保障等方面提出建议，以期进一步完善研究生实践育人体系，助力提升研究生创新人才培养质量。

关键词：创新人才培养；研究生；实践育人体系

第一作者简介：徐建慧，1984年生，男，硕士，讲师，研究方向为党建与思想政治教育，邮箱为 xujianhui@hit.edu.cn。

资助项目：哈尔滨工业大学教育教学改革研究项目（编号 XJZ2020028）。

教育是国之大计、党之大计。党的十八大以来，党中央高度重视研究生教育，习近平总书记对研究生教育工作做出重要指示，强调研究生教育在培养创新人才、提高创新能力、服务经济社会发展、推进国家治理体系和治理能力现代化方面具有重要作用。李克强总理指出，研究生教育肩负着高层次人才培养和创新创造的重要使命，是国家发展、社会进步的重要基石，要着力增强研究生实践能力、创新能力，为建设社会主义现代化强国提供更坚实的人才支撑。实践育人遵循马克思主义教育观和党的教育方针，是"十大"育人体系的重要组成部分，是立德树人的强基固本，是"三全育人"的同频共振[1]，也是研究生创新人才培养的重要组成部分，是深化研究生教育改革、提升研究生培养质量的重要途径。在新形势下，如何进一步完善研究生实践育人体系，实现实践教育与专业培养之间有机融合，更好地助力研究生人才培养质量提升，成为当前的重要课题。

一、研究生实践育人的内涵

康德从哲学的高度把教育分为"自然的教育"和"实践的教育"[2]。研究生教育作为国民教育体系的顶端，除了要有"自然的教育"属性外，还要担负起"实践的教育"的使命。国家对此也有明确要求，教育部在《关于进一步加强和改进研究生思想政治教育的若干意见》中指出，要强化研究生实践教育环节，将社会实践纳入研究生培养方案，作为研究生培养的必要环节。教育部、国家发改委、财政部在《关于深化研究生教育改革的意见》中也指出，研究生教育要更加突出服务经济社会发展，更加突出创新精神和实践能力培养，更加突出科教结合和产学结合。研究生实践育人工作不是简单地完成教学培养计划中某一特定环节，而是要将其纳入人才培养的整个过程，全面落实立德树人根本任务，以提升研究生教育质量为核心，通过理论教育与实践养成相结合，加强学生对知识的深度理解，有效提高学生的动手操作能力，让学生在亲身参与中认识国情、了解社会、受教育、长才干，不断增强学生的社会责任感，树立家国情怀，培养具有研究和创新能力的高层次人才，为坚持和发展中国特色社会主义、实现中华民族伟大复兴的中国梦做出贡献。实践的形式可以是社会调查、生产劳动、社会公益、志愿服务、科技发明、勤工助学、创新创业等。

二、研究生实践育人的现状

本文通过对国内多所高校的调研，围绕实践育人情况，整理分析各高校的特色工作。北京大学坚持"三实"和"三专"，着力在社会实践的选题和学术支持上下功夫，通过价值引领和学术导向强化实践育人效果；清华大学把社会实践作为研究生培养的必修环节纳入教学计划，努力实现人才培养和社会服务职能的融合，强化社会实践与思想教育、服务社会、专业学习、就业选择相结合，增强研究生社会实践育人效果；复旦大学结合学习宣讲、国情教育和服务社会，不断提升实践育人质量，同时聚焦全球治理人才培养，形成了"课程—实习—任职"的培养链条和"研究—交流—合作"的工作链条；上海交通大学把通识教育和宽口径专业教育有机结合起来，协调多方育人资源，开设《新时代社会认知实践》课程，将社会实践学分化；南京大学在人才培养的过程中，始终强调实践育人、服务社会的价值导向，以课程体系设置、实践基地建设、评价标准规范为重点，增强研究生服务国家服务人民的社会责任感、勇于探索的创新精神和善于解决实际问题的能力，构建学校—院系—导师多角度特色化实践创新模式[3]；浙江大学将实践育人作为"知识、能力、素质、人格"四位一体人才培养体系中的重要组成部分，逐步构建了"以思想引领为工作主线，以两大品牌为工作重点，以三大平台为工作支撑，以四大保障为工作后盾"的工作体系；西安交通大学坚持将实践育人工作放到卓越人才培养的重要位置，围绕中心、搭建平台、突出重点、务求实效，帮助学生树立正确的"三观"，推动实践育人工作新发展；大连理工大学聚焦实践育人，注重多部门联动，协调多方资源，发挥全员全过程全方位育人作用，构建第一课堂和第二课堂相结合的育人模式；同济大学实行"一二课堂联动、校院两级互动、师生共同参与、学习实践结合、学校社会合作育人"的实践育人机制；哈尔滨工业大学强化顶层设计、协同育人资源、完善保障机制，将社会实践确定为研究生培养的必修环节，出台一系列文件制度，规范实践育人工作体系，教育引导研究生将个人发展同国家和民族的前途命运紧密联系在一起。

可以看到，各个高校对于研究生实践育人工作都已形成了自己的模式，也都卓有成效，但是在调研中我们也发现部分高校的实践育人模式陈旧落后，没有充分结合研究生的培养年限、科研任务重等特点，多停留在参观考察、调查访谈等浅层次、易开展的传统活动设计层面，很难有效激发学生的创新创造意识和主动思考的兴趣，存在重形式轻内涵的现象[4]。

三、完善研究生实践育人体系的建议

（一）加强研究生实践育人的顶层设计

各高校要把实践育人作为研究生创新人才培养中的重要环节进行设计，压实压紧实践育人的责任，不断拓展实践育人的内容，优化实践育人的考核指标，提升实践育人的计划性、科学性、针对性[5]，将研究生实践育人贯穿创新人才培养全过程，提升研究生培养的质量。在研究生的培养过程中，要把实践活动作为一次生动的思想政治教育。要强化理论武装，将习近平新时代中国特色社会主义思想全面融入研究生实践育人的内容设计中，"自上而下"全链条武装头脑、指导实践。要厚植家国情怀，引领学生到航天国防去、到祖国最需要的地方去，发挥榜样示范作用，设置校、院、支部三级榜样库，从中按需遴选组合出各类研究生先进事迹报告团，对学生进行全方位的宣讲活动。要深度挖掘各类精神资源，举办各类主题教育活动，潜移默化地影响和熏陶每一位研究生，引导学生为坚持和发展中国特色社会主义、实现中华民族伟大复兴的中国梦做出贡献。

（二）推进研究生实践育人的"教学联动"

针对研究生培养过程中实践育人理论知识的需求，强化第一课堂与第二课堂的协同，如图1所示。

要加强学生工作队伍与专业教师的深入融合，可以定期组织教学研讨和学术交流，以达到教学内容上的一致。着力构建实践育人的教学体系，因地制宜设计教学方案，在内容上要深入贯彻习近平新时代中国特色社会主义思想，在表现形式上，可以通过微视频、微公益、微调研等促进学生主动思考的方式，帮助学生了解党史国情，不断增强"四个意识"、坚定"四个自信"、做到"两个维护"，真正把实践育人的小课堂同社会的大课堂结合起来。

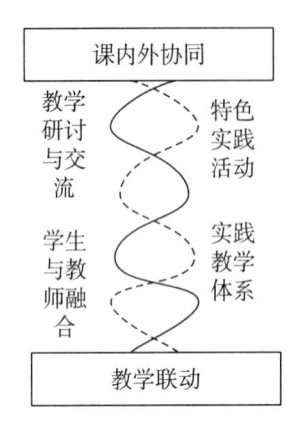

图1 研究生实践育人的"教学联动"

（三）构建研究生实践育人的共同体

实践育人强调知识与实践结合，在实践中领悟和重构教学内容。因此，各高校要发挥学科优势，加大校地合作的力度，与地方签订合作协议，进一步明确职责、完善机制、规范实践内容，创建志愿服务、创新创业、社会实践等协同育人基地，如图2所示。一是搭建矢志报国的事业平台。充分发挥学校学科优势，构建拔尖创新的实践平台，将国家重大课题分解成为"磨刀""练兵"的研究生实践课题，让学生在"真刀实枪"中练就过硬本领。二是搭建丰富多彩的社会实践平台。走访红色教育基地，开展理想信念和爱国主义教育，推进研究生进企业实习锻炼，提前融入社会，拓宽国际视野，组织"一带一路"海外社会实践。三是打造激扬青春的创新创业平台，坚持产学研密切联动、创新创业要素不分散、学生学业创业不分离的原则，建立课程、实践、平台、保障"四位一体"的双创实践体系。依托校友创业导师，开展"创业家讲堂""导师面对面"等培训指导，通过投资孵化、产业合作，打造开放共享、互生共赢的双创生态圈。

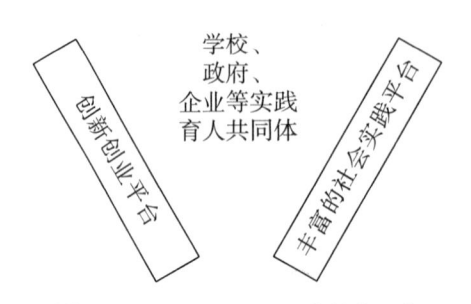

图2 构建研究生实践育人的共同体

（四）强化研究生实践育人的组织保障

实践育人是一项系统工程，需要多部门协调联动，统筹安排、科学管理、抓好落实。一是要继续完善规章制度，进一步明确研究生实践育人的目标与任务、内容与形式、组织与管理等，推进实践与思想教育、专业学习、就业择业和服务社会相结合。二是强化实践指导。规范过程管理，做到在实践中有计划、有记录、有思考。建立"全过程、全方位、全员"的研究生实践长效机制，将普遍培训与重点指导相结合，线上指导和线下培训相结合，充分发挥研究生导师在实践育人中的重要作用。三是加强评价考核，要按照"实践性""服务性"及"创新性"要求，对实践团队和个人进行多个维度的评价。组织研究生在学校、学院和班级逐级分享实践成果和感悟，选树典型人物，通过网络、报告会等形式在校内外进行广泛宣传，扩大社会实践成果的影响，辐射更多学生。

扎实有效开展实践育人工作是提升研究生人才培养质量的重要途径，未来还有很长一段路要走。各高校要深入学习贯彻习近平总书记关于研究生教育的重要指示精神，全面贯彻党的教育方针，紧扣立德树人根本任务，进一步完善实践育人体系，健全育人机制，协调多方资源，切实提高实践育人的针对性和时效性，为党和国家事业培养造就大批德才兼备的高层次人才。

参考文献

[1] 谈传生. 高校实践育人机制创新研究［J］. 学校党建与思想教育，2019（24）：61-63.
[2] 李丽. 康德教育哲学形成的内在逻辑［J］. 现代教育论丛，2017（6）：14-22.
[3] 周玥，王洪涛. 立德树人　内涵发展——南京大学研究生教育综合改革中的科研与实践育人模式创新［J］. 中国研究生，2018（11）：13-17.
[4] 张家玮. 打通高校实践育人"最后一公里"［J］. 内蒙古教育，2019（21）：1.
[5] 吴秋凤，王慧. 新时代高校实践育人模式多案例分析及启示［J］. 湖北经济学院学报（人文社会科学版），2020，17（5）：115-117.

和谐导学关系的构建及其对研究生成长的影响

陈阳梅　任培培　韩纪锋

（四川大学原子核科学技术研究所，成都 610065）

摘　要：研究生教育是高等教育的重要组成部分，而导学关系在研究生培养过程中占据重要地位，对研究生培养质量有着重大影响。正确认识研究生与导师之间的关系，以科学发展的理念，建立以研究生为主体的新型导学关系有助于实现人才培养的目标。当前我国研究生培养中存在个别的导学关系异化现象，给导师与研究生造成了诸多困扰，甚至对研究生成长造成了负面影响。追溯导学关系异化的根源并建立应对策略，可促进和谐导学关系的形成，提高研究生的培养质量。

关键词：导师；研究生；导学关系；研究生成长

第一作者简介：陈阳梅，1988 年生，女，博士，研究方向为研究生教务，邮箱为 chenyangmei@scu.edu.cn。

高等教育的快速发展为我国经济增长方式转变、经济结构战略性调整和国家现代化建设提供了重要的人才支撑。研究生教育是我国高等教育体系的重要组成部分，在我国教育结构和人才培养体系中居于最高层次。2017 年教育部颁发了《学位与研究生教育发函"十三五"规划》[1]，强调当前高等教育需继续提高研究生质量，培养富有创新精神和实践能力的高素质人才，创造新的人才竞争优势进而激发国家发展源动力。高质量的研究生教育需要研究生具备更强的学习能力和创新精神，而这些能力和精神的培养离不开导师的指导。因此，导学关系是影响研究生培养的重要因素。如何正确认识、分析导学关系及其异化原因，并建立相应应对策略，是高校、导师以及研究生协同构建和谐导学关系，提高研究生培养质量的重点和难点。

一、和谐导学关系的构建

在研究生培养过程中，研究生与导师的关系融洽与否，会在很大程度上影响研究生的生活学习和心理健康状况。构建和谐的导学关系不仅有助于提高研究生培养质量，同时也有利于研究生的身心健康。通过对异化的导学关系类型以及相关应对策略的分析，我们认为可以从研究生培养机制、导师考核奖惩机制以及研究生申诉反馈机制三个方面着手，构建和谐导学关系。

（一）优化研究生培养机制

首先，做好研究生选拔工作。基于学生意愿、导师需求以及学校要求选拔出具有专业背景以及对科研具有浓厚兴趣的研究生。其次，注重研究生的过程管理。导师对研究生的培养也要有"因地制宜""因材施教"的理念，根据研究生的专业背景以及兴趣方向，合理分配研究课题以激发他们最大的科研潜能。最后，严格把关研究生分流。建立科学公正的课程学习综合考核制度，遴选出学业优秀以及潜心科研的学生，对于不适宜继续攻读的研究生进行合理分流和淘汰。

（二）健全导师管理与考核机制

一是健全导师管理机制。在导学关系中导师始终占据主导地位，导师的个人品行对导学关系有着重要影响。因此，为了保障研究生培养质量，必须加强对导师的管理。首先要明确导师职责，即明确落实导师在研究生科研、生活、就业以及思政教育等方面的工作责任；其次加强研究生导师的德育教育；最后，对导师开展管理与心理辅导培训，确保导师能够学习管理研究生的技巧，科学管理研究生，同时通过心理学相关培训使其能够对研究生进行心理指导。二是完善导师考核奖励机制。学校应该将师风师德并入考核机制，通过对导师的研究生培养以及科研工作的考核，给予一定的奖惩。对于那些师德败坏的导师予以法律制裁，同时对于精力以及科研能力不足的导师也要进行合理的约束与惩罚。

（三）完善反馈申诉机制

一是搭建反馈交流平台。导师可通过相应的反馈平台将在研究生培养过程中遇到的导学相关问题反馈给学校，以便学校及时采取应对策略，及时消除因导学关系造成的隐患问题。同时，研究生可通过相应平台将自己与导师沟通中遇到的困难和障碍反馈给学校，也可以通过平台获得更多与导师沟通交流的技巧。二是完善申诉机制。在我们目前的导学关系中，导师仍然是占据主体地位，而学生处于弱势群体。因此，学校要健全研究生的申诉机制，及时为研究生在遇到不合理待遇时提供申诉渠道，维护其自身权益。通过这些机制与平台，激励导师重视导学关系，同时也引导学生自觉维护好导学关系，以营造良好的科研学术氛围，有效提高研究生培养质量。

二、和谐导学关系对研究生成长发展的影响

在研究生学习过程中，导学关系是否融洽对于他们在生活、学习、科研以及身心健康等方面都有重大的影响。

良好导学关系可有效提高科研效率。良好的导学关系能够促使研究生与导师进行有效的沟通与交流，提高学生的学习主动性；同时也有相关研究指出，良好的导学关系氛围能够有效提升导师在指导学生学习科研方法与技能、帮助学生处理学术难题以及支持学生获取学术与资源等方面的积极性[7]。导师积极性的提升也会促进学生的科研主动性与积极性，使其主动花费更多的时间与精力投入科研，进而有效提高科研效率。

良好的导学关系可以缓解研究生心理压力，有利于研究生的身心健康。在研究生培养过程中，研究生与导师的关系融洽与否，很大程度上影响着研究生的生活学习状况和心理健康状况。导学关系紧张会促使研究生抵触与导师沟通交流，从而无法得到导师正常的科研指导，更会使研究生在学习与科研过程中产生焦虑、挫败以及消极逃避等心理挫折感，从而引发一系列心理疾病，危害身体健康[8]。因此，良好的导学关系是研究生学习与科研过程中心理健康的必备条件。

良好的导学关系有利于研究生的学术生涯发展。在研究生培养过程中，导师投入时间与精力以及导师指导方式和内容都与研究生的学术成长息息相关。融洽的导学关系能够给研究生营造一个积极向上的学术氛围，使他们更愿意在本领域继续深造，如硕士研究生选择是否继续攻读博士以及博士研究生毕业后是否继续从事科研工作都与其在学习期间与导师关系是否融洽紧密相连。同时，良好的导学关系可以使学生在毕业后的学术生涯中获得更多导师的帮助，顺利、快速步入科研正轨。

三、结语

和谐导学关系是需要导师、研究生以及学校三方共同努力造就的。导师需要注重自身师德素养，锤炼自身教育报国之志，率先垂范、以身作则，引导和帮助学生把握好人生方向。研究生应努力提升自身科研业务水平，积极跟导师沟通交流。学校需要建立健全并完善相关制度，激励导师搞好导学关系，并督促学生维护好导学关系，共同塑造一个积极健康的学术氛围，使得导师与学生在知识传承和科学研究的实践中相互促进，平等互动，共同成长，实现各自的人生目标和价值追求。

参考文献

[1] 中华人民共和国教育部、国务院学会委员会. 学位与研究生教育发展"十三五"规划 [Z]. 2017.

[2] 施鹏, 张宇. 美国研究生教育中导学关系的特点与启示 [J]. 学位与研究生教育, 2016 (10): 67-72.

[3] 王文文, 郭宁, 王扬. 硕士研究生导学关系现状及影响因素研究 [J]. 研究生教育研究, 2018 (6): 76-82.

[4] 代佳朋. 社交媒体下的导师与研究生导学关系研究 [J]. 华中师范大学研究生学报, 2016 (3): 114-118.

[5] 刘燕, 刘博涵. 研究生导学关系优化研究 [J]. 高教探索, 2018 (8): 30-34.

[6] 梁社红, 刘艳, 朱婉儿, 等. 导学关系困扰类型分析及对策研究 [J]. 学位与研究生教育, 2018 (5): 50-54.

[7] 王燕华. 从工具理性走向交往理性——研究生"导学关系"探析 [J]. 研究生教育研究, 2018 (1): 60-66.

[8] 赵丽琴, 吴群利. 研究生心理健康问题及预警机制的建立 [J]. 教育理论与实践, 2019 (18): 43-45.

新工科背景下研究生创新能力培养初探

梁 波[1] 王海鉴[2] 马晟坤[1]

(1. 重庆交通大学研究生院,
2. 重庆交通大学人事处,重庆 400074)

摘 要:论文围绕"工程教育的新理念、学科专业的新结构、人才培养的新模式、教育教学的新质量、分类发展的新体系"的新工科概念,以重庆交通大学研究生教育综合改革实践为例证,分析阐述新工科背景下研究生创新能力培养的瓶颈,探讨构建合理化机制和日常管理的模式,以期对其他地方高校研究生创新能力培养和人才质量提升起到参考借鉴作用。

关键词:新工科;研究生;创新能力

一、研究背景和研究现状

(一)研究背景

创新是一个民族进步的灵魂,是一个国家兴旺发达的不竭动力。研究生教育作为高等教育的最高层次,也是新工科建设的重要力量,创新能力培养必然是新工科建设必不可少的重要环节。近十年来,我国在工科人才培养上取得了长足进步,研究生规模不断扩大,但创新能力与世界主要工业强国相比仍存在明显差距。部分工科高校受限于学科竞争力不足,研究生生源质量较差,从源头上对研究生创新能力产生了一定影响;研究生专业设置与课程布局滞后于行业发展,与社会需求脱节,制约研究生创新能力提高;教学过程过度依赖讲授,研究生发散思维、创新意识在一定程度上受到了限制;部分非"985""211"工科高校创新学术氛围淡薄,研究生缺乏主动关注学术前沿动态、参与学术研讨、勇于开拓创新的积极性;没有构建具有可操作性的校企、校所产学研协同创新机制,导致创新人才培养与社会需求脱节;受限于经费、机制、氛围等因素,地方工科院校研究生国际交流合作人次偏少。

在新工科背景下,对地方高校而言,如何把握历史机遇、紧密结合国家重大战略和社会需求,发挥学科专业优势,激活研究生创新能力培养潜力,切实提高人才培养质量,提升学校整体实力和综合水平,是当前亟待解决的一个重要问题。

(二)国内外研究现状

1. 理论研究方面

20世纪50年代开始,创新能力的研究有了突飞猛进的发展。1950年吉尔福特在美国心理学年会上发表了题为"创造性"的著名演讲。吉尔福特根据因素分析提出"智力三维结构"的理论,认为创造性思维的核心是发散思维,其特点是流畅性、灵活性、独创性和精细性[1]。格鲁博等人提出了一个理解创新能力的进化系统,认为创新能力的过程好比生物的进化历程,新颖、独特的思维方式在"进化"的过程中不断积累、发展,最终获得创新能力的产物[2]。沈澄提出创新能力是在创新活动中人所体现出来的总体活动水平,受知识、素质、竞争、实践等诸要素的影响,有目的有计划地进行图形推理训练,是克服思维定式、锤炼思维批判性,开发创新能力、拓展创新空间的有效载体[3]。

2. 研究生创新能力存在问题及评价体系研究方面

万梦华等分析了研究生创新能力培养的主要影响因素,提出在招生培养单位方面存在缺乏招生自主决策权、规范性不够、课程学习不灵活,在研究生导师方面存在师生互选不了解、导师指导不充分、导师自身创新意识淡薄，在硕士研究生方面存在考试型研究生居多、思维模式不开放、实践动手能力差，在培养环境方面存在优质课程资源缺乏、指导教师队伍建设滞后、硬件条件匮乏、学术氛围不浓等问题[4]。侯锡林等提出科学区分学术型与专业型研究生创新能力的异同，针对个体优势差异，围绕创新意识、知识基础、创新技能和创新成果四个方面构建学术型研究生创新能力评价指标体系[5]。

3. 研究生创新能力的培养模式与机制研究方面

任兵认为从培养方案、课程体系设计角度看，应通过修订培养方案、优化研究生课程结构，强调方法与能力的培养，确保研究生的教育质量，推进研究生教学改革[6]。郝晓剑等提出了组建以名师为核心的教师创新团队，结合科研实践和联合培养，提高研究生的创新能力[7]。段海滨等从激发学习兴趣、改革课程设置、增强导师责任心、设置跨学科导师指导小组、强化国际合作等方面探究了工科研究生创新能力培养的新模式[8]。刘琼玉等系统分析了第四轮学科评估指标体系中"人才培养质量"一级指标内涵，从加强导师队伍建设、建立校企与校校多元协同育人模式、规范培养过程管理、建立长效的研究生教育质量评价反馈机制等方面，提出构建基于全国学科评估视角的地方高校研究生培养质量保障体系的建议[9]。

二、新工科背景下研究生创新能力培养与提升的研究探索

（一）确定教育综合改革条件下的问题导向研究

首先要结合国家和地方区域经济发展需要，梳理创新能力不适应社会需要的主要短板和存在的问题，为研究生创新能力培养提供总指导。其次要通过当前工科高校研究生创新能力培养的现状调查，对比分析创新能力培养的共性和关键问题。最后要总结近些年高校自身教育综合改革实践中研究生创新能力培养经验，结合学校新工科建设，分析提出个性问题。

（二）新工科背景下研究生创新能力培养方式的研究与实践

工科高校研究生课程体系创新研究与实践方面，围绕开设前沿或未来发展课程、硕博贯通课程，组建通识课程团队三个方面探索研究生课程体系创新模式，并在学校相关工科学科开展改革试点。

工科高校研究生实践教学创新探索与实践方面，通过改革和创新实践教学内容和理念，探索理论—实践—理论的实践教学方法，研究新工科背景下以校企、校所联合培养研究生的产学研协同创新教学模式，实施"订单式"校企联合培养模式，并在相关工科学科开展改革试点，实现在实践教学过程中培养学生创新能力的实践教学目标。

引入双导师制的工科高校研究生创新能力培养研究与实践方面，探索校企、校所、校校联合的双导师育人机制，明确导师责任，构建合理的绩效考评机制和分工合作机制，在相关工科学科开展改革试点。

加强工科高校研究生学术创新氛围对策研究与实践方面，通过开展博士、硕士学术沙龙等学科建设与研究生创新教育系列活动，探索工科高校研究生创新学术氛围对研究生创新能力培养的影响，以期构建一套具有示范效应的强化研究生学术创新氛围机制，并在相关工科学科开展改革试点。

工科高校研究生国际合作交流机制探索与实践方面，研究工科研究生开展国际交流与合作的制约因素，探索构建国际交流与合作有效机制，提出以国际交流与合作促进研究生创新能力提升的实现路径，并在相关工科学科开展改革试点。

（三）构建新工科背景下研究生创新能力培养体系研究

新工科背景下研究生创新能力培养"5+5+N"质量保障体系构建方面，构建"5+5+N"质量保障体系，即学校、部门、学院、导师、学生5个层面共同参与，以完善制度、需求导向、激励措施、反

馈信息、监管评估 5 个维度提供支撑，研究生招生机制创新、培养方案创新、课程体系创新、实践教学创新、导师机制创新、学术交流模式创新等 N 个板块逐步配套的质量保障体系。

新工科背景下研究生创新能力培养评价体系研究方面，围绕新工科"新理念、新结构、新模式、新质量、新体系"的 5 个方面内容，开展研究生创新能力评价体系要素研究，探索构建科学合理的指标评价体系，为新工科背景下增强研究生创新能力培养成效提供可靠参考。

三、以重庆交通大学研究生创新能力培养实践为例

重庆交通大学是一所交通特色鲜明、以工科为主的多科性大学。现有 4 个一级学科博士学位授权点，工学学科占比 75%；16 个一级学科硕士学位授权点，工学学科占比 63%。拥有 3 个国家级科研平台以及 1 个教育部协同创新中心。2018 年，我校两个项目进入国家首批"新工科"研究与实践项目，同年，我校获批"重庆市高水平新工科建设高校"。在深化学科内涵建设、大力发展学科交叉融合过程中，对研究生创新能力培养开展了系列实践。

（一）以一流学科为龙头，大力推动交叉学科发展

结合学校基础，瞄准国家发展战略和"成渝双城"经济圈发展任务，做到了围绕学科布局，走特色发展之路，坚持有所为、有所不为，形成"一核多点"学科建设和学位申报新局面。围绕学科交叉融合，制定出台《重庆交通大学关于"智能+""生态+"学科群建设指导意见》，依托"一院两群"的建设，推动传统优势学科与人工智能、大数据、生态环保、区块链等前沿理论技术交叉融合，培育一批有特色、成长性好的新兴交叉学科，更好地服务地方经济发展。

（二）引进外部高智力资源，搭建协同创新育人平台

2016 年以来，学校新建研究生教育创新基地、实习实践基地、联合培养基地 50 余个；与空军工程大学、重庆两江航空产业投资集团等协同共建"重庆航空学院"，并依托李应红院士绿色航空研究院团队开展博士生培养；与同济大学共建"重庆智慧城市学院"，评聘同济大学 9 名兼职博士生导师及 37 名兼职硕士生导师，并于 2019 年开始联合培养研究生；与阿里云计算有限公司、惠科教育科技集团有限公司、江津区人民政府共建"重庆交通大学－阿里云智能交通大数据学院"；与中国科学院大学重庆学院开展研究生联合培养，2019 年联合培养硕士研究生 18 名，博士研究生 5 名。

（三）丰富学生创新活动，拓展学术研究视野

出台《重庆交通大学研究生科研创新能力提升行动计划》，以研究生科技文化节为抓手，开展笃学大讲堂、明德行远对话、研究生科研创新项目等系列科技活动和项目资助，培养研究生创新能力，开阔视野、培育情怀。先后邀请到中国工程院院士马克俭、文化部原部长王蒙、著名表演艺术家六小龄童、长安集团副总裁马军等知名人士来校讲学，与研究生交流，至今已连续举办了十二届，形成了研究生科技创新、文化交流的独特品牌。

（四）实施六大质量工程项目，助力研究生培养质量提升

从研究生教育改革、研究生创新能力培养、导师队伍建设、研究生实习实践能力、专业学位研究生教学、国际合作交流 6 个维度全面助力人才培养质量提升。积极组织申报重庆市"研究生科研创新项目""研究生教育教学改革研究项目""研究生导师团队建设项目""研究生联合培养基地""专业学位研究生教学案例库项目""研究生优质课程"等 6 大项目，全面提升研究生人才培养质量，夯实创新能力基础。

（五）开设学科前沿课程，跟踪社会发展动态

当今，新材料、新设备、新技术发展日新月异，发展迅猛，研究生专业基础知识教育相对于工科类科学研究的实际需求显得较为滞后，为了弥补两者之间的差距，我校新工科相关学科开设了《桥隧工程最新进展》《土木工程最新进展》《交通信息工程与控制前沿》《载运工具运用工程前沿》等"学科前沿""学科最新进展"相关课程，通过学习，研究生了解到最前沿的发展动态、最新的研究成果及最典型的工程实例，使研究生在系统掌握学科基础理论与模型、基础知识与方法的基础上，拓展学科视野、跟踪学术前沿，为将来独立从事创新性研究和解决较疑难、复杂的实际工程问题奠定了坚实的基础。我校从 2012 年开始开设 "前沿、进展" 型课程，到目前为止已有 7 年时间，共有 2000 余名硕博士研究生在课程学习中得到提高。

四、结语

本文的研究探索只是新工科背景下研究生创新能力培养的一个初步探索。研究生创新能力培养与提升涉及工科高校研究生课程体系创新、研究生实践教学创新、双导师育人机制、学术创新氛围机制、国际合作交流机制和质量保障体系等多个方面和维度，还需大家共同努力，探索出一条可行的合理化路径。

习近平总书记提出的成渝双城经济圈的建设任务给了川渝两地高校重大的历史机遇。西部高校在服务成渝地区双城经济圈建设中，应该充分发挥成渝区域高校特色和优质办学资源，加强在人才培养、科学研究、服务地方、国际交流合作等多方面、多领域、深层次的交流合作，依靠行业建设特色学科，不断夯实特色发展之路，持续提升服务区域发展的能力，形成区域自信和行业自信，大幅提升成渝地区研究生培养质量和创新能力，为成渝地区双城经济圈建设提供科技支撑和智力支持。

参考文献

[1] Gullfor, J P. The Natrue of human Intelligence. New York McGraw-Hill, 1967: 25.

[2] Gruber, H E. The evolving systems approach to creatlve work. Creativity Research Journal, 1998, 1 (1): 27 – 51.

[3] 沈澄. 论创新能力之构成与开发 [J]. 浙江工商职业技术学院学报, 2011 (2): 34 – 36.

[4] 万梦华, 雷金波, 杨金尤. 硕士研究生创新能力培养影响因素分析及对策 [J]. 江西教育, 2017 (6): 4 – 5.

[5] 侯锡林, 柳森, 赵希男. 基于个体优势识别的学术型研究生创新能力评价. 现代教育管理 [J]. 2018 (9): 99 – 105.

[6] 任兵. 优化文科研究生课程结构全力推进研究生教学改革 [J]. 学位与研究生教育, 1999 (2): 37.

[7] 郝晓剑, 刘俊, 秦丽, 张晓华. 普通高校工科研究生创新人才培养模式研究 [J]. 工业和信息化教育, 2018 (6): 19 – 24.

[8] 段海滨, 魏晨, 武建文, 任章. 北航工科研究生创新能力培养模式研究 [J]. 北京航空航天大学学报（社会科学版）, 2012, 25 (4): 106 – 109.

[9] 刘琼玉, 钱同惠. 学科评估视角下地方高校研究生培养质量体系的构建 [J]. 现代教育科学, 2019 (4): 142 – 145, 152.

专业学位教育

面向企业需求的工程博士培养模式改革探析

张云霞　尹学锋　余小燕

（同济大学电子与信息工程学院，上海 201804）

摘　要：我国工程博士专业学位研究生教育在初期探索阶段暴露出诸多因培养模式不健全而带来的问题，以致无法满足我国在向制造业强国迈进的过程中，对高水平工程技术人才的迫切需求。同济大学立足企业发展实际，调研企业对工程博士培养和招聘的建议和要求，提出工程博士培养模式改革的几点建议，以期为提高工程博士培养质量奠定基础。

关键词：工程博士教育；企业需求；人才培养模式

作者简介：张云霞，1984 年生，女，教育学硕士，同济大学电子与信息工程学院研究生教学秘书，主要从事高等教育管理研究，邮箱为 2011zhangyunixa@tongji.edu.cn。

基金项目：本文受同济大学 2019 年研究生教育改革重点项目——工程类专业学位研究生培养模式创新与实践资助，项目编号 0200106048。

一、引言

当前，全球科技创新空前活跃，新一轮科技革命和产业变革正在重构全球创新版图、重塑全球产业结构。"中国制造 2025"的提出，正是中国政府敏锐洞察时代变革，力争抓住第四次工业革命新机遇，与德国"工业 4.0"和美国"先进制造伙伴计划"相呼应的重要战略举措，旨在通过对新一代信息技术产业、高档数控机床和机器人等十大重点领域的建设和发展，逐步推动我国从工业大国向工业强国转变。战略规划提出要"健全多层次人才培养体系"，并特别指出要"深化相关领域工程博士招生和培养模式改革，积极推进产学研结合"[1]。

二、工程博士培养现状及存在的问题

2011 年 2 月，我国正式设立工程博士专业学位。11 月，国务院学位委员会办公室批准清华大学、同济大学等 25 所高校在电子与信息、能源与环保、先进制造、生物与医药等四个工程领域开展工程博士试点招生。同济大学获批电子与信息、能源与环保两个领域，并于 2012 年首次招生。

以电子与信息领域为例，截至 2019 年，该领域共招生 21 人，获学位者 5 人，其中有 2 人与工学博士一样，完成若干篇学术论文，并未体现出与工程实践相结合的高水平科技成果。事实上，从入学起，很多导师对工程博士的培养就与工学博士趋同，以进行科学研究和学术论文写作为主要指导原则和方法，再加上工程博士本身是非全日制培养，除了来校完成规定的、与全日制博士生几乎相同的课程外，其余时间基本都忙于工作，实习实践也就流于形式了。

面对工程博士这一新生事物，一些高校、企业、学生还未做好迎接和规划它的充分准备。直到今天，还有一些企业不知道有工程博士这一类学生；也还有很多考生在咨询诸如工程博士学历国家是否承认、工程博士和普通博士到底有何区别等问题。这两个看似简单的问题恰恰可以反映出国家对工程博士的重视和期许，我们不仅要回答给考生，更要回答给社会，让各行各业的领导者和优秀工程技术人才了解国家设立工程博士专业学位的意义所在，动员更多的人积极加入到工程博士培养行列中来。从 2012 年首次招生算起，工程博士教育已走过 8 个年头，根据上述情况分析，改革培养模式已迫在眉睫。

2018年5月,国务院学位委员会办公室印发《关于转发〈工程类博士专业学位研究生培养模式改革方案〉及说明的通知》。该《方案》从培养目标、培养方式(增加全日制培养)、招生对象、能力要求、学位论文、质量保障等方面对工程博士培养做了进一步明确,提出工程博士的培养"应紧密结合我国经济社会和科技发展需求,面向企业(行业)工程实际"[2]。企业究竟需要什么样的工程博士?这不禁引发教育界的追问。

三、面向企业需求的调研

(一) 调研对象与数据来源

2019年,同济大学通过"问卷星"微信平台,面向电子信息领域企业发起调研。被调研企业共31家,分布在上海、江苏、浙江、广东、北京等10个省市,大多与同济大学有长期且良好的校企合作关系,涉及计算机、互联网、信息与通信、交通运输、智慧城市、芯片制造、航空航天、金融投资等各大领域,其中三成是信息产业企业,两成企业规模达到500人以上。被调研人是均为企业具有高级决策权的领导,对企业的人员结构和用人需求有明确的把握和规划。他们作为企业的唯一代表接受问卷并予以作答,所反馈的信息权威且可靠,可有效提升调研数据和调研结果的参考价值和指导意义。

(二) 调研结果与分析讨论

1. 企业对工程博士的招聘需求

97%的企业愿意招聘工程博士,其中六成企业对全日制和非全日制无明确要求。3 000人以下的企业每年预计可招聘工程博士1~2人;3 000人以上的企业则为3~5人。因此,高校在全日制和非全日制工程博士的培养规模方面应该基本相当,且招生规模与输出量要与企业承载能力相匹配,不宜过大也不可过小。

83%的企业给工程博士预设的是研发岗位,以技术卓越为发展目标。基于此,高校在设置课程时,要侧重技术类课程,尤其要考虑具有一定潜力的、对未来5~10年的技术发展具有前瞻性的核心课程;同时,在设计实践实习环节时,要侧重研究型的课题或项目。

只有27%的企业招聘过工程博士,其中20%的企业招聘的是国内培养的工程博士,另有7%为境外培养。对于国内培养的工程博士,企业认为他们虽有较多的校企合作项目为基础,但与企业项目的匹配度欠佳,培养效果有待提高;对于境外培养的工程博士,企业认为学生的学术背景和动手能力很强,但不太适合我国国情,且薪资要求偏高。基于上述调研结果,我们认为工程博士的需求是很大的,只是由于大部分企业还未招聘过工程博士,难以对其培养效果进行判断。

2. 企业对工程博士的入职要求

超过60%的企业希望工程博士在入学前有全职工作经历,其中希望有3~5年全职工作经历的占四成。这说明企业非常重视工程博士在全职工作中培养出来的素质和观念,且认为其对工程博士开启新工作具有积极的正面影响。

企业认为工程博士应该具备的专业领域知识储备由高到低依次为:人工智能(80%)、软件开发(60%)、电子电路(50%)、信号处理(40%)、机械制造(20%)、其他(3%),其中各领域企业均希望工程博士具备"软件开发"专业知识。由此可见,人工智能和软件开发课程非常重要,需要增加设课的规模、建设的力度,在内容设计上,要对未来发展有一定的前瞻性。

企业认为工程博士应该具备的跨专业知识储备由高到低依次为:经济管理(80%)、能源环保(40%)、商务贸易(30%)、人文哲学(30%)、政治法律(20%)、其他(5%),其中各领域企业均希望工程博士具备"经济管理"和"商务贸易"等跨专业知识。因此,在交叉课程设置和综合能力培养方面,应挖掘对工程博士未来发展起推波助澜作用的具体课程,如项目管理、经济法等,以此丰富其

3. 企业对工程博士培养的看法

被调研企业均愿意与高校联合培养工程博士。93%的企业同意让技术骨干攻读工程博士专业学位，其中500人以下的企业100%同意。总体来说，企业对现有人才技术能力的提升具有强烈的需求，高校可以和企业达成定向培养共识，这是可行且实际的招生培养方式。

70%的企业认为工程博士培养应采用理论与实践相交叉的方式进行，以项目为驱动，校内学习与企业实践同步并行。高校在制订工程博士培养方案时，要考虑个性化需求，认真设计实践环节，务必保证实践和理论学习相互配合，二者在重要性和时间投入方面应大致相当。

96%的企业认为具有正高级职称的人员可以指导工程博士，也有少量企业认为副高级亦可。总之，在选择企业导师的时候不仅要关注其技术职称，更要通过企业推荐、师生互选等方式确定最合适的人员担任工程博士的企业导师，同时，在企业导师总量上要有一定的比例控制。

50%的企业认为工程博士在企业实践时间应以1年为宜，25%的企业则认为半年即可。根据多数企业的反馈，高校在设定培养方案时，可以考虑将实习实践期设置为1年，或者两个半年，也可以根据合作企业的实际需求进行灵活调整。

工程博士到企业实习实践，97%的企业会给其提供产品设计和技术研发的机会，65%的企业会安排其参加技术学习与培训交流，61%的企业会让工程博士参与项目的策划与实施，29%的企业会让他们进行多地调研与考察，还有13%的企业会安排工程博士参与商贸合作与洽谈。从以上实践内容来看，基本反映了企业对工程博士综合能力的模块化要求和权重的考虑。他们不仅希望工程博士在技术研发方面为企业带来实际收益，更希望其登高望远，立足企业发展大计，成为真正意义上的企业领军人才。

对于工程博士专业学位的授予标准，74%的企业认为工程博士应该主持并完成重大的科研项目，61%的企业认为其必须获得重要的科技成果，25%的企业认为要发表高端学术论文。由此可见，企业对工程博士重大项目经历和科技成果产出的要求远高于发表学术论文。

通过对企业开展调研，我们发现，面对竞争日益激烈的市场环境，企业亟需既有扎实学科背景又具高瞻远瞩的创新和预判能力的工程博士为其长远发展保驾护航。为此，企业愿意与高校联合培养工程博士，不仅愿意为工程博士提供良好的研发平台，还愿意在技术、市场、贸易等方面为其提供全面、真实的实践环境。因此，立足国家宏观经济战略和企业实际需求，对现行工程博士培养模式进行改革势在必行。

四、对工程博士培养模式改革的几点设想

基于对企业进行工程博士培养调研的相关分析，结合目前工程博士培养模式尚不完善所带来的问题，根据国家近期对工程博士培养模式改革的建议，笔者提出以下设想。

（一）在学校层面设置工程博士教育管理机构，统筹优化资源配置

国务院学位委员会和教育部成立全国工程博士专业学位教育指导委员会，对工程博士专业学位研究生教育进行指导。我国目前共有40多个工程博士培养单位，大多由各单位研究生院统一组织，由相关领域院系承担培养和管理工作，形成了由教指委、校研究生院、各院系组成的自上而下的统一领导、分散管理的模式。这种模式虽有利于工程博士与学院、导师及同领域硕博士之间的联系，却割裂了不同领域工程博士之间、导师之间、企业之间的联系，这在很大程度上无法满足企业对工程博士交叉融合背景的期望，同时也会促使导师在不自主的情况下将工程博士和工学博士趋同培养。英国在工程博士培养方面积累了丰富的经验。英国于1992年设立工程博士学位，依托工程博士计划建立起若干产业博士中心（IDCs）。中心吸引若干高校和企业加入，资源共享、产学协同培养，取得了非常明显的成效[3]。我国幅员辽阔，人口众多，教育资源和企业分布比较分散，不同地区教育实力和企业规模也相距悬殊，在工

程博士教育起步阶段，很难在国家层面建立起类似英国的产业博士中心。但根据当前国情，我们可以考虑在高校设置专门的工程博士教育中心（如图1所示），负责全校工程博士培养和管理的具体落实。该中心需进行完整的机构设置和人员配备，从工程博士培养目标和学生特点出发，开展有针对性的培养教育工作。在探索出一定的培养经验后，未来可以考虑以地区或者行业为载体，进行联动式培养。

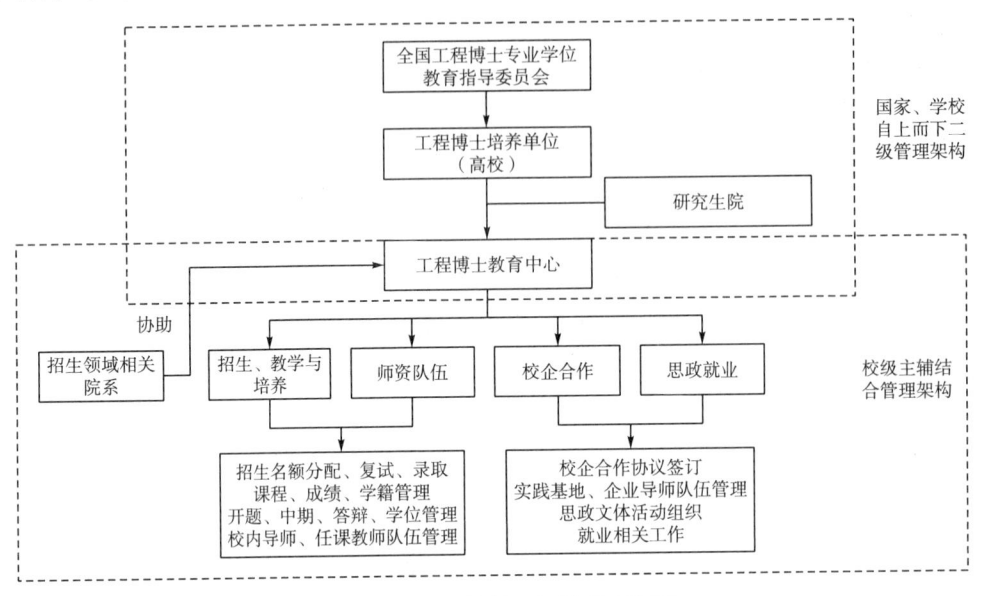

图1 工程博士培养组织管理架构图

（二）设计专业课程和多学科交叉融合课程库，特制订单高端服务

工程博士需在"相关工程领域掌握坚实宽广的理论基础和系统深入的专门知识"[4]，这是国家对工程博士专业素养的基本要求。从调研情况看，企业希望工程博士除了掌握高精深的专业基础知识外，还应具有高度跨学科交叉融合知识背景，以适应企业向纵深方向发展的需要。目前多数高校学科门类齐全，具有学科交叉融合的天然优势。工程博士教育中心可以委托招生领域相关院系设计并管理专业基础、核心和前沿类课程，中心则负责整合全校课程和教师资源，根据工程博士的特点和培养需求，为其量身定制若干跨学科课程，建立多学科交叉融合课程库，尤其要体现课程的实用性、交叉性和高端性，供全校工程博士选修。

（三）完善工程博士校企联合培养，落实协议保障成效

工程博士教育中心应以与同济大学有良好合作基础的企业为切入点，以企业急需突破和解决的重大工程难题和创新关键技术为载体，制订多领域、跨学科、深层次、高标准、重创新的高水平工程博士校企联合培养方案，深化内涵建设、扎实人才培养。其次，要明确企业导师聘用条件和招生人数，对导师的职称、资历、承担的项目、项目需解决的技术难题、项目组人员配备等予以严格审核，对企业导师与校内导师的分工与合作给予明确阐述，做到权责明晰、责任到人。另外，要制订工程博士企业实习实践守则，将实习期限、实习内容、纪律要求、考勤方式、考核标准等以文件或规定的形式发布，作为企业导师对学生的考核依据，也是工程博士企业实习成绩的重要来源。最后，要根据"一企业一协议、多学科多领域、以项目定导师、以需求配学生"的原则，签订学科交叉融合的校企联合培养协议，建立长效合作机制，使工程博士实习实践从制度层面走向操作层面，扎实落地，保障成效。

（四）以培养目标为驱动，突出学位的"工程"特点，优化标准丰富形式

工程博士专业学位标准的制定首先要突出"工程"特点，这是与工学博士培养相区别的显著方面。因此，工程博士的学位授予标准应紧紧围绕"工程技术"这一关键词，考察学位申请者在深入探究工

程技术理论、洞察预见工程技术发展方向、规划组织工程技术研发、推动工程技术产业发展等方面获得的科技奖励，出版的工程专著、学术论文、行业标准，获得的发明专利以及各类工程技术转化成果。多种形式并举，促进工程博士培养目标的实现。

五、结语

工程博士专业学位教育是我国新近实施的工程领域最高层次人才培养类型，是"中国制造2025"国家实施制造强国战略的重要人才支撑和技术保障的来源，其目标是为培养工程技术领域领军人才奠定基础。本文以工程博士培养模式为研究对象，分析了工程博士培养现状，指出了培养模式滞后于培养理念的事实，依托企业调研而挖掘企业对工程博士培养和招聘的建议和实际需求，在组织架构、课程设置、校企协同机制、学位标准制定四个方面提出了工程博士培养模式改革的设想，旨在为推进高水平工程博士教育扎实落地提供方法支撑。

参考文献

[1] 国务院. 关于印发《中国制造2025》的通知[EB/OL]. (2015-05-08)[2019-01-03]. http://www.gov.cn/zhengce/content/2015-05/19/content_9784.htm

[2][4] 中华人民共和国教育部. 关于转发《工程类博士专业学位研究生培养模式改革方案》及说明的通知[EB/OL]. (2018-05-04)[2019-01-19]. http://www.moe.gov.cn/s78/A22/A22_gggs/A22_sjhj/201805/t20180511_335693.html.

[3] 王亚杰，田华，陈岩. 工程博士中心的定位及影响力——基于英国产业博士中心的分析[J]. 高等工程教育研究，2016 (5).

基于高端技术人才能力特征的机械类专业学位研究生培养过程评价

卜王辉　黄宏伟　关佶红　阎耀保

(同济大学，上海 200092)

摘　要：发展高端制造业，离不开机械类高端人才培养。探讨了高端制造业发展所需的高端技术人才的三种类型及其四种能力特征。从研究生培养方案和培养过程两方面，把专业学位研究生培养模式分为四类。根据高端制造业所需机械类研究生的预期能力，从四个维度评价专业学位研究生的培养效果：按能力增长评价、按课程成绩评价、按知识创新评价、按实践效果评价，并构建了三级量化评价指标。基于高端技术人才能力特征的机械类专业学位研究生培养过程评价方法与指标，对合理评价培养效果，促进工程类研究生能力提升有重要作用。

关键词：专业学位研究生；能力特征；培养效果；评价指标

第一作者简介：卜王辉，1982年生，男，博士，副教授，邮箱为 buwanghui@tongji.edu.cn。

基金项目：本研究受研究生教育重大课题（ACGS01-2019003）以及同济大学研究生教育研究与改革项目（2018GH030、ZD190403、ZD19020103）资助。

一、引言

工程类专业学位研究生教育是为了培养理论与实践相结合的高层次创新型人才，引导研究生教育面向社会需求，促进与行业企业深度合作。全日制工程硕士、工程博士是专业学位研究生的重要组成部分。根据2018年国务院学位办下发的《关于对已有的工程硕士、博士专业学位授权点进行对应调整的通知》，工程类研究生专业学位分为八个类别，其中机械类专业学位涵盖机械工程、车辆工程、工业设计工程等多个领域方向。近年来，我国专业学位研究生教育取得了很大发展，但质量保障体系和科学评价机制仍需进一步完善[1]。为此，很多研究人员做了多方面的有益探索。

在培养方案制订方面，专业学位研究生教育存在培养目标和培养模式上的偏差[2,3]，需从政府政策、社会认同、高校保障、导师责任、培养体系等层面考察专业学位研究生的特色化与差异化培养[4]。在制订工程类研究生培养方案时，应考虑四种对应关系：研究生职业发展与企业人才需求、生源多样化与社会需求多样化、培养资源与差异化培养目标、研发工作需要与导师组指导[5]，基于政府、企业、高校、社会四螺旋理论开发工程硕士培养途径[6]。

在校企合作实践方面，加强校外实践基地和企业导师队伍建设[7,8]，构建目标导向、特色突出的专业学位研究生产教融合的教育系统，促进专业研究与行业应用相结合[9]。工程硕士培养过程中实践基地建设需要探寻校企合作的契合点和共赢点等动力机制[10]，加强校企协同培养对工程硕士就业有很大影响[11]。

在培养效果评价方面，从职业、学术、社会三方面构建专业学位硕士生教育评价指标体系[12]，采用业务处理能力、沟通与建立关系、学习与创新、职业道德、个性品质、客户服务导向六个维度构建工程硕士职业胜任力模型[13]。通过调研工程硕士示范培养基地，从政府支持、市场导向、导师队伍、考核体系方面评价工程硕士培养效果[14]，开展专业学位研究生教育质量的多元协同治理[15]。

人才培养是发展先进制造业的基础。作为"中国制造"国家战略的典型代表，上海于2018年提出振兴"上海制造"品牌行动计划。本文通过调研典型的上海制造业企业，从多种角度考察高端制造业发展对不同类型的机械类高端技术人才的需求，探索新形势下具有"工匠精神"的智能制造业高端人才的能力特征，进而提出合理评价机械类专业学位研究生培养效果的方法与指标。

二、高端技术人才的类型

我们通过调研典型的上海制造业企业，如中国商飞、上海航天、上海汽车、上海电气、中船重工、振华重工等，归纳出高端技术人才的三种类型。专业学位研究生在校期间，通过合理制订培养方案，有效管理培养过程，可以逐渐培养其成为振兴高端制造业所需的高端技术人才。

（一）注重工程实践的生产技能人才

从生产过程看，高端制造业发展需要大量高端技能人才工作在生产一线，他们实现了工程项目从设计到制造的转化。高端生产技能人才包括生产工艺规划人员、先进装备应用人员、精细手工技艺人员等。要成为高端生产技能人才，一是要在长期工程实践中积累专深的技能经验，二是要擅于将设计方案根据工程实践特点转化为具体的生产方案。

（二）具备学科融合背景的设计研发人才

从产品对象看，高端制造业发展需要高端设计研发人才，他们具备学科融合的知识和技术，能够运用多学科交叉融合的方法设计出满足用户需求的先进机电一体化产品。高端设计研发人才包括产品功能设计人员、结构分析优化人员、智能软件编程人员、系统集成开发人员等。要成为高端设计研发人才，一是要具备多学科交叉融合的技能，二是要善于运用先进设计理念开发出满足用户实际需求的产品。

（三）拥有创新思维的技术管理人才

从品牌战略看，高端制造业发展需要高端技术管理人才，他们拥有创新思维和工程背景，能够从总体上把握品牌发展的技术方向，设计出引领用户需求的创新产品总体方案。高端技术管理人才包括产品技术负责人员、项目开发管理人员、项目团队领导人员等。要成为高端技术管理人才，一是要有过硬的技术基础，二是要有敏锐的创新思维，三是要有优秀的团队合作和管理才能。

三、高端技术人才的能力特征

从高端制造业所需各类高端技术人才中提取共性能力特征，包括四方面能力：学习思维能力、沟通交流能力、提炼总结能力、领导合作能力，如表1所示。学习思维能力是指学习新事物的能力，包括逻辑思维能力和形象思维能力。沟通交流能力是指在学习、工作、生活中有效表达彼此思想的能力，包括语言交流、书面交流、中文交流、外文交流、图纸交流等方式。提炼总结能力是指通过学习和思考，从离散个例归纳共同性质、从表面现象发掘深层本质的能力。领导合作能力是指通过协调和凝聚团队成员，带领团队实现目标的能力。

表1 服务"上海制造"所需各类高端技术人才的共性能力特征

高端人才类型	学习思维能力	沟通交流能力	提炼总结能力	领导合作能力
生产技能人才	强	较强	一般	一般
设计研发人才	强	较强	较强	一般
技术管理人才	强	强	强	强

三种高端技术人才都需要很强的学习思维能力；生产技能人才、设计研发人才要有较强的沟通交流

能力，技术管理人才的沟通交流能力要求更高；技术管理人才对提炼总结能力、领导合作能力的要求也很高，设计研发人才对领导合作能力要求较弱，而生产技能人才对这两方面能力要求都不高。专业学位研究生培养方案的制定和培养过程的管理都将以达成这四方面能力提升为目标。

四、专业学位研究生培养效果评价

专业学位研究生的培养效果可以从培养模式和个人培养效果两方面分别做定性和定量评价。

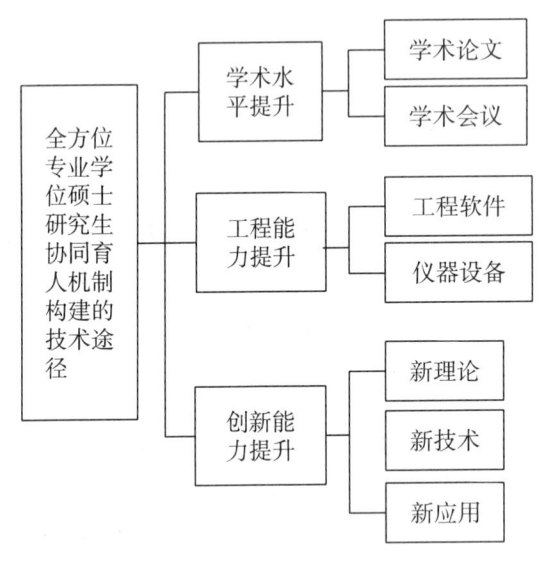

（一）专业学位研究生培养模式的定性评价

从研究生的培养方案和培养过程两方面可以把专业学位研究生培养模式分为四类，如图1所示。培养方案特殊定制、培养过程动态反馈管理的培养模式属于能力培养型，是最优培养模式。根据高端技术人才的能力特征，我校在培养方案中划分了不同的课程包，实现研究生培养方案的定制。

图1 专业学位研究生培养模式

培养方案特殊定制，但培养过程无反馈管理的培养模式属于自由发展型。这种培养模式对研究生自主性要求很高，导师管理相对松散。

培养过程动态反馈管理，但培养方案统一指定的培养模式属于重复项目堆砌型。这种培养模式下，导师主导性很强，但并非以研究生全面能力培养为目标，因而研究生培养过程容易陷于重复的项目之中。

培养方案统一指定，且培养过程无反馈管理的培养模式属于放任型。这种培养模式下，导师没有起到指导和督促的作用，研究生培养很难达到理想目标。

（二）专业学位研究生个人培养效果的定量评价

为了及时反映专业学位研究生的培养效果，我们在每一轮学习和实践过程中，从四个维度来评价研究生的培养效果，如表2所示：将研究生实际能力与培养方案规定的预期能力作对比，然后按能力增长评价；在学校公共课程学习阶段，按课程成绩评价；在导师课题组学习阶段，按知识创新评价；在校企合作实践阶段，按实践效果评价。

表2 培养效果评价指标及权重

一级指标及权重	二级指标及权重	三级指标及权重
按能力增长评价30%	学习思维能力30%	无
	沟通交流能力20%	
	提炼总结能力30%	
	领导合作能力20%	
按课程成绩评价10%	无	无
按知识创新评价30%	研究方法创新50%	无
	装置系统创新30%	
	细节结构创新20%	
按实践效果评价30%	企业评价30%	项目执行70%
		团队合作30%
	导师评价20%	做事态度50%
		能力提升50%
	技术文件撰写20%	文件完整性60%
		文件规范性40%
	专利成果30%	发明专利70%
		实用新型30%

专业学位研究生培养效果的评价指标及权重的设置原则是：以能力达成为首要目标，以实践效果为重要指标，突出知识创新，参考课程成绩。因此，按能力增长评价、按实践效果评价、按知识创新评价的权重均为30%，而按课程成绩评价的权重仅为10%。

按能力增长评价是根据表1所示的四种能力来评价研究生培养效果。按知识创新评价分为三种二级指标，包括按研究方法创新评价、按装置系统创新评价、按细节结构创新评价。按实践效果评价分为四种二级指标，包括企业评价、导师评价、技术文件撰写评价、专利成果评价；每种二级指标又分为两个三级指标：企业评价包括项目执行评价、团队合作评价，导师评价包括做事态度评价、能力提升评价，技术文件撰写评价包括文件完整性评价、文件规范性评价，专利成果评价包括发明专利评价、实用新型评价。

为了量化专业学位研究生的培养效果，上述评价指标被赋予权重，如表2所示。这种评价指标突出了能力达成度，避免仅根据成绩或论文来评价研究生培养效果的片面性。

四种培养效果一级评价指标所反映的研究生预期能力如表3所示。可以看出，不同的培养指标可以从不同侧面反映相同的能力目标。在表3中，设置强联系关系的权重为0.8，较强联系关系的权重为0.65，一般联系关系的权重为0.5，弱联系关系的权重为0.2，则全体评价指标所反映的能力目标中学习思维能力占比为27.7%，沟通交流能力占比为26.1%，提炼总结能力占比为27%，领导合作能力占比为19.2%。

表3 培养效果评价指标所反映的研究生预期能力

高端人才类型	学习思维能力	沟通交流能力	提炼总结能力	领导合作能力
按能力增长评价	强	强	强	强
按课程成绩评价	强	一般	较强	弱
按知识创新评价	强	较强	强	弱
按实践效果评价	较强	强	较强	强

可以看出，培养效果评价指标对学习思维能力、沟通交流能力、提炼总结能力的反映程度差异不大，这3种能力也是生产技能人才、设计研发人才、技术管理人才均需要较好掌握的能力。培养效果评价指标对领导合作能力的反映程度相对较低，这是因为领导合作能力主要是技术管理人才需要较好掌握的能力。

五、总结

发展高端制造业，离不开机械类高端人才培养。本文分析了高端制造业发展所需的高端技术人才的三种类型：生产技能人才、设计研发人才、技术管理人才，以及其四种能力特征：学习思维能力、沟通交流能力、提炼总结能力、领导合作能力。从研究生的培养方案和培养过程两方面，把专业学位研究生培养模式分为四类。根据高端制造业所需机械类研究生的预期能力，从四个维度来评价专业学位研究生的培养效果：按能力增长评价、按课程成绩评价、按知识创新评价、按实践效果评价，并构建了三级量化评价指标。教学实践表明，基于高端技术人才能力特征的机械类专业学位研究生培养过程评价方法与指标，对合理评价培养效果，促进工程类研究生能力提升有重要作用。

参考文献

[1] 杜占元. 探索创新 深化改革 推动专业学位研究生教育再上新水平 [J]. 学位与研究生教育, 2016 (1)：1-6.

[2] 邵彦敏, 刘柏桥, 陈诗. 专业学位研究生教育发展中的偏差及其矫正 [J]. 高教研究与实践, 2015, 34 (3)：8-11, 38.

[3] 马健生, 陈玥. 专业学位教育中学术能力培养的错位问题检视 [J]. 教育研究, 2015, 36 (7)：40-48.

[4] 秦发兰, 陈新忠, 汪华, 胡承孝. 关于全日制专业学位研究生特色化培养的思考 [J]. 中国高教研究, 2012 (4)：56-60.

[5] 魏峻, 姬红兵, 高晓莉. 关于工程类硕士专业学位研究生培养方案改革的思考和建议 [J]. 研究生教育研究, 2018 (3)：30-35.

[6] 张淑林, 钱亚林, 裴旭, 李金龙. 产教融合标尺下我国工程硕士联合培养的现实审视与推进路径——基于全国108家联合培养基地的实证分析 [J]. 中国高教研究, 2019 (3)：77-82.

[7] 张东海, 陈曦. 研究型大学全日制专业学位研究生培养状况调查研究 [J]. 高等教育研究, 2011, 32 (2)：83-90.

[8] 张东海. 专业学位研究生学习需求的调查研究 [J]. 研究生教育研究, 2019 (1)：45-52.

[9] 汪全报, 卜春梅. 专业学位研究生教育的产教融合——基于目标导向的特色化策略 [J]. 学位与研究生教育, 2019 (3)：24-29.

[10] 唐广军, 郭文莉. 基于校企深度合作的工程硕士培养模式创新 [J]. 学位与研究生教育, 2015 (12)：22-26.

[11] 李锋亮, 马永红, 付新宇. 培养模式对工程硕士就业的影响 [J]. 学位与研究生教育, 2017 (11)：56-60.

[12] 胡恩华, 陈沛然, 顾桂芳. 全日制专业硕士教育评价指标体系的构建 [J]. 研究生教育研究, 2015 (1)：75-79.

[13] 陈小平, 孙延明. 工程硕士职业胜任力模型的研究与构建 [J]. 高等工程教育研究, 2017 (5)：60-65.

[14] 马永红, 张乐, 高彦芳, 沈岩. 我国工程硕士联合培养实践基地状况分析——基于28个工程硕士示范基地 [J]. 学位与研究生教育, 2016 (4)：7-11.

[15] 刘冰, 闫智勇, 潘海生. 基于协同治理的专业学位研究生教育质量治理体系构建 [J]. 学位与研究生教育, 2019 (1)：56-63.

新旧动能转换下交通运输工程硕士培养机制探索与创新

唐新德　屈　展　王文慧　刘　瑾　黄　雪

（山东交通学院研究生处，济南 250357）

摘　要：交通运输行业是新旧动能转换的重要支撑，培养复合型、应用型交通运输工程硕士创新人才是主动服务交通运输行业需求的必由之路，探索与创新交通运输工程硕士培养机制具有积极意义。通过改革现有课程体系、改革工程实践环节和改革质量保障体系（"三改革"），建立以服务交通运输行业需求为目标的课程体系、以提升工程能力为导向的实践体系和以应用型人才培养为主线的质量保障体系（"三体系"），解决交通运输工程硕士知识能力不足、工程实践能力不足、应用特色不足（"三不足"）等问题，有效提高交通运输工程硕士培养质量，为实现交通运输行业健康快速发展提供高层次人才支撑。

关键词：新旧动能转换；交通运输工程硕士；知识能力；工程实践能力；应用特色
第一作者简介：唐新德，1968年生，男，博士，教授，研究方向为研究生教育管理，邮箱为xdtang8033@163.com。
基金项目：本文获山东省研究生教育质量提升计划项目资助，项目编号：SDYZ18021。

新旧动能转化重大工程通过发展新经济、培育新动能，逐步形成以新技术、新产业、新业态、新模式等"四新"经济为核心的产业驱动力量。交通运输是现代社会经济发展的基础和先行，是新旧动能转换的重要支撑，贯穿新旧动能转换过程的始终。交通发展，人才为本，现代交通运输正在向综合、智能、安全、绿色、节能等更高水平阶段迈进，适应新旧动能转换重大需求，培养交通运输类高层次人才，促进社会经济发展已成为当务之急。我国经济的高速增长及综合交通运输体系的构建，为交通运输工程硕士等高层次创新人才的培养提供了良好的契机。

一、新旧动能转换下交通运输工程高层次人才面临的机遇和挑战

新旧动能转换是交通运输行业高质量可持续发展的必由之路，新旧动能转换将增强交通运输对于国民经济社会发展的引领性，推动交通运输重塑经济时空格局，引导并创造新的消费需求，催生新兴经济形态和新兴产业。坚持以人为本、安全发展、需求引领、持续创新是新旧动能转换下交通运输业的根本价值追求。交通运输的核心是由要素驱动向创新驱动转型，实现由规模扩张型增长向质量效益型发展转变。科技、人才和制度创新等新要素投入将成为交通运输发展新动能的主要驱动力[1]。

交通运输工程硕士是从事铁路、公路、港口、海洋、航道、机场等工程勘测、设计、施工与维护以及运输器材、运输信息、运输规划管理的高级工程技术和管理人才。作为交通运输行业的高层次人才，在新旧动能转换重大工程中承担着重要职责与使命。同时交通运输行业也对交通运输工程硕士的培养提出了新挑战、新要求，对其知识、能力、素质的要求提升到崭新的高度。因此，适应新旧动能转换要求，交通运输工程硕士培养应牢牢抓住"服务需求、提升质量"的根本导向，为交通行业和区域经济社会发展需求提供交通运输高层次人才的强力支撑，在培养模式上大胆改革创新。

二、交通运输工程硕士培养机制存在问题

交通运输工程硕士人才培养具有鲜明的行业性与应用性特色。近年来，我国工程专业学位研究生教育快速发展，交通运输工程硕士培养数量不断增长，但交通运输工程硕士存在的知识能力不足、工程实践能力不足、应用性特色不足（"三不足"）的问题，亟待解决。

（一）知识能力不足限制思维拓展

交通运输工程硕士应掌握本领域扎实的基础理论，包括人文社科知识、自然科学知识和工具类知识，同时掌握本领域系统的专业知识，形成较为合理的专业知识结构。由于生源分布、知识面和知识结构等因素的影响，交通运输工程硕士知识能力不足的问题较为突出，在获取知识、应用知识和更新知识等方面存在诸多不足，例如掌握工程应用进展的能力、数据分析处理能力、综合运用知识能力、掌握先进技术与方法能力、分析建立模型能力、解决问题及组织协调能力等不够强。知识能力不足使思维受限，导致在理论指导实践、分析与解决问题等方面的效果打折扣。

（二）实践能力不足制约工程应用

专业学位研究生侧重于应用，专业实践是交通运输工程领域工程硕士培养过程中的重要环节，充分的、高质量的专业实践是工程硕士培养质量的重要保证。由于缺乏必要的实践演练和项目参与，交通运输工程硕士还存在工程实践能力不足的问题，表现在：面对复杂的交通运输系统工程，在研究与技术开发实践中发现与分析问题的能力不足，不能提出有效方案，系统分析、创造性解决复杂问题的能力不够，撰写综合交通发展战略与规划、交通工程项目可行性研究报告不科学不规范等。工程实践能力的不足，导致理论与实践脱节、分析与解决问题缺乏有效针对性。

（三）应用特色不足难以适应行业需求

交通运输工程硕士具有鲜明的应用型人才特色。交通运输工程是典型的应用性专业，与交通运输行业联系紧密，行业背景强，行业准入和岗位执业能力要求较高。学校与行业企业之间缺乏有效协作或融合能力不足，导致应用特色不足，表现在交通运输工程硕士对交通行业适应性不够，职业岗位特征不明显，执业能力难以满足需求，缺乏行业耐力和韧性，现实培养与客观需求存在偏差。

上述不足影响了交通运输工程硕士培养质量和行业需求，也难以满足新旧动能转化重大工程对交通运输高层次人才的需求，与现代综合运输体系的发展内涵、提升交通运输能力的发展定位、交通强国的发展目标、多种运输方式有效融合的发展方式以及提升交通运输发展质量效益的发展内容相去甚远。为适应新旧动能转换的要求，强化交通运输对新旧动能转换的支撑作用，交通运输工程硕士的培养必须改革创新。

三、交通运输工程硕士培养机制的探索与创新

交通运输工程硕士培养应定位于具有专业素养和实践能力的应用型、复合型高层次工程技术和工程管理人才。针对交通运输工程硕士知识能力、工程实践能力和应用特色"三不足"问题，国内专家做了积极的探索和实践[2-4]。新旧动能转换下，以服务交通运输行业和区域经济社会发展需求为目标，以构建综合交通运输体系为导向，服务于通道建设和提升、智慧引领、产业融合、绿色提升、服务提质等工程，是开展交通运输工程硕士培养的根本遵循。重点解决知识能力、工程实践能力和应用型特色不足等问题是提升交通运输工程硕士培养质量的重要途径。

（一）以服务行业需求为导向，改革课程体系，提升知识能力

交通运输工程具有"综合性"和"应用性"特色及自然科学与社会科学交叉融合的特点，知识维度宽，涉及面广，交通运输工程硕士培养需建立多学科、多领域的知识体系，以宽广的基础知识为后盾[2]。知识体系应以职业能力为本位进行设计，按照"行业和学生需求—培养目标—职业能力—课程体系—执业能力—目标实现"的思路建立课程体系[5]。顺应综合、平安、智慧和绿色交通发展需求，主动调整课程设置，实现由理论为主向应用技术为主转变。如将交通规划原理、交通安全工程学、交通设计理论等学术性课程分别调整为综合交通规划技术方法、交通安全保障技术、交通设计技术等专业性课程，同时开设可持续发展战略、交通运输工程伦理等课程。发挥交通行业企业作用，邀其参与课程设置，用行业经验和思维充实和改进课程设计。在拓展交通运输工程硕士知识面的同时，结合专业学位培养特点，采取灵活多样的课程学习方式，实现交叉融合、融会贯通。

（二）以新旧动能转换为契机，通过校企合作培养提升实践能力

新旧动能转换是加快培育新动能、改造升级旧动能、促进新旧动能混合提升、推进产业协同融合发展的重要方式，对多元化、多层次的交通运输人才的培养具有导向作用。交通运输人才培养必须融于产业发展与变革，在交通运输新旧动能转换中找准切入点、寻求立足点、稳定支撑点，才能与交通行业产业发展相适应。产学研合作是培养专业学位研究生的有效途径，校企合作模式具有独特优势，对研究生、学校和企业三方都有利。依托校企合作，研究生可提高动手实践能力、创新应用能力和就业竞争力，实现知识素养与应用实践能力的结合、理论与实践的统一；高校可利用市场需求信息、实用技术信息等资源优势，及时调整培养目标和课程设置，使培养人才与社会需求相适应，企业技术人才参与专业实践指导可弥补学校教育实践的不足；企业可以利用高校丰富的智力资源促进研发，创造效益。校企联合培养可充分利用学校的教学环境和企业的技术设备资源，实现资源互补，理论与实践结合[6]。交通运输工程硕士培养本身具有较强的交通行业背景支持，在校企合作方面具有得天独厚的优势。通过建立校企合作平台（如研究生实习实践基地、联合培养基地等），实现培养主体的多元化，拓展工程实践的载体；通过校企学习－实践的多向循环和校企双导师协同培养指导，实现点面结合，拓展工程实践的广度；将研究生培养贯通于企业研发过程和社会课题完成过程，实现项目引领，增加工程实践的深度；通过实践导向的课程和考核体系，实现过程创新，拓展工程实践的维度[7]。实质性的校企合作，可以改进和完善工程实践创新体系，提升工程实践能力。

（三）把握交通运输行业发展趋势，充分体现应用型人才培养特色

工程硕士培养的是应用型人才，其考核评价也应体现应用性。交通运输工程硕士的培养，既应满足行业的现实需求，也要适应行业的长远发展，还要聚焦人才的成长进步，其本质及内涵与交通运输行业相伴而生，其考核评价也必须适应交通运输行业发展要求。交通运输工程硕士培养的所有环节是构成其培养质量的基础，对课程、实习实践、开题以及中期检查、毕业论文的考核评价，每一环节都要严把质量关，才能保障最终培养质量。将应用型贯穿于培养过程，是交通运输工程硕士培养特色的重要体现，必须建立有效的质量保障体系。校内质量保障体系是培养质量的基本保障，以应用型为导向，通过建立专门的管理程序和制度，对招生、培养与学位管理进行全面把控。发挥外部质量保障体系的监督和促进作用，由校企研究生培养指导委员会开展人才培养质量的评估，注重企业参与，并引入第三方评估。积极探索应用型人才培养新途径，例如基于校企双方共同的价值追求协同育人，为企业量身定制，搞"订单式"培养，主动对接行业产业需求，实现人才链与产业链无缝衔接[8]，将应用型特色体现在交通运输工程硕士培养的全过程。

四、结语

基于新旧动能转换下交通运输行业需求，培养复合型、应用型交通运输工程硕士是交通运输领域高层次人才培养的主流和方向。以服务交通行业需求为导向，通过改革课程体系，拓宽知识面，优化知识结构，可有效解决知识能力不足的问题；抓住新旧动能转化契机，以协同发展为导向，通过产教融合与校企合作，可有效解决工程实践能力不足的问题；抓住交通运输工程硕士应用型特色，对接产业需求，将应用落实到培养考核评价全过程，可有效解决应用特色不足的问题。积极推进人才培养模式改革创新，有效提升知识能力、工程实践能力并保障应用特色，不仅是交通运输工程硕士培养活力与生命力的核心保障，也是新旧动能转换下交通运输高层次人才培养的基础支撑。

参考文献

[1] 林坦，王洧，杨超. 交通运输新旧动能接续转换的推进思路和对策建议 [J]. 综合运输，2019（6）：22-26.

[2] 帅斌，种鹏云. 适应综合交通运输系统发展需求的交通运输工程硕士培养体系研究 [J]. 全国学位与研究生教育评估学术会议，2012：392-399.

[3] 杜豫川，叶霞飞，杨超. 交通运输工程专业学位研究生培养体系探索与实践 [J]. 教育教学论坛，2012（37）：96-98.

[4] 刘惠琴，沈岩，雍翠菊. 工程硕士研究生教育质量保证体系的构建与思考 [J]. 学位与研究生教育，2004（10）：25-28.

[5] 李淑庆. 交通运输工程全日制专硕研究生培养模式与特定课程研究——以重庆交通大学为例 [J]. 重庆交通大学学报（社会科学版），2017，17（3）：115-118.

[6] 鲁力群，赵静，李瑞先，唐玉龙. 交通运输专业学位研究生校企联合培养模式研究 [J]. 大学教育，2018（5）：16-18.

[7] 刘魏巍，董洁霜. 研究生"产学研"合作培养模式的探索与实践——以上海理工大学交通运输工程专业为例 [J]. 上海理工大学学报（社会科学版），2016，38（3）：276-280.

[8] 孙全平，韩同友，陆中会. 专业学位研究生培养协同机制构建研究——以淮阴工学院全日制工程硕士培养为例 [J]. 国家教育行政学院学报，2018（6）：36-42.

全日制专业学位研究生培养方案优化设置研究
——基于课程与实践的治理路径

张俊峰 程洁 龙建纲 吴宏春

（西安交通大学研究生院，西安 710049）

摘 要：在全日制专业学位研究生人才培养过程中，基于"特色鲜明"和"质量保障"的两大战略构成了一个既涉及有形教育（包括课程教育和实践教育），也涉及无形教育（包括价值观教育和发展观教育）等多元维度的基本框架。由课程与实践的治理路径入手，遵循科学性、融合性、开放性和灵活性的原则，给出了培养方案优化设置的若干思考与建议。

关键词：全日制专业学位研究生；培养方案；课程；实践

第一作者简介：张俊峰，1972年生，男，硕士，六级职员，研究方向为研究生教育管理，电子信箱：junfengxjtu@xjtu.edu.cn。通讯作者联系方式：junfengxjtu@xjtu.edu.cn。

一、引言

相比偏重于学术理论研究的学术型研究生以及本已存在深厚工作背景与技术管理经验的非全日制专业学位研究生的人才培养特征，加强全日制专业学位研究生人才培养非常有利于促进高校知识生产与社会人才生产紧密结合，有利于推动跨学科、跨领域、跨行业的交叉融合创新，有利于培养国家总体发展需要的高层次应用型人才。2009年3月，教育部下发《关于做好全日制硕士专业学位研究生培养工作的若干意见》，明确指出专业学位研究生教育应与学术型研究生有所不同，既要突出人才培养特色，也要保障人才培养质量。实际上，世界发达国家专业学位研究生教育之所以较好地满足社会发展迫切需求，正是由于培养出的高层次应用型人才在知识获取与实践训练方面呈现出鲜明特色和优等质量，进而在就业过程中具备超强竞争力，成为社会经济快速发展过程中的重要支撑力量。

基于上述思考分析，从治理视角观察，本文积极尝试探索以下问题：新时代全日制专业学位研究生"特色鲜明"与"质量保障"战略在培养方案设置中的课程与实践层面体现了怎样的逻辑框架和功能特征？对培养方案中的课程与实践采取何种优化设置可充分实现该类型人才"特色鲜明"与"质量保障"的既定目标？

二、基于"特色鲜明"与"质量保障"战略的全日制专业学位研究生培养方案设置分析框架

"特色鲜明"和"质量保障"理应成为新时代应用型全日制专业学位研究生人才培养的两个潜在引擎与发展战略。一方面，"特色鲜明"并非简单的形式模仿或邯郸学步，而是结合社会经济发展人才客观需求，发挥高校学科优势和地区优势形成的一种匠心独具的人才培养模式。另一方面，"质量保障"也并非封闭的高校本身满意或自我陶醉，而是经过社会组织、产业领域和雇主单位首肯心折和交口称赞形成的一种持久的人才品牌地位认可。从一定意义上讲，"质量保障"是"特色鲜明"内涵的一种外在延伸表现，"有特色"往往成就"高质量"。在全日制专业学位研究生培养方案设置中的课程与实践层面，强化"特色鲜明"与"质量保障"这两大战略的密切融合，可视为是对社会迫切需求的高层次应用型人才的一种有效回应，其构成了一个既涉及有形教育（包括课程教育和实践教育）、也涉及无形教

育（包括价值观教育和发展观教育）等多元维度的基本框架，本质上是对不同维度下"本领获取"与"路径选择"课题的精心思考，目标实现需要倚仗更有成效的深度治理。

（一）课程教育

课程教育是全日制专业学位研究生人才培养的基础环节，一般呈现出如下特点：课程体系以科学逻辑方式组织，不是随意性的课程叠加；课程内容反映的是经典经验总结与最新发展前沿，不是凌乱性或落后性的知识累积；课程受教对象是强制要求接受课程教育的，不是完全满足其个人兴趣偏好；课程教学方式更多由施教人员掌控，但方式并非始终一成不变。从现阶段观察分析来看，专业学位研究生的课程体系设置受学术型研究生课程体系的影响较大，存在课程简单叠加的现象；课程内容学术化、理论化迹象明显，未能充分展现最新的前沿知识，滞后于社会产业的发展；课程学习者对于课程教育的重视程度不够，缺乏学习的动力与兴趣；课程教学方式以传统课程讲授模式居多，缺乏应有的施教特色[2]。如何运用课程教育知识解决社会实践问题，使培养出的人才能够"着力解决复杂的现实问题""提供市场急需的技术突破""实现学科交叉的协同创新"，是研究生人才培养面临的一个重要问题。

那么，全日制专业学位研究生的"特色鲜明"和"质量保障"两个战略如何在课程教育维度得以充分体现呢？一方面，"特色"意味着培养出的人才接受了符合科学逻辑和包含学科前沿知识、可用于未来指导专业实践和就业创业的课程教育。科学合理设置课程体系，切实加强前沿知识教学，勇于激发研究生课程学习兴趣，积极创新研究生课程教学模式，充分调动并依托高校、政府和产业三方资源开发建设优质课程教育资源，密切教育链、产业链与人才链的衔接，专业学位研究生的知识获取路径方可体现出鲜明特色[3]。另一方面，"质量"意味着培养出的人才掌握了适应未来服务社会需求的素质本领。研究发现，摆脱对学术型课程教育体系的模仿，避免僵化和沉湎于高校内部高深学问，倡导运用课程知识紧密服务于社会发展和市场需求，将理论知识学习与社会实践经验充分结合起来，形成知识再造与实践创新相互融会贯通，专业学位研究生的培养质量方可得到充分保障[4]。

因此，清楚意识到特色鲜明与质量保障战略的课程教育内涵体现，可以创新优化课程体系，激发产学研融合动力培养特色人才，匹配知识运用与社会适应客观评价人才质量，进而强化人力资源自觉获取未来服务社会需求的基础性知识本领。

（二）实践教育

实践是检验认识真理性的唯一标准。人们之所以能够获得本领与技能，除却掌握和具备扎实的理论知识之外，实践是必不可少的重要环节。荀子《劝学》云："故不登高山，不知天之高也；不临深溪，不知地之厚也"，道出了人们若想获得对客观物质对象的深刻认识，就必须通过一定的途径踊跃开展实践考察探究。在全日制专业学位研究生的培养过程中，实践教育与课程教育应当处于同等重要、不分伯仲的地位，一般呈现出如下特点：实践教育体系以科学逻辑方式组织，并非随意性的临时安排；实践内容必须与本学科专业紧密结合，但并不完全受限于该学科专业；实践教育成效依靠指导者与受教者的协同作用发挥；实践施行方式更多由受教者自主选择，存在多样性和复杂性。现阶段，专业学位研究生教育已从学术氛围浓郁、产学研分离、培养主体单一、相对封闭的人才培养模式，逐渐向秉持多元化共治理念、发挥行业导向作用、培养参与主体多元、更加开放的人才培养模式转变，有必要进一步破除传统的一元化学术研究主导体系，防止人才评价标准的唯学术化，进而探索构建科学规范、措施得当的培养全过程实践教育体系[5]。

那么，全日制专业学位研究生的"特色鲜明"和"质量保障"两个战略如何在实践教育维度得以充分体现呢？一方面，"特色"意味着培养出的人才必须历经严格的实践训练，且此类实践训练不得简单流于形式。专业学位研究生教育是高校与产业协同培养的结果，既有校内导师的功劳，也有校外导师的奉献，校企之间的双导师制协同实践培养至关重要。倘若专业学位研究生偏重于理论研究，是"学术论文写作高手"而非"复杂问题解决能手"，那就与传统学术型研究生并无明显差异，不能充分满足社会技术变革发展的人才需求，体现不出培养特色。另一方面，"质量"意味着培养出的人才具备在产业领域的行动能力，呈现出专业能力、方法能力、社会能力与迁移能力等多项并举的综合素质能力。研究分析认为，专业学位研究生强化实践教育具有以下几个方面的质量表征：专业能力可与预期的职业岗位高度契合；方法能力可与特定的工作任务合理匹配；社会能力可在复杂的社会网络中畅通链接；迁移能力可在陌生工作情境中完美嬗变[6]。上述这些能够关注技术发展时代特征和处理实际现场复杂事宜的应用型科学人才，才是社会所迫切需要的高质量人才。

因此，清楚意识到特色鲜明与质量保障战略的实践教育内涵体现，可以优化改进全日制专业学位研究生的培养模式，强化以实践训练作为培养环节的中心纽带，切实发挥校企协同合作功能，使得人才培养质量再上新台阶，满足新要求。

（三）价值观教育

对于全日制专业学位研究生培养而言，开展课程教育和实践教育只是第一步，还要将价值观教育和发展观教育作为关键环节予以高度重视。诚然，课程教育和实践教育通常以课程设置与实践项目的有形方式出现在人们视野之中，价值观教育与发展观教育则以思维和创新等无形方式附载于课程教育和实践教育之中，发挥着潜移默化的育人作用。

价值观教育是对全日制专业学位研究生的思维观和伦理观教育，指导研究生在知识学习和实践训练中基于个人的认知和理解而摸清事物缘由和判断事件是非。长期以来，受制于传统教育模式和考试制度影响，专业学位研究生的某些课程教育和实践教育缺乏对学生思维观、方法论和伦理观的培养，导致课程体系设置落后，实践指导方向偏离，使得培养出的学生往往思维僵化、方法笨拙、伦理模糊，要么成为仅仅精于应对课程考试的学分追求机器，要么在实践过程中出现重大伦理问题。

那么，全日制专业学位研究生的"特色鲜明"和"质量保障"两个战略如何在价值观教育维度得以充分体现呢？一方面，"特色"意味着培养出的人才可以依托课程教育与实践教育形成基本价值规范和具备价值判断能力。其中，基本价值规范包括如下几个方面：培养研究生认可社会规范制度（成长底线），培养研究生具备科学素养能力（核心技能），培养研究生坚守学术道德水准（伦理规范）；价值判断能力包括如下几个方面：培养研究生掌握科学研究方法（方法论），培养研究生做出科学合理决策（决策论），培养研究生具备风险识别能力（安全论）。另一方面，"质量"意味着培养出的人才可以依托课程教育与实践教育形成解决现实问题的主动责任意识和持久价值追求。对于专业学位研究生培养而言，敏感捕捉社会经济发展中的现实难题，积极思考这些问题并通过本学科专业知识以及交叉融合学科知识提出科学化的解决方案，这是高质量人才的典型特征，其背后反映的是问题解决自主激励、方案提出平等协商、知识实践均衡发展的成功价值观教育。

因此，清楚地意识到特色鲜明与质量保障战略的价值观教育内涵体现，可以合理确定全日制专业学位研究生培养的发展定位，弥补研究生思维观和伦理观等教育缺失的短板，创设研究生的自主激励机制，使得人才培养质量持续提升。

（四）发展观教育

发展观教育是对全日制专业学位研究生的视野观和创新观教育，指导研究生在知识学习和实践训练中基于个人的认知和理解而扩大观察社会发展动态的视角，激发创新活力。创新强调利用当前的知识与物质，提出有别于传统常规的思路见解，改进或创造出新的事物或提出新的方法，最终获得较之以往更好的施行绩效。创新是一个民族发展的灵魂，是社会发展的不竭动力。但是，如果缺乏开阔的视野和深刻的洞察力，单纯强调坚守学科传承独特性和学术价值观，刻意与现实需求保持一定的距离，就谈不上创新，更谈不上如何进行创新。在以美国为代表的发达国家中，大学与政府、产业等机构组织实现协同创新和集成创新，学术研究也开始从科学逻辑向市场逻辑转变，将人才培养融入技术发展与市场转化的综合性创新过程，因而构建了高素质人才辈出的竞争优势，确保了创新驱动发展战略在现实社会的成功实现[7]。

那么，全日制专业学位研究生的"特色鲜明"和"质量保障"两个战略如何在发展观教育维度得以充分体现呢？一方面，"特色"意味着培养出的人才要具备开阔视野和创新能力。在传统学术主导型模式下，大学培养的是携带知识自由择业的人；而在创新创业型模式下，大学所关注的则是如何培养可以利用自身携带的知识通过组建团队以生产新知识，并且利用这些新知识推进科学技术进步或者变革社会治理方式的人[7]。另一方面，"质量"意味着培养出的人才是对原有人才培养目标的突破超越，创新积累可形成和造就长久优质品牌。专业学位研究生人才培养质量的优劣评价，需要通过更多人才做出的创新性成果进行判断。对于专业学位研究生的人才培养，如果指导教师单打独斗或闭门造车，不愿意为研究生提供开阔视野的实习实践机会，或者研究生即便获得了实践机会，但参与实践的内容只是充当"苦力"或者实践的时间得不到充分保证，这些都会严重损害其创新意识与创新活力，使得培养出的人才很难做出富于创新性的成果而沦为平庸之辈[8]。缺乏创新能力可能并不影响某个人进入社会谋求一份职业，但具备创新能力则是对原有人才培养目标的突破超越，创新积累越多，方可形成和造就长久优质品牌。

因此，清楚意识到特色鲜明与质量保障战略的发展观教育维度内涵体现，可以通过校政企合作、跨学科合作等提高研究生的科研成果产出效率、科研成果转化能力和社会问题解决能力，形成独特的创新型人才优质品牌。

综上所述，基于"特色鲜明"和"质量保障"的两大战略框架涵盖了全日制专业学位研究生的课程教育、实践教育、价值观教育、发展观教育等四个有形维度与无形维度的相互结合与融会贯通，变革优化该类别研究生的培养方案也应围绕这四个维度包含的主要内涵要素进行深度治理。

三、课程与实践治理路径下全日制专业学位研究生培养方案的优化设置

（一）优化设置的基本原则

需要指出的是，强调通过课程与实践治理路径实现全日制专业学位研究生培养方案的设置优化，并非只是简单地将课程与实践重新划分为若干形式，更重要的是体现不同形式下课程与实践的要素组合内涵，其确定的基本原则大致包括：（1）科学性原则，即指所设置的课程和实践教育体系必须符合科学逻辑，不是人为随意确定课程和临时安排实习实践；（2）融合性原则，即所设置的课程和实践教育体系必须将价值观教育与发展观教育融合其中，不是单纯的专业知识获取和专业知识实践；（3）开放性原则，即所设置的课程和实践教育体系必须吸纳政企产业的优势资源，不是仅限于高校内部的封闭学术传承；（4）灵活性原则，即所设置的课程和实践教育体系应预留充分的扩展空间，便于根据社会发展需求灵活变更和适度取舍。

（二）优化设置的思考建议

1. 培养方案应体现课程教育与实践教育地位对等

受限于大学传统学术逻辑的惯性思维，课程教育与实践教育地位存在不对等现象，重视课程设置而轻视实践安排、重视课程质量督导而轻视实践效果评价的情况比较突出，从而导致出现培养特色无法彰显、培养质量缺乏保障的不良后果。为此提出以下优化建议：（1）适度压缩课程学分和授课学时。按照公共课（包括马克思主义政治类课程）、学位课（包括符合该专业学位类别科学逻辑的核心专业知识课和重要的交叉学科知识课）和方法论课（包括外语类信息知识获取方法、技术类专业知识获取方法和复杂性现实问题解决方案等）建立课程体系，设置课程时要公认符合人才培养需求而非因人随意设课；（2）适度增加实践学分和实践类型。对应课程设置的培养标准，按照政治实践（包括参与学校或班级等政治生活行为）、专业实践（包括参与导师/企业科研项目或学科科技竞赛）和方法实践（包括

本学科社会或产业发展调研、各学科专家讲座聆听、现实问题解决方案思考等）建立实践体系，以课程知识指导实践训练，以实践训练消化课程知识；（3）与重视课程教育质量对等，也要重视实践教育质量。无论是课程教育抑或实践教育，均可引入政府、行业、企业等校外优质资源，增强课程前沿知识传递和实践素质能力指导，满足社会经济发展对人才的目标需求。同时，要采取科学方法大力加强对实践教育的质量评估。

2. 培养方案应将价值观与发展观教育融合渗透到课程与实践教育之中

作为高素质人才的关键群体，如何在课程与实践教育中将正确的价值观和发展观传递给全日制专业学位研究生，理应成为高校关注和研究的重要问题，这既是特色培养的要求，也是质量保障的根本。为此提出以下优化建议。（1）明确要求课程教学师资和实践指导人员在课程和实践教育中强化对研究生的价值观与发展观教育。教育者的工作不仅是单纯传授学科知识或指导课题项目实践，而且要结合知识传授或实践指导教会受教育者如何增进道德修养、如何形成科学思维、如何恪守技术伦理、如何观察了解社会、如何独立创新探索；（2）明确要求教育者密切关注专业学位研究生的思想动态和行为举止，了解学生的价值观和发展观情况。在课程和实践教育中，可明确要求教育者采用课堂（或实践现场）公开讨论、课后（或实践现场之外）沟通交流、网络会议专题研讨等形式密切关注研究生的思想动态和行为举止，帮助其树立正确的价值观，形成良好的发展观；（3）明确要求专业学位研究生既重视自觉接受课程和实践教育，也重视主动接受价值观和发展观教育。专业学位研究生通过学习和实践深刻领悟科学价值观和时代发展观，可变革思维理念，夯实伦理基础，开阔发展视野，锤炼实践创新，逐渐成长为具备内生动力和使命追求的适应社会需要的高质量应用型人才。

3. 课程设置强调实践应用性而非纯学术性，应大幅增加"知识学习方法论"和"现实问题决策论"类课程

设置"知识学习方法论"课程，研究生可以了解和掌握知识产生的发展脉络，知识获取的技巧途径，知识运用的伦理规范，知识更新的特点规律，进而达到个人知识水准的显著提升[9]；设置"现实问题决策论"课程，研究生可以发现和甄别现实中存在的突出问题，运用本学科的基础知识和跨学科的交叉知识，采用独立分析与研讨交流相互结合的多样方式，训练分析问题、解决问题的思路方法，进而达到知识运用与实践能力的显著提升。设置上述两类课程，既能够充分呈现鲜明特色，也能够严格保障培养质量。为此提出以下建议：（1）从施教内容层面分析，除却基本的学科基础知识之外，纯科学、纯理论的"学理研究"类课程教学内容应当减少，而以"实证研究"类课程教学内容进行替代；（2）从施教模式层面分析，传统存在的"僵化讲解""教师一言堂"等教学形式应当摒弃，而以"案例分析""师生研讨对话"等教学形式进行替代；（3）从施教环境层面分析，一般状态下的固定教室授课场所应当有所改变，可以增加技术实验现场或产业研发项目现场等授课场所；（4）从施教评价层面分析，师资评聘不再强调发表纯学术性高深论文，而以是否具备现实问题解决指导能力作为关键考察要素；（5）从施教学生收获层面分析，学业考核不再强调评价纯粹学术理论贡献，而以解决实际科研问题时的个人贡献（决策思路）作为重要依据。

4. 实践训练绩效应当采取分级式评价，客观反映研究生个体实践训练情况

通常情况下，高校对专业学位研究生的实践训练绩效评价采用的是合格性评价，即提交实践报告经考核后即可认定为完成实践环节（或每个人均得到对应定额学分），但并未针对每个学生的实践绩效进行分级式评价，这其实并不利于增强客观评价个体实践训练成效，更不能反映出鲜明特色，对培养质量也会产生消极影响。为此提出以下优化建议：（1）建立科学、规范的实践过程监控与实践绩效考核机制，既注重过程管理，也注重成效管理，特别是实践目标要清楚明晰，实施方案要详细可行，实践过程要扎实有效，实践结果要有据可查；（2）实践训练绩效应当采取分级式评价。比如对于专业学位研究生某个群体，可依据翔实记录的实践监控数据按照每个人的实践贡献成果采取划分 A（优秀）、B（良好）、C（合格）、D（不合格）不同等级的方式进行评价并纳入个人在校成绩单，这样既可以避免滥竽充数，也可以实现优中选优；（3）通过分级式评价，可及时总结有益经验，梳理不利因素，改进和完

善实践训练的规程要求，为后期专业学位研究生培养的实践教育提供思路借鉴。

四、结语

在全日制专业学位研究生人才培养过程中，基于"特色鲜明"和"质量保障"的两大战略构成了一个既涉及有形教育（包括课程教育和实践教育）也涉及无形教育（包括价值观教育和发展观教育）等多元维度的基本框架。由课程与实践的治理路径入手优化设置全日制专业学位研究生培养方案，对提升该类别研究生的培养质量至关重要。遵循科学性、融合性、开放性和灵活性的原则，要强化鲜明特色和保障培养质量，全日制专业学位研究生的培养方案优化设置包括以下几个方面：培养方案应体现课程教育与实践教育地位对等；培养方案应将价值观与发展观教育融合渗透到课程与实践教育之中；课程设置强调实践应用性而非纯学术性，应大幅增加"知识学习方法论"和"问题研究方法论"类课程；实践训练绩效应当采取分级式评价，客观反映研究生个体实践训练情况。

参考文献

[1] 蔡小春，刘英翠，熊振华，庞倩茹. 全日制专业硕士产教融合课程教学路径的案例研究——以上海交通大学为例[J]. 高等工程教育研究，2019（2）：161-166.

[2] 汪全报，卜春梅. 专业学位研究生教育的产教融合——基于目标导向的特色化策略[J]. 学位与研究生教育，2019（3）：24-29.

[3] 蒋寒，崔延强. 基于知识生产转型的我国专业学位研究生教育质量保障变革研究[J]. 西南大学学报（社会科学版），2019（6）：112-120.

[4] 邓光平. 我国专业学位研究生培养模式改革的历史变迁与现实思考[J]. 高等教育研究，2019（5）：64-69.

[5] 刘冰，闫智勇，潘海生. 基于协同治理的专业学位研究生教育质量治理体系构建[J]. 学位与研究生教育，2019（1）：56-62.

[6] 王建华. 创新创业：大学转型发展的新范式//中国高等教育学会组编. 加快"双一流"建设，实现内涵式发展——"2018高等教育国际论坛年会"论文集[C]. 兰州：兰州大学出版社，2019：192-200.

[7] 汪雅霜，付玉媛，汪霞. 从院校服务转向成长收获：专业学位硕士研究生满意度实证研究[J]. 中国高教研究，2018（11）：57-62.

[8] 刘国靖. 对提高专业学位研究生培养质量的实践探索[J]. 中国研究生，2019（6）：76-79.

全过程管理的非全日制工程类专业学位研究生混合式教学模式探索
——以同济大学为例

吴鹏凯　黄宏伟　关佶红

（同济大学，上海 200092）

摘　要：同济大学开展了非全日制工程类专业学位研究生公共学位课混合式教学模式的创新探索，从布局、规划、制度、机制入手逐步摸索出一套涵盖"建设""实施""保障""提升"，对教学组织与实施进行全方位全过程把控的混合式教学管理与实施体系。

关键词：闭环；建设；实施；管控；提升

第一作者：吴鹏凯，联系电话：13817789563，12007@tongji.edu.cn

基金项目：研究生教育重大课题，项目编号：ACGS01-2019003。

一、探索工程类专业学位研究生全过程管理的混合式教学模式背景

随着全球多媒体技术和网络技术的不断成熟，为迎接全球信息科技高速发展给高等教育改革发展带来的新机遇和新挑战，进一步促进工程类专业学位研究生教育教学改革和培养模式创新，不断提高非全日制工程类专业学位研究生的培养质量，同济大学以提高质量为核心，遵循教育教学规律，主动适应学习者多样化终身学习需求，推动教育教学与信息技术的深度融合，促进优质教学资源共享，积极探索从管理层面出发自上而下的全过程管理的混合式教学模式。

二、现有教学模式中存在的问题

（一）单一线下教学模式的局限性和不足

在混合式教学模式的探索中我们发现，目前国内诸多高校针对非全日制工程类专业学位研究生的教学基本上仍以线下集中授课的传统模式为主，虽然也有其特点，能在一定程度上为学生提供面对面的教学体验，但因为此类学生绝大多数为在职人员，所以这种短时期的密集型、定点式的单一的线下教学模式已无法完全满足他们对课程学习的需求，其具体存在的不足包括以下四个方面：非全日制学生来自各行各业，其生源比较分散，单一线下教学限制了教学的空间，同时给学生带来时间和精力上的巨大压力；非全日制学生线下授课通常在周末，平时与教师的交流较少，学生无法在第一时间与教师面对面沟通，在复习和预习上会存在一定的问题；单一的线下教学方式相对单一，难以激发学生学习的积极性和自主性，密集的教学导致掌握的知识点容易遗忘，教学目的难以实现。

（二）传统线上线下混合式教学模式的不足

我们在研究和实践应用中发现，传统的线上线下混合式教学模式，缺少总体的规划、部署和对整个课程体系的管控，缺少保障和监控，所以提升非全日制工程类专业学位研究生培养质量的效果并不明显，缺少必要的监督和反馈环节，无法形成一个有效的闭环。

三、全过程管理的混合式教学模式的理念

为解决上述问题，提升非全日制工程类专业学位研究生培养质量，在国家教育指导方针的指引下，自 2016 年起，同济大学开展了非全日制工程类专业学位研究生公共学位课混合式教学模式的创新探索，从布局、规划、制度、机制入手逐步摸索出一套涵盖"建设""实施""保障""提升"，且对教学组织与实施进行全方位全过程把控的混合式教学管理与实施体系。

对于从管理层面出发全过程把控的混合式教学模式，其实施理念在于要自上而下地对课程体系做出整体的布局和规划，通过制度的建立对其进行全面的管理、保障和激励，以确保整个模式的平稳运行及持续改进，其中包含几个关键点，如图 1 所示：

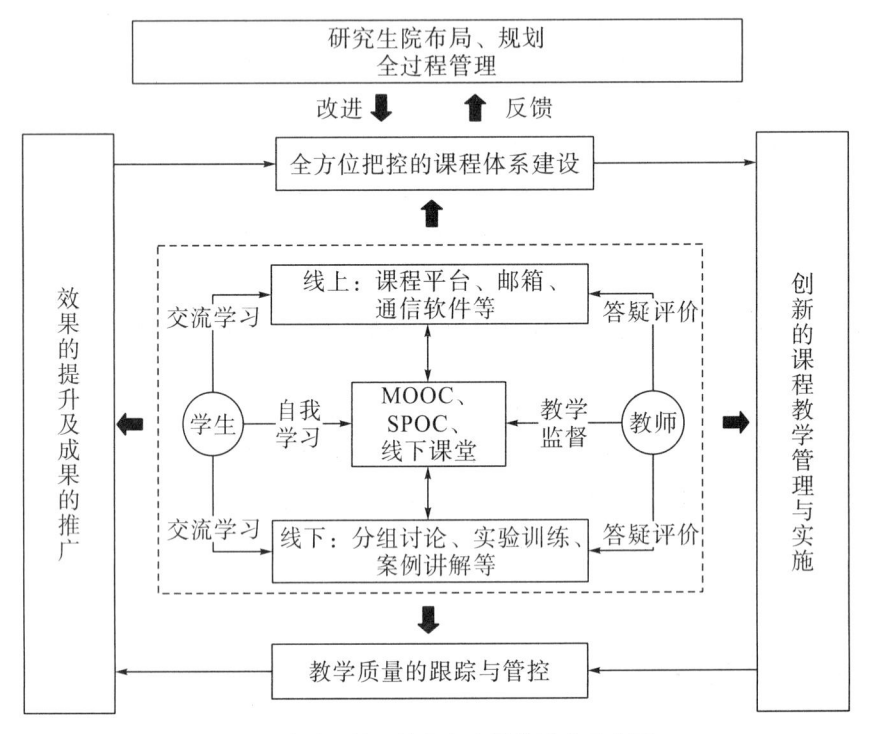

图 1 全过程管理的混合式教学模式理念图

关键点一："建设"

对培养方案制订、课程设计、师资队伍、考核内容等方面进行全方位监督，以大学生文化素质教育课，受众面广、学生量大的公共课和专业核心课程为重点，建设适合网络传播和教学活动的内容质量高、教学效果好的在线开放课程。

关键点二："实施"

促进在线开放课程广泛应用，结合同济大学人才培养目标和需求，通过在线学习、在线学习与线下课堂教学相结合等多种方式进行教学实施，并在实施过程中不断创新，形成全新的应用模式。

关键点三："管控"

一方面要建立多元化、全方位的教学质量评价指标体系和评价标准，通过制度建设、教学过程抽查、教学效果评估、教师自我评价等手段，进一步加强对课程教学质量的管控，另一方面在公共平台的建设及投放平台的选择上也要介入和跟进。

关键点四："提升"

通过教师、学生、平台数据等各个方面对教学情况的跟踪和反馈，持续改进在线课程的教学内容、教学形式，进一步加强在线课程和线下课程的融合，是形成整个混合式教学模式闭环的重要一点。

四、全过程管理的混合式教学模式的实施路径

(一) 全方位把控的课程体系建设

自 2016 年起,研究生院在职教育管理处启动了非全日制工程类专业学位研究生 MOOC、SPOC、线下课堂相融合的课程体系建设。

其把控的方面包括以下四个。

第一,师资队伍。制作在线课程的团队成员必须具有丰富的教学经验和较高学术造诣,师风师德好,教学能力强,有一定的非全日制工程类研究生授课经验,能积极投身信息技术与教育教学深度融合的教学改革。

第二,课程设计和认定。在课程设计及认定上要求遵循教育教学规律,体现现代教育思想,符合大规模在线开放课程教学特征。要以学生为中心,注重以学生为中心建立教与学新型关系、注重激发学生学习志趣,增强学生的社会责任感、创新精神和实践能力。

第三,考核内容。要求围绕核心课程内容,面向不同受众,考核的内容和难度要有所区别,合理设定挑战度、课程难度及课程深度。考核评测要求设计合理,在线考试题库要有区分度,能够覆盖课程知识、能力与素质考核要求。

第四,信息技术深度融合。要求在教学过程中充分合理运用信息技术手段提升教学水平,构建体现信息技术与教育教学深度融合的课程结构和教学组织模式。

在各课程团队的大力支持下,目前已完成"信息检索""应用统计""数值分析""专业学位英语"等四门课程的建设,并于 2018 年全面投入使用。

(二) 创新的课程教学管理与实施

传统网络课,是将实体课堂教学录像并面向社会开放的课程或以教学视频为主要形式面向社会开放的课程,而同济的"MOOC + SPOC + 线下课堂"的模式是一种面向未来、面向智慧课堂的混合式教学模式,其实施的特点包括以下四个方面。

第一,对课程受众的针对性更加精确,加强教师主导性。对受众有了更细致的区分,MOOC 的受众包括校内、校外不特定的所有群体,MOOC + 线下课堂主要针对的是校内大班的授课形式,而 SPOC + 线下课堂则是针对校内小规模、有针对性的群体的教学模式,和受众更广泛的 MOOC 相比,MOOC + 线下课堂及 SPOC + 线下课堂在其基础上增加了学生群组学习、案例讨论等形式的课堂对话,教师通过形式多样的介入及穿插融合,增加了自身在课程上对学生的主导性。

第二,更符合学生个性化、碎片化学习的需求。课程在实施中,将完整内容以视频形式网络化呈现,线上课程内容按知识点组织,学生可自己决定学习进度,可反复看某个章节或者完成测验直接跳过,可以在规定时间内自由安排自己的学习时间和地点,也可以通过在线讨论区和现场课堂讨论以及团队方式学习高度参与学习过程,有效解决研究生相关课程课时少、排课时间密集、个性化需求无法满足的问题。为学生"终身学习""长期学习""碎片化学习"提供资源平台,解决了课时少、时间安排密集的问题。

第三,提高学习效率,强化学习效果。整个学习过程中,教师也可以首先课堂教学,讲授课程的核心概念和学习方法,然后学生进行线上自主学习,主要掌握课程知识要点,并完成每章节针对性作业,再由教师以作业和学位论文写作为案例进行翻转课堂授课。一方面,线上课程满足研究生个性化需求和碎片化学习习惯;另一方面,线下课程重点在于课堂上的分析和讨论,深化和拓展线上课程知识点的关键问题和应用场景。这样的课程体系增加了学生分组学习功能,与智慧课堂的建设相契合。课程相关内容需要与实践和案例相结合,与实际科研课题相结合,从而更大程度上增强该课程的学习效果。

第四,授课过程内容更加合理。尽管在线课程考虑到学生注意力集中的时间,每堂课的时长较短,但因为主要以教师讲解为主,且内容高度浓缩,缺少师生互动,学生还是容易产生视觉疲劳,精力分散。我校在部分在线课程的课程设计中,以聊天的方式有效地将课堂互动融入在线教学,同时将游戏通关晋级的模式引进到教学中,使得学生在轻松的环境下汲取知识,确保每个知识点的充分掌握。在部分课程中运用了"自上而下"的教学策略或"方向"策略,如在专业英语的课程教学中,从宏观层次线索对教学的篇章进行解码,在有效地提高英语阅读能力的同时还能有效地提高英语听、说和写的实践能力,即学会在听和读的过程中准确地理清思路,把握文本信息要点和中心思想;在说和写中更好地表达自己的观点,学会用英语习惯思考和交流。

(三) 教学质量的跟踪与管控

教学质量是研究生培养中的重中之重,针对线上线下混合式教学,教学质量更是需要从严把控。

一是完善制度。建立切实务实的制度体系,明确各条分支的责任与分工,联动并打通管理层、课程团队、学生之间关系,从而形成科学有效的管理与教学上的良性互动。

二是过程抽查。制定教学检查制度,组织思想政治及教学督导团队,对平台课程定期进行抽查,研究生院会根据线上课程的内容提前把关审核,针对线上直播课程也实时进行监控,确保及时介入与干预。

三是激励机制。根据学生及教学督导对课程的反馈,针对表现突出的师资团队,研究生院将给予激励,并优先支持精品课程或者课程包的打造与建设,一方面使得我们能更好地完成高校的教育使命,同时也能扩大学校对社会的影响力,也能提高课程团队的积极性,实现三赢,最终形成一个良性的课程体系建设的循环闭环。

四是教学评估。通过在线课程平台数据、校内考试成绩数据以及面向教师和学生的问卷调研结果,对混合式教学情况进行评估。评估分两方面,一是课程是否达到预期效果,教学质量是否得到保障,教师和学生反响如何,是否具有长期运行及推广的可能性,存在哪些问题以及要如何解决。二是考查面向校外的在线课程的运行情况,包括学生的评价、教师团队的承担情况、运营商的意见、是否具有长期运行的可能性、是否会影响教师在校内的工作、存在哪些问题以及要如何解决。依据评估结果,对于具有长期运行潜质的课程将给予后续支持,对于开课反响欠佳、问题较多的课程则视情况进行整改或关停。

五是平台数据的分析。课程平台可以查看学生详细的自主学习情况,通过选课人数、平均学习时长、课堂答疑数、平均学习进度、考试权重等情况的分析,对这门课程做出一个整体的综合的评价,为课程团队改进课程提供了重要的参考数据。

(四) 效果的提升及成果的推广

经过不断的摸索,我们发现,通过满足以下三个要素,能使教学的质量持续有效提升,效果不断强化。

一是课程实施中经验的自我总结。在课程实施过程中团队发现目前急需解决的问题主要存在于任课教师的教学理念方面。有相当一部分任课教师的教学理念和方法仍然停留在传统的全课堂教学阶段,不能有效地使用在线视频,不能将课堂教学与在线教学有机结合起来,在很大程度上浪费了优秀的教学资源。为了帮助教师适应新的教学模式,团队也制订相应的改进措施,包括组织任课教师学习探讨新模式下的教学方法、录制示范课视频供任课教师学习、仿效等。

二是学生对教学情况的反馈。通过学生以不同形式,如邮件、问卷、线下交流等对混合式教学模式中的各类问题的反馈,管理部门及课程团队可以对整体教学体系的各个方面进行不断完善。

三是课程推广。通过招投标,引进在线课程制作经验丰富、软硬件服务一流的在线平台,利用平台优势资源,将优秀的大规模在线课程进行推广。目前,同济大学已有10门课程陆续上线,学校也在规划更完善的课程推广方案,逐步上线一批包括《工程伦理》在内的"精课"和"金课"。

五、总结

综上所述,通过"建设""实施""管控""提升"自上而下循环式的全过程管理,建成的由MOOC、MOOC+线下课堂、SPOC+线下课堂三者相互融合的混合式教学模式,为大学教学"互联网+"改革提供实践范例,解决大规模在线开放课程(MOOC)、小规模在线开放课程(SPOC)及线下教学相互融合的实践问题。这样不仅可以满足不同规模校内、校外学生长期反复学习相关课程内容的需要,也可以满足学生随时随地学习的诉求,为学生"终身学习""长期学习""碎片化学习"提供资源平台,解决课时少、时间安排密集、个性化需求的问题。同时,对于不同的学生群体,既弥补了相互间的短板,又充分考虑到了不同受众的不同需求,对外扩大了受众面,对内则强化了教师的作用,为"以学生为中心"的教学改革提供工具和实践,以翻转课堂、在线互动等形式为基础,为增强教学效果提供了新的路径,有效地提高了非全日制工程类专业学位研究生的教学质量,更符合未来智慧教育的发展趋势。

"双一流"背景下基于"工作坊"的翻译硕士专业学位研究生实践教学模式的改革与实践

刘晓辉　孟　勐　仲昭然

(哈尔滨工业大学外国语学院，哈尔滨 150001)

摘　要：在"双一流"建设中，创新人才培养机制、全面提升人才培养能力成为高校的工作重心，不同类型的高校要根据自身特点探索人才培养模式。基于"工作坊"翻译实践教学体系及模式的改革与实践，就是以哈尔滨工业大学的翻译硕士专业学位研究生（MTI）专业性为基础，本地化为方式，运用翻译"工作坊"对教学模式进行的改革与实践。翻译"工作坊"的采用培养了学生的综合能力，如实践能力、自主学习能力、协作能力等等。对 MTI 教学模式的改革可以培养出高质量的、适应社会经济发展需要的创新型、复合型、应用型、综合能力强的 MTI 翻译人才，有助于教师准确把握市场脉搏，科学设置课程，注重结合院校特色专业及权衡市场之实际所需，培养出具有独特院校特色以及专业性特色的 MTI 翻译人才。

关键词：双一流；翻译硕士培养；教学模式改革；翻译"工作坊"

第一作者简介：刘晓辉，1970 年生，女，硕士，副教授，主要研究方向为英语教学法、翻译教学与实践，邮箱为 huixiaoliu.hit@163.com。

基金项目：2019 年黑龙江省教育厅教育教学改革项目，项目编号 SJGY20190235；第五批哈尔滨工业大学教学发展基金项目，项目编号 XSZ2020018（A 类）。

一、引言

2015 年 10 月，国务院印发《统筹推进世界一流大学和一流学科建设总体方案》，正式启动了各高校高等教育"双一流"建设的进程。2017 年 9 月 20 日，《关于公布世界一流大学和一流学科建设高校及建设学科名单的通知》[1]颁布，标志着我国"双一流"建设正式进入实施操作阶段。一所一流的大学必须有一流的研究生教育，研究生教育作为其不可缺少的一部分更是对于"双一流"建设至关重要。

在"双一流"建设中，创新人才培养机制、全面提升人才培养能力成为高校的中心工作，不同类型的高校要根据自身特点探索人才培养模式，培养适应社会经济发展需要的创新型、复合型、应用型人才。

随着"一带一路"倡议的不断推进，国际交往日益频繁，对外翻译资料数量日益增多，"中译外"已成为翻译的主要活动。翻译种类愈加广泛，这就说明社会迫切需要懂语言、熟悉专门行业知识、受过专业化训练的翻译人才。

基于这种大背景，本文拟就"双一流"背景下翻译硕士专业学位研究生实践教学体系及模式的改革与实践展开讨论，论证翻译"工作坊"的建立可以培养适应社会经济发展需要的创新型、复合型、应用型的 MTI 翻译人才。

二、背景介绍

（一）国内外 MTI 教学研究现状分析

自 2007 年 1 月，我国正式设立翻译硕士专业学位（Master of Translation and Interpreting, MTI）以

来，以培养"德、智、体全面发展，能适应全球经济一体化及提高国家国际竞争力的需要，适应国家社会、经济、文化建设需要的高层次、应用型、专业性口笔译人才"为目标的 MTI 专业发展迅猛，从一个完全的新生事物，到逐渐获得社会的广泛认同[2]，已经发展成为翻译教学领域的新兴学位教育载体。"由于 MTI 专业学习时间短，操作性和实践性较强，近年来一直保持快速增长态势"。[3] 至 2019 年 6 月，全国共有 249 所高校经国务院学位委员会批准成为 MTI 授权点，较 2007 年的 15 所 MTI 试点高校增长了 16.6 倍，累计招生人数由最初的百余人增长到目前的 53 000 余人，毕业生人数已达 30 000 余人。

MTI 教育事业在全国蓬勃发展，但在黑龙江，甚至东北三省的发展却较缓慢，2007 年共有 15 所高校获准试办翻译硕士专业，无一所黑龙江的高校；2009 年共计 25 所高校获准试办翻译硕士专业，黑龙江省只有黑龙江大学获准试办翻译硕士专业；2010 年全国共有 118 所高校获准试办翻译硕士专业，黑龙江省也只有哈工大等 5 所学校入围。至 2019 年 6 月，获准试办翻译硕士专业的全国高校已达 249 所，黑龙江省却只有区区 6 所院校，占全国总数的 2.4%。从总体上看，黑龙江省的 MTI 专业建设尚处于起步阶段，远远落后于其他获批较早，学科建设较全面的省。此外，由于"MTI 高校专业化和实践型的教师队伍建设不足，存在重理论轻实践等问题"[4]，因此要想在如此多的高校中脱颖而出，必须对实践教学体系及模式进行改革，注重教学实践，努力办出具有大特色的 MTI 专业，培养出适应社会经济发展需要的创新型、复合型、应用型，综合能力强的 MTI 翻译人才。

（二）翻译"工作坊"模式的提出

关于 MTI 翻译教学模式的改革，国内学者也进行了较为深入的探讨，提出了不同的教学思路和设想。胡开宝[5]、王惠[6] 提出了平行语料库应用于翻译教学的观点并对其有效性进行论证；谭芳[7] 等提出了利用平行文本仿写的教学思路；温建平[8] 提出以小组为单位的协作共享翻译教学模式；李艳[9] 分析了当前 MTI 翻译教学现状，提出了以职业能力为导向的翻译教学设想。

根据知网统计数据，目前公开发表的有关 MTI 的文章内容主要集中在如下方面：MTI 课程设置（131 篇），翻译实践报告（6436 篇），翻译理论指导教学（274 篇），而就翻译硕士专业学位研究生的实践能力培养的相关文章只有 6 篇，目前只有吕红艳[10] 以翻译公司翻译项目管理为案例，提出在翻译硕士培养过程中可采取组建翻译团队、承接翻译项目等手段来综合强化学生的实践能力；李延林[11] 提出了翻译硕士研究生口头表达能力培养的路径；莫爱屏[12] 探讨了翻译学博士研究生跨学科研究能力的培养；蔺艳[13] 探析了翻译学硕士研究生学术能力及其培养研究；蒋雪芳[14] 在建构主义理论基础上尝试构建了 MTI（笔译方向）研究生实践能力培养模式；张旭东[15] 讨论了翻译硕士专业学位研究生职业技术能力的培养问题。但上述研究对于如何做，即如何实践，却鲜有尝试。据此，笔者认为当前的 MTI 笔译课堂应该围绕培养学生专业能力组织教学。

课堂是实现人才培养目标的重要场所，而教师是帮助学生达到培养要求的关键。在以职业技能培养为取向的 MTI 翻译教学中，笔者提出了"双一流"背景下翻译硕士专业学位研究生基于"工作坊"实践教学模式的改革与实践的研究观点。翻译"工作坊"可以培养和提高学生的翻译能力，打破传统教学模式，推动教学、研究与翻译实践的密切结合，把专业实践导向的传译能力培养作为教学重点，培养 MTI 研究生的综合专业能力，并且结合社会需求、学生需求和本院校特色，培养专业特色鲜明的 MTI 翻译人才。

三、翻译"工作坊"模式的优势

翻译硕士专业学位教育是职业技能的培养，翻译的主题必须是社会需要的实用的学科和内容，大量的翻译实践是必不可少的。翻译教学是一个复杂的过程，学生不仅需要了解翻译理论、熟悉翻译方法，更需要通过实际操练培养翻译意识，提高专业技术能力。专业能力是 MTI 研究生的基本职业技能，是决定翻译质量的关键因素，而课堂正是实现这一能力的重要场所。翻译教学的形式应该是多样的，教师的引导应该是全程的、创造性的，教学环境应该是接近真实的。翻译工作坊模式正是在课堂上进行的，模拟真实场景的教学实践，可以培养学生的多方面综合能力。

（一）培养实践能力

作为一种新的教学模式，翻译"工作坊"为学生提供大量高强度的翻译训练平台。通过在翻译中学习翻译、在合作与协作中学习翻译、在讨论中学习翻译的方式，帮助学生不断提高翻译能力，并通过课内外的互动延伸，为日后独立从事翻译活动打下坚实的基础。翻译"工作坊"教学以学生为中心，以翻译实践为重点，以翻译理论与技巧辅助翻译实践；以翻译过程为导向，以翻译实战演练为手段，以提高翻译能力为终极目标。教学实践中始终贯穿任务型学习、合作式学习、答辩式活动学习等一系列新颖的教学理念。

翻译"工作坊"为MTI研究生提供了充足的实践翻译机会。该教学模式具有两个突出的特点。一是学习过程的互动性。"翻译工作坊"实践教学模式不再是简单的教与学的被动模式，而是教师与学生互动、交流的模式。在翻译"工作坊"教学中，教师发挥着组织者、引导者、调解者和监督者的作用。教师在翻译活动前要引导学生对将要完成的文本做共同分析，分析其文本功能、文体特征、翻译目的，并确定翻译策略。学生是参与者、问题提出者与解决者，通过模拟接受、讨论、完成翻译的过程，达到互动目标。二是学习方式的多样性。学生充分发挥学习的主动性，通过自评、互评、教师点评等方式，学生可以充分认识到自己在翻译过程中的优势与劣势。

翻译"工作坊"教学模式的本质在于实践，"如何培养"翻译能力可以通过教师布置模拟或真实的翻译项目，并提出相应的要求，学生以翻译团队的形式完成前期准备、翻译和校对等工作来实现。

（二）培养MTI研究生自主学习能力，提升批判性思维的能力，提高合作、协作能力

培养小组活动中团队合作与协作意识的翻译"工作坊"教学模式突破了传统的翻译教学方法，突出了教学过程的实践性与体验性。体验与翻译有密切的关联，翻译是基于体验的认知活动，体验是认识客体的重要途径和获取知识的基本条件。在接收、完成翻译任务的过程中，学生通过查阅背景知识、自己试译，培养了自学能力。

小组展示与教师讲评活动同时也提升了MTI研究生批判性思维的能力。师生共评的过程也是学生相互学习的过程；小组协同合作，体现了以"学生为中心"的教学理念，突出翻译过程的体验性和实践创新，有利于培养学生正确的翻译理念，形成团队意识。教师以小组为单位布置翻译任务，小组成员根据翻译内容分工合作，通过讨论，完成翻译任务。通过小组协同合作、师生互动、问题探讨等方式实现自我价值的提升，协作能力的提高。

四、对翻译"工作坊"模式的评价

（一）优势

翻译"工作坊"模式解决了传统翻译教学模式与培养应用型人才的矛盾。MTI翻译教学有别于传统的翻译理论教学，强调教学内容的真实性、教学手段的实践性；建立校企联合培养、实习基地，充分利用企业的资源，将翻译课堂教学与翻译的实景实践紧密地结合，联合培养高层次、应用型、专业化的翻译人才。

（二）问题

我国目前从事MTI翻译教学的教师大多是由英语教学转型而来，他们虽具有扎实的语言基础和丰富的教学经验，但大多没有受过专门的专业翻译训练，缺少翻译实战经验。在MTI课堂教学中，教师

侧重文学类文本，依然以知识陈述为主或以学术研究为主。因此，MTI 专任教师应对 MTI 翻译教学重新认识，转变教学理念，重视实践教学，改革教学体系与模式，探索培养学生职场所需技能的教学途径。笔译教学应该以职业翻译为导向，围绕非文学翻译选材，帮助学生掌握应对不同技术文本的翻译方法，提高翻译实战能力。

五、结束语

协作共享的翻译"工作坊"教学模式保证了学生的主体地位，培养了学生的实践能力，有助于提高教学质量。因此，应将 MTI 教学与翻译行业的本地化紧密结合，不断提高 MTI 专业学生的实践能力；将翻译课堂教学与翻译的实战技能培养相结合，丰富学生的实践经验。将翻译理论尽快地融入翻译实践，不仅可以使 MTI 毕业生满足实践性人才要求，满足翻译市场需求，更能保证有的放矢地开展翻译专业能力的培养，合理规划翻译硕士专业人才的知识建构，为国家培养出更多优秀的、综合能力强的 MTI 翻译人才。

参考文献

[1] 全国翻译专业学位研究生教育指导委员会翻译硕士专业学位研究生教育指导性培养［EB/OL］. http://cnti.gdufs.edu.cn/info/1006/1094.htm.,2013-12-27/2017-01-08.
[2] 曹新宇. 中国 MTI 教育缘起、发展与前景——黄友义先生访谈录［J］. 中国翻译，2018（5）：65-70.
[3] 司炳月，王茉. MTI 课程设置研究及再思考［J］. 黑龙江教育（高教研究与评估），2018（4）：33-36.
[4] 崔启亮，汪春雨. 面向语言服务的 MTI 教育模式创新与变革研究［J］. 外语教育研究，2019（1）：8-15.
[5] 胡开宝. 语料库翻译学概论［M］. 上海：上海交通大学出版社，2011.
[6] 王惠. "精加工"平行语料库在翻译教学中的应用［J］. 中国翻译，2015（1）：50-54.
[7] 谭芳，杨永和. 论网络环境下的仿写翻译教学［J］. 上海翻译，2015（2）：53-57.
[8] 温建平. 信息化背景下协作共享翻译教学模式探讨［J］. 上海翻译，2015（4）：51-54.
[9] 李艳. 基于培养职业意识的翻译教学思路［J］. 上海翻译，2015（3）：57-61.
[10] 吕红艳，周志浩. 基于翻译项目管理的翻译硕士专业学位研究生实践能力培养［J］. 上海翻译，2018（3）：62-66.
[11] 李延林，康诗琴. 翻译硕士研究生口头表达能力培养的路径探析［J］. 文史博览（理论），2015（8）：48-49+71.
[12] 莫爱屏，满德亮，蒋清凤. 翻译学博士研究生跨学科研究能力的培养［J］. 中国外语，2014（4）：91-96.
[13] 蔺艳. 翻译学硕士研究生学术能力及其培养研究［D］. 兰州：西北师范大学，2013.
[14] 蒋雪芳. 翻译硕士专业学位研究生实践能力及其培养研究［D］. 兰州：西北师范大学，2013.
[15] 张旭东，王颖鹏. 论翻译硕士专业学位研究生（MTI）职业技术能力的培养［J］. 吉林华侨外国语学院学报，2012（1）：13-16.

工程博士培养研究与实践

宋 平 高 栋

(哈尔滨工业大学研究生院，哈尔滨 150001)

摘　要：本文在分析工程博士与工学博士区别的基础上探索研究工程博士招生选拔、课程设置、导师配备、论文选题、论文评价等培养环节的方法，并指出保证工程博士培养质量具体措施、管理机制和存在的主要问题。

关键词：工程博士；培养；研究

第一作者简介：宋平，1965年生，女，工学硕士，副研究员，研究方向为高教管理，邮箱为 songp@hit.edu.cn。

基金项目：本文获黑龙江省教育厅高等教育教学改革研究项目资助，项目编号：SJGY20190237。

一、对工程博士培养的认识

美、英等发达国家均高度重视工程教育，将培养高层次的工程人才作为国家的重要发展战略，在适应国家发展需要的基础上分别建立了较成熟的工程博士培养模式。我国的工程博士教育经过近十年的发展，取得了一定成效，同时还存在一些问题，亟须建立招生、培养、学位授予等质量保障体系。

近年来，随着我国经济社会发展及产业结构调整步伐的加快，社会对高层次应用型专门人才的需求更加迫切，在工程技术领域尤其如此。例如，我国坚持走新型工业化道路，对先进制造等专业高层次应用型人才需求非常旺盛；近几年，以计算机、通信、网络为主体的产业发展迅速，对电子和信息等工程专业高层次应用型专门人才需求量日益增大。因此，为适应国家经济社会发展的趋势，特别要加强对高层次应用型专门人才的培养。

从应用型人才结构来看，我国高层次人才比例偏低，尤其缺乏高层次工程技术领军人才，这已成为制约企业创新能力提高和产品与技术国际市场竞争力提升的重要问题。因此，培养一大批高层次、研究型工程技术人才，为今后造就能够在各领域发挥领军作用的高端人才奠定基础，是我国高等工程教育需要完成的一项重大而紧迫的战略任务。

从我国博士生培养现状看，我国学术型研究生培养体系比较成熟，四十年来为国家输送了大量高层次学术型人才，对促进我国高校师资队伍建设和科技发展与知识创新做出了重要贡献。但是，从我国现在博士生的结构看，学术型博士生占绝大多数，专业学位博士生数量很少，与学生的发展需求和我国经济社会发展需求很不相称，与现在的工科类学校博士生实际培养现状也不相符。

因此，建立工程博士专业学位培养体系，采用校企联合培养模式，培养既具有深厚专业技术基础，又有很强的解决重大工程实践问题能力的高层次应用型人才，符合我国经济社会发展和建设创新型国家的需要，也是我国人才培养体系完善和发展的必然。

为保证工程博士培养目标的顺利实现，在工程博士培养过程中必须明确其与工学博士的区别，如工程博士培养的是国家重大工程和项目所需的高层次应用型创新人才；工学博士培养的是大学、研究院（所）进行科学研究和人才培养所需要的创新型学术人才。工程博士注重工程技术的创新与实施；工学博士则注重科学、理论的创新与发现。工程博士培养需同时关注专业水平和综合性能力；工学博士培养更强调理论水平和学科前沿性。

因此，哈尔滨工业大学在工程博士招生中，注重选拔具有丰富工程实践经历、承担过重要工程科研项目的学生；选择长期从事重大或重要工程技术项目研究，与相关企事业单位有着长期、稳固合作关系的教师作为工程博士的导师；在课程设置上，由学校统一设立创新与产业转型升级、沟通视角的领导力与执行力、团队建设与管理智慧、环境社会学、学术交流演讲等综合素质提升类课程，由领域内的多个学科开设本学科工程领域技术基础类课程，形成内容丰富的工程领域技术基础类课程库，使工程博士能根据自身需要选择需要的课程，实现个性化培养；在论文选题方面，要求工程博士主要选择国家科技重大专项和国家级重点项目中的关键工程技术问题作为论文研究题目，论文工作应与解决重要工程技术问题、实现企业技术进步和推动产业升级紧密结合；在工程博士论文评价方面，兼顾论文的学术水平、技术创新水平与经济和社会效益水平，注重论文研究成果在解决重大工程技术问题、实现企业技术进步和推动产业升级等方面的创新性和实用性。

二、建立有效机制，保证工程博士培养质量

（一）严格选拔生源，保证生源质量

1. 坚持与大中型企业联合办学原则，共同把好生源质量关

市场经济的发展使学校与企业的联系越来越紧密。学校培养的人才需要市场，企业推进技术进步所需人才离不开高校。学校与企业长期的科研合作和交往收获了良好的声誉，企业对人才培养表现出很大的积极性，迫切需要将本企业的工程技术和工程管理骨干送到学校培养，学校作为企业人才资源培训与管理的教育培训部门落实生源组织工作。我校与中国航天科技集团、中国航天科工集团、中国商飞、哈电集团、齐齐哈尔二机床集团有限公司、齐重数控、机械工业研究院哈尔滨焊接研究所等企业建立了长期友好的合作关系。这样不仅能保证工程博士研究生的生源质量，同时也便于与企业开展有针对性的工程博士校企合作培养。

2. 坚持宁缺毋滥的录取原则，确保录取质量

工程博士的录取，学校具有较大的自主权。学校不但可以自行确定选拔方式，还可以自主确定招生数量，最大限度挖掘了学校的办学潜力，可按照企业需求有的放矢地培养高层次工程技术领军人才，极大地调动学校办学的积极性。但是"自主"并不意味着随心所欲，自主必须有自律或有效的约束机制作保证，不能将门槛放得太低；"自主"应以保证录取质量和培养质量为前提。因此宁缺毋滥是我校工程博士招生录取所坚持的重要原则。

3. 采用"申请—考核"的方式选拔录取

对工程博士研究生采取"申请—考核"的方式进行选拔录取，要求所招收的工程博士研究生必须是企业的技术骨干，具有一定的工程实践经历和经验，并取得了一定的科研成果。采取"申请—考核"的方式更加便于开展对工程实践能力和科研能力等综合能力的考核，保证了工程博士生源质量。

（二）优化课程体系设置

在职工程博士专业学位研究生的培养目标是培养和造就工程技术与工程管理方面的高层次领军人才。工程博士不仅应具有相关工程技术领域坚实宽广的理论基础和系统深入的专门知识，还应具有一定的管理、社会和环境等方面的知识，并能够综合运用科学研究方法和先进技术手段解决工程实际中的复杂问题，在推动产业发展和工程技术进步方面做出创造性成果。

为了达到上述培养目标，在工程博士生的课程体系建设方面，不仅重视专业知识的培养，还要更加注重管理、社会和环境等方面的课程学习和工程伦理方面的培养。为此学校在工程博士的培养方案中增加了管理课程和环境社会学方面的课程，管理知识课程主要开设创新与产业转型升级、领导力与领导艺术、管理智慧与管理才能、沟通视角的领导力与执行力、战略管理等专题讲座。环境社会学主要阐述人类行为导致环境变化给人类社会带来各种影响的社会特征及其问题的根源，主要包括：政府、企业和组

织对环境问题的反应；人类对自然灾害和环境灾难的反应；环境问题社会影响评估；能源及其他资源短缺的社会影响；社会不平等与环境风险之间的关系；公众意识、环境主义和环境运动；环境问题及政策的国家比较等。通过相关学习，学生不仅要了解环境与社会的一般关系，而且还要了解环境与社会相互影响、制约、作用的机制，探讨在环境问题上决定人类行为的价值观、道德观和思想根源，从而提高工程博士研究生的社会环境责任意识。

工程博士是按工程领域招生和培养的，我校的先进制造领域和能源与环保领域涵盖的一级学科面较广，结合我校工科优势和工程博士研究生的培养实际，整合相关学科群的优秀教学资源，按先进制造领域和能源与环保领域分别建设两个跨学科的工程博士培养方案，跨学科培养方案充分整合了相关学科的优秀教学资源，不仅可以为工程博士研究生开设跨学科课程，同时，还允许工程博士生根据自身需求选修全校范围的研究生课程，大大增强了工程博士研究生的课程学习自主性。

聘请企业专家和国际知名学者来校上课。在培养方案中专门为工程博士设置工程领域前沿专题讲座学分。2014年以来，学校先后邀请了来自美国MIT的Richard D. Braatz教授等8位国外专家，11位行业领域以及企业专家，分别就行业发展、国内外应用情况、国内外主导企业的最新研究方向、企业对人才的需求等方面做了14场专题讲座。学校还邀请机器人专家蔡鹤皋院士等7位国内知名学者就控制、信息、能源等方向相关的研究方法和前沿专题作了13场学术讲座，拓宽了工程博士的视野，深受欢迎。

（三）配备有工程实践经验的高水平师资队伍

1. 鼓励承担国家重大项目、工程实践经验丰富的优秀博导招收工程博士

我校现有博士生导师1 200余名，而每年博士生的招生指标只有1 100余名，博士生招收指标很紧张。为了做好工程博士生的招收和培养工作，我校将校内导师招收工程博士研究生的招生指标单列，鼓励我校长期承担国家重大工程项目、具有丰富工程实践经验、学生培养质量高的优秀博士生导师优先招收培养工程博士研究生。

已招收工程博士研究生的52位导师中有院士1名，长江学者6名，国家杰出青年基金获得者1名，部级突出贡献/国防科技工业专家4名，教育部新世纪人才5名，教授博导47名，副教授博导5名。这些导师基本都承担有国家重大科技专项和国家级重大项目，具有丰富的工程实践经验，从而保证了工程博士的论文具有较高水平。

2. 对工程博士研究生实行校、企双导师制和跨学科导师团队指导培养

为了更好地培养工程博士研究生解决工程实际问题的能力，工程博士研究生的培养过程紧密结合企业、行业等工程实际，聘请企业专家作为副导师或者指导小组成员，为我校来自企业的校外兼职博士生导师招收的工程博士研究生配备校内副导师，进行企业联合培养。共聘请了来自企业的校外兼职博士生指导教师24人，这些导师主要来源于航空航天国防军工企业以及大中型高技术企业。

由于工程博士是依托工程领域招生和培养，先进制造领域和能源与环保领域都覆盖了多个一级学科，学校还给工程博士再配备了跨学科的导师，实行跨学科导师团队指导。校内导师主要负责基础理论、学术前沿和学术研究方法等方面的指导，企业导师重点负责实践能力、管理能力、工程规范和工程伦理道德等方面的指导。学校明确要求工程博士研究生在开题前必须由学院和导师为学生组建校企合作的跨学科导师指导团队。

（四）规范培养过程管理，确保培养质量

为保证教学质量，规范工程博士研究生教育管理，哈尔滨工业大学研究生院根据国家指导性文件和工程博士研究生招生与培养的实践逐渐制定了《哈尔滨工业大学关于工程博士培养方案》《哈尔滨工业大学工程博士研究生进行学位论文开题报告的有关要求》《哈尔滨工业大学工程博士学位论文基本要求》等文件。对工程博士的招生、培养目标、学习方式、导师选派、课程学习、学籍管理、学位论文工作等各环节作了明确的规定，使我校工程博士的培养实现规范化、系统化管理，为确保培养质量奠定

了可靠的基础。

在保证工程博士生培养质量、加强培养过程管理方面，采用了适合工程博士培养特点的如下举措。

一是严把任课教师关。选派学术水平高、教学效果好、有经验的教师任课。特别是一些专业课教师与企业合作研究课题，丰富的实践经验积累，使他们在教学过程中能够理论联系实际，在直接运用新知识解决生产实践中的一些疑难问题和技术革新等方面获得了良好的教学效果。把国内外著名专家、学者与企业界资深人士"请进学校"开设前沿讲座；形成高水平系列课程。

二是把好学位论文质量关。我校工程博士学位论文选题立足于国家重大专项。实行根据工程博士个人情况分批、分人进行开题、中期检查、论文答辩。开题报告要求重点阐述论文选题的目的、意义、研究方案、研究进度等。中期检查时，要求学生对论文工作进行阶段性总结，阐述已完成的论文工作内容和已取得的阶段性成果，对下一步工作计划和需继续完成的内容进行论证。工程博士的中期检查报告要求以书面的形式填写，导师给予评价，并提出存在的问题和对后续论文工作的指导性意见。

（五）建立科学的学位论文评价标准

对工程博士学位论文水平的评价兼顾学术水平、技术创新水平及经济和社会效益水平，注重论文研究成果在解决重大工程技术问题、实现企业技术进步和推动产业升级等方面的创新性和实用性。在工程博士的预答辩、论文送审和答辩等环节聘请企业专家参加。工程博士学位论文的成果形式包括：国家、省部级科技奖励以及行业科技奖励等；新技术、新材料、新产品等的技术鉴定报告、经济社会效益证明等；国际、国家及行业标准等；发明专利、软件著作权及学术论文等。

三、存在的主要问题

目前的工程博士领域名称及内涵过于宽泛，与高校人才培养的口径难以对应，不利于对人才的选拔、培养和评价。给考生和用人单位带来困惑，难以确认培养人才的适用范围。现在工程博士的培养规模尚小，不利于调动院系和导师培养工程博士的积极性，也难以满足社会对工程博士的需求。目前还没有形成工程博士论文成果要求的共识性标准，使得各高校对工程博士学位论文的要求把握不准，限制了进一步扩大工程博士研究生招生和培养规模。

参考文献

[1] 陈学飞. 西方怎样培养博士——法、英、德、美的模式与经验 [M]. 北京：教育科学出版社，2002：234-235.
[2] 郭培荣，等. 美英两国工程博士培养经验及对我国高校的启示 [J]. 重庆高教研究，2020 (4).
[3] 钟尚科，等. 英国工程博士专业学位研究生教育的研究 [J]. 学位与研究生教育，2006 (7)：69-73.

交通运输行业联合培养基地专业实践质量保障体系研究

陆 建

(东南大学，南京 210096)

摘 要：培养解决实际工程问题的应用能力是专业型硕士研究生培养的核心任务。交通运输工程是实践性非常强的应用型专业，高校在培养计划中都明确规定了工程实践的培养环节，一大批高等院校和交通运输行业企业（研究院所）联合设立的实践基地已经在专业硕士的培养过程中发挥了重要作用。本文分析了影响基地专业实践质量的主要因素，设计了实践质量保障体系建设的整体框架，提出了教育行政管理部门、高校、学院（学科）二级管理、研究生导师管理等在不同层面保障专业实践质量的对策与措施，构建了全过程、全方位的校企联合培养基地研究生专业实践质量保障体系，对提高工程类别专业学位硕士研究生实践能力培养质量具有参考作用。

关键词：交通运输；专业硕士研究生培养；基地；专业实践；质量保障体系

作者简介：陆建，东南大学研究生院培养办主任，教授。

近年来，在国民经济快速发展的推动下，社会对高层次人才的需求逐渐由学术型向应用型转变。为了优化硕士生的类型结构，实现研究生教育在规模、质量、结构、效益等方面的协调和可持续发展，教育部在 2009 年部署增招全日制专业学位研究生工作，改变了单一学术型研究生的培养模式，实施了学术型、专业型硕士研究生的分类培养，这是我国研究生教育发展史上一次意义重大的战略性转变。

一、专业学位研究生联合培养基地实践能力训练的意义

专业学位研究生教育，旨在培养一批具备坚实的理论基础、宽广的专门知识、良好的职业素养、较强解决工程实际问题的能力，能够独立承担专业技术或管理工作的高层次应用型人才[1]，是为了将研究生教育从培养学术型人才为主向培养应用型人才为主转变而采取的重大举措。

全日制专业硕士生的特点和培养模式不同于学术型研究生，创新研究生培养模式，挖掘其内在潜能，鼓励在实践训练中取得突破，是这一新型研究生类型培养中亟待研究、解决的重要课题[2]。强化全日制专业硕士生实践能力训练，培养解决实际工程问题的应用能力，是专业学位研究生培养的核心任务，工程实践是全日制专业硕士研究生不可替代的重要实践教学环节。

我国传统的交通运输工程研究生培养环节基本上在高校内完成，通过系统的专业课程教学、理论或技术问题研究以及学位论文撰写，培养了研究生较强的理论与方法方面的能力。同时，由于学校的实践环境、实践条件以及经费保障等方面与企业环境相比有较大的差距，相对而言在实践能力与应用能力等方面的训练环节较少，相对于理论知识而言是弱项，这在研究型大学更加明显。专业硕士研究生只有在真实的工程环境中，一方面巩固所学的理论知识，另一方面通过企业工程师的指导，真正接触到生产实际，体会实际工程技术研究、项目实施的工作场景和职业要求，了解企业的运作形式和管理方式，培养团队合作意识、职业道德和沟通技能，才能养成自己良好的工程职业素养，增强工程实践能力，逐步成为合格的高层次应用型工程技术和工程管理人才。因此，为了满足全日制专业硕士研究生培养的迫切需要，研究生培养单位与本行业研究机构、企业建设联合培养基地是非常必要和重要的。

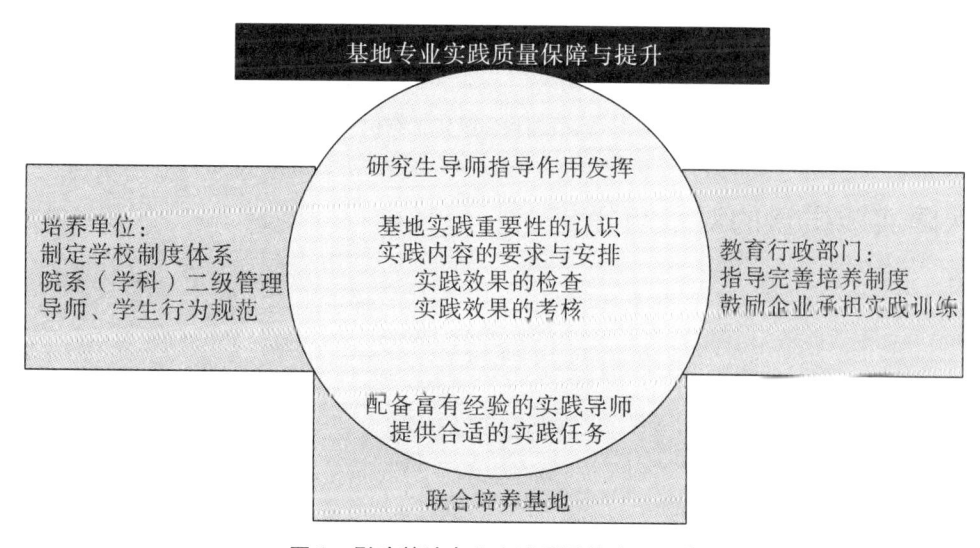

二、影响基地专业实践质量的主要因素

研究生的实践质量受到多方面的影响，是多主体、多因素和多层面共同参与作用的结果。

在研究生培养过程中，导师是第一责任人，在专业硕士研究生的培养过程中发挥着至关重要的作用。导师对研究生参加基地专业实践的认识、对实践内容与要求的安排、对实践过程的检查与监督、对实践效果的考核与验收，都对基地专业实践质量有着重要的影响。

联合培养基地为研究生提供具体的实践场景与工作条件。由于基地通常不是培养人才的专门机构，其高级工程技术人员在人才培养方面的经验往往不足。因此基地是否能提供合适的实践任务，配备熟悉人才培养要求、富有培养经验的实践导师，满足国家对专业硕士研究生培养的需要，对基地专业实践质量高低有重要影响。

教育行政部门对研究生的培养起到内部质量保证和外部质量监督的作用。内部质量保障体系由学位授予单位构建，重点是完善学位授予单位的各项规范制度，提高制度实施的有效性和增强质量自律的主动性；外部质量监督体系由教育行政部门、学术组织、行业部门和社会机构共同构建，通过提供政策引导、资源配置、质量评估、社会监督等手段，促进培养质量不断提高。因此，教育行政部门一方面应对学位授予单位强调专业硕士研究生基地实践质量的要求，指导实践创新能力的提升；另一方面应积极会同其他管理部门，出台鼓励企业积极承担专业硕士研究生实践能力训练任务的政策措施。

在研究生培养过程中，培养单位（学校、学院、学科）在培养计划制定、教学模式改革、教学效果考核、教学成果奖励等方面发挥着引导作用。因此，高校是否建立积极引导全日制专业硕士研究生实践质量提升的制度体系，学院（或学科）能否根据自身的专业特点相应制定出具体细化的二级管理办法，对规范研究生及其导师的实践行为、提升基地专业实践质量发挥着保障作用。

图 1　影响基地专业实践质量的主要因素

三、实践质量保障体系框架

质量保障体系一词源于 20 世纪 50 年代末 60 年代初的西方企业界，原指企业以提高和保证产品质量为目标，运用系统方法，依靠必要的组织结构，把组织内各部门、各环节的质量管理活动严密组织起来，将产品研制、设计制造、销售服务和情报反馈的整个过程中影响产品质量的一切因素统统控制起来，形成的一个有明确任务、职责、权限，相互协调、相互促进的质量管理有机整体。质量保障体系相应分为内部质量保障体系和外部质量保障体系。将其运用于高等教育领域则开始于 20 世纪 80 年代末

90年代初[3]。研究生实践质量保障体系是指与研究生实践教育质量保障相关联的研究生培养过程中的各个保障要素之间相互联系、相互制约的整体，是一个复杂的系统工程，涉及政府、社会和大学等诸多质量保障主体。

由于研究生导师、提供实践环境的基地（企业）、教育行政部门以及培养单位（学校、学院、学科）都对基地专业实践的质量有着影响，因此为了保证、提升专业研究生的实践质量，应构建政（教育行政部门）—产（企业）—学（培养单位）—研（研究生导师）一体化的实践质量保障体系。

图2是研究生培养的实践质量保障体系结构图，其中教育行政部门政策制订为导向、培养单位（高校）培养机制与标准为目标、学院（学科）二级管理和研究生导师管理为手段、基地建设与实践过程管理为核心。

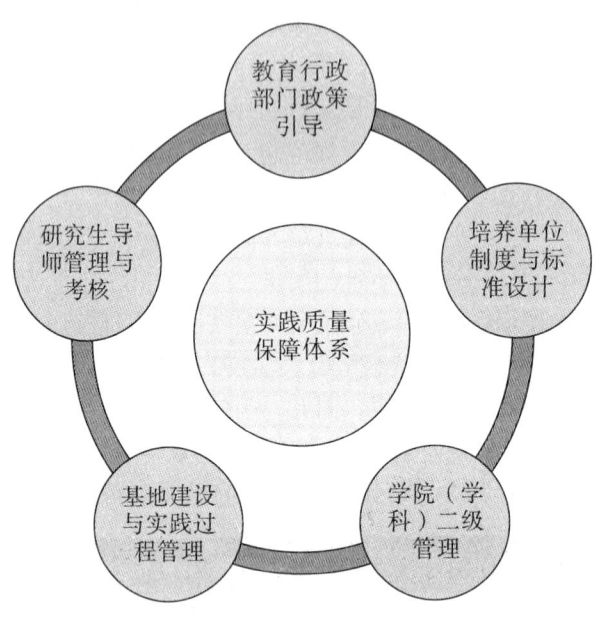

图2 实践质量保障体系结构图

四、保障实践质量的对策与措施

在专业硕士研究生实践质量保障体系中，各方面要素均发挥着不同的作用。

（一）强化教育行政部门的政策引导

教育行政部门在专业硕士研究生实践质量保障体系中，主要发挥两方面的作用。一是指导学位授予单位制订、完善各项规范制度，强调专业硕士研究生基地实践质量的要求，开展实践创新能力提升的指导，这方面教育行政部门应始终长期关注、不断提升；另一方面，面对专业硕士研究生培养的新形势、新要求，教育行政部门应会同相关管理部门，出台鼓励企业积极承担专业硕士研究生实践能力训练任务的有效政策措施。

一般情况下，企业（或行业研究机构）不承担人才培养的任务，而高校的首要任务是人才的培养工作，因此为了保障专业硕士研究生的实践质量，教育行政部门的首要任务是着力提升企业参与研究生实践教育的积极性。

第一，找准研究生工作站的功能定位。积极鼓励在企业设立研究生工作站，将企业研究生工作站作为加快区域创新体系建设、实施创新驱动战略的重要举措，作为提升企业自主创新能力的重要载体，同时也是研究生培养单位主动服务地方经济社会发展的重要渠道，是培养高层次创新人才、提高研究生培养质量的重要途径。

第二，提升企业对参与研究生实践培养的积极性。将研究生工作站作为省级"人才工作站点"类企业研发机构，与省级企业重点实验室、企业工程技术研究中心、工程实验室、企业技术中心等"平台"类企业研发机构具有同等重要的地位，予以同等对待。

第三，对已经设立的企业研究生工作站加大动态管理力度。可组织或委托第三方机构不定期抽查，奖优汰劣，对研究生工作站进行定期审核评估，对不合格者予以撤牌。

第四，实施"以奖代拨"制度。定期组织评选优秀研究生工作站，并给予奖励经费用于进站师生的科研补贴、人才培养模式改革创新以及工作站的制度与文化建设。

（二）完善培养单位制度与标准设计

保障并不断提升专业硕士研究生的实践培养质量，需要培养单位高度重视、周密规划、精心组织和加大投入[4]。培养单位应加强对实践教学的统筹规划，差别化地制订学术型、专业型硕士研究生的培养计划；差别化地明确不同类型硕士研究生的学位授予标准；实质性推动实践基地建设；强化教师在实践教学中的主导作用。

第一，组织修订与学术型硕士有明显区别的专业硕士培养计划。应加强与联合培养单位（研究生企业工作站、校企联合研究中心、校外实践教学基地等）的合作，提出共同制定培养目标、共同设计课程体系、共同开发优质资源、共同组织教学团队、共同建设实践基地的"五同"要求，将实践创新能力的培养作为专业硕士培养的核心。

第二，制订有别于学术型硕士的专业硕士学位授予标准。强调专业硕士学位论文明确实践意义和应用价值的要求，明确论文形式与内容要求（规划设计、产品开发、案例研究、项目管理等多种形式），配合培养计划的实施，提升实践成果的效力。

第三，加大对所设立企业研究生工作站的动态管理力度，实施不定期抽查，奖优汰劣，对研究生进站情况进行定期审核评估，对不合格者应主动予以撤牌。

第四，提出专业硕士研究生的招生条件，将导师的学术研究经历、工程实践经验、承担科研任务、以往培养质量等因素与招生条件相联系，提出专业硕士研究生招生的导师条件。

第五，提出优秀专业型硕士研究生学位论文的评定办法。根据专业型硕士研究生的培养定位，提出优秀专业型硕士研究生学位论文的评定办法，对优秀的实践成果进行奖励。

（三）积极推进学院（学科）二级管理

学院（学科）在研究生的培养过程中负有直接的责任，也是研究生培养过程中的直接管理单位。应在学校制订培养计划的指导下，积极实施二级管理制度，保障专业硕士研究生的基地实践培养质量。

第一，根据专业硕士研究生培养工作的需要和学科发展特点，制订相应的二级管理制度体系。如制订院系（学科）层级的研究生招生细则，分类甄别、选拔专业型硕士研究生；制订研究生奖学金评定细则，提出综合课程学习和实践训练等多个培养环节成绩的、有利于鼓励提升实践培养效果的分类化奖学金评定方法；制订研究生成果奖励细则，在鼓励高水平论文等研究成果的同时，对优秀的专业硕士研究生实践成果也进行奖励。

第二，加强培养过程的管理，组织集中实践、集中开题、集中答辩等环节。专业硕士研究生进入实践阶段后，往往实践场所比较分散、实践时间不集中、实践内容有差异，因此院系（学科）对培养过程的管理十分关键。采用集中组织实践、开题、答辩等环节，有利于保证实践培养环节的规范性，通过对开题、答辩等关键培养环节的监督与掌控，保证专业硕士研究生的培养质量。

第三，明确专业硕士的招生条件。应根据学科发展的基础和特点，制订相应的专业硕士招生条件，鼓励专业硕士研究生向"三高"导师（高水平师资、高层次工程研究项目负责人、高质量专业硕士研究生导师）倾斜。

第四，与实践基地建立日常的联系机制和回访制度。应密切掌握学生在企业的实习状态与动态，了解实践环节的工作安排；组织加强校内、校外导师之间的沟通与联系，发挥各自的优势，加强实践教学指导的效果；强化对实践基地导师的培训，提高校外导师的人才培养能力与水平；主动对基地的实践效果进行跟踪评估等。

（四）研究生专业实践基地的遴选与建设

研究生专业实践基地是由企业申请设立、出资建设并引入高校研究生导师指导下的研究生团队开展技术研发的机构，是具备一定规模的企业（行业研究机构）与高校产学研合作的重要平台，是高校研究生培养的重要创新实践基地[5]，对基地专业实践质量有着直接、重要的影响。

研究生专业实践基地不能贪大求全，不能四面撒网，往往成长型的高科技中小型企业更适合开展校企联合培养研究生[6]。应围绕专业硕士研究生的培养方向，重点从以下5个方面出发，遴选建设优质研究生专业实践基地。

第一，共建基地的单位性质。大学在研究生教育方面，都强调较高的学术标准，在学术惯性下，研究生教育往往较少或很难关注到非学术领域的职业能力和职业标准[7]。与高校联合建设的专业实践基地应能提供相应行业领域系统、全面、丰富的工程项目，为研究生的专业实践提供合适的土壤，与高校形成互补的优势。

第二，共建基地的企业规模。合作共建的实践基地规模不宜过大，也不宜过小。基地的规模过大，往往自身的技术队伍规模大，解决技术问题的能力强，对研究生参与解决技术问题的需求相应减少；基地的规模较小，能提供训练的工程案例则不够全面。基地的规模应以能提供工程训练的全过程为宜，一般100~200人的基地规模比较适宜。

第三，共建基地的培养平台。应重点选择设有国家工程技术研究中心、省部级重点实验室或工程研究中心的基地开展建设，这些基地实验条件好，能提供优秀的研究生实践平台。

第四，共建基地的指导队伍。基地要拥有一支稳定的科研团队，要有一定数量熟悉研究生培养要求与规律、富有责任心、长期从事具体工程实践任务的高级技术人才，担任高校的校外兼职导师，满足学生实践过程中的正常指导要求。

第五，基地与高校合作前景。通过承担研究生的专业实践，基地的自主创新能力得到提升，培养单位的人才培养质量得到提高，从根本上讲是双赢。基地如能通过人才培养的合作，与高校形成长期紧密的战略合作关系，将对企业技术水平和高校科研水平的提升产生长期的积极促进作用，因此研究生实践基地能否与高校形成长期紧密的合作关系，也应成为优质研究生专业实践基地遴选建设的依据。

五、结语

将企业（行业科研院所）资源引入高层次应用型人才的培养体系，加快提升以实践创新能力为核心的专业型硕士研究生培养质量，是缓解社会经济发展对高新技术和人才需求压力的重要途径，联合培养基地的建设是其中的关键环节之一。目前我国专业型硕士研究生培养，总体上还处于不断摸索规律、总结经验的发展阶段，本文结合交通运输领域的专业特点，研究提出了联合培养基地专业实践质量保障体系，对完善专业学位研究生培养机制、规范专业硕士研究生实践培养环节、强化校企联合培养基地建设、提高工程类别专业学位硕士研究生培养质量具有借鉴和参考作用。

参考文献

[1] 教育部. 教育部关于做好全日制硕士专业学位研究生培养工作的若干意见. 教研 [2009] 1号, 2009-03-19.

[2] 宋平，杨连茂，甄良，丁雪梅. 浅议全日制工程硕士生实践能力培养体系的构建 [J]. 学位与研究生教育，2011 (3)：61-64.

[3] 蒋馨岚，徐梅. 世界一流大学的研究生教育质量保障体系：特征与启示 [J]. 学位与研究生教育，2011 (11)：

14-18.
[4] 张弛,孙富强. 全日制教育硕士专业学位研究生实践教学问题及对策研究[J]. 学位与研究生教育,2014(10):5-8.
[5] 敖永胜. 企业研究生工作站培养全日制专业学位研究生探索[J]. 学位与研究生教育,2011(3):68-72.
[6] 杜建军. 校企联合培养研究生的办学实践对全日制专业学位研究生培养的启迪[J]. 学位与研究生教育,2013(3):16-19.
[7] 王应密,张乐平,朱敏. 试论研究型大学全日制专业学位研究生专业实践能力的培养[J]. 学位与研究生教育,2012(12):6-10.

全日制工程硕士实践能力培养体系研究与实践

宋 平 于 航 王 健

(哈尔滨工业大学研究生院,哈尔滨 150001)

摘 要:本文根据工程硕士专业学位研究生教育的定位及全日制工程硕士生源结构的特点,提出加强全日制工程硕士实践能力培养的必要性,并分别从校企、导师以及研究生等多个层面,阐述利用校内实践基地、校企联合培养基地、国际联合实验室、职业认证等手段,培养全日制工程硕士实践能力的举措。

关键词:工程硕士;实践能力;培养体系;研究

第一作者简介:宋平,1965年生,女,工学硕士,副研究员,研究方向为高教管理,邮箱为songp@hit.edu.cn。

基金项目:本文获黑龙江省教育厅高等教育教学改革研究项目资助,项目编号:SJGY20190237。

自1997年国务院学位委员会第15次会议决定设立工程硕士专业学位以来,我国工程硕士研究生教育经历了试点培养、规模发展到质量提升三个阶段,并取得了显著的成效。工程硕士专业学位研究生教育,旨在培养一批具备坚实的理论基础、宽广的专门知识、良好的职业素养、较强解决工程实际问题的能力,能够独立承担专业技术或管理工作的高层次应用型人才。创新研究生培养模式,挖掘其内在潜能,鼓励他们在实践中取得新的突破,是亟待我们研究、解决的重要课题。

一、全日制工程硕士生实践能力培养的意义

教育部在2009年部署增招全日制专业学位研究生工作,目前全国已有400余所高校培养专业学位研究生,占比达到50%。上海交通大学等国内一流大学除了硕博连读外,招收的工科类硕士生已经全部是专业学位研究生。哈尔滨工业大学工科类专业学位研究生也占50%左右,专业学位研究生的培养规模逐渐壮大。面向国民经济主战场,企业对专业学位研究生的需求也日益增加。2018年5月国务院学位委员会发布的《关于制订工程类硕士专业学位研究生培养方案的指导意见》文件指出:工程类硕士专业学位是与工程领域任职资格相联系的专业学位,强调工程性、实践性和应用性。2019年3月教育部又下发了《关于做好全日制攻读硕士专业学位研究生培养工作的若干意见》,要求培养单位从科学定位、教学要求、实践要求、学位论文等方面,积极探索全日制工程硕士的培养模式,并强调必须保证不少于一年的实践教学。

实践能力培养在专业学位研究生教育中占有极其重要的地位,是保证和提升其培养质量的关键。因此,探索研究全日制专业学位研究生实践能力培养体系非常必要,也有良好的应用前景。

二、美国一流大学研究生培养特点

美国非常重视工程类研究生实践训练。美国国家研究委员会(NRC)的研究报告《工科研究生教育和研究》对学生培养过程的实习训练有这样的阐述:工程硕士的培养计划不可避免地涉及要求实践训练的问题,进行实习是给学生一个认识企业、运用知识解决实际问题的机会。实习期间,学生要往返于大学和实习企业之间,接受大学导师和企业工程师的双重指导,从事研究和设计开发创造性工作。美

国高校对实习计划很重视，组织管理严格，并专门成立实习委员会。实习委员会由高校、企业的指导教师共同组成。在实习期间学生面对真实的企业研究项目，不仅可以验证所掌握的知识、训练知识的应用能力，而且可以了解企业运作、商务管理等非技术的知识。为学生将来从事某种职业奠定坚实的基础。

蜚声遐迩的斯坦福大学创始人斯坦福先生主张"实用教育"。斯氏本人并没有受过高等教育，而是作为实业家进入社会的。实业家的社会实践，使他既懂得教育对于振兴实业的重要性，又懂得实业界需要什么样的高等教育。他从办实业转为办教育，就是为了让"教育"同"实业"更好地结合起来，让"教育"为"实业"服务。而"实用教育"，更是使二者互相结合的契机。秉承这种"实用教育"的思想，斯坦福大学在办学过程中，始终贯彻着人尽其才、物尽其用的原则，饱含着学以创业、学以致用的精神。该校是与企业合作成功的典范。

美国工科院校的佼佼者麻省理工学院也很注重实践能力的培养。其50%以上的硕士生在学习期间参加企业实习，有超过10%的学生从实习中取得工作机会。以专业学位制造工程硕士为例：培养学生成为机械工程领域的技术领导，使学生利用所学知识成为制造企业的领导。这个学位要求学生完成涵盖制造过程、生产、商业方面的综合课程及项目，加之一篇团队共同完成的论文项目。集中了工程及工程科学的背景，这个学位计划以制造企业为中心，学生将以制造领域方面的基本知识来形成新的技术及商业。

可见，世界一流大学存在着实践能力培养重于知识传授的倾向。

三、构建哈工大实践能力培养体系，全面提高全日制工程硕士教育质量

我国高校肩负着培养高层次人才和为国家自主创新做贡献两项战略任务，企业也承担着吸引大量科技人才和提高自主创新能力两项重要使命。建立研究生实践能力培养体系，需要在校企、导师及学生多个层面，进一步理顺产、学、研合作的关系：以校内实践教学基地为基础，培养研究生实践操作能力；建设校企联合培养基地，推荐全日制专业学位研究生到企业重要技术部门进行生产实习；依托导师承担的纵、横向科研课题，锻炼研究生科研实践能力。

（一）以校内实践教学基地为基础，培养研究生创新实践能力

校内实践教学基地，是以学校科研实力较强的研究所、实验室为基础，结合科研平台和研究生实践教学平台的建设，或利用科研结余购买的先进仪器设备，为研究生创新实践能力的培养提供条件和技术保障。例如我校电信学院测控研究所，总使用面积3800㎡，分为研发中心和装调中心两个部分。研发中心有18个实验室，装调中心包括一个电装车间、两个调试间、库房和资料档案室。研究所承担了大量的基础研究、技术基础研究和工程应用研究课题，年均科研经费超过5 000万元，装调中心每年生产约500套电路板、30套组合测试设备，基本具备了小批量生产的能力。依托研究所建立了工程实践基地，学生可以在调试中心学习产品的生产流程，参与部分产品的设计、生产和调试，也可以在实践基地的可重配置仪器平台上自主设计电路板，在装调中心加工调试，按照质量要求进行过程控制，学习产品的设计生产全过程。我校的航天、材料等学院有多个这样通过国家质量认证的能够小批量生产的研发和生产中心。

学院合理利用学科、科研实验室作为研究生校内实践基地，新设置6门独立的研究生实践课程。全日制工程硕士可根据自身的知识结构和能力结构，结合学位论文选题方向，自主选择1～2门实践课程，亲自动手设计实验，提高实验动手能力和分析、解决问题的能力。

（二）以高水平科研项目培养研究生科研实践能力

哈工大有"立足航天、服务国防、长于工程"的办学特色优势，学校师生承担了大量基础研究、技术基础研究课题以及与国有大中型企业合作的工程应用研究项目，每年科研经费数量近30亿元。各

级科研单位委托的研究课题，各类大中型企业提出的技术需求，为研究生动手与实际操作能力训练提供广阔的平台。部分学院按照导师所承担的课题任务分配全日制工程硕士招生指标，实现应用型研究生培养与科研实践的有机结合。按照人才培养规律，将这些国家重大课题分解成为"磨刀""练兵"的学生实践课题，让学生在科研"真刀实枪"中练就过硬本领。学校早在985工程一期就建设了科学园，20余个研究所、实验室整体迁入科学园，在园区新建设宿舍、食堂等生活配套设施，为研究生从事科研工作创造了良好的环境。

（三）建设交叉学科研究生创新基地，开设创新实践课

加强研究生实践教学环节是研究生实践能力培养的重要举措。学校建立实验课程体系，依托国家重点实验室、国防科技重点实验室、各学院实验中心建立起32个配备完善、设备先进、利用率高、管理制度完善的研究生创新实践基地，开设出369门高水平的研究生实验课程。在此基础上瞄准学术前沿，学校支持建设了生命科学、土木工程灾害与防御等9个研究生高水平科技创新基地，采取课堂教学与实践教学相结合的方式开设了"先进机器人技术"等6门研究生创新实践课，以提高研究生理论与科技创新实践相结合的能力，全面提升研究生的基础研究水平、科技创新意识、科技创新能力和综合素质。

（四）与国际著名企业建立联合实验室

我校还注重吸引外资，建立高水平的国际联合实验室。已经建立了哈工大-罗克韦尔、哈工大-西门子自动化、哈工大-德国E+H公司仪器仪表等6个国际联合实验室。这些国际联合实验室设立的教学实验中心，拥有国际最先进的仪器设备，实行开放式统一管理。全校研究生通过预约在课程学习阶段和学位论文工作阶段均可以充分利用实验中心的先进设备，既开阔学生视野，又促进创新实践能力的培养。

（五）加强与企业合作，建立校外实践基地

学校与国内航天科工集团、航天科技集团、中国建工集团等重点企业在科技研发、人才供需等领域有着长期的合作关系。通过选派全日制工程硕士到企业中进行学位论文工作，一方面提高了研究生的创新实践能力，另一方面为企业储备优秀人才奠定基础，进一步深化校企双方在人才培养方面的合作。为做好研究生外出实习，学校还出台了《哈尔滨工业大学研究生外出安全管理办法》，明确学校职能部门与院系领导、导师以及协理员的工作职责，严格履行研究生外出申请及审批程序。我校与北京空间飞行器总体设计部等三个企业联合培养实践基地2014年、2015年和2017年荣获全国工程专业学位研究生联合培养示范基地，是国内获此称号最多的高校之一，起到引领作用。

（六）与职业资格认证相结合，促进高层次国际化人才的培养

我校焊接专业与国际焊接学会授权的国内唯一专业培训机构哈尔滨焊接技术培训中心联合办学，工程硕士培养方案中的部分应用类课程作为培训课程受到等同认可，工业技术方面的培训由培训机构组织。使原有444学时培训简化为158学时，令符合条件的学生毕业前完成培训成为可能；原本8 800元的培训费被缩减为3 800元，使大部分学生能够承受；同时，在本校教师中培训一批具有"国际焊接工程师"资格的教师，解决应用型师资匮乏问题。利用哈尔滨焊接技术培训基地的地缘优势，还建立了校外实践教学基地；我校每年材料加工焊接研究方向约20名学生获得国际焊接工程师资格证书，毕业生普遍受到国内外用人单位的欢迎。

四、改善管理模式，进一步推进应用型人才培养机制建设

推进应用型人才培养机制建设，关键是加大对具有一定工程背景的师资队伍建设，引进实践经验丰

富的企业导师,并提升专职教师的工程实践能力;加大对实践教学的投入力度,为研究生实践实习的正常开展提供充足的经费支持;主动面向行业、企业,开展校企产学研联合培养工作,培养与社会需求相一致的高层次工程应用型人才。

(一) 建立校企联合培养新机制

吸引优秀的工程师将生产实际的典型案例搬进课堂,或选拔工程硕士到科研条件雄厚的企业参加工业实践,是培养研究生工程实践能力的一个重要途径。

为提高工程硕士办学水平,我校与中国商用飞机有限责任公司探索订单式高级应用型人才培养模式,成立了哈工大-中国商飞联合培养大飞机班。每年学校划拨20个专项招生指标,与中国商飞磋商并确定该项目招生领域,成立联合招生工作小组,在研究生复试阶段启动选拔工作,经学生个人报名、学院审核、学校推荐、联合面试等环节确定最终人选。入选者需与中国商飞签订培养协议和就业意向书。根据企业需求,校企联合制订"大飞机班"培养方案,企业为学生选配技术水平高、工程经验丰富具有副高级职称的专家作为副导师与学校共同负责管理和指导研究生教学、实践环节。课程学习主要在学校完成,校内专职教师为研究生讲授基础课和专业学位课,企业专家承担部分选修课教学和案例教学;学校课程结束后,学生到企业进行为期1年的实习实践。企业结合实际科研项目,为"大飞机班"联合培养研究生提供硕士学位论文研究课题,并为相关课题研究提供保障。

在一线工作的企业导师具备丰富的研究及管理经验,对研究生的知识结构、能力结构和素质结构有独到的见解,与校内导师共同商榷、制订研究生个人培养计划,督促研究生在论文工作及科研实践中少走弯路,多出科研成果。

(二) 建立适合应用型人才培养需要的教师引进和培训制度

选派骨干教师走进企业进行实践锻炼,使他们了解企业的新技术、新标准等问题,提高教师自身的应用技术水平。有计划地选送40岁以下青年教师出国进修或攻读学位,学习国外应用类人才培养模式、相应学科教学内容、教学方式等。聘请企业既有丰富实践经验又有较高理论水平的高级专家作为兼职教师讲授应用型研究生相关课程,共同承担专业学位研究生的培养工作。实行校内外"双导师"制,安排校内导师参加企业的科研实践活动,与校外导师共同参与项目研究、学位论文等环节的指导工作,丰富教师的工程实践经验。

(三) 加大实践教学投入力度,为实践能力培养提供充足的经费支持

在实践基地、实验课程建设的基础上,学校根据研究生实验课程的开课门数、选课人数及学时数,分年度下拨研究生实践教学经费,作为实验教学过程材料、药品、电子元器件等损耗品的有效补充,用于支持院系实验室、实验中心按时、按量地开出研究生实验课程。2019年,全校研究生实践教学经费拨付总额达46万元,为实验课程的开设提供了强有力的保障。

参考文献

[1] 丁雪梅,等. 实施分类培养 构建应用型人才质量保障体系 [J]. 学位与研究生教育, 2010 (2): 1-4.
[2] 丁雪梅,等. 以培养模式改革为契机 优化硕士生培养方案 [J]. 学位与研究生教育, 2009 (11): 13-16.
[3] 全国工程专业学位研究生教育指导委员会. 产教结合 协同育人. 清华大学出版社, 2017年3月.
[4] 教育部. 教育部关于做好全日制攻读硕士专业学位研究生培养工作的若干意见. 2019年3月.
[5] 哈工大报. 斯坦福大学的"实用教育". 哈尔滨工业大学新闻网.
[6] 李家宝. 世界10所著名一流大学的教学 [M]. 哈尔滨:哈尔滨工业大学出版社, 2001.

我国工程博士教育现状与培养模式研究

耿娇娇　金　衍　詹亚力　李一鸣

（中国石油大学（北京），北京102249）

摘　要：本文对我国40所工程博士专业学位授权试点高校的招生、培养情况进行了调研统计，分析了目前我国工程博士培养存在的主要问题，提出了工程博士专业学位培养模式，包括以系统工程与实践为特征的人才培养体系和以"招生双审核、过程双指导、论文双评价"为主体的校企合作培养运行保障机制。

关键词：工程博士；专业学位；培养模式

作者简介：耿娇娇，1984年生，女，博士，主要研究方向为工程教育，邮箱为gjj@cup.edu.cn。

基金项目：本文获中国石油大学（北京）研究生教改项目"全日制工程类专业学位研究生联合培养基地建设与管理机制研究"资助，项目编号：yjs2018009。

工程博士教育是培养工程技术领军人才，满足创新型国家建设对高层次应用型工程技术创新人才需求的重要力量。2011年，国务院学位委员会审议通过《工程博士专业学位设置方案》，正式开设了工程博士专业学位研究生教育。2018年，工程博士专业学位试点高校由原来的25所增至40所。目前，我国工程博士教育整体处于起步、探索阶段，各工程博士培养单位都在积极探索符合工程博士教育规律的培养模式，以期规模与质量同步扩大与提升。本文以试点高校工程博士招生简章、部分培养方案等材料为样本，分析了我国目前工程博士教育的现状及存在的主要问题，提出了工程博士专业学位培养模式。

一、我国工程博士教育现状

为详细了解目前我国工程博士教育的招生与培养现状，对目前获得工程博士专业学位授权试点的40所高校进行了调研统计。

（一）招生情况

自2018年以来，随着工程博士培养规模的扩大，工程博士教育的培养对象也由原来的以企业在职人员为主，逐渐转为面向应届硕士毕业生和企业在职人员。根据各试点高校2019年、2020年工程博士招生简章发布的信息统计，目前除清华大学等6所高校只面向企业在职人员招生以外，其余试点高校均招收应届硕士毕业生报考工程博士，占比约达85%。其中，郑州大学进一步明确限定为"应届工程硕士专业学位毕业生"。

（二）培养情况

我们调研了部分试点高校的工程博士培养方案，发现课程设置总学分不少于10~16学分，包括公共课、专业学位课、非学位课等模块。就具体内容而言，不同高校各有侧重：公共课通常包括政治、外语类课程，其中，北京理工大学等还设有数学类课程，浙江大学等个别高校设有工程管理类相关课程；专业学位课包括领域前沿类课程；非学位课以专业技术类课程为主，西安交通大学等明确有跨领域课程与管理类课程修读要求。

从部分试点高校工程博士培养方案看，学术交流、实践和学位论文是三个主要培养环节。学术交流环节与学位论文环节，各试点高校要求大体相同。实践环节，在所调研的 12 所试点高校中，有 8 所高校做了相关要求，但形式、内容各异，主要有以下几种：①参加学术会议、学术交流和工程技术研讨等相关的学术实践活动，如哈尔滨工业大学等；②为学校相关专业工程硕士研究生开设课程教学或作重要学术（工程）前沿讲座，如南京航空航天大学等；③参加创新创业实践大赛并获相应奖项，如北京理工大学；④作为主要人员参加除学位论文依托项目之外的其他工程项目，如东北大学等；⑤在企业开展工程实践，如北京理工大学、西安交通大学、华中科技大学等，其中北京理工大学要求工程实践时长 3 个月及以上，西安交通大学还要求工程博士生须到国外相关的研究机构或者知名国际公司进行累计不少于 3 个月的研修或者国际交流合作。

二、我国工程博士教育存在的主要问题

（一）工程博士培养方式与工学博士趋同

工程博士专业学位的培养目标是造就工程技术领军人才，它侧重培养具有工程管理能力和实践创新能力的高层次应用型人才。工程管理能力须具有扎实的系统工程与管理知识储备，实践创新能力则来源于丰富的工程实践经验。从上述工程博士教育现状分析中可以看出，无论是在课程设置，还是主要培养环节等方面，工程博士培养与现有工学博士培养方式趋同：一方面，部分高校的工程博士课程体系，仍然按照与工学博士相同的课程模块内容进行设置，没有体现出专业学位的特色与不同；另一方面，多数高校的培养方案仍然是"重研究而轻实践"，其中对于实践的相关要求与工学博士区别不大，有的要求参与工程技术研讨会、专题讲座等学术实践活动，有的要求参与其他工程项目研究，明确要求参与以企业为主体的"工程实践"的高校不多。尤其对于那些应届硕士毕业生，工程实践的训练严重弱化，远远达不到工程博士专业学位的培养目标要求。

（二）工程博士校企合作培养深度不够

高校与企业联合培养，是专业学位教育的突出特征。目前，各高校的培养方案中均明确了工程博士的培养方式为校企合作，采用校企导师组指导方式，但大多都没有明确具体要求与形式。无论是课程设置还是各培养环节，均未体现出深度的校企合作培养。自 2009 年教育部全面开展全日制硕士专业学位研究生教育以来，我国在工程教育领域一直在探索有效的校企合作办学模式。总体而言，受体制、机制等条件限制，企业很难充分发挥育人主体作用，普遍缺少参与制定招生计划、选拔优秀生源、制定培养方案和学位标准的动力和途径。不少联合培养基地的企业导师仅仅是"挂名"，对培养过程漠不关心[1]，"校企分离"的现象严重影响了工程类专业学位博士研究生教育质量的提高。"全国专业学位博士教育质量调查"结果显示[2]："学生对'校外企事业单位或人员参与专业博士生培养'及'行业提供支持'的满意度较低。其中，49%左右的学生认为校外企事业单位很少或没有参与学生培养过程，参与度很低。"总体而言，校企合作还缺乏有效的运行保障机制。

三、工程博士培养模式研究

根据上述工程博士教育现状与主要问题，结合试点办学实际体会，从培养体系和校企合作运行保障机制两个方面入手，对工程博士的培养模式进行了研究与探索。

（一）构建以系统工程与实践为特征的培养体系

"大工程观"教育理念自提出以来，经受了来自教育实践方面广泛深入的检验，目前已成为国外工程博士培养的重要发展理念。"大工程观"教育理念认为工程教育是"在重视工程实践基础上对工程学

科进行创造性的整合与集成",它强调"解决现代工程问题要求工程技术人才能够打破学科壁垒,工程教育不仅应让学生学习工程科学的知识和理论,更应让学生接触大规模复杂系统的分析和管理"[3]。"大工程观"教育理念符合工程博士教育的培养目标与发展需求,可作为我国工程博士教育的培养理念。

一方面,工程博士培养体系中课程设置应突出工程系统性特征。这个系统既是工程技术本身所形成的系统,又是工程与其相关的非技术因素所形成的系统[4]。课程设置中应重点包括两个模块:一是工程技术类课程模块,要具有宽广性、前沿性和交叉性,能够反映相关工程领域最新的工程技术与发展动态;二是工程管理类课程模块,包括工程项目管理、系统工程、工程创新、技术创新与管理等内容,可以帮助学生更好地适应技术创新与企业发展,是工程博士教育中不可或缺的重要内容。这一点可从新加坡国立大学(National University of Singapore)的工程博士培养体系中得到印证,作为新加坡首屈一指的世界级顶尖大学,其工程博士培养中工程管理类课程占比50%以上。

另一方面,工程博士培养体系中培养环节应突出工程实践。工程实践是把工程知识转化为工程博士实践能力的重要途径,是工程博士教育的灵魂[5]。因此,培养环节应要求以企业为主体的工程实践,对于企业在职人员,往往具有丰富的工程实践经验,可以采用工程技术研讨与交流等形式,以提升工程实践认知为目的;对于应届硕士毕业生,工程实践时间应不少于一年,以切实提升学生的实践创新能力,特别要杜绝采用校园"圈养"的培养方式:在学校跟着导师做项目,远离企业工程实践,以论文为本,其教学方式与工学博士无本质区别。

此外,工程博士的两类生源处于不同的人生与职业阶段,其就读需求和所具备的能力素质差异极大。特别对于企业在职人员,他们在就读过程中需要兼顾工作和学业,工学矛盾突出,期望灵活的学习方式。因此,工程博士培养体系的设计应注意体现灵活性,因需施教。

(二) 构建切实有效的校企合作运行保障机制

合作目标和运行机制是影响校企合作育人质量的两大主要因素[6]。基于重大、重点工程项目联合攻关的校企合作专项育人,构建了校企"利益共同体",保证了校企双方共同的合作目标,是校企合作优质育人的前提与基础。校企双方基于共同的合作目标,充分发挥双主体作用,整合双方资源,借助校、企导师的合作指导,达成培养标准共识,构建有效的运行保障机制是实现校企合作优质育人的有效途径。具体思路做法如下。

第一,招生双审核。招生选拔环节,以重大、重点工程项目校企合作单位推荐生源为主要方式。生源包括两类群体,一类是合作单位的在职人员,主要为参与重大、重点工程项目的技术骨干;另一类为在学的硕士专业学位研究生,主要为在工程项目合作单位开展专业实践且创新实践能力突出的学生。程序上,首先由企业科技部门、人力资源部门联动选拔并推荐承担校企合作重大、重点工程项目的技术骨干和在学专业学位研究生攻读工程博士;进而,学校对推荐候选人进行工程创新潜力等综合能力考查,最终确定工程博士攻读人选。"双审核"的招生选拔制度,从源头上严格把关生源质量,一定程度上保障了工程博士的培养质量。

第二,过程双指导。培养过程环节,包括培养计划制订、论文开题、中期考核、论文评阅、论文答辩等关键节点,实行全过程校内、外导师"双指导"的培养制度。形式上,通过由工程博士生、校内导师和企业导师三方参加的定期交流研讨会来实现;手段上,采用智能化研究生信息管理系统来辅助实现。非涉密研讨会信息公开发布,接受督导组专家监督以及同领域专家观摩。

第三,论文双评价。论文评审环节,区别于工学博士,实行企业、学校"双评价"制度。流程上,首先由企业科技部门出具论文的工程应用证明,或者由其组织相关专家对论文的工程应用价值进行评价,并形成评价意见;进而,学校根据企业的评价结果,组织开展相关工程博士的论文评审与答辩工作,对达到培养要求的学生授予工程博士学位。"双评审"制度,从出口端对人才质量进行了严格把关,最大程度上保障了工程博士培养目标的实现。

四、总结

工程博士教育成功的关键主要有两点：一是形成突出系统工程与实践特征的培养体系；二是构建切实有效的校企合作培养运行保障机制。这两点也是工程博士区别于工学博士的最主要特征。各工程博士试点高校在办学过程中，应时刻把握工程博士培养是面向企业（行业）工程实际，重点在于培养工程博士的工程技术创新能力；避免向工学博士趋同发展，才能够满足国家对工程技术领军人才的迫切需求，实现工程博士专业学位设立的初衷。

参考文献

[1] 钟尚科. 完善我国工程博士专业学位教育制度与措施之探讨［J］. 高等工程教育研究，2013（4）：160-165.
[2] 罗英姿，李雪辉. 我国专业学位博士教育面临的问题与改进策略［J］. 高等教育研究，2019，40（11）：67-78.
[3] 居里锴，徐建成. "大工程观"下工程实践教学改革的探索与实践［J］. 中国大学教学，2013（10）：68-70.
[4] 李培根. 工程教育需要大工程观［J］. 高等工程教育研究，2011（3）：1-3，59.
[5] 吴卓平，孟秀丽，杨连生. 大工程观教育理念下工程博士教育探析［J］. 学位与研究生教育，2015（8）：46-50.
[6] 何菊莲，杨拔翠，曾婷婷，等. 校企合作育人质量测评及优质合作育人模式构建——基于1538份校企合作人员调查的实证分析［J］. 高等工程教育研究，2019（4）：101-106.

专业学位研究生实践能力培养体系建设的探索与实践
——以四川大学为例

任良科　朱冀平

（四川大学研究生院，成都 610064）

摘　要：提高专业实践能力是专业学位研究生培养的方向。针对目前专业学位研究生培养存在的培养目标不清晰，培养过程与学术学位研究生同质化严重，学生实践能力不足的问题，本文以四川大学专业学位研究生培养现状为例，探索并提出"434"专业学位研究生实践能力培养体系，丰富和完善专业学位研究生培养模式，不断提高专业学位研究生实践能力。

关键词：专业学位；实践能力；课程建设；区域合作

第一作者简介：任良科，男，1989年生，硕士研究生，职称为助理研究员，研究方向是教育管理。

基金项目：本文系四川大学研究生教育教学改革研究项目资助成果（编号：YJSJG036），获四川省2018—2020年高等教育人才培养质量和教学改革项目资助，项目编号：JG2018-18。

近年来，我国大力发展专业学位研究生教育，完善高层次人才培养体系，逐步扩大专业学位研究生招生规模，提高专业学位研究生培养质量，以满足经济社会发展对高层次应用型人才的持续需求。至2019年，在学的专业学位研究生人数已超过学术型研究生数量，基本形成了以专业学位为主的格局。教育部曾明确表示，新增授权点和研究生招生名额主要向专业学位倾斜。由此，我国专业学位研究生教育规模还会不断扩大。

全日制专业学位研究生教育推行三十年来，高校不断调整培养模式适应需求，致力于提高研究生的实践能力，取得了很多培养经验（陈洁，2020）。四川大学从首批招生试点工作开始至今，专业学位研究生规模超过1.2万人，占硕士生总数的比例为44.28%，且涉及全校30个二级培养单位的76个领域。学制有2年、2.5年和3年三种。专业学位研究生人数最多的是文科，其次是工科和医科，体现出我校综合性大学的特点。专业学位研究生的培养也曾面临诸如培养目标不清晰、培养过程与学术学位研究生同质化严重、学生实践能力不足等相关问题。为了提高专业学位研究生培养质量，建设提高专业学位研究生实践能力的培养体系，经过多年探索与不断实践改进，我校逐步形成并完善了具有我校特色的"434"专业学位研究生实践能力培养体系，在实践中取得了良好的培养效果。第一个"4"指把控四个培养环节，即修订培养方案、中期检查、开题报告和毕业论文。其中的"3"是指发展三种实践形式，即课程实践、项目实践和专业实践。第二个"4"是提供四项保障措施，指的是双导师制、课程建设、基地建设和区域合作。

一、把控四个培养环节

专业学位研究生的培养是在有限的时间内完成既定的培养目标和培养任务，根据其培养规律和特点对其中重要的节点进行质量把控以更好地完成培养目标，提高培养质量。

（一）修订培养方案，建立矩阵式培养体系

培养方案是人才培养的纲领性文件，对培养目标的达成具有重要作用。教育部在《关于做好全日制硕士专业学位研究生培养工作的若干意见》中规定，专业学位研究生的培养目标是掌握某一领域坚

实的基础理论知识和专业知识、具有较强的解决实际问题的能力，能够承担专业技术和管理工作，具有良好的职业素养的高层次应用型专门人才。我校专业学位研究生的培养目标更加突出实践能力和综合素质，强调立德树人的核心作用。特别是在修订工程类专业学位研究生的培养目标时，要求各培养单位更加具体地结合各领域的特点制定培养目标，要与学术学位研究生的培养目标有明确不同，将高水平的专业技能培养和实践能力放在突出位置。为了支撑培养目标达成，培养方案采取"3×4矩阵式"的设置体系，即把基础知识学习、专业技能培养、应用能力训练和综合素质培养四大内容有机地融合进课程学习阶段、实践训练阶段和应用检验阶段三个阶段。采用矩阵式的培养方案能更加清晰地指导专业学位研究生的培养过程，体现专业学位研究生培养的重点。

（二）实行中期考核，加强过程管理

为加强培养过程管理，考察专业学位研究生的政治品德、学习效果和技能掌握等情况，及时发现培养过程中存在的问题，激发学生学习主动性，特制订了《四川大学硕士研究生中期考核管理办法》。考核的内容主要包括三个方面，一是思想素质，二是课程学习情况，三是专业技能掌握情况。规定培养单位组成导师考核组认真审核被考核学生的材料，组织综合面试。要求导师考核组中应至少包括一名行业专家。

（三）建立开题制度，保证论文质量

学位论文在培养专业学位研究生综合素质和实践能力上具有重要作用。学位论文开题是顺利开展论文工作的前提和基础。为规范开题制度，保障程序，我校特制订了《四川大学研究生学位论文开题管理办法（试行）》。开题制度是过程管理的重要部分，建立开题制度，对明确专业学位研究生毕业成果的形式和方向，具有很好的指导作用。

（四）学术成果重实践重应用

专业学位研究生的学术成果和学位论文要求应符合专业学位研究生的培养特点，而不应一味以发表学术论文作为衡量标准。专业学位研究生的学术成果应重点考察其实践性和应用性。学位论文应来源于具体行业企业所面临的问题，重点解决其工程技术问题或企业发展瓶颈，体现论文作者利用专业知识解决复杂专业问题，实现企业行业技术进步、推动产业升级。学术成果可以是论文、专利、报告、方案、证明等形式。

二、发展三种实践形式

提高专业学位研究生实践能力必须依托于具体的实践形式。根据我校专业学位研究生培养经验，总结并开展了课程实践、项目实践和专业实践三种形式以指导提高专业学位研究生的实践能力，将实践融入整个培养过程之中。

（一）课程实践

专业学位研究生入校后第一年主要在课程学习阶段，不仅包括基本理论课程，还有专业课程、实践课程等。在课程学习阶段，利用课堂授课环节培养学生运用理论解决实际问题的能力将会达到较好的培养效果。特别是专业课，需要改变过去由教师"满堂灌"的授课方式，采用启发式、案例式、研讨式等授课方式，激发学生主动思考、主动学习。在课程教学环节，部分领域还可以采取模拟训练或企业现场实训等方式，让学生多参与多动手多实践，以提高学生的实践能力。此外，鼓励培养单位邀请行业企业知名专家或工程师到校开设讲座报告，参与授课，也是一种很好的形式。

（二）项目实践

通过研究项目或导师课题培养专业学位研究生的实践能力是非常重要的一种形式。我校建设研究型高校，研究生导师或其团队有各种横向项目或纵向课题。大多数研究生的实践能力都是通过项目实践的形式培养起来的。我校支持企业行业如华为公司、成都科技处等部门发布相关课题研究，通过学生申报、自主完成的形式培养实践能力。积极鼓励专业学位研究生参与各级各类竞赛项目，利用专业知识设计、解决企业行业生产和人们生活的相关问题。

（三）专业实践

专业学位研究生去相关行业企业参与专业实践是产学结合的重要途径，也是实践能力提升的重要形式。我校规定，硕士专业学位以工程实践为必修培养环节，工程博士专业学位以重大重点工程项目专业实践为必修培养环节。专业学位研究生必须参加不少于半年的专业实践，鼓励研究生早实践、多实践，在实践中提高专业能力，提升职业胜任力。研究生到企业实践不仅要利用专业知识解决企业发展问题，更需要锻炼自身的职业素养，适应企业行业对高层次应用型人才需求节奏。项目实践与专业实践两者并不完全等同。专业实践除了提高研究生的专业实践能力外，其独特的育人环境和特有的市场规律对培养研究生具有重要的作用。

三、提供四项保障措施

提高专业学位研究生实践能力，除了把控培养环节和实施各类实践外，还有一个重要的方面是保障措施。经过探索与实践，我校逐渐形成并完善了以下四大保障措施。

（一）双导师制

每一位专业学位研究生在学期间，特别是专业实践和毕业论文环节，除了有一位校内导师指导外，还必须配备一位来自行业企业的专家作为指导老师。鼓励培养单位主动吸引杰出校友、行业优秀人才和社会知名人士担任合作导师。校外指导教师除了参与专业学位研究生的培养过程，指导学生实践，还应参与专业培养方案制定和实践课程教学。

（二）课程建设

课程建设是实施课程实践的重要保障。提高专业学位研究生实践能力需要授课老师摒弃学术型研究生相同的课程讲授模式（王福斌等，2020）。除基础平台课，专业学位学生可与学术学位研究生共上外，特别资助了专业学位建设案例课程和实践课程，制订了《四川大学专业学位研究生课程案例库建设管理办法》。案例教学是培养专业实践技能，解决实际问题的重要模式。重点资助了课程案例库建设，要求专业学位研究生的专业课程应逐渐减少讲授、讨论和作业等，多运用案例分析、现场研究和模拟训练等适合实践能力培养的方式。此外，资助了专业学位课程申报课程思政建设项目和高水平国际化课程项目，支持建设在线开放课程，丰富课程资源，完善育人方式。

（三）基地建设

基地是加强专业学位研究生实践能力培养，进行专业实践的主要场所，是产学结合的重要载体（熊纠，2018）。我校积极推进并共建了超过200个专业学位研究生实践基地供专业学位研究生联合培养。为了加强实践基地建设，我校制订了《专业学位研究生实践基地建设管理办法》和《专业学位研究生示范性实践基地建设项目实施办法》等相关管理文件，分别对基地建设、学生实习实践等做了规定。同时，实施了五批基地建设项目，重点资助了基地建设成果较好，实践人数达到一定规模，学生实践成果突出的示范性基地。以后,我们将把基地建设和学生实践纳入信息化管理,记录学生实践成果,及时总结基地建设和学生实践中的问题,更好地服务于专业学位研究生的实习实践。

(四) 区域合作

加强区域合作,服务并融入地区经济社会科技发展,形成协同育人机制,是提高专业学位研究生实践能力和培养质量的有益方式,并且越来越受到重视。据报告,许多高校的大多数毕业生选择所就读地区的企业行业和机构就业,为地区发展做出了重要贡献。建立高校与所在地区各类组织的合作关系,为专业学位研究生提供各类实习实践和锻炼机会,既能有效地提高专业学位研究生的实践能力,也为区域发展提供源源不断的人才。目前我校跟省国资委合作,建立平台每年发布在川国企央企的暑期实践项目。利用丰富的校友资源长期发布实习实践岗位和人才定向招聘信息。我校已与宜宾市人民政府签署深化战略合作协议,促进高校科技、人才资源与地方经济社会发展有机结合,建立了四川大学宜宾园区,成立了研究生分院。此外,为了积极融入成都地区经济发展,促进产业升级,与成都产业功能园区制订了联合培养研究生的初步方案;还与成都高新区签署产教融合合作协议,主要培养专业学位研究生。

四、总结

专业学位研究生教育是研究生教育体系的重要组成部分,是培养高层次应用型专门人才的主要途径。实践能力是专业学位研究生培养质量的重要衡量指标。为了提高专业学位研究生的实践能力,我校建设形成了"434"的专业学位研究生实践能力培养体系,即把控四个培养环节,发展三种实践形式,提供四项保障措施。专业学位研究生的教育是不断修正与进步的过程,信息化时代面临的机遇和挑战更需要不断地对专业学位研究生教育进行不断的探索,以满足我国发展对专业型创新型人才的更高要求。

参考文献

[1] 陈洁. 关于专业学位研究生培养的实践与思考——以浙江大学材料工程专业为例 [J]. 中国多媒体与网络教学学报, 2020 (6): 186-187.

[2] 王福斌, 王海群, 崔传金, 等. 专业学位硕士研究生实践能力培养的能控因素及能达目标研究 [J]. 大学教育, 2020 (3): 170-172.

[3] 熊纠. 高校专业学位研究生联合培养基地建设长效机制研究 [J]. 黑龙江教育学院学报, 2018 (37): 8-10.

电子信息专业研究生课程教学与专业实践体系建设与实践

隋金雪 华 臻 魏广芬 朱智林

(山东工商学院信息与电子工程学院，烟台 264005)

摘 要：山东工商学院通过构建合理的课程体系，在人才培养方案中融合思政教育和职业伦理教育，积极开展工程教育的案例库建设和案例教学等教学改革，设置合理的校内实习实践和企业实习实践，鼓励学生依托校内教学科研平台开展学术实践活动，积极参与研究生科技创新项目和学科竞赛，注重培养学生的实践创新能力，加强课程质量和实践环节的保障体系建设，逐步形成了地方高校专业学位研究生课程教学与专业实践体系，满意度调查显示学生的满意度较高。

关键词：电子信息；课程教学；专业实践

第一作者简介：隋金雪，1977年生，男，博士，副教授，研究方向为智能控制与智能系统，邮箱为 suijx@sdtbu.edu.cn。

资助项目：本文获山东工商学院教学改革研究项目（11688201709）、团中央学校部全国学校共青团课题研究资助项目（2018ZD090）。

一、专业学位授权点基本情况

山东工商学院电子信息专业学位授权点以服务国家战略和区域经济发展为导向，在调研山东及胶东半岛地区企业需求的基础上，结合我校电子信息类专业教育的实际情况，确立了本专业学位人才培养目标，不断加强师资队伍建设，改善实验实践条件，优化培养环节，提高培养质量。本学位点2014年获得授权建设，2015年开始招生，目前研究生招生数量稳步增长，生源质量逐渐提高，发展态势良好。经过从无到有的建设和发展，逐步形成了地方高校专业学位研究生课程教学与专业实践体系[1-4]。

本学位点依据培养标准，结合我校的发展背景和我院的实际情况，邀请行业企业专家共同制订了全日制电子信息专业学位硕士研究生培养方案。培养方案紧紧围绕电子信息产业需求设立各个教学环节，理论课程不但根据专业要求设置学位基础课和专业必修课，而且还根据培养方向设置了专业方向选修课程。围绕电子信息产业需求，发挥多学科交叉优势，培养与工程领域任职资格相联系的应用型、复合式高层次工程技术和工程管理人才。

电子信息专业研究生培养实行双导师制，即校内导师与企业导师联合培养，研究生培养以实习基地建设为纽带，企业导师参与研究生招生、培养方案制定、企业实习、课题研究和论文撰写等全过程，充分发挥各自优势，构建人才培养、科学研究、成果转化、社会服务、文化传播等多元一体的战略合作伙伴关系。健全研究生培养规章制度，并逐步建立起稳定的校外专业硕士学位研究生实习实践基地，研究生培养体系日臻完善。

二、课程教学体系建设与实践

遵循电子信息专业学位硕士培养的基本要求，围绕本学位点的办学定位和人才培养目标，从课程体系、教学方法、制度保障和组织管理等环节确保教学质量。

（一）构建合理的课程体系

本授权点人才培养方案课程体系设置包括学位公共课（6学分）、学位基础课（6学分）、专业必修课（6学分）和专业及跨学科选修课（8学分）。学位公共课包括中国特色社会主义理论与实践研究、科学研究方法论和研究生英语课程；学位基础课包括矩阵论基础、最优化理论与算法和现代通信原理3门课程。设置了可视媒体智能处理与应用、人工智能与机器学习、电子系统设计与微纳器件研究和智能检测与优化等主要培养方向。各方向必选3门专业必修课，根据研究方向设置了25门专业及跨学科选修课供学生选修至少8学分，主要包括"计算机视觉与图像处理""模式识别""Python编程技术""数据挖掘技术""智能传感技术""电子材料与器件""信号检测与估值""现代通信原理""现代数字信号处理"等课程，其中"工程伦理""知识产权与专利文献撰写""信息检索"3门课程要求学生必选[1]。

（二）思政教育、职业伦理教育

重视研究生思政教育工作，贯彻落实"立德树人"的根本任务，把思政教育渗透到研究生培养和管理的各个环节。开设"中国特色社会主义理论与实践研究"和"科学研究方法论"等思政课程，把习近平新时代中国特色社会主义理论融于知识讲解实现课程思政，将社会主义核心价值观融入教育全过程。

针对工程专业学位研究生的课程思政建设的特点，在2017年研究生培养方案中增设"工程伦理"课程。工程伦理是思想政治教育、专业理论教育、工程实践教育三合一的课程。2016—2018年先后派3批12名专业教师参加了全国工程专业学位研究生教育指导委员会"全国工程伦理培训"，已为两届学生开设了工程伦理课程，引导学生树立正确的工程价值观和伦理观。

（三）工程教育中的案例库建设和案例教学

改进教学方法，激发学生的求知欲和创造力，注重课堂教学的互动交流和教学内容更新，积极探索先进的教学手段，依托教学科研平台，探索案例教学等教学方式，培养学生的自我学习能力和探索创新能力。"《最优化理论》配套案例库"和"《模式识别与深度学习基础》教学案例库"分别获批2017年、2019年山东省专业学位研究生教学案例库项目。教学课程的案例库建设为教学方法和教学手段的改革提供了有益的探索与借鉴。

（四）加强课程质量保障体系建设

为保障研究生课程教学质量，学校出台并完善了《山东工商学院关于研究生课程教学及相关工作的规定》《山东工商学院研究生教育督导工作暂行办法》等一系列教学管理制度文件，构建了教学质量保障和监控体系。实行校院两级教学组织管理。研究生处负责教学管理和组织、教学质量监控与督导，成立研究生督导组，检查与督促研究生教育教学情况。学院负责研究生教学的具体实施，成立了学院学术委员会，负责人才培养方案、教学大纲和教学计划等的制订，确保本专业学位研究生教学工作顺利开展。

课程主讲教师均为工作在科研和教学第一线的教授、副教授或博士，良好的教学师资、积极的教学研究和改革为课程的教学质量提供了保障。

三、专业实践体系建设与实践

根据人才培养方案要求，设置了校内实习实践和企业实习实践等环节，建设实践平台和实践基地，取得了良好的实践教学效果[2-3]。

（一）校内实习实践

校内实习实践主要分为培养方案中的校内实验课和根据专业方向开展的校内教学科研实践活动。校内实验课开设了2学分36学时的"DSP原理及应用"实训实践课。校内教学科研实践活动依托山东省高等学校未来智能计算协同创新中心、山东省计算机应用技术重点学科、山东省车联网工程技术省级示范工程研究中心、山东省教育服务新旧动能转换专业对接新一代信息技术产业项目专业群、山东省高水平应用型立项建设专业（群）等省级教学与科研平台，山东省高等学校智能信息处理重点实验室、山东省高等学校感知技术与控制重点实验室、烟台市智能系统与控制重点实验室和烟台市金融大数据分析与处理重点实验室等厅局级科研平台，校内重点学科和信息与电子工程实验中心，开展一系列培养学生实践学术创新能力的教学活动。

（二）企业实习实践

本授权点目前已完成四届学生的校外实习实践，主要安排在烟台东方威思顿、烟台中科网络技术研究所、烟台持久钟表、山东恒远科技等研究生实践基地开展，采用集中实践与分段实践相结合的方式完成校外实习任务。通过企业实习实践，学生熟悉了企业生产流程、主流开发技术以及市场产品需求等，提高了动手能力和实际分析解决问题的能力。目前已建立校外实践基地10个，如表1所示，其中与合作单位烟台东方威思顿电气股份有限公司联合申报获批了山东省研究生教育联合培养基地。另外，还同山东航天电子技术研究所、中国电信烟台分公司、中科院海岸带研究所等单位接洽，期待共建校外实践基地。

表1 研究生实践基地列表

序号	校外实践基地名称	基地所在单位名称
1	烟台东方威思顿研究生实践基地	烟台东方威思顿电气股份有限公司
2	北京拓尔思研究生实践基地	北京拓尔思信息技术股份有限公司
3	山东捷瑞研究生实践基地	山东捷瑞数字科技股份有限公司
4	山东天开通信研究生实践基地	山东天开通信科技有限公司
5	烟台中正研究生实践基地	烟台中正新技术有限公司
6	烟台吉安电子研究生实践基地	烟台吉安电子科技有限公司
7	烟台持久钟表工程硕士研究生实践基地	烟台持久钟表集团有限公司
8	山东恒远科技工程硕士研究生实践基地	山东恒远智能科技有限公司
9	烟台恩邦电子科技工程硕士研究生实践基地	烟台恩邦电子科技有限公司
10	烟台中科网络技术工程硕士研究生实践基地	烟台中科网络技术研究所

（三）创新训练实践

本授权点非常注重培养学生的实践创新能力，先后共3届19人获批"研究生科技创新基金项目"，其中"DNAPLs污染源区复电阻率三维动态监测实验装置"和"适用于需求侧响应的家庭能量管理系统"实践成果分获2016年和2018年山东省研究生优秀实践成果奖三等奖。2018年开始组织研究生参与学科竞赛，先后获得第十四届中国研究生电子设计竞赛分赛区二等奖2项、三等奖2项，第二十一届中国机器人及人工智能大赛国家一等奖等省部级以上奖励10余项[4]。

（四）实践环节保障

学校出台了《山东工商学院专业学位研究生专业实践工作实施办法》《山东工商学院校外兼职研究生导师选聘及管理办法》等实践环节的保障制度，对学生实践工作进行了详细的规范和约束，以期不断提高专业实践质量。

经过几年的努力，逐步形成了地方高校专业学位研究生实践体系。"服务区域经济需求，依托实践基地建设，提升专业学位研究生培养质量"2018年获得山东省研究生教育教学成果奖二等奖。

四、课程教学与专业实践满意度调查

对课程教学与专业实践分别进行了满意度调查，调查结果显示学生的满意度较高。

（一）课程教学质量满意度调查

对电子信息专业（原电子与通信工程专业）2018级和2019级共88位研究生进行课程教学质量满意度调查，收回问卷88份，分别从教学态度、教学组织、教学内容、教学水平、教学特色以及教学效果（课程收益）等20项指标进行调查，具体调查情况如图1所示。

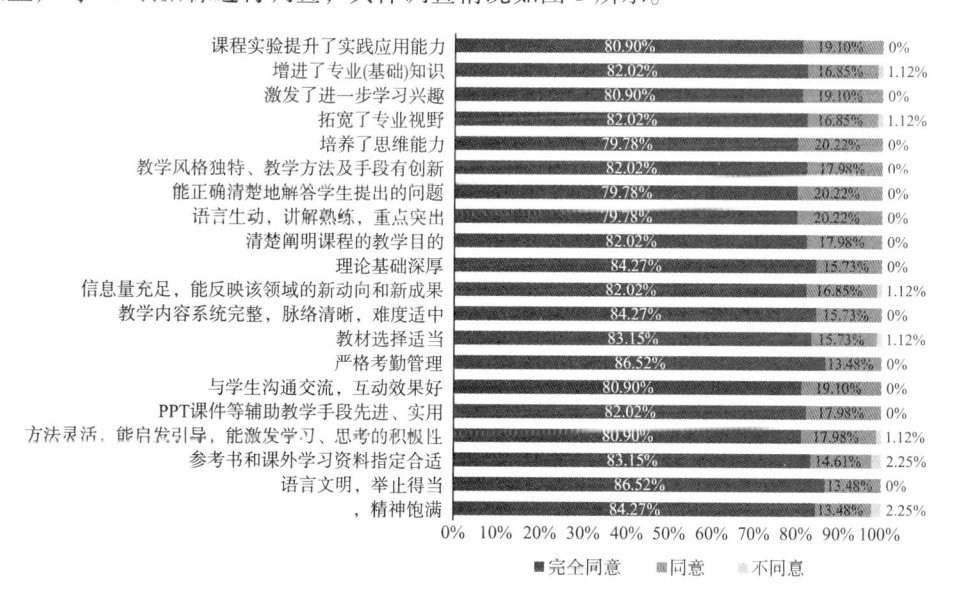

图1 课程教学质量满意度调查结果

（二）专业实践质量满意度调查

对电子信息专业（原电子与通信工程专业）2018级49位研究生进行专业实践质量满意度调查，收回问卷49份，分别从专业实践教学目标、理论教学和专业实践的比例等11项指标进行调查，具体调查情况如图2所示。

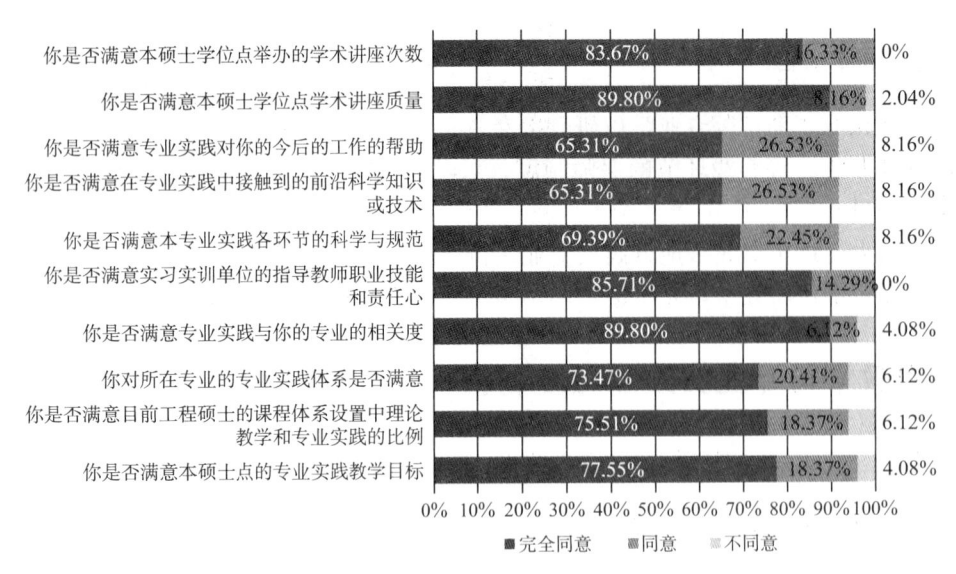

图 2 专业实践质量满意度调查结果

五、总结

课程教学通过在人才培养方案中融合思政教育、职业道德和职业伦理教育，积极开展工程教育的案例库建设和案例教学等教学改革，构建合理的课程体系；实践教学通过设置合理的校内实习实践和企业实习实践，鼓励学生依托校内教学科研平台开展学术实践活动，培养学生的实践创新能力，加强课程质量和实践环节的保障体系建设，逐步形成了地方高校专业学位研究生课程教学与专业实践体系，满意度调查结果显示学生的满意度较高。

参考文献

[1] 史耀媛，卢朝阳. 电子信息类全日制工程硕士生培养的探索与实践［J］. 学位与研究生教育，2010（9）：31-34.

[2] 张昕，石军霞，黄文敏. 全日制专业学位硕士研究生工程实践能力培养模式的探索——以五邑大学电子与通信工程专业为例［J］. 教育现代化，2017，4（33）：13-15.

[3] 许鸿文，陈雯，罗林波，等. 电子信息类研究生创新创业教育体系的设计与实践研究［J］. 课程教育研究，2019，8（35）：243.

[4] 盖建新，童子权，于佳. 从电子设计竞赛看研究生培养模式改革［J］. 电气电子教学学报，2015，8（37）：84-85.

面向学科交叉及综合能力培养的专业实践教学改革研究

吴娇蓉[1,2]　王宇沁[1,2]

(1 同济大学道路与交通工程教育部重点实验室，上海201804；
2 同济大学城市交通研究院，上海201804)

摘　要：新工科建设的核心任务是培养满足社会经济发展需求的复合型创新人才。应对新工科背景下的培养诉求，专业实践教学以综合能力为重要培养目标，通过产学研结合实现行业深度参与培养过程。本文根据培养能力项进行课题要素设计，解析各学科能力培养短板差异，提出融合学科交叉理念的"基础学科+X"的专业实践课题要素设计。同时通过企业资质多维度审核，确保实践基地的品质化提升。通过实践内容和实践环境双重精细化改革，保障专业实践的综合能力培养效力。

关键词：新工科；学科交叉；专业实践；综合能力培养；实践基地

第一作者简介：吴娇蓉，1973年生，女，博士，教授，博士生导师，研究方向为交通运输规划与管理，邮箱为wjrshtj@163.com。

新工科建设是一项持续深化工程教育改革的重大行动计划，是对新形势下新挑战的主动应对，新工科人体上有引领性、交融性、创新性、跨界性和发展性等几个特征[1]，其核心任务是培养满足行业和产业当前以及未来发展需求的复合型卓越工程科技人才。为加快国家工科教育的创新及改革速度，教育部提出"卓越工程师教育培养计划"，旨在培养顺应发展需求、有创新能力的复合型人才。卓越计划对新工科人才培养模式赋予了三个特点：行业深度参与培养过程、学校按通用标准和行业标准培养工程人才、强化培养学生的工程能力和创新能力。专业实践是培养研究生实践能力及专业知识综合运用能力的关键教学环节，是理论教育的延伸及深化，同时是对理论知识的验证。新工科背景下，行业参与及研究生综合能力的培养诉求对专业实践培养环节提出了新的培养要求。在实际的问题场景下，通常涉及多学科领域。工科实践课题亦存在不同程度的学科交叉，技术发展亦带来了问题的复杂化，实际的社会科学问题几乎不会再在单一学科语境内。如何在弥补传统专业实践短板的基础上，针对能力培养短板进行专业实践课题要素设计，并通过资质筛选构建品质化实践基地，实现多学科实践环境及技术集成，更贴合课题多学科场景研究需求，培养研究生的综合能力，正是本研究所试图探索解决的问题。在传统学科专业实践模式的"继承"中，通过学科交叉尝试模式"突破"，实现综合能力养成的培养目标。

一、新工科背景下专业实践的培养诉求

在新工科背景下，对专业实践的诉求更为强烈。教育部提出的"卓越工程师教育培养计划"，更加明确了专业实践和综合能力在工程型人才培养中的重要性[1]。实际的工科议题，通常需要解决复杂的和定义不明确的跨学科问题，应对这些实际问题，通常需要以下要素与能力：有关问题提出与解决的案例；不同学科和教育水平的群体交流与合作；有效使用技术和资源，以支持团队的知识建构，拓展团队解决问题的能力。

新工科的专业实践培养环节，应为学生营造解决复杂的、多学科交融的问题场景，同时丰富专业实践培养的能力项架构。美国研究型大学学科交叉培养体系最为成熟且为教育界提供了众多借鉴案例及成功经验。美国国家科学基金会启动的研究生教育与科研训练一体化项目IGERT，通过经费资助影响研

生培养模式的转变，促进跨学科创新文化氛围的形成。Borrego 和 Newswander[2]对 1999—2006 年间获得 IGERT 资助的 117 个项目计划书进行了基于内容分析的质性研究，根据分类编码整理出基于学科交叉的研究生教育的 5 个能力项培养目标：多学科基础训练、跨学科视野和技能整合、团队合作、跨学科交流能力、批判意识。人文学科在跨学科培养研究生上更重视批判思维，而理工科则更看重团队工作，这是不同学科在跨学科培养时能力项培养上最为显著的差异。

基于国内外学者对于学科交叉培养体系下专业实践能力培养的研究经验[3][4]，结合新工科背景下人才培养的新诉求，将专业实践核心培养能力总结为 5 项：①学科基础能力，学生对于基础学科具备较为深入的认知能力及扎实的学科基本功，且对行业有一定的认知能力，可识别各学科的优势和劣势，对相关学科存在敏锐的行业"嗅觉"，具备必要的行业背景认知，了解不同学科的"话语"方式，理解学科需求；②实践应用能力，学生将学科交叉研究成果转化为社会效益的能力，是对多学科知识吸收、思考、再加工、应用的环节，可将知识整合、同化吸收并迁移技能来链接知识和经验[5]；③学术创新能力，在开发解决综合性实质问题时，敢于通过交叉、融合突破传统壁垒；④学术交流能力，包括跨学科交流能力及对研究领域的表达能力，是团队合作的重要纽带，学生应克服学科间的"话语"差异和思维差异，既可传达学科信息，亦可进行跨学科问题探讨；⑤团队合作能力，在多学科背景研究团队与其他成员共同开展工作的能力。

新形势的工科培养体系下，具备多项综合能力的复合型人才是培养初衷之一。学科交叉本质上实现了弱化学科壁垒，通过多学科理论体系、分析工具的交融碰撞，激发学术创新。专业实践教学环节可通过提供跨学科课题参与机会及多学科背景工作团队，成为培养创新能力的重要途径。因而本文在进行专业实践教学改革研究时，融入"学科交叉"的设计理念，从实践课题和实践基地筛选两个角度进行探索研究。

二、基于"基础学科+"的专业实践课题设计

（一）专业实践课题能力培养的学科差异解析

为了解不同学科专业实践现状，于 2018—2019 年间面向同济大学各专业三年级研究生开展了相关调研及数据搜集，有效回收 654 位研究生的专业实践信息反馈。调研专业实践对于学生的能力培养效果，要求受访者通过自评（1~5 分制）的形式对能力项提升满意度进行评估。为便于学生理解，将前文总结所得的 5 项核心培养能力，进一步解析具化为 9 项：①责任感；②实验能力；③知识应用能力；④工具开发运用能力；⑤科研能力；⑥行业认知能力；⑦沟通能力；⑧团队合作能力；⑨终身学习能力。以城市规划、测绘工程、交通运输工程、土木工程为案例学科，如图 1 所示，为各学科受访学生能力提升满意度。结果显示 4 个学科存在一定学科间差异，在工具开发运用方面能力提升满意度均偏低，交通运输工程研究生对团队能力培养满意度显著偏低，测绘工程研究生对于学习能力培养满意度偏低。

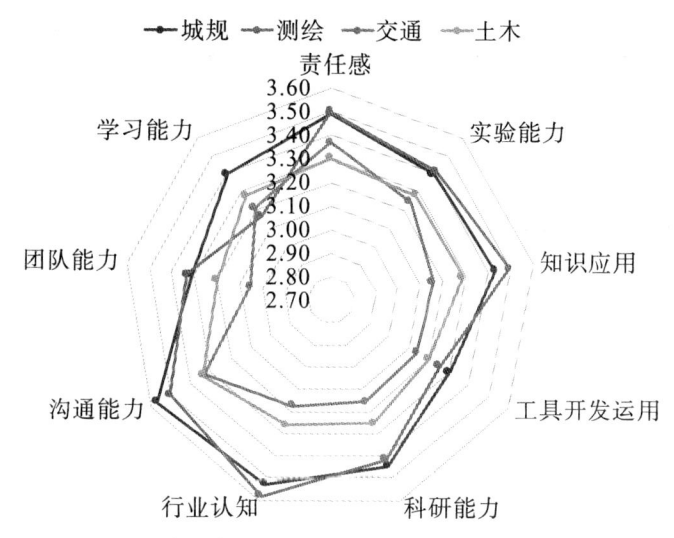

图 1 案例学科研究生专业实践能力培养满意度

为进一步客观梳理各学科专业实践课题对于研究生能力培养的效力现状,搜集 4 个学科既有实践课题,挑选出有学科交叉性质的实践课题,并进行能力项培养解析,如表 1 所示。既有课题内容已存在不同程度的二个及以上学科交叉,但在能力培养上,各学科专业实践课题仍存在能力培养空白区且同学科空缺项较为一致的情况。

表 1 不同学科组合校企合作实践课题能力项培养解析

基础学科	课题名称	合作企业类型	交叉学科（X）	责任感	实验能力	知识应用	工具开发运用	科研能力	行业认知	沟通能力	团队能力	学习能力
土木	城市固体废弃物填埋的关键技术和设计理论调研分析课题	勘察设计院	环境工程,社会学	√	√	√	√	√			√	√
土木	高能级强夯与预处理动力固结法加固机理研究	建筑设计院	机械工程,统计学	√	√	√	√	√			√	√
测绘	深圳市交通仿真系统信息采集及服务扩展项目空间数据库建设	政府部门	软件工程,统计学,电子信息学	√	√	√	√				√	√
测绘	利用交通大数据开展交通事故成因分析	政府部门	行为学,社会学,软件工程,统计学	√		√	√			√	√	√
交通	基于驾驶员行为的安全服务与事故致因分析研究	汽车集团	行为学,车辆工程,统计学	√	√	√	√	√		√	√	√
交通	面向城市交通治理的数据智能集成与示范	交通研究中心	公共管理学,软件工程,统计学	√		√	√	√	√			√
交通	人脸识别客流分析系统的研发	建筑设计公司	人工智能,行为学,统计学,软件工程	√	√	√	√	√				√
交通	面向自动驾驶的道路系统规划	商业网站	行为学,软件工程	√	√	√	√	√	√			√

续表1

基础学科	课题名称	合作企业类型	交叉学科（X）	责任感	实验能力	知识应用	工具开发运用	科研能力	行业认知	沟通能力	团队能力	学习能力
城规	配合农村集体建设用地流转试点村庄规划编制研究	政府部门	公共管理学，社会学	√		√		√		√	√	
	基于大数据的规划方案量化评价数据模型架构	科创中心	软件工程，统计学，应用数学	√		√			√	√		√
	我国城市交通的社会效应综合研究	政府部门	交通运输工程，社会学，公共管理学	√		√				√	√	√
	我国农村人口流动与安居性研究	政府部门	社会学，公共管理学	√		√				√	√	√

注：灰色底纹空格为各学科较为一致的能力培养短板。

表1显示，各学科专业实践课题内容涉及其他学科，即交叉的学科，记为X，且同一学科能力培养通常会存在较为一致的短板。以测绘工程学科实践课题为例，其对应的实践课题对学生的行业认知及沟通能力培养效力通常较弱，因而在后续"测绘+X"的专业实践课题设计时，应针对这两项能力培养短板，添加有关的专业实践训练环节。

（二）基于"基础学科+X"模式剖析的课题要素设计

以本文分析的4个案例学科为例，面向学科交叉及综合能力培养的实践课题要素设计侧重点如图2所示，为区分各学科能力项复核流线，通过连线颜色及线型进行示意。在实际的工科教学中，应首先对基础学科的既有面向学科交叉的专业实践课题培养能力要素进行深入分析，对5项核心培养能力满意度进行调查和定量化评价，剖析现有面向学科交叉专业实践课题的细类能力培养短板，然后有针对性地结合能力培养短板项进行后续实践课题要素设计，例如图2中对于前文图1和表1得出的需提升的工具开发运用、实验能力、行业认知能力、沟通能力、团队能力项，建议在后续专业实践课题设计要素中强化软件开发工具应用、实验设计及操作、行业政策分析、团队建设沟通协调、多学科背景成员分工合作等实践要求。

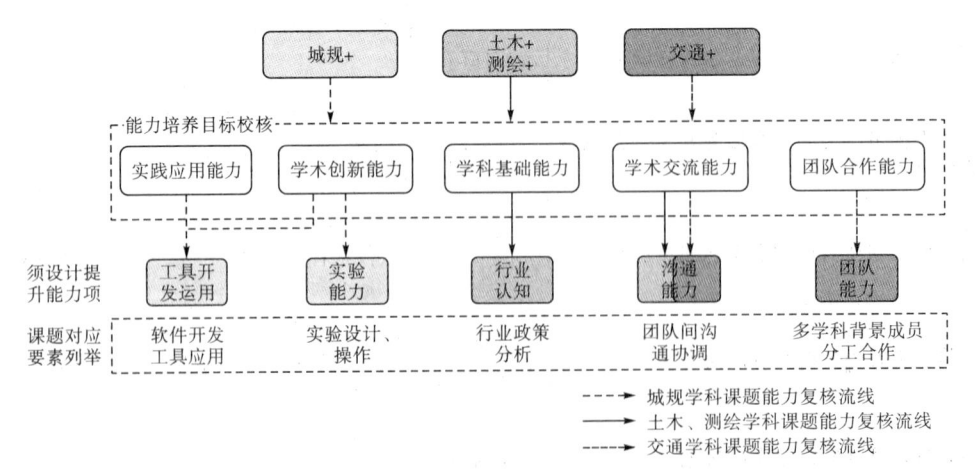

图2 基于"基础学科+"实践课题要素设计示例

280

三、高品质综合能力培养的专业实践基地构建

现代企业生产正在由劳动密集型向技术型和智能型转变[6]，越来越多的企业在科研项目方面，在人力、财力资源上均有越来越多的偏重。实践基地构建不仅便于学校的人才培养，更契合了企业对于技术补给的需求。融合研究团队的多学科技术资源及企业的项目资源，实现双方共赢。基于学科交叉的专业实践，应创造导师、企业、学生三方之间更多的机动性空间，明确校、企两方面导师在实习过程中的权责和自主性。

校企合作的目的是推动科研成果转化和提高社会经济生产力。而面向科研课题研究的校企联合，才能更实质地推动双方的技术交流与提高合作效率。因此，设定适当的激励机制，鼓励多学科导师通过跨院、跨校、跨国间合作等方式，形成学科交叉团队，积极与企业进行交叉课题合作。以科研合作课题为媒介，结合研究生专业实践的时间要求和企业导师指导能力要求，构建既稳定（合作关系）又活跃（技术交流）的交叉学科校企联合实习基地筛选机制。

为确保实践基地的专业资质及企业导师具备较好的研究生专业实践指导能力，应对企业进行基础规模、科技生产力、科研水平等方面的考量。建议采用以下5个指标对实践基地进行资质筛选，从实践基地品质提升层面确保专业实践的培养效果：企业是否具备技术、科研类相关资质，以上海为例，上海科学技术委员会每年会根据企业的规模、科技生产力等多个方面，评出技术先进型服务企业、科技企业、高新技术企业等。此类资质可作为较为直观的企业学术创新潜力的辅助评判依据；企业年产值，企业规模的基础保障；技术性收入，企业的科技生产力；不同级别科研项目数（国家、省、市级科技委项目年度申请数），反映企业对科研的投资力度及科研能力；企业教授级高工、硕博士人数，从企业员工团队组成评判企业科研能力。

不同类型单位的适用指标不尽相同，例如政府担负着运营管理的角色，此类单位对于研究生加深行业治理管控方向的认知有较大助益，因而在实践基地构建组成中不可或缺。对于此类政府部门，不同于其他企事业单位，不需要对其科研课题及科研团队作过多要求，可主要通过其行政级别筛选省部级单位。其他类型单位，应从课题质量、团队水平等对其科研能力以及科研投入力度进行评判。民营企业、外资企业在进行科研能力评判之前，应先对其企业规模及生产力加以初筛。因而可绘制如图2所示的交叉学科实践基地筛选流程。

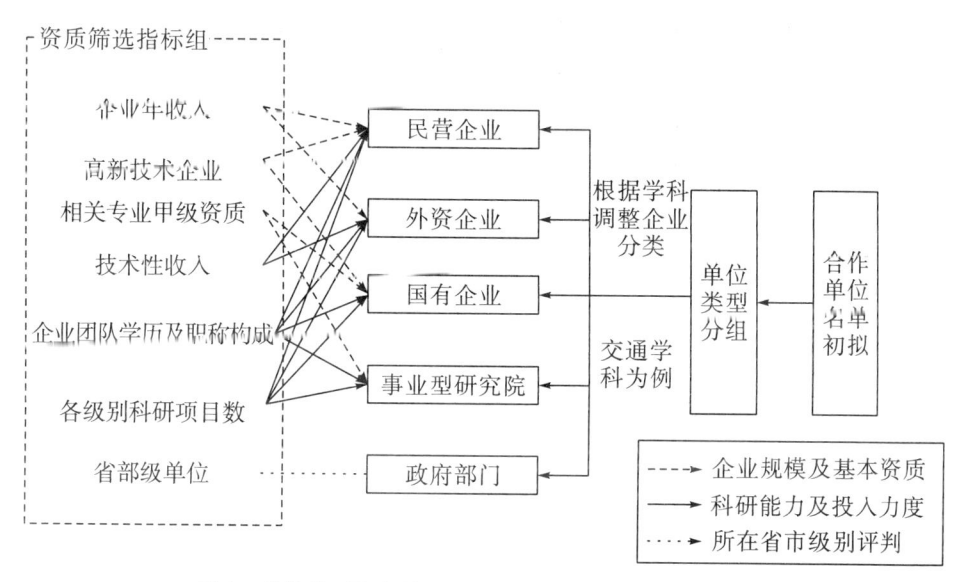

图3　单位类型导向的交叉学科实践基地资质筛选示意图

四、结论

专业实践对于卓越人才的培养极为重要,新工科背景下,以复合型创新人才为输出导向,专业实践教学面临新的培养职责要求。学科交叉可通过弱化学科壁垒刺激创新,本研究以"学科交叉"为专业实践教学改革的着力点,以综合能力为主要培养目标,从专业实践课题设计及实践基地品质化筛选角度进行探索。通过梳理传统学科既有实践课题的能力培养效力,各学科课题均存在学科交叉,且同学科能力培养短板较为一致,因而提出以"基础学科+X"为基础的实践课题要素设计。并通过实践基地分类型、多指标资质筛选,实现品质化实践基地构建保障专业实践培养环境。从实践内容和实践基地双重保障新工科培养体系下实现提升学生综合能力的培养目标,助力卓越人才的稳定输出。

参考文献

[1] 林建. 面向未来的中国新工科建设 [J]. 清华大学教育研究,2017(2):26-35.
[2] Borrego M, Newswander L. Definitions of interdisciplinary research: toward graduate—level interdisciplinary learning outcomes [J]. The review of higher education. 2010, 34(1): 61-84.
[3] Gamse BC, Espinosa LL, Roy R. Essential competencies for interdisciplinary graduate training in IGERT [R]. Arlington, VA: Abt Associates Inc., 2013.
[4] 徐岚,陶涛,周笑南. 跨学科研究生核心能力极其培养途径——基于美国IGERT项目的分析 [J]. 学位与研究生教育,2018(5):61-68.
[5] Ivanitskaya L, Clark D, Montgomery G, et al. Interdisciplinary learning: proves and outcomes [J]. Innovative higher education, 2002, 27(2): 95-111.
[6] 杨培志,张营. 美德法三国研究生实习教学模式及其借鉴 [J]. 创新与创业教育,2014, 5(1): 118-120.

国际化教育

国际化视野下机械工程学科研究生的创新能力培养研究

吴 健

(哈尔滨工业大学(威海)机械工程系,威海264209)

摘 要:随着全球化进程的加速,高等教育国际化发展是必然趋势。国际化视野下研究生培养也显得尤为重要,其中创新能力培养是核心。本文阐述了当前机械工程学科研究生培养存在的问题,探讨了国际化视野下研究生创新能力培养思路,探讨了国际化视野下机械工程学科研究生创新能力培养。

关键词:国际化;研究生教育;创新能力;机械工程

作者简介:吴健,男,博士生导师,院长助理,研究方向为机械工程,邮箱为wujian@hitwh.edu.cn。

基金项目:哈尔滨工业大学研究生教育教学改革研究项目(YJS2018-79)。

中图分类号:G643 **文献标识码**:A

研究生教育是一种高层次的科学研究素质养成教育,主要培养能够独立从事专业研究的高层次、高素质科研人才[1]。改革开放以来,我国经济得到了快速的发展,其中经济全球化趋势尤为显著,而我国研究生教育是与对外开放一同成长发展的。近20年来,我国研究生教育规模不断扩大,预计2020年的研究生招生规模将超100万。我国研究生办学水平有了很大提高,国际影响也日趋扩大,研究生教育的国际化已成为一种必然趋势[2]。本文以机械工程学科为例,对国际化视野下工科研究生创新能力的培养进行探索。

一、当前机械工程学科研究生教育面临的问题与挑战

《国家中长期教育改革和发展规划纲要(2010—2020年)》指出,要"提高人才培养质量,大力推进研究生培养机制改革","坚持以开放促改革、促发展。开展多层次、宽领域的教育交流与合作,提高我国的教育国际化水平"[3]。国际化是研究生教育的重要组成部分,当前复杂的国际环境给研究生教育国际化带来了新的挑战。机械工程学科注重工程实践,其主要任务是创造性地满足生产生活和知识创造的需要。"中国制造2025"是实施制造强国战略的行动纲领,机械工程学科是机械工程人才培养的重要依托。因此,以技术前沿问题研究牵引学科发展方向,促进学科交叉,发展复合性和前沿性的"新工科",同时加快利用原创交叉性科研成果改造和充实传统学科,是机械工程学科等工科研究生教育发展的战略选择[4]。国际化视野下创新能力培养是机械工程学科研究生教育的根本,也是尖端技术引进来、走出去的重要保障。目前,本学科研究生培养还面临着一些问题和挑战。

一是研究生培养与企业需求脱节。以机械工程学科硕士研究生为例,主要分学术型和工程型两类,且工程型硕士数量增加明显,这与我国对人才需求的定位是一致的。但企业对工程型硕士的认可度不高。一方面,高校对工程型的研究生培养定位不清,大部分还是按学术型培养,与企业对具备工程实践能力和创新能的人才力需求不匹配,在实际研究生培养过程中也缺乏领军企业的参与。另一方面,"中国制造2025"与"一带一路"等国际化战略对机械工程学科研究生创新能力提出了更高的要求。企业国际化也急需复合型、交叉型及具备国际化视野的高端创新人才。现有的研究生培养课程不足以支撑相关机械工程学科创新人才的培养。

二是研究生培养体系不完善，缺乏特色。机械工程学科是最具综合性和实践性的学科之一。新形势下机械工程学科研究生培养体系更新不足，新的课程体系建设不足，对国家重大战略急需的创新人才培养调研不足，研究生国际化培养进程缓慢。

二、国际化视野下研究生创新能力培养思路

世界工程组织联合会主席龚克指出，适应当前全球化时代要求的高素质创新人才培养是我国推进研究生教育国际化的主要原因，需要从知识结构国际化、科研问题国际化及培养方法国际化三方面推进研究生教育的国际化[5]。可见，需从内涵上认识国际化研究生教育，进而实现国际化视野下研究生创新能力的培养。结合本校机械工程学科研究生培养模式，本文提出几点促进国际化视野下研究生创新能力培养思路。

（一）加快研究生课程体系的国际化

课程体系是研究生教育的主要知识载体。课程体系的国际化需结合学科特色，吸收国际一流大学研究生培养知识结构体系。通过CSC到世界一流大学联合培养及攻读学位的研究生占比很小，要推进我国研究生教育的国际化首先需要从课程体系国际化建设入手。这也是我国一流大学建设的一项重要工作。知识结构的国际化也是研究生创新能力培养的重要支撑。

（二）建设研究生创新能力培养的国际化项目合作平台

充分利用各方面资源，发挥科研团队和学校国际交流平台优势，积极拓展国际项目合作平台。通过参与国际项目交流与合作，拓展研究生国际化视野，为培养高水平国际化人才奠定基础。此外，国际化合作平台也极大地增加了研究生走出去的机会，使研究生能接受高水平的国际化科研训练，进而提高其创新能力。多样性的国际合作平台可促进多学科研究方向的交叉，进一步拓展研究生的国际化知识体系，为研究生创新能力培养提供保障。各高校可结合自身优势，探索适合的国际化平台建设方法。

（三）积极推进国际化师资队伍建设

师资学缘结构的多元化和国际化要求，是创造研究生培养的国际氛围、拓展研究生国际视野、培养具有国际眼光交流人才的基础[5]。以哈工大为例，学校积极通过各渠道推进师资队伍的国际化建设。一方面，积极引进世界一流大学的知名学者当兼职导师；另一方面，通过引进国际化师资和本土教师的国际化培养等进一步提升教师队伍的国际化水平。这里需要注意的是，引进人才一定要结合自身学科发展定位，为学科研究生创新能力培养建立一支富有特色和国际化视野的教师队伍至关重要。

三、国际化视野下机械工程学科研究生创新能力培养的探讨

现结合所在机械工程学科，对国际化视野下研究生能力培养进行探讨。主要从国际化师资队伍建设、国际化平台建设、国际化课程体系建设等方面对国际化视野下研究生创新能力培养实践进行阐述。

（一）国际化师资队伍建设

国际化师资队伍包括培养体系内相关课程任课教师和研究生指导教师两部分，二者对研究生培养的分工不同，但对其创新能力培养均很重要。任课教师决定了研究生国际化知识结构的形成，却往往容易被忽视。一般任课教师也是研究生指导教师，因此，与导师队伍的国际化建设可以有效结合。积极引进领域内世界高水平学者补充导师队伍，同时也鼓励青年导师走出去，鼓励学科交叉，为研究生创新能力培养提供强大的国际化导师队伍。创新能力及学术水平对研究生的创新能力培养具有直接导向作用[6]，

故加强导师团队建设是研究生创新能力培养的重要支撑[7]。机械工程学科研究生导师队伍建设应注重学科方向和创新人才培养的结合,发挥导师国际化的桥梁作用。

(二) 国际化平台建设

国际化平台建设包含项目合作平台和学术交流平台等几个方面,是研究生国际化教育和创新人才培养的基础。机械工程学科注重实践,做好国际化项目合作平台建设,可为研究生的创新能力的培养提供支撑。以国际合作项目为依托,鼓励研究生积极参与,发挥研究生的主动性和创造性,为研究生学术能力培养奠定基础。建议研究生导师积极走出去,面向学术前沿,为研究生培养搭建国际合作平台。另外,学科也要积极整合导师资源,积极推进国际大师讲座的常态化,这也是一种有效的国际化途径。此外,充分发挥国际化平台的作用,积极鼓励研究生走出去参加国际学术会议或联合培养,开拓国际化视野;也可扩大留学生招生,促进学生国际化交流。

(三) 国际化课程体系建设

课程体系是研究生教育的基础。国际化的课程体系建设需要结合学科特色,借鉴国内外世界一流高校的课程体系。一方面,要定期进行调研,及时对课程体系的相关课程进行更新,与世界前沿知识接轨;另一方面,结合师资队伍国际化建设,进行课程体系国际化建设顶层设计。课程体系国际化建设需要一定的独立性,需要结合学科特色建立对应的课程体系,引进具备前沿知识体系的教师。不建议根据教师选择来随意设定课程。此外,课程体系建设可邀请本学科或交叉学科的国际一流专家进行评审论证,做好顶层设计,为研究生创新能力培养奠定基础。

(四) 科研团队国际化建设

科研团队是研究生教育的重要支撑,也是机械工程学科研究生能力培养的重要依托。科研团队在研究生创新意识培养中起到了重要作用。科研团队国际化建设,可以保持研究方向与世界前沿接轨,对研究生的创新意识培养具有重要的作用。此外,科研团队的创新思想、创新方法、创新意识等不断影响着学术氛围的形成,进而提高研究生的创新能力。科研团队的国际化建设是提高国际化视野下研究生创新能力举措的重要组成部分。

参考文献

[1] 董云川,李敏. 研究生教育规律初探 [J]. 研究生教育研究,2018 (5):1-6.
[2] 党秀丽,裘久渤,邹洪涛,汪景宽,依艳丽. 国际化视野下资源环境类研究生创新能力提升模式及实施成效. 高等农业教育,2019 (5):96-100.
[3] 国务院. 国务院关于印发统筹推进世界一流大学和一流学科建设总体方案的通知 [EB/OL]. [2016-03-28]. http://www.gov.cn/zhengce/content/2015-11/05/content-10269.htm.
[4] 肖凤翔,邓小华."中国制造2025"与工科研究生教育发展的路径选择 [J]. 研究生教育研究,2017 (4):13-18.
[5] 龚克. 关于推进研究生教育国际化的思考 [J]. 研究生教育研究,2015 (2):1-3.
[6] 石防震,郑娟,包艳华. 基于高等教育国际化视角工科研究生创新能力培养研究 [J]. 黑河学刊,2016 (5):161-163.
[7] 吕娜,张婧,张岳彤,康巧燕. 导师对研究生创新能力培养的影响浅析 [J]. 工业和信息化教育,2019 (7):20-24.

"一带一路"倡议下地方高校研究生教育国际化路径选择与探索

——以昆明理工大学为例

王璇 宋晶

（昆明理工大学研究生院，昆明 650500）

摘 要：探索研究生教育国际化路径是地方高校主动融入"一带一路"倡议的必然之举，是创建"双一流"大学的重要任务之一。本文以探索昆明理工大学研究生教育国际化路径为研究对象，总结研究生教育培养国际化的不足，契合国家"一带一路"教育行动及"双一流"大学建设的要求，以服务地方区域经济发展为需求、提升研究生教育国际化水平为主线，以培养具有国际视野、能够适应新时代人才需求的研究生为核心。从研究生教育基本活动入手，聚焦研究生培养的关键环节，在涉及研究生教育培养的课程设置、学分互认、国际学术交流、海外实习实践、学位互授联授等方面深入研究生教育国际化的途径，在理论研究的基础上，明确具体措施，研究并构建起符合昆明理工大学特色的研究生教育国际化培养模式。

关键词：研究生教育国际化；地方高校；"一带一路"教育行动；"双一流"大学建设

第一作者简介：王璇，1984年生，女，博士，助理研究员，研究方向为教育管理，邮箱为375249179@qq.com。

基金项目：云南省教育厅科学研究基金项目，2020J0075。

一、引言

《学位与研究生教育发展"十三五"规划》指出："研究生教育作为我国教育体系的顶端，是培养高层次人才和释放人才红利的主要途径，是国家人才竞争和科技竞争的重要支柱，是实施创新驱动发展和建设创新型国家的核心要素。"[1]随着"一带一路"深入推进，我国在基础设施建设、产业技术创新、对外贸易往来等方面急需大量具有国际水平的高端科技人才[2,4]。因此，探索研究生教育国际化路径是地方高校主动融入"一带一路"倡议的必然之举，是创建"双一流"大学的重要任务之一。

昆明理工大学是云南省办学规模最大、办学层次和类别齐全的综合性大学，研究生教育起步较早，但地处西部，是一所"非985""非211""非一流大学""非一流学科""非教育部直属"的大学，研究生教育国际化程度低、研究生缺乏国际视野的问题既在我校存在，也是其他地方院校共同面临的。聚焦这个问题，如何改革研究生教育培养的国际化模式，为研究生提供全方位、立体式的国际学术交流氛围值得研究。因此，本研究既对我校研究生国际化教育培养具有较强的理论研究和现实指导意义，同时也对全国同类地方高校具有积极的参考和借鉴价值。

二、国内外研究生教育国际化发展趋势分析

自1978年恢复研究生招生制度以来，在党和国家出台的教育方针指导下，我国对研究生的留学教育越来越重视。我国出国人员不断增多，也吸引了很多外国留学生到我国学习、交流、访问，由此我国开始了研究生教育国际化发展道路[2]。在国家对研究生出国教育的大力支持下，我国研究生国际教育取得了长足发展，为未来我国培养一流的国际化教师队伍打下了坚实的基础，但是，随着国际化教育的

不断深入，其中存在的一些问题和矛盾也不断显现出来。目前我国高校每年选派的研究生留学生比例较低，研究生国际化教育模式费用高、受众少[3]。2013 年 3 月，由教育部、国家发展改革委、财政部三部委联合发文的《教育部国家发展改革委财政部关于深化研究生教育改革的意见》[4]中提出应增强对外开放的主动性。加强与周边国家、区域的研究生教育合作。支持有条件的学校建设海外教学实践基地，营造国际化培养环境，推动中外合作办学，支持与境外高水平大学合作开展"双学位""联合学位"项目，合作开发研究生课程。加大对研究生访学研究、短期交流、参加国际学术会议的资助力度，提高具有国际学术交流经历的研究生比例。提高管理与服务的国际化水平，形成中外研究生共学互融、跨文化交流的校园环境。该意见首次明确提出了研究生教育改革中对外开放的要求及具体的举措。2016 年 7 月，《推进共建"一带一路"教育行动》政策的出台，为人才培养、教育创新等方面提供了有力支持。为了促进"一带一路"，推进民心相通，广泛开展文化交流、学术往来和人才交流，除了鼓励合作办学，对"一带一路"沿线国家来华学生更是提供了 1 万名政府奖学金的政策支持，为研究生教育国际化创造了一定的条件。为此，全国范围内开始以省部共建的形式推进"一带一路"教育行动，扩大"一带一路"沿线国家来华留学生规模，提高了办学层次；加强与"一带一路"沿线国家合作办学，推动国际学分转换和学位认同；结合沿线国家发展需要，为中国企业"走出去"培养和输送人才[2,5]。2017 年 1 月由教育部、国家发展改革委、财政部三部委联合发布的《统筹推进世界一流大学和一流学科建设实施办法（暂行）》[6]中"双一流"大学遴选条件中明确了国际交流合作是考核指标之一，"双一流"大学应"与世界高水平大学学生交换、学分互认、联合培养成效显著，与世界高水平大学和学术机构有深度的学术交流与科研合作，深度参与国际或区域性重大科学计划、科学工程，参加国际标准和规则的制定，国际影响力较强"。2019 年 2 月教育部颁布的《教育部 2019 年工作要点》[7]中指出，要"加快和扩大新时代教育对外开放，服务国家战略优先领域。深入推进'一带一路'教育行动，促进学生流动、学历学位互认"，把新时代教育对外开放提上重点工作的日程。2019 年 3 月云南省学位委员会、云南省教育厅下发《云南省学位委员会云南省教育厅关于加强研究生教育质量保障与监督体系建设的指导意见》中指出要"坚持扩大开放，合作共培"，对云南省各高校明确提出应借助国际优势资源，推动中外合作办学、联合培养，探索高水平国际合作博士、硕士培养项目。加大对研究生出国出境访学研究、短期交流、参加国际学术会议的支持力度。鼓励支持博士生学位论文国际联合指导模式，探索博士生培养国内评价与国际评价双轨并讲机制。

国际化教育的历史在国外由来已久，早在 20 世纪 30 年代英国就率先开始了研究生的国际化教育，美国和德国在 20 世纪五六十年代也开始发展研究生国际化教育，其中美国的国际化教育发展得较为完善，不仅把本国的留学生送到国外学习，而且从 20 世纪 60 年代起，美国各大学便以各种方式从世界各国吸收了大量的留学生[9]。经过数十年的发展，各国都加大了对研究生国际化教育的投入，1980 年开始英国政府每年投入 1 000 万英镑和德国在 2005 年之前投入 4 500 万马克用于研究生的国际化教育[10][11]，其中英国的 ORSAS 计划为更多家庭条件一般的学生提供了留学的机会[12]。2014 年初，欧盟为了加快国际化人才的培养提出了 Erasmus 计划。该计划为青年人提供了一个很好的交流平台，并投入经费支持国际交流活动[13]。面对国际研究生教育的全球化，我们应当紧跟时代潮流，不断发展和完善我国的研究生国际化教育体系。

三、"双一流"背景下地方高校研究生教育国际化

研究生教育在我国教育体系中的地位举足轻重，不仅能为国家培养高素质、创造型人才，而且也是我国开拓新世纪学术人才道路的强大助力，因此，要积极完善国际化培养方式[15]，培养一支技术一流、学术精湛的顶尖国际人才队伍，把我国建设成国际教育强国。在蒋琦玮的《"双一流"建设高校研究生教育国际化探究》以及李辉的《"双一流"建设背景下研究生教育国际化研究》中都提到，研究生教育国际化在"双一流"建设和衡量大学办学水平方面具有重要作用，但是，在其发展过程中仍存在很多

问题，如师资队伍国际化和运作模式都有待改进，其中李辉强调了要建设好各高校之间的资源共享平台，加快推进师生国际化，研究生的国际化有助于提高"双一流"国际影响力，我们要不断推进研究生国际化教育[16][17]。研究生作为支持国家发展的中坚力量，其国际化教育受到各国政府及教育界的高度关注，我国的研究生国际化教育经过近些年的发展，取得了一定的成果，但是，其中的不足也日渐显现出来，如研究生培养模式的不足，国际化水平不高等问题[18]。在王菲、李传秀、尹世平等人撰写的《我国研究生教育国际化发展的分析与探讨》中讲到，研究生的国际化教育对我国教育的发展意义重大，在发展自身优势的同时，需要不断地学习国外的优秀经验，并将欧盟、美国等国研究生教育国际化情况与我国进行对比，其中欧盟针对研究生教育提出了一系列的高等教育国际化的政策，鼓励师生开展跨国交流，而在美国的高校里成立了相关机构专门管理国际教育这一部分，为师生解决跨国交流的问题[19]。在周晓蓉、黄金泉撰写的《研究生国际化培养对策》中写道，在国际化的进程中，我们要不断改革与创新培养目标、培养体系、培养环境、合作交流模式等，不断完善我国的研究生国际化教育[20]。在刘秀梅和贺杰撰写的《研究生培养国际化创新模式的对策及建议》以及初旭新和宗刚撰写的《我国研究生教育国际化培养的现状与对策》中为我国研究生国际化教育的改革提了一些切实可行的对策与建议，刘秀梅和贺杰提出要在研究生的课程学习、论文工作与实践交流等环节中做出改进，如聘请国外教授联合指导、开展多样的国际化活动等，初旭新和宗刚提出要打造一支国际化的师资队伍、加快跨国科研合作、提高科研国际化产出的质和量以及扩展国际化交流形式，通过不断的交流与合作提高师生的国际化科研交流能力[21][22]。

（一）实施研究生教育国际化基础资源分析

教育部印发的《推进共建"一带一路"教育行动》是国家《推动共建"一带一路"愿景与行动》在教育领域的落实方案[14]。高校作为教育、科技及文化传播的重要媒体，应确实发挥自身优势，结合地方区域经济特色，对接沿线各国意愿，互鉴先进教育经验，共享优质教育资源，主动融入"一带一路"倡议。研究生作为高校培养的最高层次人才，是高校科学研究的生力军，应依托学科优势开展研究和国际学术交流，同时可通过国际学术交流活动培养研究生的国际视野，以适应新形势下研究生的培养要求。

昆明理工大学研究生教育始于1964年，作为第一批硕士学位授权单位和第二批博士学位授权单位，发展至今，已构建了工学、理学、经济学、管理学、哲学、法学、医学、艺术8个学科门类的研究生教育及培养体系。昆明理工大学紧紧围绕国家"一带一路"倡议和把云南建设成为我国面向南亚东南亚辐射中心的战略，依托我校的学科优势和云南的区位优势，积极推进与世界一流大学和学术机构的实质性合作，目前，已经与美国、德国、法国、英国等30多个国家的60多所高校和科研机构建立了长期稳定的友好合作交流关系，在面向周边国家的工程及管理人才长期培养、国际技术转让、面向发达国家的高水平合作研究方面，逐渐形成了自身的特色和影响力；与老挝苏发努冯大学共同举办孔子学院，在老挝、泰国、越南设立了国外办学点；在亚欧合作、中国与东盟合作、大湄公河次区域合作等重要国际区域合作机制中，作为中国高校代表发挥了积极作用。

在研究生国际联合培养方面，我校与美国佛罗里达理工学院、英国考文垂大学、德国特里尔应用科技大学、加拿大汉博理工学院、瑞典布莱金厄理工学院、澳大利亚纽卡斯尔大学、意大利都灵理工大学等开展中外联合培养学历项目；近40名学生获得瑞典莱布金厄理工学院的学士、硕士或博士学位；研究生申请国家建设高水平大学公派研究生项目获批数连年为云南省最多；与美国麻省大学、法国索邦大学、加拿大多伦多大学、英国哈德斯菲尔德大学、日本东京大学等联合培养博士。

在研究生国际化项目上，我校已经设立了"研究生科学研究与国际交流项目"，支持并资助在学研究生进行国外或境外短期访学、短期交流、参加高水平的国际会议和研究生公派留学（CSC）。已组织四次研究生短期国际学术交流团赴泰国、新加坡、德国等地开展短期学术交流活动。通过"研究生英语晨读引领计划"进一步提高研究生的英语交流能力，从而为推进我校的国际交流与合作奠定良好的基础和提供支撑。

（二）实施研究生教育国际化存在问题分析

然而，对于我校这样一所地处西部的地方高校，研究生教育在国际化程度上还较低，具体体现为：校级、院级层次的国际学术交流平台尚少，国内外学术交流不足，各国优秀专家学者、青年学生学术交流活动的机会较少；研究生海外实习实践基地尚未搭建，学分互认、学位互授联授机制尚未形成；研究生的课程设置及培养过程的国际化元素不足，教师队伍的整体国际化水平还不够高；学校、各二级培养单位及导师提供给研究生参加国际学术交流活动的机会比较少，各培养单位之间、各学科之间开展国际学术交流的层次和水平不平衡；学校国际学术氛围的营造还不够，已有的学术交流活动整体水平不够高，吸引力不够；研究生缺乏国际化视野，在读研究生出国比例小，研究生主动申报和参与国际化项目的意识和积极性不够。

因此，探索新形势下研究生教育国际化的有效途径，营造学校的国际化学术氛围，引导和鼓励研究生参加国际学术交流活动对于提升与昆明理工大学类似的地方高校国际化教育水平十分必要。

四、研究生教育国际化保障体系的构建

要实现研究生教育的国际化，需建立起保障体系，以保障研究生教育培养各环节的顺利运行。

（一）政策保障体系

在"一带一路"倡议和全球化背景下，从中央到地方，再到各个地方高校都出台了一些研究生教育国际化的相关政策措施。从国家层面展开"教育开放"战略布局。"一带一路"合作倡议提出开展多层次、广泛的教育，鼓励加强沿线各国之间的学术交流活动和人员交流与合作，以及出台每年为沿线国家留学生提供1万份奖学金的政策。《国家中长期教育改革和发展规划纲要（2010—2020）》也涉及扩大教育开放的问题。建议"加强国际交流与合作""引进优质国际教育资源""提高交流合作水平"。2016年，为推动"一带一路"教育建设，我国明确了教育方向，强调教育应支持"一带一路"共建的"五通"，为其提供人才支持。该文件充分发挥"一带一路"合作倡议的作用，推动实现教育开放，加强国际教育合作。2017年1月，教育部发布的《学位与研究生教育发展"十三五"规划》中提到，国际影响力的显著增加是本科和研究生教育发展的目标之一，也是发展和改革的任务之一。在"十三五规划"中，鼓励通过学历互认、国际评估认证和中外联合办学3个方面扩大国际合作[25]。

我国有教育部学位与研究生教育发展中心为出国出境学生提供境内学历学位认证服务；有教育部留学服务中心为留学返回境内学生提供国外、境外学历学位认证服务。通过学历学位认证，畅通了中国与其他国家及地区交流的取信渠道，也方便了其他国家对我国学历学位教育的程度、层次有更加直观的了解。

（二）经费保障体系

在国家层面，国家留学基金管理委员会负责管理、使用国家留学基金，确定有关资助项目与方式，制定管理规章，发挥基金使用效益；受委托管理各项与国外双边、多边交换或单项奖学金，并接受境内外有关组织、机构和个人的委托，管理有关教育交流和科技合作方面的其他事务，资助有益于发展中国教育事业和对外友好关系的项目；争取境外捐助，拓宽基金来源，增加基金积累；与境内外相应机构建立联系，开展交流与合作。

我国政府积极推动来华留学教育，鼓励"一带一路"沿线国家学生来华留学，并发放高标准的政府奖学金。随着来华留学生规模的持续扩大，教育部也不断提高奖学金发放预算。据2019年教育部数据，2019年来华留学教育预算直逼40亿元，比2018年财政拨款执行数增加6亿元。

省级层面，各省均相应地有适合地方特色的留学资助项目及经费。而各高校应相应加大对于出国出境访学研究生的经费支持力度，改变出国交流受众少的状态，提高具有国际学术交流经历研究生的比例。

（三）安全保障体系

完善对于出国研究生在意识形态、安全责任等方面的教育与指导，制订出针对不同出访国家的学生行为准则。

五、研究生教育国际化路径选择

对照国家、云南省关于研究生教育对外开放的具体要求，结合我校各项改革的实际，对研究生教育全过程、各环节中涉及国际交流的部分进行全面梳理，深入研究并拟定深化我校研究生教育国际化关键环节改革，以项目推进的形式，促进研究生教育国际化的落地实现。

一是探索学位互授模式。契合国家推动双边和多边学位互认工作，加强与周边国家、区域的研究生教育合作，创新培养模式，适时开展"双学位""联合学位"项目，合作开发研究生课程。

二是开展合作办学。发挥区位优势和高校的学科特色，与"一带一路"沿线国家广泛开展合作交流，打造研究生联合培养的模式，新增高水平国际合作博士、硕士项目，有针对性地与知名高校开展合作办学，持续性地派出优秀博士生、硕士生出国访学，制定与之相应的学分互认办法及出台出访期间的研究生管理办法，建设海外教学实践基地。

三是开展多形式的短期海外交流。鼓励研究生参加"国家建设高水平大学公派研究生"项目，设立专项基金，资助研究生在读期间赴国外、境外短期进修、访学或参加有一定影响力的国际学术会议。

四是营造国际学术交流氛围。提高管理与服务的国际化水平，形成中外研究生共学互融校园环境；加大出国出境交流活动的宣传力度，组织专题培训讲座指导研究生申报项目，提升申报成功率；鼓励及支持各二级学院及导师拓展国际访学项目，为研究生提供更多的国际学术交流机会。

六、结论

本文以研究地方院校研究生教育主动融入"一带一路"倡议为背景，探索研究生教育国际化体系建设，将"一带一路"倡议、"双一流"建设和研究生教育改革新要求有机衔接。所探讨问题是一个理论与实践、研究与应用实施相结合的过程，并在昆明理工大学已经实施的"研究生科学研究与国际交流项目"及"研究生出国短期访学项目"基础上，进一步加强理论学习，开展广泛调研，充分借鉴国内外其他高校特别是"双一流"高校对外开放、合作办学的经验，加强对国际学历学位互认、中外合作办学制度、政策、办法的研究和认识，探索并建设适用于昆明理工大学的研究生国际化培养体系。然而，目前学校整体的对外开放氛围还不浓烈，尚缺乏成熟的技术及经验指导，对外开放的拓展渠道还不畅通，在后续的研究和实践中还需不断地总结、改革及创新。

参考文献

[1] 教育部，国务院学位委员会. 教育部国务院学位委员会关于印发《学位与研究生教育发展"十三五"规划》的通知 [EB/OL]. [2017-01-22]. http://yz.chsi.com.cn/kyzx/kydt/201701/20170122/1580023975.html.

[2] 宋永明. 浅谈我国研究生教育国际化培养模式 [J]. 教书育人（高教论坛），2016（27）：17-19.

[3] 李保婵，刘佰鑫. 广西研究生教育国际化绩效评价研究——以2010—2016年数据分析为例 [J]. 教育观察，2018，7（11）：119-123.

[4]《教育部国家发展改革委财政部关于深化研究生教育改革的意见》（教研 [2013] 1号）[EB/OL]. [2013-03-

29]. http://old.moe.gov.cn/publicfiles/business/htmlfiles/moe/A22_zcwj/201307/154118.html.
[5]《国务院学位委员会教育部关于加强学位与研究生教育质量保证和监督体系建设的意见》(学位〔2014〕3号)[EB/OL].[2014-03-16].
[6]《统筹推进世界一流大学和一流学科建设实施办法(暂行)》的通知(教研〔2017〕2号)http://www.moe.gov.cn/srcsite/A22/moe_843/201701/t20170125_295701.html.
[7] 教育部. 教育部2019年工作要点.[2019-02-22].http://www.moe.gov.cn/jyb_xwfb/gzdt_gzdt/s5987/201902/t20190222_370722.html.
[8] 张雯. 面向全员的研究生国际化教育模式研究[A]. AEIC Academic Exchange Information Centre (China). Proceedings of 2018 4th International Conference on Humanities and Social Science Research (ICHSSR 2018) (Advances in Social Science, Education and Humanities Research VOL. 213) [C]. AEIC Academic Exchange Information Centre (China): International Conference on Humanities and Social Science Research, 2018: 4.
[9] 耿益群. 各国研究生教育国际化现状及其政策分析[J]. 学位与研究生教育, 2005 (07): 51-56.
[10] 伍慧萍. 德国高等教育国际化的政策框架及措施分析[J]. 德国研究, 2000 (2): 30-34+62.
[11] 邓华陵. 英国海外研究生奖学金计划实考[J]. 学位与研究生教育, 2001 (11): 35-38.
[12] 姚佳烽. 高等学校国际化人才培养模式研究与实践[J]. 高教学刊, 2019 (18): 9-11.
[13] 百度百科. 推进共建"一带一路"教育行动 https://baike.baidu.com/item/%E6%8E%A8%E8%BF%9B%E5%85%B1%E5%BB%BA%E2%80%9C%E4%B8%80%E5%B8%A6%E4%B8%80%E8%B7%AF%E2%80%9D%E6%95%99%E8%82%B2%E8%A1%8C%E5%8A%A8/19894766?fr=aladdin
[14] 孙连坤. 推进高校研究生国际化教育改革的思考[J]. 当代教育实践与教学研究, 2018 (02): 94.
[15] 蒋琦玮."双一流"建设高校研究生教育国际化探究[J]. 现代大学教育, 2019 (4): 30-37.
[16] 李辉."双一流"建设背景下研究生教育国际化研究[J]. 中国成人教育, 2017 (7): 30-34.
[17] 罗蔷. 研究生国际化人才培养模式研究[D]. 北京: 北京理工大学, 2015.
[18] 王菲, 李传秀, 尹世平, 吕恒林. 我国研究生教育国际化发展的分析与探讨[J]. 教育现代化, 2019, 6 (32): 95-97+108.
[19] 周晓蓉, 黄金泉. 研究生国际化培养对策与建议[J]. 江苏科技信息, 2015 (03): 44-46.
[20] 刘秀梅, 贺杰. 研究生培养国际化创新模式的对策及建议[J]. 教育教学论坛, 2016 (20): 175-176.
[21] 初旭新, 宗刚. 我国研究生教育国际化培养的现状与对策[J]. 研究生教育研究, 2015 (5): 18-22+26.
[22] 邓树新."一带一路"倡议下我国研究生教育国际化发展面临的挑战及对策[J]. 环球区域治理: 82-84.
[23] 中国学位与研究生教育信息网. http://www.cdgdc.edu.cn/xwyyjsjyxx/dwjl/xwhr/
[24] 李贵卿, 杜宛燕, 王清远."一带一路"战略背景下研究生教育国际化的政策与实施[J]. 现代教育科学, 2020 (1): 126-134.

基于 CIPP—认知同化学习框架的经管类留学研究生培养质量提升路径研究

王健 于航[1] 孟炎[2] 徐蕾[2] 郭文轩[2]

(1 哈尔滨工业大学研究生院；
2 哈尔滨工业大学经济与管理学院，哈尔滨 150001)

摘　要： 来华留学研究生培养对中国的国际文化交流事业有重要意义，准确认识留学研究生培养困境的根源是提升留学研究生培养质量的前提。本文在理论阐释的基础上，引入 CIPP 教育评价模式，按照"背景—输入—过程—结果"流程建立了来华留学研究生培养质量评估指标体系，并以哈尔滨工业大学经管类留学研究生培养为例进行了分析，并在此基础上，强调来华留学研究生文化背景与知识结构差异，利用认知同化学习理论解析了来华留学研究生培养问题产生的根源，以认知同化学习理论为内核、CIPP 模式为实践指导，提出了来华留学研究生培养质量提升路径。"CIPP—认知同化学习"框架为留学研究生培养的研究与实践提出了新的思路。

关键词： 人才培养质量；留学研究生；认知同化学习理论；CIPP 模式

第一作者简介： 王健，1974 年生，男，博士，教授，博士生导师，哈尔滨工业大学研究生院副院长，主要从事研究生教育管理、智能交通系统、交通管理决策理论与方法研究，邮箱为 wang_jian@hit.edu.cn。

基金项目： 本文获黑龙江省教育厅高等教育教学改革研究项目资助，项目编号：SJGY20180122。

随着高等教育国际化进程的深入发展，特别是"一带一路"倡议的推进，来自亚洲、非洲等国家的来华留学生数量快速增长[1]。2015 年中国成为 8 大留学目的国之一[2]，2016 年，各类来华留学生总数达到 44.28 万人，其中学历留学生总数达 20.99 万人[3]。来华留学生培养既是中国教育开放的重要方式，又是中国文化交流的重要方式，已经成为中国教育国际竞争力和影响力的直接表现。因此，科学分析来华留学生培养的问题，探寻来华留学生培养质量的提升路径显得尤为重要。

来华留学生培养是中国教育国际化研究的重要内容[4,5]，在教育实践中逐步形成了多种典型的培养模式，如互动式留学生教育模式[6]、以"综合培养、单独设计、多元教学、全面评价"为特色的创新培养模式、基于思维差异化理论的思想教育模型[7]。针对来华留学生跨文化适应危机，开展中华历史文化教育，培养知华友华使者，同时加强高校来华留学生管理队伍建设，注重跨文化交际能力的训练[8]。

就人才培养研究而言，培养质量的评估是寻求培养质量提升路径的基础工作。在教育及培养评估中，CIPP 模式是教育质量评估的常用方法之一，该方法为教育质量评估提供了明确的思想框架[9]。CIPP 教育评价模式结构清晰简明，有较强的工具性，为培养质量的分析提供了明确的思考维度，能够为培养质量提升措施提供实施途径与抓手。本文针对经管类留学研究生的特点，应用基于"CIPP—认知同化学习"框架分析了来华留学研究生培养质量提升研究思路，以认知同化学习理论为内核把握来华留学研究生培养问题的根源、以 CIPP 模式为实践指导提出有效的培养质量提升路径。研究成果为提高留学研究生培养质量提供了新的思路与视角。

一、理论基础

（一）认知同化学习理论

著名认知派教育心理学家奥苏伯尔于 1978 年提出了认知同化学习理论，又称为有意义学习理论，其揭示了知识学习的最本质特征之一，即学习新知识的过程是以已有知识经验为基础，通过对语言文字所表述的知识内容的理解，主动地从认知结构中提取与新知识最有联系的旧知识，并且加以"固定"或者"归属"的一种动态的过程。

认知结构是指个体头脑中已形成的，按层次组织起来的，能使新知识获得意义的概念系统。良好的认知结构应该具备四个特征：可利用性、可辨识性、稳定性和结构性。因此，奥苏伯尔特别强调在开始新学习之前设计一个"先行组织者"，目的是为新的学习提供概念上的固定点，增加新旧知识之间的可辨别性，在新的学习任务与学习者原有认知结构之间架设一座桥梁，以促进知识的学习。

随着教育全球化的发展，国际留学需求日益增加。社会环境影响，学生心理、认知结构变化，留学生培养需要主动转变教学观念、创新教学方式，契合学生学习过程中的心理认同机制。认知同化学习理论为留学生跨文化学习提供了内在理论支持，解释了背景文化对留学生培养的根源性影响，可结合 CIPP 模式实现理论的实践转化。

（二）CIPP 教育评价模式

CIPP 模式由美国著名教育评价专家斯塔弗尔比姆于 20 世纪六七十年代提出，也被称为决策导向或改良导向评价模式，是一种课程评价模式。CIPP 评价模式由背景（Context）、输入（Input）、过程（Process）、结果（Product）四个维度构成，如图 1 所示。CIPP 评价最重要的目的不在证明，而在改进。它主张评价是一项系统工具，为决策者提供有用信息，使得方案更具成效。

背景 Context ⇒ 输入 Input ⇒ 过程 Process ⇒ 结果 Product

图 1　CIPP 教育评价基本结构

第一，背景评价，在特定的环境下评价课程计划实施机构的背景，明确课程计划的需要；明确满足需要的机会；诊断需要的基本问题；判断目标是否已反映了这些需要。在全面掌握评价对象主客观背景的前提下，探究教育方法和方式的目标是否与现实社会相吻合。背景评价强调根据评价对象的需要对课程目标本身做出判断。

第二，输入评价，在背景评价的基础上，对达到目标所需的条件、资源以及各备选方案的相对优点做出评价，其实质是对方案的可行性和效用性进行评价，主要是为了帮助决策者选择达到目标的最佳手段。

第三，过程评价，方案实施过程中进行连续不断地监督、检查和反馈。主要是通过描述实际过程来确定或预测课程设计本身或实施过程中存在的问题，从而为决策者提供如何修正课程计划的有效信息。

第四，结果评价，对目标达到程度所做的评价，即要测量、解释和评判课程计划的成绩。它要收集和结果有关的各种描述与判断，把它们与目标以及背景、输入和过程反面的信息联系起来，并对它们的价值和优点做出解释。

在 CIPP 模式运用中，评价者可根据需要采用不同的评价策略，各种评价既可以在方案实施前使用，也可在方案实施中使用。可以实施一种评价，也可以实施几种评价。

（三）CIPP-认知同化学习框架的构建

根据 CIPP 模式可以对经管类来华留学研究生培养中的关键要素进行解析。以认知同化学习理论为内在支撑，CIPP 模式为外在实践指导建立联合研究框架，对影响来华留学研究生培养质量的诸多要素进行分解及评价，如表 1 所示。

表 1　基于 CIPP 的留学生培养质量评价指标体系

CIPP	一级指标	指标含义或要求	二级指标	指标含义或要求
背景评价	培养目标	学生毕业后 5 年左右能够达到的职业和专业成就。	目标定位准确	目标定位符合国家对国际教育及交流发展的要求、国际市场人才需求。
			目标制定保障	定期评价和修订培养目标，对标国际一流学科建设经验。
	毕业要求	学生毕业时应该掌握和具备的知识技能素养。	语言应用能力	以中文为授课语言的留学生的中文应用水平。
			专业基础知识	留学生必须具备的通识、基础知识和基本理论。
			专业技能水平	运用专业知识进行问题分析的能力。
输入评价	课程体系	课程设置能支持毕业要求的达成。	课程设置合理	课程方案和内容科学合理，有完善的实践环节。
			毕业论文水平	毕业论文立足实际问题，有国际专家参与指导。
	师资队伍	教师数量和能力满足留学生培养需求。	教师团队结构	教师数量和结构能够满足留学生教育的需要，有外籍专家参与留学生教育。
			教师教学投入	教师对留学生教学的时间和精力投入。
			教师服务投入	教师为留学生提供指导、咨询服务。
	支持条件	学校能够提高达到毕业要求所需的教学基础设施，教学管理服务。	校园训练条件	供留学生使用的教室、工作室以及设备能够满足教学需求。
			专业教学资源	计算机、网络以及图书资料等能够满足留学生日常教学和科研。
过程评价	过程改进	分析、评价留学生培养过程和质量，不断改进培养方案。	问题发现能力	对接留学生的发展实际，根据国际人才需求及时发现问题。
			过程优化能力	优化调整培养目标和毕业要求、课程体系和教学活动等，持续改进不足。
结果评价	培养结果	建立多方式评价机制，对留学生进行全程追踪评价。	课程完成情况	学生课程达成度和毕业要求达成度。
			学生自我价值	留学生职业能力、自我满意度等目标的实现情况。
			评价团队结构	能够利用信息技术开放多种评价渠道，吸收国内外多方利益相关者参与评价。

（1）背景维度。

背景评价是考察高校对留学生的培养目标与培养要求是否符合国际人才需求以及中国国际交流发展的要求。留学生的培养不应简单依托本国学生培养的基础理念，而忽视培养其跨国教育的特点。留学生教育是国际人才培养的重要方式，也是进行国际友好交流的潜在人才保障。留学生培养不是本国学生培养的简单延伸，培养目标应能适应国际发展趋势，适应国际人才需求，这也是来华留学生培养质量保障的基础。

（2）输入维度。

留学生培养质量的输入评价是衡量留学生培养中投入要素的分量，如师资状况、设备条件以及为留学生开设的课程等。目前国内多数高校的留学生课程由具有良好英文水平、有国外教育经历的教师担任。而单纯靠引进具有国际教育背景的教师并不能完全解决师资缺乏的问题，因此采取引育并举的手段完善师资结构是比较可行的办法。同时融合优势，形成来华留学生培养的特色学科群，打造高校留学生培养的品牌，以点结面，在高校间形成优势互补的学科网络。

(3) 过程维度。

过程评价是指留学培养过程对教育动态过程的评价，着重寻找教育实际行动中的各种问题，并及时反馈给教育行动执行者和计划者，据此进一步完善和调整该行动的动态过程。有效畅通的教育质量评价反馈渠道对提升留学生教育质量有着不可忽视的作用。

(4) 结果维度。

结果评价是指对教育目标达成度的评价。通过建立多种形式的评价机制，对毕业生进行追踪和回访，了解在中国接受的教育是否实现了其留学期望。

二、哈工大经管类留学研究生培养问题分析

(一) 哈工大经管类留学研究生培养现状

经济管理学院是哈尔滨工业大学最早招收留学研究生的学院，且目前是招收留学研究生人数最多的学院，图2所示为2014—2018年每年全校留学研究生招生量和经管类留学研究生招生量的对比，可以看到经管类留学研究生的年均招生量占到全校留学研究生招生量的30%~40%，是招生量最大的学科群。经济与管理学院留学研究生数量是其中国学生的40%，是各个学院中比例最高的，留学生群体在经管学院已经不是"少数民族"。在多年招收和培养留学研究生的过程中，经管学院形成了对于留学研究生培养的基本工作流程和模式，根据CIPP-认知同化学习框架，对哈工大经管类留学研究生培养质量进行综合评价，由此发现和分析培养中存在的问题。

(1) 留学生培养定位模糊。哈工大经管学院针对留学生培养结合学校制度文件制定了一系列管理文件，明确规定了留学生培养过程各阶段的考核要求，制订了全英文培养方案，但并未针对留学研究生的特点制定专门的培养目标，并没有就当前教育模式是否能够满足留学研究生培养需求等问题进行深入探讨。培养目标模糊所带来的另一个问题是，留学生不了解完成学业后能够获得的知识技能、能够应对的问题、所适应的人才需求环境等。这样的信息错位给学生"留学失望"的感觉。

(2) 留学生培养具有"趋同性+灵活性"特点。哈工大经管学院设置有中文和英文两类课程体系。其中，中文授课采取"趋同化"方式，留学生与中国学生同堂授课；而英文课程设置较为固定。这一方式已经尝试打破完全"趋同化"培养的桎梏，是留学生培养的积极尝试与探索。对教学资源与教学设施的使用采取"趋同化"的管理制度，即留学生与中国学生有同样的使用教学资源的资格，如实验室工位申请，中外学生同样要求，有助于留学生更好地融入学校的培养环境中。

(3) 缺乏教学培养效果评价机制。评教机制是中国高校普遍使用的教学反馈渠道。评教机制通常是由上课学生在课程教学完成后对任课教师进行评价。留学生评教内容通常包括教学内容、教学方式、课程互动等。评教机制是留学生意见集体反馈的重要方式，但难以实际与教学改进对接，从而难以发挥评教的作用。除此之外，针对留学生培养定期召开留学生代表座谈，就当前留学生培养的问题收集学生意见也是比较有效的方法。但相关制度中仍缺乏专门针对留学生的培养结果回访与调查制度，以及对留学生自我价值实现情况的调查与反馈途径。来华留学生培养结果的调查与评估是准确定位留学生培养能力的重要手段。

图 2 2014—2018 年度管理类留学研究生招生数与全校招生数对比数据

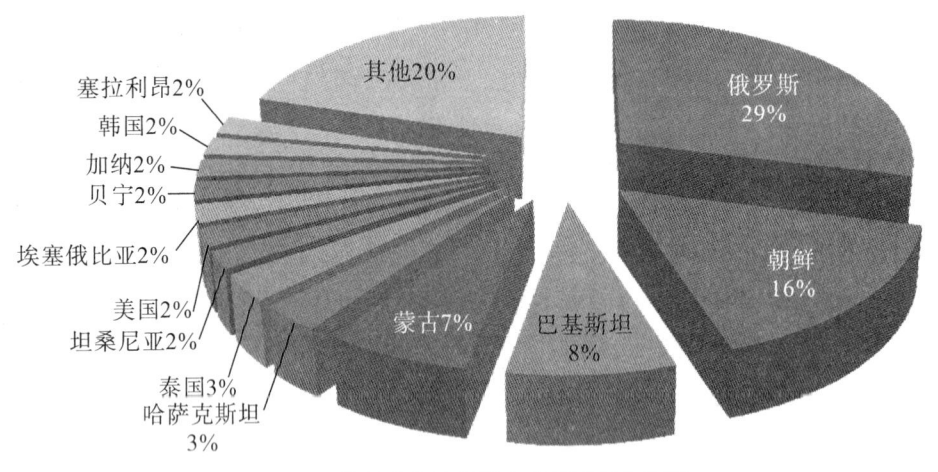

图 3 经管学院在校留学生来源国所占比例

（二）哈工大经管类留学研究生培养问题产生的根源

哈工大经管学院对留学研究生的培养从未停止过改进的探索和尝试。根源性、系统性地认识留学生培养的根本问题是提出有效解决路径的前提。

（1）经管类留学生文化背景差异显著。哈工大经管类留学研究生来自 48 个国家，来源国以周边接壤国家为主，来自俄罗斯、朝鲜、巴基斯坦、蒙古、哈萨克斯坦、泰国等国家的学生占到 65%，如图 3 所示。留学生来源国家多，分布广，国家文化背景、教育水平差异显著。

（2）留学生的主动适应性造就了特定的留学生思维。留学生背景文化形成的原有认知与中国社会文化的逐步融合，形成了来华留学生思维。引导良好的留学生学思维形成是留学生培养的重要工作，对教育培养有事半功倍的效果。

三、来华留学研究生培养质量提升路径

对于留学生培养来说，认知同化学习理论强调留学生文化背景与知识结构差异的存在，需要通过建立新知识与个体内在认知结构的联系。以留学生思维模式为纽带，建立这一理论与实际操作的联系。再根据 CIPP 模式构建的留学生培养质量评估情况，提出具有工作指导意义的留学生培养质量提升路径。

（一）对接国际教育要求，强化培养背景

（1）树立全球化思维，科学制定留学生培养目标体系。

留学生培养目标的设立应面向国际高端人才需求，一方面结合高校定位、国际国内地位以及高校发展目标等宏观战略，另一方面根据学科、专业内涵以及资源实力科学合理地制订留学生培养目标。准确清晰的培养目标能够突出培养专业的特点，有助于消除留学生选择的盲目性，增加特色专业吸引力。

（2）梳理国际化教育理念，打造特色留学生培养体系。

打造国际教育品牌，融合优势形成来华留学特色学科，增强对留学生的吸引力。针对留学生的教育应具有跨文化、多种知识结构交叉等特点。减少本土社会文化环境对专业认知的影响，加强对专业内涵的国际化认知。可以选择高校实力强有特色的学科，着力建设针对留学生的特色培养体系。

（二）承认知识结构差异，增加培养输入

（1）加强留学生培养师资力量，优化导师选择机制。

留学生培养的师资建设与投入包括两个方面，一是要完善留学生教育师资结构，合理匹配本国教师、留学教师、国际教师资源；二是要增加教师在留学生培养事业上投入的精力。对于留学研究生的培养，指导教师应尽可能明确研究方向，招收相关方向留学生，避免"放养"留学生。另外，对于承担留学生培养的教师应设置一定的激励机制，以保障师资结构的持续优化。

（2）促进多元文化融合，科学设置课程体系。

对于一般高校来说，留学生培养课程通常按照授课语言有不同课程设置。留学生课程体系的建设应该遵循"国际化＋本土化"的原则。对于专业类课程，尽量保障符合国际化教育要求与教育模式，保证留学生培养能够适应国际人才需求。同时为了促进中国文化的传播与发展，中文课程、中国文化的相关教育也应作为留学生的基础课程。这样的设置不仅有助于正确宣传中国优秀的传统文化，更有助于留学生融入中国社会生活。

（三）强调文化背景影响，监督培养过程

（1）了解留学生文化背景，灵活确定教学模式。

根据认知同化学习理论，学生接受新知识需要与自身旧知识产生联系。在同一课堂上，面对不同知识结构、教育背景的留学生，采用多元化的教育模式是尽可能帮助留学生接受新知识的重要方式。国内常用的教学方法有PBL、MOOC、翻转课堂、案例教学、隐性分层教学等，各类教学方法强调的内容也有所不同。留学生课堂必须根据学生所在国家特征、知识背景特征选择合适的教学方法。若留学生文化背景、知识结构较为统一，可以通过意愿调查寻找合适的教学方式；若课堂中留学生文化背景、知识结构差异较大，则更适合采用开放互动式教学，还可以强调采用引导理解与课后学习等方式。

（2）重视培养问题反馈机制，打通培养问题优化渠道。

评教是学生对课程教学质量反馈的重要途径。通过优化评教指标体系，可以将其作为留学生教育改革的重要依据。在此基础上，留学生培养应更具有灵活性，为问题优化探索提供足够的修正空间和更小的优化成本。

（四）关注留学生未来发展，建立培养结果追踪体系

留学生毕业后的发展及自我满意度是留学生培养结果的直接体现，培养结果的中长期调查是了解留学生毕业后的发展及反馈培养质量的有效手段。尽管留学生中长期发展观察的难度较大，但其仍是培养结果最重要的反映。这一工作的落实需要在留学生在校期间进行积极宣传，鼓励留学生借助网络手段进行发展状况反馈，配合培养结果追踪调查。

四、结论与讨论

来华留学生培养质量是中国国际教育水平的直接体现，提升留学生培养质量对中国对外文化交流有着重要意义。CIPP教育评价模式与认知同化学习理论的联合应用为来华留学研究生的培养研究提供了新的研究思路。

留学生思维模式是留学生学习中新知识与其内在认知结构联系的关键。按照这一思路继续探究，留学生思维模式的建立以及不同国家留学生思维模式的特征，都是留学生培养质量研究的重要方向。这一类研究将有助于理解留学生与本国学生接受知识的差异，对于改进留学生培养措施具有重要意义。

参考文献

[1] 郑刚，马乐."一带一路"战略与来华留学生教育：基于2004—2014的数据分析[J].教育与经济，2016（4）：77-82.

[2] 程伟华，张海滨，董维春."双一流"战略引领下的来华留学研究生教育发展探析[J].研究生教育研究，2018（3）：70-76.

[3] 汪滢，王战军.在华工科留学研究生教育发展分析[J].学位与研究生教育，2019（4）：65-72.

[4] 刘小军.研究生层次外国留学生培养的几点思考[J].学位与研究生教育，2006（7）：47-50.

[5] 黄鑫城，方玲玲.外国留学生培养工作浅析[J].广东工业大学学报：社会科学版，2005（B09）：354-356.

[6] 陈云香，孙华平，陶忠元，等.基于建构主义的互动式留学生教育模式研究——以开放型经管专业为例[C]第十一届中国软科学学术年会，中国软科学增刊（下），326-333.

[7] 许蕴文.基于思维差异的来华留学生思想教育工作思路与措施[J].学校党建与思想教育，2019，595（4）：78-80.

[8] 王冰一，赵国栋.来华中亚留学生跨文化适应危机及对策[J].黑龙江高教研究，2019，37（2）：40-43.

[9] 孙蕾蕾.基于CIPP评价模型的国际学前教育指标体系研究[J].基础教育，2019，16（3）：78-85.

扩大研究生出国交流学习派出规模的一些思考和建议

丛 石

(太原理工大学研究生院，太原 030024)

摘 要：我国作为政治、经济、文化的超级大国，在研究生教育方面的战略需求是多元化的。研究生国际化战略需求在经济全球化不断发展的当下显得格外重要，加大派出联合培养类型的硕士及博士研究生出国交流学习是高校不断发展的必然选择。本文认为，对于资源和经费都相对不足的地方高校而言，扩大研究生出国交流学习派出规模，可通过增强研究生出国留学的意愿、帮助研究生解决影响出国交流的语言及资金问题、扩展出国学习交流的派出渠道、增加可派出研究生的基数、帮助研究生做好行前教育和规范选派流程等办法实现。

关键词：研究生；国际化建设；联合培养；出国学习交流

第一作者简介：丛石，1983年生，男，博士，讲师，研究方向为研究生教育，邮箱为congshi@tyut.edu.cn。

基金项目：2020年度山西省研究生教育改革研究课题项目资助，项目编号为2020YJJG083。

一、为什么要扩大研究生出国交流学习派出规模

社会科学文献出版社出版的《中国留学发展报告（2017年）》表明，中国是世界上留学生总数最多的国家[1]。然而，不同高校间学生选择出国学习交流显现出较大差异。研究表明，就读院校层次越高，出国留学的概率越高[2]。教育部学科评估也将赴境外学习交流人数纳入指标评价体系，出国学习人数越多，学校的国际化培养水平越高。从某种程度上来讲，出国学习交流比例能从一个侧面反映出高校整体水平。

研究生教育是高等教育体系的最高层次，在高等教育中有着重要分量，肩负着为国家培养高级人才的重任。高水平的研究生教育对国家的学术研究水平提升能起到重要的促进和反哺作用。提升研究生的培养质量一直是各个高校努力的方向，培养具有国际视野的创新型人才是培养目标。给更多研究生出国学习交流的机会也是提升培养质量的重要手段。

进入新世纪，欧洲30多个国家以及亚洲的韩国、日本等国家率先推行由政府主导的高等教育改革和人才培养国际化措施，新加坡、印度、俄罗斯等国家也陆续实施了适合本国国情的国际化战略[3]。2015年10月，国务院印发了《统筹推进世界一流大学和一流学科建设总体方案》，在"培养拔尖创新人才"建设任务中提出了全面提升学生"国际视野"的要求[4]。国际化战略是各高校面临的新一轮的挑战和机遇。根据国家留学基金管理委员会数据，单是"国家建设高水平大学公派研究生项目（2016年至2018年）"，某西部地方普通"211"高校对比某普通"985"高校每年获批人数差7.1~11.7倍之多，对比某沿海"211"高校每年获批人数差2.6~4.5倍。非"211"的地方高校也许有着更大的差距。非沿海地区高校对比部属高校及沿海区域高校在生源质量、经费投入水平、师资力量等方面都有着不小差距，如何在现有条件下推进办学国际化，扩大研究生出国学习交流规模，从而提升学校整体水平，是值得思考的问题。

二、研究生出国交流的定义及影响因素

我们需要明确提升研究生出国学习交流水平，要提高哪些相关指标。研究生出国学习交流主要是指

在校硕士博士研究生赴国（境）外院校进行 3 个月及以上的联合培养。因为相比出国攻读学位的学习，联合培养硕士博士研究生，对于提升地方高校的科学研究水平及国际化建设发展更有意义。

有研究指出，语言问题、留学渠道问题、资金问题、出国留学的担心和焦虑、烦琐的出国程序等问题可能是制约出国交流学习的因素。因此，如何进一步推动研究生出国交流学习是值得高校研究生教育工作者思考的问题。下面将从以下影响出国学习交流的方面浅谈一些举措。

三、如何扩大研究生出国交流学习派出规模

（一）增强研究生出国留学的意愿

有调查表明，在出国留学意愿方面，沿海地区的学生比内陆地区、重点高校的学生比普通高校，有着更强烈的出国交流学习的意愿。部分学生不了解出国学习的目的是什么，也不懂得专业如何选择，甚至有的学生根本就没有出国学习交流的概念。营造出国学习交流的氛围很重要，校方可以选择 1~2 个主打的出国留学项目和若干个经典出国留学的个人案例，通过开展留学相关主题讲座、宣传海报、网上新闻等宣传手段，激发研究生出国交流学习的热情。通过增加出国交流意愿研究生的基数，来达到扩大出国学习交流学生规模的目的。

（二）解决影响出国交流的语言问题

语言问题一直是制约研究生出国交流学习最重要的因素，往往语言水平达不到对方学校要求，就无法取得外方学校的录取通知书（邀请信），或者达不到申请国家公派项目的条件，而失掉出国学习交流的机会。针对制约研究生出国交流的语言问题，我们建议早制定相关出国学习计划。在研究生招生时，可明确招联合培养和双学位培养模式的研究生，对外语成绩高的研究生进行政策倾斜。此外，在学校层面营造有利的语言学习环境，如开设双语课程、开设专门托福或雅思学习班、定期与外国留学生会话交流等，提升语言水平，从而为出国学习交流准备好前提条件。

（三）解决影响出国交流的高额费用的问题

出国学习高额的费用也是制约出国留学的重要因素。联合培养硕士、博士研究生外方学校往往不收取学费，但高额的生活费用需要由留学人员支付。从国家留学基金管理委员会（CSC）的资助标准看，以美国一类地区博士研究生为例，国家提供生活费是一年 2.4 万美元，折合人民币约 16.8 万元。

针对这个问题，我们可以在充分利用国家公派和省筹项目资助政策的基础上，进一步开发校际合作项目和制订学校的资助办法。在学校层面推出校际合作项目，借助外校的资金，如研究助理、教学助理等补贴生活费。

同时，在学校内推行国际交流的奖励和资助政策。以某校为例，鼓励研究生申报 CSC 项目，对成功获批人员进行现金奖励，激发研究生申报 CSC 项目的热情。没能拿到国家及省级资助的学生，可申请学校资助，学校择优录取，并按 CSC 标准的 60% 对研究生进行差额资助，其余经费部分由导师及奖助学金贴补。

利用学校政策鼓励研究生出国学习交流，对于优秀的学生由学校及导师出资，有了经费的资助，解除了研究生出国学习交流资金方面的限制。

（四）扩展出国学习交流的派出渠道

研究生具备了语言能力和所需资金，并取得外方学校邀请信后方可出国学习交流。出国学习交流的派出渠道包含 CSC 合作项目渠道、学校及导师项目渠道、个人渠道等。

对于联合培养研究生而言，大多数硕士及博士都是通过导师合作项目派出。在双方导师科研合作的

基础上，派出研究生就共同合作的课题在外学习交流。为拓宽导师层面的派出渠道，学校可鼓励并支持导师申报国际合作项目，与国外高校深度合作。

在学校和学院渠道层面，加强与国外高校的合作，签署联合培养协议，申请 CSC 国际合作项目，大力开展中外联合办学项目。随着导师及学校（学院）项目的拓展，研究生派出的渠道进一步增加，有利于帮助研究生获取外方学校的邀请信。

同时，越来越多的研究生通过 CSC 合作项目渠道和个人渠道获取了外方学校的邀请信。这种形式是值得学校鼓励的，国内导师帮助研究生制订好出国研修计划，研究生出国交流要带着任务去，通过研究生和国外导师的交流，开拓本校导师和外国导师间的合作，从而促进两校之间的合作。学校层面可以适当对此类派出研究生的导师进行一些招生名额的扩充，通过派出研究生探索新的派出渠道，为后面的研究生派出做铺垫。

（五）增加可派出研究生的基数

对于学校而言，培养博士研究生较之硕士研究生是学校科研的主要承担对象，是产出的核心力量。派出修学年限更长、能力更高的博士研究生联合培养的意义远远大于硕士研究生。那么，又一个问题出现了，即博士研究生招生名额有限。这也是地方普通高校派出联合培养研究生数量远低于"985"高校的原因。针对这个问题，我们有两点提议。第一，学校层面规划，申报新的博士点，扩大招生人数。第二，可跟外方学校签署合作协议，选拔目标硕士研究生派出外方学校攻读博士学位，采用"反转式联合培养"模式进行培养，即在国内联合培养 1~2 年，通过增加选拔基数的方式达到扩大出国学习交流学生规模的目的。

（六）处理好其他可能影响出国交流学习的问题

做好一些影响研究生出国交流学习的因素的相关工作，助力有效提高研究生出国交流的比例。对于国外生活的担忧和焦虑也是影响出国交流的因素。充分做好行前教育，做好心理咨询和疏导，可有效解决这些问题。

出国留学的烦琐手续往往让学生苦不堪言。针对这类问题，学校层面出台申报流程的规范指南，参照 CSC 线上申报系统，可构建校级的申报系统，节省学校和研究生的时间，可帮助研究生少走弯路，少做无用功，提高研究生出国交流申请的成功率。

四、结语

在经济全球化快速发展的当今时代，研究生教育国际化是国家"双一流"建设的战略需求。高校承担着为国家培养具有国际视野的创新型复合型人才的重任，加强国际合作，扩大派出研究生赴国外学习交流规模是高校发展的必然选择。

参考文献

[1] 王耀辉. 国际人才蓝皮书——中国留学发展报告（2017）[M]. 北京：社会科学文献出版社，2017：12.
[2] 潘昆峰，蒋承. 我国大学生留学选择的影响因素分析 [J]. 中国高教研究，2015（3）：15-20.
[3] 陈晓清. 日本推进全球协作型高等教育的举措——"大学的世界展开力强化事业"战略解析与启示 [J]. 世界教育信息，2020（3）：51-57.

全球治理背景下的"外语+"研究生高层次人才培养探析

庞东贺　王　喆　王　奕

(哈尔滨工业大学外国语学院，哈尔滨 150001)

摘　要：在"积极参与全球治理"的宏观背景下，我国亟需一大批具有广阔国际视野和扎实语言功底的复合型高层次全球治理人才。"外语+"研究生高层次人才是我国参与全球治理重要的人才力量。创新优化外语研究生培养模式是积极响应习近平总书记提出的"加快培养国家急需的高层次人才，为坚持和发展中国特色社会主义、实现中华民族伟大复兴的中国梦作出贡献"的重要举措之一。本文瞄准关键领域，基于我国积极参与全球治理战略，提出了"外语+"研究生拔尖人才培养模式，系统阐述国际化视野下"外语+"研究生拔尖人才培养的内涵、意义和方式，为培养高层次全球治理人才提供切实可行的方案。

关键词：全球治理；"外语+"研究生；高层次人才培养

第一作者简介：庞东贺，1986年生，女，硕士研究生，讲师，研究方向为思想政治教育，邮箱为 pangdonghe@ hit. edu. cn。

一、引言

党的十九大发出"构建人类命运共同体"的伟大倡议，庄重宣誓了"继续发挥负责任大国作用，积极参与全球治理体系改革和建设，不断贡献中国智慧和力量"的真诚愿望。在世界之百年未有之大变局之际，面对国际局势的深刻变革，全球化趋势日益增强，国际社会更加期待听到中国声音，看到中国方案，也更加希望中国在国际事务中发挥更多更重要的作用。

加强参与全球治理的人才培养推送工作是人类命运共同体构建的客观要求，是为新时代国家和社会发展提供人才支撑的应有之义。高校作为培养人才、发展科技的阵地，最终要实现服务国家、社会和人民的使命，因此高校发展必须要顺应历史潮流，与国家保持"声同音、步同调、力同向、心同往"。而研究生教育作为高等教育的重要组成部分，加快国际化建设更是大势所趋。面对严峻的形势，如何加快培养全球治理人才，特别是适应国际组织需要的尖端人才，让更多中国面孔更加自信、从容地活跃在国际舞台上，为世界提供中国智慧和中国方案，是我们当前面临的重要课题。

目前，国内外语类研究生的培养方向主要有三个，分别是语言学方向、文学方向和翻译方向。传统的外语研究生培养模式，显然不能适应当今时代对复合型外语人才的需求。"外语+"研究生拔尖人才培养模式能有效解决外语专业学生知识结构单一、其他专业能力不足的问题。同时，从国际上来看，建立"外语+"研究生培养模式也逐渐成为一种新的发展趋势，引领着外语人才培养的新方向。

二、全球治理背景下"外语+"研究生拔尖人才培养的内涵

(一) 外语研究生培养的国内现状

目前，我国外语研究生培养的专业结构单一，趋同化严重，有些专业还存在重复设置的情况。在培

养过程中，尤其是在学术硕士的培养中，形成了重理论轻应用的培养格局。归根结底，造成这种情况的根源在于专业设置的不合理。以各个高校英语专业的设置为例，除北京外国语大学、上海外国语大学等少数几个知名外语院校外，大多数高校只开设这两个专业：英语语言文学外国语言学和应用语言学。前者侧重于文学研究，后者侧重于语言学。很明显，专业设置太过单调而创新性不足[1]这样的培养模式导致部分外语专业研究生就业困难，无法适应时代的发展和需要。近年来一些高校认识到了传统培养模式的弊端，开始调整外语研究生的培养模式，向培养复合型外语人才的目标转变。

（二）全球治理背景下的"外语＋"研究生高层次人才培养释析

全球治理意味着从国内和国外两个大局出发，综合分析比较后确定出一个具有前瞻性、系统性的高层次外语人才培养模式。随着"人类命运共同体""一带一路"倡议的深入推进，在人才培养方面也应提倡"两条腿走路"的原则，即中国的人才既能适应国内发展建设的新形势，又能满足"四为"方针迈向国际舞台的需求；既要懂得现代化建设的专业技术，又能够熟练掌握一门乃至多门外语及其历史文化。[2]同时，伴随着全球新科技革命的深入推进以及新经济的发展，人才培养的趋势越来越向复合型方向发展。因此，实施"外语＋"研究生拔尖人才培养模式就势在必行。"外语＋"研究生拔尖人才培养模式实际上就是以外语学习为基础，同时学习其他专业学科知识，有针对性地培养"会语言、通国家、精领域"的具备跨学科知识体系并且集人文素养、科学素养、审美素养于一身的新型外语人才。对外经贸大学英语学院院长向明友教授将国际化人才的素质和能力概括为"精英语、会多语、有专业、懂科技、晓文史、善思辨、能创新"等七个方面[3]，全面具体地诠释了培养具有国际化视野的复合型外语人才的内涵。

（三）学生个人层面的意义

一个专业的"专业性"水平或状况决定着这个专业在社会生活中的位置，同时也决定着这个专业的学生在人才市场和就业岗位上的状况。"外语＋"研究生拔尖人才培养模式以宽广的视野、全局的高度分析当前国家社会发展的人才需求，有针对性地培养高层次复合型外语人才，实现培养内容和就业市场需求的"无缝对接"。对外语研究生来说，"一专多能"不仅是他们在就业市场上的"敲门砖"，也是他们在未来发展、实现人生价值过程中的"必杀技"。

三、全球治理背景下的"外语＋"研究生高层次人才培养的实施途径

（一）打造雄厚的"外语＋"师资

20世纪80年代，哈尔滨工业大学外语教研室的一些教授俄语的"老先生"们，既精通俄语，又有工科教育背景。"科技俄语"也一直是哈尔滨工业大学俄语系的学科特色。像这样"豪华"的师资阵容，在今天已经是凤毛麟角了。如今，高校外语专业的教师许多都是文科教育背景，而且大多从事语言学、文学、翻译等方面的研究。因此，实施"外语＋"研究生拔尖人才培养模式不能只靠外语专业教师的努力，还应与其他专业教师共同合作，形成强大的育人合力。师资力量的"融合"是建立"外语＋"研究生拔尖人才培养模式的基础和前提。同时，融合型师资队伍的建设要结合各个高校的实际情况，在师资选拔上注重教师的师德素养、教学能力、科研能力和创新能力，努力打造一支高素质的融合型师资队伍。

（二）建立完善的"外语＋"研究生课程体系

完善的"外语＋"研究生课程体系是"外语＋"研究生拔尖人才培养模式的重要组成部分。在设立课程时，要充分发挥各自学校的学科优势，以外语类课程的学习为基础，依托优势学科，形成"外

语+优势学科"的课程体系。在课程的学分和学时设计上,要充分考虑学生的学习实际,充分考虑可行性和可操作性。可以通过外语人才分层分类培养的方式,有针对性地为学生制订个性化的培养方案。通过组建拔尖人才试验班、人文科学试验班、理工科试验班等途径,试点新的课程培养模式,培养拔尖外语人才。也可以通过为外语研究生提供海外学习机会,精心组织高端参访和研讨活动等途径,聚焦学生实践能力、人文素养和科学素养的全面提升。

(三) 打造多样化的"外语+"学科专业集群

高校应结合自身办学实际,做好顶层设计,打造多样化的"外语+"学科专业集群。以外语学习为基础,开发设计出"外语+理工科""外语+医学""外语+社会科学""外语+法律""外语+文化""外语+国别研究"等多种多样的"外语+"培养方案,培养出适合不同领域的复合型高层次外语人才。例如,哈尔滨工业大学外国语学院在培养翻译硕士的过程中就创造了"外语+理工科"的培养模式,明确提出了"培养拥护中国共产党领导,拥护社会主义制度,具备良好的专业素质和职业道德,德、智、体、美、劳全面发展,能适应全球经济一体化及提高国家国际竞争力的需要,适应国家社会、经济、文化建设需要的高层次、应用型、专业性科技口笔译人才"的培养目标。在课程设计中依托哈工大强大的工科基础,把工科知识理论有机地融入翻译硕士的课程,既强化了学生的语言翻译能力,又提高了学生的工科知识素养,在多年的教学实践中,形成了独特的翻译硕士办学传统,在科技翻译领域颇有声望。在"外语+国别研究"领域兰州大学外国语学院走在前列,以服务"一带一路"倡议为目标,在课程设计、师资配备上突出"外语+国别研究"的培养理念,探索出文科人才培养的新模式。这些学校的有益经验值得借鉴和参考。高校可以整合自身的优势学科,实现多学科专业的"强强联合",培育多样化的"外语+优势学科"的专业集群,努力培养出适应国家战略发展需要的"外语+"研究生拔尖人才。

(四) 扎根中国大地培育"外语+"人才

坚持以红色基因为魂,以服务国家需求为核,扎根中国大地,面向党和国家事业发展需要,坚持"四为"方针,瞄准科技前沿和关键领域[4],培育特色的"外语+"高层次人才。一是推进专业教学与思政教育同向同行,依托课程思政工程,将专业教学和思政教育充分融合,让教师在专业课讲授的同时讲大势、传大道,使习近平新时代中国特色社会主义思想、社会主义核心价值观等入脑入心。二是发挥高校党团组织的教育引领作用,在教育、管理、监督和服务学生的过程中,使学生自觉坚定政治信念、提升道德素养。三是通过研究生思政教育厚植研究生的爱国底色。将爱国主义、中华优秀传统文化和社会主义先进文化等渗透进育人全过程,如结合国庆、烈士纪念日等重要时间节点,开展形式多样的主题教育活动;结合思想政治教育工作具体内容,构建"精神引领、典型引路、品牌带动"育人格局,培育研究生家国情怀、奋斗精神。

四、结语

全球治理背景下的"外语+"研究生高层次人才培养是一个崭新的课题。高校应以党和国家事业发展需要为目标,坚持"四为"方针,瞄准科技前沿和关键领域,创新发展和融合发展,将传承与创新相结合,创新人才培养模式,并不断优化外语师资队伍和外语研究生培养课程体系,努力培养具有人文精神和科学素养的复合型高层次人才。各高校也应结合自身的学科特色,发挥外语学科的基础性优势,强化外语与其他人文社会科学、理工科、医科的深度交叉融合,实现与国家发展战略和社会发展新要求的无缝对接,打造具有中国特色的外语研究生培养新模式。

参考文献

[1] 魏鹏程. 英语类研究生培养现状及发展对策研究［J］. 科技信息，2011（30）：94-95.
[2] 胡键. "一带一路"实践与外语复合型人才培养的路径［J］. 当代外语研究，2020（3）：3-14+130.
[3] 邓世平，王雪梅. 探索新文科背景下外语人才培养新路径——新文科背景下的"多语种+"卓越国际化人才培养论坛述评［J］. 山东外语教学，2020，41（2）：133-135.
[4] 习近平对研究生教育工作作出重要指示［EB/OL］.［2020.07.29］. http://www.gov.cn/xinwen/2020-07-29/content_5531011.htm

依托国际化教育提高研究生创新能力的培养模式探索

杜吉佩 黄 云 杜 瑛

（四川大学研究生院，成都 610065）

摘 要：研究生创新能力和创新意识的培养是研究生教育的核心环节，加强研究生的创新能力为服务"一带一路"建设、促进创新型国家的建设夯实基础。目前，我国研究生教育规模逐渐扩大，但是教育质量仍有待提高，尤其是研究生创新能力不足、创新思维匮乏的问题日益凸显，高等教育国际化越来越受到重视。本文在分析我国国际化教育现状基础上，探索通过培养研究生自身创新意识、搭建国际化交流平台、强化师资队伍等举措，开阔研究生的国际视野，提高其创新能力。

关键词：研究生培养；国际化；创新能力

基金项目：本文获 2019—2021 年四川省学位与研究生教育学会项目资助，项目编号：2019ZD07；获四川大学研究生教育教学改革项目资助，项目编号：YJSJG025。

创新是一个民族进步的灵魂，人才是创新的根基，具备创新能力的高层次人才更是国家蓬勃发展的基石。研究生作为科技创新的引领者，其创新能力直接关系到国家科研实力和核心竞争力。2020 年 7 月 29 日召开的全国研究生教育会议上，习近平总书记做出重要指示，强调适应党和国家事业发展需要，培养造就大批德才兼备的高层次人才。李克强总理做出批示：深化研究生培养模式改革，进一步优化考试招生制度、学科课程设置，促进科教融合和产教融合，加强国际合作，着力增强研究生实践能力、创新能力，为建设社会主义现代化强国提供更坚实的人才支撑。加强研究生创新能力培养是实施"科教兴国""人才强国"战略的重要抓手，对国家和民族的发展具有重要意义。

在国际贸易、经济全球化与国家改革开放的背景下，我国研究生教育也已逐步走上国际化的发展道路。我国《国家中长期教育改革和发展纲要（2010—2020 年）》中提出要"坚持以开放促改革、促发展。开展多层次、宽领域的教育交流与合作，提高我国的教育国际化水平"。借鉴国际上先进的教育理念和成功经验，引进全球一流教育资源，是培养高层次创新人才的一条理想途径，这也是新时代中国特色社会主义建设对研究生教育工作的强烈诉求。

一、我国研究生国际化教育的现状

高等教育的国际化发展为各个国家所重视。美国在 20 世纪后半叶迅速崛起成为世界第一强国，伴随着经济、军事强势崛起，美国高等教育国际化的特点日益显著。究其原因，一方面，美国因其在科研、经济领域的领先地位吸引全世界的年轻人到美国学习，并利用高福利等优势将优秀人才留在美国，进一步巩固其在科研、教育领域的中心地位。另一方面，美国颁布了诸如《史密斯－蒙特法》等法案，在法律层面为高等教育国际化提供了依据，保证了国际化的发展[1]。欧盟也出台了诸多文件促进了高等教育国际化进程，其颁布的《泰姆普斯计划》《索邦宣言》促进了欧盟内部各个高校之间的合作，鼓励促进学生、教师的跨国交流活动[2]。

我国很早就开始了高等教育国际化的探索，近些年来对国际化人才的培养愈加重视。2015 年国务院印发《统筹推进世界一流大学和一流学科建设总体方案》，其中要求"加强与世界一流大学和学术机构的实质性合作，将国外优质教育资源有效融合到教学科研全过程，开展高水平人才联合培养和科学联合攻关"。日前，《教育部等八部门关于加快和扩大新时代教育对外开放的意见》正式印发，其中也明确提出"坚持教育对外开放不动摇,主动加强同世界各国的互鉴、互容、互通,形成更全方位、更宽领域、更多层次、更加主动的教育对外开放局面"。

经过多年的发展,2018年度我国出国留学人员总数达到66.21万人,从1978年到2018年底,各类出国留学人员累计达585.71万人[3],我国国际化教育取得了长足的进步,国际化教育在人才培养中展现了卓越的成绩[4]。与此同时,来华留学研究生的数量也在逐年递增,2018年突破8万人,比2017年增长12.28%[5],这些数据显示了中国研究生国际化教育正在蓬勃发展。

二、研究生创新能力存在的问题

随着我国综合国力的增强,经济发展与社会经济转型不断加快,人工智能、5G、区块链等各类新兴产业不断崛起,我们处在新一轮技术革命的前夕,这迫使我们对创新型人才的需求更加迫切。近年来,研究生招生规模在持续扩大,国家在研究生教育上投入的人力、财力在快速增长,研究生教育实现了跨越式发展。但是,研究生创新思维培养和创新能力训练方面起步较晚。目前,各高校对创新能力的培养日益重视,各种创新创业大赛、创新奖励等政策源源不断,从外部激励的角度引导创新能力训练,这些措施取得了一定的成效,但是,我国研究生的创新能力与世界一流大学研究生相比差距仍较大,主要体现在信息获取、知识重组、表达能力、实践能力等综合创新能力偏弱。除此之外,研究生缺乏追求卓越创新的内在驱动力,比如:研究生满足于达到学校最低毕业要求,很少集中精力进行原创性科研研究;部分学生考研是以缓解就业压力为目的,并无崇高的理想信念,无法挑战有创造性且需要长期投入的创新性科研工作。

十九大报告提出要不断增强我国经济创新力和竞争力,加快建设创新型国家。这一宏伟目标的实现有赖于高层次人才的高瞻远瞩,所以,提高研究生培养质量、加强其创新能力已刻不容缓。研究生教育作为人才培养的主要渠道,其目标是为我国现代化建设培养具有国际视野的高层次、高素质的复合型创新人才。提高研究生创新能力是服务"一带一路"倡议、实现中国梦强有力的保障,是推动我国经济社会发展的强劲动力。

三、国际化教育背景下研究生创新能力培养的途径

在国际化视野下,以培养创新能力为导向,并结合本土优势和特色,本文提出以下培养途径,探索提升研究生创新能力的培养模式。

(一) 培养研究生创新意识

研究生的培养教育不仅要让他们建立扎实的知识体系,具备分析问题和解决问题的能力,更要调动其学习主观能动性,研究生自身的学习方式和创新思维是提升其创新能力的先决条件。清华大学副校长杨斌在研究生教育治理与发展专题研讨会中提出"我国研究生教育从大发展到强大,需要进行范式转移,如何激发研究生创新的内生动力是关键"。在研究生培养过程中,需要注重挖掘其乐于创新的求知欲望,激发其开创未知世界的知识旨趣。研究生的创新意识培养主要从内生动力出发,培养其崇高的学习动机、良好的自我管理能力。认真学好专业知识、紧跟研究热点、主动开展原创性科研项目、激发学科兴趣。坚定投身学科发展的理想信念,扛起使命担当,不断提升自身的创新能力。

(二) 建设创新人才培养类课程

通过借鉴国际一流大学的培养模式,细化培养方案,以点对点的方式组织每个学科选择国际一流的相近课程,引进国际优质教育资源,建设培养研究生创新思维和创新能力训练的课程体系[6]。打破学科边界,开设交叉学科课程,实施双语或全英文授课,融合创新,拓宽课程内容的深度和广度。借鉴国

外先进的教学理念和模式，增设案例式和启发式教学，营造良好的讨论、交流环境，在交流碰撞中激发思维的火花，使学生在跨学科交叉课程学习中得到理念熏陶、知识积累和思维训练。该类课程既可以提高研究生的专业英语水平和学术交流能力，又使学生实时洞悉国际热点领域的前沿动态。

（三）提升导师队伍水平

教师是人类灵魂的工程师，其自身的人格魅力、学术水平、知识的渊博度等对学生的影响是巨大的。在研究生教育中，秉承"高目标、高标准、高水平"的准则，完善导师选拔制度，打造一支高水平的国际化研究生导师队伍是不可或缺的。一方面，通过选拔最具学术潜力、较强创新能力和较高科研水平的优秀青年作为师资后备队伍，选送到全球顶尖大学深造，鼓励教师前往国外高水平高校进修学习、参加国际会议等途径，提升教师的科研创新水平，为研究生的创新能力培养打下坚实的基础；另一方面，改革海外人才引进方式，构建全职为主、兼顾柔性引才的海外人才引进制度，吸引优秀留学毕业生留校就职，促进多元化的师资队伍发展，着力打造一支高素质、创新型的师资队伍。

（四）完善国际化合作与交流平台

良好的创新平台是培养研究生创新思维和能力的重要前提，充分利用国际资源，建立和稳定一批海外研究生交流学习平台，完善派出机制，推进研究生国际化培养与交流的体系构建。鼓励导师和学生积极参加高水平国际学术会议、短期访学、联合培养等多种形式的交流，促进学术交流与技术合作。在已有合作的基础上，加大中外合作办学改革力度，继续发展并拓展新专业、新项目。积极与国际一流高校开展科研合作，共建创新型人才联合培养项目；鼓励与国际知名高校开展学分互认、学位互授项目；增加国际化建设的经费投入，覆盖更广的优秀研究生参与到国际化教育中来，开阔科研思维、提高国际交流能力；在"双一流"建设背景下，重点资助国家基础学科和交叉学科、深化国际科技创新合作，加快培养国家急需的高层次拔尖人才。通过"请进来"的方式，积极引进国外知名教授、学者等进行短期讲学、开讲座，一来可以帮助国内的研究生开拓视野、启迪智慧，不出国门就可以感受浓厚的创新学术氛围；二来可以深化与国际高校的友好合作关系，提升我国高校在国际上的知名度和影响力。

（五）融入"一带一路"倡议，促进人才培养

结合国家"一带一路"倡议，携手"一带一路"沿线国家发展研究生联合培养项目，鼓励各高校招收沿线留学生，扩大招收规模，深化教育国际合作，打造研究生教育发展利益共同体。构建以社会需求为导向的留学生研究生课程体系，推进全英文课程建设，并开展国际化课程建设，开放式课程学习，在条件成熟的部分学科，尝试建设一批双语实习、实训基地，扩大创新创业资源，以此吸引更多优秀的留学生来华攻读研究生，不断扩大我国高校的国际影响力，形成正反馈。我们把"一带一路"的留学研究生请进来，也可以促进本土研究生的国际化培养。各高校在响应"一带一路"倡议，不断探索、完善人才培养体系和模式的同时，一方面，本土的研究生可以共享上述软硬件资源；另一方面，国际化教育的经验可促进我国研究生的培养方案、教育内容的深化改革。我国本土研究生在与不同国家留学生的交流学习中，得以开阔眼界、提高跨文化交流能力，有利于培养具有国际视野、熟知多国文化、精通多国语言的创新型人才。

四、结语

面对多元文化融合冲突、新兴技术革命、产业创新转型的市场变化，研究生教育应该主动顺应人类命运共同体理念的潮流，以积极开放的心态与国际接轨。国际化教育可以加强全球优质教学和学术资源的交流；促进教育理念、管理方式的融合。我们应当汲取世界一流高校的办学经验，不断开阔研究生的理论知识和学术视野，为我国培养高层次创新人才，实现"培养大批具有国际视野、通晓国际规则、

能够参与国际事务和国际竞争的国际化人才"的总目标。

参考文献

[1] 金帷,马万华. 20世纪美国高等教育国际化历程——以动因-策略为脉络的历史分析[J]. 教育学术月刊,2012(1):43-46.

[2] 王菲,李传秀,尹世平. 我国研究生教育国际化发展的分析与探讨[J]. 教育现代化,2019,6(32):95-97,108.

[3] 教育部. 2018年度我国出国留学人员情况统计[EB/OL]. (2019-03-27)[2020-07-24]. http://www.moe.gov.cn/jyb_xwfb/gzdt_gzdt/s5987/201903/t20190327_375704.html.

[4] 夏品奇,江驹,王严. 创新理念 立足本土 面向世界[J]. 学位与研究生教育,2013(10):53-57.

[5] 王战军. 中国研究生教育质量报告2019[M]. 北京:中国科学技术出版社,2019.

[6] 孟玉兰,赵玲玲,李建英,孙晋. 研究生创新能力培养及科技创新意识强化研究[J]. 黑龙江科学,2019,10(19):14-15.

质量保障与评价

研究生课程教学评价体系的反思与重构

陈 玲

（北京理工大学研究生院，北京 100081）

摘 要：随着新时期研究生教育内涵式发展，研究生课程教学评价体系面临着新的挑战和要求。从系统论的角度分析，目前研究生课程教学评价体系呈现被动式评价（各评价主体主动性不够）、单一式评价（组织体系不健全，评价活动专业性不强）和独立式评价（各类型评价活动缺少联动）等特点，使实际过程中的评价实践效度大打折扣。为完善研究生课程评价体系，全面保障和助力研究生教学质量提升，本文提出完善激励机制、健全组织管理体系、建设多元交互式评价系统的优化途径。

关键词：研究生课程教学；评价体系；优化途径

第一作者简介：陈玲，1977年生，女，硕士，助理研究员，研究方向为教育学，邮箱为 ccchhl@bit.edu.cn。

2014年，教育部颁布《关于改进和加强研究生课程建设的意见》（教研［2014］5号），第一次明确了研究生课程学习在培养中的地位，标志着我国研究生教育从"重科研轻教学"到"重新认识研究生课程教学重要性"的培养理念之重大转变。随之而来，如何保障研究生课程教学质量逐渐成为各高校亟待解决的重点课题。在国家大力号召和引导下，各高校积极进行研究生课程教学改革和建设，同时逐步开展了研究生评教、课程督导、行政督查、教师自评等多项工作，从不同层面、不同角度对研究生课程教学进行价值判断，初步形成研究生课程教学评价体系，对研究生课程教学全过程和教学效果进行了评价、反馈、监督和指导，大大促进了研究生课程教学质量的提升，是当前研究生课程教学质量保障的重要渠道和手段。

随着研究生教育的内涵式发展和研究生类别的多样化，研究生课程教学质量评价体系面临着新的挑战和要求。2019年，国家下发《教育部办公厅关于进一步规范和加强研究生培养管理的要求》，进一步重申了以加强教育评价为重要内容的研究生教育质量保障和监督体系建设。从目前发展状况来看，研究生课程教学评价体系没有充分体现出评价的作用和价值，还存在着科学性、合理性和可操作性等方面的诸多问题。因此对研究生课程教学评价体系适时进行反思，发现问题，对促进研究生课程教学发展和改革、提升研究生教育质量有着重要的意义。

一、研究生课程教学评价体系总体状况

研究生课程教学评价是根据研究生教学目标和特点，通过各种手段和方法收集相关信息，对研究生课程教学进行评判并提出改进的方向、促进研究生教学质量持续提高的活动。根据评价主体的不同，我国高校研究生课程教学评价包括研究生评教、课程督导、行政督查和教师自评等多项内容。其中，研究生评教、课程督导和行政督查是目前主要的课程教学评价类型，少数高校还实施了教师自评。

研究生评教一般采用网上评价的方式，让研究生在研究生信息管理系统中根据既定指标对所选课程及任课教师的相关情况进行打分和评价。

研究生课程督导是学校或学院组建督导组，督导专家采取随堂听课和重点跟踪等方式，对课程的教学内容、教学方法、教学效果、课堂管理、思想政治等情况进行检查和指导。

行政督查是指学校教学职能单位组织的研究生课程评价活动，一般在每学期初组织相关人员对研究

生课程的教学纪律和教学环境（设备）进行检查。

教师自评是教师根据研究生培养方案、课程教学和学生学习要求进行的自我性评价，是教师自我检查课程教学效果的重要活动。

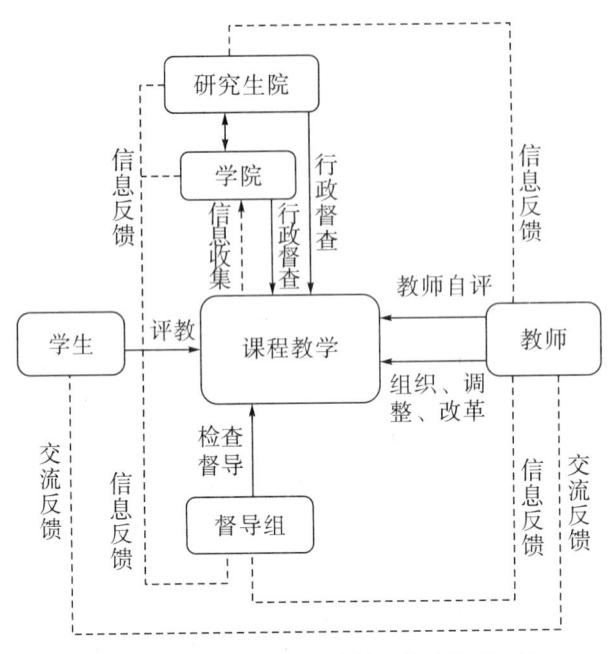

图1　研究生课程教学评价体系构成情况一览

上述各类型的研究生课程评价从不同层面、不同角度对研究生课程教学进行评价，已初步构成了研究生课程教学评价体系，不仅能让管理者得到更全面的研究生课程情况信息，促进了研究生课程教学的建设和发展，而且在创新人才培养过程中发挥了重要的作用，是保障研究生培养质量的重要抓手。然而，从研究生课程评价体系实际运行情况来看，各类型的评价活动的开展基本都是在各高校的教学管理部门的领导和组织下进行的。评价活动的行政色彩比较重，各评价主体的主动性不够，更多表现为完成行政任务。同时，为了便于收集信息和分析数据，评价指标大多比较统一，而且由行政部门制定，没有进行专业的考证和衡量，评价结果只能作为研究生培养的重要参考，不能真正纳入教师考核的指标体系。此外，各类型的评价活动也是独立进行的，缺少相关的联动机制，使评价力度和科学性也大打折扣。

二、研究生课程教学评价体系突出问题的分析

众所周知，如何对研究生课程教学进行评价是一个非常重要但又十分难解的课题。近年来，大多数学者的研究重点集中在对某种类型课程教学评价形式的研究，缺少对整体评价体系状况的思考。本文拟从系统论的角度对整体研究生课程教学评价体系进行梳理和分析。

按照系统论的观点，研究生课程评价体系是一个由多种要素相互联系、相互作用而组成的有机综合体，每一个要素都要在整个系统中发挥出自己的作用，才能让研究生课程教学评价体系运行良好，发挥出系统的整体功能和整体效益。现行研究生课程教学评价体系从整体上突出表现了以下鲜明特点。

（一）被动式评价，评价主体的意识缺失，主动性不够

无论是研究生评教，还是课程督导等都是由行政教学部门组织进行，按照行政教学部门的要求和计划开展活动。整个评价过程都是按照既定程序走，不能实时反馈课程教学过程中的问题，不能激发评价主体的责任意识和积极性。例如研究生评教，大都在期末课程结束后组织集中评价，研究生反映出的问

题不能及时反馈至相应的教师并得到及时处理。

(二) 单一式评价，组织管理体系不完善，评价活动专业性不强。

各高校研究生教学评价活动一般由高校教学管理部门发起，评价指标、评价原则和内容都是由教学管理部门所决定；评价主体按照下发的调查指标和内容机械地对课程进行评价；教学管理部门收集评价信息，对评价结果进行统计和反馈，同时针对相关问题进行核查和处理。因此，整体评价活动和评价指标不能快速适应研究生教育的发展变化，严重影响评价活动的专业性和有效性。

(三) 独立式评价，各类型评价相对独立，缺乏信息交流机制

虽然研究生课程教学评价体系包括研究生评教、督导组评教等诸多子系统，但是每一个子系统都是独立开展活动，相互之间没有太多联系，缺乏信息交流机制。所有的评价结果都集中在行政教学部门进行统计和处理。由于评价信息数据量很多，目前行政教学部门仅单独就一个子系统内的评价信息进行深入分析，并对问题结合其他质量手段进行跟踪和处理；并没有精力将各类型评价的信息结合起来进行综合评判，影响了评价结果的全面性和科学性。

三、研究生课程评价体系的优化路径

研究生课程教学评价体系是保证教学水平、提高研究生培养质量的重要途径。根据上述分析，科学有效的研究生课程教学评价体系应在以下方面进行改革。

(一) 完善激励机制，打造"教师声誉榜"，变被动式评价为主动性评价

研究生课程教学评价体系建设的根本目的是促进研究生课程教学质量提升，其中授课教师对课程教学的投入是课程教学质量的主要影响因素。从社会学和认知心理学角度看，教师作为知识分子群体，相对于利益和经济获得，良好的声誉才是其最为看重的方面。因此，建立和打造"教师声誉榜"，实行教师授课信息公开制度，将历年学生关于授课情况的评价信息、毕业生的评价信息在网上公开，不仅方便研究生选课时进行参考，而且也为学校直接了解教师的授课水平和授课效果提供了重要途径。此外，通过各种奖项和综合评价建立优秀授课教师库，激励和鞭策其他教师对课程教学的投入，营造一种公平、公正、奋发向上的工作氛围。反过来，这种激励机制也能加大教师、学生等评价主体对评价工作的重视程度。

(二) 健全组织管理体系，增强工作效能，变单一式评价为多方参与式评价

在目前研究生教学评价体系实际运行中，评价组织结构不全，评价任务集中在学校教学管理部门。其中，学院在质量保障体系中的职责未明确，在实际教育活动中执行力度不到位，不能形成上下配合、积极有效的质量保障。因此，完善组织结构、激发学院参与协同育人的动力，完善校院协同参与研究生教学评价组织结构，发挥各学院在研究生教学质量管理过程中的积极作用，是增强工作效能的有效手段，同时鼓励引入社会或行业的专业机构以及国际认证组织对研究生课程教学质量进行诊断式评估。

(三) 建设多元交互式研究生课程评教系统，变独立式评价为交互式评价

随着互联网及大数据的快速发展，研究生教育评价系统要在大数据的时代背景下，采用新技术手段，充分发挥互联网及大数据等技术优势，建立多元交互式评教系统。这个评价系统将囊括研究生评教、督导组评教及其他各类评价活动，形成完善的质量反馈处理系统，能够实现全部的数据信息共享，能够快速对海量信息数据进行追踪和关联分析，不仅减轻行政管理人员的工作负担，也大大增强了评价的有效性和科学性。

参考文献

[1] 郭文文, 齐佳音, 傅湘玲. 基于多维数据的研究生培养质量评价体系构建 [J]. 教育研究, 2017 (12): 96-108.

[2] 李善军. 研究生培养质量评价系统构建研究 [J]. 华中农业大学学报, 2009 (4): 79-82.

[3] 片锦香, 孙焕良, 张锐, 栾方军, 刘美佳. 研究生教育质量评价体系趋势研究 [J]. 中国校外教育下旬刊, 2016 (5).

基于AHP的理工科博士生科研能力评价指标体系构建研究

张 扬 肖 敏 宁 昕

（西北工业大学研究生院，西安 710072）

摘 要：本文从博士生科研能力的内涵和结构要素出发，结合专家调研数据，采用SPSS主成分分析法，形成了包含科研创新、科研实践和科研成果产出等三个维度25个子项目的理工科博士生科研能力评价模型，基于AHP分析方法，建立评价指标权重体系，并对分析结果给出较为直观的结论，最后提出了理工科博士生科研能力提升的对策。

关键词：科研能力；博士生；结构要素；AHP

第一作者简介：张扬，1988年生，女，博士研究生，助理研究员，研究方向为高等教育管理研究，邮箱为 zhangyang1988@nwpu.edu.cn。

基金项目：本文获西北工业大学高等教育研究基金面上项目"基于学习收获视角的研究生课程教学质量评价研究"资助，项目编号：GJJJM202014。

博士生作为专业化教育程度最高的精英人群，是国家科技人力资源的重要组成部分和高层次科研人才队伍的核心来源。博士生科研能力高低直接关系到国家科研力量培养和科研竞争力的提升。随着近年我国博士生规模的持续扩大，研究生培养质量问题日益突出，如何科学、客观评价博士生的科研能力，是一个值得关注的问题。

当前，国内外研究机构和学者从多种角度提出了研究生科研能力评价指标体系，对保障博士生培养质量以及学科学位点建设具有积极的意义，但也存在一些不足：①对博士生科研能力影响因素及如何提升的机制研究较多，而进行准确评价的较少；②很多评价指标来源于工作中的经验认识，相对主观，缺乏理性分析的框架；③评价体系缺乏整体性、连贯性，没有摆脱静态的、总结性评估的根本模式。

从提高博士生科研能力角度来看，理工科博士生的科研能力相对其他学科更加外显化，其科研绩效容易量化和测度。为此，基于以上问题，本文以理工科博士生为对象，首先深入剖析博士生科研能力的内涵，进行评价指标的理论分析，然后采用问卷调查，应用SPSS进行主成分因子分析，并基于AHP法构建了理工科博士生科研能力评价三级指标体系，提出促进博士生科研能力提升的对策。

一、博士生科研能力内涵和结构要素

对博士生科研能力内涵的理解是构建评价指标体系的基础，是科学评价当前博士生培养质量的前提。因此，博士生科研能力评价指标体系的构建必须基于对科研能力的内涵、形成机理以及结构要素的理解和分析，从宏观层面保证指标体系具有一致性，全面客观反映博士生科研能力[1]。

目前，国内学者对科研能力的评价多通过个体科研产出衡量，比如发表高水平论文数、授权专利数、论文影响因子以及被引频次等量化指标。其优势在于其客观性，适用于对中高级科研人员进行评价，但用于评价博士生科研能力存在一定缺陷：一方面，博士生从开始科研活动到获得高水平的科研成果周期较长，评价操作性不高，评价时效性较低[2]；另一方面，过于偏重科研实践特征，忽视了对博士生在科研过程中所表现出的本领和能力的评价，评价结果较片面。

心理学中能力的定义包括两方面，一是个体已经发展和表现出的实际能力，二是在发展过程中形成的潜在能力[2]。由此可见，博士生科研能力内涵不仅包括博士生产生创造性知识成果的显性技能，可采用普遍意义的科研成果产出质量作为衡量指标；也应该包括博士生在科学领域进行探究真理的创造性活动中形成的内在发展能力，反映了博士生潜在的科研素养。因此，本研究将博士生科研能力界定为其顺利完成科研活动、胜任科研任务、产生科研成果的内在和显性能力总和。按照能力结构要素，科研能力由低到高依次是认知能力、创造能力和实验能力三个层面[3]。细分层面中，获得知识的能力、科学研究工作的能力、实际解决问题的能力、创造性思维的能力、独立工作的能力以及组织管理能力等的培养是科研能力培养的核心，也是评判博士生培养质量的重要指标观测点[3]。

二、评价指标体系的构建

基于博士生科研能力培养的内涵，根据理工科博士研究生培养目标和能力要求，在查阅大量文献资料、专家访谈以及综合经验的基础上，归并出包括求知思维、逻辑思维、分析论证能力等25个选项，作为理工科博士生科研能力评价指标的来源。

（一）专家评价表（问卷）设计

评分方法：采用Likert 5级评分法，非常重要、较重要、重要、不重要、非常不重要，分别赋值5~1分。

评价人员组成：全校13个理工科学院200名博士研究生导师参与问卷调查，回收问卷140份，问卷回收率达70%。

问卷结果可靠性分析：问卷量表信度分析采用Cronbach Alpha（克伦巴赫α系数）进行一致性检验，采用巴特利特球度检验（Bartlett's Test）和KMO进行效度检验。利用SPSS17.0统计软件，检验结果显示，Alpha = 0.895 > 0.7，所以指标体系中内部一致性高；KMO检验系数为0.718 > 0.7，通过了Bartlett's Test检验，统计量（Chi-Square）为988.393，自由度（df）为300，显著性（Sig.）为0，达到了显著水平，表示量表结果比较适合做因子分析。

因子分析：采用PCA（主成分分析法），将众多原始变量综合成较少的几个综合指标，因子旋转方法选择方差最大法，统计结果显示主因素有7个，总共的解释量达到72.08%（表1），说明博士研究生科研能力取7个公共因子比较合适。

表1 博士研究生科研能力指标分析变异解释量

因子	初始特征值		
	特征值	方差贡献率%	累积方差贡献率%
1	7.544	30.176	30.176
2	3.099	12.395	42.571
3	2.023	8.091	50.662
4	1.727	6.91	57.572
5	1.363	5.452	63.025
6	1.19	4.76	67.785
7	1.074	4.294	72.079

（二）三级指标体系构建

通过旋转后的因子载荷矩阵如表2所示，根据指标内容，7个二级因子可分别定义为创新思维、创新能力、分析问题能力、解决问题能力、论文专利成果、国际交流成果和科研项目成果。

其中创新思维二级因子包括求知思维、逻辑思维、发散与聚合思维、直觉思维4个三级因子；创新能力二级因子包括信息收集与集成能力、文献阅读与综述能力、科研选题能力、跨学科研究能力4个三级因子；分析问题能力二级因子包括分析论证能力、课题设计能力、沟通表达能力3个三级因子；解决问题能力二级因子包括实验操作能力、数据处理能力、组织协调能力和独立决策能力4个三级因子；论文专利成果二级因子包括发表论文数、论文被引次数、论文所在期刊平均影响因子、论文获奖情况、授权专利情况5个三级因子；国际交流成果二级因子包括国际交流次数、国际交流级别2个三级因子；科研项目成果二级因子包括参与科研项目数、科研项目级别、科研成果奖项3个三级因子。

表2　博士研究生科研能力指标旋转矩阵

指标	因子1	因子2	因子3	因子4	因子5	因子6	因子7
求知思维	0.674						
逻辑思维	0.827						
发散与聚合思维	0.747						
直觉思维	0.511						
信息收集与集成能力		0.671					
文献阅读与综述能力		0.796					
科研选题能力		0.647					
跨学科研究能力		0.726					
分析论证能力			0.628				
课题设计能力			0.638				
沟通表达能力			0.693				
实验操作能力				0.685			
数据处理能力				0.669			
组织协调能力				0.564			
独立决策能力				0.635			
发表论文数					0.770		
论文被引次数					0.689		
论文所在期刊平均IF					0.865		
论文获奖情况					0.744		
授权专利情况					0.585		
国际交流次数						0.846	
国际交流级别						0.568	
参与科研项目数							0.852
参与科研项目级别							0.607
科研成果奖项							0.742

通过归类分析，可将创新思维和创新能力定义为科研创新一级指标，将分析问题能力和解决问题能力定义为科研实践一级指标，将论文专利成果、国际交流成果和科研项目成果定义为科研产出一级因

子。因此，初步构建出我校理工科博士研究生科研能力评价指标体系，包括科研创新能力、科研实践能力和科研产出能力等3个维度、25个条目的三级评价指标体系。

三、基于 AHP 法确定三级指标权重体系

（一）确定指标权重的方法——AHP 法

常用的指标体系权重确定方法有德尔菲（Delphi）法、熵值法、模糊聚类分析法、层次分析（AHP）法等。上述四类方法，从原理角度可分为三类，熵值法是根据样本自身的信息特征做出的权重判断，该方法对样本所含的信息量要求较高。模糊聚类分析法是基于样本模糊数据的相似性，对评价指标做出相对重要程度分类。德尔菲法和层次分析法基本属于一类，都是基于专家群体的知识、经验和价值判断，只是层次分析法对专家的主观判断做了进一步数学处理，使之更科学。根据实际情况和实践，我们决定采用层次分析方法来确定理工科博士生科研能力评价指标权重。

层次分析法（Analytical Hierarchy Process，AHP）是由美国运筹学家 T. L. Satty 提出的一种多准则决策方法，此法依据问题的性质和总目标，把问题分解成不同的层次，在明确复杂决策问题的性质、影响因素和内部关联后，建立多层次的分析结构模型，在有限的定量信息的基础上，利用数学方法模拟决策的思维过程，将定性与定量分析方法相结合，以便确定准则层对目标层的相对重要程度，是解决复杂决策问题的相对简便的方法[4]。具体分析步骤如下。

一是建立层次结构模型。在分析理工科博士生科研能力内涵和影响因素后，结合问卷调查因子分析结果，将问题中所包含的因素划分为不同层次，包括目标层、准则层和指标层。

二是构造判断矩阵。判断矩阵元素的值反映了专家们对各因素相对重要性（或优劣、偏好、强度等）的认识，一般采用1~9及其倒数的标度方法。当相互比较因素的重要性能够用具有实际意义的比值说明时，判断矩阵相应元素的值可以取这个比值。

三是用方根法求出矩阵的特征向量，然后进行归一化处理，求出权重向量 W。

四是计算相容性指标，进行矩阵一致性检验。

（二）评价指标的权重设置

为了使层次分析用到的数据具有较高的权威性和可靠性，我们通过问卷让每位专家对每一个评价指标的重要性进行了测量，根据重要性分值，可以对指标体系中各部分的权重进行设置。根据专家评价法，3个目标层指标的判断矩阵和计算结果如表3所示。

表3 目标层（一级指标层）判断矩阵及权重向量

A	A1（科研创新）	A2（科研实践）	A3（科研产出）	权重向量 W
A1（科研创新）	1	2	3	0.54
A2（科研实践）	1/2	1	2	0.30
A3（科研产出）	1/3	1/2	1	0.16

同样方法对准则层指标（二级指标层）的权重进行计算，其中创新思维和创新能力的权重系数分别为（0.66，0.34），分析问题能力和解决问题能力的权重系数分别为（0.50，0.50），论文专利成果、国际交流成果和科研项目成果的权重系数分别为（0.60，0.20，0.20）。

对三级指标层的权重进行计算，其中创新思维中4个指标的权重系数分别为（0.24，0.30，0.27，0.19），创新能力中4个指标的权重系数分别为（0.24，0.28，0.23，0.25），分析问题能力中3个指标的权重系数分别为（0.32，0.33，0.35），解决问题能力中4个指标的权重系数分别为（0.27，0.26，

0.22，0.25），论文专利成果中5个指标的权重系数分别为（0.21，0.19，0.24，0.20，0.16），国际交流成果中2个指标的权重系数指标分别为（0.60，0.40），科研项目成果中3个指标的权重系数分别为（0.39，0.28，0.33）。

利用概率乘法原理，将检验具有一致性的各层次权重值，从底层到高层连乘，即得到各指标的组合权重。完整的理工科博士生科研能力评价权重体系，如表4所示。

表4 理工科博士生科研能力评价指标体系

目标层	准则层	指标层	指标权重
科研创新 0.54	创新思维 0.66	求知思维	0.0855
		逻辑思维	0.1069
		发散与聚合思维	0.0962
		直觉思维	0.0677
	创新能力 0.34	信息收集与集成能力	0.0441
		文献阅读与综述能力	0.0514
		科研选题能力	0.0422
		跨学科研究能力	0.0459
科研实践 0.30	分析问题能力 0.50	分析论证能力	0.0480
		课题设计能力	0.0495
		沟通表达能力	0.0525
	解决问题能力 0.50	实验操作能力	0.0405
		数据处理能力	0.0390
		组织协调能力	0.0330
		独立决策能力	0.0375
科研产出 0.16	论文专利成果 0.60	发表论文数	0.0202
		论文被引次数	0.0182
		论文所在期刊平均影响因子	0.0230
		论文获奖情况	0.0192
		授权专利项数	0.0154
	国际交流成果 0.20	国际交流次数	0.0192
		国际交流级别	0.0128
	科研项目成果 0.20	参与科研项目数	0.0125
		参与科研项目级别	0.0090
		科研成果奖项	0.0106

四、分析讨论及启示

（一）评价理工科博士生科研能力，最重要的是其科研创新内在能力

从表4的一级准则层权重体系中可看到，专家普遍认为评价理工科博士生科研能力的指标排序应该是：科研创新能力＞科研实践能力＞科研产出能力，这也是一个必然的结果。博士生培养某种意义上具有一定"滞后性"，评价培养质量和科研能力不应过于强调其科研成果的产出，而应侧重科研活动过程

中创新潜能和科研素质的培养。

本文中将科研创新能力定义为创新思维和创新能力，博士生科研活动首先是一种认知层面的探索和创新过程，因此包括求知思维、逻辑思维、发散聚合和直觉思维等在内的创新思维要素是博士生开展科研活动所需的基本能力因素，也是评价其科研能力的首要标准。创新能力是对未知世界的探索能力和发明新事物的能力，是科研能力的重要组成部分[4]。博士生科研活动中的创新能力主要体现为：利用多种手段搜集、选择、提炼和整理形成有用科研信息；通过文献阅读，对研究内容的归纳、迁移、演绎和分析，从中发现科学问题并形成创新点；从不同学科、不同领域视角探索解释新现象，并用不同方法研究解决新问题。因此，在理工科博士生培养过程中，要特别重视逻辑思维、直觉思维、信息搜集与选择、跨学科研究等创新思维和创新能力的培养和提高，并重视发挥博士生自身认知特征和科研动力的作用，激发其参与科研活动的兴趣和热情[5]。

长久以来，广大高校教育管理人员多认为博士生培养质量的评价中科研成果产出最为重要，在培养环节和学位标准中多处设置了对成果的数量和质量要求，常忽略了对博士生培养过程中科研创新潜能的培养和评价，本文的研究改变了这一传统认识，因而对研究生教育管理人员科学构建博士生培养质量和科研能力评价体系具有重要意义。

(二) 博士生培养要创建一种以科研能力为本位的培养模式

科研能力是博士生开展高水平科研工作、创造高水平科研成果的关键。目前，高校博士生培养模式还是存在"重结果、轻过程，重成果、轻能力"的弊端，博士生在科研创新能力、发现问题与解决问题能力、动手操作能力等科研能力结构要素发展上整体相对滞后，例如，在科学问题的发现、提炼和验证过程中，一些博士生只是简单推理和延伸，进一步验证他人的工作，没有深入探索事物发展的内在关系；博士生不会拟定科学的研究方案，将理论研究应用于实践的能力不够；发现问题意识不强，不善于明确清晰地表述和界定科学问题，不能合理地评估研究方案的可行性等。因此，针对博士生，研究生培养单位要探讨培养机制的改革，构建一种以科研能力培养为本位的培养模式[4]。

首先，博士生课程教学模式要改革，积极探索"教学与科研相结合"的机制，例如，以问题导向组织课程内容，将学科专业领域内的前沿、热点和争议性问题纳入课堂教学，既促进博士生掌握专业核心知识，也锻炼其运用理论解决实际问题的能力，还有利于其开拓性、批判性和多视角分析问题的思维方式养成。在教学方法设计中，灵活选用案例式教学、小班化课程互动模式、小组讨论、学术沙龙、学术报告与讲座等探究式教学方法，重视激发博士生科研兴趣，发掘提升博士生自主学习能力、课程设计能力、综合表达能力和组织协调能力等。总之，把课程学习作为科研活动的一种形式，将博士生基本科研能力结构要素训练和专业课学习有机结合起来。

其次，博士生作为高学历拔尖人才，不仅应该具有扎实的学术功底，更应该具有全面的综合能力，因此管理部门应探索构建多功能创新实践平台，提升博士生科研创新实践能力。具体包括：建设开放实验室、定期举办学术论坛、名家讲堂等，为博士生打造浓厚的科研氛围和环境；加大对博士生参与科研的投入和激励，设立创新基金项目和培育创新团队，鼓励博士生开展原始创新，充分调动其钻研学术的主动性；加大博士生国际交流的支持力度，鼓励学生积极参加国内外高水平学术会议和访学交流活动，扩展其国际化视野，引导博士生快速进入学术研究前沿领域。

(三) 科研能力评价指标体系的使用及建议

科学客观地评价博士生科研能力对博士生人才培养模式改革、提升人才培养质量至关重要，因此，本研究形成的三级评价指标体系可作为实测工具，在理工科博士生科研能力评价、科研能力培养效果的测评、培养环节的优化等方面具有广阔的应用前景[5]。首先，研究生管理部门可使用该评价指标对理工科博士生科研能力进行群体性、持续性和常态化测评，通过对不同年级、学科专业和培养类型的博士生的科研能力水平对比分析和监测，用事实数据展现博士生培养过程中存在的问题，并有针对性地提出解决方法，为领导层决策提供依据。其次，该指标体系可用于博士生个体科研能力自评估和导师或导师组对团队博士生科研效能评估，帮助师生发现科研活动中的薄弱环节，从而进行培养过程优化和科研训练的指导提升。再次，培养单位和学位点可根据科研能力评价维度及评价指标内容设计博士生科研能力提升课程、专项项目以及培养环节，从体制机制层面对博士生培养模式进行改革。最后，该指标体系还可应用于高校研究生教育教学改革项目效果的测评，通过博士生科研能力是否提升来评估改革的做法是否有成效，并凝练总结教育经验在领域内进行推广。

参考文献

[1] 刘平，顾丽琴，吴旭舟. 研究生培养质量评价指标体系的构建研究 [J]. 研究生教育研究，2011（5）：60-64.

[2] 巩亮，张万红，程会强，李卿. 研究生科研能力的结构与评估 [J]. 江苏高教，2015（4）：84-88.

[3] 王彩霞. 博士研究生科研能力评价指标体系及评价方法研究 [D]. 成都：西南交通大学，2006.

[4] 孟万金. 研究生科研能力结构要素的调查研究及启示 [J]. 学位与研究生教育，2001（6）：58-62.

[5] 陈木龙，张敏强. 研究生科研能力结构模型的构建及胜任特征分析 [J]. 高教探索，2013（1）：100-104.

博士学位授予质量评价体系构建研究

李长波[1] 杨加富[2]

(1. 南京信息工程大学国际教育学院，南京 210044；
2. 南京信息工程大学法政学院，南京 210044)

摘　要：在辨析"博士学位授予质量"与"博士教育质量""博士点质量"和"博士质量"等概念异同的基础上，本文提出博士学位授予质量评价的概念，认为应从周密组织评价工作、多元主体参与评价、科学构建指标体系、更新思路优选方法、发挥评价结果效用等方面构建博士学位授予质量评价体系。

关键词：博士学位授予；质量评价；体系构建

作者简介：李长波，1981年生，男，副研究员，研究方向为学位与研究生教育，邮箱为4690758@qq.com。杨加富，南京信息工程大学法政学院研究生。

基金项目：本文获教育部人文社会科学研究规划基金项目"博士学位授予质量评估体系构建及实践研究"资助，项目编号：19YJA880029。

博士研究生教育作为我国国民教育体系的最顶端，是我国创新性人才培养的主要途径和创新型国家建设的重要战略资源，关系到国家综合实力和国际竞争力提升。博士学位授予质量既代表博士研究生教育培养的结果水平，也表征博士研究生培养的过程情况。我国除了高等院校以外，还有科研院所、军队和党校等三大系统共同参与博士学位授予工作，但高等院校始终是该项工作的主体，本文主要围绕高等院校博士学位授予质量评价问题进行研究。

一、博士学位授予质量评价的内涵特征

目前，与"博士学位授予质量评价"相关的研究成果主要集中在"博士教育质量""博士点质量"和"博士质量"等方面。"博士学位授予质量"与上述三个概念既紧密联系，又有所区别。

第一，博士学位授予质量不完全等同于博士教育质量。通过文献回顾发现，国内外学界关于博士教育质量的研究很多，而关于博士学位授予质量的研究偏少，部分研究还把博士生教育质量等同于学位授予质量，这在理论层面容易形成误导，在实践层面不利于协调培养工作与学位管理的关系。在我国高校，博士生教育培养工作与学位管理工作并驾齐驱。博士生在完成课程学习获得一定学分并达到预定的学位授予条件之后，可以同时获得毕业证书和学位证书，毕业证书主要是对求学经历的层次和时间维度的证明，而学位证书是对获得者学习能力和学术水平维度的认可。博士学位授予质量聚焦的核心关键词是"学术"，而博士教育质量除此之外，还包括教育过程中的思想政治教育质量、博士生领导能力培养质量等，因此，博士教育质量的外延大于博士学位授予质量。

第二，博士点建设质量直接影响博士学位授予质量。博士学位授权点是培养博士生的基地和开展科学研究的实体，博士学位授权点的研究方向、师资队伍和条件建设等方面直接攸关博士学位授予质量。博士点学科带头人和导师队伍的学术水平，决定着研究选题的前沿性和先进性，科研经费和实验设备影响着科研成果质量和所能达到的高度。

第三，博士质量包含在博士学位授予质量之中。博士是博士学位的获得者，博士质量是博士学位授予质量最关键的结果要素，因此，博士质量作为博士学位授予质量的构成部分应无疑义。博士质量是指

博士个体的质量，包括获得博士学位前就读期间的培养质量和获得博士学位后的发展质量两部分。博士培养质量包括博士生的学术和专业知识水平、相关的专业素质和整体素质、科学研究能力等。博士发展质量包括博士胜任能力、创新能力、领导和组织科研创新团队的能力等。[1]与博士学位获得者对应的是博士学位授予者，博士学位由博士授予单位授予，所以，除了博士质量，博士学位授予单位（包括博士学位授权点）质量也理应成为博士学位授予质量的构成要素。博士学位授予单位的规章制度、师资队伍、研究生管理队伍、学位授予工作完成质量等因素也影响着博士学位授予质量。

综上所述，从有利于完善学位授予质量概念体系的角度出发，可以把博士学位授予质量评价定义为：博士学位授予质量评价是对博士学位获得者、博士学位授予单位和博士学位论文优劣程度的判定。

二、构建博士学位授予质量评价体系

博士学位授予质量评价体系，是利益相关者依据一定标准对博士学位授予质量及其有关影响因素进行评价，从而对博士学位授予质量进行监控和反馈调节，以改进决策、保证博士学位授予质量的组织、行为和决策系统。结合以上概念，博士学位授予质量评价体系应由评价主体、评价内容、评价方法、评价结果使用等关键要素组成。

（一）周密组织评价工作

博士学位授予质量评价是一项专业性很强的工作，需要成立专门机构、抽调专业人员、设计周密方案来完成该工作。高校可以成立博士学位授予质量评价工作小组，工作人员应该在以下范围内选取：实际从事博士研究生教育管理或学位授予工作的人员；具有深厚高等教育理论研究基础的人员；曾完整指导过一届博士生的博士生导师。博士学位授予质量的评价方案应主要包括"为什么评？评什么？谁来评？怎么评？评价结果怎么使用？"等五个方面的内容。"为什么评"即要秉持正确的评价理念，博士学位授予质量评价的主要目的是引导和促进博士研究生教育发展，提高创新型、高素质人才培养效益。"评什么"指评价内容，其核心是博士学位授予质量评价指标体系的构建，需要明确博士学位授予质量的要素构成。"谁来评"指评价主体，即需要由哪些人员参与博士学位授予质量评价，选择此类人员的标准和要求是什么。"怎么评"即评价方法，包括采用哪些方法进行调查、数据收集及数据处理分析等。"评价结果怎么使用"即什么时机采用什么方式将评价结果反馈给博士学位授予质量评价的利益相关者。

（二）多元主体参与评价

高校博士学位授予质量评价的评价主体可以分为外部主体和内部主体两部分，外部主体包括政府教育管理部门、用人单位、家长、第三方评估机构等，内部主体包括博士生导师、博士生、研究生教育管理人员。

外部主体并不直接参与博士研究生教育和博士学位授予工作，但可以提供很重要的资源供给，也在很大程度上决定着博士研究生教育的发展方向。在我国，博士学位授权单位和授权学科、专业点都由政府审批，政府的管理效能影响着博士学位授予质量，同时也需要及时准确的评价结果来辅助决策，由其特殊地位和性质所决定，政府可以从更加宏观的视角评价高校博士学位授予质量，相对其他主体而言，客观性更强。用人单位主要从本单位实际工作需要出发来判定博士学位获得者的能力素质，随着博士毕业生不再拘泥于以往单一的学术部门，就业单位的越来越多样化，用人单位评价的实用性和世俗性倾向正不断强化。家长是除政府以外的博士研究生教育的主要投资者，更加关注投资和收益之间的关系，更加倾向以就业单位的性质、工资收入和福利待遇来衡量博士学位授予质量。第三方评估机构可以分为具有官方背景的机构和民间自发组织的机构，具有官方背景的机构倾向于依据国家政策文件进行评价，主流意识更强；民间自发组织的机构为增强评估结果的吸引力和说服力，更多采用公开数据进行排名，以更加吸引眼球。

内部主体是博士研究生教育和博士学位授予工作的主要参与者。博士研究生是博士学位授予质量评价中最主要的"运动员",其客观表现和主观满意度是衡量博士学位授予质量的重要指标。博士生导师是博士研究生教育工作的直接参与者,是博士学位授予质量的第一责任人,将该群体与博士生的评价结果进行比较分析具有重要价值意义。研究生教育负责人是博士学位授予工作的具体执行者,也是以往研究中常常被忽视的一个群体,其来自实践一线的经验判断是评价博士学位授予质量的重要依据。

(三) 科学构建指标体系

基于国内外相关文献资料分析,博士学位授予质量应由博士生个体质量、学位授予单位质量、博士学位论文质量和学位后发展质量四个部分组成。根据博士学位授予质量的概念内涵和多层面数据化指标体系的构建要求,博士学位授予质量评价指标系统基于上述四个一级指标进行设计构建,并在此基础上细化出具体的评价指标体系和评价标准。

指标一,博士生个体质量。个体质量维度包括基础知识、科研能力、创新能力、学习能力、学术实践能力等5个二级指标。基础知识指向博士生知识掌握的广博程度与专业课程学习情况;科研能力主要通过在读期间发表学术论文数量和质量、参加或主持科研项目的层次及成果来测度;创新能力主要指原创性工作表现;学习能力主要包括参加学术会议的数量和级别(博士生参加学术研讨会,结识国内外专家学者,参与审稿、会议组织等学术服务工作,从而与学术社群建立联系,逐渐融入学术圈),持续学习前沿知识,更新自身知识结构的能力;学术实践能力指有效学术沟通交流、团结写作的能力。

指标二,博士学位授予机构质量。机构质量维度包括博导队伍、研究生教育负责人、工作合法性、培养方案、授予标准、培养条件等6个二级指标。博导队伍指标包括博士生导师与博士生的师生比和博导队伍的科研能力、指导水平;研究生教育负责人指标是指研究生教育管理人员的学历、职称职务情况,组织协调管理能力,服务意识等;工作合法性指博士学位授予规章制度执行情况,是否按条件授予学位、按流程开展工作等;培养方案是指博士生培养方案的科学性、可行性;授予标准指博士生的学位授予条件与国家学位授予标准的符合度;培养条件是指博士学位授予单位的图书资料、实验设备等硬件设施建设情况。

指标三,博士学位论文质量。学位论文质量包括选题价值、创新性、知识结构、学术伦理、写作水平、学术规范性等6个二级指标。选题价值是指学位选题的理论意义和实践价值;创新性是指对本学科领域和社会的贡献程度;知识结构是指通过学位论文所体现的理论知识掌握和用以解决实践问题的能力;学术伦理着重指学术道德素质,是否存在抄袭、数据造假等情况;写作水平是指文字表达能力,是否概念清晰、层次分明、文笔流畅等;学术规范性是指学位论文的格式规范性和引文规范程度。

指标四,学位后发展质量。学位后发展质量包括就业质量、发展质量、职业满足度、学术贡献度和国家社会贡献度等5个二级指标。就业质量是指博士生的就业率及就业单位薪酬福利情况;发展质量指博士的工作岗位适应情况、职称职务发展情况等;职业满足度指博士学位获得者的可迁移能力和专业发展可持续性;学术贡献度指在职期间对学术发展的贡献度,学术成果产出及影响力;国家社会贡献度着重指满足国家重大战略需求的能力。

(四) 更新思路优选方法

博士学位授予质量评价是一项复杂的综合性工作,单纯评价其"结果"虽可以分出优劣等次,但无法发现培养过程中存在的问题,为此需要全面考察"过程""结果""发展",将过程性评价、终结性评价和发展性评价有机统一。

第一,更新思维模式,演绎与归纳结合,因果与相关并重。大数据时代需要大数据思维,大数据不仅是一种技术工具,更是一种思考方式,正引发各行业思想观念的巨大转变,也引起了教育领域的广泛重视。传统评估主观性较强,重结果轻过程,主要遵循归纳至演绎的思维模式,往往先明确结论假设,然后通过研究来验证因果关系。大数据具有体量庞大、价值显著等特征,使教育评估获得"更多"数据、处理"更复杂"的数据和提供"更及时"的数据成为可能,从而改变了原有思维模式,相对于验证因果关系更加重视事物之间的相关性,可以保证演绎至归纳的客观性。博士学位授予质量评价应更新原有思维模式,充分发挥传统评价的主观特性与现代评价的客观优势,使演绎与归纳有机结合,综合考虑因果关系与相关关系。

第二,优化评价过程,质量与数量相结合,定量与定性相对照。数据收集和分析是评价过程中的两个重要环节。数据收集环节既要注意所采集数据的数量,更要重视所采集数据的质量。数量方面,高校博士学位授予质量评价主要面向博士生、博导、研究生教育负责人和用人单位,每个群体都需要足够的数据才能充分表达其意见,才能保证其可信度;质量方面,为保证收集数据的有效性,需要设计逻辑严密表述清楚的调查问卷,需要综合考虑调查对象的单位类别、身份、性别、年龄、学科专业等人口学因素并以此预估发放和回收问卷的数量。

博士学位授予质量评价的数据分析过程中,一方面,需要采用科学的数理统计方法分析定量数据,做好数据的描述性统计分析(频数分析、比率分析、均值比较等)和相关分析、回归分析等;另一方面,相对于定量评价关注"量"并倾向于进行抽象的量化分析,定性评价更关注"质"并倾向于进行具体的质性描述,对于博士学位授予质量评价中难以量化的问题可以采用定性研究方法,如对博士学位获得者的创新能力进行评价可以采用访谈法。定性与定量评价各有利弊,但可以取长补短相互印证,以增强研究结果的说服力。

(五)发挥评价结果效用

评价结果可以分为层次性排序结果和常态性监测结果两种类型。层次性排序结果是把评价对象按照评价标准进行层次上的间隔,以区分出高低上下,如高校内部的博士学位授予质量评价,可以分学科得出博士学位授予质量综合评价排名和博士学位论文质量排名、博士学位获得者发展质量排名等。常态性监测结果是对博士学位授予工作进程中特定监测点的定期评价,其目的不是为了区分优良中差,而是为了及时发现和反馈问题以消弭评价的滞后性,同时也通过日积月累的数据为综合评价做准备,如高校博士学位授予质量评价中博士生中期考核成绩、开题情况、科研论文发表数量等。博士学位授予质量评价应实现常态化,实现常态性监测结果第一时间反馈、层次性排序结果定期反馈,真正发挥评价的"以评促建、以评促管、以评促教、以评促学"作用。

参考文献

[1] 周光礼,等. 中国博士质量调查:基于U/H大学的案例分析[M]. 北京:社会科学文献出版社,2010.
[2] 王战军. 学位与研究生教育评价理论与方法[M]. 北京:高等教育出版社,2012.
[3] 陈洪捷. 博士质量:概念、评价与趋势[M]. 北京:北京大学出版社,2010(9).

学位授权点评估促进高校内涵式发展的思考与实践
——以清华大学开展的定期评估为例

王任模　张　欢

(清华大学研究生院，北京 10084)

摘　要：本文通过分析学位授权点评估方式和作用，并结合学校开展定期评估工作实际，从评估专家视角对学位授权点建设、人才培养、科学研究等方面进行了剖析，以期找出学位授权点建设发展中面临的问题和新的需求，促进学校学科建设和研究生教育内涵式发展，为实现创新驱动提供支撑。

关键词：学位授权点；定期评估；内涵式发展

作者简介：王任模，1979年生，男，清华大学研究生院综合办公室主任，硕士，邮箱为 wrm@tsinghua.edu.cn；张欢，1983年生，女，清华大学研究生院学位办公室，硕士，邮箱为 zhanghuan@tsinghua.edu.cn。

创新人才培养模式，提高研究生教育质量，是我国从研究生教育大国走向研究生教育强国的必然之路，也是实现国家创新驱动发展的必然要求。学位授权点评估作为国家研究生教育质量保障体系的重要环节，是保证学位与研究生教育质量的重要手段[1]。它体现了国家教育体系评价方式的转变，对促进研究生教育发展发挥重要作用。

目前，国家教育行政主管部门推动的学位与研究生教育相关的评估主要分两种。一种是竞争排名性质，如全国第四轮一级学科评估，由教育部学位与研究生教育发展中心组织，对各学位授予单位在《学位授予和人才培养学科目录》中一级学科进行整体水平评估，采用主客观评价相结合的方式，形成竞争性排序，评估周期为四年一次，是各学位授予单位学科发展水平的展示。另一种是保障学位与研究生教育质量的非竞争性评估，如学位授权点合格评估，由教育部和国务院学位委员会主导，评估周期为六年一次，是学位点自我诊断式评估。两种评估在组织主体、评价标准、评估方式等方面都存在差异，但对人才培养质量提升和研究生教育内涵式发展都起到了重要的推动作用。

一、学位授权点评估对研究生教育发展的作用

（一）有利于推进研究生教育及政府职能转变

开展学位授权点评估，有利于推进转变政府职能和研究生教育管、办、评分离。当前国家在持续推进简政放权、放管结合、优化服务的"放、管、服"机制，要求用新技术新体制加强监管体制创新。国家教育行政主管部门通过构建评估体系，让学位授予单位、行政主管部门、学术组织、行业部门和社会机构参与研究生教育质量保障和监督，促进研究生教育事业的发展。

（二）有利于建立研究生教育自律与他律体系

要解决好研究生教育"为谁培养人、培养什么人、怎样培养人"的重大教育问题，需要建立相应的自律和他律体系，确保其健康有序发展。学位授权点合格评估是国家保证学位授予质量和研究生教育质量的重要抓手，也是办学单位内部质量保障机制[2]。国际上也是通过评估，促进研究生教育的发展。在英国，高等教育质量保障委员会（QAA）有一项非常重要的工作就是学科评估，确保其所资助的学

校教育质量是合格的[3]。

(三) 有利于促进研究生教育内涵式发展

研究生教育作为高等教育的重要组成部分，需坚持内涵式发展道路，而高等教育的内涵式发展应当是以提高质量为核心的规模、质量、结构、效益、公平等五个变量协调统一的发展[4]。学位授权点评估在评价体系中基本包含了这些变量，学位点评估既是政府部门监督的手段，也是学位授予单位主动适应社会需求的动力。学位授予单位通过评估，可以找准学校学科发展的优势和不足，并通过不断自主调节人才培养和科学研究资源配置策略，利用学位点动态调整、扬长避短，促进学校研究生教育的内涵式发展。

二、学位授权点评估探索与实践

(一) 主动开展国际评估

清华大学从20世纪80年代中期开始逐步确立了努力建成世界一流大学的奋斗目标，经过多年建设，学校学科布局日臻完善，同时也面临如何分配资源以及对学科进行调整整合等问题。为早日实现世界一流大学建设，2009年清华大学启动学科国际评估。评估选取了发展较为成熟的学科，在符合国际惯例的前提下整合学科，制定相应评估方案，邀请经得起社会和国内外同行审查的国际一流专家，严格标准进行考察和评议。在2009—2014年期间，环境科学与工程、电子科学与技术、计算机科学与技术、生物学、建筑学、新闻传播学、艺术设计等十几个学科相继完成国际评估。评估专家从国际视角对学校学科状况进行了全面剖析，肯定了学校人才培养、科学研究和国际合作等方面所取得的突出成绩，同时也就教师聘任、研究方向、课程设置、育人环境等方面提出了中肯的意见和建议。这一轮学科国际评估的开展，使清华大学明确了自身的不足与问题，促进了学科建设的国际化，为后续改革及学科建设提供了重要参考。此次评估还在建立更适合一流大学建设的自评估机制、逐步形成周期性的定期评估制度等方面进行了探索。

(二) 积极开展定期评估

2014年教育部启动学位授权点合格评估，为了做好这项工作，清华大学结合学校实际及2009年国际评估成效，认为评估工作不宜仅满足于学位点合格评估的基本要求，应该通过评估更好地"明确定位，凝练特色，辨析挑战，持续改进"，以人才培养质量为核心，进行自我诊断。基于这样的考虑，2018年学校将合格评估与国际评估工作相结合开展定期评估，以评促建，并鼓励院系进行国际评估。为高效率有序开展评估工作，学校"管""放"结合，一方面统筹规划布置全局，颁布了《清华大学学位授权点定期评估实施办法》等相关制度文件，制订了评估工作手册，明确了评估经费管理办法，确保评估工作的有效开展；另一方面充分尊重院系和学科自身发展规律和特色，由各学位点制定自己的评估计划、决定是否采用国际评估等。

在学校的引导下，各学科梳理了近五年的建设情况，撰写自评报告，描述使命愿景、本科及研究生培养、师资队伍、科学研究、支撑条件和发展规划，自评优势与不足；在现场评估环节，设立评估专家沟通会、学位点建设汇报会、专家意见反馈会三个必选环节，可结合具体情况安排教学观摩、师生座谈、参观、讨论等多种形式交流，以便专家对学位点建设情况深入了解。研究生院领导及各职能办公室也参加到每个学科建设情况汇报中，了解学科发展，聆听专家建议，促进未来改进和提升。评估后形成学科发展总结报告，学校邀请专家及校学位评定委员会学科发展组成员根据各学科总结报告进行了学科评议。

清华大学93个学位点完成了此次评估，35个院系组织了50余场次专家评估会，其中电子系、生命学院、软件学院等组织了全境外专家的国际评估，机械系、电机系、医学院、药学院等院系以国内外专家相结合的方式进行了半国际评估。现场评估期间，学校领导多次参加国际评估专家现场评估会，多位专家也对学校学科建设发展从多角度给予了评价和建议。

三、学位点建设成效

清华大学在不断改革和发展中，以"世界一流、国内领军"来建设学科，立足于服务国家重大战略需求，深入开展国际合作和交流，在学术上取得了一批国际领先的原创性科研成果，培养了一大批又红又专的拔尖创新人才。专家现场评估期间表示清华多数学科优势明显，部分学科处于世界前列，有的学科方向甚至在全世界范围内占据领先地位，认为清华学科建设发展情况总体良好。从第四轮一级学科评估结果来看，学科总体优秀率（A类占比）达到64%。综合分析，主要在以下几方面展现了建设特色。

（一）学位点布局更加合理

学科门类布局较为齐全，为综合性世界一流大学建设奠定了基础。目前清华大学的学科涵盖了11个门类，占国家学科目录一级学科总量的53%。其中，哲学、经济学、法学、教育学、文学等门类学科数超过该门类国家学科目录一级学科数的80%，历史学、理学、工学、管理学、艺术学门类超过该门类国家学科目录一级学科数的60%。法学、文学、工学、管理学、艺术学等门类优势学科比例较高。结合第四轮一级学科评估结果，清华大学工科优势明显，理科水平跻身国内高校前列，管理、法学等人文社科发展取得了长足进步。

（二）人才培养和师资队伍少而精

坚持"少而精"的人才培养理念。从人才培养规模和师资规模来看，清华大学不少学科规模相对其他高校并不占优势，但学科师资在相应的领域具有一定影响力，在人才培养、科学研究方面师均产出率比较高。如个别学科师资队伍规模同其他高校相比较小，但仍在第四轮学科评估中获得A+的好成绩；一些文科教师在相应领域开创了新的学科方向；一批教师在国内学科建设中发挥着重要的学术骨干作用。

（三）科学研究水平不断增强

清华大学在科学研究项目、科技成果及科研影响力方面水平显著提升，尤其在国家级科研项目、自然基金、社科基金数量和经费方面有强劲的增长，一批高水平研究成果凸显。科研经费从2012年的38.93亿元增长到2017年的55.74亿元。近年来在Science、Nature等世界顶尖杂志发表文章数量增加，SCI论文数量从2011年的3 064篇增长到2017年的5 023篇。

四、学位点建设面临的新需求

通过学位授权点评估，了解了学科发展整体实力和独特优势，也发现了当前面临的一些新需求。

（一）更高的学科发展定位需求

第一，学科交叉融合，提升国际影响力。加强学科下研究方向的建设，着眼于解决科技发展的重要前沿问题，加强原创性、系统性、引领性研究。例如，开展学科交叉的人才培养和科学研究项目；加强学科内部以及与其他学科的交流；进一步突出机械工程与物质科学、生命科学和人工智能在学科交叉及协同创新方面的人才培养特色等。在国际合作上，需以学科优势共享的方式发展深度国际合作。

第二，形成"清华学派"。清华工科优势明显，人文学科复建时间虽短但也取得了长足发展，对于人文学科，专家建议培养目标要体现清华风格，注重培养大师级人才，要加强教材建设，打造有影响力的"清华学派"。

第三，探索专业学位研究生培养和定位。随着专业学位教育的快速发展，需要尽快建立区别于传统学术型人才的培养模式，进一步拓宽产学研协同育人空间和人才培养的多样性，面向产业革命和科技革命输送高层次应用型人才。

（二）不断提高人才培养质量的需求

人才培养是学校的根本任务和职责，在以世界一流大学和一流学科为目标的建设发展中，人才培养面临更多挑战。一方面需要不断创新人才培养模式，探索学术评价体系，加强学生学术志趣、科学精神和学术能力的培养；另一方面需要重点建设一批基础课程、核心课程、特色课程，优化课程体系结构，着力打造精品课程，加强课程质量保障体系建设。在专业学位教育上需进一步加强学生工程实践及应用能力培养。

（三）加强师资队伍建设的需求

第一，注重优化师资队伍结构，加强师资储备和人才梯队建设。从参与评估学科的师资来看，部分学科教师队伍年龄偏大，中青年拔尖人才后劲不足，还有部分学科师资数量与建设国际一流学科的定位要求有一定差距。青年教师是学科持续发展的重要力量，是保持学科优势、实现师资力量平稳过渡的重要因素。在教师队伍建设中一方面要以国际化方式引进优秀人才，另一方面也要注重自身青年人才的培养，为青年教师的发展提供良好环境。

第二，完善教师评价体系，激发教师的积极性和主动性。研究生导师是人才培养的主体，将导师纳入多层面评价体系，推动学科总体水平提升、推动人才培养和科学研究，促进学科建设。

五、学位授权点评估工作展望及建议

通过本次全覆盖诊断式学位授权点评估，梳理和摸底了学校师资队伍、人才培养、科研情况等方面五年来的发展状况，发现学科建设中存在一些典型问题，各学科还通过深入分析自身发展的定位，对比相关国内外高校的信息，明确了优势与不足。学位授权点评估更应与学科后继建设相结合，借助专家的建议，突破自身发展的瓶颈，提升竞争力。

学位授权点评估是学校深入全面了解学科发展状况，调整自身学科规划和布局的重要机遇。学科的建设与发展离不开时代和社会的需求，我们在评估过程中也发现部分学科亟须探索新方向、完成转型及进一步发展，也有部分学科需要升级为博士点等。这些要求学科评估与学科动态调整、内涵式发展相结合，统筹学科点增设与撤销，建立合理的学科布局，形成相互促进、交叉融合的学科群。

学位点授权评估数据的合理利用与数据库的建立可以随时为检测学科发展提供依据。学位授权点评估是国家研究生教育质量保障体系的重要环节，推动学位点授权评估常态化和有效有序开展，需要制定各评估体系通用的数据标准，方便数据采集系统的建立，避免人工的疏漏，提高数据的准确度及效率。

参考文献

[1] 黄宝印，徐维清，郝彤亮. 建立自我评估制度 健全质量保证体系 [J]. 中国高等教育，2015（11）：7-9.
[2] 朱金明，林梦泉，刘慧新，等. 新形势下专业学位教育认证与合格评估的协同探析 [J]. 学位与研究生教育，2015（09）：55-58.
[3] 李爱彬，郑文奇. 立足人才培养本位 多环节促进学位授权点合格评估——基于英国QAA学科评估与我国学位点合格评估的比较分析 [J]. 研究生教育研究，2016（06）：86-91.
[4] 瞿振元. 高等教育内涵式发展的实现途径 [J]. 中国高等教育，2013（02）：12-13.

"过程为本，产出导向"的研究生科学素养培养评价体系的构建

王 诗　高明明　蓝 浩

(辽宁工程技术大学电子与信息工程学院，葫芦岛 125105)

摘 要：本文以辽宁工程技术大学电子与信息工程学院信息与通信工程学科硕士研究生为例，介绍了"过程为本，产出导向"的研究生科学素养评价体系的构建思路与评价体系的内涵及实施。本体系为研究生培养提供了丰富、全面、有效的帮助：以过程为本的培养务实优化了研究生的培养效果，以结果为导向的评价体系促进了成果的产生与学科层次的提升，而且直观地反映培养体系的优缺点，有效地助力整个研究生培养体系的修正与完善。

关键词：过程为本；产出导向；科学素养培养；评价体系

第一作者简介：王诗，1983年生，男，博士，讲师，研究方向为认知无线电，排队论、最优化理论。邮箱为15378567@qq.com。

基金项目：本文获辽宁省博士科研启动基金支持，项目编号：2019 - BS - 114。

一、引言

研究生的科学素养在研究生培养的目标中，占有举足轻重的地位。科学素养的培养水平，可以反映研究生在科学研究领域的知识与技能发展潜力，反映学校以及导师工作对于研究生培养的效果。因此，对于科学素养培养结果的评价在研究生培养体系以及学科建设过程中十分重要[1]。为了克服目前研究生培养评价体系中的重结果轻过程、重评价轻反馈等问题[2]，需要理清科学素养特别是研究生科学素养的内涵、科学素养培养手段与产出以及科学素养评价结果的使用方式，来构建合格的可逐步完善的科学素养教育体系[3]。本文将依次讨论研究生科学素养培养的内涵，研究生科学素养培养评价体系的制定与实施以及评价结果的使用。

二、研究生科学素养培养的内涵

(一) 科学素养的内涵

科学技术的发展与应用已经给人类社会带来深刻的影响，这种影响还在持续地扩展、加速地进行。提高国民，特别是高素质国民的科学素养，培养其正确的科学观，对于我国的发展，突破他国技术封锁，实现中华民族的伟大复兴具有至关重要的意义[4]。对于不从事科学与科学研究的一般社会公众科学素养的定义使用最广的是Miller提出的[5]，具体体现为：认识和理解一定的科学术语与概念的能力，跟上科学推理的基本水平的能力，理解科学与技术内容相关的公共政策议题的能力。

(二) 科学素养内涵与我国研究生关系

研究生是已经具备本科学历并从事、经历过科学研究与科学研究训练的群体，且对于研究生的培养要求有相当部分与科学素养有关。因此，科学素养对于研究生来讲有着更明确与深层次的内涵。

2011年，英国Vitae机构与英国高等教育研究院共同合作开发了同时适用学术内部和外部就业的研

究者发展框架[6]，提出研究者应具备的能力包括：①知识与智力能力（基础能力、认知能力与创新能力）；②个人效能（个人素质、自我管理和专业与职业发展）；③项目管理与组织（专业操守、研究管理和财务、资金与资源）；④参与和其他领域影响能力（团队合作、学术沟通与发表、非学术领域影响能力）。

此外，对于科学素养的培养与意义，硕士生阶段是承上启下进行科学素养教育的关键阶段[7]：本科完成基础学科知识的学习后，完成了基础的学术训练，初步了解了科学研究的内涵与科学研究的行为；大多数院校的研究生毕业要求中，部分内容必须具备一定的科学素养才能完成，故研究生有学习的动力；部分研究生毕业后会选择从事科学或与科学研究相关的工作。

（三）研究生教育中对于科学素养的培养

下面以辽宁工程技术大学电子与信息学院信息与通信学科为例，展示研究生科学素养的主要培养内容，包含科研精神的培养与科研能力的培养两大方面。表1中具体介绍了培养内容与目标。

表1　辽宁工程技术大学电子与信息学院信息与通信学科科学素养培养内容与目标

培养内容		培养目标
科研精神方面（定性、主观内容为主）	科研意识的培养	1. 对于科学与科学研究问题具有敏感度，可以清晰分辨一个问题是否是科学问题，一项研究是否符合科学研究的基本规范； 2. 对科学研究的兴趣，做到对于枯燥的科研活动不排斥，能积极主动承担相关科研活动中的各种任务。
	科研态度的培养	1. 对于科研的重视程度； 2. 对于科研中的学术不端行为的认识； 3. 对于科研中学术不端行为实施的拒绝。
	科研毅力的培养	1. 对于科研过程中遇到的挫折的必然性有正确认识，对于克服挫折与失败有决心与毅力； 2. 对于科研行为的持之以恒。
科研能力方面（定量、客观内容为主）	科研基础知识能力	1. 通过培养方案中科研能力基础相关的课程，取得学分； 2. 通过导师的科研能力基础的评测。
	课题项目的能力	具备独立或与他人合作进行科学研究的能力。包括： 1. 调研与选题能力； 2. 进行科学研究的能力； 3. 成果描述与总结能力。
	学术论文与学位论文的撰写能力	1. 具备独立撰写符合规范的，可以发表的学术论文的能力； 2. 具备独立撰写符合学校学院要求的学位论文的能力。
	学术交流能力	1. 熟悉学术交流活动的意义与流程、注意事项等； 2. 组织或参与组织学术交流活动； 3. 积极主动参与足够次数日常学术交流活动，具备清楚、准确、高效地汇报研究进展的能力； 4. 参与正式学术交流活动，如公开的各层次学术会议的能力以及具备在正式学术会议上做报告的能力。

（四）研究生教育中科学素养教育评价的重要性

科学素养培养的特点由于培养目标的特殊性具备以下特点。

一是培养目标的完成度量化较难，并且可以量化的大多数属于结果性质的成果，过程量化较难。然而，科学素养的培养较其他类型培养具备实施过程复杂、对不同能力学生培养难度区别大等特点。因此，在培养过程中按照难度由浅入深，培养前后的衔接十分重要，所以以过程为本就显得十分重要。

二是培养过程中需要观测的重要指标多为定性，而非定量评价。但仍要坚持以结果为导向。再根据定性指标的特征进行定制。通过不断的执行与反馈，进行修正。研究生的培养具备很强的学科特征背景，通用部分可以借鉴研究生培养的通用标准，但同时也要认真研究本学科学生的自身特点与培养目标，定制评价方法与手段。

三、评价体系的制定与实施

科学素养培养评价体系的制定与实施过程中，应该给予充分重视的两大特征：过程为本与结果导向。下面分别讨论在评价内容的制定与评价的实施时，针对两个特征的考虑。

（一）过程为本特征

过程为本的特征体现在抓住科学素养培养的每个关键阶段。突出对于学生科学素养的调查与教育的过程。过程为本的评价指标的设计是基于学生科学素养的培养具体实施过程的阶段成果与效果评价，定位科学素养培养过程中的优缺点。

特别地，在过程为本的评价体系中，值得关注的一个重要方面是与研究生教学管理无关的影响因素的处理方法。无关影响因素是指管理部门较难直接控制，或控制成本高、预期效果差的因素，大体包括：研究生的个人综合素养；导师在培养过程中教育与引导；不可控事件对研究生科研素养的影响；研究生个人的学习能力；学习机会和资源丰富程度；师资队伍整体质量等。

在过程为本的评价体系中，应当采取措施将以上影响因素剔除，使评价体系发挥设计的作用，剔除难以管理或控制的因素造成的干扰。剔除这类因素的主要方法是在评价过程中，关注学生相关指标点的指标增量而非绝对量指标。如果需要在研究生教育中调研上述无关影响因素究竟发挥怎样的作用以及哪些因素有花成本进行干预的价值，也可以通过控制调查的目标因素的方式，在过程为本的评价结果中寻求答案。

（二）结果导向特征

评价指标的选取思路，是选择客观上可观察的学习培养结果为主，尽量避免主观评价。这样可以使得评价体系的实施过程标准可控。具体结果指标点的选择主要依据学科评估指标点、学院学科发展规划、学院科研方向规划等来制订。具体评价项目为授课阶段过程评价材料、学生发表学术论文、发明专利、参加科学学术类竞赛等。

（三）以论文写作能力培养为例说明

接下来，作者选取在研究生科学素质培养中较为通用的论文写作能力培养作为例子说明过程为本、结果导向的培养评价体系。2019年3月，教育部在《关于进一步规范和加强研究生培养管理的通知》[8]中明确指出：各研究生培养单位需"狠抓学位论文质量"，"严格执行学位授予全方位、全流程管理"。这说明论文写作在研究生培养过程中的重要性毋庸置疑。表2中列出了写作能力培养的手段、过程为本以及结果导向的评价与培养体系的说明。

表2　辽宁工程技术大学电子与信息学院信息与通信学科评价与培养体系

培养手段 培养途径	过程为本特征		结果导向特征
	课程层次	教师指导层次	
写作相关课程 写作工作坊 写作研讨会	基础修辞层次 遣词构句的方式、连贯衔接的要点、段落篇章的撰写原则等，中文学术写作中的"科学修辞：从句子到段落结构"课程、英文学术写作中的"学术写作基础"课程为其代表	示范阶段： 教师示范标准写作方法为主	实验报告 科技论文阅读报告 科研新闻评论

续表2

培养手段 培养途径	过程为本特征		结果导向特征
	课程层次	教师指导层次	
学术写作成果展示 学术写作竞赛	中级专题层次 以明确、特定的学术问题为载体，使研究生通过对不同类型代表性学术论文的精读、分析、模仿来熟悉常见的学术逻辑表达方式，如描写、定义、叙述、分类、比较、评价等，以此训练研究生在论文撰写中做到"说清楚、讲明白、打造明确观点的规范逻辑论证"	指导阶段： 教师全过程指导学生完成学术写作为主	文献综述 科技小品文
学术写作竞赛 学术论文发表 学位论文写作	高级批判思维训练层次 学术写作课程的最高层次，它着力训练研究生的批判性思维能力，"创意沟通与写作表达"一课的目标即为"希望每一位同学能够借由学术写作积极提出崭新的看法，清晰顺达地阐释立场，合理有效地与不同学人论辩，使学术写作成为思想发声与沟通的有效工具"	独立阶段： 学生独立完成学术写作为主	期刊论文 学位论文 论文评议

四、评价结果的使用方式

由评价的实施得到的评价结果的使用主要服务于两个方面：突出成果对接与培养体系的修正。

（一）成果对接

在评价结果中，表现优异的部分，可以直接对接学科评估以及研究生培养质量自我监控中，学生可以做出相应贡献或者考核学生的与科学素养有关的部分。例如，参与学术交流：发表会议论文并与会做报告；科研成果：论文、专利、科研获奖等；学术不端：学术不端行为的零发生、零容忍；学位论文：学位论文抽检、学位论文评优。

（二）培养体系的修正

从评价结果中，尝试发掘对于研究生培养体系的修正依据。修正包括两方面内容：对于效果优秀、成果优良的培养手段要加以发扬、奖励与鼓励。对于培养内容有问题的培养手段，要进行剖析。问题主要从以下两个层次进行研究。

总体问题：通过指标的均值变化体现出的培养体系的整体缺陷。该问题处理方式为讨论是否根据问题修正培养方案等。

个体问题：对于低于均值较多，结果较差的个别学生以及导师。该问题的处理方法是讨论对学生或导师进行预警、批评教育和责令整改等。

五、结论

本文以辽宁工程技术大学电子与信息工程学院信息与通信学科硕士研究生为例，介绍了"过程为本，产出导向"的研究生科学素养评价体系的构建思路与评价体系的内涵及实施。本体系为研究生培养提供了帮助，笔者将其具体归纳为以下几点。

第一，以过程为本的培养与培养评价体系，能够贴合研究生学习与发展规律，实现管理层对于整个培养体系实施效果的详细信息的了解。并根据不同的信息，找到相对应的应对措施，提高管理效率，强化研究生最终的培养效果。第二，以结果为导向的评价体系，能够对接学科评估、学生发展的佐证成果，对于提升本学科层次以及促进学生的发展起到了积极的作用。第三，此培养体系具备客观性、过程为本、产出导向等特征。这使得评价结果可以十分方便、直观地反映培养体系的优缺点，有效地助力整个研究生培养体系的修正与完善。

参考文献

[1] 刁志萍,王步前. 硕士研究生科学素质现状调查与思考 [J]. 中国国情国力, 2010 (07): 40-42.

[2] 殷玉新. 转向"过程本位"的研究生教育质量评价 [J]. 学位与研究生教育, 2016 (07): 19-24.

[3] 潘武玲. 我国研究生教育质量评价体系研究 [D]. 华东师范大学, 2004.

[4] 黄易君. 论科学素养对人的全面发展的影响 [D]. 国防科学技术大学, 2007.

[5] MILLER J D. The Measurement of Civic Scientific Literacy [J]. Public Understanding of Science, 1998, 7 (3): 203-223. DOI: 10.1088/0963-6625/7/3/001.

[6] Introducing the Vitae Researcher Development Framework to employers 2011—Vitae Website [EB/OL] [2020-07-20]. https://www.vitae.ac.uk/vitae-publications/rdf-related/introducing-the-vitae-researcher-development-framework-rdf-to-employers-2011.pdf.

[7] 邓倩. 中国研究生科学素质现状的调查分析 [J]. 中国高教研究, 2006 (06): 24-26.

[8] 教育部办公厅关于进一步规范和加强研究生培养管理的通知-中华人民共和国教育部政府门户网站 [EB/OL] [2020-07-22]. http://www.moe.gov.cn/srcsite/A22/moe_826/201904/t20190412_377698.html.

研究生教育数据监测的现状分析

谢 韬 周 彬

（哈尔滨工业大学（深圳），深圳 518000）

摘 要：研究生教育在我国高等教育中占有重要地位，是精英型的高层次教育，研究生教育质量的评估监测很有必要，但我国在高等教育质量的监测与评估方面起步较晚，研究生培养领域的数据监测与信息反馈服务方兴未艾，不过近年来也搭建了国家数据平台、省级数据平台和高校数据平台相结合的大数据平台框架。本文通过梳理相关参考文献，分析了国内外数据监测应用于教育领域的现状和做法，为完善研究生教学教育数据监控体系提供理论依据。

关键词：大数据监测；高等教育质量；研究生教育

作者简介：谢韬，1989年生，男，哈尔滨工业大学（深圳）教务部职员，主要研究方向为研究生教育管理，邮箱为 xiet@hit.edu.cn；周彬，1978年生，女，哈尔滨工业大学（深圳）教务部职员，主要研究方向为研究生教育管理，邮箱为 zhoub@hit.edu.cn。

基金项目：本文是哈尔滨工业大学（深圳）教改项目"基于J学院的研究生数据监测与信息服务研究"（项目编号：JGYJ-2018044）的研究成果之一。

随着互联网、大数据、人工智能等信息技术的快速发展，教育已经可以实现对教与学全过程的跟踪监测并伴随数据的采集，从而实现培养过程优化。

研究生教育在我国高等教育中占有重要地位，是精英型的高层次教育。教育部在《学位与研究生教育发展"十三五"规划》中指出，"十三五"时期，学位与研究生教育改革发展要继续坚持以服务需求、提高质量为主线，优化结构布局，改进培养模式，健全质量监督，扩大国际合作，推动培养单位体制机制创新，全面提升研究生教育水平和学位授予质量，加快从研究生教育大国向研究生教育强国迈进[1]。

研究生教育质量保障体系中的校内外评估指标是目前衡量培养质量的标准，但是这些评估指标较为简单，无法为高校各级领导提供更多的决策支撑。根据管理学中的六西格玛理念，只有量化管理水平和状态，才能优化办事流程，提升管理水平。目前研究生培养过程中量化指标太少，无论是高校自行设立的诸如教学评价、调课率等量化指标，还是高校排名和学科（学位点）评估的量化指标，都不足以量化评价整个研究生培养过程。所以，健全研究生教育质量的评估指标，并广泛收集相关数据予以监测，才能更全面地了解研究生培养现状并发现问题，提出应对措施。

一、国内研究现状分析

高等教育监测评估是数据密集性评估，具有时间尺度密集、空间尺度多样、价值尺度多元的特点，数据正在成为战略性资源与核心竞争力。虽然国家建设了本科教学基本状态数据库，并在实践中得到初步应用，但与"大数据"仍有一定差距。

---

[1] 教育部 国务院学位委员会关于印发《学位与研究生教育发展"十三五"规划》的通知 信息索引：360A22-02-2017-0002-1 发文字号：教研〔2017〕1号

(一) 国家层面的教育数据监测现状分析

为进行高校教学质量常态监测，并完善教学质量监控体系，国家搭建了"高等教育质量监测国家数据平台"。目前，国家数据平台已经升级到3.0版本，功能日渐完善，实现了从国家到省级再到学校的全覆盖，同时实现了全国本科院校数据采集的全覆盖以及院校评估常态监测的全覆盖，为高校建立和完善教学质量监控体系起到了极大的促进作用[1]。

国家层面学位点质量信息监测也处于起步阶段，国务院学位委员会办公室主办的"全国学位与研究生教育质量信息平台"和教育部学位与研究生教育发展中心研究开发的"学科自检平台"，都是教育行政主管部门依托"大数据"技术对学位授权点进行质量监测的重要信息平台。

这些国家性平台旨在了解全国高校教育情况，为宏观性教育政策提供数据支撑，国家数据平台为高等院校评估工作提供了最直接、原始的数据，平台生成的数据分析报告真实客观地反映了被评高校教学条件、教学资源、教学过程及教学效果等方面的具体情况。

(二) 国内高校教育数据监测研究现状

国内一些高校重点关注本科生教育的数据监测，专门针对研究生教育的数据监测活动较少。可以说，研究生培养领域的数据监测与信息反馈服务方兴未艾。

部分学者从宏观层面阐述了教育数据监测的重要性，并提出了初步的监测模型。如蔡婷婷[2]提出了将技术监测手段引入研究生教育质量管理领域的思想。李江波[3]统计了2000年至2011年的教育部数据，提出了研究生教育质量监测指标和指数模型。李芬[4]认为研究生教育数据监测能够提供关于高校教学、科研等人才培养状态的准确信息，反映了办学效果，对高校自身改进办学实践具有重要的意义。白云等[5]针对我国高等教育质量监测与评估大数据平台建设的现状和问题进行了深入分析，并提出了相应的解决方案。钟秉林[6]提出构建基于大数据的智能化学习评价体系，综合运用教、学、研、用、管等多维度的相关数据，提取学生学习结果、学习行为和教师教学情况等多维度信息，实现教学和学习的有效评价，持续改进教学工作，改善教学质量，提高效率。王晓莉等[7]通过模糊决策实验室法，利用项目管理成熟度模型的理论框架，构建动态跟踪评价高校研究生培养过程管理的指标体系。王战军等[8]提出高等教育监测评估是利用现代信息技术持续收集和深入分析有关数据，直观呈现高等教育状态，为多元主体价值判断和科学决策提供客观依据的过程。

目前在国内对培养数据进行挖掘和分析，走在全国前列的是西安交通大学和东华大学。西安交通大学建立了本科生课堂教学质量监测大数据平台[9]，通过录入课堂教学质量的实时数据，实现了教育状态量化精准评价、课堂教学全覆盖监测，形成了实时、常态、持续的监测模式。东华大学实现了以大数据为基础的学位授权点信息常态化监测[10]，使用数据的"一键式"处理分析，如对论文盲审异议率出现异常波动的学位点进行预警，能够分析比较学位点历史质量数据。此外还有河海大学[11]，该校通过分析研究生线上学习、论文查重、研究生选课等数据，建立研究生培养管理过程在线反馈机制。

以上各高校的做法主要都是通过监测数据，反映研究生培养各个环节运行状态和存在的问题，增强研究生教育评估的精确性，有的放矢地进行教学改革和培养方案调整，从而建立质量反馈机制，为研究生培养提供指导。

二、国外研究现状分析

我国教育大数据的现状是数据流失比较严重。虽然教师和学生的许多教育行为数据都可能构成大数据，但是目前我国学校较少采集这些数据或对数据进行建模和挖掘不够。如何从学生和教师的教育行为中随时采集数据，如何借鉴国外经验，最大化地利用数据提升学校教育质量成了当务之急。

（一）国外国家层面的教育数据监测现状分析

美国联邦政府以及各州政府通过对教育大数据的分析，评价各州或州内学区的教育发展水平，并以此作为根据，来制定教育投入以及其他相关教育政策，且大部分学校都通过分析教育大数据展现的规律，更好地了解本校教师教学发展的现状与需求，并据此决策如何支持本校教师的教学发展[12]。

2001年，纽约市教育局在卡耐基公司的资助下参与建设"成长网络"，该项目涉及的教师有3万人，还有1 200所学校近40万学生。"成长网络"负责发布NYCDOE数据报告，并以在线报告的形式向校长、教师和家长展示相关的分析结果，并附具体改进措施和相关建议[13]。美国教育部门对大数据的运用主要是创造了名为"学习分析系统"的数据挖掘、模化和案例运用的联合框架。"学习分析系统"旨在向教育工作者提供了解学生到底是在"怎样"学习更多、更好、更精确的信息。美国研究委员会（NRC）通过广泛采集可靠数据，科学、合理地设计评价指标，对全美各大学研究型博士学科每十年左右进行一次的全面评估，并向社会出具评估报告[14]。

（二）国外高校及社会层面的教育数据监测现状分析

国外不少大学和学者认为大数据将开阔院校视野和加强对问题的把握[15]。

美国布朗大学对研究生的"研究行为责任"这门课的学习情况进行监测，并贯穿学生的整个学习过程。加拿大渥太华大学则使用培养目标、学生录取要求、结构设置、内容、授课方式、教学语言、教学评估、有关资源和其他指标等9个指标进行监测和评估[16]。瑞典林奈大学研究生质量保障体系使用系统化跟踪，从生源、教学、导师队伍、学位论文、实习实践等多方面进行监督管理[17]。

同时国外也有不少第三方非公立机构，在高等教育数据监测方面已经有不少成熟案例。美国的一些企业已经成功地将大数据运用到教育领域。全球最大的信息技术与业务解决方案公司IBM就与Mobile, Alabama Public School进行大数据合作，通过分析收取的大数据来提高学区范围内所有学生的整体成绩。将大数据应用于教育领域，除了像IBM这种成熟的大企业，还有像"希维塔斯学习"这样的新兴企业。"希维塔斯学习"是专门聚力于在高等教育领域建立起最大的跨校学习数据库，通过这些海量数据，运用预测性分析、机器学习手段，看到学生的分数、出勤率、作业提交情况和活跃度等信息。通过使用100多万名学生的相关记录和700多万条课程记录，这家公司的软件用户能够提前预见导致退学和学习成绩表现不良的警告信号，从而提前做出调整和改进。在加拿大，总部位于Waterloo, Ontario的教育科技公司"渴望学习"的产品已经面向高等教育领域的学生，通过持续监控学生阅读的电子课程资料、提交的电子版的作业、在线完成的考试和测验，再通过计算程序系统地对每个学生的教育数据进行分析，教师将得到与过去传统的只展示学生作业分数与结果不同的、更加全面直观的数据和结论，这样教师就能及时诊断问题所在，提出具有针对性和个性化的改进建议[18]。

纵观国外的经验，教育技术发展与科技发展必须同步，需要各级政府部门、高等学校和第三方机构的大力支持与积极参与。在大数据时代，要使用科学技术来提升教育质量和优化教学效果。在利用大数据进行监测的同时，要重视数据的分析及其及时性和科学性，并且要尤为重视数据的安全性。高等院校的大数据监测要从数据处理、分析和报告转向数据挖掘、模型建立和可视化，以更好地为高等教育提供有意义的改善决策和建议。

三、结语

我国已经拥有国家数据平台、省级数据平台和高校数据平台相结合的大数据平台框架，且已形成了院校评估、院系评估、专业评估、专项评估相结合的评估体系，具备良好的大数据监测平台建设基础，经过近些年的积累，培养了一批高等教育和质量监测专家团队，形成了一支高水平的评估专家队伍和研究团队。依靠这些平台，运用数据挖掘技术获取大量有价值的教育信息，在数据输入这个动态且持续的过程中，对数据进行分析，最后得到准确、实时的评估监测报告。通过评估报告深度理解各个因素之间的关联和规律，为高校、社会及政府调整研究生教育策略和方式提供参考和依据。

参考文献

[1] 刘伟. 基于高等教育质量监测国家数据平台的新建本科院校教学质量监控体系提升策略 [J]. 桂林航天工业学院学报, 2020, 25 (1): 118-122.

[2] 蔡婷婷, 齐春萍, 朱东华. 技术监测在研究生教育质量管理中的应用 [J]. 辽宁教育研究, 2003 (11): 28-30.

[3] 李江波, 王战军. 研究生教育质量监测: 模型建构与实证分析 [J]. 学位与研究生教育, 2015 (6): 50-54.

[4] 李芬, 王战军. 基于大数据的研究生教育监测评估研究 [J]. 学位与研究生教育, 2016 (7): 15-19.

[5] 白云, 初庆东, 倪方昳. 高等教育质量监测与评估大数据平台建设的关键问题研究 [J]. 教育教学论坛, 2020 (2): 118-119.

[6] 钟秉林. 迈入普及化的中国高等教育: 机遇、挑战与展望 [J]. 中国高教研究, 2019 (8): 7-13.

[7] 王晓莉, 徐玲玲. 高校研究生培养过程管理动态跟踪评价体系的构建与验证 [J]. 创新教育, 2018: 142-143.

[8] 王战军, 等. 数据密集型评估: 高等教育监测评估的内涵、方法与展望 [J]. 教育研究, 2015 (6): 29-36.

[9] 郑庆华. 教育大数据分析研究与典型应用 [N]. 中国信息化周报, 2017-04-10 (015).

[10] 张翔, 陆嵘, 丁明利, 等. 基于大数据的学位授权点质量信息常态化监测 [J]. 学位与研究生教育, 2016 (2): 34-39.

[11] 郝晓美, 等. 研究生培养全过程管理的探索与实践 [J]. 文教资料, 2017 (7): 125-126.

[12] 郑燕林, 柳海民. 大数据在美国教育评价中的应用路径分析 [J]. 中国电化教育, 2015 (7): 25-31.

[13] 王萍, 傅泽禄. 数据驱动决策系统: 大数据时代美国学校改进的有力工具 [J]. 中国电化教育, 2014 (7): 105-112.

[14] 任增林, 刘桔, 王亚杰. 美国高等教育质量保证体系的特点及其对具有中国特色质量保证体系建设的启示 [J]. 学位与研究生教育, 2004 (3): 21-30.

[15] 张莉. 深化院校研究推进个性化教育——"大数据时代的院校研究与个性化教育"国际会议暨中国高等教育学会院校研究分会2018年年会综述 [J]. 高等教育研究, 2018 (9): 107-109.

[16] 李毅, 刘莉. 加拿大渥太华大学研究生质量保障体系解析及启示 [J]. 研究生教育研究, 2015 (5): 84-89.

[17] 封旭红. 瑞典林奈大学教育质量保障体系的构建及其启示 [J]. 研究生教育研究, 2016 (3): 91-95.

[18] 胡德维. 大数据"革命"教育 [N]. 光明日报, 2013-10-19 (005).

"双一流"背景下博士学位授予质量保障与提升路径探析
——以中国矿业大学为例

匡颖芝 瞿 望

(中国矿业大学,徐州221116)

摘 要: "双一流"背景下全面提升博士学位授予质量是研究生教育和发展最核心、最紧迫的任务。中国矿业大学通过抓好生源质量、培养过程、学位审核、导师队伍、博士生主体、一流学科建设等环节要素,对保障与提升博士学位授予质量的内涵发展路径进行了实践,取得了一定的成效,并在此基础上,对进一步提升博士学位授予质量进行了探索,指出加强博士生理想信念教育及博士点学科平台建设、强化学科群跨学科人才培养对提升博士学位授予质量的关键作用。

关键词: "双一流";博士学位授予质量;提升路径

党中央、国务院于2015年做出建设世界一流大学和一流学科(简称"双一流")的重大战略部署,契合了提升国家教育发展水平、增强国家核心竞争力、保证国家引领式发展内生动力等重要意义。"坚持立德树人,突出人才培养的核心地位,着力培养具有历史使命感和社会责任心,富有创新精神和实践能力的各类创新型、应用型、复合型优秀人才"[1]是"双一流"建设的重要任务。博士学位授予质量反映了一个国家拔尖创新人才的质量,呼应了"双一流"建设的要求。近年来我国研究生教育发展迅速,整体规模实现跨越式发展,由于研究生招生大规模扩张及研究生导师队伍素质参差不齐、研究经费不足、课程设置和论文评审等质量过程环节监控不力,导致研究生特别是博士研究生的学位授予质量无法得到有效保证的趋势日趋显现。[2]经过长期实践,中国矿业大学形成了"以博士点学院为质量保障与提升责任主体,博士生和博士生导师为质量保障与提升核心关键,遵循博士生培养规律,紧紧抓住博士生招生、培养、学位各环节要素,建立健全校内校外质量保障与提升体制机制"的"博士学位授予质量提升工程"内涵发展路径。

一、中国矿业大学博士学位授予质量保障与提升的内涵发展路径

为贯彻落实《国家中长期教育改革和发展规划纲要(2010—2020年)》及深入实施教育部、财政部、国家发展改革委《关于高等学校加快"双一流"建设的指导意见》(教研〔2018〕5号),"以学科建设为载体,加强科研实践和创新创业教育,培养一流人才"[3]成为学校长期发展的必经之路。

(一)提高生源质量是博士学位授予质量保障与提升的前提

博士生在入学前即具有一定的科研素养,其思想品德、学术基础、智力水平等决定了其攻读博士学位期间接受新知识、进行新探究、撰写新论文的能力,抓好生源质量,是博士学位授予质量保障与提升的前提。学校以提高人才选拔质量为中心,保障初试自命题质量,规范复试选拔环节,充分发挥校、院两级招生工作领导小组职能,以高度的责任感和使命感凝聚专业教师和管理干部做好招生各环节工作;积极推进研究生招生宣传和咨询工作,组织教授、博士生导师赴兄弟院校举办招生咨询会,利用"学术夏令营""网络直播""小视频"等方式使考生更好地了解学校博士培养实力,吸引优质生源;不断完善"申请-审核"招生录取机制,加大"硕博连读""本-硕-博"一贯制培养力度,留住本校优

质生源。

(二) 狠抓培养过程是博士学位授予质量保障与提升的基础

博士生培养过程涵盖理论课程学习、科研素质锻炼、创新能力提升等方面,还包括协助博士生导师开展科研工作、完成相关课题等环节,培养过程的优劣直接决定了博士学位授予质量。学校聚力培养高精尖急缺人才,结合自身学科优势,以煤炭资源与安全开采国家重点实验室、深部岩土力学与地下工程国家重点实验室等国家级、省部级科研平台为博士生培养过程提供开放课题、设备支持,并成立跨学院、跨学科的校级科研平台(低碳能源研究院、人工智能研究院等),强化博士生交叉复合培养;完善博士生在读期间的中期考核制度,针对直博生采取中期考核分流攻读硕士学位措施;成立研究生教育咨询委员会、专家督导委员会两个专门委员会,不断打磨完善博士生培养方案,检查督导博士生课堂教学、科学研究进展情况,确保博士生培养过程高标准、严要求、有成果。

(三) 加强学位审核是博士学位授予质量保障与提升的保证

博士学位论文是博士学位授予的主要依据,是博士生对于基础理论、专业知识、学科前沿掌握程度及科研能力、创新能力的集中体现。学校根据《中华人民共和国学位条例》《中华人民共和国学位条例暂行实施办法》制定了学位授予工作实施细则,并就博士学位论文选题、送审、答辩各个环节制定了相应办法,在执行过程中不断完善,形成了科学、合理、长效的制度体系;针对学位论文创新性的评判,辅之以在学期间与博士学位论文关联的创新性成果要求,量化考核学位论文学术水平;学校自2005年实行博士学位论文全部"双盲"外审,并委托第三方(教育部学位与研究生教育评估工作平台)送审的方式最大程度保证了送审的客观性和公正性,对于评审意见"从严"使用(出现一位评审专家认为需要作较大修改即需要再次"双盲"外审),从而有力地保证了博士生聚焦自身学位论文质量,达到提升博士学位授予质量的目的。

(四) 落实导师责任是博士学位授予质量保障与提升的核心

博士生导师是博士生培养的核心力量,肩负着教书育人和立德树人的双重职责,只有博士生导师政治素质过硬、师德师风高尚、业务素质卓越,才能培养出理想信念坚定、科研能力精湛的拔尖创新人才。学校大力加强博士生导师队伍建设,推进"三年考核,三年聘期,能进能出"的博士生导师选聘制度改革,打破博士生导师资格终身制;施行博士生导师资格"评招分离,动态管理",博士生导师资格通过选聘流程获得,并在每年博士生招生过程中,根据近一年人才培养实绩及招生资格审查,分配博士生招生指标;此外,加大博士生导师培养质量追踪惩戒力度,在国家、省、学校论文抽检过程中,出现一次不合格,相关博士生导师停止招生一年,连续两次不合格,博士生导师停止招生五年;对于违反师德师风建设的,一票否决,取消其博士生导师资格。

(五) 发挥博士生能动性是博士学位授予质量保障与提升的关键

博士生是博士学位的授予对象,是开展科学研究、学术创新的首位主体,具有高知识产出的能动性。马克思主义哲学不仅强调主体性,更重要的是进一步指明主体如何能动地改变世界的原理,因而相对于主体性本身而言,能动性具有明确的现实指向性。[4]博士学位授予质量归根到底离不开博士生本身潜心钻研课题、精心撰写论文、高水平完成科研任务。学校应发挥博士生主体的能动性,在导师选择、课程选择、课题选择、出国留学等方面给予博士生充分的自主权;同时积极搭建博士生导师指导团队、优秀创新博士生奖学金、优秀博士学位论文等各类平台,使博士生发挥聪明才智,将自身掌握的先进文化知识转化成解决国计民生重大课题的可循之策,这也是保障与提升博士学位授予质量的题中之义。

(六) 抓好学科建设是博士学位授予质量保障与提升的支柱

学科建设要明确学术方向和回应社会需求,坚持人才培养、学术团队、科研创新"三位一体"。[3]

学科建设的目的，就是围绕国家战略需求，遵循科学规律，以问题为导向，由一流人才不断攻克难关，形成利国利民重大成果。一流学科汇聚一流人才，一流学科培养一流人才，没有一流学科，就没有一流人才。学校以"矿业工程""安全科学与工程学科"2个一流建设学科组建学科群。工程学、地球科学、材料科学、化学、数学、环境与生态学和计算机科学7个学科ESI排名进入全球大学和科研机构的前1%，其中工程学学科领域进入ESI全球前1‰。学校以此为基础，结合国家重点、重大科技计划任务，出台基础与新兴交叉学科建设项目管理办法，每年投入4 000万元，以ESI一流学科建设项目为抓手，在矿业学科、安全学科群相关学科招收博士生，以发表ESI学科高水平论文成果为目标导向，建立成果归属确认机制，以各学科贡献度配置资源，建设跨学科团队，促进传统优势学科与ESI基础学科的交叉融合，保障协同培养具有卓越创新能力的复合型人才。力图打造高水平学科创新团队，培养拔尖创新人才，为博士学位授予质量提供支撑。

二、"双一流"背景下进一步提升博士学位授予质量的探索

当前，我国高等教育的核心任务是"以质量提升为核心，走内涵式发展道路"[5]。博士学位授予质量提升是高等教育质量提升的重中之重，是我国高等教育内涵发展不可分离的主题。进一步提升博士学位授予质量，需要厘清博士生理想信念教育、博士生导师主体责任、博士点学科学院之间相辅相成、循环上升的关系，促进跨学科博士生培养，构建提升博士学位授予质量保障体系非常迫切和必要。

（一）理想信念教育是提升博士学位授予质量的内因驱动

育人为本，德育为先，着力培养一大批德智体美全面发展的社会主义建设者和接班人。[3]博士生是其中的关键少数。要基于博士生的新特点，大力加强爱党爱国教育和理想信念教育，博士生只有将自己的学识积淀和科学研究同国家发展、人民福祉紧密联系在一起，才能形成有利于国家有利于人民的成果；只有形成了有利于国家有利于人民的成果，博士生的科学研究才能循环上升、厚积薄发，博士生只有真正认识到这一点，才能调动自身积极因素，投身到自我学术水平提升中，而提升学位质量成为博士生自身需求后也会自发式地不断提升。

（二）博士点学科建设是提升博士学位授予质量的平台保障

高校研究生院（处）一般设招生、培养、学位等若干职能办公室，其行政属性决定了研究生院（处）对于博士生学位授予质量只能从招生质量、培养路径、学位论文选题、送审规则、答辩程序等进行形式管理，而对于博士学位质量涉及的各学科内涵却无法掌握，这就需要各博士点学科真正参与其中，博士点学科是高校人才培养的载体，博士生导师是其中的核心，掌握着学术话语权，学科内博士生导师通过选题、送审、答辩等环节真正做到同行评价把关，并对博士生学术水平进行指点拔高，才能切实保障博士学位授予的质量。此外博士生在博士点学科中的主要角色是学生，次要角色是科研工作者，应认清博士生学生和科研工作者这一双重同等身份，给予博士生更大的学术话语权，使其在博士点学科建设过程中以主人翁的姿态参与其中，从而提高所在博士点学科水平，相辅相成，进一步提高博士学位授予质量。

（三）跨学科人才培养是提升博士学位授予质量的重要途径

博士生群体是高层次人才的重要来源，跨学科培养体系的构建对人才产出的质量起到关键作用。我国"双一流"方案中明确提出了以一级学科引领学科群的建设思路，而基于一流学科群跨学科培养博士研究生是高等教育适应新时代"双一流"建设的必然选择，是培养复合型、创新型人才的迫切需要，是实现知识生产转型的重要形式。学科群内不同学科的交叉融合成为优势学科的发展点、新兴学科的生长点、重大创新的突破点，同时也是人才培养的制高点。以博士生学科群课程改革为突破点，围绕博士

生创新思维能力培养，强化实践教学体系，推进博士生跨学科培养，注重跨学科平台搭建，努力突破学科领域的界限，重构博士生的培养管理体系，使得博士生在学科融合碰撞中加强思维能力训练，通过了解不同学科的研究问题、研究方法，获得新观点从而拓宽知识结构。在开放、包容、批判的跨学科学术交流环境中，博士生形成的以多维、不确定、创新为特点的"非线性思维"也能够进一步促进跨学科课程学习和跨学科研究[6]，进而提升博士生综合素养，保证所授学位具有应有的学术水平。

三、结束语

随着学位与研究生教育规模的不断发展壮大，博士学位授予质量已经引起社会大众广泛关注，其质量的好坏，直接决定了国家、民族的未来。习近平总书记在北京大学师生座谈会上强调：教育兴则国家兴，教育强则国家强。高等教育是一个国家发展水平和发展潜力的重要标志。因此，每一位博士生导师、博士生以及高等教育管理工作者都应树立培养高质量顶尖创新博士的观念，为党育人，为国育才，进一步提升博士学位授予质量。

参考文献

[1] 国务院. 关于印发统筹推进世界一流大学和一流学科建设总体方案的通知. (2015-10-24) [2020-07-01]. http://www.moe.gov.cn/jyb_xxgk/moe_1777/moe_1778/201511/t20151105_217823.html.
[2] 高娜，高全胜，张雷生. 提升博士学位授予质量的路径探索研究 [J]. 黑龙江高教研究，2017 (7)：102.
[3] 教育部，财政部，国家发展改革委. 关于高等学校加快"双一流"建设的指导意见 [EB/OL]. (2018-08-20) [2020-07-01]. http://www.moe.gov.cn/srcsite/A22/moe_843/201808/t20180823_345987.html.
[4] 黄仕成. 马克思论能动性的四个向度 [J]. 马克思主义理论研究，2019 (4)：45.
[5] 李长波. 论学位授予质量保障体系建设 [J]. 大学周刊 B 版，2019 (7/8)：36.
[6] 李爱彬，梅静. 博士生跨学科课程实施：内在逻辑、现实困境与突破路径 [J]. 研究生教育研究，2020 (3)：34.

奖助体系

"持久的学力"和"可雇佣性",具体包括:收集、分析、整理和表达信息的能力,领导和组织活动的能力,团队合作的能力,应用逻辑思维和技巧的能力,应用技术能力以及一些特殊能力如解决问题的直觉性、发散性和原创智慧等。[2] 又如,美国从 1996 年到 2006 年,先后开展了三次博士毕业 5~10 年后的职业发展调查,结果显示,随着学术劳动力市场中高校新增专任教师规模渐趋稳定,博士生教育规模的不断扩大以及包括政府、企业等在内的社会劳动力市场对高学历研究型人才需求的增加,博士就业去向多元化成为一种必然趋势。未来的博士生教育应花费更多时间、资源和努力帮助博士生做好职业规划和就业准备,应拓宽培养博士生社会化发展的范围,关注学生各项技能的发展,那些并非传统博士生教育的核心内容,如团队合作、交流、跨学科研究、管理能力等,在博士生毕业后的工作中却非常重要。[3]

(二)生源选拔上,越来越重视对考生非认知能力的考察与评价

重视对非认知能力的考察已成为进一步优化研究生招生考试制度的方向。影响研究生学业成就的非认知能力包括沟通能力、规划能力、领导力以及责任心等。依据美国心理学家亚历山大的观点,非认知能力是指对人们的行为活动产生影响,但并不包含在认知能力、专业水平两大范畴内的心理因素,诸如创造力、责任心、职业道德以及行为动机等都属于非认知能力的范畴。[4] 从国际范围来看,研究生教育的生源争夺战越来越激烈,在入学环节越来越重视对考生非认知能力的考察,已经成为各国研究生招生制度改革的一个重要方面。非认知能力越来越被看作面向 21 世纪的核心胜任力。[5] 以美国为例,2016 年美国研究生院理事会发布的《研究生入学中的全面审核》报告,号召美国各高校的研究生院实行更加全面的考察方式,不仅考察考生的认知能力,更应关注考生的"非认知能力",主要做法包括保障考试时间,增加情景式和案例式题目,加强面试的结构化程度,采用标准化的推荐信等方式。[6]

(三)导师队伍上,建立导师资格审核制度激发导师的创新活力

导师的个人素养和学术水平直接决定了研究生的创新能力提升,高水平的导师队伍是提升研究生创新能力的关键。很多大学出台了动态审核导师资格的明确规定。西方发达国家大学研究生导师的遴选标准较低,资格审查也较为宽松,一般教师都有资格申请担任研究生导师,但对导师队伍的管理与监督较为严格,研究生导师不存在终身制。例如,加拿大的卡尔顿大学和纽芬兰大学明确规定,如果有确凿证据表明导师在聘期内的学术研究或研究生指导工作成效甚微,没有恪守职责,相关负责人可以会同该学术单位的负责人暂停其导师资格。相应地,在这些大学里,研究生导师名单总是在更新,导师能上能下是一种常态。[7]

(四)课程教学上,通过结构化的课程体系激发研究生创新意识

从全球范围来看,课程培养环节在研究生教育中的重要性不断提升。欧洲大学协会 2010 年发布的《2010 年趋势:欧洲高等教育的十年变化》报告对 821 所欧洲高校的问卷调查显示,在研究生阶段提供课程的高校比例从 2007 年的 49% 上升到 2010 年的 72%,即使在以师徒制为主要培养模式的德国,也开始建立系统化的课程体系,逐渐从师徒制发展到研究生院的结构化培养模式。以海德堡大学为例,这所德国最古老的大学从十多年前开始就在培养方案中明确提出,将开发大量跨学科的研究生课程资源,提升研究生的跨学科思维和创新能力。[8] 英国研究生教育的结构化特征从 20 世纪 90 年代开始逐渐形成。英国经济与社会研究委员会规定,接受委员会资助的博士项目在第一学年应该为博士生开设若干正式课程,其中社会科学方法论课程占据主要部分;甚至对博士生用于接受研究训练的时间也做出了规定,即要求博士生在第一学年必须将 60% 的时间用于接受研究训练。曼彻斯特大学要求,学生在 3 年内要花至少 600 小时接受研究生培训计划。[9]

(五)培养方式上,以校企联合培养加强研究生的创新创业能力

校企联合培养逐步成为各国研究生培养的主要方式之一,大多数西方发达国家都在积极推动校企联

基于提升研究生创新能力的培养模式改革探索

牛梦虎 程 洁 许 超 张 薇

（西安交通大学，西安 710049）

摘 要：创新能力不足，特别是原始创新能力薄弱，已成为制约我国研究生教育上层次、提水平的主要瓶颈。本文借鉴国内外研究生培养模式改革的探索与实践经验，以提升研究生创新能力为出发点，从人才培养的目标定位、招生方式、导师队伍建设、课程体系建设、国际化、评估体系等方面提出相应的改革思路和建议。

关键词：研究生；创新能力；培养模式；改革探索

作者简介：牛梦虎，1984年生，男，西安交通大学中国西部高等教育评估中心助理研究员，教育学博士，主要研究方向为高等教育质量管理与评估、学位与研究生教育，邮箱为niumenghu017@xjtu.edu.cn；程洁，西安交通大学研究生院培养办公室主任；许超，西安交通大学研究生院培养办公室职员；张薇，西安交通大学研究生院培养办公室职员。

研究生教育是国民教育的顶端和国家创新体系的生力军，承担着"高端人才供给"和"科学技术创新"的双重使命，没有强大的研究生教育，就没有强大的国家创新体系。据2019年教育部统计公报，全国研究生培养机构共828个，研究生招生91.65万人，其中博士生10.52万人，硕士生81.13万人；在学研究生286.37万人，其中博士生42.42万人，硕士生243.95万人。研究生已成为我国科研创新成果的生力军，研究生培养质量特别是创新能力提升关系到我国创新驱动战略的实施。

新一轮的国际竞争和科技变革对提升研究生教育创新能力提出了新挑战。因此，对高校研究生创新能力培养模式进行研究与分析，不仅有助于我国实施科教兴国战略和人才强国战略，也有助于推动教育主管部门和高校更科学、更合理地配置研究生教育资源，促进高校研究生教育管理的科学化、规范化、合理化，提升高校研究生教育的地位与竞争力。一般而言，研究生培养模式是指在一定的教育思想指导下，为实现特定的研究生培养目标，在长期的教育实践过程中逐渐形成的具有稳定性和系统性的特定培养模式。[1]培养模式不仅蕴含着培养什么人的根本问题，也包括如何培养人以及培养质量究竟如何等基本问题。为了提升研究生的创新能力，人才培养模式改革必须以研究生的创新能力培养为出发点和落脚点。本文主要采用比较研究的方法，从国际和国内两个层面，分别对国内外研究生培养中有利于创新能力提升的有益做法进行归纳和概括，以期为我国研究生创新能力培养模式改革提供些许启发。

一、国外研究生培养模式改革的经验借鉴

为了提高研究生的创新能力，西方发达国家不断改革研究生培养模式，有如下几方面的实践经验值得我国高校借鉴。

（一）目标定位上，重视多元化职业发展对研究生创新能力的要求

从全球范围来看，研究生的毕业去向早已不再限于以高校和科研院所为主的学术部门，而是更多流向企业和政府部门等更加多元化的就业单位。因此，在研究生培养目标上，除了强调知识创新能力和取得创新性成果之外，更要强调不同用人单位对研究生创新能力的要求。

例如，英国对研究生教育提出的新目标是，研究生毕业后无论是就职于教育界还是商界，必须具有

合培养模式改革。在认识到学术界与企业之间缺乏有效合作这一问题后,从20世纪80年代起,欧盟和欧洲各国政府采取了一揽子计划大力支持大学与企业的合作,大学与企业基于不同的动机和利益诉求,在博士生教育阶段签署合作协议,建立了不同类型的联合博士生教育项目,企业实质性地参与到博士生培养过程中,并为博士生课题研究、就业提供支持和帮助,实现了大学、企业和博士生三方的共赢。[10] 欧洲大学联合会《联合博士教育在欧洲——研究者的科研合作与可雇佣能力培养》报告指出,已经有34所欧洲著名大学在不同程度上开展了校企联合培养博士生的实践,德国的校企联合培养研究生甚至增加了为就业做准备的实习环节,通过开展"职业日"等活动增强研究生在学术界内外的创新创业竞争力。[11]

(六)国际交流上,充分发挥外国留学生在国家创新体系中的作用

西方国家的研究生教育中,外国留学生的比重越来越高,不少国家的外国留学生比例已经超出50%。在美国的数学、计算机科学和工程学等领域,超过一半的博士学位获得者都是外国留学生。[12] 外国留学生已经成为国家创新体系建设中的重要生力军。世界银行顾问克拉丙等人的研究发现,只要外国研究生增长10%,未来专利的申请量就会增长3.3%。[13] 因此,大力吸引外国留学生,在科学研究领域加强国际交流与合作,已经成为西方高等教育强国的共同选择。

(七)学位论文上,凸显对人类知识发展做出原创性贡献

从发达国家的经验来看,各国对博士学位论文的原创性都提出了明确的要求。例如德国规定,学位论文必须是博士生独立完成的科研成果,能够证明作者个人的科研能力和具有继续从事科学研究的潜力,并且对某一领域的科学发展做出贡献。法国要求所有的博士学位论文,无论哪一类学科都应该是对未开发领域进行的初步探索,而这种探索必须具有新的内容。英国要求博士学位论文要具有独创性,认为博士学位应授予对知识有独创性的人。[14]

二、国内研究生培养模式改革的实践探索

近几年,国内许多高校在培养模式改革方面也做出了很多有益的探索,为我国研究生创新能力培养模式改革提供可借鉴的实践经验。

(一)培养目标上,强调创新能力的培养和做出原创性的成果

我国《学位条例》明确规定,研究生学位特别是博士学位获得者必须在科学或专门技术上做出创造性的成果。然而,目前我国研究生教育面临的一个突出问题就是,虽然创新成果的数量已经位居世界前列,但具有原创性的研究成果不多。因此,在研究生培养的目标定位上,越来越多的高校开始重视对研究生创新能力的培养,鼓励研究生做出原创性的科研成果。厦门大学于2014年设立了全国首个"研究生田野调查基金",以项目基金资助的方式鼓励研究生走出校门、走进社会,通过田野调查探索新发现、提出新观点、取得新成果,开创原创性研究。随着越来越多的博士生毕业后走入学术界外部的企业和政府部门就业,以华为、腾讯和阿里巴巴等为代表的一些创新型企业都在积极吸收研究生层次的创新人才,这类用人单位需要研究生具备多元知识结构、批判思维、协同合作意识、创新意识和创新能力。在这样的背景下,一些研究生培养单位开始将这些新的用人需求及时反馈到人才培养的目标定位调整中来。

(二)生源选拔上,重视对创新潜质的考察,强化贯通式培养

为了更好地选拔出具有创新意识和创新精神的优质生源,国内一些高校纷纷提高直接攻博生和硕博连读生的比例,并采用本硕博贯通的培养方式。[15] 为了充分发挥学院和导师在研究生招生工作中的重要

作用，吸引具有优秀科研业绩和培养潜质的创新人才攻读研究生学位，目前不少高校都在传统的公开招考方式基础上，大幅采用硕博连读的招考方式。根据博士学位授予数据，大多数"双一流"高校都采用了贯通式培养的模式，尤其是中西部高校，贯通式培养模式已经成为提前锁定优质生源的重要方式之一，如兰州大学、重庆大学和西北农林科技大学等高校采用贯通培养的比例都超过了50%。西安交通大学自2018年起，所有学术型硕士均实行了以攻读博士为目标的贯通培养方式，同时开始实施"优秀本科生提前攻读研究生计划"，选拔本科三年级的优秀学生进入"提前培养计划"，学生提前确定导师，在导师的指导下完成本科毕业设计，并提前选修研究生课程，还可以充分利用第三学年小学期和第四学年进行本科、硕士衔接学习。虽然目前的贯通式培养模式还存在培养环境封闭、课程连贯性不足等问题，但在提前锁定优质生源、保证科研创新活动的连续性、缩短人才培养周期、加强按照学科大类培养和跨学科培养、拓宽学生知识结构等方面具有明显优势。[16]

（三）导师指导上，强化导师责任制，充分发挥创新团队的引领性作用

在研究生教育阶段，导师手把手地指导有利于在师生之间形成一定意义的师徒关系，有利于将导师的创新意识与创新思维等品质通过言传身教的形式传给研究生。[17]如果导师自己不从事创新性研究，缺乏创新研究能力，就难以指导研究生进行创新性研究。为了解决导师指导能力不足的问题，不少高校采用建设创新团队的方式，将博士生培养与创新团队建设相结合，鼓励博士生参与创新团队的前沿课题研究，在课题研究中从事真正具有创新意义的研究工作，在研究实践中形成创新能力。例如华中科技大学建立了创新研究院，制订了10个创新研究团队的跨学科博士生个性化培养方案，设立"技术创新基金"，从项目立题、项目申报、项目答辩、中期检查、成果报送、项目结题等方面给予博士生系统的科研训练，培养其独立从事科研工作的能力，鼓励发表高水平学术论文。重庆大学实施创新能力提升计划。充分发挥学科建设投入及中央高校基本科研业务费等资源的引导培育作用，面向国家发展战略、产业和区域经济发展的需求，积极抢占新兴产业竞争高地，前瞻性推进学科之间的交叉合作，跨校（院）组织跨学科研究，搭建跨学科创新团队，在汽车、能源、材料、仪器仪表、矿业、土木建筑、环境工程等传统优势和特色领域，组织开展若干重大科学问题研究。南京大学逐步将原来老师带学生开展企业委托为主的应用研究模式，转变为面向国家急需、产业需求由教师、学生、经营管理人才、生产技术人员共同组建创新团队，统筹好人才、科技、金融、管理等创新要素，实现科技、资本、市场的有机结合。

（四）课程设置上，更加突出对研究生的科研创新能力培养

当前的国际发展趋势是，研究生教育越来越需要在结构化的培养方案和课程教学中开展。在这样的背景下，国内一些高校也开始积极构建规范化和科学化的课程体系。主要的思路和做法如下：在研究生课程目标的设置上，紧扣研究生的创新意识和创新思维，将创新能力培养贯穿人才培养的全过程；在课程内容上，坚持前沿性与开放性的有机结合；前沿性的课程可以反映学科专业知识发展的前沿趋势，而开放性的课程容易引发研究生的兴趣和好奇心，提高研究生的学术问题敏感性，在对开放性问题的探究过程中逐渐形成批判性思维和独立思考的能力，加强创新意识与创新能力。例如，武汉大学的研究生课程体系建设与改革，着力培养博士生科学精神、创新能力、全球责任意识与领导能力，不断提升研究生对国家重大需求的贡献率。四川大学增设"创新创业型"和"实践应用型"课程1 000门以上，向本科生和研究生开放。西安交通大学着力培养研究生创新创业能力，通过开设8门"创新创业"系列课程，使学生了解开展创新创业活动所需要的基本知识和流程，使学生了解创造思维，锻炼学生创新创业思维方式，培养学生创新创业精神，增强学生团队协作能力，提高学生综合素质和创业就业能力。西安交通大学自2017年开始将"学科基础文献集"列入博士生培养必修环节，加强学科基础文献阅读和研究方法训练，为创新能力的培养打下扎实的专业基础知识基础。

（五）培养方式上，不断加强跨学科和跨机构的联合培养与协同创新

长期以来，我国高校各学科和专业之间壁垒森严，不利于学术互动与交流，限制了研究生的学术视

野和想象力,制约了研究生的想象空间和相互借鉴的机会。针对这种问题,不少高校加大了跨学科平台的建设力度,积极为研究生的创新能力成长与培养提供较为广阔的平台。例如,南京大学开发形式多样的学科交叉课程群,相关学科或专业联合培养复合型人才,推动交叉复合类人才培养模式探索。华中科技大学等高校先后建设各具特色的跨学科平台或多学科交叉人才培养计划,打破学科壁垒,对博士生生源选拔、培养方案、课程建设、毕业条件等进行系列改革,建立了交叉博士培养机制。浙江大学成立了交叉学科学位评定委员会,实施多学科交叉人才培养计划,建设"医学+X"等6个"多学科交叉人才培养卓越中心",积极扶持优势学科举办全国性和跨国性博士生论坛和研究生暑期学校,搭建国内外优秀研究生校际学术交流平台。天津大学积极推进交叉培养,先后搭建13个学科交叉平台,推动10个一流学科领域建设,持续向优质学科群和科研平台投放研究生资源。为了推动研究生跨学科人文素养和科学精神培养,北京大学开设"才斋讲堂",面向全校研究生开设"研究生科学精神与学科素养"通选课程,秉承跨学科、学术性的基本设计理念,以一门公共课程涵盖研究生培养的多个方面,突破传统的课程教学方式,在国内属于首创。与此同时,国内不少培养单位还积极探索校企联合的研究生培养模式,加强协同育人和协同创新的能力。作为创新驱动的重要方式,协同培养旨在通过各个学科领域的紧密合作实现跨学科路径的协同创新。[18]西安交通大学积极推动学校与产业协同育人,以市场为导向,构建产学深度融合的人才培养与技术创新模式,让专业学位的培养更切合社会实际需要,依据需求配置招生资源,突出实践训练,完善课程体系与联合培养基地建设。

(六)国际交流上,制定和实施各具特色的国际化发展战略

与西方发达国家相比,我国研究生教育的国际化水平仍然比较低。如上所述,美国工程学等领域的博士生中,有50%以上都是外国留学生。[19]相比较而言,我国在读博士生中外国留学生的比例还很低。令人欣慰的是,近年来各培养单位都在大力推动国际化发展,为研究生的创新能力培养营造良好的国际氛围。例如,四川大学建立以院(系)和学科为主体的留学生招生工作体系,完善招生激励机制,充分调动各部门、院(系)和导师开展留学生教育的积极性。探索与世界一流大学联合培养留学生的机制。武汉大学主动寻求与世界一流大学合作,开展海外实习与海外志愿服务活动,在重点学科推行国内外导师联合指导博士生的国际合作型培养模式。浙江大学积极实施博士生学术新星计划,支持一流学科建设的优秀博士生或具有强烈学术旨趣及科研潜质的优秀博士生,赴世界一流大学、师从一流名师,给予其出国留学资助费用。南京大学非常重视选派中青年学术骨干和青年管理骨干出国研修,提升教师和管理人员的国际化水平,同时重点建设一批国际化课程,加快建设若干个"国际合作联合实验室"和"国际化示范学院"。天津大学创新国际化培养机制,实施"顶尖博士学位论文国际化培育项目""博士学位论文国际评审项目",聘请世界一流大学专家组建指导团队,全程参与选拔和论文指导,进行博士学位论文海外评审与国际答辩,探索建立国际联合指导培养模式。西安交通大学从招生、奖学金设置、培养方案制订、全英文课程建设、教学管理、日常管理、学位授予等方面,对国际研究生按类培养进行规定并提出要求,并且同时启动全英文课程建设专项工作,支持各学院新建课程,组织课程资源不足的学院联合建立全英文课程体系,为国际研究生大类培养储备课程资源。从2019年秋季学期开始,所有国际学生以按类培养模式进行培养,同时为有效促进学术国际化培养和提高导师国际化交流水平,将"国际合作与交流"纳入贯通培养必修环节,依据学生参加各类国内外国际交流活动进行学分认定。

(七)论文指导上,不断增强对论文创新性的要求,完善论文质量保障机制

为了解决选题的理论和实践意义不足等问题,一些高校要求学位论文的选题要更加贴近国际学术前沿和社会需求,并明确要求研究生的文献综述报告中外文文献引用比例不得少于50%。除此之外,很多研究生培养单位都明确提出,博士研究生在学期间必须在学科核心期刊上公开发表一定数量的学术论文,这种要求实际上也是对研究生创新能力培养的要求,因为没有一定的创新性,学术论文就很难得到同行的认可并得以发表。例如,天津大学完善校院两级研究生教育质量管理体系建设,强化培养过程质

量导向和学位论文全过程督导机制，系统推进"3I4C"研究生分类培养模式，着重提升研究生的创新能力。南京大学建立以激励为目的的弹性学制，实施优秀博士生创新能力提升计划，实行博士学位论文校级层面抽检盲审。武汉大学建立学位论文定期抽检制度，保证学位授予质量。

三、改革建议

人才培养模式的构建不是对传统教育模式的简单调整，而是按照一定方式将传统教育模式中的合理内核与创造出的有利于人才培养活动的要素进行优化和统合。

（一）以"三个面向"为指针，调整培养目标定位

"三个面向"是指导我国科技创新的基本原则，在关键领域尽快实现突破，力争形成更多竞争优势是我国创新发展的主攻方向。高层次人才作为科研工作的中坚力量，以"三个面向"为指针，通过政策分析、大数据、就业单位反馈等，适时调整人才培养目标定位，理顺、改革培养模式，这是人才培养的重中之重，也是基本点。

（二）以"创新潜质"为重点，改革招生录取方式

为了更好地选拔优质生源，需要在招生入学环节加强对研究生创新潜质的考察。为此，必须加快招考方式改革，大力推广国际通行的申请考核制招考方式，进一步下放招生自主权到基层培养单位和导师，加强对面试环节的考察力度，提高面试成绩的比重，强化对考生创新意识和创新思维的考察，为研究生创新能力的培养和提升提供优质的生源基础。

（三）以"立德树人"为原则，加强导师队伍建设

研究生的培养质量主要取决于导师素养的高低和导师指导的投入，导师的素养除了传统意义上的学术水平外，非学术素养对研究生成长的影响也非常重要。因此科学的制度设计，包括遴选、动态审核、考核评价、培训等环节，应将师德作为重点，按照习总书记的"四有"要求选任优秀的教师担任研究生导师，并通过科学的审核、评价机制，引导导师将更多的精力投身研究生培养。

（四）以"创新能力"培养为中心，加强课程体系建设

当前我国研究生培养过程中，课程教学环节仍然存在研究方法课程训练不足、方法课程的学分和学时较少、跨学科的课程数量比例较低等问题，因此，需要进一步加强课程体系建设，尤其要加强研究方法和学术规范养成课程的开发和设置，并将其列为专业必修课，提高研究生从事科研创新活动的研究方法素养，改进论文写作方法和研究规范。同时投入充分的师资，提高跨学科或交叉学科课程的开设比例。

（五）以"一带一路"为依托，大力推进高校国际化进程

人才培养必须服务于国家战略，中国经过40年的改革开放，经济总量位列全球第二，提出了"一带一路"倡议，加快走向世界中心的步伐。所以应把高校的国际化纳入国家发展战略，加快高校国际化进程，培养更多具有国际视野的人才、更多具有全球竞争力的人才和更多具有世界担当的人才。

（六）以"去五唯"为导向，建立科学的人才质量评估体系

监管体系就是指挥棒，指挥方向正确才有可能引导学校和导师全身心地做好创新型人才培养工作。传统的"唯论文、唯帽子、唯职称、唯学历、唯奖项"考核体系不利于导师和研究生从事创新性研究，制约了研究生创新思维，因此需要去"五唯"，重新构建更加科学的适合创新能力评估的评价体系。

参考文献

[1] [13] 徐平. 我国研究型大学博士生培养模式研究 [D]. 厦门：厦门大学, 2008：143, 66.

[2] 刘青, 闫思. 基于雇主需求的英国博士人才培养新模式——兼论博士人才的可雇佣性开发 [J]. 比较教育研究, 2008（1）：20-24.

[3] 顾剑秀, 罗英姿. 美国博士职业发展——基于三次毕业博士职业发展调查的分析 [J]. 外国教育研究, 2015（4）：106-116.

[4] 王传毅, 程哲. 研究生招生考试中"非认知能力"的测量：概念、实践与展望 [J]. 研究生教育研究, 2017（5）：67-72.

[5] 乔治·库, 金红昊. 非认知能力：培养面向21世纪的核心胜任力 [J]. 北京大学教育评论, 2019, 17（3）：2-12.

[6] 王传毅, 王瑜琪, 杨佳乐. 重思硕士培养定位：争论与可能 [J]. 清华大学教育研究, 2019, 40（2）：115-125.

[7] 林杰. 英美国家研究生导师资格认定制度管窥 [J]. 学位与研究生教育, 2007（9）：74-77.

[8] 秦琳. 从师徒制到研究生院——德国博士研究生培养的结构化改革 [J]. 学位与研究生教育, 2012（1）：59-64.

[9] 王东芳, 沈文钦, 李素敏. 美国博士生培养的结构化模式及其全球扩散——以经济学科为案例 [J]. 学位与研究生教育, 2014（8）：61-66.

[10] 刘亚敏, 胡甲刚. 校企联合培养：欧洲博士生教育的新探索 [J]. 学位与研究生教育, 2012（10）：72-76.

[11] 郭瑞迎, 牛梦虎. 我国博士生创新能力培养模式改革趋势浅析 [J]. 法学教育研究, 2018（1）：185-199.

[12] 菲利普·阿特巴赫. 美国博士教育的现状与问题 [J]. 教育研究, 2004（6）：34-41.

[14] 高耀. 学科文化与博士学位论文的创新标准——基于哲学、社会学和物理学的考察 [J]. 北京大学教育评论, 2018（1）：15-38.

[15] 张国栋, 吴松. 贯通式博士生培养模式研究的反思 [J]. 中国高教研究, 2008（2）：36-38.

[16] 熊玲, 李忠. 本-硕-博贯通的创新人才培养模式探究 [J]. 学位与研究生教育, 2012（1）：11-15.

[17] 陈其荣. 诺贝尔自然科学奖与科学精英的造就 [J]. 北京科技大学学报（社会科学版）, 2012（1）.

[18] 黄瑶, 王铭, 马永红. 以跨学科路径协同培养博士研究生 [J]. 学位与研究生教育, 2017（6）：24-28.

[19] Altbach PG. Doctoral education: Present realities and future trends [M]//International handbook of higher education. Springer, Dordrecht, 2007: 65-81.

基于高等教育成本分担理论的研究生资助制度的构建与实践

李 航

（同济大学，上海 200092）

摘　要：研究生资助制度是落实高等教育成本分担的重要渠道。我国研究生资助制度发展不完善，过度依赖国家投入，吸纳社会资金能力有限，整体资助能力不足，无法满足培养高水平科技人才和"双一流"大学建设的需求。同济大学经过十余年的实践，探索出资助制度内涵式发展的切入点：深挖激励特性，调动研究生培养各主体的积极性；强化杠杆调控作用，实现资源的引流和分流；回归育人本质，培养综合型高素质人才。

关键词：高等教育成本分担；研究生；资助制度

作者简介：李航，1982年生，女，硕士研究生，同济大学研究生院管理处副主管，研究方向为从事高等教育奖助管理，邮箱为 lihang@tongji.edu.cn。

高等教育成本是指受教育者在接受高等教育过程中所耗费的教育资源的价值综合。高等教育成本根据受益者角度在政府、社会、高校和学生这几个主体之间进行分摊已经达成共识：政府通过财政拨款、企业通过合作办学、学校通过设置奖助学金、导师通过发放酬金、学生通过缴纳学费等形式来直接或者间接分担高等教育成本。研究生的资助制度是研究生教育成本分担的重要渠道，可以更好地完成教育成本分摊的重任；体现高等教育的公平与效率；直接关系到资源的优化和配置；直接引导了人才培养的价值导向，影响了培养质量。本文着重从高等教育成本分担理论分析研究生资助制度的构建和同济大学多年的探索实践经验。

一、研究生的资助制度

2013年财政部、国家发改委和教育部联合发布了《关于完善研究生教育投入机制的意见》等一系列文件，规定从2014年秋季学期起，全面实行研究生教育收费制度，同时，规范了研究生的资助制度，形成以政府投入为主、受教育者合理分担培养成本、高等学校等研究生培养机构多渠道筹措经费的研究生教育投入格局。研究生资助制度一直是教育部、财政部重点关注的教育改革的内容之一，也是深化改革内涵式发展的突破点之一。研究生资助的政策工具主要包括：研究生学业奖学金、研究生国家奖学金、研究生助学金、研究生国家助学贷款、三助酬金（助研、助管、助教）以及学校自筹经费或者企业捐赠类型的奖助学金。国家奖学金、校级优秀奖学金、企业捐赠奖学金等，是根据出资方的需求设置的具有特殊标准的奖项，主要是为遴选出特殊优秀的研究生。学业奖学金，是由国家主导、学校配套设立的针对研究生的学费补贴，基本以公平优先为原则。助学金是由国家主导、学校和导师配套设立的研究生生活补贴，基本以公平优先为原则。有些高校采取学科大类分类指导，公平优先，兼顾效率。研究生的"三助"酬金为研究生担任导师的科研助理、学校的行政管理助理和任课教师的课程助理而获得的劳动报酬。

二、研究生资助制度的特点

研究生教育作为国民教育的顶端和国家创新体系的生力军，承担着培养德智体美劳全面发展的高层次创新人才的重要使命。研究生资助制度承担着体现教育公平、倡导奖优罚劣、调控资源流向等多方面职责。因此研究生资助制度具有分摊多渠道、定位多元化、标准差异化等特点。

（一）分摊多渠道——以提高研究生培养质量为目标，理清相关者的利益诉求

根据高等教育成本分担理论，高等教育的所有受益者都要参与成本分担。政府、社会、高校、导师和学生围绕提高研究生培养质量这个核心，通过提供资助和缴纳学费的方式来参与成本分担，以期实现目标诉求。我国现阶段高校资助制度发展不完善，其中最主要的问题是：过于依赖国家投入，吸纳社会资金能力有限，资助经费总供给量不足。因此在制度设计上，应充分挖掘相关者的利益需求，有针对性地采取激励手段。如以市场需求为导向，调整招生类型和课程设置，优化校企对接通道，通过开拓校外勤工助学岗位、社会实践基地、就业推荐等优惠政策，号召鼓励有实力的校友或者企事业单位在校开设奖助学金，以拓展资金渠道，弥补资金缺口。

（二）定位多元化——统筹兼顾，构建奖、助、酬三位一体的多元资助体系

研究生资助制度促进教育公平，鼓励优秀研究生最大限度地发挥创造潜能，提高研究生综合素质。我国2013年建立了奖、助、酬三位一体的多元资助体系的框架：奖学金以效率优先，奖先进树典型；助学金以公平优先，补贴生活补助；"三助"酬金为劳动报酬，鼓励研究生参加教学、管理和科研活动。构建与一流人才培养相适应的"奖助酬"三位一体多元资助体系，形成有利于提升研究生培养质量的竞争激励机制和长效保障机制，激发研究生群体的创新活力。

（三）标准差异化——资助标准在不同高校、不同学科甚至不同导师之间都存在差异

一线城市的院校普遍高于二三线城市院校；重点院校普遍高于普通院校；理工学科普遍高于人文社科类学科，导师助研酬金也存在较大差异。不同高校不同专业的学费也会有高低差异，学生对学费的承受能力不尽相同。研究生教育成本分担作为一种制度性安排，需基于各方的预期收益和支付能力[1]。各利益方心中为预期的收益"定价"，只有当"付出"小于等于"定价"，制度才可持续推进。如人文社科类学科因学科特点和"松散"的师生关系，决定了导师培养研究生所获得"收益"有限，因此自愿承担的资助经费有限，只能寻求学校扶持。承担重大科研项目的导师亟须优秀研究生协助完成工作，愿意支付更多的资助经费以换取高水平科研力量。这种差异性的存在并不与教育公平性矛盾，这正体现了教育需求的市场化规律。引入市场机制可以增加高等教育的竞争力与适应性，形成生态化的优胜劣汰趋势。

三、同济大学研究生资助制度的实践

（一）深入分析需求，深挖激励特性，调动各主体的积极性

研究生奖助工作的出发点和着眼点是构建保障与激励相协调的运行机制。激励机制对增强研究生为科学而献身的信心，激发他们的科技创造力，具有深远和不可估量的影响[2]。有效的激励有利于调动学校、导师和学生的科研积极性，有助于树立统一的价值目标，可以凝聚各主体聚焦于提高研究生培养质量形成合力。同济大学经过多年的探索，研究生资助制度已展现出"双激励"效应：

"正激励"——通过某种方式或者方法实现某种目的。如：

通过"提高导师助研酬金"实现"导师激励，提高科研产出"；

通过"设置扶持基金"实现"对部分学科或导师的扶持"；

通过"评优评奖标准的设置"实现"促综合发展"。

"负激励"——为避免出现某种后果而采取的手段。如：

"学业情况不达标"而"取消学业奖学金"；

"导师科研经费不足"而"限制招生"；

"学业成绩不够优秀"而"无法参评奖学金"。

"正激励"和"负激励"产生的"拉力"和"推力"形成合力，成为学科、导师和研究生培养的原始动力。如果把研究生培养过程比喻成长跑，招生是起点，毕业是终点，培养过程贯穿始终，那么资助工作就像是跑道上的加油站，鼓励领先、鞭策落后，树立优秀典型，激发内在动力。

同济大学还通过导师资助的分类指导，实现了对学院、导师和学生三方的激励。学校鼓励各学院各学科用好资助这个经济杠杆，给予学院充分政策支持和操作层面的支持。我校电信学院首先提出博士生导师固定补助额度提升为1.5万/年，该学院博士助学金达到3.2万/年，既吸引了优秀生源，又极大地提高了研究生的科研积极性。我校导师自主发放的助研酬金更是直接体现了导师对研究生参与科研活动的认可和奖励。2019年助研酬金总量达到1.6亿元，已经超过国家助学金、学校助学金和导师助学金的总和。资助体系通过健全研究生教育成本分担机制，督促导师在招生、培养研究生等方面具有更强的话语权，在提高自身科研素质和成果转化能力方面更积极主动。在自身素质提高的同时，推动了人才培养、学科发展、成果产出和社会价值等多方面形成共赢，对于深入推进研究生教育改革、激发研究生教育活力起到了积极作用。

（二）加强宏观统筹，强调杠杆调控，做到分流引流

资助制度具有经济特性，通过经济调控实现资源的分流和引流。扶持基金制度是研究生培养机制改革初期就设置的调控手段，主要面向人文、社科和基础研究，由学校提供政策支持和补助。这对于综合型大学的学科布局和长远发展，具有重要意义。2019年开展的科研经费博士专向招生计划，正是运用资助的杠杆调控作用，将优秀的博士生资源聚拢到重大科研项目，聚焦"卡脖子"的基础性、战略性和前沿性研究领域，通过强化导师助学金的管理来推进科研经费使用，让博士导师和学生共同以科技进步和人才培养为目标，提高成果产出质量。国家可通过顶层设计高屋建瓴，以资助制度为抓手，做好区域布局、学科布局的前瞻性和战略性发展规划。高校从建设一流大学和一流学科的战略高度，以学科发展规划为纲领，做好资源调配和倾斜，做到人才、资源的分流和引流。

（三）围绕提高质量，关注师生反馈，做好绩效评价和分析

研究生资助制度的落点是提高研究生培养质量，导师和研究生作为主体，对资助制度的体验反馈直接影响到培养质量。关于研究生资助制度的研究多停留在理论方面，鲜有量化研究，满意度反馈方面更是基本空白。同济大学针对现行研究生奖助制度实施情况，开展了关于博士研究生资助制度建设的调查问卷，获取的1502份问卷统计结果显示：博士生在报考时对高校奖助政策的总体关注度较高（77%）；博士生对助学金的满意度较低（12.6%）；提高助学金标准有助于提高科研兴趣（95.8%）；接受"提高助学金标准"的同时"提高科研成果要求"（79.2%）。问卷结果明确显示，资助制度对于研究生科研热情具有直接的影响力，从而影响生源质量、培养质量，高校的学科发展和社会声誉。因此资助制度的发展路径，必定是制定－执行－反馈－优化－改进－执行－反馈－优化的螺旋上升过程。只有经过不断的实践检验和政策调整，才能制定出适合本校情况的最优的资助制度。

（四）教育的本质是培养人，要致力于培养健全的人格，激发内在动力

研究生资助制度具有思政教育的功能，可以培养学生诚实守信、求真务实、踏实进取等优良品质，

塑造德才兼备的国家栋梁之材[3]。这种正导向性机制的发挥需要以严格规范的评奖程序和动态调整制度机制的方式作为保障。但这种外界激励机制的建构，如政府及高校制定的各项奖助政策规则、导师的学业与生活指导、同龄亲朋之间的隐性激励对学生个体而言都属于外因，究其本质需要通过学生的解读和感悟来发挥这种正面激励作用。致力于建构一种激励机制，并非要一味促进激励机制理论层面的完善，而是要将目光转移至"人"，即关键在于被激励者是否能够将激励转化为动力。应关注个体的主客观差异，如家庭情况、人生理想等，不同主体对相同的外因刺激可能会产生截然不同的反馈。因此在制定各项规章制度与奖惩政策的前提下，要引导博士研究生树立正确的科研目标和人生目标，以人才培养激励机制和事业进取激励机制为期望目标，始于激励建构，终于自我发展，从而将外界的激励机制转化为内生动力，达成教育"培养人"这一本质要求。强化政策导向、导师引领和个人意识同步发展三维驱动，坚持"公平、公正、公开"奖助原则，同时牢牢把握资助工作"育人为本、德育为先"的核心理念，回归到教育的本质要求和价值诉求。

参考文献

[1] 裴庆祺，姬红兵. 研究生教育成本分担与资助［M］. 北京：中国社会科学出版社，2009：2-5.
[2] 尹一名，马文硕，刘莹，等. 论激励机制在研究生教育中的重要意义［J］. 教育教学论坛，2014（2）：208-209.
[3] 裴秋蕊. 研究生奖助体系对提高研究生培养质量的作用机制研究［J］. 学位与研究生教育，2015（10）：39-42.

管理服务

提升窗口效能 创新服务育人
——以同济大学嘉定校区研究生综合服务窗口为例

陈新亮 张晓奥

(同济大学研究生院，上海200092)

摘　要：高校综合服务大厅的建设实施，是创新服务育人的有效措施，有利于提升管理服务水平，促进高校管理机制改革创新，但也存在一些问题，影响了窗口效能。同济大学研究生服务窗口通过不断探索，构建线下线上自助"三位一体"的服务体系，提升窗口服务效能，同时在制度上、业务上、文化上健全保障措施，促进窗口人员健康发展，为学校"双一流"建设提供服务保障。

关键词：研究生窗口；服务效能；创新机制

第一作者简介：陈新亮，1986年生，男，硕士，助理研究员，从事研究生教学管理工作，邮箱为14050@tongji.edu.cn。

基金项目：本文获同济大学教改项目资助，项目编号：2019GL24。

一、引言

党的十九大报告明确提出：加快一流大学和一流学科建设，实现高等教育内涵式发展。新时代高校内涵式发展不仅对人才培养质量提出更高要求，也包含了持续推进高校治理体系和治理能力现代化的目标，需要一流的师资队伍，也需要一流的管理服务体系[1]。当前高等教育改革不断深入，高校以人为本、三全育人观念不断加强，为提高管理效率和服务质量，很多高校都积极探索传统管理向服务型管理模式转变的途径，支撑学校学科发展，创新服务育人机制。

服务育人贯穿高校人才培养整个过程，是高校立德树人根本任务的重要保障，对学生学习、科研、生活、就业等各方面影响深远。当前很多高校将综合服务大厅作为综合改革的重点项目，客观上满足了服务师生的要求，也是高校"放管服"改革向纵深推进的重要举措。高校综合服务大厅的建设，能有效整合学校资源、提升管理服务效能、创新管理服务理念、展示学校服务品牌，是落实高校服务育人的有效途径。

二、国内高校构建综合服务大厅现状分析

高校较于政府部门、企业等相对独立，建设综合服务大厅也相对较晚，如中国科学技术大学，在2009年正式建立综合服务中心并实现多部门集中管理。近年来随着高校服务意识逐渐增强，很多高校纷纷建立服务大厅，如2015年9月天津大学整合党办、校办、教务、人事等12个职能部门的180多项服务事项，在新校区推出综合服务大厅。2016年9月安徽大学正式启用综合服务大厅，集中人事、学生处等12个部门入驻，服务事项达130多项。武汉大学、浙江大学、中国人民大学等在服务大厅窗口规模和业务量上都取得较大突破。同济大学于2016年启动综合服务大厅建设，2017年10月在四平路校区建成启用，2018年3月在嘉定校区启用，服务大厅由线上线下两部分组成，涵盖行政、人事、财务、本研教学等18个部门近200项服务。

（一）综合服务大厅的创新性

综合服务大厅在服务模式、生产要素和服务内容上创新成效显著[2]。组织上综合服务大厅集中高校多个职能部门，师生可以在同一地点同一时间办理多项业务，一定程度上缩短了办事周期，提高了办事效率，实现了"一站式"服务。制度上综合服务大厅一般都有比较完善的管理规章，信息发布及时、业务流程清晰、办事过程透明、管理理念先进。硬件上大厅办公设备完善、环境整洁，办公区、休息区、打印区和等候区等统一规划，格局科学合理。服务上更加人性化、个性化，大厅执行首问责任制、限时办结制等制度保障，部门协同、无缝对接，给师生愉悦的办事体验。

（二）综合服务大厅存在的问题

服务大厅作为高校综合改革的重要举措，给学校管理带来了新的理念，适应了学校的发展。但新的运行机制总有不够完善的地方，还需要进一步探索。从业务上来说，一是大厅业务量稍显不足，有进一步提升的空间；二是线上线下办事大厅融合度不够，有时过度依赖线下服务，线上服务事项也没有完全信息化；三是业务流程还需进一步优化以适应窗口工作机制，不能直接从原部门"照搬"；四是权责不对等，窗口人员往往按照"指令"办事，承担业务职责而缺乏一定的自主权，遇到问题只能向原业务主管汇报，缺乏灵活性。从大厅运行机制上说，目前大厅工位人员多数来自不同部门，业务上、管理上受原部门和大厅双重领导，绩效评价、奖惩机制、岗位晋升等制度不够完善，导致工作人员归属感、凝聚力不强。同时也缺乏相应的监督机制，往往存在两部门管理的"间隙"，造成个别工作人员消极怠工、疲于应付。因此服务大厅建设还有很大的发展空间，在体制机制创新和业务融合上还需要进一步探索实践。

三、同济大学研究生窗口综合服务探索及创新机制

根据规划，同济大学于2004年9月启用嘉定校区并开始教学运行，目前入驻学院中有11个学院招收培养研究生。新校区启用以来，研究生院按照"以师生为中心，以提高服务质量为导向"的服务理念，不断探索管理方式的创新和服务质量的提高，旨在为师生提供更加便捷、高效、优质的教学管理服务。

从时间维度看，窗口建设主要经历了探索、制度化、信息化和综合服务四个阶段（见表1），相应管理机制从简单外派方式到正式定编定岗、再到现在实行窗口化规范管理。新校区启用之初管理制度还不完善，各方面工作都在探索中，研究生院在嘉定校区设置办事处，外派人员协调管理，师生日常事务由研究生院业务部门轮流值班办理。经过6年的实践探索，2010年学校批准正式成立研究生院嘉定校区研究生工作办公室，规划编制人数、明确岗位职责，校区研究生管理逐渐制度化。随着国内高校自助服务的兴起，经研究生院建设，2013年底嘉定校区正式启用自助服务终端，迈出了窗口信息化的步伐。早在2012年9月嘉定校区就成立了学生事务中心，同期研究生院开始探索校区窗口化管理，2018年嘉定校区综合服务大厅正式成立，研究生院首批入驻并开启全新的师生综合服务时期。

表1 嘉定校区研究生窗口建设过程

	探索时期	制度化时期	信息化时期	综合服务期
时间区隔	2004—2009年	2010—2013年	2014—2017年	2018年至今
重要事件	2004年9月研究生院设置嘉定校区办事处	2010年3月学校正式成立嘉定校区研究生工作办公室； 2012年9月入驻嘉定校区学生事务中心	2013年11月嘉定校区启用自助服务终端	2017年10月学校综合服务大厅启用； 2018年3月入驻嘉定校区综合服务大厅

续表1

	探索时期	制度化时期	信息化时期	综合服务期
管理机制	外派人员协调管理；业务部门轮流值班	定编定岗；职责明确	优化流程；自助服务	线下线上自助"三位一体"服务体系

研究生院注重落实服务育人功能，将科学性和可操作性、制度化和个性化有机结合，积极开展研究生教学管理窗口服务建设，梳理窗口办事流程和办事方式，开拓服务创新机制，构建线下线上自助"三位一体"服务体系。

（一）深度融入学校综合服务平台、规范线下窗口业务办理

研究生窗口深度融入学校综合服务平台，采用统一信息发布、叫号系统和评价制度，规范业务办理、提升服务体验。窗口全面展开教学管理相关工作，涉及研究生招生、培养、学位、学籍管理等日常服务事项20余项，各项工作开展便捷通畅，极大地方便了师生办事，并依托窗口，协助研究生院同步展开嘉定校区研究生招生考试、新生入学等教学活动。窗口为有效降低嘉定校区师生跨校区办事的频率，主动承担校区间必要的纸质文件受理转送工作。经统计，研究生窗口2019年办理师生业务量达3 900多件，日均20件；窗口受理校区间材料转送1 700多份，日均8至9份。问卷调查显示，窗口工作人员办事效率、服务质量、服务态度满意度均超过95%，受到师生一致好评。

（二）加强信息系统建设、完善师生服务线上平台

信息化是高校实现管理现代化的重要手段，随着高校教学逐渐趋于精细化管理，势必对信息化提出更高的要求。同济大学研究生相关业务基本实现信息化，即研究生整个在校期间的各项教学事务都可在信息系统内完成。同时为了给师生提供更加快捷、简便的操作服务，系统常用的业务功能已融入学校综合服务门户。业务数据已经实现与学校数据仓库对接形成数据共享平台，直接读取人事、科研、财务以及档案等研究生相关基础数据，解决数据冗余问题、避免师生重复填报的工作。目前我校正在建设第二代本研教学一体化系统，该系统采用弹性灵活的微服务架构，旨在为师生提供"一站式"教学服务。基于教学整体规划，对业务流程进行重新梳理整合，将窗口部分线下业务通过系统线上完成，为师生提供更加优质便捷的服务。

（三）升级自助终端功能、提升办事服务体验

为提高行政效率，提升服务质量，2013年研究生院率先在服务窗口推出自助打印终端，将业务量大、重复性高的研究生业务整合优化，无须审批，研究生根据需要可自助办理相关业务。服务终端经过多次升级优化，现已集成本研一体化自助服务12项，其中研究生业务包括中英文成绩单打印，在读证明打印，申请补办研究生证，火车票优惠卡信息查询、写卡、充值、信息更改等。工作人员后台对服务终端进行监控、维护。经统计，2019年窗口自助终端打印中英文成绩单4 700多份、在读证明2 100多份，自助办理火车票业务7 500多次，有效提升了工作效率和服务体验。

四、提升窗口服务效能的保障措施

学校对窗口服务育人功能要求严、标准高，坚持以人为本、以提高服务质量为导向，规范工作行为、提升窗口效能。同时也不断完善窗口人员管理机制，注重对工作人员的培养和职业发展，从制度上、业务上、文化上健全保障措施，全方位提升员工工作能力和激发工作热情，以适应越来越复杂的窗口岗位需要。

（一）完善制度保障、促进健康发展

完善的制度保障对培养人才、提升能力、实现自我价值具有重要作用，有利于促进员工健康发展。一是健全轮岗制度，轮岗交流能有效提高管理人员业务能力和完善知识体系。研究生窗口实行定期轮岗制度，特别是年轻新进人员，通过窗口基础工作的实际操作，加深对研究生教育体系和管理机制的理解，促使员工较快完成从职业新人到成熟员工的转变。二是优化激励政策，除学校原有工作绩效、奖励机制外，大厅通过设置额外窗口绩效和评优评先措施，大大激发了窗口人员工作热情，以饱满的精神状态投入到工作岗位中。

（二）加强业务培训、增强工作能力

窗口工作本质在业务办理、在服务效率和质量。研究生窗口工作涉及招生、培养、日常管理到毕业等教育管理整个过程，对员工的知识面和工作能力有很高的要求，必须具备系统的知识体系和熟练的业务操作能力。同时窗口服务对象是学校广大教师和研究生，员工的工作态度和工作方法也同样至关重要。因此研究生院通过多种形式的学习培训，如支部建设、部门内业务培训、多部门沟通协作、学校专项培训、国内外学校调研学习等，加强窗口员工工作能力，优化窗口服务团队，提升窗口服务质量。

（三）塑造窗口文化、传承学校精神

窗口工作是研究生院、学校面向师生的最直接表达方式，不仅在业务事项上影响着师生的办事服务体验，更重要的是还承担着学校精神的传承。窗口人员小到精神状态、服务态度，大到作风品格、职业价值，都代表着学校的形象，直接影响着师生，特别是还处于学习阶段的学生。大厅秉承同舟共济、自强不息的学校精神，营造积极进取、敢于担当、团结奉献、互助友爱的窗口文化，让规范严肃的工作在轻松愉悦的环境中完成，让学校精神在日常工作间潜移默化地传递给学生。

五、结语

综合服务大厅的建设是新时代高校服务育人机制的具体落实，是高校建设服务型机关、培养执行高效作风优良的管理服务队伍、完善科学规范的管理服务体系的创新举措，学校、各窗口单位和全体师生应共同努力，构建"发展性、保障性、信息化"的服务育人体系[3]，进一步提升大厅窗口服务效能、推动窗口服务内涵式发展，为学校"双一流"建设、为学校治理体系和治理能力现代化提供服务保障。

参考文献

[1] 陈武元，胡科．"双一流"建设背景下的高校行政管理人员能力提升研究［J］．现代大学教育，2018（3）：79-85．

[2] 易兰丽，杨慧，孟庆国，黄梅银．政务大厅服务效能影响因素实证分析［J］．北京理工大学学报（社会科学版），2019（7）：104-112．

[3] 吕宗瑛．英国高校服务育人体系概论［J］．学校党建与思想教育，2017（5）：93-96．

基于工作场所创造力理论的高校管理服务育人机制研究

吴 琳 李秀兵 武 欣 马菊红

（西安交通大学，西安 710049）

摘 要：工作场所创造力通常被定义为组织情境下个体所产生的新颖的、有用的想法或观点，它虽然是企业管理研究领域的概念，但在需要提升学生创造力的高等教育领域同样适用。组织情境因素及它与个体的交互会对组织中个人的能力、动机和机会产生影响，从而影响个体的创造力。在高校中，建立能提升能力、激发动机且提供机会的服务育人环境对于提升学生的科研能力具有重要的作用。

关键词：工作场所创造力；服务育人机制；内在动机

第一作者简介：吴琳，1987年生，女，硕士，研究方向为研究生教育管理，邮箱为 wulinhrm@xjtu.edu.cn。

一、引言

习近平总书记在全国研究生教育会议上强调，研究生教育在培养创新人才、提高创新能力、服务经济社会发展、推进国家治理体系和治理能力现代化方面具有重要作用。

提升学生的科研创新能力，落实立德树人的根本任务一直是高等教育关注的重要问题，除学生个体的科研素养及努力程度外，高校的服务育人机制也从组织环境与个体交互的角度对学生个体的科研能力产生潜移默化的影响。

工作场所创造力理论认为，个体的创造力与个体所在的组织情境相关，个体的创造行为会受到组织中的社会情境、物理情境、工作和任务情境等多重因素的影响。本文基于工作场所创造力理论，重点分析如何从组织情境因素入手，创造利于提升学生科研创造力的育人机制。

二、工作场所创造力理论及模型

国内外现有文献从个体、团队和组织三个层面多角度探讨了个体因素和组织情境因素对个体工作场所创造力的影响。

有学者[1]指出，当前有关工作场所创造力的前因变量研究，大多聚焦在以行为者为中心和以组织情境为中心两大流派。这两个流派基本上相互独立，应更多关注个体与组织情境变量的跨层次交互作用，探讨情境因素和个体特征对员工创造力产生的交互影响（Zhou & Hoever, 2014）。

有关工作场所创造力的研究大多基于阿马比尔（Amabile, 1983）[2]提出的创造力构成要素模型，包括任务动机、与领域相关的技能以及与创造力相关的技能三个构成要素，研究视角包括与创造过程相关的研究、对创造者个体特征的研究、对创造行为结果的研究等。伴随着个体与情境交互理论的日益流行，学者们对影响创造力的情境因素产生了极大兴趣。在交互理论看来，个体行为绩效是个体特征因素和情境因素共同作用的结果。吴启涛等根据相关的工作场所创造力的研究理论整理了如下模型[3]（如图1所示）。

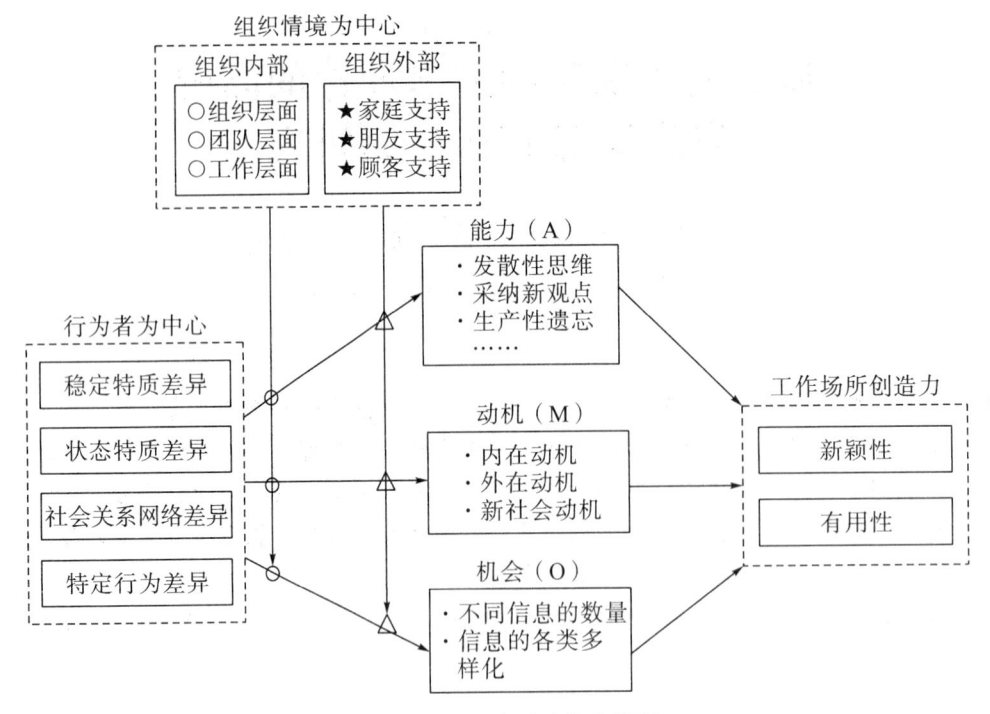

图1 工作场所创造力整合模型

该模型提到了影响工作场所创造力的三大主要因素：能力、动机和机会，并从以行为者为中心和以组织情境为中心两个维度分析了彼此间的交互作用。

在该模型中，能力指的是创造性思考的技能和能力，动机包括内在动机和外在动机，机会指的是个体能接触到更多的、不同的观点、信息和思想的可能性。

三、影响学生科研能力提升的因素分析

工作场所创造力模型呈现了组织和个人的不同特征对个体创造力的影响，高校学生的科研能力也是各种因素综合作用的结果。

从能力来看，包括科研能力和心理素质能力，可以认为达到入学条件的研究生在科研上都具备基本能力，有着基本完备的知识体系和开展科研实验所相关的技能，在校学习过程就是不断完善知识体系，并对已有的知识体系进行排列组合从而取得创造性成果的过程，在取得创造性成果的过程中，可能会遇到困难阻碍，需要研究生具备良好的心理素质，积极乐观地应对困难。

从动机来看，相较于获得某类资格证书的外在动机，基于自身兴趣而爱好科研的内在动机是坚持持续做好科研的动力来源。

从机会来看，更多地向国际前沿靠拢的学习、交流、研讨的机会，有利于不同思想之间的碰撞，从而开阔科研视野，提升科研能力。

从个体与组织情境的交互来看，利于学生发挥主观能动性的环境有助于学生科研创造力的提高。

四、科研能力提升的管理服务措施分析

上文提到了影响科研能力的四个方面，以下将从提升学生能力、增强内在动机、提供发展机会、做好良性互动四个方面谈谈建立高校服务育人机制的建议和措施。

（一）完善培养过程、提升学生能力

学生入学时按照统一的标准选拔，毕业时按照统一的标准授位，但同样通过选拔标准入学的学生，在毕业时却呈现了不同的结果，这主要源于培养过程中的有效参与度的差异，因而，在学生的培养过程中，服务于国民经济主战场的专业设定、基于兴趣和专长的培养方案制定、海量精品课程的选定、学术名师的辅导等都非常重要。

我校在研究生的培养过程中规划了硕博贯通、优本计划、专业实践、精品课程、精品教材等重点工作以期不断提升研究生的能力。

（二）以兴趣和爱好激发研究生的内在动机

兴趣和爱好是激发内在动机的重要因素，支持学生因兴趣和爱好进行专业的调整可以为科研能力的提升提供有效动力。

我校的研究生学籍学历管理文件中规定，研究生学满一学年后，对其他学科（专业）有兴趣和专长的，有权根据自身学习、科研状况或创业需求，申请转导师、转专业一次。

兴趣使研究生能更专心科研，而非仅仅为了毕业而发论文，高校的服务育人就是为学生创造自由流动的制度环境、宽松包容的科研环境，支持学生自己做出的选择并让学生由此生出内生的动力，让学生聚焦科研，不断提升个体的科研能力。

（三）为学生提供接触科技前沿的机会

贴近科技前沿的信息和交流互动能启发人的思想，引导科研工作的有效进展，让学生能对现有知识体系进行升级从而获得创造性成果。

在本校的研究生管理中，会为学生创造参加高水平国际会议、高技术论坛、校际联合培养等机会，不断开阔学生的视野。

（四）以学生为本，塑造良好互动的校园环境

良好的制度环境是根本。良好的制度环境与研究生的利益息息相关，清晰明确且符合研究生成长需要的制度环境对研究生的成长至关重要。以研究生学籍管理为例，为落实党的教育方针及教育部令第41号的相关规定，西安交通大学在深刻领会文件精神的基础上，有效结合学校在研究生学籍学历管理过程中积累的宝贵经验和遇到的实际问题，经过多番调研和讨论，出台了西安交通大学研究生学籍学历管理规定并设立校研究生学历审定委员会，研究决定学籍处理和学历审定等涉及研究生重大利益的事项，以保证研究生的合法权益。

健全的业务系统是基础。学生要高效地开展科研，在其他工作上花费的时间就会减少，但有些手续，如转导师等的办理也是非常重要的，为提升效率且让学生"只跑一次就办结"，我们开发了研究生学籍异动的线上处理系统以取代纸件流转，在线上流程中，各环节的负责人可以在线上处理并办结，为提升流程的办理效率，每个环节都会有消息提醒，学生也可以通过即时通信平台给负责人发送消息催办事项，学生及各环节的负责老师能看到全流程，清楚每个环节的要求，流程能更加顺畅地推进。

以学生为本的意识是关键。平等、和善地与学生交流是首要的，更重要的是要站在学生的角度提出对他最有利的建议。学生因其对政策了解的局限性，有时候会做出并非最有利于自己的选择，在面向学生提供服务的时候要尽可能告知学生全面的信息。

有效的流程宣传是关键。学生学习和科研工作比较多，所以虽有文件且公开发布，但学生并不会有时间去仔细了解，于是会出现碰到问题就咨询或者不咨询找师兄师姐问经验的情况，最终导致学生的咨询量比较大，而且很多是操作层面的问题。为了更高效地开展学籍工作，在新文件发布、新系统上线的时候，我们会有针对性地进行系列宣传。除此之外，在日常工作中，我们遵循"每一个问题都是一个

改进的起点"的工作方法，认为每一例咨询都有我们自身的原因，如果集中收到针对同类问题的电话，我们有会针对性地进行分析并通过微信公众号等形式推送操作指导以便让更多有此类问题的学生知悉，为了让学生更好地接受，会采用更有趣的形式、更亲切的语气。

五、成效分析与下一步研究建议

上文提到了一些措施及建议，因能力提升是多种因素综合作用的结果，缺乏相应数据及模型的支撑就无法有效分解计算成效，接下来我们将就转专业这一举措分析有效的育人机制对学生科研能力提升的影响。

为对比分析转专业的成效，本文选取与研究生培养质量相关的个体特征进行培养质量的分析，包括本、硕院校，入学方式，学籍异动（含转专业），而在培养质量上选用的是毕业率这一指标。考虑到数据的完整性，本文选取了本校2009～2011届三级博士生的2 560条数据，分析不同个体特征下毕业率的差异，详见表1。

表1 博士研究生毕业的个体特征差异

个体特征	毕业率	入学（异动）人数	毕业率
本科院校	985院校	1284	65.73%
	211院校	395	62.28%
	其他	881	65.95%
硕士院校	985院校	1902	66.88%
	211院校	240	60.00%
	其他	418	61.00%
入学方式	直博	25	72.00%
	硕博	1456	70.74%
	公开招考	1079	57.74%
学籍异动	转导师	53	68.00%
	转专业	21	76.00%

转专业研究生的毕业率为76%，其影响大于本、硕生源对毕业的影响，也大于入学方式对毕业的影响，但因为转专业人数占整体比重太小，无法满足统计分析需要的样本量，本文采用一对一访谈的方式来了解转专业政策对研究生个体培养效果的影响。

学生A在博士二年级申请了转专业，他提到，转专业是因为对原来的科研方向没有兴趣，虽然发了两篇SCI，但并不是身心愉悦地在开展科研，选择转专业是想找一个更感兴趣的方向，更好更扎实地开展科研。

学生B说，转专业之后，发现原来的知识仍然有用，原来的经验并没有白费，它们在新专业里同样有指导作用。

已经毕业的学生C说，因为他有两个专业的知识背景，在就业市场上更为抢手，也签到了好的单位，虽然自己付出更多的努力学习新知识，但为了感兴趣的科研方向，这一切都值得。

从上述案例我们可以看到，有利于学生发挥其主观能动性的制度能有效激发学生的内在动机，从而提升学生的科研能力。作为高校的管理服务部门，我们最重要的职责是制定各项能培养爱国情怀、激发学生学习兴趣、提升科研能力的制度，执行这些制度的过程就是在落实立德树人任务。未来我们希望在育人机制的成效分析上，通过建立模型、数据收集取得定量性结果。

参考文献

[1] Zhou J, Hoever I J. Research on workplace creativity: A review and redirection [J]. Annual Review of Organizational Psychology and Organizational Behavior, 2014, 1 (1): 333-359.

[2] Amabile T M. The social psychology of creativity: A componential conceptualization [J]. Journal of Personality and Social Psychology, 1983, 45 (2): 357-376.

[3] 吴启涛,栾贞增. 交互视角下工作场所创造力的研究述评与展望——一个整合性分析框架 [J]. 外国经济与管理, 2017, 39 (3), 51-60.